Bernd Schünemann

Gesammelte Werke

Band I: Rechtsfindung im Rechtsstaat und Dogmatik als ihr Fundament

Bernd Schünemann

Gesammelte Werke Band I: Rechtsfindung im Rechtsstaat und Rechtsdogmatik als ihr Fundament

DE GRUYTER

Prof. Dr. Dr. h.c. mult. *Bernd Schünemann*, Universität München

ISBN 978-3-11-064493-7
e-ISBN (PDF) 978-3-11-064818-8
e-ISBN (EPUB) 978-3-11-064496-8

Library of Congress Control Number: 2019951798

Bibliografische Information der Deutschen Nationalbibliothek
Die Deutsche Nationalbibliothek verzeichnet diese Publikation in der Deutschen Nationalbibliografie; detaillierte bibliografische Daten sind im Internet über http://dnb.d-nb.de abrufbar.

Satz: Meta Systems Publishing & Printservices GmbH, Wustermark
Druck und Bindung: CPI books GmbH, Leck

www.degruyter.com

MIX
Papier aus verantwortungsvollen Quellen
FSC® C083411
FSC www.fsc.org

Vorwort zur Ausgabe meiner Gesammelten Werke in 5 Bänden

I. Vom Nutzen und Nachteil von Festschriften

Wenn ein deutscher Rechtsgelehrter die Vollendung seines 70. Lebensjahres erlebt, so wird er nach einer auch heute noch vielfach geübten akademischen Tradition mit einer Festschrift geehrt, die herauszugeben nobile officium seiner Schüler (d. h. der unter seiner Betreuung Habilitierten) ist und deren Umfang bald Zahl und Ergebenheit der Schüler, bald die wissenschaftliche Bedeutung, bald die Friedfertigkeit des Geehrten im Umgang mit seinen Kollegen widerspiegelt. Ob die in diesem Brauch neben anderen Aspekten (darunter dem schlicht menschlichen, dem aus der heutigen Universität weitgehend vertriebenen Emeritus zum Abschied noch einmal ehrerbietig Servus zu sagen) stattfindende Selbstdarstellung der akademischen Rechtswissenschaft in einer Zeit, in der Universität und Fakultät als Gelehrtenrepublik in einen (gerade bei den Juristen neben den Repetitorien schlecht abschneidenden) Dienstleistungsbetrieb verwandelt worden sind, dessen Geschäftsführung und möglichst auch Finanzmittel von außen und aus dem Markt beschafft sollen, mehr ist als der einstmals verschriene Muff von (nicht tausend, aber immerhin) einigen hundert Jahren, muss gerade wegen des Wandels des Selbstverständnisses der Professorenschaft bezweifelt werden. Denn wenn das Amt des Juraprofessors (ähnlich wie früher das des Klinikchefs oder einer Professur im Bereich der Betriebswirtschaft) in erster Linie als Pfründe zur Erzielung horrender Einkünfte neben der eigentlichen wissenschaftlichen Tätigkeit gesehen wird, was sich durch die eigenartigerweise von den Wissenschaftsministerien unbeanstandet gelassene Einrichtung eigener Verteidigungskanzleien mit entsprechendem Briefkopf oder zumindest als ausgewiesener „Of Counsel“ von Großkanzleien auch nach außen manifestiert, muss das Umbinden eines traditionellen Zopfes nach Art einer Festschrift deplatziert, wenn nicht gar präsenil wirken.

Wichtiger als derartige Stilfragen ist freilich die Frage nach dem wissenschaftlichen Nutzen von Festschriften. Und hier steigen sie wie Phönix aus der Asche. Nach meinem Urteil wird man die Festschriften der letzten Jahrzehnte insgesamt in die vorderste Reihe stellen müssen. Natürlich trifft man immer wieder auf Verlegenheitsbeiträge, aber angesichts der zunehmenden Reduktion juristischer Fachzeitschriften auf die Befriedigung direkt praxisbezogener Interessen und der zunehmenden Besetzung strafrechtlicher Archivzeitschriften durch den wissenschaftlichen Nachwuchs, ferner der Inflation strafrechtlicher Grundrisse

https://doi.org/10.1515/9783110648188-202

ohne wirklichen wissenschaftlichen Tiefgang und ähnlich konzipierter Kommentare, also angesichts eines mehr und mehr verflachenden Pflichtprogramms bieten nur noch Festschriften den durch Habilitation und Berufung beglaubigten Experten ein Forum für die von ihnen nur noch selten zu beobachtende wissenschaftliche Kür.

Aber dieser Gediegenheit des wissenschaftlichen Ertrages der einzelnen Beiträge zum Trotz führt das (selbst bei thematischen Vorgaben nur geringfügig eingeschränkte) inhaltliche Sammelsurium einer Festschrift dazu, dass sie von den juristischen Suchmaschinen gewöhnlich ignoriert wird und damit dem Verdikt unterfällt „quod non est seu in juris seu in beck non est in mundo". So trifft für viele Festschriften das Bild von Nikolaus Lenau zu: „Friedhof der entschlafenen Tage, schweigende Vergangenheit". Überdies passieren Festschriftbeiträge nur im seltenen Ausnahmefall die Aufmerksamkeitsschwelle des Bundesgerichtshofes, die zwar im internationalen Vergleich so niedrig wie die anfängliche Mauer des Romulus, aber aus der Perspektive einer seriösen Rechtsdogmatik so hoch ist wie die Zinnen von Troja, durch deren Tor zu kommen nicht schon das bessere juristische Argument genügt, sondern ein listenreiches (und dadurch en quelque façon korrumpiertes) Vorgehen etwa im Laufe des Zeitgeistes notwendig ist.

II. ... und von individuellen Sammelbänden

An diesem Dilemma führt auch die nächste akademische Tradition nicht vorbei, wenigstens die personelle Vielfalt zu reduzieren und den Emeritus, der auch sein 75. Lebensjahr lebendig zu vollenden geschafft hat, durch eine (zumeist abermals von seinen Schülern herausgegebene) Sammlung seiner wichtigsten Arbeiten zu ehren. Der Nutzen einer solchen Zweitveröffentlichung für die wissenschaftliche Auseinandersetzung, der in der besseren Zugriffsmöglichkeit auf vielleicht an entlegenen Stellen erfolgte Erstveröffentlichungen bestehen könnte, ist im digitalen Zeitalter nur noch für längere Zeit zurückliegende Publikationen wichtig oder für die „entschlafenen" Festschriftbeiträge, die dann aber in einem personenbezogenen Sammelband in der Regel nur erneut zur Ruhe gebettet werden.

III. Versuch eines neuen Modells

Durch die mit dem vorliegenden Band beginnende, auf fünf Bände angelegte Sammlung „kumulativer Monographien", wie man sie nennen könnte, suche ich einen neuartigen Ausweg aus dem erwähnten Dilemma, der sicher aufwändig, aber in meinen Augen den Aufwand wert ist. Sie behandelt die fünf Gebiete, auf denen ich unter den hunderten von Themen, die in einem halben Jahrhundert einen „armen Mann wie Hamlet" in Versuchung geführt und sich in seinem Schriftenverzeichnis niedergeschlagen haben, Schwerpunkte zu setzen und Kontinuität herzustellen vermocht habe: (1) die Theorie der Rechtsgewinnung im Allgemeinen sowie die Grundbedingungen und -formen einer wissenschaftlichen Strafrechtsdogmatik im Besonderen; (2) die Beteiligungsdogmatik im Strafrecht; (3) die Theorie und Reform des Strafverfahrens sowie (4) im Besonderen den sich innerhalb weniger Jahre vollziehenden epochalen Paradigmenwechsel durch die Urteilsabsprachen; und (5) das System der strafrechtlichen Zurechnung im Wirtschaftsstrafrecht.[1]

Jedem dieser Themenkomplexe ist ein Band gewidmet, dessen jeweiligen Ausgangspunkt in 3 Fällen unveröffentlichte Arbeiten und in 2 Fällen seit langem vergriffene Monographien bilden, deren Themen und Lösungsvorschläge in den sich daran anschließenden Abhandlungen weitergeführt, verbreitert oder vertieft worden sind. Der Bogen, der dadurch in jedem Band geschlagen wird, umfasst eine Zeitspanne zwischen 30 und 50 Jahren und endet stets mit meinen in allerjüngster Zeit verfassten Stellungnahmen.

IV. Dessen bestimmende Züge und Auslöser

Dass diesem Publikationskonzept a limine entgegengehalten wird, hier würde doch nur Altbekanntes wiedergekäut, scheint mir nicht nur wegen des erheblichen Anteils bisher unveröffentlichter Arbeiten, sondern auch deshalb weniger zu befürchten, weil die meisten Einzelabhandlungen in Festschriften publiziert und deshalb bisher nur in engen Diskussionszirkeln zur Kenntnis genommen

1 10 Jahre lang, von 2002 bis 2011 mit noch einigen nachfolgenden Schwanengesängen, ließ ich mich verleiten, einen sechsten Schwerpunkt in der (wie ich glaubte: konstruktiven) Kritik der damals ablaufenden Europäisierung der Strafrechtspflege zu bilden. Die damaligen Arbeiten habe ich bereits in dem Sammelband „Die Europäisierung der Strafrechtspflege als Demontage des demokratischen Rechtsstaats" (2014) zusammengefasst, ferner das gemeinsam mit 14 Kollegen aus 11 Mitgliedstaaten ausgearbeitete „Gesamtkonzept für die europäische Strafrechtspflege" 2006 auf Deutsch und Englisch (mit gesonderten Übersetzungen ins Spanische, Italienische und Polnische) herausgegeben. Die fesselnden und horizonterweiternden internationalen Arbeitssitzungen bleiben in meiner Erinnerung lebendig, einige Reformideen wie insbesondere der „Eurodefensor" befruchten auch die nationale Perspektive, aber es war von Anfang an ein Versuch mit untauglichen Mitteln am untauglichen Objekt, und der Rest ist Schweigen.

worden sind. Ernster zu nehmen ist die Frage, welchen Sinn es macht, zusätzlich zu der unablässigen, quantitativ immer noch zunehmenden Produktion neuer juristischer Texte Älteres der Vergessenheit zu entreißen. Ich habe diese Frage lange mit mir herumgetragen und zuletzt darauf drei Antworten gegebeen:

1. Solange der Gesetzgeber seine berüchtigten „drei berichtigenden Worte" noch nicht gesprochen hat, wird kein dogmatischer Beitrag obsolet. Zwar ändert sich die Mode auch in der juristischen Debatte, aber modisch zu sein bedeutet keinen inhaltlichen Vorzug, und oft genug findet man in älteren Untersuchungen bereits denselben Wein, den die aktuelle Mode in neuen Schläuchen präsentiert. Wenn es nicht um die mit kurzen Begründungssträngen arbeitende Interpretation einer je nach politischer Opportunität rasch wechselnden, kasuistischen Gesetzgebung geht, sondern um das Knüpfen umfangreicher Begründungsnetze zur systematischen Entfaltung der Grundprinzipien eines Rechtsgebiets, spielt das Alter einer dogmatischen Untersuchung neben der Frage ihres inhaltlichen Niveaus keine Rolle. Und das gilt selbstverständlich in nochmals gesteigerter Form für rechtstheoretische Analysen, die erst durch einen Paradigmenwechsel in der gesamten Rechtsordnung obsolet werden können.

2. Noch wichtiger scheint mir der Befund, der aus dem netzartigen Charakter juristischer Begründungen abzuleiten ist, die nicht mit der Beweisführung in den empirischen Wissenschaften zu vergleichen sind und deren Überzeugungskraft deshalb von der Fülle der in systematischer Weise miteinander verknüpften Prämissen, Perspektiven und Deduktionen abhängt. Bildlich gesprochen, muss an dem Netz immer weiter geknüpft werden, zunächst lose herumliegende Enden müssen harmonisch eingefügt werden, weshalb womöglich andere Knoten wieder zu lösen und zu verschieben sind, und am Ende sollten alle anfangs wirren Schnüre in eine Ordnung gebracht sein. Die Hermeneutik hat dies die Durchschreitung des hermeneutischen Zirkels genannt bzw. in den Worten *Winfried Hassemers* der hermeneutischen Spirale. Ich habe in immer neuen Beschäftigungen mit ihr in dem vorliegenden Band I aus der Perspektive der analytischen Sprachphilosophie darin keine geeignete Methode, wohl aber eine treffende Beschreibung der juristisch-dogmatischen Arbeit von außen gesehen. In diesem Sinne habe ich mich vielleicht nicht heiß wie der junge, aber doch strebend wie der alte „Faust" bemüht, durch die Anordnung meiner in einem ganzen Universitätsleben zu den genannten Themen durchgeführten Untersuchungen jeden einzelnen Band als eine hermeneutische Spirale zu gestalten bzw., in dem zuvor benutzten Bild, das vor Jahrzehnten noch locker geknüpfte Netz nicht nur zu verdichten, sondern auch immer mehr zu vergrößern und, wo notwendig, auch zu korrigieren.

Dabei hat sich gezeigt, wie wichtig meine früheren, zu einem Teil unveröffentlichten und zu einem anderen Teil längst vergriffenen Arbeiten als Ausgangspunkt und Nährboden für die aus ihm später hervor gewachsenen Publikationen gewesen sind. Das gilt einmal für meine Münchner Habilitationsschrift mit der Theorie der Rechtsgewinnung in Teil 1 und der systematischen Entfaltung der Revision in Strafsachen in Teil 2, die ich 1974, also vor jetzt 45 Jahren, vollendet und anschließend aus einer Reihe von Gründen unpubliziert liegengelassen hatte. Hierauf gehe ich näher in den speziellen Einleitungen zu Band 1 und Band 3 der Ausgabe ein. Das gilt zum anderen für meine ebenfalls damals nicht veröffentlichten empirischen Mannheimer Untersuchungen zu den (damals) informellen Absprachen im Strafverfahren, auf die ich näher in der Einleitung zu Band 4 eingehen werde. Dasselbe gilt aber auch für die Neuausgabe meiner in Deutschland seit langem vergriffenen Monographie zu den unechten Unterlassungsdelikten[2], der ich den Anstoß zu der Schritt für Schritt entwickelten umfassenden Theorie der Täterschaft im Strafrecht verdanke, deren Entfaltung den Inhalt von Band 2 bildet; wie auch zu meiner Monographie über die Probleme von Täterschaft und Teilnahme im Unternehmensstrafrecht[3], die dann wiederum den Ausgangspunkt für meine weiteren Arbeiten zum Wirtschaftsstrafrecht gebildet hat, die sich in Bd. 5 finden werden.

3. Freilich hätten alle diese Gesichtspunkte für sich allein nicht ausgereicht, eine teils Erst-, teils Neuausgabe der ein halbes Jahrhundert umspannenden Arbeiten zu legitimieren, wenn nicht in den jüngsten 25 Jahren (also in der Hälfte dieses Zeitraums) eine zunehmende Veränderung der rechtswissenschaftlichen „Großwetterlage“ zu konstatieren wäre, die die in dieser Ausgabe versammelten, in den philosophischen und politischen Grundüberzeugungen vom Geist der Sechziger und Siebziger Jahre des vergangenen Jahrhunderts geprägten Arbeiten jenseits der Frage nach ihren inhaltlichen Qualitäten als Zeitdokument der „Bonner Republik“ erscheinen lässt, deren Charakteristika zu einem guten Teil vielleicht erst abgeschwächt, vielleicht schon versunken sind und auf jeden Fall, um mit *Loge* aus dem „Rheingold“ zu sprechen, ihrem Ende zueilen, so stark im Bestehen sie sich auch wähnen. Dabei geht es einmal um die juristisch-technische Seite der Rechtswissenschaft und zum anderen um ihre Einbettung in einen grundlegenden Wandel der politischen Verhältnisse.

a) Es ist seit einigen Jahren modisch geworden, die gerade im Strafrecht als Garant des freiheitlichen Rechtsstaates empfundene, systematisch elaborierte und hochdifferenzierte Dogmatik schlecht zu reden und ihr die angloamerikani-

---

2 Grund und Grenzen der unechten Unterlassungsdelikte (1971). Auf Spanisch ist sie in der Übersetzung von *Joaquín Cuello Contreras* und *José Luis Serrano González de Murillo* unter dem Titel „Fundamentos y Límites de los Delitos de Omisión impropria“ (2009) noch verfügbar.
3 Unternehmenskriminalität und Strafrecht, 1979.

sche pragmatische Denkweise vorzuziehen. Begleiterscheinungen sind die Behandlung dogmatischer Fragen auf Twitterniveau und ungeniertes Plagiieren. Mit dem erstgenannten Generalangriff auf die traditionelle Dogmatik beschäftige ich mich am Ende des vorliegenden Bandes 1, auf dessen triviale Begleiterscheinungen werde ich in Band 5 zu sprechen kommen.

b) Es dürfte mittlerweile aber nicht nur um den drohenden Verlust eines bestimmten Niveaus der Rechtswissenschaft gehen, sondern sogar um den Totalverlust ihrer Aufgabe als einer die Staatsgewalten (insbesondere die sonst dem eigenen Gutdünken überlassene Justiz) intellektuell kontrollierenden Instanz, die man in dem Konzept der deliberativen Demokratie als Avantgarde des Staatsvolkes, also des Souveräns, und dadurch als eine Art vierte, nicht herrschende, sondern nur kontrollierende Gewalt verstehen könnte. Diese Aufgabe ist ohne Frage in den sechziger und siebziger Jahren des vergangenen Jahrhunderts mit einer niemals zuvor erreichten Intensität wahrgenommen worden. Denn über ihre rein technische Aufgabe hinaus, den Umgang mit dem Recht für die Gesellschaft und die staatlichen Gewalten leichter zu machen, hat die Rechtswissenschaft in den meisten Epochen davor vor allem als „ancilla potestatis" gedient, indem sie dabei geholfen hat, die für die Verwandlung von Macht in Recht, aber auch für die Verkleidung von Macht als Recht notwendige (Schein-)Legitimation zu beschaffen. Ob die Macht der Friedlichkeit eines wohlgeordneten Gemeinwesens diente oder der Unterdrückung und Ausbeutung bis hin zur Vernichtung einiger oder aller Teile der Gesellschaft, hat hierbei selten eine Rolle gespielt. Diejenigen Epochen, in denen sich die Rechtswissenschaft davon emanzipierte und eine kritische Rolle übernahm, waren ihre Sternstunden, die hellste ohne Zweifel die Aufklärung. Im Rückblick auf ein halbes Jahrhundert sehe ich die Sternschnuppen in den Sechziger und Siebziger Jahren noch klarer als damals, als sie mir eher wie eine Morgenröte erschienen. Denn vieles, was ich mir als teilnehmender Beobachter dieser Ära versprochen hatte, ist seitdem wieder verspielt oder in eine Richtung gewendet worden, die eine nur formale Erfüllung der Erwartungen bei Zerstörung ihres inneren Kerns bedeutet. Um dafür 5 Beispiele zu geben:

(1) Die de-facto Abschaffung einer parlamentarischen Opposition durch die erste Große Koalition im Jahr 1966 hat damals eine leidenschaftliche, vor allem die akademische Jugend ergreifende APO-Bewegung ausgelöst, deren Forderungen dann der frisch gebackene Bundeskanzler *Willy Brandt* in seiner berühmten Aufforderung „Mehr Demokratie wagen" aufgegriffen hat. Bei uns ist die Große Koalition mittlerweile zum Alltag geworden, an den Universitäten herrscht die Ruhe eines Kirchhofs, und die Hagiographie der Mehrebenen-Demokratie in der EU ist in der Wirklichkeit ihrer evident schwinddemokratisch konstruierten Institutionen längst dekonstruiert worden, ich nenne nur das Zusammenspiel der

gleichermaßen oligarchischen Machtzirkel EZB und EuGH zur faktischen Annullierung der zentralen Garantien der Währungsunion.[4]

(2) Die Friedens- und Entspannungsbewegung mit ihrem selbst in den USA gegen den Vietnamkrieg hochkochenden Aufbegehren der Bevölkerung, die Ostpolitik *Willy Brandts* und als späte Frucht die Auflösung des Warschauer Pakts, die jahrzehntelange Utopien Wirklichkeit werden ließen, all das ist durch die Entfesselung unablässiger eigener und Stellvertreter-Kriege zumeist durch die USA und die Restituierung des Kalten Krieges, erst recht durch die Erklärung des per definitionem niemals endenden War on Terrorism Makulatur geworden.

(3) Die Ausbeutung und Pauperisierung der Dritten Welt, deren Instrumente in der Theorie des Neokolonialismus erklärt und gegen die immerhin eine Nord-Süd-Kommission unter dem Vorsitz von – abermals – *Willy Brandt* eingerichtet worden war, hat sich durch die Einsetzung von Kleptokratien, unablässige Stellvertreterkriege um die Rohstoffgebiete, Zerstörung indigener Kulturen und die Entwicklung der mittlerweile nach Milliarden zählenden Elendsquartiere in den Slums der Drittwelt-Metropolen zu einer Zerstörungsspirale verfestigt, deren Folgen in Gestalt der gegenwärtig ablaufenden Massenmigrationsströme vom politischen Establishment und der mit ihm eng verbundenen Medienwelt nicht als Produkt ihres Versagens eingeräumt und deshalb nicht durch eine an der Quelle ansetzende Therapie, sondern mit grotesk oberflächlichen Parolen beantwortet werden.

(4) Der Raubbau an den Lebensgrundlagen der Menschheit und sogar des gesamten Planeten, der mit dem ersten Bericht des Club of Rome[5] ins allgemeine Bewusstsein trat, ist in einer unablässigen Spirale weiter eskaliert – bei anhaltender Unfähigkeit des globalen politischen Systems, einen Abschied vom Fetisch des quantitativen Wachstums auch nur ins Kalkül zu ziehen, was durch den bei Abfassung dieses Vorworts ablaufenden „Greta-Hype" nicht etwa widerlegt, sondern bestätigt wird.

(5) Und um auf die Tragödie das Satyrspiel folgen zu lassen, möchte ich mein Leporello-Register des kollektiven Irrsinns der postmodernen Gesellschaft

---

4 Das BVerfG hat sich in seiner Entscheidung vom 21. 6. 2016 diesem Zusammenspiel mit der Begründung gebeugt, dass die vom EuGH vorgenommene Rechtskonkretisierung zwar gewichtigen Bedenken begegne und der verfassungsrechtlichen Dimension nicht hinreichend Rechnung trage, sich jedoch nicht offensichtlich außerhalb der Kompetenzen bewege und auch nicht offensichtlich gegen das Verbot monetärer Haushaltsfinanzierung verstoße (Orientierungssätze 5a und 5b, NJW 2016, 2473 ff.). Die Erfindung der offensichtlichen Rechtswidrigkeit ist wahrlich ein Wetterzeichen vom Untergang der Rechtskultur in Europa.

5 Meadows u. a., Die Grenzen des Wachstums, 1973.

mit dem Ergebnis der ja ebenfalls zur sozialliberalen Reform-Ära gehörenden sexuellen Befreiung beschließen, die für den hormonell robusteren Teil der Gesellschaft zu einer pornografischen Dauerberieselung im Internet und für die eher zarter besaiteten Teile zu einer Exaltation über *Kim Kardashians* Busenblitzer als Topnachricht des Tages geführt hat.

Dass die Rechtskultur von diesen politischen und gesellschaftlichen Umwälzungen nicht verschont bleiben konnte, liegt auf der Hand. Mit meinem mit diesem Band in die Realisierungsphase eintretenden Entschluss, mich an die Ausgabe Gesammelter Werke zu wagen, möchte ich dagegen ein Apfelbäumchen pflanzen.

Eching am Ammersee, im September 2019 *Bernd Schünemann*

Vorwort zu Band I meiner Gesammelten Werke in 5 Bänden

I. Die sprachanalytische Wende als stabile Basis der aktuellen Rechtsfindungstheorie

1. Der hiermit vorgelegte Band I meiner auf 5 Bände geplanten Werkausgabe umfasst den größten Teil meiner Arbeiten zur Theorie der Rechtsgewinnung in einem gewaltenteilenden, durch den Primat des Gesetzgebers gekennzeichneten Staat, zum wissenschaftstheoretischen Stellenwert der Gesetzesinterpretation und der übrigen Formen richterlicher Rechtsfindung, zum Begriff des Rechts und zu den Anforderungen an die und Leistungen der Rechtsdogmatik am Beispiel der Strafrechtsdogmatik.[1] Die beiden in dem vorstehenden „Generalvorwort" angeführten Gründe für dieses Publikationsprojekt treffen auf seinen

---

1 Vier an sich ebenfalls einschlägige Abhandlungen habe ich hier herausgelassen, weil sie entweder im Wesentlichen nur eine Zusammenfassung von Teil 1 dieses Bandes bedeuten (so „Die Gesetzesinterpretation im Schnittfeld von Sprachphilosophie, Staatsverfassung und juristischer Methodenlehre", in: Festschrift für Ulrich Klug, Köln 1983, S. 169–186) oder gewissermaßen spezielle Kapitel eines „Besonderen Teils" des Rechtsbegriffs und der Rechtsfindung aufschlagen, sei es des Strafrechts (so „Nulla poena sine lege? – Rechtstheoretische und verfassungsrechtliche Implikationen der Rechtsgewinnung im Strafrecht", Berlin-New York 1978), sei es der Bedeutung der Globalisierung für den Rechtsbegriff (so „Globalisierung als Metamorphose oder Apokalypse des Rechts ?", in: Joerden/Wittmann [Hrsg.], Recht und Politik, ARSP-Beiheft Nr. 93 [2004], S. 133–156, sowie „Das Strafrecht im Zeichen der Globalisierung", GA 2003, 299–313). Dasselbe gilt für meine Arbeiten zu der geradezu den Prüfstein des Rechtsbegriffs bildenden nachträgliche „Aufarbeitung" von – jedenfalls aus der ex post-Perspektive so erscheinenden – Unrechtssystemen, mit der ich mich auch über zwei Jahrzehnte hinweg beschäftigt habe (siehe „Ungelöste Rechtsprobleme bei der Ahndung nationalsozialistischer Gewalttaten", in: Festschrift für Hans-Jürgen Bruns, Köln-Berlin-München 1978, S. 223–247; „Strafrechtliche Verantwortlichkeit für die DDR-Spionage gegen die Bundesrepublik Deutschland nach der Wiedervereinigung", in: Lampe, E.-J. [Hrsg.], Die Verfolgung von Regierungskriminalität der DDR nach der Wiedervereinigung; Deutsche Wiedervereinigung Bd. II, Köln, Berlin, Bonn, München, 1993, S. 173–191; „Aufarbeitung von Unrecht aus totalitärer Zeit", in: Pawlowski/Roellecke [Hrsg.], Der Universalitätsanspruch des demokratischen Rechtsstaates, ARSP Beiheft Nr. 65, 1996, S. 97–116; „Verfassungsrechtliche Probleme der strafrechtlichen Aufarbeitung", in: Deutscher Bundestag [Hrsg.], Enquete-Kommission „Überwindung der Folgen der SED-Diktatur im Prozeß der deutschen Einheit" Band II/2, Frankfurt/M 1999, S. 1304–1380; „Dogmatische Sackgassen bei der Strafverfolgung der vom SED-Regime zu verantwortenden Untaten", in: Festschrift für Gerald Grünwald, Baden-Baden 1999, S. 657–684) und die deshalb einen eigenen „Besonderen Teil" bilden.

https://doi.org/10.1515/9783110648188-203

1. Band in gesteigerter Weise zu, weil (1) die unablässige Verlängerung, Verfeinerung und Verdichtung des Begründungsnetzes, von der die Überzeugungskraft dogmatischer Argumentationen abhängt, auch für deren „Metatheorie" gilt, weil (2) hier die „drei berichtigenden Worte des Gesetzgebers" keinerlei Bedeutung besitzen, solange das Paradigma der im Grundsatz von einem Gesetzgeber geschaffenen Rechtsordnung (und damit der gewaltenteilende Rechtsstaat) unangetastet bleibt, weil aber (3) ausgerechnet hier in jüngster Zeit die von mir sog. „Rückschrittspropaganda" grassiert und reüssiert, die die in der Zeit der Aufklärung begonnene und in der in diesem Band behandelten Zeitspanne vollendete Kritisierbarkeit der (legislatorischen, justitiellen) Macht vermöge der Rationalität der dogmatischen Rechtswissenschaft durch deren törichtes Schlechtreden zu paralysieren droht.

2. Solange das verfassungsrechtliche Fundament eines Rechtssystems, konkret in Gestalt des Primats des an eine Verfassung gebundenen Gesetzgebers, unverändert bleibt, können Konzepte des Rechtsbegriffs und der Rechtsgewinnung nur dann obsolet werden, wenn der philosophische Bezugsrahmen durch einen grundlegend neuen Ansatz als unzulänglich und überholt erwiesen werden kann. Das ist nach meiner Überzeugung mit der ontologischen Hermeneutik durch den „Einbruch" der sprachanalytischen Philosophie und der (analytischen) Metaethik geschehen, der in den sechziger und siebziger Jahren des vergangenen Jahrhunderts stattgefunden hat und aus dem ich vor 45 Jahren in dem hier erstmals publizierten Teil 1 dieses Bandes die Konsequenzen für die Theorie der Rechtsgewinnung zu ziehen versucht habe. Seitdem hat es in meinen Augen kein wirklich neues, für die Rechtswissenschaft relevantes philosophisches Paradigma gegeben und wird es jedenfalls auch ohne einen Umsturz der rechtsstaatlichen Strukturen des gesamten Rechtssystems nicht geben können. Selbstverständlich bedürfen die aus der sprachphilosophischen Wende für die Rechtstheorie abzuleitenden Konsequenzen unablässig weiterer Analyse und Entfaltung durch „strebendes Bemühen", so wie etwa die bereits in der Hermeneutik entdeckte, aber erst nach und nach analytisch entschlüsselte typologische Struktur der Rechtsbegriffe sich durch alle Teile dieses Bandes zieht. Oder wenn die analytische Trennbarkeit der deskriptiven (beschreibenden) und der normativen (bewertenden) Komponente der Rechtsbegriffe als Sonderfall „dichter Begriffe", von der ich im Anschluss an *Hare* ausgegangen bin und die ich nach wie vor für richtig halte, gegenüber einem postmodernen Skeptizismus (*Williamson* und *Putnam*) zu verteidigen wäre. Aber gerade diese Beispiele zeigen, dass die vor rund 50 Jahren einsetzende sprachanalytische Wende in der Theorie der Rechtsfindung nichts an Aktualität eingebüßt hat und deshalb für alle einschlägigen Untersuchungen nicht ihr Alter, sondern ihre inhaltlichen Qualitäten oder Mängel eine Rolle spielen.

II. Vier Stufen der Rechtsgewinnung statt der Chimäre der objektiven Auslegung

1. In diesem Sinne bildet der – auch quantitativ den bei weitem größten Umfang einnehmende – Teil 1 dieses Bandes die theoretische und inhaltliche Basis auch für die weiteren 9 Teile. Es handelt sich dabei um den (größeren) ersten Teil meiner Münchener Habilitationsschrift über „Die vier Stufen der Rechtsgewinnung exemplifiziert am strafprozessualen Revisionsrecht" von 1974/75, zu deren Publikation ich damals aus verschiedenen, hier nicht weiter zu erörternden Gründen nicht gekommen bin. Weil ihr Gegenstand, wie ich darzulegen versucht habe, unvermindert aktuell ist, publiziere ich ihn jetzt als Beitrag zur heutigen Diskussion und nicht in einer rechtshistorischen Reihe.

2. Wenn man den Text der „Vier Stufen der Rechtsgewinnung" mit einem Abstand von 45 Jahren heute liest, so fällt – um ein scheinbares Paradoxon zu formulieren – vor allem die zeitgebundene Ernsthaftigkeit der damaligen Diskussion eines zeitenthobenen Themas auf, das heute nur noch in kleinen rechtsphilosophischen Zirkeln erörtert wird, aus den zentralen juristischen Diskussionsarenen aber verbannt worden ist. Nachdem die 50er Jahre des vorigen Jahrhunderts eine eigenartige Naturrechts-Renaissance gebracht hatten, die in den 60er Jahren durch eine Wendung von der inhaltlichen auf die methodologische Seite fortgesetzt wurde (sei es durch die These einer Ableitung des Rechts aus dem sachlogischen Denken, sei es durch die sog. ontologische Hermeneutik), standen die 70er Jahre im Zeichen des Generalangriffs auf die wirklichen oder vermeintlichen Lebenslügen der juristischen Dogmatik und der Judikatur. Aus der Richtung der Wissenschaftstheorie und analytischen Philosophie wurde der Wissenschaftscharakter der Rechtswissenschaft geradezu unter Trommelfeuer genommen, die Sozialwissenschaften machten der Jurisprudenz ihre gesellschaftliche Rolle streitig, und die Legitimität der richterlichen Gewalt wurde in einer umfassenden Ideologiekritik zumindest erschüttert. Die Laufbahn eines Rechtswissenschaftlers einzuschlagen, ohne auf deren fundamentale Infragestellung eine Antwort gefunden zu haben, erschien damals in meinen Augen geradezu frivol. Hieraus wurde die Idee der Zwillingsnatur meiner Habilitationsschrift geboren, in deren erstem, umfangmäßig größeren Hauptteil ich unter Verarbeitung der damaligen philosophischen, sozialwissenschaftlichen und ideologiekritischen Literatur die Bedingungen für eine wissenschaftliche Rechtsdogmatik zu klären unternahm, die dann anschließend in dem zweiten Hauptteil am Beispiel des strafprozessualen Revisionsrechts eine Probe aufs Exempel erfahren sollten. Dieser zweite Teil bildet nunmehr den Ausgangspunkt von Band 3 in dieser Ausgabe.

3. Wie ich schon bemerkt habe, halte ich es für selbstverständlich, dass die in den 70er Jahren des vorigen Jahrhunderts allgegenwärtige Frage nach dem Wissenschaftscharakter und den Methoden der dogmatischen Rechtswissenschaft bis heute unverändert aktuell geblieben ist, so wie sie es zu allen Zeiten und in allen Rechtskulturen war. Und weil sich, wie auch schon bemerkt, die fundamentalen Parameter für die Beantwortung dieser Frage in diesem knappen Halbjahrhundert auch nicht geändert haben, weil wir nach wie vor in einem gewaltenteilenden Rechtsstaat mit der Prärogative des Gesetzgebers und in einem sich im Wesentlichen der Umgangssprache als Medium bedienenden Rechtskosmos leben, kann eine richtige Antwort heute nicht anders lauten als damals. Sie kann damals wie heute nur darin bestehen, dass man auf analytischem Wege unterschiedliche Stufen der Dogmatik und damit der richterlichen Rechtsfindung unterscheidet, nämlich vier, von denen sich zwei als wissenschaftliche und zwei weitere als dezisionistische (aber wissenschaftlich kanalisierte) Formen der Rechtsfindung darstellen. Auf der ersten Stufe, die ich historische Rechtshermeneutik genannt habe, geht es um die Ermittlung des realen historischen Regelungswillens der gesetzgebenden Instanz, der ein historisches Datum bildet und mit den traditionellen Mitteln der alltagssemantischen, der subjektiv-systematischen und der historischen Auslegung i. e. S. aufzuschließen ist. Auf der zweiten und dritten Stufe geht es um eine Übertragung dieser Entscheidung, also die Ausdehnung ihrer Extension, auf von ihrer semantischen Reichweite nicht erfasste, aber ähnliche Fälle. Diese Übertragung kann nur mithilfe von Werturteilen erfolgen, die nach den Erkenntnissen der Metaethik in einem gewissen, aber begrenzten Umfange objektive Urteile sind (mit dem wissenschaftlichen Anspruch auf Wahrheit gefällt werden), zum größeren Teil aber eine Dezision, also eine politische Willensentscheidung erfordern, die derjenigen des parlamentarischen Gesetzgebers bei der Schaffung von Gesetzen nicht unähnlich, aber durch Anwendung auf einen konkreten Fall oder eine konkrete Klasse von Fällen weitaus weniger abstrakt ist. Auch dort, wo die Werturteile nicht mehr ausschließlich wissenschaftlich begründet werden können und also eine Dezision erfordern, bleiben sie nicht beliebig, sondern müssen sich in einem rechtswissenschaftlich eingeengten Vertretbarkeitsrahmen bewegen. Auf der dritten Stufe bewegt sich die Rechtsfindung deshalb über den wissenschaftlichen Bereich hinaus, ist aber nicht beliebig, weshalb ich dafür den Ausdruck „rational-dezisionistisches Werturteil" vorgeschlagen habe. Auf der vierten Stufe geht es dann schließlich um die bewusste Missachtung der legislatorischen Entscheidung durch den Richter, die in einem gewaltenteilenden Rechtsstaat nur unter äußerst engen Voraussetzungen legitim sein kann.

Diese analytische Herausarbeitung der vier unterschiedlichen Stufen der Rechtsgewinnung, ihre Abgrenzung gegeneinander und die Bedingungen dafür, bei der konkreten dogmatischen oder richterlichen Entscheidung auf eine höhere Stufe hinüber zu wechseln, muss und kann durch eine Metatheorie aufgeklärt werden. Der Verzicht darauf, wie er in der damals wie heute herrschenden Theorie der objektiven Auslegung zum Ausdruck kommt, ist inakzeptabel; die Ungenauigkeiten und inneren Widersprüche dieser herrschenden Lehre in der juristischen Methodologie tragen die Hauptverantwortung für die eingangs erwähnte fundamentale Kritik an der Wissenschaftlichkeit der Rechtswissenschaft und an der Rechtsprechung mitsamt ihrer letzten Endes nach eigenem Gutdünken vorgenommenen Machtverschiebung bei der Rechtsanwendung.

4. Wie es bei weltanschaulichen Auseinandersetzungen in der Gesellschaft nicht selten zu beobachten ist, ist der seinerzeit aus so vielen Richtungen und mit so guten Gründen geführte Angriff auf die Seriosität der Rechtswissenschaft und die Legitimität der Judikative nicht etwa dadurch verarbeitet worden, dass die herrschende Meinung die begründete Kritik berücksichtigte und ihre davon betroffenen Positionen revidierte, sondern schlicht durch die in der Politik bekannte Methode des „Aussitzens“. Der Schwung der Kritik erlahmte, ihre wichtigsten Protagonisten beschäftigten sich mit anderen Themen, die ganze Diskussion zog sich aus der zentralen juristischen Arena in mehr oder weniger esoterische Zirkel zurück. Um den Vergleich mit den für die Gesellschaft wichtigsten, für den Einzelnen oder die Gemeinschaft schlechthin existentiellen Fragen nicht zu scheuen: Mit der Widerlegung des ptolemäischen Weltbildes waren auch die Fundamente der christlichen Religion zerbrochen, weshalb die Kirche aus ihrer Sicht völlig Recht daran tat, *Giordano Bruno* zu verbrennen und *Galileo Galilei* zum Widerruf zu zwingen, hierdurch den Triumph des kopernikanischen Weltbildes aber nicht aufhalten konnte. Ähnliche Zusammenbrüche vollzogen sich mit der Aufklärung, dem Siegeszug der empirischen Naturwissenschaften und zuletzt der Evolutionstheorie *Darwins* sowie – in der Wirkung nicht mehr durch Spiritualisierung der ursprünglich realsinnlichen Glaubenssätze eliminierbar – durch die historische und philologische Dekonstruktion der biblischen Texte. Indem die Institution der Kirche hierauf nicht reagierte, sondern auf das ohne ihre Dogmen unstillbare metaphysische Bedürfnis ihrer sterblichen Mitglieder vertraute, wurde diese fundamentale Religionskritik im Laufe der Zeit marginalisiert, und speziell die katholische Kirche konnte sogar wieder Dogmen wie die unbefleckte Empfängnis und die Himmelfahrt Mariens verkünden, die selbst im Mittelalter heillos umstritten gewesen waren. Ähnlich verhält es sich mit dem Prinzip der Erbmonarchie in der politischen Theorie, das seit der Zeit der Aufklärung und insbesondere der französischen Revolution endgültig kompromittiert war, aber jedenfalls bis in den ersten Weltkrieg hinein aufrechterhalten wurde und auch heute noch bezüglich einer freilich wesentlich geschrumpften Rolle des Staatsoberhauptes in etlichen Staaten Europas prolongiert sowie beispielsweise gegenüber den Regimen im Nahen Osten dazu be-

nutzt wird, als legitim geltende Monarchien von schärfstens abgelehnten Diktaturen abzugrenzen. In vergleichbarer Weise hat auch die herrschende Meinung in der Rechtstheorie mit der Theorie der objektiven Auslegung als ihrer Speerspitze lediglich warten müssen, bis sich der Brennpunkt der auf das Recht bezogenen gesellschaftlichen Diskurse anderswohin verlagert hat, nämlich zunächst durch die Konzentration auf inhaltliche Fragen wie in den 70er Jahren des vorigen Jahrhunderts auf die sozialliberalen Reformgesetze und in den 80er Jahren auf die bis dahin nur zum kleinen Teil eingelösten feministischen Forderungen auf völlige Gleichstellung der Geschlechter, schließlich von den 90er Jahren an mit der permanenten Machtausdehnung der EU auf europäische Fragestellungen. So steht das Dogma der objektiven Auslegung in der Rechtsprechung des Bundesverfassungsgerichts und der einfachen Gerichte ebenso wie in den Standardkommentaren und den Grundrissen für den juristischen Nachwuchs nach wie vor als Koloss da, der aber nicht einmal auf tönernen, sondern auf gar keinen Füßen steht und darüber hinaus fast ein Anencephalos ist, weil er den Erkenntnisfortschritt in der Rechtstheorie durch die sprachanalytische Philosophie weder begreifen will noch kann.

5. Wegen dieser weiterhin von den unser Rechtssystem beherrschenden Kräften betriebenen Petrifizierung eines obsoleten juristischen Weltbildes darf ich mich in den jeden Menschen manchmal heimsuchenden Momenten einer träumerischen Hybris als ein nur scheinbar mutigerer Nachfahre *Galileis* fühlen, der zwar das „Eppur si muove" nicht nur halblaut vor sich hin spricht, aber mit der Edition dieses Bandes auch nicht das Risiko des Scheiterhaufens, sondern nur des für unsere Zivilisation charakteristischen Totschweigens eingeht. Jedenfalls weiß ich mich aber gegen den Vorwurf der überflüssigen Publikation alter Kamellen gefeit, solange ich für die Propagandisten der objektiven Auslegungstheorie noch hoffen kann, aus ihrem Meer des Irrtums aufzutauchen.

III. Wider die Rückschrittspropaganda

Die Grundgedanken des ersten Teils werden in den sich anschließenden neun kleineren Teilen in viele Richtungen hin weiterentwickelt. Wegen der Virulenz, mit der in den letzten Jahren die von mir so genannte „Rückschrittspropaganda" gerade von sich modern und weltläufig gebärdenden Autoren verbreitet wird, die in ihren Allgemeinplätzen in Wahrheit auf die Unkenntnis ihrer Leser über die Diskursstrukturen einerseits des nicht nur, aber vor allem in Deutschland verwirklichten, von mir so genannten „mos analytico-philosophicus civitatis juris", andererseits der weitaus kürzeren und gröberen common-sense-Ableitungen im common law spekulieren, habe ich meine nicht nur, aber vor allem in einer Reihe von Festschriften und damit unter der durchschnittlichen Aufmerksamkeitsschwelle publizierte Antikritik in diesen Band vollständig aufgenommen und dabei gewisse Wiederholungen in Kauf genommen.

Eching am Ammersee, im September 2019 *Bernd Schünemann*

Inhalt

ERSTER TEIL Die vier Stufen der Rechtsgewinnung

Inhaltsverzeichnis

https://doi.org/10.1515/9783110648188-001

Einleitung: Ausgangspunkt und Ziel der Untersuchung

§ 1 Einführung in die heutige Problemsituation

I. Die Krise des Rechts und der Rechtswissenschaft

1. Man braucht weder Historiker noch Kulturphilosoph zu sein, um zu erkennen, daß unsere Zeit eine Periode der Umwälzungen ist, die sich auf praktisch allen gesellschaftlich relevanten Gebieten in immer neuen Krisen vollziehen. Daß das Recht als Schöpfung der Gesellschaft für die Gesellschaft wegen seines (auf den verschiedensten Gründen beruhenden)[1] besonderen Beharrungsvermögens oft die letzte Bastion der alten Ordnung darstellt, ist bekannt und hat sich auch in den vergangenen Jahrzehnten wieder erwiesen. Doch innerhalb von wenigen Jahren hat sich hier vieles gewandelt, und weil der Damm an dieser Stelle so lange gehalten hat, ist der letztlich unvermeidbare Erdrutsch um so plötzlicher und um so stärker eingetreten: Das seit längerer Zeit zu beobachtende Mißvergnügen vieler an der Justiz (vor allem an der Strafjustiz), an der Jurisprudenz (namentlich soweit sie mit dem Anspruch auf Wissenschaftlichkeit auftritt) und an dem Juristenstand (zumal an den „Organen der Rechtspflege")[2] ist in der jüngsten Zeit auch auf der wissenschaftlichen Bühne Deutschlands zu machtvoller Artikulation gelangt, die zunächst in der Auseinandersetzung um ein „politisches Recht", eine „politische Justiz" und eine „politische Jurisprudenz" gipfelte[3] und nunmehr in den Schriften zur Richtersoziologie einen neu-

---

1 Hier können nur zwei davon exemplarisch aufgeführt werden: erstens die Trägheit des Gesetzgebungsapparates, ohne dessen Mitwirkung in einem auf geschriebenen Normen basierenden Rechtssystem umfassende Neuorientierungen selten möglich sind; und zweitens die Rekrutierung des Rechtsprechungspersonals aus vorwiegend konservativen Schichten, wodurch die dem Justizapparat schon von seiner Konzeption her anhaftende Schwerfälligkeit noch verstärkt und auch jede partielle Neuorientierung erschwert wird. Zur Bewertung dieses für die Gesellschaftsstabilisierung wichtigen Beharrungsvermögens vgl. u. S. 158, 161 ff.

2 Zu denen außer den Richtern und Staatsanwälten auch die Rechtsanwälte zu zählen sind, wie nicht nur vom Gesetzgeber in § 1 BRAO programmatisch verkündet worden ist, sondern auch durch eine soziologische Betrachtung einsehbar zu machen wäre.

3 Die Diskussion entbrannte vor allem um Wiethölters „Rechtswissenschaft", die aus dem „Unbehagen am Recht" (S. 26 ff.) und einer engagierten Verwerfung aller naturrechtlichen Bestrebungen (S. 42 ff.) zu einer politisch-praktischen Jurisprudenz zu gelangen versucht (S. 67). Zu den Unvollkommenheiten dieses Ansatzes vgl. Schwerdtner, ZRP 1969, 136 ff. (mit einer die eigene Zielsetzung einschränkenden Replik von Wiethölter, ZRP 1969, 155 ff.); Kramer, ZRP 1970, 82 ff.; Roellecke, Festschr. f. Gebhard Müller, S. 338 mit Fn. 48; Fikentscher, Rechtswis-

https://doi.org/10.1515/9783110648188-002

en Höhepunkt erreicht zu haben scheint.[4] Das herkömmliche Selbstverständnis von Rechtsprechung und Rechtsdogmatik wird durch diesen Generalangriff der Soziologie auf die Jurisprudenz in seinem Lebensnerv getroffen, und besonders die jahrhundertealte Unbefangenheit der Strafrechtspflege und ihrer Wissenschaft ist unter den gegen sie geführten Schlägen ins Wanken geraten: Die Strafjustiz, die nach klassischem idealistischen Verständnis die „Negation der Negation des Rechts"[5] verbürgte, wird als „Kanalisierung kollektiver Aggressionen" decouvriert.[6] Dem gegenwärtig praktizierten Strafverfahren, das nach den herkömmlichen Anschauungen zur Sittlichkeit nicht nur in Beziehung stehen,

---

senschaft, S. 7 ff.; Oehler, Gutachten, S. 92 ff., 115 ff.; und zuletzt wieder Schwerdtner, Rtheorie 1971, 88 ff. Eine Fortentwicklung von Wiethölters Gedanken hat vor allem auf dem Justizsektor stattgefunden (vgl. nur Berra (alias Rasehorn), Paragraphenturm, S. 135 ff.; Rasehorn-Ostermeyer-Huhn-Hasse, Im Namen des Volkes, S. 15 ff.; Wassermann (Hrsg.), Establishment, mit Beiträgen u. a. von Wassermann, S. 35 ff., und Wiethölter, S. 3 ff.; Sonnemann (Hrsg.), Justiz, mit Beiträgen u. a. von Ostermeyer (S. 31 ff.); Wassermann (Hrsg.), Justizreform, mit Beiträgen u. a. von Wassermann (S. 11 ff.) und Rasehorn (S. 32 ff.); ders., Reform, S. 49 ff., 93 ff.; ders., Richter, S. 17 ff.; zuletzt Ostermeyer, Zeitbombe, vor allem S. 45 ff., 111 ff.) und berührt sich hier mit der modernen Richtersoziologie (vgl. Fn. 4).

4 Auch hier können nur die wichtigsten Stationen eines Weges genannt werden, der zu immer radikaleren Fragestellungen geführt hat: Dahrendorf, Gesellschaft, S. 176 ff., legte mit der Einordnung der Richtersoziologie bei der „Soziologie der deutschen Oberschicht" bereits die Grundlage für die Rezeption der marxistischen Klassenjustiztheorien durch die bürgerliche Wissenschaft. Kaupen, Hüter, S. 57 ff., 63 ff.; und Kaupen-Rasehorn, Justiz, S. 52 ff., 154 ff., haben von lern- und milieutheoretischen Ansätzen aus die bereits oben in Fn. 1 angedeutete Beharrungstendenz der Rechtspflegeorgane erklärt und empirisch abgesichert. Lautmann, Justiz, S. 23 ff., 81 ff., 107 ff., hat diese Ansätze durch eine entscheidungssoziologische Untersuchung ergänzt und dabei vor allem einen beängstigenden Rationalitätsmangel konstatiert, der durch die Verwendung von Alltagstheorien (S. 57 ff.), Klassenjustiz (S. 141 f.) und schablonenhafte Argumentationsfiguren (S. 153) markiert wird. Rottleuthner hat schließlich unter Weiterführung früherer Arbeiten (vor allem in KritJ. 1969, 1 ff.; 1970, 283 ff.; 1971, 60 ff.) und unter Einbeziehung der verschiedensten soziologischen (behavioristischer, rollentheoretischer, systemtheoretischer) und auch psychoanalytischer Ansätze die Rationalität des richterlichen Entscheidungsprozesses am radikalsten in Frage gestellt und die faktisch wirksamen Konsensmechanismen überwiegend auf geläuterte Theoreme der Klassenjustiz, nämlich auf die einheitliche Rekrutierung und Professionalisierung der Juristen, zurückgeführt (vgl. Handeln, S. 165 ff., 196; vgl. auch neuestens Rottleuthner, Rechtswissenschaft, S. 52 ff., 60 ff., 178, 267).

5 Vgl. Hegel, Grundlinien, S. 198 (§ 104).

6 Und zwar mit Hilfe des der Psychoanalyse entlehnten Denkmodells der Sündenbockprojektion, das sich im Prinzip schon bei Freud (Totem, S. 82 f.) und in den klassischen psychoanalytischen Kriminalitätsuntersuchungen findet (vgl. Alexander-Staub, Verbrecher, S. 383 ff.; Reik, Geständniszwang, S. 127 ff.; Reiwald, Gesellschaft, S. 204 ff.) und heute zunehmende Anerkennung genießt (vgl. nur Mergen, Kriminologie, S. 86 ff.; Naegeli, Strafrecht, S. 50 ff.; Ostermeyer, ZRP 1970, 241 ff.; ders., Strafrecht, S. 33 f.; ders., Strafunrecht, S. 18 ff.; Mechler,

sondern selbst „ein sittlicher Vorgang“ sein sollte,[7] wird vorgeworfen, daß es wegen seiner „asymmetrischen“ (d. h. verzerrten) Kommunikationssituation von allem Anfang an einen pathologischen Prozeß darstelle, der die Herstellung von Intersubjektivität zwischen den Kommunikationspartnern (den Prozeßbeteiligten) ausschließe und jegliche Legitimationswirkung des Verfahrens für das Verfahrensergebnis verhindere.[8] Die juristische Dogmatik, der man nachgerühmt hat, daß sie „die ewigkeitsgerichteten Kräfte und Werte eines Volkes“ erforsche,[9] wird nicht nur als unwissenschaftliche Willkürterminologie, sondern auch als bei der richterlichen Rechtsfindung irrelevante Spiegelfechterei verstanden.[10] Und der Juristenstand selbst wird schließlich in seinen anerzogenen Vorurteilen, in seiner ideologieverhafteten Ausbildung und in seinem gegen jegliche Kritik immunisierten Selbstverständnis analysiert und disqualifiziert.[11]

2. a) Parallel zu dieser umfassenden Infragestellung unseres äußeren Rechtssystems ist auch der inhaltliche Zustand unserer Rechtsordnung in das Kreuzfeuer einer Kritik getreten, der es nicht um „technokratische Randkorrekturen“, sondern um eine Neufestlegung der die einzelnen Rechtsgebiete insgesamt bestimmenden Grundprinzipien geht. Als eines der fruchtbarsten Wirkungsfelder der in den letzten zehn Jahren in unserer Gesellschaft entbundenen reformatorischen Impulse und Potenzen kann schon heute der gesamte Bereich des Kriminalrechts angeführt werden, auch wenn die Neuorientierung hier noch längst nicht abgeschlossen scheint: Im materiellen Strafrecht sind die meisten der in den Fünfziger Jahren neu etablierten konservativen weltanschaulichen Positio-

---

ZRP 1971, 1 ff.; Rottleuthner, Handeln, S. 118). Zu den Grenzen dieses Ansatzes vgl. Hassemer, Theorie, S. 160 f.

7 Peters, Strafprozeß, S. 39.

8 Rottleuthner, Rechtswissenschaft, S. 158 ff.; vorher schon in KritJ 1971, 81 ff., und in Handeln, S. 196 f.; vgl. ferner die empirischen Untersuchungen von Winter-Schumann, Sozialisation, S. 542 ff., und Analyse, S. 174 ff. Vgl. ferner bereits Alexander-Staub, Verbrecher, S. 222 f., 226; Reiwald, Gesellschaft, S. 68 f., 221; Bohne, ZStW 47, 439, 445; ferner Ostermeyer Strafrecht, S. 71 ff.; Schumann-Winter, Hauptverhandlung, S. 191 ff.; Peters, Richter, S. 108 ff.

9 Sauer, Methodenlehre, S. 431.

10 Vgl. die noch relativ gemäßigten Ausführungen von Krawietz, JuS 1970, 430 f. und von Adomeit, Methode, S. 220; Andeutungen bei Wiethölter, Rechtswissenschaft, S. 72 f.; umfassend und radikal nunmehr Rottleuthner, Handeln, S. 30 ff., 51 ff., 104 ff., 124 ff., 195 f.; Rechtswissenschaft, S. 177 ff.

11 Vgl. die Nachw. in Fn. 4 sowie Feest, Bundesrichter, S. 95 ff.; Zwingmann, Soziologie, S. 14; Weyrauch, Gesellschaftsbild, S. 304 ff.; Opp-Peuckert, Ideologie, S. 52 ff.; Böhme (Hrsg.), Hintergründe, vor allem S. 1 ff. (Rasehorn) und S. 31 ff. (Schmid); abwägend jetzt Richter, Herkunft, S. 45 ff.

nen in den Strafrechtsreformgesetzen[12] einem gemäßigten Rationalismus gewichen, der – trotz vieler Halbheiten und Kompromisse – insgesamt dem Gedankengut des Alternativentwurfes[13] verpflichtet ist und damit freilich allen Forderungen nach einer radikalen Umgestaltung unseres geltenden Strafrechts in Richtung eines reinen Maßnahmenrechts[14] eine entschiedene Absage erteilt hat. Das gleiche gilt für den Strafvollzug, der nunmehr die Sozialisation des Delinquenten eindeutig in den Vordergrund rückt,[15] ohne jedoch von dem von den radikaleren Reformern berufenen Paradoxon der „Erziehung zur Freiheit in Unfreiheit"[16] loszukommen.

b) Eine merkwürdige Stellung in diesem wohltemperierten Reformkonzert nimmt hingegen das Strafprozeßrecht ein. Vielleicht wegen seiner – bei vordergründiger Betrachtung – technokratischen Natur („formelles Recht") sind die spärlichen Forderungen der Neuen Linken, die „asymmetrische Kommunikationssituation" des Strafprozesses zu einer „Round-table-Diskussion" zu entzerren, hier ziemlich ungehört verhallt,[17] und die Haftnovelle vom 7. 8. 1972[18] und der Entwurf zu einem Ersten Strafverfahrensrechtsreformgesetz[19] forcieren ohne nennenswerten öffentlichen Protest den Abbau rechtsstaatlicher Kaute-

12 1. Strafrechtsreformgesetz vom 25. 6. 1969 (BGBl. I S. 645); 2. Strafrechtsreformgesetz vom 4. 7. 1969 (BGBl. I S. 717); 3. Strafrechtsreformgesetz vom 20. 5. 1970 (BGBl. I S. 505); 4. Strafrechtsreformgesetz vom 23. 11. 1973 (BGBl. I S. 1725); den vorläufigen Abschluß bringt das 5. Strafrechtsreformgesetz mit einer auf die ersten drei Schwangerschaftsmonate befristeten Freigabe der Abtreibung und das EGStGB mit einer detailreichen Reformierung des Besonderen Teils (vom 2. 3. 1974 – BGBl. I S. 469); zur Problematik dieses Gesetzes vgl. Dencker, Zielinski, Dornseifer, Siegert, Britsch, Schöne und Arm. Kaufmann, JZ 1973, 144, 193, 267, 308, 351, 446, 494 ff.).

13 Vor allem im Allgemeinen Teil, wo sich der Alternativentwurf in erheblichem Umfange durchsetzen konnte, vgl. nur §§ 36, 40, 69 AE und §§ 47, 56, 65 StGB i. d. F. des 2. StrRG.

14 Vgl. Gramatica, Grundlagen, S. 197 ff.; ferner etwa auch Nedelmann in Nedelmann-Thoss-Bacia-Ammann, Kritik; vermittelnd Ancel, Sozialverteidigung, S. 282 ff., und dazu Melzer, Sozialverteidigung, S. 88 ff.; ders., JZ 1970, 766 f.

15 Vgl. §§ 2 f. des Entwurfs für das StVollzG (BT-Drucksache 7/918).

16 Vgl. dazu den Sammelband von Busch und Edel mit dem programmatischen Titel „Entziehung zur Freiheit durch Freiheitsentzug".

17 Zur Kritik vgl. die Nachw. oben in Fn. 8; wie bei einem staatlichen Eingriffsverfahren überhaupt eine symmetrische, d. h. auf echter Gleichberechtigung beruhende Kommunikationssituation hergestellt werden soll, weiß natürlich auch Rottleuthner nicht anzugeben – womit sich seine Polemik eigentlich von selbst entlarvt.

18 BGBl. I S. 1361. Die wichtigste und problematischste Neuerung besteht in der umfassenden Regelung der Vorbeugehaft in dem neu eingefügten § 112 a StPO.

19 BT-Drucksache 7/551. Von den zahlreichen Änderungsvorschlägen erscheinen die Abschaffung der Voruntersuchung, die Ausdehnung der staatsanwaltschaftlichen Zwangsbefugnisse und die de-facto-Abschaffung des Schwurgerichts am gravierendsten.

len und Freiräume, die noch vor wenigen Jahren als unantastbar gelten konnten.[20] Selbst die gegenwärtigen Hauptreformanliegen, die Neugestaltung der Hauptverhandlung und des Rechtsmittelrechts,[21] halten mit den modernen Tendenzen des materiellen Straf- und Strafvollzugsrechts nur eine höchst lockere Verbindung: Die Forderung nach einer Übernahme des anglo-amerikanischen Prozeßmodells[22] entspringt offenbar keinen sozialwissenschaftlichen Kommunikationstheorien, sondern einem aus den verschiedensten Quellen[23] gespeisten Rezeptionsbestreben. Die Reform des Rechtsmittelrechts schließlich ist erst wenig in das allgemeine politische Rampenlicht getreten und infolgedessen bisher eine Domäne der Praktiker aus allen Lagern geblieben; bei dem einschlägigen (z. T. allerdings schon wieder überholten)[24] Referentenentwurf des Bundesjustizministeriums ist sogar deutlich zu erkennen, daß die Rechtsmittelreform in inhaltlicher Hinsicht von dem Plan einer dreistufigen Gerichtsbarkeit präjudiziert zu werden droht,[25] der wiederum mit den substantiellen Quellen der großen Reformströmungen keine Verbindung hat und seine Popularität prima facie einer Art Zahlenmystik zu verdanken scheint.[26] Ein innerer Zusammenhang mit der Hinwendung des materiellen Strafrechts zu dem Sozialisationsprinzip ist lediglich bei dem Ruf nach dem Schuldinterlokut[27] festzustellen, doch gerade hier droht der praktische Ertrag wegen der häufigen Dop-

---

20 Das gilt vor allem für die Vorbeugehaft, deren geplante Einführung noch vor wenigen Jahren auf starken Protest stieß (vgl. Klug, ZRP 1969, 1 ff.; Baumann, JZ 1969, 134 ff.; Kern-Roxin, Strafverfahrensrecht, 11. Aufl., S. 147 f.; Roxin, ZStW 82, 1125 f.) und die jetzt allgemein gebilligt (vgl. etwa Kleinknecht, StPO, Nachtrag zur 30. Aufl., § 112 a Anm. 2 f.; zweifelnd Kern-Roxin, 12. Aufl., S. 147) und auch vom BVerfG ohne Bedenken sanktioniert wurde (vgl. BVerfGE NJW 1973, 1363).Zu den geplanten Einschränkungen der Justizförmigkeit s. i. ü. Kern-Roxin, Strafverfahrensrecht, S. 353 f.

21 Vgl. zum ersteren umfassend Herrmann, Reform, S. 110 ff. und zum letzteren vorerst nur die Denkschrift der BRAK.

22 Vgl. außer Herrmann, Reform, S. 358 ff., 439 ff., 472 ff.; Dahs, Reform, S. 14 ff., und Tröndle, DRiZ 1968, 125 ff.

23 U. a. aus der Rechtsvergleichung, dem Argwohn gegenüber dem mit Aktenkenntnis ausgestatteten, inquirierenden Richter und nicht zuletzt auch anwaltlichem Ehrgeiz (vgl. etwa Ruscheweyh, SchlHAnz 1959, 277 f.).

24 Vgl. Rudolph, ZStW 85, 462.

25 Die Dreistufigkeit soll nämlich zu einer generellen Hintereinanderschaltung von Berufung und Revision führen, vgl. i. e. den Referentenentwurf, S. 34 ff.

26 Zur Kritik s. vorerst nur Hanack, Aufbau, S. 186 ff.

27 Vgl. nur Blau und Fischinger, ZStW 81, 31 ff., 49 ff.; Blau, ZStW 82, 571 ff.; Dahs sen., NJW 1970, 1705 ff.; Römer, GA 1969, 333 ff.; Dahs jun., GA 1971, 353 ff.; Herrmann, Reform, S. 103 ff., 137 ff. m. zahlr. Nachw.; ferner (i. e. stark differenzierend) Kaiser, Strategien, S. 90 ff.; Horn, ZStW 85, 13 ff.; Kraus, ZStW 85, 355 f.

pelrelevanz der Schuld- und der Strafzumessungstatsachen[28] vergleichsweise bescheiden zu bleiben.[29]

II. Aufgabenstellung

1. Wenn wir uns in dieser Krise von Recht und Rechtswissenschaft gleichwohl an das Unterfangen einer Arbeit über Rechtsdogmatik wagen, so kann dafür die bloße – möglicherweise standesideologische – Überzeugung, daß der Versuch einer wissenschaftlichen Rechtsfindung angesichts der ständigen Schrumpfung der gesellschaftlichen Generalkonsense in den fundamentalen Wertungsfragen heute nötiger denn je ist, als Legitimationsgrundlage nicht mehr ausreichen. Nach den Herausforderungen der letzten Jahre kann die juristische Dogmatik nicht länger selbstgenügsam betrieben werden, sondern sie muß sich den Herausforderungen stellen, und das heißt: Den dogmatischen Untersuchungen müssen metatheoretische Überlegungen über die wissenschaftstheoretische Daseinsberechtigung und den wissenschaftspraktischen Wert der Rechtsdogmatik vorangehen!

2. Diese Hinterfragung der Rechtswissenschaft könnte grundsätzlich auf zweierlei Weise erfolgen: Man kann einmal untersuchen, ob und ggf. auf welche Weise eine wissenschaftliche Rechtsfindung überhaupt möglich ist (wissenschaftstheoretische Fragestellung), und man kann zum anderen erforschen, inwieweit eine etwa mögliche wissenschaftliche Rechtsdogmatik in der Rechtspraxis überhaupt Durchsetzungschancen besäße (soziologische Fragestellung). Wir wollen uns hier auf die erste, fundamentalere Aufgabe beschränken und die entscheidungssoziologische Fragestellung weitestgehend ausklammern; denn schon die juristische Wissenschaftstheorie birgt so viele Probleme, daß eine inhaltliche Beschränkung unserer metadogmatischen Erörterungen unerläßlich ist, wenn diese über unfruchtbare Abbreviaturen nennenswert hinausgeführt werden sollen. Und da außerdem die dogmatische Arbeit des Rechtswissenschaftlers nur die Klärung der wissenschaftstheoretischen und nicht auch der

28 Dazu in anderem Zusammenhang umfassend Grünwald, Teilrechtskraft, S. 142 ff. sowie in JZ 1966, 106 ff.

29 Vgl. Heinitz, Zweiteilung, S. 835 ff.; Knittel, Zweiteilung, S. 215 ff.; ob diese Schwierigkeiten durch die Einführung eines Tat-Interlokutes (dafür Krauß, ZStW 85, 355 f.; Kaiser, Strategien, S. 92 f.; dagegen zuletzt Krey und Grünwald, ZStW 85, 454, 457) oder eines Tatschuld-Interlokuts (dafür Horn, ZStW 85, 15 ff. im Anschluß an die Überlegungen von Stratenwerth in Tatschuld, S. 15, 22) gebannt werden können, erscheint recht zweifelhaft, weil damit viele neue Probleme geschaffen würden und ein allzu großer Aufteilungseifer die Einheitlichkeit des Strafverfahrens gefährden könnte.

entscheidungssoziologischen Gegebenheiten voraussetzt, ist die hier festgesetzte Abschichtung auch von der Sache her gerechtfertigt.

3. Auf der anderen Seite wollen wir aber nicht darauf verzichten, auf der Grundlage unserer metadogmatischen Forschungen eine eigene rechtsdogmatische Untersuchung durchzuführen. Denn eine metatheoretische Arbeit bleibt wegen ihres hohen Abstraktionsgrades immer in gewisser Hinsicht blaß und überzeugungsschwach, solange sie nicht bis zur Diskussion konkreter Probleme hin fort- und dadurch auch in ihrer praktischen Relevanz vorgeführt wird. Und da die übliche Methode, diese Verknüpfung von Theorie und Praxis[30] an Hand mehr oder weniger disparater Beispiele zu bewerkstelligen, den offensichtlichen Nachteil besitzt, daß durch eine einseitige Auswahl der Beispiele fast jede Theorie scheinbar plausibel gemacht werden kann, verspricht die geplante Bewährung der Rechtsfindungstheorie an Hand eines konkreten Rechtsfindungsprojektes in mehrfacher Hinsicht nützlich zu sein. Wir werden daher im Rahmen der Erörterungen zur Rechtsfindungstheorie nur insoweit auf Beispiele zurückgreifen, als dies zum besseren Verständnis unbedingt geboten erscheint, und die Exemplifizierung im übrigen vollständig in den zweiten, dogmatischen Teil dieser Arbeit verlegen.

4. Die Auswahl des Rechtsgebietes, auf dem sich dann die Fruchtbarkeit unserer metadogmatischen Ansätze zu erweisen hat, haben wir bewußt mit dem Ziel einer möglichst hohen methodologisch-rechtstheoretischen Komplexität und unter Verzicht auf gesellschaftspolitische Brisanz vorgenommen. Wir haben daher die vom Gesetzgeber gerade erst neugeregelten Teilrechtsordnungen, das Strafrecht und das Strafvollzugsrecht, beiseite gelassen, weil die Rechtsfindung hier wegen der besonderen Aktualität der legislatorischen Entscheidung relativ am wenigsten problematisch sein dürfte.[31] Wir haben uns statt dessen für das Strafprozeßrecht und hier wiederum für das Recht der Revision entschieden, weil die politische Relevanz dieser Materie im umgekehrten Verhältnis zu ihrer seit je geringen gesamtgesellschaftlichen Resonanz steht und weil die Rechtsfindung in diesem Bereich wegen der hier noch heute vorzufindenden Diskrepanz zwischen einer seit fast hundert Jahren unveränderten Gesetzeslage und den modernen rechtspolitischen Forderungen besondere methodologische Probleme birgt. Dabei dürfte von vornherein klar sein, daß wir uns bei dem neuartigen Versuch, die dogmatische Untersuchung aus einer methodologischen Studie heraus und zu deren Bewährung und Exemplifizierung zu entwi-

30 Genauer: die Verknüpfung von Metatheorie und Theorie. Es bestehen aber auch keine Bedenken dagegen, die Theorie als die Praxis der Metatheorie zu bezeichnen.

31 Denn die historische Auslegung i. e. S., die unten in § 5 im einzelnen behandelt wird, besitzt in diesem Fall naturgemäß eine qualifizierte Prägnanz und Überzeugungskraft.

ckeln,[32] wegen der Unübersehbarkeit der in beiden Themen schlummernden Probleme jeweils auf die Grundzüge beschränken und die detaillierte Ausarbeitung künftigen Einzeluntersuchungen vorbehalten müssen.[33]

32 Von den (bisher seltenen) ähnlich angelegten Arbeiten ist vor allem Lüderssens „Erfahrung als Rechtsquelle" (1972) zu nennen.

33 In dieser Ausgabe der „Gesammelten Werke" wird die in der Habilitationsschrift vorgenommene Verbindung in der Weise aufgelöst, dass der rechtstheoretische Hauptteil I und die späteren, ihn inhaltlich fortführenden Einzeluntersuchungen im Band I zusammengefasst werden, während der strafprozessrechtliche Hauptteil II zusammen mit den ihn weiterführenden Einzeluntersuchungen als Band III publiziert wird.

Hauptteil: Die vier Stufen der Rechtsgewinnung

§ 2 Überblick über die wichtigsten wissenschaftstheoretischen Grundpositionen

I. Abgrenzungsfragen

1. Wenn wir im folgenden die die eigenen dogmatischen Argumentationsmuster bestimmenden Grundlagen und damit in gewisser Weise eine eigene „Theorie der Rechtsgewinnung“[1] zu entwickeln versuchen, so müssen wir vorweg eines klarstellen: So wenig wir unsere dogmatischen Forschungen heute, nachdem die lange Zeit stagnierende juristische Methodenlehre von der Rechtstheorie und der Rechtssoziologie her in Bewegung gesetzt worden ist, auf der früher üblichen Basis eines „methodologischen Generalkonsenses“[2] betreiben können, so wenig können wir auch daran denken, die gegenwärtige Diskussion zugleich umfassend und tiefschürfend aufzuarbeiten und weiterzuführen. Es kann uns daher um keine erschöpfende, sondern nur um eine exemplarische Behandlung der Rechtsgewinnungsprobleme gehen, und viele Fragen werden im Rahmen dieser Schrift unbeantwortet bleiben müssen. Dreierlei wollen wir aber auf jeden Fall erreichen: Wir wollen dem Vorwurf entgehen, daß der Begründungsregreß gerade an dem eigentlich kritischen Punkte abgebrochen werde und daß eine solche „Immunisierungsstrategie“ das Befangensein in den hergebrachten juristischen Standesideologien signalisiere; wir wollen einen möglichst plausiblen Ausweg aus den im vorigen Kapitel aufgeworfenen Fragenlabyrinth finden; und wir wollen zumindest die Explikation unseres methodologischen Vorverständnisses als erste Voraussetzung einer von unbewußten Vorurteilen so wenig wie möglich getrübten, rationalen Rechtsgewinnung erreichen. Dem Versuch, eine einigermaßen geschlossene Rechtsfindungstheorie zu entwickeln und mit Überzeugungskraft auszustatten, ist nicht nur dieser Teil, sondern das ganze Buch gewidmet; wir werden daher im rechtstheoretischen Teil viele Fragen nur abstrakt erörtern und die konkrete Exemplifizierung, wie bereits gesagt, dem zweiten Teile vorbehalten.

2. Um nicht in dem heute kaum noch überschaubaren Meer an rechtstheoretischen und -methodologischen Positionen und Publikationen zu versinken, wollen wir uns daher im folgenden vornehmlich auf die Diskussion der nach unse-

1 So der Titel von Krieles Schrift, die, 1967 erschienen, heute schon als ein Klassiker der modernen Methodenlehre anzusehen ist.

2 Für den etwa die Methodenlehre von Larenz (1. Aufl. 1960) repräsentativ war.

https://doi.org/10.1515/9783110648188-003

ren vorangegangenen Überlegungen für unsere dogmatische Arbeit wichtigsten Probleme beschränken: der „Wissenschaftlichkeit der Rechtswissenschaft" als Grundvoraussetzung für die Abgrenzung von Dogmatik und (herkömmlich nicht mit diesem Anspruch auftretender) Rechtspolitik; der anerkannten Fundamentalstrategien der Rechtsfindung (z. B. subjektive Auslegung und objektive Interessenbewertung) und der Problematik ihrer Stufenfolge als Grundvoraussetzung für die dogmatische Lösung praktischer Rechtsprobleme; und schließlich der Problematik einer Lösung konkreter Rechtsprobleme an Hand abstrakter Aussagen (z. B. über den Zweck der Revision). Zur Einführung in den heute so umstrittenen ersten Problemkreis wollen wir zunächst den augenblicklichen Diskussionsstand schildern und sodann einen eigenen Standpunkt zu entwickeln und zu begründen versuchen.

II. Die Wissenschaftlichkeit der Rechtsdogmatik im Lichte der Hermeneutik

1. Der Wissenschaftscharakter der dogmatischen Jurisprudenz, den schon Julius v. Kirchmann mit freilich wohl nicht durchschlagenden, vorwiegend den praktischen Lebensanschauungen entnommenen Argumenten angezweifelt hatte,[3] ist heute vor allem auf dem Hintergrund der das Bild der Geisteswissenschaften insgesamt bestimmenden Auseinandersetzung zwischen Hermeneutik und analytischer Philosophie problematisch geworden. Die vornehme Selbstgewißheit der Rechtswissenschaft, wie sie etwa die große Methodenlehre von Larenz[4] repräsentiert, fand ihren tiefsten Grund in dem die Geisteswissenschaften so lange unangefochten beherrschenden Absolutheitsanspruch der Hermeneutik, deren Linie von Dilthey über Heidegger zu Gadamer führt und die die juristische Methodenlehre gerade in den letzten Jahrzehnten zunehmend beeinflußt hat.

2. a) Wir können diese Linie hier nur in den allergröbsten Strichen nachzeichnen. Sie führt zunächst von Schleiermacher zum frühen Dilthey, die beide das „Verstehen", den Zentralbegriff der Geisteswissenschaften, als das Begreifen eines vorgegebenen Textes durch Einfühlen in eine fremde Psyche auffaßten, als ein divinatorisches Nachdenken gerade der Gedanken, die der Schöpfer des Textes selbst gehabt hatte, oder, m. a. W., als das einfühlende Nachleben eines Vor-erlebten.[5] Dieser im Grunde „psychologistische", subjektive Verste-

---

3 Vgl. Wertlosigkeit, S. 31 ff. und dazu Larenz, Unentbehrlichkeit, S. 8 ff.; ders., Methodenlehre, S. 44.

4 2. Aufl. 1969.

5 Vgl. Schleiermacher, Hermeneutik, S. 87 f., und zu Schleiermachers Hermeneutik eingehend Gadamer, Wahrheit, S. 172 ff.; Hruschka, Verstehen, S. 49 f.; insoweit irreführend Coing, Naturrecht, S. 28. Die psychologisierende Hermeneutik des frühen Dilthey (vgl. dazu Bollnow,

hensbegriff, dem in der Rechtswissenschaft die schon bei v. Savigny und noch bei Heck den Vorrang vor anderen Interpretationsformen besitzende subjektive, historische Auslegung entspricht[6] und der heute etwa noch in der Hermeneutik von Betti[7] eine erhebliche Rolle spielt, wurde in den unter dem Einfluß Hegels stehenden Untersuchungen des späten Dilthey ins Objektive gewendet; hier liegt die Wiege der modernen, die Geisteswissenschaften und insbesondere die Rechtswissenschaft bis heute beherrschenden Hermeneutik. Dilthey ging es später um das Verstehen des objektiven, von einem denkenden Subjekt gelösten, in symbolischen Zusammenhängen wie „Staaten, Kirchen, Institutionen, Sitten, Büchern, Kunstwerken"[8] gegebenen Geistes, in dem eigene Zusammenhänge sui generis verwirklicht seien, die der Geist des Interpreten nicht in psychologischer Einfühlung, sondern durch „Sinnverstehen" unmittelbar begreife: „Jede einzelne Lebensäußerung repräsentiert im Reich dieses objektiven Geistes ein Gemeinsames",[9] dessen geschichtlich festliegenden Sinn der Mensch auf Grund seiner eigenen Geschichtlichkeit, d. h. auf Grund seiner Einbettung in einen lebensgeschichtlichen Kommunikationsstrom, zu begreifen vermag;[10] „nur was der Geist geschaffen hat, versteht er".[11] Dieser Interpretationstheorie entspricht in der juristischen Methodenlehre die verbreitete Auffassung, daß das „Gesetz klüger sein könne als der Gesetzgeber",[12] d. h. cum grano salis die gesamten objektiven Auslegungstheorien: Das Gesetz wird als ein von seinem Schöpfer gelöster Teil des objektiven Geistes verstanden, dessen Sinn sich in den Wandlungen der Geschichte selbst wandelt und der daher vom Interpreten nur in seiner jeweiligen geschichtlichen Bedeutung erkannt werden kann.[13]

Dilthey, S. 212, 215) findet sich noch in seiner Arbeit über vergleichende Psychologie aus dem Jahre 1895/96, vgl. Schriften V, S. 263, wo Dilthey davon spricht, daß ein Erlebnis durch eine Transposition außer uns nachgebildet wird.

6 v. Savigny, Methodenlehre, S. 18 ff.; System, S. 213; Bierling, Prinzipienlehre, S. 230 ff., 256 ff.; Heck, Gesetzesauslegung, S. 48 f., 68 ff.; vgl. dazu auch Mennicken, Gesetzesauslegung, S. 19 ff.; Larenz, Methodenlehre, S. 9 ff., 53 ff.; Engisch, Einführung, S. 88 ff.

7 Vgl. nur Auslegungslehre, S. 158, 181 ff., 626 ff., 632 ff.; Hermeneutik, S. 13; ähnlich Enneccerus-Nipperdey, Allgemeiner Teil, S. 324 ff.; zum Wert der subjektiven Auslegung vgl. ferner neuestens Rüthers, Auslegung, S. 182 f.; Naucke, Festschr. f. Engisch, S. 274, 279 f.

8 Dilthey, Schriften VII, S. 84.

9 a. a. O., S. 146.

10 a. a. O., S. 278.

11 a. a. O., S. 148; vgl. zur Hermeneutik des späten Dilthey i. e. Gadamer, Wahrheit, S. 210 ff.; Habermas, Erkenntnis, S. 186 ff.; Bollnow, Dilthey, S. 202 ff., 212 ff.

12 Vgl. Radbruch, Rechtsphilosophie, S. 211; Engisch, Einführung, S. 90.

13 So die heute herrschende Meinung, vgl. die Nachweise bei Engisch, Einführung, S. 227, Anm. 96 a; Mennicken, Ziel, S. 24 ff.; Larenz, Methodenlehre, S. 32 ff.; Leibholz-Rinck, Grundgesetz, Einf. 1 (zur Rspr. des BVerfG). Zur Dimension der Geschichtlichkeit vgl. allgemein Arth. Kaufmann, Rechtsphilosophie, S. 4 ff.

Trotz dieser Abkehr vom Psychologismus hat Dilthey freilich bis zuletzt daran festgehalten, daß das „höhere Verstehen" durch einen Akt des „Sichhineinversetzens" (d. h. des „Nachbildens oder Nacherlebens") „in einen gegebenen Inbegriff von Lebensäußerungen"[14] erfolgt, was offenbar die Vorstellung einer mehr passiven Schau, der bloßen „Entzifferung"[15] eines irgendwie vorgegebenen Sinnes impliziert – so wie der Interpret ja auch nach der objektiven Auslegungstheorie des juristischen Gesetzes-Positivismus nur einen vorgegebenen, wenn auch verborgenen und möglicherweise vom Gesetzgeber selbst nicht erkannten Sinn des Gesetzes erschließt.[16]

b) Dieses hermeneutische Erfassen des objektiven Geistes sollte nun – und das stellt überhaupt das zentrale Anliegen Diltheys dar und zugleich die Verbindung zu unserer Ausgangsfrage nach der Wissenschaftlichkeit der Rechtsdogmatik her – nach Dilthey nicht der Ausdruck bloß subjektiven Vermeinens, sondern objektive, wissenschaftliche Erkenntnis sein, die in den Geisteswissenschaften – darum kreist Diltheys ganzes Lebenswerk – nur auf eine andere Weise – nicht durch das Erklären, sondern durch das Verstehen – erlangt werde als in den Naturwissenschaften. Dilthey erkannte auch bereits die Ursachen des Zweifels, dem die Objektivität der geisteswissenschaftlichen Erkenntnis damals wie heute ausgesetzt ist: erstens den Anteil der subjektiven Lebenserfahrungen und Vorurteile (kurz: des Vorverständnisses) des Forschers am hermeneutischen Prozeß, die daher durch ein „immer bewußteres und kritischeres" Vorgehen, durch „Reflexion und Zweifel" ausgeschaltet werden sollten[17] – wobei er aber offen ließ, wie das ohne Rest möglich sein sollte;[18] und zweitens den sog. hermeneutischen Zirkel, den Dilthey als die „zentrale Schwierigkeit aller Auslegungskunst" ansah und folgendermaßen kennzeichnete:

> Aus den einzelnen Worten und deren Verbindungen soll das Ganze eines Werkes verstanden werden, und doch setzt das volle Verständnis des einzelnen schon das des Ganzen voraus. Dieser Zirkel wiederholt sich in dem Verhältnis des einzelnen Werkes zu Geistesart und Entwicklung seines Urhebers, und er kehrt ebenso zurück im Verhältnis dieses Einzelwerkes zu seiner Literaturgattung. ... Theoretisch trifft man hier auf die Grenzen aller Auslegung ...: so bleibt alles Verstehen immer nur relativ und kann nie vollendet werden.[19]

---

14 Schriften VII, S. 213 f.

15 Gadamer, Wahrheit, S. 228.

16 Vgl. dazu vor allem Bergbohm, Jurisprudenz, S. 367 ff., ferner die Darstellung bei Larenz, Methodenlehre, S. 31 ff. und (um wenigstens den Hauptvertreter dieser Richtung im Strafrecht zu nennen) Binding, Handbuch I, S. 450 ff.

17 Dilthey, Schriften VII, S. 6, 137.

18 Vgl. Gadamer, Wahrheit, S. 218 ff.; Habermas, Erkenntnis, S. 223 ff.

19 Schriften V, S. 330. Das Zirkelproblem war schon Schleiermacher bekannt, vgl. Hermeneutik, S. 89 f.; ferner Gadamer, Wahrheit, S. 275 ff.; Habermas, Erkenntnis, S. 215 ff.; ders., Logik,

3. Vorurteil und Zirkel – darin drohte sich auch nach Dilthey die Objektivität der Geisteswissenschaften zu verflüchtigen. Den für die moderne Hermeneutik grundlegenden Ausweg aus diesem Dilemma fand erst Heidegger durch die Wendung der bisher methodologisch (d. h. als ein Erkenntnismittel) verstandenen Hermeneutik ins Ontologische (d. h.: ihr Verständnis als dem Menschen eigentümliche Seinsweise). Diese Ontologisierung des Verstehens, das für Heidegger als ein „Grundmodus des Seins des Seienden“,[20] als die ursprüngliche Vollzugsform des Daseins aufgefaßt wird, kann hier nicht weiter beschrieben werden, weil die dazu nötige Explikation von Heideggers esoterischem Begriffshimmel den vorgegebenen Rahmen sprengen würde;[21] wir müssen uns statt dessen auf die wichtigsten Konsequenzen dieser Lehre für die geisteswissenschaftliche Hermeneutik beschränken. Indem Heidegger das Verstehen nicht als eine irgendwie problematische Form der Erkenntnis begreift, sondern – umgekehrt – das ontologisch radizierte Verstehen als die Grundform auffaßte, von der sich das Alltagsverständnis, die geisteswissenschaftliche Hermeneutik und die naturwissenschaftliche Erkenntnis erst ableiteten,[22] verloren Vorverständnis und hermeneutischer Zirkel ihre bisherige Anrüchigkeit, denn Methoden kann man kritisieren, ontologische Vorgegebenheiten aber nicht! „Etwas als etwas begreifen wollen, setzt voraus, daß dieses in gewisser Hinsicht anvisiert wurde, was nur möglich ist, wenn in einem vorthematischen Verständnis bereits darüber verfügt wurde“[23] – das Vorverständnis ist danach also nicht erkenntnistrübend, sondern allererste Erkenntnisvoraussetzung! Und ebenso ist der hermeneutische Zirkel keine unvermeidbare Unvollkommenheit, sondern das Erkenntnismedium katexochen: „Das entscheidende ist nicht, aus dem Zirkel heraus-, sondern in ihn nach der rechten Weise hineinzukommen. Dieser Zirkel ist ... der Ausdruck der existenzialen Vor-struktur des Daseins selbst“.[24]

S. 263 f.; Braun, Hermeneutik, S. 205 f.; Apel, Transformation I, S. 373 ff.; Betti, Auslegungslehre, S. 220 ff. m. zahlr. Nachw.; aus der rechtstheoretischen Literatur vor allem Arth. Kaufmann, Rechtsphilosophie, S. 366; Festschr. f. Gallas, S. 17 ff.; Esser, Vorverständnis, S. 119 ff.; Hassemer, Tatbestand, S. 101 ff.

20 Sein und Zeit, S. 143.

21 Vgl. dazu Gadamer, Wahrheit, S. 240 ff.; Braun, Hermeneutik, S. 205 ff.; Apel, Transformation I, S. 276 ff.; Albert, Traktat, S. 137 ff.; Stegmüller, Hauptströmungen, S. 135 ff., bes. S. 156 f., 165 f.

22 Vgl. Sein und Zeit, S. 153: Das (naturwissenschaftliche) Erkenntnisideal ist „selbst nur eine Abart von Verstehen ..., die sich in die rechtmäßige Aufgabe einer Erfassung des Vorhandenen in seiner wesenhaften Unverständlichkeit verlaufen hat“. Vgl. dazu ferner Gadamer, Wahrheit, S. 245 ff., aber auch die Kritik von Betti, Auslegungslehre, S. 166 ff.

23 So die Zusammenfassung von Stegmüller, Hauptströmungen, S. 166.

24 Heidegger, Sein und Zeit, S. 153; ferner eingehend ebenda, S. 314 ff.

4. a) Es liegt auf der Hand, daß mit diesen Thesen, sofern man sie anerkennt, die Wissenschaftlichkeit der Hermeneutik ein für allemal gesichert ist; denn was notwendige Bedingung aller Erkenntnis ist, kann man nicht gut zur Begründung der Behauptung verwenden, daß die Hermeneutik keine objektiv wahren Aussagen zu liefern vermöge.[25] Welche neuen Horizonte Heidegger damit der Hermeneutik eröffnet hat, zeigt die seine Gedanken fortführende und zu einem vorläufigen Abschluß bringende Arbeit Gadamers.[26] Gadamer löst das Verstehen eines Textes vollständig „von dem Okkasionellen" ab, „das der Verfasser (scil. dieses Textes) und sein ursprüngliches Publikum darstellen", und zwar nicht, weil es gelte, den Verfasser „besser" zu verstehen als dieser sich selbst, sondern weil der „wirkliche Sinn eines Textes, (so) wie er den Interpreten anspricht, ... immer auch durch die geschichtliche Situation des Interpreten mitbestimmt" sei, so daß man notwendig „anders versteht, wenn man überhaupt versteht". „Daher ist Verstehen kein nur reproduktives, sondern stets auch ein produktives Verhalten".[27] In dem Verstehensprozeß soll die kritische Distanz des Forschers aufgehoben werden zugunsten der „Zugehörigkeit des erkennenden Subjekts zum Objekt der Erkenntnis",[28] so daß das hermeneutische Geschehen „nicht unser Tun an der Sache, sondern das Tun der Sache selbst" sei.[29] Und dieses hermeneutische Geschehen, das sich in dem Medium der Sprache vollzieht,[30] soll keine dezisionistische Setzung darstellen, sondern ein universelles Modell der Erkenntnis sein, das die Wahrheit durch eine Disziplin des Fragens und des Forschens auch dort verbürgt, wo der Gebrauch wissenschaftlicher Methoden zur Wahrheitsgarantie nicht genüge.[31]

b) Die besondere Bedeutung Gadamers für unsere Frage nach der Wissenschaftlichkeit der Rechtswissenschaft liegt nun darin, daß er mit der oben skizzierten Konzeption die Brücke geschlagen hat von der allgemeinen geisteswis-

25 Wir setzen hier wie auch späterhin Wissenschaft und methodisches Streben nach objektiver Wahrheit gleich. Eine weitere Problematisierung des Wissenschaftsbegriffs ist für die Zwecke unserer Arbeit nicht erforderlich, und außerdem dürfte es auch der heute h. M. entsprechen, „Wissenschaft" als das „Streben nach Wahrheit an Hand intersubjektiv überprüfbarer Kriterien" zu definieren (vgl. etwa Lay, Wissenschaftstheorie I, S. 92; v. Savigny, überprüfbarkeit, S. 10 f.; Leinfellner, Einführung, S. 22 f.; Stegmüller, Hauptströmungen, S. 348, 351 f.; Popper, Logik, S. 20 f.; Kraft, Erkenntnislehre, S. 368 f.; ders., Einführung, S. 50 f.) – wobei natürlich auch diese Formel wieder mannigfaltige Probleme aufwirft, die wir aber an dieser Stelle noch beiseite lassen können.

26 Wahrheit und Methode (3. Aufl. 1972).

27 Wahrheit, S. 280.

28 Wahrheit, S. 434 f.

29 Wahrheit, S. 439.

30 Dazu eingehend Gadamer, Wahrheit, S. 361 ff., 415 ff.

31 Wahrheit, S. 464 f.

senschaftlichen zu der speziellen juristischen Hermeneutik, die für ihn sogar „exemplarische Bedeutung“ besitzt,[32] weil sie kein steriles, von der Applikation (d. h. der praktischen Anwendung) des Verständnisses auf einen konkreten Fall getrenntes Verstehen kenne[33] und weil sie dem „Rechtsgedanken“ des Gesetzes nicht durch historistische oder psychologistische Verkürzungen, sondern durch seine Vermittlung mit der Gegenwart (d. h. durch ein immer neues Anders-Verstehen) entspreche.[34] Zwar liegt es nahe, daß Gadamer der genuin historischen Hermeneutik dadurch, daß er sie ebenfalls über den juristischen Leisten schlagen will, irgendwie Gewalt antut,[35] aber das spielt in diesem Zusammenhang keine Rolle. Für uns allein wichtig ist, daß Gadamer mit seiner „produktiven Hermeneutik“ eine Begründung dafür anbietet, daß der Wissenschaftscharakter der Rechtsdogmatik auch nach der Verabschiedung des Gesetzespositivismus fortbesteht. Denn während die Orientierung der Rechtswissenschaft am Wahrheitsbegriff so lange außer Zweifel stehen mußte, wie die Rechtsfindung als Auffindung einer zwar verborgenen, aber im Gesetz doch irgendwie schon enthaltenen Regel verstanden wurde,[36] mußten hieran in dem Augenblick ernste Zweifel entstehen, als man erkannte, daß das Gesetz selten mehr als ein „Halbfabrikat“ sein kann, aus dem die individuelle Fallentscheidung nicht durch automatische Subsumtion abgeleitet, sondern nur durch schöpferische Konkretisierung entwickelt werden kann.[37] Der Gefahr, daß die

---

32 Wahrheit, S. 307 ff.
33 Wahrheit, S. 292.
34 Wahrheit, S. 292, 311.
35 Vgl. Betti, Hermeneutik, S. 38 ff.; Auslegungslehre, S. 183 f., 492 f. Fn. 4 a; Larenz, Methodenlehre, S. 327 Fn. 1; Wieacker, Notizen, S. 19; vgl. ferner zum Streit um die ontologische Hermeneutik Krüger, Verhältnis, S. 18 ff. und die Auseinandersetzung zwischen Gadamer und der Kritischen Theorie: Habermas, Logik, S. 253 ff., 281 ff.; Universalitätsanspruch, S. 73 ff.; Giegel, Reflexion, S. 245 ff., 275 ff.; Apel, Szientismus, S. 131 ff.; Szientistik, S. 31 ff.; Rottleuthner, Handeln, S. 38 ff. auf der einen Seite und Gadamer, Rhetorik, S. 65 ff.; Wahrheit, S. 482 ff., 518 ff.; Schulz, Anmerkungen, S. 309 ff.; Bubner, Philosophie, S. 325 ff. auf der anderen Seite.
36 Vgl. die Nachw. zum klassischen Gesetzespositivismus oben in Fn. 16.
37 Diese Auffassung darf heute als Allgemeingut der juristischen Methodenlehre angesehen werden und ist auch früher schon vielfach vertreten worden, vgl. nur Radbruch, Rechtsphilosophie, S. 210 ff.; Larenz, Methodenlehre, S. 342 ff.; ders., NJW 1965, 1; Esser, Grundsatz, S. 287 f.; Betti, Auslegungslehre, S. 641 ff.; Arth. Kaufmann, Rechtsphilosophie, S. 302 ff., 365 u. ö.; ders., Festschr. f. Larenz, S. 34, 37; Kaufmann-Hassemer, Grundprobleme, S. 69 ff. m. w. N.; Esser, Vorverständnis, S. 44 f., 118 ff. und passim; ders., AcP 172, 112 und passim (zum Wert einer Dogmatik überhaupt); Forsthoff, Recht, S. 26 ff. m. w. N.; Hassemer, Tatbestand, S. 84 ff., 96 ff. und passim; Engisch, Einführung, S. 57 f.; Coing, Rechtsphilosophie, S. 327 ff. = Methodenlehre, S. 39 ff.; Simitis, AcP 117, 139 ff.; Venzlaff, Gesetzesanwendung, S. 36 f., 51, 62 und passim; Kriele, Rechtsgewinnung, S. 60 ff.; Müller, Methodik, S. 112 ff.; Wieacker, Rechtsdogmatik, S. 318 f., 323 ff.; Rupp, NJW 1973, 1772 ff.; Frisch, NJW 1973, 1348 f.; Haverkate, ZRP

Rechtswissenschaft sich dementsprechend in einem Dezisionismus verflüchtigt, kann nun von der Hermeneutik Gadamers her durchschlagend gesteuert werden: Wird doch nach ihr in der nicht bloß reproduktiven, sondern produktiven Tätigkeit des Dogmatikers ein „universales Modell der Erkenntnis" realisiert, das „Wahrheit auch dort noch verbürgt, wo der Gebrauch wissenschaftlicher Methoden zur Wahrheitsgarantie nicht genügt".[38]

5. a) So konvergieren denn auch alle modernen Versuche, die Wissenschaftlichkeit der Jurisprudenz insgesamt zu begründen, in einer ontologischen Hermeneutik Heidegger-Gadamerscher Provenienz, mögen sie nun unabhängig von Gadamer unternommen worden sein, mögen sie ihm stillschweigend folgen oder sich auch ausdrücklich auf ihn berufen. Die Methodenlehre von Larenz basiert etwa ausdrücklich auf der Konzeption, daß das abstrakte Gesetz auf den konkreten Fall nicht deduktiv „angewendet", sondern erst durch dessen Entscheidung vollständig verstanden, zu Ende geführt werde,[39] und hält zugleich an dem Wissenschaftscharakter der Rechtsdogmatik fest.[40] Die Vereinbarkeit dieser Positionen beruht bei Larenz auf der Vorstellung, daß die Konkretisierung der Rechtsnormen durch die Entfaltung konkret-allgemeiner Begriffe im Sinne Hegels erfolge[41] – und damit kommt seine Methodologie in wesentlichen Punkten auf das gleiche hinaus wie die ontologische Hermeneutik, die ja, wie wir gesehen haben, die Sinnentfaltung ebenfalls als ein „Tun der Sache selbst" auffaßt.

1973, 282 f. Man könnte diese Liste natürlich noch seitenlang fortsetzen, aber das dürfte sich hier erübrigen, denn wenn man von überholten oder besonders konservativen Positionen absieht (Relikte der Begriffsjurisprudenz finden sich etwa noch bei Schwinge, Begriffsbildung, S. 69; Krüger, Staatslehre, S. 696, 707, 794), so findet man eigentlich sonst nur noch Auffassungen, die den fragmentarischen Charakter des Gesetzesrechts noch mehr betonen oder sogar verabsolutieren (vgl. etwa die Freirechtsschule – zahlr. Nachw. bei Arth. Kaufmann, Rechtsphilosophie, S. 251 ff.; Moench, Freirechtsbewegung, S. 25 ff., 33 ff. –, die angelsächsische analytische Rechtstheorie – etwa Hart, Concept, S. 120 ff. –, die soziologisch orientierten Rechtstheorien – zahlr. Nachw. bei Rottleuthner, Handeln, S. 65 ff., 71 ff., Weiss, Entscheidungstätigkeit, S. 46 ff., 58 ff., 86 ff., Casper, Realismus, S. 14 ff., 43 ff., und Reich, Jurisprudence, S. 44 ff. –, die Ansätze zu einer „kritisch-rationalen Jurisprudenz" bei Albert, in: Albert-Luhmann-Maihofer-Weinberger, Jahrbuch II, S. 80 ff., 109 ff.; Schwerdtner, Rtheorie 1971, 229 ff.; Adomeit, Rechtsquellenfragen, S. 24 ff. – und schließlich die Topik – grundlegend Viehweg, Topik, S. 95 ff.). Auch die vor allem von Canaris, Systemdenken, S. 141 ff., und Diedrichsen, NJW 1966, 697 ff. unternommene Verteidigung des Systemdenkens gegenüber dem Problemdenken bedeutet nichts weniger als eine Rückkehr zur Begriffsjurisprudenz, sondern schirmt nur den Wissenschaftscharakter der juristischen Hermeneutik gegen radikalere Angriffe ab. Vgl. ferner zuletzt Arth. Kaufmann, Festschr. f. Peters, S. 299 ff. m. w. N.

38 Wahrheit, S. 464 f.

39 Methodenlehre, S. 113 ff., 325 ff., 342 f.

40 Methodenlehre, S. 6.

41 Methodenlehre, S. 476 ff.; ähnlich Roxin, Täterschaft, S. 580 ff.

Esser hat eine ganze Theorie der Rechtsgewinnung aus dem Vorverständnis und dem hermeneutischen Zirkel zu entwickeln versucht – wenn auch mit rationalistischen Beimengungen, auf die wir noch zu sprechen kommen müssen.[42] Arthur Kaufmann geht von der Geschichtlichkeit des Rechts aus,[43] das nicht etwa in dem abstrakten Gesetz, sondern in der konkreten Entscheidung vollzogen werde, die wiederum das Gesetz zwar zur Voraussetzung habe, aber nicht in dessen einfacher „Anwendung", sondern in dem richtigen „In-die-Entsprechung-Bringen", der „Angleichung" von Norm und konkreter Situation bestehe.[44] Das objektiv richtige Recht werde in dem hermeneutischen Zirkel des Rechtsfindungsverfahrens zu konkret-geschichtlicher Existenz gebracht und sei außerhalb desselben weder prüfbar noch aufweisbar; die Persönlichkeit des Rechtsfinders mit ihren Vorurteilen und Interessen lasse sich dabei allerdings niemals ganz ausscheiden:[45] Das sind Fundamentalsätze einer „hermeneutischen Rechtsontologie",[46] die sachlich das gleiche besagt wie Gadamers ontologische Hermeneutik, auch wenn sie unabhängig von ihr entwickelt wurde.

b) Hassemer hat deren Bedingungen in einer tiefgreifenden Analyse der strafrechtlichen Rechtsfindung noch genauer untersucht. Er geht von der Sprachlichkeit des gesetzlichen Tatbestandes aus, die dessen Exaktheit notwendig ausschließe,[47] und von der Relationalität des Tatbestandes, der auf außertatbestandliche Sachverhalte bezogen sei, die er selbst mangels Exaktheit nicht von sich aus nenne.[48] „Ob der Tatbestand eine bestimmte Sachverhaltsentscheidung ‚enthält', zeigt sich (daher) erst nach dem Verfahren der Auslegung und ist vorher nicht gewußt",[49] so daß die Norm durch jede „Entscheidung neu konstituiert wird".[50] Den Ausweg aus dem hiernach drohenden Dilemma, daß es so scheint, „als würde sich der Sachverhalt selber entscheiden",[51] findet Hassemer in der hermeneutischen Spirale:[52] Tatbestand und Sachverhalt würden aneinan-

---

42 Vorverständnis, S. 40 ff., 50 ff., 119 ff., 131 ff.; zu der Verwandtschaft von Essers Gedankengängen mit dem Kritischen Rationalismus s. u. S. 54 f. und zur Kritik an Essers Konzeption Schwerdtner, JuS 1972, 359 f.

43 Rechtsphilosophie, S. 159, 306 m. w. N.

44 Rechtsphilosophie, S. 159, 165, 302; zuletzt in Festschr. f. Peters, S. 303 f.

45 Rechtsphilosophie, S. 366 f.; Festschr. f. Larenz, S. 38 f.; Festschr. f. Peters, S. 301 ff.

46 So der Untertitel von Arth. Kaufmanns Beitrag in der Festschr. f. Larenz, S. 27 ff.

47 Tatbestand, S. 66 ff.

48 Tatbestand, S. 98 f.

49 Tatbestand, S. 99.

50 Tatbestand, S. 100.

51 Tatbestand, S. 102.

52 Hassemer vermeidet den gängigen Ausdruck „Zirkel", weil dieses Verfahren gerade nicht zirkulär sei (Tatbestand, S. 105; gleicher Ansicht insoweit Essler, Wissenschaftstheorie II, S. 56).

der entfaltet, indem sie durch ein wiederholtes „Hinüber- und Herüberblicken" immer besser verstanden würden.[53]

c) Hruschka hat schließlich die ontologische Hermeneutik in der Jurisprudenz zu einem radikalen Schlußpunkt geführt. Die „Bedingungen der Möglichkeit des Verstehens"[54] entwickelt Hruschka ähnlich wie Hassemer von der Einsicht her, daß der Sinn der Wörter in ihrer Relation auf Sachen bestehe,[55] so daß alles Textverstehen ein Sachverstehen sei.[56] Der juristische Verstehensprozeß sei daher auf die „Sache Recht" gerichtet, die den objektiven Punkt abgebe, in dem ein Rechtstext und sein Verstehen intersubjektiv koindizierten.[57] Die Sprache des positiven Rechts ziele auf (von ihr immer nur bruchstückhaft erfaßbare) Rechtsphänomene,[58] hinter denen das durch die Sprache nicht mehr erfaßbare „Prinzip Recht" stehe.[59] Die juristische Hermeneutik müsse daher durch eine Hinwendung auf das Rechtsphänomen und durch dieses auf das Rechtsprinzip selbst erfolgen,[60] das die eigentliche Rechtsquelle darstelle, aus der man unmittelbar schöpfen könne.[61] Das positive Recht weise hermeneutisch über sich hinaus auf das Naturrecht[62] – womit Hruschka, wie man sieht, die von Heidegger begonnene Versetzung der Hermeneutik von der Methodologie in die Ontologie für die Jurisprudenz zu Ende geführt hat.

III. Die Unwissenschaftlichkeit der Rechtsdogmatik im Lichte der analytischen Philosophie und des kritischen Rationalismus

Wir haben die Entwicklung der modernen juristischen Hermeneutik hier relativ ausführlich dargestellt, weil es sich bei ihr um die einzige einheitliche, den

53 Tatbestand, S. 107 f.

54 Verstehen, S. 11.

55 Verstehen, S. 40 f.; ebenso die (von Hruschka nicht zitierte) realistische Semantik, die die Bedeutung eines sprachlichen Ausdrucks in der Bezeichnung gewisser Entitäten erblickt (vgl. nur v. Kutschera, Sprachphilosophie, S. 124 f.; Schnelle, Sprachphilosophie, S. 173 f.). Daß dies aber keineswegs selbstverständlich ist, zeigt das berühmte Wort Wittgensteins, daß die Bedeutung eines Wortes für eine große Klasse von Fällen seiner Benutzung „sein Gebrauch in der Sprache" sei (Wittgenstein, Untersuchungen, Nr. 43; zur Semantik des späten Wittgensteins vgl. i. ü. v. Kutschera, Sprachphilosophie, S. 218 ff.; Pitcher, Philosophie, S. 265 ff.).

56 Verstehen, S. 44.

57 Verstehen, S. 52, 54 f.: „Wer das leugnet, leugnet die Verstehbarkeit von Rechtstexten überhaupt."

58 Verstehen, S. 66–68.

59 Verstehen, S. 69.

60 Verstehen, S. 70.

61 Verstehen, S. 73.

62 Verstehen, S. 98.

Wissenschaftscharakter der Jurisprudenz insgesamt bejahende Konzeption handelt; an der Auseinandersetzung mit ihr muß auch die eigene Auffassung entwickelt und bewährt werden. Wir wollen daher die allgemeinen wissenschaftstheoretischen und besonderen rechtstheoretischen Gegenpositionen zur Hermeneutik an dieser Stelle nur noch ganz knapp skizzieren, um dann sogleich zu versuchen, das Verhältnis von Wahrheit und Rechtswissenschaft in eigener Sicht darzustellen.

1. Zum ersten ist die Krise der allgemeinen Hermeneutik zu erwähnen, die durch die Angriffe der analytischen Philosophie im allgemeinen und des kritischen Rationalismus im besonderen in den letzten Jahren auch in Deutschland akut geworden ist.[63] So wird heute etwa in analytischen Wissenschaftstheorien von der „sogenannten Methode des Verstehens" gesprochen,[64] die unter Befreiung von allen geisteswissenschaftlichen Hypostasierungen auf die allgemeine wissenschaftliche Methode der Hypothesenbildung (über die zutreffende semantische Interpretation des zu Verstehenden) zurückgeführt wird, die wiederum erst noch durch ein (bei der Hermeneutik häufig fehlendes) Verifikationsverfahren ergänzt werden müsse;[65] die methodologische Eigenständigkeit der „hermeneutischen Wissenschaften" wird daher geleugnet. Und der ursprünglich von der analytischen Philosophie ausgehende,[66] heute aber zu eigenständiger Bedeutung gelangte[67] kritische Rationalismus (mit den Hauptprotagonisten Karl R. Popper und Hans Albert) wendet sich vor allem gegen die oben näher beschriebene „Ontologisierung" der Hermeneutik durch Heidegger und Gadamer, weil hierdurch die Dogmatisierung und Immunisierung der Hermeneutik

---

63 Auf die Kontroversen zwischen der Hermeneutik und der ihr in mancherlei Hinsicht nahestehenden kritischen Theorie (vgl. die Nachw. oben in Fn. 35) soll hier hingegen nicht näher eingegangen werden, weil die bisher kaum verfolgten Auswirkungen der kritischen Theorie für Rechtstheorie und Rechtsdogmatik nicht ohne umfangreiche Vorstudien untersucht werden könnten; zur Kritik der Kritischen Theorie s. i. ü. neuestens Lüderssen, Erfahrung, S. 31 ff.

64 Stegmüller, Wissenschaftstheorie I, S. 360 ff.; Essler, Wissenschaftstheorie II, S. 49 ff.

65 Vgl. Essler, Philosophie I, S. 95 ff.; Stegmüller, Wissenschaftstheorie I, S. 363 ff.: Die Hermeneutik sei nur eine Form der Heuristik; Hempel, Typologische Methoden, S. 91; konziliianter Essler, Wissenschaftstheorie II, S. 52 ff. m. Fn. 14–20; Lay, Wissenschaftstheorie II, S. 308 ff.

66 Stegmüller, Hauptströmungen, S. 349 f., 397 ff., und Kraft, Wiener Kreis, S. 7, 198, nehmen Popper für den positivistisch-analytisch orientierten Wiener Kreis in Anspruch, von dem Popper selbst sich allerdings distanziert (Logik, S. XXIII).

67 S. etwa Albert, Traktat, S. 27 ff., 143 ff.; die Frankfurter Schule hat das freilich bis heute nicht anerkannt, s. Adorno, Sozialwissenschaften, S. 125 ff.; Habermas, Dialektik, S. 155 ff.; ders., Rationalismus, S. 235 ff.; Adorno, Einleitung, S. 7 ff.; Wellmer, Methodologie, S. 16, 86 und passim; dagegen Popper, Sozialwissenschaften, S. 103 ff.; Albert, Mythos, S. 193 ff.; Positivismus, S. 267 ff.; Nachwort, S. 336; Lüderssen, Erfahrung, S. 38 ff.

ermöglicht werde, die jedes kritische Hinterfragen der „Auslegungshypothesen“ verhindere und zur Preisgabe des Objektivitätsideals der Wissenschaft führe.[68]

2. Die zweite, die Selbstgewißheit der juristischen Dogmatik wohl noch stärker erschütternde Krise ist durch die in der Rechtswissenschaft selbst erneut in den Vordergrund getretene Frage heraufbeschworen worden, ob es denn überhaupt zutrifft, daß die Rechtsfindung in einem hermeneutischen, fremden Sinn erfassenden und gestaltenden Verfahren vor sich geht. Schon die Freirechtsschule hatte das überkommene juristische Selbstverständnis von dem Richter als dem „Diener des Gesetzes“ radikal in Frage gestellt,[69] ohne doch die herrschende Methodenlehre zu mehr als den bereits bei der ontologischen Hermeneutik geschilderten Konzessionen veranlassen zu können.[70] In der modernen Methodendiskussion ist die Einordnung des Rechtsfindungsprozesses bei der Hermeneutik aber immer mehr in Mißkredit geraten, wie hier an einigen Beispielen kurz gezeigt werden soll:

a) Nach Krieles „Theorie der Rechtsgewinnung“ erfolgt die Rechtsfindung überwiegend (d. h. soweit nicht ein Problem ausnahmsweise vom Gesetzgeber eindeutig entschieden worden ist) nicht „durch Auslegung in Sinndeutung und Analogie, sondern durch vernunftrechtliche Erwägung von Normhypothesen“.[71] Das heißt: Nicht die Entfaltung eines in irgendeiner rudimentären Form heteronom gesetzten oder überpositiv vorhandenen Sinnes, sondern die allein der Rationalität verantwortliche Wahl zwischen verschiedenen Entscheidungsmodellen soll den Rechtsgewinnungsprozeß kennzeichnen, wobei die Methode der juristischen Argumentation (und das stellt die entscheidende Abkehr von der Hermeneutik dar) von der der rechtspolitischen Argumentation prinzipiell nicht zu unterscheiden sei: Der Unterschied liege allein in der – sozusagen von außen an die Methode herantretenden – Verbindlichkeit der Machtsprüche des Gesetzgebers, die nicht den Rechtspolitiker, sondern nur den Rechtsdogmatiker einengten.[72]

---

68 Albert, Traktat, S. 139 ff.; Plädoyer, S. 106 ff.; vgl. ferner etwa Krawietz, Methodik, S. 24 ff. m. w. N.

69 Vgl. nur den berühmten Ausspruch von Kantorowicz, daß im Gesetz „nicht weniger Lücken als Worte da sind“ und daß nur ein „unwahrscheinlicher Zufall“ die Entscheidung eines Rechtsfalles allein aus dem Gesetz heraus ermöglichen könne (Kampf, S. 18); vgl. ferner die eingehenden Darstellungen und zahlr. Nachw. bei Arth. Kaufmann, Rechtsphilosophie, S. 251 ff.; Moench, Freirechtsbewegung, S. 25 ff., 33 ff., 51 ff. und passim.

70 Vgl. Larenz, Methodenlehre, S. 65 f.; Arthur Kaufmann, Rechtsphilosophie, S. 270 f.; eingehend Moench, Freirechtsbewegung, S. 131 ff.

71 Rechtsgewinnung, S. 162 ff., 311 (Leitsatz 6).

72 Rechtsgewinnung, S. 195.

Damit reduziert sich die Funktion der Hermeneutik bei Kriele auf den Bereich der „Rückbindung" (Esser) der Rationalität an das Gesetz, d. h. auf die Klärung all der Probleme und Unterprobleme, deren autonome Entscheidung dem Rechtsanwender durch den Gesetz- oder Verfassungsgeber abgeschnitten ist.[73] Einen ähnlichen Standpunkt finden wir teilweise auch bei Esser, der der Hermeneutik für das Richtigkeitsproblem bei der Rechtsgewinnung zwar immer noch eine „Schlüsselstellung" zuweisen will[74] und sich namentlich bei der Herausstellung des Vorverständnisses als eines „erkenntnistheoretisch notwendigen Teils des Verstehensprozesses" eng an Gadamer anlehnt,[75] der aber der „Richtigkeitsgewähr durch Problemdenken"[76] und der außersystematischen Rationalität nach Entthronung der üblichen juristischen Interpretationscanones[77] im Grunde doch den Vorrang einräumt.

b) Von ähnlichen Grundlagen aus, aber im Ergebnis noch weitaus kritischer gegenüber der Hermeneutik argumentiert eine Anzahl jüngerer, z. T. durch die Analyse der „Rechtsschöpfung großen Stils" durch das BAG argwöhnisch gewordener Autoren. Für Säcker beruht „der Glaube an die Objektivität hermeneutisch gewonnener Aussagen ... auf metaphysischen Prämissen, die sich rationaler Erkenntnis entziehen".[78] Von einer Gesetzesauslegung im eigentlichen Sinne könne nur insoweit gesprochen werden, als der vom Gesetzgeber selbst hineingedachte Gehalt im Wege klarstellender tautologischer Umformung erschlossen werde.[79] Bei allen hiernach nicht entschiedenen Rechtsfragen werde „das Recht" erst durch den Ausspruch der hierfür kompetenten Instanz, nämlich der Gerichte, geschaffen, während die in der Rechtswissenschaft dazu entwickelten Lösungen nur den Charakter rechtspolitischer Empfehlungen hätten.[80] Für Schwerdtner ist die juristische Hermeneutik sogar „vielleicht mehr dem Bereich der Astrologie als dem der Erkenntnis zuzuordnen".[81] Die Bindung des Richters an das Gesetz sei letztlich nur eine sehr relative, einen eindeutigen Rechtssatz

---

73 Vgl. Rechtsgewinnung, S. 203. Zur Kritik an Krieles Modell, auf die hier nicht eingegangen werden kann, vgl. Esser, Vorverständnis, S. 149; Forsthoff, Der Staat 1969, 526; Müller, AöR 1970, 155; Schwerdtner, Rtheorie 1971, 76 f. m. w. N.

74 Vorverständnis, S. 133.

75 Vorverständnis, S. 133 ff., vor allem S. 135.

76 Vorverständnis, S. 151 ff.

77 Vorverständnis, S. 121 ff.

78 Grundprobleme, S. 105 f.

79 Grundprobleme, S. 107 f.; das zielt auf die alte „subjektive Auslegungstheorie", vgl. die Nachw. oben in Fn. 6 f.

80 Grundprobleme, S. 112; vgl. auch Säckers Überlegungungen in ARSP 1972, 217 ff.

81 Rtheorie 1971, 68.

gebe es nicht,[82] so daß eine Unterscheidung von Rechtspolitik und Rechtsanwendung überhaupt nicht möglich sei.[83]

3. a) Eine im wesentlichen übereinstimmende Auffassung vertritt schließlich auch Adomeit, der auf der Grundlage einer „realistischen Rechtstheorie", die er unter Verwendung eines von Waismann[84] stammenden und von Hart[85] zur Kennzeichnung der Vagheit alles geschriebenen Rechtes aufgegriffenen Ausdrucks auch als „Open-Texture-Theorie" bezeichnet, den Wissenschaftscharakter der dogmatischen Rechtswissenschaft verneint, weil sie die „Kriterien exakter Wahrheitsbegriffe schwer erfüllen" könne.[86]

b) Neben diesem materiellen Argument, daß die stringente Ableitung von inhaltlich eindeutigen Aussagen aus den vagen Gesetzesnormen nicht möglich sei, gibt Adomeit aber auch eine formale Begründung an, die wir etwas genauer betrachten müssen. Adomeit behauptet nämlich – und das könnte den Streit um den Wissenschaftscharakter der Rechtsdogmatik mit einem Schlage beenden –, daß der Wahrheitsbegriff der realistischen Semantik (Beispiel: „Die Aussage, ‚Schnee ist weiß', ist wahr genau dann, wenn Schnee weiß ist"),[87] in allen drei Formen (der Wahrheit kraft Definition = D-Wahrheit, der logischen Wahrheit = L-Wahrheit und der empirischen Wahrheit = E-Wahrheit) nicht auf rechtsdogmatische Aussagen passe. Die D-Wahrheit (Beispiel: „Jeder Junggeselle ist unverheiratet.") sei in der Jurisprudenz nicht zu erreichen, weil jede Definition hier unvollkommen bleiben müsse.[88] Die L-Wahrheit (Beispiel: „Sokrates ist weise oder Sokrates ist nicht weise.") liege neben dem Sinn rechtswissenschaftlicher Sätze,[89] und die E-Wahrheit (Beispiel: „Schnee ist weiß.") sei in der Dogmatik überhaupt nicht zu erreichen, weil hier stets mehrere Auffassungen gleichermaßen vertretbar seien.[90] Den tieferen Grund für dieses Versagen der Jurisprudenz gegenüber den Anforderungen des Wahrheitsbegriffs erblickt Ado-

82 Rtheorie 1971, 237.

83 Rtheorie 1971, 235; ähnlich auch Albert in: Albert-Luhmann-Maihofer-Weinberger, Jahrbuch II, S. 92 ff.

84 Vgl. Waismann, Verifiability, S. 117 ff. = Verifizierbarkeit, S. 156.

85 Concept, S. 120 ff.

86 Adomeit, Rechtsquellenfragen, S. 26 ff., 33 ff.; ders., Handlexikon, S. 219, 370; ders., JuS 1972, 628, 631.

87 Das ist der erstmals von Tarski in die moderne Logik überführte Wahrheitsbegriff der sog. Adäquationstheorie, vgl. Tarski, Wahrheit, S. 59 ff., 85 ff.; v. Kutschera, Sprachphilosophie, S. 157 ff.; eingehend Stegmüller, Wahrheitsproblem, S. 54 ff., 233 f.

88 Das ist der einzige Sinn, den ich den unklaren Wendungen Adomeits in JuS 1972, 630 beizulegen vermag.

89 JuS 1972, 630.

90 JuS 1972, 631.

meit darin, daß die Normen selbst nicht wahrheitsfähig seien: Die normergänzende oder -ändernde Produktion der Dogmatik könne infolgedessen ebensowenig den Wahrheitswert erfüllen.[91] Der Dogmatiker artikuliere daher nicht sein Wissen, sondern sein Wollen – ähnlich wie der Politiker, bei dem ebenfalls die Lust am Engagement mit dem Fehlen strenger Kriterien gekoppelt sei.[92]

4. Unser wissenschaftstheoretischer Überblick sei damit abgeschlossen. Die rationalistischen Gegenthesen zur Hermeneutik laufen, wie wir in etwas vereinfachender Zusammenfassung dargelegt haben, darauf hinaus, einen prinzipiellen Unterschied zwischen Rechtswissenschaft und Rechtspolitik in Abrede zu stellen und allenfalls in den Ausnahmefällen direkter Gesetzesbestimmtheit eine streng-wissenschaftliche Rechtsfindung für möglich zu halten. Während also die Hermeneutik die Wissenschaftlichkeit der Jurisprudenz gerade dadurch rettet, daß sie die hermeneutische Verwurzelung alles Wissens nachzuweisen versucht und damit das gebundene Wissen de lege lata von der willkürlichen Dezision de lege ferenda abgrenzt,[93] begreift die rationalistische Rechtstheorie den größten Teil der Rechts-„wissenschaft" als Sonderform der Rechtspolitik[94] und diskutiert nur noch über das Ausmaß der „Rationalitätsgarantien", die auch im Rahmen der Rechtspolitik noch gegeben werden können.[95]

Wir müssen nunmehr selbst Stellung beziehen, wobei wir zunächst die formale Kritik Adomeits am Wissenschaftsanspruch der Rechtsdogmatik diskutieren[96] und uns dann den materiellen Problemen zuwenden wollen.[97]

§ 3 Rechtsdogmatik und formaler Wahrheitsbegriff

Wenn Adomeits Behauptung, daß die rechtsdogmatischen Aussagen schon von ihrer Form her nicht wahrheitsfähig seien, richtig wäre, müßte der gesamte Streit um den materiellen Wissenschaftscharakter der Jurisprudenz als obsolet angese-

---

91 JuS 1972, 631 f.

92 JuS 1972, 632.

93 Vgl. die Ablehnung des Dezisionismus bei Arth. Kaufmann, Rechtsphilosophie, S. 149 f., 283.

94 Darauf laufen letztlich auch alle „topischen" und „rhetorischen" Einordnungen der Rechtsdogmatik hinaus, vgl. für die ersteren Viehweg, a. a. O. (Fn. 37) sowie in Albert-Luhmann-Maihofer-Weinberger, Jahrbuch II, S. 439 ff.; für die letzteren Weinberger, Rechtslogik, S. 350 ff., 359 ff.; ARSP 1973, 21 ff.; in Albert-Luhmann-Maihofer-Weinberger, Jahrbuch II, S. 140 ff.; Tammelo, Rechtslogik, S. 121 ff. und Perelman, Gerechtigkeit, S. 134 ff.

95 Optimistisch etwa Kriele und Esser, pessimistisch Albert und Schwerdtner.

96 s. u. § 3.

97 s. u. §§ 4 ff.

hen werden. Bei genauerer Prüfung führen jedoch sämtliche Argumente Adomeits nicht zu einer Lösung, sondern nur zu einer Verkürzung der Problematik.

I. Die Unfruchtbarkeit des definitorischen, des logischen und des empirischen Wahrheitsbegriffs für die Jurisprudenz

1. Die von Adomeit diskutierte D-Wahrheit als die Gültigkeit einer autonom gesetzten (und nicht als empirische Aussage über den üblichen Sprachgebrauch gemeinten) Definition[1] ist jedenfalls innerhalb und außerhalb der Jurisprudenz gleich tautologisch-trivial,[2] und die von Adomeit[3] betonte Schwierigkeit, in der Dogmatik erschöpfende Definitionen zu geben, beweist nur deren Kompliziertheit, nicht aber deren Unwissenschaftlichkeit.

2. Die L-Wahrheit spielt nicht nur in der Dogmatik, sondern auch überall sonst (ausgenommen die Logik selbst) überhaupt keine Rolle, denn unter der „logischen Wahrheit“ wird gerade nicht (wie man naiverweise meinen könnte) die Folgerichtigkeit eines logischen Schlusses, die „logische Implikation“, verstanden,[4] sondern die Wahrheit eines Satzes allein auf Grund seiner logischen Form, d. h. eine logische Wahrheit ist „ein Satz, aus dem nur wahre Sätze entstehen, wenn seine einfachen Sätze durch irgendwelche Sätze ersetzt werden“[5] – also etwa der außerhalb der Logik wenig förderliche Satz „x ist oder ist nicht“, der für jedes beliebige „x“ gilt. Logische Wahrheiten sind daher keine substantiellen Wahrheiten[6] – weder in der Jurisprudenz noch sonst irgendwo. Auch im Hinblick auf die logische Wahrheit unterscheidet sich die juristische Dogmatik daher nicht von den anderen Wissenschaften.[7]

---

1 Vgl. zu diesen beiden Formen v. Savigny, Grundkurs, S. 22 f.; mit der D-Wahrheit sind nur „Nominaldefinitionen“ angesprochen, nicht „Realdefinitionen“, die empirische Aussagen darstellen, vgl. Stegmüller, Hauptströmungen, S. 368, 374; Essler, Wissenschaftstheorie I, S. 41 ff. (wo allerdings die Realdefinition nicht als empirische, sondern als „Wesensdefinition“ definiert wird); Lay, Wissenschaftstheorie I, S. 263 f.; Bochenski, Denkmethoden, S. 90 f., 95 f.

2 Vgl. Lay, Wissenschaftstheorie I, S. 270 f.; Essler, Wissenschaftstheorie I, S. 71 ff.

3 JuS 1972, 630.

4 Vgl. dazu Strombach, Gesetze, S. 82 ff.; Quine, Logik, S. 58; Essler, Wissenschaftstheorie I, S. 24.

5 Vgl. Quine, Logik, S. 58, 60; Kamlah-Lorenzen, Propädeutik, S. 206; Essler, Logik, S. 37 f.; ders., Wissenschaftstheorie I, S. 24; v. Savigny in Albert-Luhmann-Maihofer-Weinberger, Jahrbuch II, S. 236; ferner auch Adomeits Gewährsmann Leinfellner, Einführung, S. 146.

6 Vgl. Wittgenstein, Tractatus, 6.1.1 und dazu Pitcher, Wittgenstein, S. 133.

7 Entgegen Adomeit (JuS 1972, 630) auch nicht durch eine besondere Relevanz der logischen Falschheit: Bei fehlerhaften Deduktionen ist die Aussage der conclusio – was Adomeit offensichtlich verkennt – im Sinne der herrschenden Terminologie nicht logisch falsch, sondern nur nicht folgerichtig (vgl. Quine, Logik, S. 58; Strombach, Gesetze, S. 83 f.; w.N. in Fn. 5).

3. Auch Adomeits dritter Wahrheitsbegriff, die E-Wahrheit, bei der die Wahrheitsgarantie durch das im Falle des Mißlingens zur Falsifizierung, im Falle des Gelingens zur relativen Verifizierung führende Experiment erfolgt,[8] ist der juristischen Dogmatik inadäquat. Da die Richtigkeit dogmatischer Aussagen über Sollenssätze natürlich nicht experimentell beweisbar ist,[9] kann die empirische (im Sinne von: experimentell überprüfbare) Wahrheit für die Jurisprudenz natürlich nur insoweit relevant sein, als die zu dem dogmatischen Urteil führende Ableitung selbst empirische Argumente (etwa Aussagen über eingetretene oder drohende soziale Konsequenzen einer bestimmten rechtlichen Regelung) enthält. Da aber nach der in der analytischen Philosophie, auf die sich Adomeit beruft, durchaus herrschenden Auffassung aus bloßen Seinsaussagen keine Sollensurteile abgeleitet werden können,[10] muß die dogmatische Jurisprudenz von ihrem Selbstverständnis als „wissenschaftlicher Rechtsfindung" her auch nichtempirische, auf Normatives bezogene Aussagen machen, die notwendigerweise außerhalb des Bereichs empirischer Wahrheiten angesiedelt sind: Es bleibt daher ein circulus vitiosus, wenn man den Wissenschaftscharakter der nichtempirischen Dogmatik mit dem Hinweis auf die Unanwendbarkeit des empirischen Wahrheitsbegriffs zu widerlegen versucht.[11]

II. Die formale Wahrheitsfähigkeit der dogmatischen Aussagen

1. Der formale Nachweis der Unwissenschaftlichkeit unserer herkömmlichen dogmatischen Aussagen kann daher nur dann geführt werden, wenn man zu-

---

8 Adomeit, JuS 1972, 630; vgl. auch Lay, Wissenschaftstheorie I, S. 232 f.

9 Seine alte These, daß die Falsifizierung durch ein abweichendes Gerichtsurteil erfolgen könne (vgl. Adomeit, Rechtsquellenfragen, S. 52 f., 65 ff.), hat Adomeit im „Wahrheitsbegriff" nicht wiederaufgenommen – wohl weil er inzwischen eingesehen hat, daß dadurch nur eine empirische Einzelfallprognose, nicht aber das in einer Normhypothese steckende Werturteil widerlegt werden kann.

10 Darauf wird u. S. 107 ff. noch im einzelnen eingegangen; vgl. einstweilen nur Stegmüller, Hauptströmungen, S. 521; Esser, Wissenschaftstheorie II, S. 58; v. Savigny, Philosophie, S. 17 ff.

11 Aus diesem Grunde geht freilich auch die Antikritik Meyers (gegen Adomeit) fehl, die die Rechtswissenschaft – ähnlich wie Albert – in erster Linie auf die „empirisch-analytische Aufbereitung des Entscheidungsmaterials für Gesetzgeber und Gesetzesanwender" (!) beschränken und den „fruchtlosen Streit um notwendig irrationale Wertungen ausschließen" will (JuS 1973, 203); denn damit gibt sich die Dogmatik ja gerade nicht zufrieden, und nur gegen ihren über diesen „Rechtssoziologismus" hinausgehenden Anspruch hat Adomeit Front gemacht (insoweit zutr. Adomeit, JuS 1973, 207). Immerhin kommen in den dogmatischen Ableitungen zwar nicht nur, aber jedenfalls auch empirische Schlußketten vor (s. u. S. 119 ff.), so daß die E-Wahrheit entgegen Adomeit auch in der Dogmatik durchaus relevant ist.

sätzlich zu zeigen vermag, daß es auch keinen anderen sinnvollen Wahrheitsbegriff gibt, dem die Rechtsdogmatik in ihrer Totalität unterfällt. Ein solcher sinnvoller Wahrheitsbegriff kann aber rasch gefunden werden, sofern man nur anerkennt, daß es neben den auf die E-Wahrheit bezogenen Wirklichkeitsaussagen auch ideelle Aussagen gibt, für die man dann den allgemeinen Begriff der Wahrheit als der „Übereinstimmung mit einem Kontrollbereich" konzipieren könnte.[12] Zwar wird von Seiten der orthodoxen analytischen Philosophie am empiristischen Sinnkriterium festgehalten und die Wahrheitsfähigkeit nichtwirklichkeitsbezogener Aussagen geleugnet;[13] aber dieser Streit um die Kognitivität ideeller Aussagen ist nicht formaler, sondern materieller Natur und kann daher einstweilen zurückgestellt werden. Die entscheidende Frage geht hier vielmehr dahin, ob die Sätze der Rechtsdogmatik dem oben genannten, allgemeinen Wahrheitsbegriff formal genügen können oder ob sie von ihrer Struktur her jegliche Korrespondenz mit einem Kontrollbereich (was auch immer dafür in Frage kommt) ausschließen.

2. a) Daß dies auch Adomeit gesehen hat, geht daraus hervor, daß er ohne Zusammenhang mit seinen drei Wahrheitsbegriffen zwar nicht die Norm selbst, aber doch die Aussage über die Norm für wahrheitsfähig erklärt und den fehlenden Wahrheitsbezug der Dogmatik (nur noch) damit begründet, daß die normergänzende Tätigkeit des Dogmatikers nicht dem Bereich des Wissens, sondern dem des Willens zugehöre, weil es sich ihrem Wesen nach um die gleiche Tätigkeit wie die des Gesetzgebers (nur ohne dessen Autorität) handele.[14] Der Dogmatiker, das will Adomeit offenbar sagen, macht also keine Aussagen über bereits vorhandene Normen, sondern formuliert neue Normen, die als Sollenssätze niemals „wahr", sondern höchstens „diskutabel", „praktikabel" oder „richtig" sein können.[15] Hier liegt also der entscheidende Punkt: Formuliert der

---

12 Vgl. dazu Kraft, Erkenntnislehre, S. 178 ff., 350. An den bisher diskutierten speziellen Wahrheitsbegriffen zeigt sich übrigens, daß der semantische Wahrheitsbegriff Tarskis nur für die Semantik selbst, nicht aber für die Einzelwissenschaften eine Rolle spielt, bei denen jeweils spezielle Wahrheitsprobleme auftauchen (vgl. auch Kraft, Erkenntnislehre, S. 173).

13 Zum empiristischen Sinnkriterium vgl. Stegmüller, Hauptströmungen, S. 354; Wahrheitsproblem, S. 262 ff.; Kraft, Wiener Kreis, S. 151 ff.

14 JuS 1972, 632.

15 Jürgen Schmidt hat dem entgegengehalten, daß eben schon die Heranziehung des Wahrheitsbegriffs der Adäquationstheorie (vgl. o. § 2 Fn. 87) im Rahmen der Jurisprudenz verfehlt sei und daß man statt dessen eine Anleihe bei der pragmatischen Konsensustheorie machen müsse, wonach die Zusprechung eines Prädikats dann berechtigt (d. h. eine Aussage dann wahr) sein soll, wenn auch jeder andere, die gleiche Sprache sprechende vernünftige Mensch demselben Gegenstand das gleiche Prädikat zusprechen würde (JuS 1973, 206; vgl. dazu Kamlah-Lorenzen, Propädeutik, S. 118 ff.; Habermas in: Habermas-Luhmann, Sozialtechnologie, S. 123 ff.; gegen den letzteren Schnelle, Sprachphilosophie, S. 183 f.). Wahrheit sei also –

Rechtswissenschaftler Befehle (wie der Richter im Urteil: „A hat an B x DM zu zahlen!“) bzw. Normen (wie der Gesetzgeber im Gesetz: „Der unrechtmäßige Besitzer soll die Sache dem Eigentümer herausgeben!“), oder gibt er nur Urteile über generelle Befehle (d. h. Normen)[16] ab?

3. a) Auf den ersten Blick scheint das letztere leicht beweisbar und daher Adomeit rasch widerlegt zu sein. Denn der Dogmatiker redet über Normen normalerweise nicht – wie der Gesetzgeber – in der Objektsprache („Wer einen Menschen tötet, soll bestraft werden.“), sondern in der Metasprache, d. h. er macht eine Aussage über die Gültigkeit einer Normhypothese als Objekt seiner Aussage („In Deutschland gilt die Rechtsnorm ‚Wer einen Menschen aus triebhafter Eigensucht tötet, soll mit lebenslanger Freiheitsstrafe bestraft werden‘.“).[17] Und während es zu Recht ganz überwiegend anerkannt ist, daß Normen nicht wahr oder falsch sein können,[18] können Aussagen über Normen ohne logische Bedenken sowohl dem Wahrheitsbegriff der Adäquationstheorie als auch dem der Konsensustheorie[19] unterstellt werden.[20] Sätze über Rechtsnormen[21] sind also, formal betrachtet, wahrheitsfähig; gilt das aber auch noch dann, wenn man ihren Gegenstand, das Recht, und die Methode ihrer Ableitung näher betrachtet? Ist die Aussage über die Geltung eines Rechtssatzes nicht in Wirklichkeit doch die – lediglich indikativisch formulierte – Forderung seiner Geltung?

---

schlagwortartig gekennzeichnet – von der intersubjektiven Überprüfbarkeit abhängig (die – das führt Schmidt nicht weiter aus – auch in der Jurisprudenz gegeben sei). Das berührt sich mit Krafts Kriterium des „Kontrollbereichs“, dürfte für sich allein genommen zur Widerlegung Adomeits aber nicht ausreichen: Auch der pragmatische Wahrheitsbegriff ist auf Aussagen bezogen, nicht aber auf Befehle (s. Kamlah-Lorenzen, Propädeutik, S. 30), und Adomeits Beweisführung gipfelt ja gerade in der Behauptung, daß der Dogmatiker keine Aussagen über Normbefehle, sondern direkt Normen selbst formuliere!

16 Damit soll natürlich nicht die Frage präjudiziert werden, ob das Recht ausschließlich aus Imperativen besteht – vgl. zu der diesbezüglichen Kontroverse Engisch, Einführung, S. 22 ff.; ders., Gerechtigkeit, S. 29 ff.; Larenz, Methodenlehre, S. 182 ff.; Hart, Concept, S. 18 ff., 41 ff.

17 Zu der für die moderne Wissenschaftstheorie grundlegenden Unterscheidung von Objekt- und Metasprache s. Tarski, Wahrheit, S. 67 ff.; Essler, Philosophie I, S. 28 ff., 121 ff.; Stegmüller, Wissenschaftstheorie I, S. 30 ff.; Seiffert, Einführung 1, S. 73 ff.; Kraft, Erkenntnislehre, S. 39 ff.

18 Weinberger, Rechtslogik, S. 33; Kelsen, Rechtslehre, S. 73; Wagner-Haag, Logik, S. 17; Tammelo, Rechtslogik, S. 36; a.M. Kalinowski, Normenlogik, S. 10 f.; Rödig, Theorie, S. 258 f.

19 Vgl. dazu Fn. 15.

20 Denn man kann sagen: „Die Aussage ‚In Deutschland gilt die Rechtsnorm x‘ ist wahr genau dann, wenn in Deutschland die Rechtsnorm x gilt“, und es ist auch nicht aus logischen Gründen ausgeschlossen, daß alle vernünftigen Menschen diesen Satz anerkennen würden.

21 Der Begriff des Satzes wird hier mit den Begriffen „Urteil“ und „Aussage“ synonym gebraucht, weil es auf die in der philosophischen Terminologie eingebürgerten Unterschiede in diesem Zusammenhang nicht ankommt.

b) Das in dieser Frage anklingende formale Hauptbedenken gegenüber der Wahrheitsfähigkeit der rechtswissenschaftlichen Aussagen hängt ersichtlich mit der Unklarheit des Geltungsbegriffs zusammen.[22] Über die faktische Rechtsgeltung, d. h. die tatsächliche Anerkennung in der Rechtsgemeinschaft, kann man zwar sicherlich eine wahre Aussage machen, aber das interessiert weniger den Dogmatiker als vielmehr den Rechtssoziologen.[23] Und die Feststellung der ideellen Geltung, d. h. die Verbindlichkeit der Normhypothese, um die es dem Rechtsdogmatiker in erster Linie geht – ist sie im Grunde nicht nur eine sprachlich unklare, „verkappte" Fassung des Sollensurteils selbst, dessen „Geltung" ja nicht in einer metaphysischen Wesenhaftigkeit, sondern nur in seiner Realisierung durch Sollensurteile bestehen kann?[24] Folgt dies nicht schon aus der fundamentalen Erkenntnis der modernen Methodenlehre, daß der Rechtsfindungsvorgang nicht in der bloßen „Anwendung" einer irgendwie vorgegebenen Gesetzesnorm besteht, sondern in deren schöpferischer Konkretisierung, d. h. in der Auffindung einer vorher noch nirgendwo vorhandenen Unternorm?[25] Sind dementsprechend die von der Dogmatik aufgestellten Rechtssätze, durch die die Gesetze konkretisiert werden (z. B. „Gewahrsam im Sinne des § 242 StGB ist die von einem Herrschaftswillen getragene tatsächliche Sachherrschaft"),[26] nicht im Grunde nur bei formaler Betrachtung metasprachliche Aussagesätze über die in der Objektsprache formulierten Gesetzesnormen, bei materieller Betrachtung hingegen unselbständige Bruchstücke der einen konkretisierten Gesamtnorm – so daß sie keine eigene „Wahrheit" oder „Geltung" haben, wenn man sie aus der Gesamtnorm isoliert, und daher ebensowenig wahrheitsfähig sind wie diese?[27]

22 Zu den verschiedenen Geltungsbegriffen vgl. Schreiber, Geltung, S. 58 ff., 68 ff.; Geiger, Vorstudien, S. 211 ff.; Henkel, Rechtsphilosophie, S. 438 ff.; Engisch, Gerechtigkeit, S. 56 ff.

23 Vgl. zu diesem Problemkreis Friedman, Ryffel, Kramer, Noll, Schröder, Zitscher, Heldrich, Ott und Kaiser in Rehbinder-Schelsky, Jahrbuch III, S. 206–426.

24 Zu dieser „Positivität" des Rechts vgl. Luhmann in Lautmann-Maihofer-Schelsky, Jahrbuch I, S. 175 ff.; ders., Rechtssoziologie, S. 207 ff.; Arth. Kaufmann, Rechtsphilosophie, S. 157 ff.

25 An dieser Stelle sei nur auf Hassemer, Tatbestand, S. 96 ff., 118 ff. hingewiesen.

26 Vgl. Schönke-Schröder, Strafgesetzbuch, § 242 Rdnr. 14.

27 So v. Savigny in Albert-Luhmann-Maihofer-Weinberger, Jahrbuch II, S. 98. Die „konkretisierte Gesamtnorm" des § 242 StGB würde etwa lauten: Wer die tatsächliche, von einem Herrschaftswillen getragene Herrschaft eines anderen an einem beweglichen, im Eigentum eines anderen stehenden Gegenstand ohne dessen Willen aufhebt und eine neue Herrschaft daran begründet, um den Gegenstand für eigene Zwecke zu nützen und unter Inkaufnahme des endgültigen Sachverlustes seitens des Eigentümers, soll ... bestraft werden. Dazu, daß die hierin steckende „Definitionswahrheit" keine hinreichende Bedingung für die Wissenschaftlichkeit ist, s. o. S. 59 f.

4. So rasch man auf den ersten Blick hin geneigt sein möchte, diese Fragen als rhetorische, sich selbst bejahende Wendungen aufzufassen, die nichts anderes als die modernen, „realistischen" Einsichten in die juristische Dogmatik wiedergäben, so gründlich würde man damit doch den semantischen Gehalt der dogmatischen Aussagen verfehlen. Um diese „innere Natur" der dogmatischen Aussagen erkennen zu können, müssen wir das dogmatische „Sprachspiel" (Wittgenstein) etwas genauer betrachten und von allen unpräzisen und irreführenden Beimengungen reinigen, die auch auf diesem Gebiet eine „Verhexung des Verstandes durch die Sprache"[28] herbeizuführen drohen.

a) Die erste illegitime Beimengung der dogmatischen Sprache dürfte darin bestehen, daß Rechtswissenschaftler häufig isolierte Sollensurteile formulieren, obwohl sie dazu keinerlei Kompetenz besitzen. Während der mit Gehorsamsanspruch ausgestattete Gesetzgeber[29] generelle Sollenssätze (Normen) mit dem Anspruch auf Gehorsam aufstellen und während der den staatlichen Zwangsapparat hinter sich wissende Richter mit dem gleichen Anspruch individuelle Sollenssätze (Befehle, „Erkenntnisse") verkünden kann, gäbe sich ein Rechtswissenschaftler bei dem gleichen Unterfangen in Wahrheit der Lächerlichkeit preis, denn er würde befehlen wollen, wo er nicht gebietet! Die Aussagen, die der Dogmatiker über fremde Befehle (sei es des Gesetzgebers, sei es des Richters) macht, können daher niemals selbst Befehle sein, denn dem steht die in unserer Rechtsordnung selbst vorgegebene Schranke des dogmatischen Sprachspiels entgegen.[30]

b) Die von Adomeit angenommene Normproduktion durch die Dogmatik ist infolgedessen nur eine durch eine ungenaue Ausdrucksweise erzeugte fata morgana. Daran kann auch die eingebürgerte Redeweise von der „schöpferischen Normenkonkretisierung" nichts ändern, denn da der Dogmatiker bei uns nun einmal nicht dazu befugt ist, auf Grund relativ allgemeiner Richtlinien relativ konkrete Befehle zu erteilen, handelt es sich auch hierbei um eine ungenaue, dem wahren Sachverhalt nicht gerecht werdende Formulierung.[31]

---

28 Vgl. Wittgenstein, Untersuchungen, Nr. 109 a. E.

29 Genauer: die im Gesetzgebungsverfahren mitentscheidenden Personen.

30 Hier sehen wir, daß die Rechtstheorie niemals von der konkreten Rechtsordnung, um deren Theorie es geht, losgelöst werden kann (es sei denn, man betreibt die Rechtstheorie als Meta-metatheorie). Wenn etwa die Gesetzgebung – wie es cum grano salis mit den klassischen Juristen im nachklassischen römischen Recht geschah (vgl. Dulckeit-Schwarz, Rechtsgeschichte, S. 239 ff., und Wieacker, Recht, S. 257 ff.) – den Rechtswissenschaftlern übertragen würde, würde die obige Aussage nämlich nicht mehr gelten, und dementsprechend könnte dann (nur dann) die Verneinung des Wissenschaftscharakters der (dann legislatorischen) Rechtsdogmatik mit formalen Argumenten begründet werden.

31 Die normentheoretischen Konsequenzen dieser fundamentalen Einsicht können hier nicht i. e. verfolgt werden. Der Dogmatiker produziert jedenfalls keine Normen, und auch der Richter

c) Wenn die Sätze des Rechtsdogmatikers somit auch keine Befehle sind, so könnten sie doch immerhin Wünsche oder Vorschläge einer bestimmten Praxis in Rechtsprechung und Gesellschaft sein, so wie es bei rechtspolitischen Forderungen unzweifelhaft der Fall ist.[32] Aber auch das entspricht nicht ihrem semantischen Gehalt: Der Dogmatiker legt nach dem „Sinn" seiner Äußerung nicht von seinem eigenen Willen Zeugnis ab, sondern urteilt über einen Sachverhalt, der nach seiner Behauptung außerhalb seiner Psyche angesiedelt ist und der seinem eigenen Willen durchaus widerstreiten kann: Der Dogmatiker kann etwa die Aussage machen, eine Norm sei geltendes Recht, und zugleich hinzufügen, daß er aber für die Zukunft eine andere Praxis empfehle.[33] Zwar ist damit natürlich nicht erwiesen, daß es diesen „Sachverhalt außerhalb der Psyche des Dogmatikers" auch gibt, daß die diesbezügliche Behauptung also auch wahr sein kann – aber das ist allein eine Frage des materiellen Wissenschaftscharakters, die hier noch nicht zur Debatte steht.[34]

5. In Wahrheit stellen die Sätze des Dogmatikers also weder Befehle noch Wünsche, sondern Aussagen, und zwar mehrstellige Relationen nach folgendem Muster dar: „Im Hinblick auf die im Bundesgesetzblatt verkündeten Rechtsnormen x_1, x_2 ... x_n, auf die in der Rechtsprechung und auch sonst ausnahmslos anerkannten Werturteile Y_1, Y_2 ... Y_n und auf die tatsächlichen (physischen, psychischen, sozialen) Verhältnisse Z_1, Z_2 ... Z_n muß dem Sachverhalt a die Rechtsfolge b zugesprochen werden". Oder, mit dem gleichen Gehalt anders formuliert: „Aus der Gesamtheit der Gesetzesnormen x_1–x_n, der einhellig anerkannte Werturteile Y_1–Y_n und der tatsächlichen Umstände Z_1–Z_2 folgt für den Sachverhalt a die Rechtsfolge b". Der Rechtswissenschaftler spricht daher keinen Befehl aus, sondern stellt die Behauptung auf, daß eine bestimmte prä-

---

tut dies genau genommen nicht, da sich seine Amtsgewalt auf den konkreten Fall beschränkt. Daß der Richter somit Urteile spricht, die nicht vollinhaltlich auf vorher existente Normen gestützt werden können, hat weitreichende Konsequenzen (z. B. auch für den nulla-poena-Satz), die hier aber nicht verfolgt werden können; vgl. zu diesem Problem i. ü. u. S. 249 f.

32 Darauf will natürlich auch Adomeit letztlich hinaus; durch die Redeweise von der „normergänzenden Funktion der Dogmatik" wird aber der auch wissenschaftstheoretisch entscheidende Unterschied zur Rechtsprechung und Gesetzgebung nur verschleiert, so daß die voranstehende Sprachkritik nicht unterbleiben konnte.

33 Zahlreiche Beispiele für eine solche Kombination von Dogmatik und Rechtspolitik bei Kern-Roxin, Strafverfahrensrecht, S. 48, 75, 80, 90, 128 u. ö.

34 Das heißt: Wir prüfen an dieser Stelle nur die formale Wahrheitsfähigkeit der herkömmlichen dogmatischen Aussagen, während die davon zu unterscheidende Frage, ob das dogmatische Sprachspiel nicht wegen gravierender Unterschiede in der materiellen Rechtfertigungsfähigkeit in einen wahrheitsorientierten, wissenschaftlichen und einen rhetorischen, politischen Sektor zu zerlegen ist, erst im Zuge unserer weiteren Untersuchungen beantwortet werden kann.

skriptive Aussage aus einer Anzahl von Prämissen ableitbar sei.[35] Und damit verlagert sich das Wahrheitsproblem von der Aussageform auf die Methode: Die vorgenommene Ableitung ist richtig, wenn sie mit Hilfe von die Richtigkeit verbürgenden Methoden durchgeführt wird, und die abgeleitete Aussage ist wahr, wenn die Prämissen wahr sind und die Ableitung richtig ist.[36] Die Wissenschaftlichkeit der juristischen Dogmatik setzt daher eine wissenschaftliche Prämissengewinnung und eine wissenschaftliche Art des Schließens voraus – aber das ändert nichts daran, daß die dogmatischen Aussagen ihrem Gehalt nach am Wahrheitswert orientiert sind, so daß die erste, formale Voraussetzung für die Wissenschaftlichkeit der Rechtsdogmatik erfüllt ist.

Zu prüfen bleibt daher allein die zweite Voraussetzung: Besitzt die Rechtsdogmatik Kriterien, mit deren Hilfe im Komplex der ihrer Form nach wahrheitsfähigen Aussagen die wahren von den falschen geschieden werden können? Dieser Frage wollen wir uns erst in den folgenden Kapiteln zuwenden.[37]

§ 4 Der herkömmliche Verzicht auf eine szientistische Rechtsgewinnung und Ansatzpunkte für seine Überwindung

I. Rechts-„wissenschaft" im Schatten der Hermeneutik

Die denkbaren Antworten auf die nunmehr in materieller Hinsicht zu entscheidende Frage nach der Wissenschaftlichkeit der Jurisprudenz haben wir bei unserem Überblick über die wissenschaftstheoretischen Grundpositionen bereits kennengelernt: auf der einen Seite die Antwort der juristischen Hermeneutik, die in dem Verstehensprozeß selbst die Garantie für die fortschreitende Wahrheitserkenntnis erblickt, und auf der anderen Seite die analytische Philosophie und der kritische Rationalismus, deren Anhänger teils nur die analytischen, em-

35 Nach v. Savigny, Überprüfbarkeit, S. 82 ff., und Kriele, Rechtsgewinnung, S. 163, 313 u. ö. stellt der Dogmatiker Norm- bzw. Werthypothesen auf und diskutiert sie; für die Frage des Wissenschaftscharakters entscheidend ist aber nicht die Aufstellung der Hypothese als solche, sondern das schließlich zu fällende Urteil, ob die Hypothese aus den im Text genannten Prämissen folge („geltendes Recht sei") oder nicht, d. h. das (hypothetische) Urteil über die Norm.

36 Vgl. Strombach, Gesetze, S. 82 ff.; Essler, Philosophie, S. 63; Popper in Adorno, Positivismusstreit, S. 116.

37 Dabei wird sich dann zeigen, daß tatsächlich nur, aber immerhin doch ein Teil der heute üblichen dogmatischen Sätze strengen wissenschaftlichen Anforderungen genügt, s. zusammenfassend u. S. 259 f.

pirisch oder logisch beweisbaren Sätze für wissenschaftlich halten,[1] teils eine rationale Kritisierbarkeit als Mindestvoraussetzung wissenschaftlicher Aussagen verlangen und davon bei der Rechtsdogmatik, die sich hauptsächlich mit Werthypothesen beschäftige, nichts zu finden glauben.[2] In dieser für den materiellen Wissenschaftscharakter der Jurisprudenz entscheidenden Kontroverse müssen wir also nunmehr Stellung beziehen.

1. Als erstes ist eine etwas genauere Fassung des Wissenschaftsbegriffes erforderlich. Bisher waren wir ohne weitere Diskussion davon ausgegangen, daß wissenschaftliche Aussagen durch ihre Orientierung am Wahrheitswert gekennzeichnet sind, und von dieser Mindestanforderung[3] abzugehen besteht auch kein Anlaß: Gerade hierin liegt ja der Unterschied zu den Sollenssätzen, deren Aufstellung, wie dargelegt, dem Rechtswissenschaftler versagt und dem Gesetzgeber und dem Richter vorbehalten ist.

Mit dem Wahrheitsbezug allein können wir uns aber nicht begnügen; denn auch die in einem Ratespiel gemachten Aussagen können wahr oder falsch sein, ohne daß sie als wissenschaftlich anzusprechen sind. Auf der anderen Seite müssen wir uns davor hüten, bereits unseren Wissenschaftsbegriff hermeneutisch, analytisch oder kritisch-rational „einzufärben“, weil wir sonst unsere Stellungnahme zum Wissenschaftscharakter der Jurisprudenz bereits im Rahmen einer Definition (und damit ohne spezifisches Problembewußtsein) präjudizieren und für die Argumentation nur noch Zirkelschlüsse übrig lassen würden. Wir sehen daher von der Diskussion um den Wissenschaftsbegriff[4] zunächst bewußt ab und fordern lediglich, daß die auf den Wahrheitswert bezogenen Aussagen, wenn sie wissenschaftlich sein sollen, auf Grund einer intersubjektiv nachprüfbaren Methode gewonnen sein müssen.[5] Mit dieser Umschreibung dürften wir nicht nur eine für viele philosophische Schulen akzep-

1 So die strengen Anhänger der analytischen Philosophie, die alle übrigen Aussagen für sinnlos erklären (zum empiristischen Sinnkriterium vgl. die Darstellung bei Stegmüller, Wahrheitsproblem, S. 262 ff.; ders., Hauptströmungen, S. 380 ff., 409 ff.; Essler, Philosophie, S. 259 ff.; Kraft, Wiener Kreis, S. 149 ff.; v. Savigny, Analytische Philosophie, S. 55 ff.; ferner direkt Wittgenstein, Tractatus, 6.53; Ayer, Sprache, S. 44 ff.; Carnap, Testability, S. 466 f. und passim.

2 So der kritische Rationalismus, vgl. die Kontroverse Albert/v. Savigny in Albert-Luhmann-Maihofer-Weinberger, Jahrbuch II, S. 80 ff., 97 ff., 109 ff.

3 Vgl. Wittgenstein, Tractatus, 4.11; Adomeit, JuS 1972, 629; zu den Implikationen des Wissenschaftsbegriffs im übrigen vorerst nur Lay, Wissenschaftstheorie I, S. 92 ff.; Kraft, Erkenntnislehre, S. 368 f.; Popper, Erkenntnis, S. 67 ff.; Diederichsen, Einführung, S. 1 ff.

4 Vgl. außer den Nachw. in Fn. 3 Popper, Demarcation, S. 253 ff.; Albert, Traktat, S. 80 ff.; Habermas, Logik, S. 9 ff., 71 ff. und passim; Adorno u. a., Positivismusstreit, passim.

5 Ähnlich etwa Diederichsen, S. 4 f.; Lay, Wissenschaftstheorie I, S. 80 f.; 92 ff.; v. Savigny, Überprüfbarkeit, S. 17 ff.; Kraft, Einführung, S. 50; Ströker, Einführung, S. 4 ff.; Popper, Logik der Forschung, S. 20 f.; Seiffert, Wissenschaftstheorie 1, S. 187 ff.

table Grundlage gefunden, sondern auch der herkömmlichen Funktion gerade der Rechtswissenschaft vollständig entsprochen haben. Die Rechtsprechung aus kadihafter Willkürjustiz herausführen, die Rationalität unserer Rechtsordnung garantieren, die legislatorische Entscheidung durch Deutung und Vermittlung für den gesellschaftlichen Konsens aufbereiten – das sind und bleiben die Aufgaben der Rechtswissenschaft, deren Erfüllung ein hohes Maß an Intersubjektivität der rechtsdogmatischen Aussagen voraussetzt.

2. Wenn wir demnach als erstes fragen, ob bzw. in welcher Weise die Hermeneutik eine intersubjektiv nachprüfbare Methode präsentiert, so stoßen wir schon bald auf ein zunächst überraschendes non liquet, das bei weiteren Nachforschungen nicht aufgelöst, sondern nur noch weiter erhärtet wird.

a) Schon von ihrem eigenen Selbstverständnis her ist die Hermeneutik keine Methodologie, die die „Rezepte" des richtigen Verstehens bereithält, sondern die Lehre von den Bedingungen des Verstehens überhaupt.[6] Immerhin rührt die Frage der Intersubjektivierbarkeit eines Verständnisprozesses aber doch so sehr an die Grundvoraussetzungen des Verstehens (ist das Verstehen vielleicht ein so privater Akt, daß darüber keinerlei sinnvolle Kommunikation möglich ist?),[7] daß man von der Hermeneutik zwar keine ausgearbeitete Methode, aber doch Andeutungen über die Möglichkeit von rationalen Verstehensmethoden erwarten darf. Gerade in diesem Punkt ist aber bei den führenden Vertretern der modernen Hermeneutik eine bemerkenswerte Zurückhaltung und Skepsis zu beobachten. Gadamer versichert etwa ausdrücklich, daß er im Grunde „keine Methode" vorschlage, sondern nur beschreibe, „was ist";[8] auf welche konkrete Weise es bewerkstelligt werden soll, daß sich im Verstehen „die Sache selbst – der Sinn des Textes- Geltung verschafft",[9] und wie ein gelungener Verständnisprozeß von einem irregeleiteten, d. h. von einem Mißverständnis, unterschieden werden kann – all das beschreibt er so unpräzise, daß man in einer bonmotartigen Abwandlung seines berühmten Werkes geradezu von einer „Wahrheit ohne Methode" gesprochen hat. Daß hier keine analytische Exaktheit obwaltet, hat auch Arthur Kaufmann wieder und wieder betont,[10] am prägnantesten und tref-

6 Vgl. Hruschka, Verstehen, S. 10 f.

7 Vgl. zur Problematik der „privatsprachlichen Sachverhalte" Wittgenstein, Untersuchungen, Nr. 244 ff., bes. Nr. 257 f., 293 („Käferbeispiel") und dazu Stegmüller, Hauptströmungen, S. 645 ff.; Pitcher, Philosophie, S. 327 ff.

8 Wahrheit, S. 483.

9 Vgl. Gadamer, Wahrheit, S. 441.

10 Vgl. zuletzt Kaufmann-Hassemer, Grundprobleme, S. 71 f.; Arth. Kaufmann, Festschr. f. Larenz, S. 39 f.; ders., Rechtsphilosophie, S. 367 f.; ders., Festschr. f. Peters, S. 304 f.

fendsten vielleicht im Anschluß an einen Satz Heideggers: „Beweisen läßt sich in diesem Bereich nichts, aber weisen manches".[11]

b) Dieses an Hand der hermeneutischen Basisschriften gewonnene Bild wird ohne Einschränkung bestätigt, wenn man die Ergebnisse von Hassemers Untersuchungen zur strafrechtlichen Hermeneutik einbezieht, die z. Zt. die am weitesten ausgeführte juristische Hermeneutik überhaupt darstellen. Hassemers Beschreibung der „hermeneutischen Spirale", in der „Tatbestand und Sachverhalt ineinander in der Kategorie der Gleichzeitigkeit" entfaltet werden,[12] liefert keine spezifische Methode und daher auch keine Richtigkeitskriterien, sondern legt nur die innere Struktur eines „Ringens um Wahrheit" offen, das zu wirklicher, aber auch nur zu vermeintlicher Erkenntnis führen kann. Hassemer legt sich deshalb auch in einem besonderen Abschnitt die Frage nach der Verifizierung der Sachverhaltsentscheidungen vor[13] und gelangt hier zu dem Ergebnis, daß zwar eine Falsifizierung möglich sei[14] (etwa wenn die Gesetze der deduktiven Logik verletzt würden),[15] daß aber die „materiale Richtigkeit der Tatbestandsauslegung nicht zwingend dargetan werden" könne, weil sie niemals außerhalb des Auslegungsverfahrens festgestellt werden könne.[16]

Garant für die Richtigkeit einer Entscheidung sei allein die „Vollständigkeit der Reflexion und Argumentation im Verfahren der Auslegung",[17] die aber selbst wieder von der jeweiligen Sachrelevanz abhänge und damit auch kein außerhalb des Entscheidungsverfahrens stehendes Richtigkeitskriterium ergebe.[18] Ganz ähnlich wie bei Arthur Kaufmann[19] verlagert sich daher auch bei Hassemer die letzte Richtigkeitsgewähr ins Subjektive: Das Können und die Erfahrung des Rechtsanwenders,[20] sein fachmännisches Wissen und seine Einübung setzten ihn „endlich auch instand, das Problem der Vollständigkeit von Reflyxion und Argumentation sachgemäß ... zu lösen".[21]

---

11 Arth. Kaufmann, Rechtsphilosophie, S. 319; der Satz Heideggers findet sich in Identität und Differenz, S. 10.

12 Hassemer, Tatbestand, S. 108.

13 a. a. O., S. 127 ff.

14 a. a. O., S. 130, 134.

15 a. a. O., S. 130, Fn. 183 im Anschluß an die Einordnung der formalen Logik als eines „Organons der Kritik" bei Popper (z. B. in Adorno, Positivismusstreit, S. 115 f.).

16 a. a. O., S. 135.

17 a. a. O., S. 135; zust. Arth. Kaufmann, Festschr. f. Peters, S. 306.

18 a. a. O., S. 144.

19 Vgl. die klassische Formulierung in Rechtsphilosophie, S. 368, und in Festschr. f. Larenz, S. 40.

20 Hassemer, a. a. O., S. 140.

21 a. a. O., S. 143.

3. a) Wir kommen damit zu einem Ergebnis, das den Fachmann nicht eigentlich überraschen dürfte, gemessen an der in den letzten Jahren zwischen der analytischen Philosophie und dem kritischen Rationalismus, der Kritischen Theorie und der Hermeneutik gewechselten Polemik[22] aber doch alles andere als selbstverständlich ist: Die Hermeneutik ist insoweit die kritischste aller Wissenschaftslehren, als sie von einer sogar ontologisch vorbestimmten Subjektivität aller Erkenntnis ausgeht und damit die analytische Philosophie als positivistische Ideologie brandmarkt,[23] mit dem kritischen Rationalismus die Reduktion der Wissenschaftlichkeit auf Falsifizierbarkeit gemein hat[24] und mit der Kritischen Theorie die wissenschaftliche Diskussion als Katalysator der Wahrheitsfindung, d. h. der Konsensherstellung,[25] in den Vordergrund rückt.[26]

b) Zugleich erweist sich die Hermeneutik damit aber auch als unzulänglich für die Zwecke unserer Arbeit. Wenn sie weder handhabbare Richtigkeitskriterien liefert noch zur Aufstellung eines rangmäßig abgestuften Methodenkatalogs[27] verhilft, so kann sie uns bei unserer dogmatischen Arbeit nicht eigentlich leiten – denn daß wir bei unserer Erkenntnis die hermeneutische Spirale durchschreiten, ist nach den Grundanschauungen der Hermeneutik ontologisch vorgegeben und daher auch für deren Gegner unvermeidbar, daß wir das eigene Vorverständnis tunlichst objektivieren sollen,[28] ist eine recht abstrakte[29] und

---

22 Heute vor allem greifbar in den folgenden Sammelbänden: Adorno, Positivismusstreit; Hermeneutik und Ideologiekritik; Albert, Theorie und Realität; vgl. ferner speziell zur Polemik gegen die Hermeneutik Albert, Traktat, S. 134 ff., und Schwerdtner, Rtheorie 1971, 68.

23 Insoweit in Übereinstimmung mit dem kritischen Rationalismus (s. Albert, Traktat, S. 26 ff., 143 ff.; ders., Konstruktion, S. 149 ff.; Popper, Offene Gesellschaft II, S. 366 ff., 371 ff., 455 ff.) und der Kritischen Theorie (s. nur Adorno und Habermas in Adorno, Positivismusstreit, S. 7 ff., 235 ff.; dazu, daß die Positivismuskritik der Kritischen Theorie nicht eigentlich den kritischen Rationalismus trifft, vgl. Albert in Adorno, Positivismusstreit, S. 267 ff., 335 ff.; Lüderssen, Erfahrung, S. 45 f.).

24 Vgl. Hassemer, Tatbestand, S. 130, 134 und Albert, Traktat, S. 29 ff.; grundlegend Popper, Logik der Forschung, S. 14 ff.; ders., Erkenntnis, S. 32 f.

25 Vgl. hierzu vor allem Habermas, Theorie der Gesellschaft, S. 123 ff., 221 ff. (zur „normativen" Komponente von Habermas' Wahrheitsbegriff vgl. u. 124 f., 137 f.).

26 So Hassemer und Arth. Kaufmann (Nachw. o. in Fn. 17).

27 Dagegen ausdrücklich Hruschka, Verstehen, S. 10 f.: Die Hermeneutik sei keine Methodologie (zust. Arth. Kaufmann, Festschr. f. Larenz, S. 38); zu dem von der Hermeneutik produzierten (zumindest zugelassenen) Methodensynkretismus vgl. vorerst nur Arth. Kaufmann, Rechtsphilosophie, S. 360 ff.

28 Vgl. Hassemer, Tatbestand, S. 135 f.; Müller, Normstruktur, S. 50; Kaufmann-Hassemer, Grundprobleme, S. 72; Esser, AcP 172, 104 f.; Simitis, AcP 172, 146 f.

29 Vgl. Schwerdtner, JuS 1972, 359 f.

zudem möglicherweise niemals ohne Rest erfüllbare Anweisung,[30] und im übrigen erkennt die Hermeneutik eigentlich nur noch das Postulat der Offenheit gegenüber allen Methoden an[31] und erklärt Richtigkeitskriterien außerhalb des zu der jeweiligen Erkenntnis führenden Vorganges ausdrücklich für ausgeschlossen.[32] Die Hermeneutik liefert auch nicht etwa eine Rechtsfindungsmethode „more astrologico" – dieser in der Literatur[33] anzutreffende Vorwurf dürfte gründlich in die Irre gehen –, sondern will den Verstehensprozeß allen Argumentationsmustern offen halten und vor dogmatischer Erstarrung bewahren. Sie kennt keine einzelne Methode, sondern viele Methoden ohne festliegende Rang- und Reihenfolge[34] und kann uns daher auf unsere Ausgangsfragen (Wo liegt die Grenze zwischen Rechtsfindung und Rechtsschöpfung? Welche Auslegungsmethode besitzt im Konfliktsfall den Vorrang?) keine allgemeingültigen und zugleich präzisen Antworten geben.

II. Rechts-„wissenschaft", analytische Philosophie und kritischer Rationalismus

Da die Hermeneutik dies nach dem Selbstverständnis ihrer (rechtswissenschaftlichen!) Vertreter auch weder vermag noch vermögen soll, können wir in einer solchen Bescheidung nur unter der Voraussetzung einen Mangel erblicken, daß es eine wissenschaftstheoretische Grundlegung der Jurisprudenz zu finden gelingt, die auch auf die genannten Fragen eine Antwort gibt. Es ist daher nunmehr zu prüfen, ob die in den vorangegangenen Kapiteln skizzierten anderen beiden wissenschaftstheoretischen Grundströmungen[35] zu befriedigenderen Er-

30 Auch die Hermeneutik betont ja, daß das Vorverständnis im gesamten Verstehensprozeß wirksam bleibt, vgl. Hassemer, Tatbestand, S. 82; und Esser, Vorverständnis, S. 137 f.

31 Darauf läuft das Prinzip der „Vollständigkeit von Reflexion und Argumentation" (Hassemer, Tatbestand, S. 135) wohl letztlich hinaus; irgendwelche methodologischen Grenzlinien bietet die Hermeneutik jedenfalls nicht an.

32 Hassemer, Tatbestand, S. 135; Arth. Kaufmann, Festschr. f. Peters, S. 304; ähnlich auch Engisch, Wahrheit, S. 19 f.; das steht freilich in Gegensatz zu Gadamers Vorstellung von der Eindeutigkeit juristischer Lösungen (vgl. Wahrheit, S. 312 f. und auch S. 465) – die juristische Hermeneutik ist insoweit also skeptischer als die allgemeine Hermeneutik!

33 Schwerdtner, Rtheorie 1971, 68.

34 Eine Rangfolge der Auslegungscanones wird heute ganz allgemein abgelehnt, vgl. nur Arth. Kaufmann, Rechtsphilosophie, S. 360 ff.; Kriele, Rechtsgewinnung, S. 85 ff.; Mennicken, Gesetzesauslegung, S. 70 ff.

35 Die Kritische Theorie wird hier beiseite gelassen, weil sie bisher noch keine Ansatzpunkte für eine juristische Methodenlehre erkennen läßt (eine Auseinandersetzung mit ihr findet sich bei Lüderssen, Erfahrung, S. 30 ff.); auch die gegen die Rechtsdogmatik gerichteten kritisch-polemischen Arbeiten von Rottleuther (vor allem Richterliches Handeln, S. 7 ff., und Rechts-

gebnissen führen – wobei wir uns auf eine knappe, zusammenfassende Einordnung der schon früher dargestellten Theoreme in die nunmehr festgelegte „Wissenschaftsschablone" beschränken können.

1. Nach der analytischen Philosophie orthodoxer Provenienz[36] ist eine wissenschaftliche Begründung der Rechtsdogmatik von vornherein ausgeschlossen. Wenn alle Sätze nicht bloß analytischen Gehalts entweder Metaphysik oder bloße Gefühlsäußerungen,[37] auf jeden Fall aber unwissenschaftlich sind, so ist die Rechtsdogmatik, soweit sie (wie bei der Rechtsfindung überwiegend) synthetische Aussagen produziert, a limine aus dem Tempel der Wissenschaften verbannt, in dem allenfalls eine empirische Rechtssoziologie und eine die Dogmatik „entlarvende" Rechtstheorie als Meta-Wissenschaft[38] einen Platz finden können. Die uns bedrängenden Fragen nach Grund und Grenzen der Wissenschaftlichkeit in der Rechtsdogmatik sind daher für eine orthodox-analytische Philosophie sinnlos, weil danach schon ihre Prämisse – die Möglichkeit einer wissenschaftlichen Rechtsdogmatik – nicht zutrifft.

2. a) Zu demselben Ergebnis gelangt merkwürdigerweise auch der kritische Rationalismus, der sich doch sonst vom analytischen Positivismus mit so großem Nachdruck distanziert.[39] Der Grund für die hier anzutreffende Übereinstimmung liegt in dem namentlich von Hans Albert im Anschluß an Max Weber[40] immer wieder verteidigten Postulat der Wertfreiheit: Wenn Werturteile im objektsprachlichen Aussagenzusammenhang den Bereich der Wissenschaft transzendieren,[41] so kann die Rechtsdogmatik, in deren Argumentationshaushalt die

---

wissenschaft, S. 175 ff.) ergeben keine positiven Ansatzpunkte. Ferner verzichten wir auch völlig auf eine Auseinandersetzung mit dem Streit um systematisches und strukturelles Denken in der Jurisprudenz (vgl. dazu zuletzt vor allem Canaris, Systemdenken, S. 19 ff., 61 ff. und passim; Otto ARSP 1969, 493 ff.; Viehweg, Systemprobleme, S. 96 ff., 101 ff.), weil die diesbezügliche Diskussion sehr abstrakt geführt worden ist und daher der Lösung der Methodenprobleme nicht voranzugehen, sondern zu folgen hat.

36 Auf die „gemäßigte" Richtung – nämlich die „analytische Rechtstheorie" – wird später noch einzugehen sein.

37 Zum empiristischen Sinnkriterium vgl. o. Fn. 1.

38 So wie etwa auch die Meta-Ethik als analytische Wissenschaft betrieben wird.

39 Vgl. nur Albert in Adorno, Positivismusstreit, S. 267 ff.

40 Aufsätze, S. 149 ff., 496 ff., 587 ff.; zum anschließenden „Werturteilsstreit" vgl. v. Ferber in Topitsch, Logik, S. 165 ff.

41 So Albert, Festschr. f. Kraft, S. 201 ff.; ders., Konstruktion, S. 41 ff.; ders. in Topitsch, Logik, S. 181 ff.; ders., Traktat, S. 62 ff.; kognitive Aussagen über von anderen vorgenommene Wertungen – etwa die Sätze einer empirischen Rechtssoziologie – und die rationale „Vorbereitung" des Wertungsvorganges verstoßen gegen das Wertfreiheitsprinzip natürlich nicht, s. Albert, Traktat, S. 63 f., 69. Ein solchermaßen „gereinigtes" Rechtsdenken findet sich etwa auch im skandinavischen legal realism und bei verschiedenen nordamerikanischen Schulen, vgl. dazu Reich, Jurisprudence, S. 44 ff.; Weiss, Theorie, S. 46 ff., 58 ff.; Casper, Realismus, S. 43 ff.

Werturteile offensichtlich einen besonders wichtigen Titel bilden,[42] mindestens insoweit keine Wissenschaft, sondern nur eine praktische Kunstlehre sein.[43]

b) Die sich daraus für die Rechts-„wissenschaft" ergebenden Konsequenzen sind von Albert und Schwerdtner im einzelnen herausgearbeitet worden und sollen hier noch etwas genauer betrachtet werden, weil sie letztlich auf eine völlige Neubestimmung der dem Rechtswissenschaftler von der Gesellschaft gestellten Aufgaben hinauslaufen.

aa) Für Schwerdtner ist eine Unterscheidung von Rechtspolitik und Rechtsanwendung überhaupt nicht möglich, so daß Art. 20 III GG ein unerfüllbares und daher leerlaufendes Postulat beinhalte.[44] Die bei der Rechtsfindung zu fällenden Werturteile seien nur insoweit rationalisierbar, als an Hand empirischer Daten die gesellschaftlichen Konsequenzen der rivalisierenden Wertungen diskutiert würden; das Problem bestehe letztlich nicht in der Wahl zwischen Wissen und Glauben, sondern in der Wahl zwischen zwei Glaubensarten.[45] Für den Richter sei der hierdurch heraufbeschworene ewige Zweifel freilich wegen des ihn treffenden Entscheidungszwanges nur bedingt nachvollziehbar; er müsse aber jedenfalls stets versuchen, sich der ideologischen Verstrickung bewußt zu bleiben, um unter Umständen um den Preis des Unbehagens an der eigenen Entscheidung seinen Urteilen möglichst hohe Rationalität zu verleihen.[46]

bb) Dieses „Resignationsprogramm", das von einer dogmatischen Rechtswissenschaft im herkömmlichen Sinne nichts mehr übrig läßt und insbesondere für die Beantwortung unserer Ausgangsfragen keine positiven Anhaltspunkte liefert, ist von Albert noch ergänzt worden. Albert gibt gegenüber der herkömmlichen normativen (d. h. Wertungsfragen entscheidenden) Dogmatik einer „realistischen Rechtswissenschaft" den Vorzug (etwa im Sinne des die Wertungsfragen auf die sozialfaktische Geltung reduzierenden legal realism)[47] und erweitert diese zu einer technologischen Disziplin,[48] die ihre Normhypothesen und -vorschläge – das ist das entscheidende – an Hand der Realwissenschaften praktisch-empirisch begründet,[49] die letzte Bewertung aber als nonkognitiv, d. h.

---

42 Vgl. einstweilen nur v. Savigny, Überprüfbarkeit, S. 14, 95 ff.

43 Die Notwendigkeit von Werturteilen für die Praxis erkennt auch Albert an, s. Traktat, S. 66. Zum Streit um die Wissenschaftlichkeit der Rechtsdogmatik vgl. i. ü. noch Larenz, Methodenlehre, S. 4; E. E. Hirsch, Recht, S. 25 ff.; André, JZ 1970, 396 ff.

44 Rtheorie 1971, 235.

45 a. a. O., S. 241.

46 a. a. O., S. 244.

47 Vgl. dazu die Nachw. o. in Fn. 41.

48 in Albert-Luhmann-Maihofer-Weinberger, Jahrbuch II, S. 92 f.

49 a. a. O., S. 95, 112.

unwissenschaftlich, dem Gesetzgeber oder Richter überläßt.[50] Und das bedeutet: Der Rechtswissenschaftler darf bei einer das geltende Recht betreffenden Streitfrage Hypothesen aufzeigen und ihre Konsequenzen verfolgen, das letzte Urteil darüber, welche Hypothese zutreffend ist, darf er sich aber niemals anmaßen; der Wissenschaftler darf keine Praxis usurpieren![51]

III. Ansatzpunkte einer wissenschaftlichen Rechtsgewinnung

1. Damit sind sämtliche Antworten, die wir von den großen wissenschaftstheoretischen Schulen auf unsere Ausgangsfragen erhalten, in irgendeiner Hinsicht negativ ausgefallen: Nach der orthodoxen analytischen Philosophie und dem kritischen Rationalismus soll unsere Suche nach einer verläßlichen Methode der normativen Jurisprudenz von vornherein vergebens sein, weil sie in eine nonkognitive Sphäre führt; nach der Hermeneutik soll zwar auch die dogmatische Rechtswissenschaft zur Wahrheit führen, diese Wahrheit soll aber durch keine vom Erkenntnisvorgang selbst getrennte Instanz (etwa durch eine verbindliche Methode) zu intersubjektiver Gewißheit geführt werden können.[52] Damit zeigt sich eine bemerkenswerte grundlegende Übereinstimmung dieser im übrigen so gegensätzlichen Richtungen, eine Übereinstimmung in der Faktenanalyse, die jegliches Räsonnieren über den Wissenschaftsbegriff und die darauf bezogene Einordnung der herkömmlichen Rechtsdogmatik zu einem Glasperlenspiel macht, eine Übereinstimmung schließlich, die den geplanten dogmatischen Teil dieser Arbeit zu veröden oder mindestens in eine rechtspolitische Streitschrift umzuwandeln droht, sofern sie den tatsächlichen Gegebenheiten wirklich entspricht.

2. Gerade an dieser so verbreiteten Grundannahme sind nun aber Zweifel anzumelden, denn alle bisher erörterten Konzeptionen betrachten einerseits die juristisch-dogmatische Tätigkeit viel zu global und nivellieren dadurch die methodologisch relevanten Unterschiede der einzelnen hier vorfindbaren Argumentationstypen, während sie andererseits nur die überkommenen, unzulänglichen Argumentationsmuster berücksichtigen und von daher die Möglichkeiten einer wissenschaftlichen Jurisprudenz unterschätzen müssen. Es ist eine alte

---

50 Vgl. zu dieser beschränkten Wertdiskussion auch bereits Albert, Traktat, S. 73 ff.

51 Hier liegt der entscheidende Unterschied zwischen dem kritischen Rationalismus und der Kritischen Theorie, die die Einheit von Theorie und Praxis betont, für die Rechtswissenschaft aber, wie bereits bemerkt, bis jetzt keine fruchtbaren Ansätze entwickelt hat.

52 Insoweit berührt sich die Hermeneutik wiederum mit dem kritischen Rationalismus, der zwar die Wahrheit, aber nicht die Gewißheit für erreichbar hält (s. Albert, Traktat, S. 49; Schwerdtner, Rtheorie 1971, 226).

juristische Erfahrung, daß es problematische und unproblematische, leicht und kaum zu lösende Rechtsfälle sowie „starke“ und „schwache“ juristische Argumente gibt – eine Theorie, die diese Unterschiede nicht berücksichtigt und alles für gleich ungewiß und unsicher erklärt, setzt sich irgendwie dem Verdacht der „terrible simplification“ aus und erweckt den Eindruck der Verbesserungswürdigkeit und -fähigkeit. Wir werden daher versuchen, hier in der gebotenen Kürze die Alternative einer „szientistischen Rechtsdogmatik“ zu skizzieren, wobei wir uns der Problematik eines derartigen Unterfangens durchaus bewußt sind.[53]

a) Ausgangspunkt unseres eigenen Entwurfes ist die Überzeugung, daß Rechtsdogmatik, Rechtsmethodologie und Rechtstheorie keine voneinander völlig isolierten Forschungsdisziplinen sind, sondern in einem Stufenverhältnis ständig zunehmender Abstraktion stehen und daher durch ihren Bezug auf die jeweilige konkrete Rechtsordnung inhaltlich bestimmt und verklammert sind.[54] Methodenlehre und Rechtstheorie können nur an Hand eines konkreten Rechtssystems durch Abstraktion aus den darin geltenden Prinzipien gewonnen werden[55] und müssen infolgedessen den jeweiligen Besonderheiten, insbesondere den jeweils anerkannten Prinzipien der Rechtserzeugung,[56] adäquat sein. Um dies an einigen elementaren Beispielen zu erläutern: Wenn in einer Rechtsordnung (wie etwa in den anglo-amerikanischen) die Verbindlichkeit von Präjudizien anerkannt ist, so muß hier eine besondere case-law-Methodologie[57] geschaffen werden, an deren Stelle dort, wo allein die Gesetze mit Bindungswirkung ausgestattet sind, etwa der Kanon der zulässigen Auslegungsmethoden tritt,[58] während bei den so häufigen Mischformen[59] eine der jeweiligen Gewichtsverteilung entsprechende kombinierte Methodologie entwickelt werden muß.[60] Oder wenn in einer Rechtsordnung oder einem ihrer Teile (etwa dem Strafrecht) dem

53 Auch im Falle des Scheiterns wird dieser Versuch nicht vergeblich gewesen sein, da er dann wenigstens zu einer negativen Gewißheit führt.

54 Zum Verhältnis von Rechtstheorie, -methodologie und -dogmatik zueinander vgl. i. e. Priester und Jahr in Jahr-Maihofer (Hrsg.), Rechtstheorie, S. 13 ff., 303 ff.

55 Damit soll natürlich die Möglichkeit einer „vergleichenden Rechtstheorie“ an Hand der verschiedenartigen Rechtssysteme der Erde und der Auffindung von allgemeinen Strukturen (namentlich auf dem Sektor der analytischen Rechtstheorie i. e. S.) nicht geleugnet werden.

56 Den Rechtserkenntnisregeln, „sekundären“ Regeln (rules of recognition, secondary rules) im Sinne Harts, vgl. Hart, Concept, S. 91 ff. = Begriff, S. 135 ff.

57 Vgl. dazu Esser, Grundsatz, S. 183 ff.; Kriele, Rechtsgewinnung, S. 269 ff.

58 Von dem Problem der Rechtsfindung praeter legem einmal vorerst abgesehen. Zur differenzierenden Behandlung von Gesetzes- und Präjudizienrecht vgl. etwa auch Hart, Concept, S. 121 ff.

59 Die wir auch bei uns vorfinden (§ 31 BVGG!).

60 Zum Problem der Präjudizienverbindlichkeit in unserer Rechtsordnung s. u. S. 250 ff.

Richter eine Rechtsschöpfung praeter legem versagt ist,[61] so muß dem durch eine entsprechende Reduktion der zulässigen Rechtsfindungsmethoden Rechnung getragen werden.

b) Daß auch die Rechtstheorie in dieser Weise von ihrem Substrat, dem konkreten Recht, abhängig ist, zeigt das Beispiel des Naturrechts. Solange das gesetzte Recht als die mehr oder weniger unvollkommene Nachzeichnung einer vorgegebenen göttlichen Ordnung galt, war die Annahme eines theologischen Naturrechts nichts anderes als konsequent – ebenso wie die säkularisierten Naturrechtstheorien unter der Herrschaft eines allumspannenden Rationalismus. In dem Augenblick, als der Richter ohne Prüfungsrecht an das positive Gesetz gebunden wurde, konnte ein über dem positiven Recht stehendes absolutes, zeitentbundenes Naturrecht nur noch metaphysische Bedürfnisse stillen, und mit der Preisgabe eines theokratischen oder rationalistischen Weltbildes ist auch die Konstruktion eines der richterlichen Rechtsschöpfung vorgegebenen, „prästabilierten" Naturrechts praeter legem in den Bereich des Spekulativen verwiesen.[62] Bei uns ist mit der Anerkennung des (beim BVerfG monopolisierten) richterlichen Prüfungsrechts an Hand der Verfassung vollends jeglicher Raum für ein überpositives Recht blockiert worden, denn in Gestalt des „self-executing" Grundrechtskatalogs besitzen wir in säkularisierter und positivierter Form ein das denkbare Naturrecht an Vielfalt und Konkretheit übertreffendes Normensystem. Raum wäre allenfalls noch für die naturrechtliche „Grundnorm", daß alle diese Gewährleistungen auch in Zukunft nicht abgebaut werden dürften; aber gerade hier geht aus der (angesichts einer säkularisierten Rechtsordnung allein noch diskutierbaren) Lehre vom „geschichtlichen Natur-

61 In dieser Hinsicht ist etwa an den Grundsatz des Gesetzesvorbehalts bei Grundrechtseinschränkungen (Art. 2 II, 3; 8 II; 10 II; 11 II; 12 I, 2; 14 I, 2; 16 I, 2 GG) und an den noch strengeren nullum-crimen-Satz (Art. 103 II GG) zu denken.

62 In dieser apodiktischen Weise bezieht sich unsere Feststellung natürlich nur auf die überholten radikalen Naturrechtstheorien, nicht aber auf die modernen, lediglich mit einigen naturrechtlichen Elementen versetzten Konzepte, die hier nicht erörtert werden können. Aus der unübersehbaren Literatur dazu vgl. zuletzt Zacher, Naturrecht, bes. S. 138 ff., 157 ff. (mit einer erneuten Hinwendung zum radikalen Naturrecht, die namentlich bei der Behandlung der Konkretionen Ehebruch und Inzestverbot – a. a. O., S. 163 f. – nur mit Kopfschütteln zur Kenntnis genommen werden kann); Böckle-Böckenförde (Hrsg.), Naturrecht; Rosenbaum, Naturrecht, bes. S. 151 ff. (mit einer nicht mehr originallen, aber bis heute unwiderlegten ideologischen Deutung der Naturrechtsrenaissance nach dem 2. Weltkrieg). Vgl. i. ü. vor allem die Sammelbände von Maihofer (Hrsg.), Naturrecht (mit Spiegelung und Bibliographie der Naturrechtsdiskussion nach dem 2. Weltkrieg) und Arth. Kaufmann (Hrsg.), Ontologische Begründung, sowie Welzel, Naturrecht; Arth. Kaufmann, Rechtsphilosophie, S. 1 ff., 71 ff.; und schließlich (aus der Sicht des utopischen Sozialismus) Bloch, Naturrecht.

recht"[63] hervor, daß die zu einem Wandel der Staatsverfassung führende Veränderung der gesellschaftlichen Grundanschauungen nicht unter Berufung auf ein vorgeblich überzeitliches Naturrecht ignoriert werden kann.[64]

c) Aus dem vorstehend skizzierten Ausgangspunkt folgt, daß wir unsere methodologischen Postulate zunächst einmal auf der Grundlage eines geläuterten Positivismus errichten werden, wie er heute etwa durch die analytische Rechtstheorie H. L. A. Harts verkörpert wird:[65] Die Rechtsfindung hat in unserer Rechtsordnung, die durch das Primat eines normerzeugenden, mit Befehlsgewalt ausgestatteten Gesetzgebers gekennzeichnet ist, primär an Hand des geschriebenen Gesetzes zu erfolgen. Erst wenn an Hand des Gesetzes allein keine Entscheidung möglich ist, muß der Richter, um seiner Entscheidungslast zu genügen, eine Rechtsschöpfung vornehmen, deren Methode wir noch im einzelnen untersuchen müssen, die aber jedenfalls nicht einfach in einem Rückgriff auf ein irgendwie zurhandenes theokratisches oder rationalistisches Naturrecht bestehen kann, sondern irgendwie an das Gesetz „rückgebunden" werden muß.

d) Diese Bindung an das Gesetz bildet das Fundament, auf das eine wissenschaftliche Jurisprudenz gegründet werden kann und das die Ansatzpunkte für eine mindestens partielle „Szientifizierung der juristischen Techne" (Viehweg) liefern dürfte. Nachdem die Auswirkungen dieser Bindung in früheren Zeiten (etwa in der Aufklärung[66] und in der Begriffsjurisprudenz)[67] vielfach überschätzt worden sind, ist es nunmehr modern geworden, sie zu unterschätzen und die Rechtsfindungstheorie fast ausschließlich an der gesetzesergänzenden und -vertretenden Rechtsschöpfung zu orientieren und damit die im Gesetz selbst steckenden Intersubjektivitätsgarantien weitestgehend zu vernachlässigen. Hier ist es die Aufgabe einer zukünftigen, substratadäquaten Methodenlehre, sowohl die früheren als auch die heutigen Einseitigkeiten zu vermeiden und ein „gestuftes Rechtsfindungsmodell" zu erarbeiten, um dessen Skizzierung wir

63 Vgl. dazu Arth. Kaufmann, Rechtsphilosophie, S. 5 ff. m. w. N.; Henkel, Rechtsphilosophie, S. 409 ff.; dazu, daß Stammler trotz Prägung der Formel vom „Naturrecht mit wechselndem Inhalt" (in Wirtschaft und Recht, S. 174) nicht hierher gehört, s. Arth.Kaufmann, Rechtsphilosophie, S. 6 Fn. 11.

64 Für ein „geschichtliches Naturrecht" ist in unserem gemäßigt positivistischen Modell durchaus Platz, nämlich bei den geschichtlichen Evidenzkonsensen (s. u. S. 126 ff.).

65 Zu Harts „Concept of law" vgl. einstweilen Eckmann, Rechtspositivismus, und Hoerster in Hart, Recht, S. 5 ff.; ders. in Albert-Luhmann-Maihofer-Weinberger, Jahrbuch II, S. 115 ff.

66 Bezeichnend hierfür das Richterverständnis Montesquieus („la bouche qui prononce les paroles de la loi", vgl. Geist oder Gesetze, Buch XI, Kap. 6, S. 225) und die Kommentierungsverbote (vgl. die Nachweise bei Engisch, Einführung, S. 229 Fn. 100).

67 Vgl. dazu die Darstellung bei Larenz, Rechtsphilosophie, S. 17 ff.; Wieacker, Privatrechtsgeschichte, S. 433 ff.

uns in den folgenden Kapiteln bemühen werden. Auch den Gegensatz zwischen Hermeneutik und analytisch-kritischer Wissenschaftstheorie gilt es dabei dialektisch zu überwinden, indem wir erkennen, daß es sich bei der ersten Stufe, der gesetzesakzessorischen Rechtsfindung, um das Verstehen der legislatorischen Entscheidung und damit um einen hermeneutischen Prozeß geht, während die zweite Stufe, die gesetzesergänzende und -vertretende Rechtsschöpfung, nicht durch Verstehensakte, sondern durch Wertungsakte konstituiert wird, die vollständig neue wissenschaftstheoretische Probleme aufwerfen. Sowohl die Verabsolutierung des Verstehensbegriffs in der ontologischen Hermeneutik als auch die Reduzierung der Rechtsdogmatik auf Wertdezisionen in der analytisch-kritischen Wissenschaftstheorie sind Einbahnstraßen vergleichbar, die in Sackgassen enden müssen: Die Jurisprudenz ist nicht nur eine Schwester der Theologie mit dem Gesetzbuch als Bibel, und sie ist auch nicht nur eine Schwester der Moralphilosophie mit dem Rechtswert anstelle der Sittlichkeit, sondern sie ist beides zugleich! Das macht den Reiz, aber auch die Schwierigkeit der juristischen Methodenlehre aus, deren Probleme daher nicht durch einen einfaktoriellen Ansatz, sondern nur durch ein gegliedertes Modell gelöst werden können, dessen wichtigste Bauteile in den folgenden Kapiteln zu entwerfen sein werden.

IV. Kritik der ontologischen Hermeneutik

Bevor wir dieses Programm im einzelnen entwickeln, müssen wir noch unseren Ausgangspunkt, den „geläuterten Gesetzespositivismus“, gegen die zuletzt wieder von Hruschka[68] eindrucksvoll verteidigte radikal antipositivistische, auf der Anerkennung eines vorgegebenen Naturrechts basierende Hermeneutik in einer ihrer Bedeutung gerecht werdenden, über die bisherigen knappen Bemerkungen hinausgehenden Erörterung verteidigen. Entsprechend unserer Zielsetzung wollen wir dabei die rechtsphilosophischen Implikationen aus dem Spiele lassen und uns auf die Diskussion der rechtsfindungstheoretischen Konsequenzen des jeweiligen Ansatzes beschränken; denn jedenfalls in dieser (methodologischen) Beziehung scheint uns die ontologische Hermeneutik in ihrer unpräzisen Spekulativität unfruchtbar und daher für das heutige „Elend der Rechtswissenschaft“ (nämlich für die weitgehende Beliebigkeit der gängigen Rechtsfindungsmethoden) mitverantwortlich zu sein.

1. Hruschkas Ablehnung des Positivismus und der daraus als erstem Rechtsfindungsraster folgenden subjektiven Auslegung[69] beruht auf der Deduktion,

---

68 Verstehen, passim.

69 Auf die wir in den nächsten Kapiteln im einzelnen zu sprechen kommen werden.

daß der Sinn des Gesetzes nicht (wie der Positivismus annehme) ein Attribut des Gesetzestextes sei, sondern in der Relation der Wörter auf Sachen bestehe,[70] so daß alles Verstehen ein Sachverstehen sei und keinesfalls als Einfühlen in Fremdseelisches aufgefaßt werden könne.[71] Auch durch eine Wendung zur subjektiven Auslegungsmethode könne der Positivismus daher nicht gerettet werden, denn auch der „Wille des Gesetzgebers“ sei nur in dem Medium der von ihm vorgestellten Sachen verstehbar.[72] Diese transpositiven Sachen, eben die „Sache Recht“ (worunter Hruschka anscheinend eine Art von Naturrecht versteht),[73] bildeten den objektiven Punkt, in dem ein Rechtstext und sein Verstehen intersubjektiv koinzidierten.[74] Die „Sache Recht“ gliedere sich wiederum auf in transpositive „Rechtsphänomene“, die in der Sprache des positiven Rechts immer nur bruchstückhaft erfaßt werden könnten[75] und auf das hinter allem stehende, durch die Sprache nicht mehr erfaßbare „Prinzip Recht“ bezogen seien.[76] Das Verstehen von Rechtstexten erfordere daher eine Hinwendung auf die Rechtsphänomene und durch diese hindurch auf das Rechtsprinzip selbst,[77] aus dem man unmittelbar schöpfen könne.[78]

2. Schon aus dieser skizzenhaften Inhaltsangabe von Hruschkas antipositivistischer Hermeneutik ist zu ersehen, daß diese Art der Rechtsbetrachtung in eine methodologische Sackgasse führen muß: Wie man aus einem sprachlich nicht mehr erfaßbaren „Prinzip Recht“ überhaupt schöpfen können soll, ist unerfindlich – von einer derartigen Rechtsmetaphysik her führt keine Brücke zu einer rationalen Methodenkonzeption! Hruschka stellt zwar zu Anfang ausdrücklich heraus, daß es ihm bei seiner Hermeneutik nicht um das richtige Verstehen (im Sinne einer Auslegungsmethodologie), sondern überhaupt um die Bedingungen der Möglichkeit des Verstehens zu tun sei;[79] er übersieht dabei aber, daß die Möglichkeitsbedingungen des Verstehens die Fundamente für die Methode des Verstehens abgeben bzw. – anders herum – per Abstraktion aus den Verstehensmethoden gewonnen werden müssen (hier liegt die Nahtstelle zwischen Rechtstheorie und Rechtsmethodologie!), wenn man nicht eine über den Wolken schwebende, vollständig substratinadäquate Rechtstheorie kon-

70 a. a. O., S. 40 f.
71 a. a. O., S. 44, 47.
72 a. a. O., S. 48–50.
73 Vgl. Hruschka, a. a. O., S. 98, und auch Arth. Kaufmann, Festschr. f. Larenz, S. 38.
74 a. a. O., S. 54 f.
75 a. a. O., S. 66–68.
76 a. a. O., S. 69.
77 a. a. O., S. 70.
78 a. a. O., S. 73.
79 a. a. O., S. 10 f.

struieren will. Hruschkas Annahme, daß die hermeneutische Rechtstheorie vollkommen isoliert aus einem semantischen Grundprinzip, eben der Gleichsetzung des Sinnes der Wörter mit ihrer Relation auf Sachen, entwickelt werden könne,[80] erscheint demgegenüber keinesfalls haltbar. Schon das von ihm unterstellte semantische Grundprinzip, das dem Bedeutungsbegriff (Hruschka benutzt – offenbar synonym – den Terminus „Sinn") der einfachen realistischen Semantik entsprechen dürfte („die Bedeutung eines Wortes ist, daß es gewisse Entitäten bezeichnet"[81] oder, in der Sprache Wittgensteins: „Der Satz ist ein Bild der Wirklichkeit ... (Er) zeigt seinen Sinn"),[82] ist mannigfach angreifbar: vom Standpunkt einer fortentwickelten realistischen Semantik aus, die die Bedeutung eines Ausdrucks nicht unbedingt mit dem Gegenstande identifiziert, den er bezeichnet;[83] und erst recht vom Standpunkt einer pragmatischen Semantik aus, die die Bedeutung eines Wortes nicht in der Beziehung auf Gegenstände, sondern – in der berühmten Formulierung Wittgensteins – in „ihrem Gebrauch in der Sprache" erblickt.[84] Wir wollen diese semantischen Probleme hier aber nicht vertiefen, weil Hruschka unseres Erachtens auch auf der Grundlage der einfachen realistischen Semantik zu unzutreffenden Folgerungen gelangt.

Unter den Sachen, durch deren Bezug der Sinn der Gesetzestexte konstituiert werden soll, versteht Hruschka nämlich gänzlich unvermittelt die „Sache Recht",[85] obwohl doch von seinem semantischen Ausgangspunkt her klar sein sollte, daß es sich bei den „Sachen", auf die die Wörter weisen, um soziale Tatbestände, d. h. um in der Wirklichkeit vorhandene Entitäten handelt! Nur durch diese fehlerhafte quaternio terminorum gelingt Hruschka der „Absprung" über die von ihm so gegeißelte positivistische Schwelle[86] in eine für die Rechtsfindung unfruchtbare Metaphysik hinein – in eine Welt von „in der Sprache des Rechts nur bruchstückhaft erfaßbaren Rechtsphänomenen" und eines „sprachlich überhaupt nicht mehr faßbaren Prinzipes Recht",[87] in eine Welt also, die mit ihrer sprachlichen Faßbarkeit auch unser wissenschaftliches Interesse verloren hat!

---

80 a. a. O., S. 40 ff.
81 Vgl. v. Kutschera, Sprachphilosophie, S. 124 f.
82 Tractatus, 4.021, 4.022.
83 Vgl. v. Kutschera, Sprachphilosophie, S. 131 f.
84 Untersuchungen, Nr. 43; vgl. ferner v. Kutschera, Sprachphilosophie, S. 162 ff., 225 ff.
85 a. a. O., S. 52.
86 Vgl. a. a. O., S. 2, 14 ff., 24 f.
87 a. a. O., S. 66 ff.

3. a) Diese metaphysische Hermeneutik Hruschkas stellt schließlich auch keine für die Rechtspraxis irrelevante philosophische Spekulation dar,[88] sondern trägt bereits den Keim für eine äußerst fragwürdige Rechtsfindungsmethode in sich. Einmal kultiviert Hruschka nämlich die „etymologische Wesensschau" in einer Weise, die bei der Rechtsgewinnung geradezu in einen Abgrund führen müßte. Dem Begriff der „Auslegung" nähert er sich etwa von der ursprünglichen Bedeutung des „Auseinander-Legens",[89] und ähnlich werden auch – um nur einige Beispiele zu nennen – die Begriffe der „Bedeutung", der „Geltung", der „Rechtsquelle" und der „teleologischen Traduktion" etymologisch aufbereitet.[90] Ein entsprechendes Vorgehen im Rahmen der Dogmatik würde eine konservativ-begriffslogische, wirklichkeitsferne Formaljurisprudenz wiederbeleben, die mit der Interessenjurisprudenz und dem teleologischen Denken überwunden wurde und auch heute keine Daseinsberechtigung hat: So wichtig der natürliche Wortsinn für die Rechtsfindung auch sein mag,[91] so verfehlt wäre es doch, ihn etymologisch entwickeln zu wollen, denn maßgeblich kann allein der im Zeitpunkt des Gesetzeserlasses übliche Gebrauch der Gesetzestermini sein, nicht aber eine damit etwa in früheren Jahrhunderten verknüpfte Bedeutung.[92]

b) Schwerer noch als diese Gefahren, die mehr zu einer Warnung vor einer künftigen als zu einer Kritik an der gegenwärtigen „Ausdehnung" von Hruschkas Hermeneutik Anlaß geben, wiegt die Verharmlosung der direkt gegen den Gesetzeswortlaut verstoßenden „berichtigenden" Rechtsfindung durch die von Hruschka hierfür gegebene Erklärung, daß der Gesetzgeber wie der Richter ein Interpret der ihm vorgegebenen Rechtsphänomene sei und insoweit anderen Auslegern nichts voraus habe,[93] so daß er ein Phänomen nicht selten verfehle;[94] als Beispiel wird u. a. die Vorschrift des § 246 StGB angeführt, die ihrem Wortlaut nach aus dem auch die Fundunterschlagung umfassenden „Unterschlagungsphänomen" nur einen zu kleinen Teil herausschneide.[95] Indem Hruschka hier die prinzipiell dem Gesetzgeber vorbehaltene Wertentscheidung, welches sozialwidrige Verhalten pönalisiert werden soll, ontologisiert (die ge-

---

88 In diesem Fall hätten wir nichts gegen sie einzuwenden, da die spekulative Philosophie kein Leistungswissen prästiert (vgl. Arth. Kaufmann, Festschr. f. H. Mayer, S. 80).

89 a. a. O., S. 4 f.

90 a. a. O., S. 30 Fn. 3, S. 61 f. m. Fn. 8, S. 73 m. Fn. 7, S. 87 m. Fn. 22.

91 s. u. S. 62.

92 s. u. S. 62, 65.

93 a. a. O., S. 79 Fn. 6.

94 a. a. O., S. 78 ff.

95 a. a. O., S. 78.

setzestreue Auslegung des § 246[96] wird als eine „andere Ansicht des Unterschlagungsphänomens" bezeichnet),[97] erneuert er die in den Fünfziger Jahren vom frühen Finalismus getragenen, inzwischen ganz allgemein aufgegebenen Bestrebungen, das Recht ohne vermittelnde Wertentscheidungen aus vorgeblich allgemeingültigen „sachlogischen Strukturen" hervorzuzwingen,[98] auf einer auch den (doch von so vielen reinen Dezisionen geprägten) Besonderen Teil des Strafrechts einbeziehenden Ebene. Und da Hruschka im Unterschied zu den allenfalls noch vertretbaren sachlogischen Rechtsfindungstheorien sogar, wie seine Erörterung des § 246 StGB zeigt, den Richter bedenkenlos über den Gesetzgeber stellt, kommt sein im Ergebnis zu einer völligen Aufhebung der richterlichen Gesetzesbindung[99] führendes Konzept als Plattform einer künftigen Rechtsgewinnungsmethodologie keinesfalls in Betracht.

4. Wir haben Hruschkas Verstehenstheorie hier paradigmatisch für die gesamte ontologische Hermeneutik erörtert, weil gerade an der Radikalität von Hruschkas Antipositivismus am einfachsten zu zeigen sein dürfte, daß eine streng-wissenschaftliche Methodik – wenn überhaupt – allein auf der Basis eines geläuterten Positivismus erarbeitet werden kann. Ob freilich nicht – genau umgekehrt – die Unmöglichkeit einer solchen exakten Methodik die bleibende Erkenntnis der Hermeneutik darstellt und deren Unexaktheit rechtfertigt, ist damit noch keinesfalls entschieden; die diesbezügliche „ideologiekritische" Skepsis der Hermeneutik kann daher nicht intrasystematisch, sondern nur durch eine erfolgreiche Probe aufs Exempel widerlegt werden.

§ 5 Die historische Rechtshermeneutik als erste Stufe der Rechtsgewinnung

I. Historische Rechtshermeneutik als Wissenschaft

1. Ausgangspunkt und primäre Richtschnur der Rechtsgewinnung kann in unserer Rechtsordnung nur das positive Gesetz sein, dessen Verbindlichkeit auf der dem Gesetzgeber in unserer Verfassung (Art. 20, 72 ff. GG) eingeräumten Kompe-

96 Vgl. Bockelmann, MDR 1953, 3 ff. und meine eigenen Überlegungen in JuS 1968, 115 f.

97 a. a. O., S. 78 Fn. 2.

98 Vgl. dazu nur Würtenberger, Geistige Situation, S. 14 ff.; Engisch, Festschr. f. Eb. Schmidt, S. 90 ff.; ders., Gerechtigkeit, S. 232 ff.; ferner die finalistische „Rückzugslinie" bei Stratenwerth, Natur der Sache, S. 16 ff.; Welzel, Naturrecht, 4. Aufl., S. 244, gegenüber der 1.–3. Aufl., S. 197 f.; weit. Nachw. in meinen Grund und Grenzen, S. 34 ff.

99 Vgl. allgemein Art. 20 III GG und fürs Strafrecht im besonderen Art. 103 II GG.

tenz zur Aufstellung von Normen beruht, die mit Gehorsamsanspruch ausgestattet sind und deren Befolgung mit den Machtmitteln der staatlichen Organisation durchsetzbar ist. Weil diese Kompetenz allein den gesetzgebenden Körperschaften eigen ist und der Rechtsprechung wie auch erst recht der Rechtswissenschaft fehlt, muß der erste Schritt der Rechtsgewinnung, die Ermittlung der historischen Entscheidung des Gesetzgebers, in einer Analyse seines wirklichen „Willens" bestehen, d. h. in einer ausschließlich „subjektiven" Auslegung im herkömmlichen Sinne.[1] Deren Methode ist die historisch-heteronome Hermeneutik, zwar nicht im Sinne einer Einfühlung in Fremdseelisches, wie sie etwa Schleiermacher vorschwebte[2] und auch noch in Bettis Hermeneutik dominiert,[3] aber doch im Sinne der Erfassung eines vorgegebenen geistigen Zusammenhanges. Jegliche objektiv-autonome Zutat, jegliche „Vermittlung des historischen Sinnes mit der heutigen Zeit" ist hier zunächst einmal verpönt, denn derartige Zutaten des Rechtsanwenders können nicht auf die in unserer Rechtsordnung dem Gesetzgeber eingeräumte Kompetenz, sondern nur auf eine originäre Befugnis des Rechtsanwenders selbst gestützt werden und sind daher auf unserer 1. Stufe der Rechtsgewinnung, wo es allein um die Auffindung der legislatorischen Entscheidung geht, schlechthin unzulässig.

2. Diese Abschichtung des historischen Gesetzessinnes als des ersten Rasters der Rechtsgewinnung erscheint zunächst weder besonders originell noch besonders folgenschwer zu sein; ihre konsequente Durchführung wird jedoch weitreichende Unterschiede gegenüber der herrschenden Methodenlehre zu Tage fördern, die, wie noch im einzelnen zu zeigen ist, gerade die mit dieser Abschichtung intendierte Rang- und Reihenfolge der Rechtsfindungsmethoden kategorisch ablehnt. Bevor wir darauf näher eingehen, wollen wir die Eigenart der subjektiv-historischen Auslegung etwas genauer betrachten; dabei versteht

---

1 Vgl. dazu die Nachw. bei Mennicken, Gesetzesauslegung, S. 19 ff.; Engisch, Einführung, S. 227 Fn. 95 d, 229 Fn. 98. Grundlegend immer noch Heck, Gesetzesauslegung, S. 56 ff., 72 ff., 82 ff. Heute vor allem Enneccerus-Nipperdey, Allgemeiner Teil I, S. 324 ff.; Naucke, Betrug, S. 183 ff.; ders., Festschr. f. Engisch, S. 274 ff.; Roth-Stielow, Rechtsanwendung, S. 35 ff. m. zahlr. Nachw.; ders., NJW 1970, 2057 f.; im Prinzip auch Betti, Auslegungslehre, S. 632 ff.; aus der Rspr. vor allem die grundlegende Entscheidung BGHZ 46, 74, 80 ff. m. zahlr. weit. Nachw.

2 Vgl. dazu Gadamer, Wahrheit, S. 174 f. m. N.; ein psychologistischer Verstehensbegriff wäre bei der Rechtsgewinnung nur gegenüber den Gesetzen eines absoluten Monarchen vertretbar, denn der „Mehrheitswille" einer gesetzgebenden Körperschaft ist kein ausschließlich psychischer Sachverhalt mehr.

3 Betti unterscheidet in der Rechtswissenschaft zwischen „ergänzendem Sinnexplizieren" (das wir auf den späteren Stufen betrachten werden) und „historischem Wiedererkennen", welch letzteres er ähnlich wie Schleiermacher einordnet (vgl. Auslegungslehre, S. 614 f., 626, 279 ff.).

es sich, daß wir die Methode dieser ersten Stufe hier nicht in allen Einzelheiten beschreiben, sondern nur in ihren hauptsächlichen Problemen erörtern können.

a) Bei der Ermittlung des historischen Gesetzessinnes geht es nicht um einen Wertungs-, sondern um einen Verstehensvorgang, dessen endgültige wissenschaftstheoretische Klärung immer noch eine Aufgabe der Zukunft zu sein scheint. Die geisteswissenschaftliche Hermeneutik hat durch die bereits beschriebene „ontologisierende Kehre" und durch die darin steckende Konfundierung von Verstehensakt und Wertentscheidung die Möglichkeit einer nur passiv-nachvollziehenden und nicht aktiv-umgestaltenden Hermeneutik bestritten. Es liegt daher nahe, die analytische Sprach- und Kommunikationstheorie zu Rate zu ziehen, denn die Aufstellung und Anwendung der Gesetze vollzieht sich in der Dimension der Sprachlichkeit und ist überhaupt in gewissem Sinne ein Kommunikationsvorgang:[4] Der Gesetzgeber formuliert „Willenserklärungen", die die Rechtsunterworfenen und die Rechtsanwender zu begreifen und nach denen sie sich in der Regel zu richten versuchen. Dadurch entsteht eine Kommunikationssituation, die allerdings eingleisig ist und daher besondere Probleme aufwirft: Der Gesetzgeber scheidet mit der Verabschiedung des Gesetzes aus dem Kommunikationsprozeß aus und kann seinen Willen nicht (wie normalerweise der Gesprächspartner) nachträglich erläutern und präzisieren, sondern hinterläßt nur ein mehr oder weniger umfangreiches Dokumentenmaterial, dessen Auswertung die Funktion von Rede und Gegenrede übernehmen muß.

Interessanterweise ist nun in der modernen Sprach- und Kommunikationstheorie eine der Ontologisierung in der Hermeneutik vergleichbare Tendenz festzustellen, die durch die Skepsis gegenüber der Annahme gekennzeichnet ist, daß eine sprachliche Kommunikation zwischen einem aktiv-sinngebenden und einem passiv-nachvollziehenden Partner möglich sei. Nachdem die Grundposition der realistischen Semantik, daß die Wörter Träger von Bedeutungen sind und damit einen prinzipiell aufspürbaren geistigen Sachverhalt repräsentieren,[5] in Wittgensteins Spätphilosophie und der ihr verpflichteten Schule radikal in Frage gestellt worden ist,[6] wird nunmehr auch in der analytischen Kommunikationstheorie die Auffassung vertreten, daß das Verstehen als aktive

4 Zu dem Verhältnis von Kommunikationstheorie und Hermeneutik vgl. Betti, Auslegungslehre, S. 138 ff.; Horn, Rechtssprache, S. 9 ff.; vgl. ferner Schnelle, Sprachphilosophie, S. 265 ff., 285 ff.; Herrlitz, Kommunikation, S. 78 ff., 84 ff.

5 Vgl. dazu v. Kutschera, Sprachphilosophie, S. 119 ff. m. w. N.

6 Vgl. Wittgenstein, Untersuchungen, Nr. 43 und dazu v. Kutschera, Sprachphilosophie, S. 226 ff.; Pitcher, Philosophie, S. 266 ff.; aus der Wittgenstein-Nachfolge vgl. etwa Lyons, Linguistik, S. 419 ff.

Leistung des Empfängers verstanden werden muß, so daß das Verhalten des Empfängers in jedem Fall auch auf seiner eigenen Entscheidung beruhe.[7]

b) Die Möglichkeit einer rein historisch-nachvollziehenden Auslegung wird also von den verschiedensten Richtungen her in Frage gestellt, und es läßt sich auch nicht leugnen, daß die dagegen vorgebrachten Argumente ein erhebliches Gewicht besitzen. Gleichwohl wird der Bogen nach unserer Überzeugung in der ontologischen Hermeneutik und dem semantischen Skeptizismus überspannt, wenn man den Kommunikationsvorgang auf der „Empfängerseite" als eine notwendige Veränderung des vom „Sender" intendierten Sinnes konstruiert oder gar die Existenz eines solchen geistig faßbaren Sinnes überhaupt leugnet.[8] Für die Zwecke unserer Darstellung mögen einige Andeutungen genügen, wie wir uns die juristische Semantik vorstellen und auf welcher Bahn unseres Erachtens eine zukünftige Theorie der Rechtskommunikation fortzuschreiten hätte.

aa) Daß zwischen Verstehen und Bewerten ein Unterschied besteht, ist ebensosehr eine Erfahrung des täglichen Lebens wie auch insbesondere der juristischen Tätigkeit: Man kann einen Partner verstehen und seine Intentionen gleichwohl mißbilligen, und dies gilt auch und erst recht dann, wenn dieser Partner etwa das gesetzgebende Parlament, der verordnungserlassende Minister oder das Leitsätze formulierende Obergericht ist. Die gleiche Erfahrung lehrt uns, daß Verständnis prinzipiell möglich ist: Jegliche menschliche Beziehung ist eine Kommunikationsbeziehung, und die ganze Gesellschaft setzt sich aus Kommunikationssystemen und -subsystemen zusammen; und wenn auch immer wieder Mißverständnisse und Halbverständnisse vorkommen – wahrscheinlich sogar in der Überzahl sind –, so zeigt doch gerade deren Aufklärung, daß es möglich ist, das Verständnis immer mehr zu verbessern.[9]

bb) Zwar mag es sein, daß eine ontologische Sperre besteht, die ein völliges Verstehen zwischen zwei Individuen für alle Zeiten ausschließt, und zwar nicht nur, aber vor allem auch bei den „privatsprachlichen Sachverhalten", d. h. beim persönlichen Erleben, das kein anderer in der gleichen Form nachvollziehen kann.[10] Die entscheidende Frage ist aber, welche Bedeutung dieser Sachverhalt für die juristische Methodenlehre hat, und darauf lautet unsere Antwort: Diese

---

7 Horn, Rechtssprache, S. 8, 162 u. ö.

8 So etwa Ryle, Begriff, S. 62 ff.; mindestens als abbreviatorische Arbeitshypothese dürfte der Sinnbegriff der realistischen Semantik aber brauchbar sein.

9 Ebenso im Ergebnis auch Ryle, Begriff, S. 74 f.; Lyons, Linguistik, S. 436, 456; Wittgenstein, Untersuchungen, Nr. 80, 84, 87 a. E.

10 Vgl. zur ontologischen Sperre aus analytischer Sicht Ryle, Begriff, S. 71 und zu dem Problem der privatsprachlichen Sachverhalte Wittgenstein, Untersuchungen, Nr. 202, 243 ff., 257 ff.; v. Kutschera, Sprachphilosophie, S. 260 ff.; Stegmüller, Hauptströmungen, S. 647 ff.; Seiffert, Wissenschaftstheorie 2, S. 18 ff.

Bedeutung wird namentlich in der Gegenwart überschätzt. Zwar mag die bezeichnete ontologische Sperre eine theoretische Eindeutigkeit des Verstehens schlechterdings ausschließen, aber im Recht ist nirgends theoretische Sicherheit erforderlich, vielmehr reicht überall eine praktische Gewißheit aus! Ebenso wie bei der Sachverhaltsfeststellung im Prozeß, die sogar prinzipiell – die Möglichkeit von Induktionsschlüssen unterstellt[11] – theoretische Eindeutigkeit zuläßt, eine praktische Gewißheit im Sinne einer an Sicherheit grenzenden Wahrscheinlichkeit ausreicht,[12] kann natürlich auch bei der Feststellung der historischen Entscheidung des Gesetzgebers keine größere Gewißheit verlangt werden, als in rebus humanibus überhaupt erreichbar. Die letzten, wissenschaftstheoretisch nicht auflösbaren Zweifel dürfen uns daher auch beim Aufbau einer juristischen Methodenlehre nicht irritieren; und so wie wir in den Naturwissenschaften bei den das Experiment beschreibenden „Basissätzen“ (Popper) auf eine vorgegebene Intersubjektivitätsgrenze stoßen[13] und in der „Unschärferelation“ (Heisenberg) die Beschränktheit menschlichen Erkenntnisvermögens begreifen, ohne deswegen zu einem Verzicht auf eine weitestgehende Rationalisierung bereit zu sein, brauchen wir auch in der historischen Hermeneutik weder durch die Ontologisierung des Erkenntnisvorganges vor dem „Vorverständnis“ zu kapitulieren noch in der Wittgenstein-Nachfolge den semantischen Bedeutungsbegriff als Voraussetzung eines außer uns feststehenden Gesetzessinnes preiszugeben: Kein Skeptizismus und kein Kritizismus kann die Rechtfertigung dafür bieten, auf die Etablierung rationaler, Intersubjektivität gewährleistender Erkenntnismethoden schon vor der ontologisch vorgegebenen letzten Grenze zu verzichten.

cc) Bei der Ermittlung des historischen Gesetzessinnes sind zwar die besonderen Schwierigkeiten einer „asymmetrischen“ Kommunikationssituation zu überwinden, da der Gesetzgeber post festum nicht mehr selbst um Erläuterung gebeten werden kann und da er bei uns nicht eine einzige natürliche Person, sondern eine nach dem Mehrheitsprinzip verfaßte Gruppe ist. Allein deswegen ist aber noch keine vollständige Resignation veranlaßt, denn wir finden auch zwei in einer normalen Kommunikationssituation nicht anzutreffende, unserem Vorhaben günstige Besonderheiten vor:

α) Erstens behandelt das Gesetz im allgemeinen keine „privatsprachlichen Sachverhalte“, sondern die uns allen bekannte physische und soziale Welt des

---

11 Vgl. zu den diesbezüglichen Problemen Seiffert, Wissenschaftstheorie 1, S. 160 ff.; v. Kutschera, Wissenschaftstheorie I, S. 189 ff.; Essler, Wissenschaftstheorie III, S. 9 ff. und passim; Popper, Logik der Forschung, bes. S. 200 f., 254 f.

12 Vgl. nur zuletzt eingehend Fincke, GA 1973, 266 ff.

13 Vgl. Popper, Erkenntnis, S. 43, 285 ff., 371 ff.; Logik der Forschung, S. 71, 73 f., bes. 75 f.

täglichen Lebens; das Weltbild des Gesetzgebers ist auch das Weltbild des Juristen und braucht nicht erst durch allerlei gewagte Hypothesen nachkonstruiert zu werden, sondern ist uns allen jederzeit geläufig.[14]

β) Zweitens ist der Gesetzgeber wegen seiner bei uns gegebenen „Gruppenstruktur" zu einer „inneren Kommunikation" gezwungen, die in Entwürfen, Begründungen, Ausschuß- und Parlamentsberatungen, Änderungsanträgen und Beschlüssen, kurz: in einer Fülle von Gesetzesmaterialien für die Nachwelt greifbar bleibt.[15]

dd) Damit ist genügend Stoff vorhanden, um auf Grund des gemeinsamen Weltbildes plausible Deutungshypothesen für das Gesetz aufzustellen und diese an Hand der Materialien zu verifizieren oder zu falsifizieren – und auf diese Weise wird unseren Kriterien von Wahrheit und Wissenschaftlichkeit vollauf genügt: Eine Deutungshypothese wird auf ihre Übereinstimmung mit einem Kontrollbereich hin geprüft, und zwar in einer intersubjektiv überprüfbaren Weise, die es im einzelnen noch näher zu beschreiben gilt.

II. Methodologische Grundlagen

Wenn wir uns nunmehr der Methode der historischen Rechtshermeneutik (wie wir unsere erste Rechtsgewinnungsstufe nennen wollen) zuwenden, so versteht es sich, daß wir sie hier nicht in allen Einzelheiten beschreiben, sondern nur ihre hauptsächlichen Probleme erörtern können.

1. a) Als erstes muß festgehalten werden, daß wir es hier mit keinem psychologistischen Verfahren im Sinne einer „Einfühlung in einen fremdseelischen Sachverhalt" zu tun haben. Davon könnte bei der Ermittlung des historischen Gesetzessinnes allenfalls dann gesprochen werden, wenn es sich bei dem Gesetzgeber um einen absoluten Monarchen oder Diktator handelte. In einer parlamentarischen Demokratie wie bei uns ist der „Wille des historischen Gesetzgebers" hingegen mit dem Willen der Mehrheit in der gesetzgebenden Körperschaft zu identifizieren, der wiederum an Hand von amtlichen Begründungen, Ausschuß- und Plenumsberatungen zu ermitteln ist. Daß diese Ermittlung einer „volonté générale" als Resultat zahlreicher individueller Willensäußerungen nicht ganz einfach ist und daß man hier nicht allein mit psychologischen Methoden weiterkommt, liegt auf der Hand, denn der „Mehrheitswille" ist kein psychischer Sachverhalt, sondern eine durch Abstraktion zu fassende Gemein-

14 Vgl. dazu eingehend Engisch, Weltbild, S. 13 ff.

15 Vgl. zur wichtigen Funktion dieser Hilfsmittel aus kommunikationswissenschaftlicher Sicht Heinz ARSP 1972, 35 ff.

samkeit zahlreicher konkreter Willensäußerungen. Auf der anderen Seite führt diese Wendung ins Objektive aber auch zu einem großen Gewinn an Rationalität, weil nämlich nicht nach einem in der Brust jedes Abgeordneten verborgenen „inneren Willen" zu forschen ist, sondern nach jenen objektiven Artikulierungen, die schließlich dazu geführt haben, daß gerade dieses und nicht ein anders lautendes Gesetz verabschiedet worden ist.

Zu erforschen ist daher, genaugenommen, kein „Wille" im psychologischen Sinn, sondern derjenige während der Gesetzesentstehung in dem Medium der Sprache konzipierte Regelungsplan, für den die Mehrheit der Abgeordneten votiert hat – und nur in dieser Bedeutung wollen wir den eingebürgerten Terminus „Wille des Gesetzgebers" in Zukunft verwenden.[16]

Aus dem gleichen Grunde spielt es auch keine Rolle, ob etwa dieser oder jener Abgeordnete den Gesetzesentwurf anders verstand als der Rest der für den Entwurf stimmenden Mehrheit und folglich trotz gleicher Stimmabgabe einen anderen Normsetzungswillen besaß, sofern er nur diese Differenz nicht artikulierte und dadurch eine Modifizierung des Regelungsplanes erreichte, sondern nach außen hin den Plan der anderen unterstützte. Nicht der innere Wille als psychisches factum brutum, sondern die Willensäußerung in ihrem für die anderen Abgeordneten erkennbaren Sinn und schließlich der Akt der Wahl zwischen den verschiedenen Regelungsplänen bildet daher Maßstab und Ziel der Erkenntnis. Nicht um geheime Wünsche, sondern um Objektivationen geht es daher bei der historischen Auslegung, um die Rekonstruktion derjenigen Regelungskonzeption, die den Abgeordneten in der in den Materialien greifbaren Form bekannt gemacht und schließlich von ihrer Mehrheit gebilligt wurde![17]

16 Ähnlich Hecks „kausale Interessenforschung" (vgl. Heck, Gesetzesauslegung, S. 72 ff.). Hecks methodologische Positionen, die mit der hier zu entwickelnden Konzeption der historischen Rechtshermeneutik in vielen (wenn auch nicht in allen) Punkten übereinstimmen, sind heute sehr zu Unrecht trotz scheinbarer Beachtung (Heck wird sehr oft zitiert, aber selten verwertet!) weitgehend in Vergessenheit geraten und haben wegen der Fixierung auf den für ihren Kern unwesentlichen Interessenbegriff außerhalb der zivilrechtlich orientierten Methodenlehre kaum Resonanz gefunden; nichtsdestoweniger stellen die Forschungen Hecks nach unserer Auffassung aber bis heute die grundlegenden Studien zur ersten Rechtsgewinnungsstufe dar, während Hecks berühmte Formel vom „denkenden Gehorsam" weitaus weniger brauchbar ist und im Grunde genommen nur Verschleierungscharakter besitzt.

17 Bei der historischen Gesetzesauslegung geht es daher um die Deutung eines Textes, der bereits einen in den Materialien greifbaren Kommentar besitzt, wodurch die „Referenzen" (vgl. zu diesem die „Bedeutung" ersetzenden Terminus Lyons, Linguistik, S. 434 ff.) der Gesetzessprache ähnlich präzisiert werden wie in einer symmetrischen Kommunikationssituation, die eine Präzisierung durch Rückfragen des Hörers beim Sprecher ermöglicht (vgl. dazu Schnelle, Sprachphilosophie, S. 292).

b) Auch wenn wir das positive Gesetz in gewissem Sinne als eine historische Willenserklärung bezeichnen können, müssen wir uns infolgedessen dieser Besonderheiten stets bewußt bleiben. Die im Bürgerlichen Recht entwickelten Maximen zur Auslegung von Willenserklärungen sind daher hier nichts weniger als anwendbar: Während im Bürgerlichen Recht infolge einer wohlbegründeten Rücksicht auf die Verkehrsinteressen eine Auslegung nach dem objektiven Erklärungswert dominiert,[18] muß bei der historischen Gesetzesauslegung einerseits allein nach dem Selbstverständnis des Gesetzgebers gefragt werden, denn nur diesem selbst – nicht dem Rechtsanwender – ist von Verfassungs wegen die Befugnis zur Ausgabe von generellen Befehlen verliehen worden, und allein sein Wille – nicht dessen Abwandlung durch den Rechtsanwender – besitzt daher die auf der ersten Stufe den Ausgangspunkt der Rechtsfindung bildende allgemeine Gültigkeit.[19] Dieses Selbstverständnis ist aber andererseits kein in den Hinterköpfen der Abgeordneten brütendes Geheimnis, sondern eben der Sinn der siegreichen Regelungsalternative, der – auf dem Hintergrund der Zeitverhältnisse und des Zeitgeistes – im Gesetz und in den Gesetzesmaterialien greifbar ist.

2. a) Die Ermittlung dieses „historisch-objektiven“ Gesetzessinnes ist ein hermeneutischer Vorgang, der aber – im Gegensatz zu der ontologischen Hermeneutik Heideggerscher Provenienz – nicht auf Anpassung, Vermittlung, kurz: Veränderung gerichtet ist, sondern auf die Aufdeckung eines in einer bestimmten geschichtlichen Situation von einer Mehrheit artikulierten Vorstellungsinhaltes. Auch wenn es hierbei um die Auffindung von Werturteilen geht, so ist doch nicht die „Richtigkeit“ dieses Werturteils, sondern seine historische Relevanz Gegenstand der Forschung, die daher auch in einem vom kritischen Rationalismus bestimmten und durch das Postulat der Wertfreiheit gekennzeichneten Wissenschaftsbegriff ihren unangefochtenen Platz hat: Die Aussagen über die Wertungen des Gesetzgebers haben auf dieser ersten Stufe der Rechtsfindung „kognitiv-informativen Charakter“ und müßten daher auch vom kritischen Rationalismus als wissenschaftliche Aussagen anerkannt werden.[20]

b) Aber nicht nur vor dem kritischen Rationalismus, auch vor der analytischen Wissenschaftstheorie hat diese erste Stufe der Rechtsgewinnung unbedingt als Form wissenschaftlichen, d. h. auf Wahrheit angelegten und intersubjektiv überprüfbaren Denkens Bestand, sofern man nicht geradezu einem kruden Positivismus huldigt, der die wissenschaftliche Erfassung geistiger Zusammenhänge überhaupt leugnet und auf einen naturalistischen Wissenschaftsbegriff

---

18 Vgl. nur BGHZ 36, 33; Lehmann-Hübner, Allgemeiner Teil, S. 212 f.

19 So auch Heck, Gesetzesauslegung, S. 100 f.

20 Vgl. nur Albert, Traktat, S. 63 f.

hinausläuft, der heute schon angesichts des stürmischen Aufschwunges der Soziologie und Psychologie antiquiert erscheint. Für eine „gemäßigte" analytische Philosophie kann hingegen die Wissenschaftlichkeit der historischen Auslegung in unserem Sinne nicht in Frage stehen; denn während die oben beschriebene Verstehensmethode Diltheys, das Sichhineinversetzen in etwas Fremdpsychisches oder in den objektiven Geist schlechthin,[21] von der analytischen Philosophie nicht als wissenschaftliche Methode, sondern nur als heuristischer Kunstgriff anerkannt wird,[22] ist eine auf Hypothesenbildung mit anschließender induktiver Überprüfung aufgebaute Sinnerfassung für ihre „gemäßigte" Richtung durchaus ein intersubjektiv nachprüfbarer Weg zur Wahrheit.[23] Und gerade diese Methode ist, wie bereits bemerkt, bei unserer historischen Auslegung anzuwenden: Eine bestimmte Deutungshypothese (etwa: der Gesetzgeber wollte bei Schaffung des § 246 StGB nur die Zueignung einer wirklich im Gewahrsam des Täters befindlichen Sache bestrafen) wird an Hand des insgesamt vorliegenden deutungsrelevanten Materials überprüft (etwa: natürlicher Sprachgebrauch, Kontinuität von Partikularrecht und Reichsstrafrecht, Äußerungen im Rahmen des Gesetzgebungsvorganges).[24] Daß im Einzelfall Zweifel darüber vorkommen mögen, ob eine bestimmte Hypothese hierbei eine hinreichende Bestätigung oder wenigstens eine bessere Bestätigung als eine konkurrierende Alternativhypothese gefunden hat, ändert natürlich nichts daran, daß wir hiermit eine Intersubjektivität verbürgende Wahrheitsfindungsmethode zur Verfügung haben, denn eine Gewißheitsgarantie im Einzelfall ist dafür nicht erforderlich.[25]

c) Bei der historischen Rechtshermeneutik sind darüber hinaus drei Besonderheiten festzustellen, die echte Zweifelsfälle zwar nicht völlig ausschließen, aber doch zumindest sehr selten machen. Erstens ist nämlich das für die induktive Prüfung einer Auslegungshypothese relevante Material (z. B.: gebräuchliche Bedeutungen der Gesetzestermini, Gesetzesgeschichte, Gesetzesmaterialien, Gesetzessystematik, z. Zt. des Gesetzeserlasses allgemein anerkannte Wertungen) im allgemeinen endlich, so daß wir unsere Hypothese durch Überprüfung sämt-

---

21 s. o. S. 15 ff.

22 So Stegmüller, Wissenschaftstheorie I, S. 363 ff., 366 ff.

23 Vgl. Essler, Wissenschaftstheorie II, S. 51–57, 127–130; Leinfellner, Einführung, S. 168 f.; ferner auch Stegmüller, Wissenschaftstheorie I, S. 352 ff. zur Einordnung des historischen Verstehens bei dem Universalmodell der wissenschaftlichen Erklärung. Vgl. ferner – zur Verbindung von Hermeneutik und Wahrscheinlichkeitstheorie – Hirsch, Interpretation, S. 221 ff., sowie – zu ihrer Verbindung mit der allgemeinen Beweistheorie – Rödig, Theorie, S. 279 ff.

24 Vgl. dazu für den konkreten Fall die Nachw. o. S. 51 in Fn. 96.

25 S. nur Essler, Wissenschaftstheorie II, S. 52; zum Begriff der Bestätigung und zum Bestätigungsgrad s. Stegmüller, Wissenschaftstheorie I, S. 144, 652.

licher Anwendungen „erschöpfen" können.[26] Falls unsere Hypothese nicht schon im Laufe dieser erschöpfenden Prüfung falsifiziert worden ist, steht danach also fest, daß sie überhaupt nicht mehr falsifiziert werden kann. Da zweitens auch die ernsthaften Deutungshypothesen (bezogen auf ein konkretes Auslegungsproblem) immer endlich sein werden, können wir die eine Deutungshypothese durch die Falsifizierung aller konkurrierenden Hypothesen also endgültig zu praktischer Gewißheit verifizieren. Und drittens entsteht selbst dann kein Dilemma, wenn sich das induktive Material gegenüber einer oder mehreren Hypothesen vollständig indifferent verhalten oder diese nur schwach bestätigen oder gar mehrere einander widersprechende Hypothesen bestätigen sollte. In diesen Fällen steht dann nämlich das (allerdings negative) Ergebnis fest, daß der Gesetzgeber ein bestimmtes Rechtsproblem entweder nicht gesehen und infolgedessen auch nicht entschieden oder eine Entscheidung darüber bewußt vermieden hat – ein sicherlich weder seltenes noch überraschendes Resultat der historischen Auslegung, wenn man bedenkt, daß die Lückenhaftigkeit der geschriebenen Rechtsordnung mittlerweile ein rechtstheoretischer Gemeinplatz geworden ist.[27] Und weil die historische Auslegung im Rahmen unserer auf mehrere Stufen angelegten Rechtsgewinnung ohne weiteres mit einem non liquet enden darf, besteht nicht der mindeste Zwang, etwas in das Gesetz hineinzugeheimnissen, so daß wir auf dieser Stufe noch von sämtlichen die Wahrheitsfindung trübenden Verpflichtungen, zu einem inhaltlichen Ergebnis zu gelangen, völlig frei sind.

3. a) Die damit allein noch problematische Frage, wann eine nur „irgendwie" (etwa durch eine vereinzelte Bemerkung in den Materialien) bestätigte Hypothese als „hinreichend bestätigt" akzeptiert werden kann, könnte nur durch eine – hier nicht mögliche – umfassende Analyse der historischen Auslegungsmethode beantwortet werden. In den meisten Fällen wird eine Auslegungshypothese entweder falsifiziert oder durch eine einzige sehr starke Bestätigung (etwa: durch das Ergebnis einer Abstimmung, die über das betreffende Problem im Laufe des Gesetzgebungsverfahrens durchgeführt wurde und dann zu einer bestimmten Gesetzesformulierung führte) oder durch zahlreiche mehr oder weniger starke Bestätigungen (etwa: natürlicher Wortsinn, amtliche Begründung, bewußt gewählte Gesetzessystematik) zu praktischer Gewißheit verifiziert wer-

26 Dieser von Goodman geprägte Terminus wird hier im Anschluß an Stegmüller, Wissenschaftstheorie I, S. 276, verwendet.

27 Vgl. nur Kriele, Rechtsgewinnung, S. 244; Wieacker, Richterkunst, S. 5; ders., Rtheorie 1970, 117; Arth. Kaufmann, Rechtsphilosophie, S. 163 m. zahlr. Nachw.; Schwerdtner, Rtheorie 1971, 233; nur quantitativ einschränkend Larenz, Methodenlehre, S. 324 und Canaris, Systemdenken, S. 147 Fn. 58.

den können. Wo die Materialien etc. schweigen und wo auch sonst keine speziellen Anhaltspunkte ersichtlich sind, wird man davon auszugehen haben, daß der Gesetzgeber das gewollt hat, was dem Kernbereich des natürlichen Wortsinns (ermittelt nach dem damaligen Sprachgebrauch!) entspricht. Wenn auch dies zur Lösung des konkreten Rechtsproblems nicht weiterhilft, wird regelmäßig ein non liquet anzunehmen sein. Denn die „Beweislast“ für eine bestimmte historische Auslegung trägt immer der Rechtsfinder – was schon daraus folgt, daß nur einer erwiesenen Willenserklärung des historischen Gesetzgebers die verfassungsmäßige Verbindlichkeit zukommt, nicht aber der zu einem bloßen Wahrscheinlichkeitsurteil führenden Argumentation des Interpreten. Die historische Auslegung muß daher, wenn sie für die Rechtsfindung zu einem verbindlichen Ergebnis führen soll, praktische Gewißheit ergeben; tut sie das nicht, so fehlt eben ein feststellbarer Machtspruch des Gesetzgebers, und die erste Stufe der Rechtsgewinnung bleibt ohne Ergebnis. In diesem Fall verliert die historische Auslegung zugleich jede Relevanz, denn ob eine bestimmte Auslegung mit mehr oder weniger großer Wahrscheinlichkeit mit dem „Willen des Gesetzgebers“ korrespondiert, ist völlig unbeachtlich: Solange etwa Meinungsäußerungen im Gesetzgebungsverfahren zu keiner feststellbaren Dezision des Parlamentes geführt haben, bleiben sie schlichte Meinungsäußerungen, denen nur dann Gewicht zukommt, wenn sie überzeugend begründet werden können (während auch ein zweifelhafter legislatorischer Machtspruch zunächst einmal verbindlich ist!).[28]

b) Die Problematik verstreuter Äußerungen im Gesetzgebungsverfahren wird weiter dadurch verringert, daß nach dem umstrittenen, in der restriktiven Fassung aber zutreffenden Andeutungsprinzip[29] nur ein im Gesetzeswortlaut irgendwie (wenn auch außerhalb der üblichen Wortbedeutungen) ausgedrückter Wille des Gesetzgebers verbindlich ist. Die Positivität des modernen Rechts

---

28 Insoweit anders, aber wohl irrig, Heck, Gesetzesauslegung, S. 87 f.

29 Mit der Andeutungstheorie ist vielfach die „Wortlautgrenze“, d. h. die Begrenzung der Auslegung durch den sozialüblichen Wortsinn, gemeint (vgl. Engisch, Einführung, S. 83, 104 m. zahlr. Nachw. in Anm. 82 u. 115; Mennicken, Gesetzesauslegung, S. 14), die aber nur eine Hilfskonstruktion der sog. objektiven Auslegung ist und in der historischen Rechtshermeneutik allenfalls eine heuristische Funktion hat (s. u. S. 91). Unsere im Text erläuterte Fassung der Andeutungstheorie (vgl. auch schon meine Überlegungen in Grund und Grenzen, S. 272 f.) hat hingegen die ganz andere Funktion, die legislatorische „Willenserklärung“ von beiläufigen Bemerkungen während der Gesetzesentstehung zu den vom Gesetz offen gelassenen Fragen abzugrenzen, und diese Fassung ist auch mit Hecks bekannter Kritik am (von ihm so genannten) „Ausdrucksprinzip“ ohne weiteres vereinbar: Heck will zwar die „Korrektur sprachlicher Fehlgriffe“ durch den Richter zulassen (Gesetzesauslegung, S. 100), gibt aber gerade damit das hier begründete Erfordernis einer „subjektiven Andeutung“ nicht auf.

hat eine Formulierungslast des Gesetzgebers zur Kehrseite, erst Wille und Erklärung zusammen machen das Gesetz! Regelungsprämissen, -tendenzen und -präferenzen, die in keinem gesetzlichen Begriff „eingefangen“ worden sind, sind daher auf der ersten Stufe völlig irrelevant. Auf der anderen Seite ist es aber auch völlig unerheblich, ob der Gesetzgeber einen „korrekten“ (d. h. den üblichen Konventionen entsprechenden) sprachlichen Ausdruck gewählt hat (denn nicht der Ausdruck, sondern der ausgedrückte Wille ist das Ziel der historischen Auslegung).[30] Entscheidend ist vielmehr allein, daß der Gesetzgeber ein bestimmtes Problem regeln wollte und zu diesem Zweck das Gesetz in bestimmter Weise formulierte; daß sich dies feststellen läßt, ist die notwendige, aber auch hinreichende Bedingung für eine erfolgreiche historische Auslegung.

III. Das Verhältnis zu den herkömmlichen Auslegungsmethoden

Wenn man die vorstehend skizzierte historische Rechtshermeneutik zu den überkommenen Interpretationscanones in Beziehung setzt, so ergibt sich zwanglos, daß die grammatische, die logisch-systematische und die historische Auslegung i. e. S., wenn man sie recht versteht, nichts anderes als die drei Unterstufen unserer ersten Rechtsgewinnungsstufe darstellen.

1. Es geht auf unserer ersten Stufe, wie dargelegt, um die Ermittlung des bei dem Gesetzgebungsakt von der Mehrheit des Parlamentes intendierten Sinnes des Gesetzestextes. Erstes Raster bei dieser Ermittlung ist der Kernbereich der „natürlichen“, d. h. im sozialen Leben im Zeitpunkt des Gesetzeserlasses anerkannten Wortbedeutungen, denn der damals anerkannte Mindest-Wortsinn gibt im allgemeinen den Rahmen dessen ab, was der Gesetzgeber zumindest geregelt wissen wollte. Zweites (modifizierendes und konkretisierendes) Raster ist der logisch-systematische Gesamtzusammenhang, der eine Einengung, aber auch eine Erweiterung der natürlichen Wortbedeutungen ergeben kann[31] und ihnen übergeordnet ist, weil er möglicherweise einen den Bedeutungskern transzendierenden oder sogar von der Umgangssprache abweichenden Sprachgebrauch des Gesetzgebers erkennen läßt. Drittes (letztentscheidendes) Raster ist schließlich des konkrete historische Material, d. h. die Gesetzesmaterialien

---

30 So auch Heck, Gesetzesauslegung, S. 101 f.

31 Ein Beispiel bietet etwa der Zusammenhang zwischen § 212 StGB und § 217 StGB: Während der Kernbereich des „natürlichen“ Begriffs des „Menschen“ in § 212 wohl (entsprechend § 1 BGB) die Vollendung der Geburt voraussetzt, folgt aus der systematischen Stellung des § 217 StGB, daß die Menschqualität im Strafrecht schon mit dem Einsetzen des Geburtsvorganges beginnt.

im weitesten Sinne.[32] Hier findet sich der direkte Zugang zur „legislatorischen Semantik“, der den bisherigen Rastern infolgedessen übergeordnet ist; nicht was „man“ unter den Gesetzeswörtern verstehen könnte, sondern der vom Gesetzgeber damit intendierte Sinn ist der letzte Maßstab und das letzte Ziel der historischen Rechtshermeneutik!

2. Damit haben wir im Rahmen unserer ersten Stufe ganz zwanglos aus der Natur der Sache heraus eine Rangordnung der hier einschlägigen üblichen Interpretationsmethoden („grammatische“,[33] logisch-systematische[34] und historische i. e. S.)[35] gewonnen und auf diese Weise den Haupteinwand ausgeräumt, den der Kritizismus aller Schattierungen völlig zu Recht gegen die Wissenschaftlichkeit des herrschenden Interpretationssynkretismus vorgebracht hat.[36] Denn indem die h. M. es ausdrücklich für zulässig erklärt, die Lösung eines Rechtsproblems einmal an Hand dieser, ein anderes Mal an Hand jener Auslegungsmethode zu gewinnen, und eine Rangordnung der verschiedenen Interpretationscanones kategorisch ablehnt,[37] hat sie die Rechtsdogmatik jeder strengen Wissenschaftlichkeit entkleidet und den heute in der Rechtsprechung so weit verbreiteten Entscheidungsstil heraufbeschworen, das Ergebnis intuitiv-dezisionistisch zu finden und ihm erst post festum in Gestalt der hierzu gerade passenden Auslegungsmethode ein pseudowissenschaftliches Mäntelchen umzuhängen. Natürlich müßte dies alles hingenommen werden, wenn – wie es der heute nahezu einhelligen Auffassung entspricht[38] – die Statuierung einer

32 Außer der bereits erwähnten historischen Auslegung des § 246 StGB (Nachw. o. S. 51 Fn. 96) vgl. vor allem die mustergültige Auslegung des § 16 GWB a. F. in BGHZ 46, 74, 80 ff.

33 Vgl. dazu Engisch, Einführung, S. 77 ff.; Enneccerus-Nipperdey, Allgemeiner Teil I, S. 331 ff.;. Larenz, Methodenlehre, S. 301 ff.; grundlegend schon v. Savigny, System, S. 213 f.; kritisch Kriele, Rechtsgewinnung, S. 81 f.

34 Vgl. dazu Larenz, Methodenlehre, S. 305 ff.; Engisch, Einführung, S. 79 m. w. N. in Fn. 78; Canaris, Systemdenken, S. 90 ff.; Savigny (a. a. O.) unterschied übrigens noch zwischen der logischen Auslegung der einzelnen Vorschrift und der systematischen Auslegung „des ganzen Rechtssystems“.

35 Da wir auch die herkömmliche grammatische und logisch-systematische Auslegung auf ihren historisierenden Kern zurückgeführt haben, ist unter historischer Auslegung i. e. S. als Sonderform der historischen Rechtshermeneutik also vor allem die Auswertung der Gesetzesmaterialien und der übrigen Gesetzesgeschichte zu verstehen.

36 Vgl. nur Krawietz, JuS 1970, 430 f.; Kriele, Rechtsgewinnung, S. 25 f.; Rottleuthner, Richterliches Handeln, S. 30; Esser, Vorverständnis, S. 122 ff.; in klassischer Formulierung schon Radbruch, Einführung, S. 166 („Die Auslegung ist also das Ergebnis – ihres Ergebnisses.“).

37 Vgl. nur Larenz, Methodenlehre, S. 320; Esser, Grundsatz, S. 122 ff.; aus der Rspr. des BVerfG die Nachw. bei Leibholz-Rinck, Grundgesetz, Einl. 1 f.; ferner speziell zur strafrechtlichen Auslegungstheorie die Nachw. in meinen Grund und Grenzen, S. 53 Fn. 35.

38 Vgl. die Nachw. o. Fn. 36 f. sowie zu Kriele, Esser und Mennicken die Nachw. u. Fn. 56 ff.

Rangfolge unter den Auslegungsmethoden weder angebracht noch möglich wäre und jede „vernünftige" Rechtsgewinnung zum Erliegen brächte. Gerade diese dem heutigen Methodensynkretismus zugrundeliegende Befürchtung der h. L. erweist aber auf der Stelle ihre völlige Haltlosigkeit, wenn man die herkömmlichen vier Interpretationsverfahren – grammatische, logisch-systematische, historische und teleologische Auslegung[39] – nicht wie Spreu und Weizen voneinander scheidet und auch nicht wie Kraut und Rüben durcheinander stehen läßt, sondern unter dem Leitgesichtspunkt: „Entscheidung des Gesetzgebers oder Entscheidung des Richters?" ordnet.[40] Dann ist leicht zu erkennen, daß die teleologische Auslegung der zweiten Gruppe zugehört, weil sie den legislatorischen Gedanken in schöpferischer Weise weiterentwickelt; sie wird daher erst auf der zweiten und dritten Stufe unserer „Theorie der Rechtsgewinnung" zu behandeln sein. Die grammatische und die logisch-systematische Interpretation sind dagegen nur in der ersten Gruppe (Ermittlung der wirklichen Entscheidung des Gesetzgebers) sinnvoll unterzubringen. Denn der „natürliche Wortsinn", verstanden als die mit den Gesetzesworten nach dem heutigen Sprachgebrauch verknüpfbaren Bedeutungen,[41] ist für die Rechtsfindung vollkommen irrelevant:[42] Die (nicht einmal mit dem Staatsvolk identische) Sprachgemeinschaft hat keinerlei legislatorische Kompetenzen und kann daher durch eine Änderung des Sprachgebrauchs weder eine vom Gesetzgeber getroffene Entscheidung derogieren noch etwa eine von diesem verworfene Alternative nachträglich wieder „hoffähig" machen. Erst die alleinige Heranziehung des im Zeitpunkt des Gesetzeserlasses eingebürgerten Sprachgebrauchs gibt der „grammatischen Auslegung" also überhaupt einen Sinn, nämlich den eines ersten Rasters zur Ermittlung der legislatorischen Dezision: Der (damalige) Minimalsinn der Gesetzesworte, ihr Bedeutungskern, gibt, wie bereits bemerkt, vorbehaltlich einer Korrektur durch die logisch-systematische und durch die historische Auslegung i. e. S. die „Mindestentscheidung" des Gesetzgebers wie-

39 Zur teleologischen Auslegung Engisch, Einführung, S. 79 ff. m. zahlr. Nachw. in Fn. 78 a; Larenz, Methodenlehre, S. 311 ff.; Schwinge, Begriffsbildung, S. 22 ff. und passim.

40 Ein praktisches Beispiel habe ich in ZStW 84, 889 ff. zu geben versucht; ähnliche Überlegungen auch schon in meinen Grund und Grenzen, S. 256 ff.

41 So die grammatische Auslegung in der h. M., vgl. nur Larenz, Methodenlehre, S. 301, 304; Schneider, Logik, S. 317; wohl etwa auch Jescheck, Lehrbuch, S. 121, und Dahm, Deutsches Recht, S. 41, wenngleich sich hier nur die Entgegensetzung alltäglicher-juristischer Sprachgebrauch findet und ein Wandel des Sprachgebrauchs nicht erörtert wird.

42 Ebenso Schreiber, Geltung, S. 165. Lediglich im Strafrecht könnte wegen der psychologischen, die Möglichkeit von Generalprävention fordernden Wurzel des nulla-poena-Satzes (vgl. dazu Binding, Handbuch, S. 18) dem jeweils aktuellen sozialen Wortsinn eine gewisse Funktion zukommen.

der, und ihr (damaliger) Maximalsinn, ihr Bedeutungshof, steckt den Rahmen ab für die vom Gesetzgeber u. U. getroffenen weiteren Entscheidungen und liefert damit das Hypothesenmaterial, das anschließend durch die logisch-systematische und die historische Auslegung i. e. S. kontrolliert und ggf. modifiziert oder auch ergänzt wird.[43]

3. Daß die logisch-systematische Interpretation dementsprechend auf das Ergebnis der recht verstandenen (d. h. auf den Zeitpunkt des Gesetzeserlasses bezogenen) grammatischen Auslegung zu beziehen und dieser damit übergeordnet ist, ergibt sich aus der Überlegung, daß logische und systematische Argumente wegen ihrer Formalnatur einen gewissen Bedeutungsgehalt bereits voraussetzen (im allgemeinen den „Bedeutungskern" der grammatischen Auslegung) und auf dieser Basis zu einer mehr oder weniger weitgehenden Ausfüllung des Bedeutungshofes führen.[44] Daß die logisch-systematische Auslegung andererseits keine selbständige, zu abschließenden Ergebnissen führende Rolle spielt, folgt daraus, daß sie auf der Annahme von Bedeutungskonstanzen beruht,[45] die dem Gesetzgeber nicht vorgeschrieben und daher allein durch eine historische Auslegung i. e. S. aufgewiesen bzw. bestätigt werden können. Wenn also beispielsweise an Hand der Gesetzesmaterialien nachgewiesen werden kann, daß der Gesetzgeber eine „systemwidrige" Regelung treffen wollte, so hat die historische Auslegung i. e. S. ebenso den Vorrang vor der logisch-systematischen wie sie ihn vor der grammatischen besitzt, wenn der Gesetzgeber seinen Willen in einer Art und Weise formuliert hat, die über die üblichen Bedeutungen der benutzten Wörter hinausgeht; denn nicht der „objektive" Wortsinn oder eine „objektive" Gesetzessystematik, sondern allein der erkennbare Wille des Gesetzgebers, der von Verfassungs wegen die alleinige Kompetenz zur Normsetzung, d. h. zur Erteilung genereller Befehle, besitzt, vermag die Rechtsfindung erster Stufe zu legitimieren. Ein in dem heutigen Wortsinn hervortretender „objektiver Erklärungswert" hat hingegen, wie bereits dargelegt und wie nochmals betont werden muß, bei der „Willenserklärung Gesetz" anders als bei der im BGB geregelten zivilistischen Willenserklärung[46] keinerlei Daseinsberechtigung: Während die Auslegung im Bürgerlichen Recht auf dem Gedanken des Verkehrsschutzes beruht,[47] erzwingt bei der Gesetzesauslegung das Normset-

43 Der Bedeutungshof hat also (nur!) eine heuristische Funktion.

44 Vgl. das Beispiel o. in Fn. 31.

45 Bei mehrdeutigen Termini bleiben logische Schlüsse leicht in einer quaternio terminorum stecken, und ohne halbwegs feststehende Wortbedeutungen kann es überhaupt kein System geben.

46 Vgl. die Nachw. o. in Fn. 18.

47 Vgl. nur Larenz, Allgemeiner Teil, S. 279 ff. m. zahlr. Nachw.

zungsmonopol des Gesetzgebers eine Erforschung des „wirklichen Willens“, so wie dieser (als Integrat der bei der Gesetzesverabschiedung leitenden Vorstellungen) mit praktischer Gewißheit feststellbar ist und im Gesetzeswortlaut wenigstens andeutungsweise seinen Niederschlag gefunden hat.

4. Die „objektiven“ Verfahren der grammatischen und der logisch-systematischen Auslegung haben daher keine für sich allein bestehende, absolute Bedeutung, sondern können ein Resultat nur insoweit tragen, als die Vermutung, daß der Gesetzgeber bei der Wahl der Gesetzestermini deren Bedeutungskerne akzeptiert und sein Gesetz nach einem den Sätzen der Logik und dem Postulat der Bedeutungskonstanzen genügenden System aufbaut, nicht durch die historische Analyse erschüttert worden ist; und der heutige Wortsinn ist nur insoweit relevant, als er noch mit dem im Zeitpunkt des Gesetzeserlasses verbreiteten Sprachgebrauch übereinstimmt.[48]

IV. Die Bindungswirkung der ersten Stufe für die Rechtspraxis

1. Die erste Stufe der Rechtsgewinnung besteht nach allem in der Ermittlung des historischen Gesetzessinnes auf dem dreifachen Wege der grammatischen (1. Schritt), der logischsystematischen (2. Schritt) und der historischen Auslegung i. e. S. (3. Schritt). Das Ergebnis eines früheren Schrittes kann dabei nur unter der Voraussetzung das Ergebnis der gesamten ersten Stufe werden, daß die folgenden Schritte es bestätigen oder sich gegenüber dem jeweiligen Auslegungsproblem neutral verhalten. Wenn alle drei Schritte zu einem non liquet führen, d. h. keine bestimmte Interpretationshypothese zu praktischer Gewißheit als richtig bestätigen, so ist eine Problemlösung auf der ersten Stufe überhaupt ausgeschlossen.

2. Soweit die erste Stufe hingegen Ergebnisse zeitigt, ist damit das geltende Recht gefunden, so daß diese Ergebnisse für den Rechtsanwender prinzipiell verbindlich sind: Der Richter ist an das Gesetz gebunden (Art. 20 III GG). Die Frage, ob der Richter ausnahmsweise gegen das Gesetz entscheiden darf (eventuell: unter welchen Voraussetzungen), wird uns noch weiter unten beschäftigen, weil sie zu einer vierten Stufe der Rechtsgewinnung hinüberführt. Hier soll nur noch auf zwei Sonderprobleme der Bindungswirkung aufmerksam gemacht werden.

48 Eine Ausnahme kann allerdings im Strafrecht Platz greifen (s. o. Fn. 42), wo auch die an sich nur heuristisch wirkende „Wortlautgrenze“ (d. h. der Bedeutungshof) für die teleologische Rechtsschöpfung durch den Richter eine echte Begrenzung bilden könnte – weil der nulla-poena-Satz (Art. 103 II GG) die im allgemeinen zulässige richterliche Rechtsschöpfung infra legem zumindest einengt.

a) Die Bindungswirkung hängt von der Tragweite der legislatorischen Entscheidung ab, die besonders bei der Verwendung unbestimmter Rechtsbegriffe problematisch wird: Wie kann man überhaupt feststellen, welche weiteren Fälle außer den in den Gesetzesmaterialien konkret genannten von der Regelung des Gesetzgebers mit Sicherheit erfaßt werden, bzw., noch radikaler, kann eine abstrakte gesetzliche Formulierung den Rechtsanwender überhaupt noch binden, da die in den Materialien konkret angegebenen Fälle doch im Gesetz nicht angedeutet und die im Gesetz angedeuteten Vorstellungen nicht konkret sind? Beide Probleme sollen einstweilen nur vorgemerkt werden. Mit der Frage, inwieweit die Tragweite des legislatorischen Machtspruchs durch eine nichtwertende historische Auslegung i. w. S. festgestellt werden kann, werden wir uns weiter unten bei der Auseinandersetzung mit Hassemers strafrechtlicher Hermeneutik befassen; die spezielle Problematik der unbestimmten Rechtsbegriffe wird ebenfalls in einem besonderen Abschnitt zu behandeln sein.

b) Daß eine den Richter bindende positive Entscheidung des Gesetzgebers mangels sonstiger Anhaltspunkte auch dadurch nachgewiesen werden kann, daß der Bedeutungskern der Gesetzestermini an Hand des damaligen Sprachgebrauchs herausgearbeitet wird, haben wir bereits erwähnt.[49] Im Gegensatz hierzu stellt die h. L. im Rahmen der grammatischen Auslegung nicht den Bedeutungskern, sondern den Bedeutungshof in den Vordergrund und betont, daß der denkbare Wortsinn die Grenze jeglicher Auslegung bilde, weil jede darüber hinausgehende Rechtsgewinnung per analogiam oder per argumentum e contrario eine „schöpferische" Rechtsgewinnung darstelle.[50] Schon unsere bisherigen Überlegungen machen aber deutlich, daß die Grenze zwischen einer dem Willen des Gesetzgebers akzessorischen Auslegung und einer schöpferischen Rechtsfindung mit dieser Unterscheidung verfehlt wird: Da auch die noch im einzelnen zu betrachtende teleologische Auslegung, die sich innerhalb des Bedeutungshofes der Gesetzestermini hält, über die Entscheidung des Gesetzgebers[51] hinausgreift, stellt sie ebenfalls eine rechtsschöpferische Form der Rechtsfindung dar, die sich, wie schon Sax[52] im einzelnen nachgewiesen hat, von Analogie und Gegenschluß methodologisch nicht unterscheidet. Infolge-

49 s. o. S. 62.

50 Vgl. die Nachw. zur „Andeutungstheorie" im Verständnis der h. M., o. in Fn. 29, ferner Larenz, Methodenlehre, S. 304; Enneccerus-Nipperdey, Allgemeiner Teil I, S. 325 m.Fn. 3; Zippelius, Methodenlehre, S. 56; Müller, Normstruktur, S. 158 ff.; Canaris, Lücken, S. 21 f.; Göldner, Rechtsfortbildung, S. 213.

51 So wie sie uns greifbar ist; ob der Gesetzgeber „vielleicht" auch andere, im Bedeutungshof liegende Fälle gemeint hat, bietet mangels historischer Verifizierbarkeit einer gesetzesakzessorischen Auslegung im Sinne unserer ersten Stufe keinerlei Grundlage.

52 Analogieverbot, S. 148 f.

dessen spielt die sog. Wortlautgrenze aber bei der rechtsschöpferischen Rechtsfindung überhaupt keine Rolle. Und bei der historischen Auslegung i. w. S., d. h. der historischen Rechtshermeneutik in unserem Sinne, könnte sie nur dann relevant werden, wenn die Hypothese zutreffen würde, daß der Gesetzgeber die für den Gesetzestatbestand vorgesehene Rechtsfolge jedenfalls für die außerhalb des Bedeutungshofes gelegenen Sachverhalte ausschließen wollte. Eine derartige Hypothese entbehrt aber jeder Grundlage: Sofern die historische Auslegung eine konkrete legislatorische Entscheidung zu Tage fördert, allen nicht unter den Tatbestand a fallenden Sachverhalten auch nicht die a zugeordnete Rechtsfolge x zuzusprechen, hat man in Wirklichkeit das mit exakten Bedeutungsgehalten erfüllte Normensystem a → x, -a → -x gefunden, das aber über die bloße Norm a → x rechtslogisch weit hinausgeht und keinesfalls bereits aus der semantischen Porosität des natürlichen Sprachgebrauchs (dem Bedeutungshof) abgeleitet werden kann. Die sog. Wortlautgrenze hat daher im Rahmen der historischen Auslegung i. w. S. nur eine heuristische Funktion: Der Wille des historischen Gesetzgebers ist normalerweise[53] irgendwo auf dem dadurch abgesteckten Bedeutungshof zu suchen – eine darüber hinausgehende Bedeutung, namentlich irgendeine Verbindlichkeit, kommt den Hofesgrenzen aber nicht zu! Etwas anderes kann lediglich dort gelten, wo – wie im Strafrecht (Art. 103 II GG, § 2 StGB) – die schöpferische Rechtsfindung des Richters vom Gesetz- oder Verfassunggeber beschnitten worden ist und wo daher, wenn nicht überhaupt nur die historische Auslegung i. w. S. zulässig sein soll,[54] die teleologische Methode durch einen systemtranszendenten Gesichtspunkt eingeschränkt werden muß.[55] Für die hier interessierenden allgemeinen Grundsätze der Rechtsgewinnung bleibt es hingegen dabei, daß die Wortlautgrenze nur heuristischen Wert besitzt und daß allein die zu praktischer Gewißheit festgestellte Entscheidung des Gesetzgebers für die Rechtsprechung verbindlich ist.

V. Kritik rechtsmethodologischer Einwendungen

1. Die vorstehend skizzierte Konzeption eines prinzipiellen Vorrangs der historischen Rechtshermeneutik steht nach unserer Überzeugung in so direktem und zugleich einfachen Zusammenhang mit der Struktur unserer auf dem Vorrang

53 Nämlich wenn der Gesetzgeber nicht einen völlig neuen Sprachgebrauch schafft.

54 So bekanntlich Naucke, Betrug, S. 183 ff.

55 z. B. die im Strafrecht nahezu einhellig anerkannte Wortlautgrenze (vgl. dazu die Nachw. in meinen Grund und Grenzen, S. 57 Fn. 52 und die Rechtfertigung der Wortlautgrenze aus der Generalprävention, a. a. O., S. 365).

des gesetzten Rechts beruhenden Rechtsordnung und vermag zugleich die wissenschaftstheoretische Skepsis gegenüber der Jurisprudenz im Rahmen ihrer Reichweite so gründlich zum Verstummen zu bringen, daß man eigentlich erwarten sollte, daß sie seit langem zum gesicherten Allgemeingut der juristischen Methodenlehre gehörte. Um so überraschender ist es, daß die heute fast unangefochten herrschende Meinung schon den Versuch, zwischen den anerkannten Auslegungsmethoden eine Rang- und Reihenfolge herzustellen, als verfehlt ansieht; weil es sich hierbei um das wohl wichtigste Problem der gesamten Rechtsgewinnungstheorie handelt, kann eine Auseinandersetzung mit den von der h. M. vorgebrachten Argumenten nicht unterbleiben.

a) In letzter Zeit hat sich vor allem Kriele mit dem „Ideal eines Katalogs der Interpretationsstufen" eingehend beschäftigt. Kriele vertritt die Auffassung, daß eine auf rangmäßig differenzierten Auslegungsstufen basierende Methodenlehre nur an Hand von Beispielen entwickelt werden könne, bei denen die Interpretation zu einem keinerlei Zweifeln ausgesetzten Ergebnis führe; gerade damit sei aber für die Aufstellung des Katalogs eigentlich überhaupt nichts zu gewinnen, denn die Interpretation beginne eben erst dort, wo Zweifel und Meinungsverschiedenheiten auftauchten, so daß die „fraglosen" Fälle für die Lösung der „fragwürdigen" keinen Fingerzeig geben könnten.[56] Auch die Durchmusterung ehemals umstrittener, inzwischen aber unstreitig gewordener Interpretationsergebnisse führe nicht weiter, da man hierbei von Fall zu Fall auf völlig verschiedene Auslegungsmethoden stoße, die für die Aufstellung einer Rang- und Reihenfolge keinerlei Anhaltspunkte böten.[57] Eine Lösung scheine daher lediglich auf dem Wege einer subsidiären Stufenfolge möglich, dergestalt daß der jeweils folgende Interpretationsschritt erst dann in Frage komme, wenn das Gesetz auf das gestellte Problem auf der früheren Stufe (etwa: der grammatischen vor der logisch-systematischen) noch keine eindeutige Antwort gebe.[58] Auch eine subsidiäre Stufenfolge sei jedoch letztlich nicht begründbar, denn das Problem der (in vielen Fällen für das Ergebnis ausschlaggebenden) Reihenfolge der Interpretationsschritte sei wiederum unlösbar, weil man auch zu diesem Zweck nur die Auswertung unstreitiger Interpretationsergebnisse betreiben könne und weil gerade diese sich, wie bekannt, als nichtssagend erwiesen.[59] Außerdem und vor allem sei die Aufstellung einer Reihenfolge der Auslegungsschritte aber vollkommen nutzlos, solange man kein Kriterium besitze, das darüber entscheide, wann wir ein Problem als „gelöst" ansehen dürften und wann wir noch eine

56 Rechtsgewinnung, S. 88–91.
57 a. a. O., S. 92 f.
58 a. a. O., S. 93 f.
59 a. a. O., S. 94 f.

höhere Stufe zu bemühen hätten; und gerade dieses Kriterium – so muß man Kriele wohl verstehen – sei schlechterdings unauffindbar.[60]

b) Auch Esser ist nicht müde geworden, auf die „Unmöglichkeit einer sogenannten Hierarchie von Interpretationsmitteln" hinzuweisen[61] und insbesondere die historische Auslegung mit abfälligen Kommentaren zu überhäufen; der Rückgriff auf historische Auslegungsmittel bedeute einen schlichten Verzicht auf die von der Justiz überhaupt geschuldete Auslegungsarbeit, eine Flucht vor der (möglicherweise schwer zu tragenden) Verantwortung,[62] und jeglicher Versuch, die historische Auslegung von der Fortentwicklung des Gesetzes abzuschichten, sei zwar redlich gemeint, aber mangels Klarheit über den unausweichlichen Zirkel hermeneutischer Vorgriffe unrealistisch.[63] Zur Begründung beruft sich Esser vor allem auf zweierlei: erstens auf eine Analyse der Zivilrechtsprechung, die die verschiedenen Interpretationsmerkmale scheinbar willkürlich, in Wahrheit aber vom Auslegungsergebnis her auswähle und damit nicht die Interpretationscanones, sondern eine teleologische Richtigkeitskontrolle entscheidend sein lasse;[64] und zweitens auf die Interpretationsbedürftigkeit jeder legislatorischen Entscheidung, die erst durch den Rechtsanwender zur Effizienz gebracht und damit unweigerlich in dem zirkelhaften hermeneutischen Prozeß dessen unhistorischen Vorverständnissen ausgeliefert werde.[65]

c) Die bis heute in spärlicher Zahl vorgelegten Entwürfe einer „Stufentheorie"[66] werden von Mennicken näher erörtert.[67] Mennicken legt dar, daß alle bisherigen Stufentheorien – auch in ihrer konsequentesten Ausprägung bei Zimmermann[68] – letztlich auf eine objektive Auslegungstheorie hinausliefen, da die Ergebnisse der historischen Auslegung durchweg noch am (somit höherrangigen) Maßstab der Vernünftigkeit gemessen würden.[69] Aber auch abgesehen davon werde durch die grundsätzliche Trennung der Bereiche der subjektiven und der objektiven Auslegung in den Stufentheorien nichts erreicht, denn die wesentliche Frage bliebe bei der Aufspaltung der Rechtsfindung in die Ermittlung der historischen Entscheidung des Gesetzgebers und in die anschließende Korrektur einer vom heutigen Standpunkt aus mangelhaften Entschei-

60 Vgl. Kriele, a. a. O., S. 95 f.
61 Grundsatz, S. 117 ff., 122 ff.; Vorverständnis, S. 124.
62 Vorverständnis, S. 126.
63 Vorverständnis, S. 129 f.
64 Vorverständnis, S. 122 f.
65 Vorverständnis, S. 129 f., 132 f., 133 ff. u. ö.
66 Nachw. bei Mennicken, Gesetzesauslegung, S. 70 ff.
67 Gesetzesauslegung, S. 70 ff.; ähnlich Larenz, Methodenlehre, S. 102 f., u. a. m.
68 Vor allem in NJW 1954, 1628 ff.; 1956, 1262 ff.; JBl. 1953, 585 ff.
69 Gesetzesauslegung, S. 71 f., 73 f.

dung offen: Sie laute nicht, ob ein Mangel vorliege oder nicht, sondern ob der Mangel schwer genug wiege, um ein Abgehen von der Bewertung des Gesetzgebers zu rechtfertigen – und darauf gäben auch die Stufentheorien keine Antwort.[70]

2. Mit dieser Zusammenstellung der drei modernsten Argumentationen gegen eine gestufte Rechtsgewinnungstheorie wollen wir uns hier begnügen; wir haben damit eine ganze Anzahl von Gegenargumenten aneinandergereiht, mit denen wir eine Auseinandersetzung nicht scheuen dürfen und – wie wir glauben – auch nicht zu scheuen brauchen.

a) aa) An Krieles Beweisführung erscheint bereits der Ausgangspunkt, daß die rangmäßig ausdifferenzierten Methodenstufen nur an Hand von unstreitigen Beispielen entwickelt werden könnten, ebenso unvollständig wie in sich zirkulär zu sein: Zirkulär deshalb, weil man einen Maßstab nicht an Hand von Beispielen bestimmen kann, die selbst erst durch diesen Maßstab konstituiert und, wenn sie ohne diesen Maßstab aufgesucht werden, nichts anderes als Zufallsprodukte sein können; und unvollständig deswegen, weil es einen weitaus plausibleren Weg zur Entwicklung der gestuften Rechtsgewinnungstheorie gibt, der freilich so naheliegend ist, daß er nur mit Stillschweigen zu bekämpfen zu sein scheint. Wir meinen damit die Struktur unserer Staatsverfassung, in der der demokratisch weitaus besser und direkter legitimierte Gesetzgeber nun einmal über den Richter gestellt ist und nicht umgekehrt! Es ist kaum zu begreifen, mit welcher Unbekümmertheit dieser elementare Sachverhalt in der modernen Methodenlehre totgeschwiegen oder zumindest in seiner Bedeutung minimalisiert wird, obwohl sich doch schon allein daraus, wie wir meinen, unsere historische Rechtshermeneutik in ebenso stringenter wie naheliegender Weise ableiten läßt. Eine Erklärung für diese landläufige Krypto-Freirechtstheorie mag vielleicht darin liegen, daß die ältere Methodenlehre sich in dem die faktische Autonomie der Rechtsprechung nur scheinbar beschneidenden Methodensynkretismus gewissermaßen zu Tode lief und daß die moderne Rechtstheorie, wie gerade das Beispiel von Esser und Kriele[71] deutlich zeigt, weitgehend dem anglo-amerikanischen Rechtsdenken verpflichtet ist, in dem das legislatorische Prinzip von alters her eine weitaus bescheidenere Rolle gespielt hat als bei uns.

bb) Von Krieles ganzer Argumentation bleibt daher nur noch der Hinweis übrig, daß die Aufstellung einer Reihenfolge so lange nutzlos sei, wie man kein Kriterium für die Rangfolge, d. h. zur Beantwortung der Frage besitze, wann ein

---

70 Gesetzesauslegung, S. 71 f.

71 Vor allem Esser, Grundsatz und Norm, und Kriele, Rechtsgewinnung; in beiden Werken ist der Einfluß des am Präjudizienrecht geschulten anglo-amerikanischen Rechtsdenkens unverkennbar.

Problem bereits auf einer niederen Stufe als gelöst angesehen werden kann. Dazu ist erstens zu sagen, daß ein Rangproblem nur dann auftaucht, wenn zwei Rechtsfindungsstufen abweichende Ergebnisse liefern würden, nicht aber, wenn – wie häufig – die eine zu einem bestimmten Ergebnis, die andere dagegen zu einem non liquet führt; und zweitens, daß wir schon im Rahmen der historischen Rechtshermeneutik aus dem legislatorischen Prinzip ganz zwanglos eine Rangfolge zwischen grammatischer, logisch-systematischer und historischer Auslegung abzuleiten vermochten.[72] Damit ist nur noch ein einziges Rangproblem ungelöst: die Frage, unter welchen Voraussetzungen der Richter gegen eine feststellbare Entscheidung des Gesetzgebers verstoßen und den üblichen Gehorsam aufkündigen darf. Auch dieses Problem, zu dem es übrigens eine immense Literatur gibt,[73] erscheint aber lösbar, und wir werden zu dieser „vierten Stufe der Rechtsgewinnung" – Entscheidung gegen den Gesetzgeber – noch im einzelnen Stellung nehmen.[74] Schon an dieser Stelle kann aber jedenfalls festgehalten werden, daß das Erfordernis von Rangkriterien keinen prinzipiellen Einwand, sondern nur den Hinweis auf eine notwendige Ergänzung der gestuften Rechtsmethodologie darstellt.

b) Auch Essers Einwendungen können zum größten Teil verhältnismäßig rasch widerlegt werden.

aa) Daß mit der historischen Interpretation ein Verzicht auf die geschuldete Auslegung und eine Flucht aus der Verantwortung stattfinde, ist natürlich nichts anderes als eine – obendrein vom Ansatzpunkt her verfehlte – petitio principii, denn was der Richter an (von Esser „Auslegung" genannter) Rechtsschöpfung zu leisten hat, weiß man erst nach Lösung der methodologischen Probleme, nicht vorher, und daß die Richter (wie in Essers Konzeption) auch noch die gesamte Verantwortung des Gesetzgebers auf ihre Schultern laden sollen, stellt wohl weniger eine realistische Sicht als vielmehr eine unrealistische Überforderung der Richter dar, ganz zu schweigen davon, daß in unserer Verfassungsordnung die Gewichte jedenfalls anders verteilt sind und daß sogar in den anglo-amerikanischen Rechtsordnungen, wenn wir dies richtig sehen, die traditionelle Autonomie der Gerichte durch einen erstarkenden Gesetzgeber mehr und mehr beschnitten wird.

bb) Essers Hinweis auf die methodensynkretistische Praxis verschlägt ebenfalls aus zwei Gründen nicht. Erstens besagt die Existenz einer bestimmten

---

72 s. o. S. 62 ff.

73 Vgl. einstweilen nur die zahlr. Nachw. bei Vogel, Bindung, S. 39 Fn. 3; Göldner, Rechtsfortbildung, S. 71 Fn. 21, 76 Fn. 44, 221 Fn. 31, 231 Fn. 86; Tomuschat, Verfassungsgewohnheitsrecht, S. 51 Fn. 31.

74 s. u. S. 168 ff.

Praxis natürlich noch nichts für ihre Resistenz gegenüber einer besseren Erkenntnis, durch die ja auch Esser – wenn auch von der entgegengesetzten Seite aus – ein größeres Maß an Rationalität ermöglichen will. Und zweitens dürfte Esser der Rechtsprechung nicht völlig gerecht werden, wenn er auch die durchaus nicht seltenen Exempel einer historischen Rechtsfindung[75] von vornherein nur durch die methodensynkretistische Brille betrachtet, obwohl doch eine andere Deutung ebenso nahe liegt und sich vielleicht sogar noch eher anbietet: Man könnte das Rechtsprechungsmaterial nämlich auch danach gliedern, ob sich das Gericht ausschließlich der historischen Hermeneutik bedient (1. Stufe), ob es eine vom historischen Gesetzgeber nicht entschiedene Frage durch zusätzliche Werterwägungen stringent (2. Stufe) oder kontingent (3. Stufe) beantwortet oder ob es sich schließlich aus für zwingend angesehenen Gründen gegen den legislatorischen Machtspruch entscheidet (4. Stufe). Natürlich ist nicht zu erwarten, daß sich die Praxis schon immer intuitiv in den Bahnen bewegt hat, die wir hier auf dem Reißbrett der Theorie entwerfen. Es spricht aber einiges dafür, daß die bezeichnete Aufarbeitung und Gliederung der Judikatur, die hier aus Raumgründen leider nicht möglich ist, zu dem Ergebnis führen würde, daß unser Modell zwar zu einer Veränderung, aber keinesfalls zu einem Umsturz der Praxis führen würde und sich daher auch gegenüber dem gängigen Gemeinplatz, daß es wegen seiner relativen Kompliziertheit in der Praxis keine Durchsetzungschancen besäße, ohne weiteres behaupten könnte.

cc) Einer eingehenderen Analyse bedarf daher nur noch Essers letzter Einwand, daß das Gesetz allein auf dem Wege einer vermittelnden Interpretation und damit nur nach einer durch das Vorverständnis des Rechtsanwenders beeinflußten „hermeneutischen Ergänzung" auf einen konkreten Fall angewendet werden könne. Insoweit haben wir zwar schon zu Beginn dieses Kapitels festgestellt, daß das niemals ganz vermeidbare Mitschwingen unreflektierter Vorverständnisse wohl die mathematische Sicherheit, nicht aber die (für unsere Zwecke völlig ausreichende) praktische Gewißheit der hermeneutischen Erkenntnis ausschließe;[76] noch ungeklärt ist aber die weitere Frage, ob die historische Rechtshermeneutik überhaupt konkrete, zur Entscheidung eines individuellen Falles ausreichende Ergebnisse zu liefern vermag oder ob sie nicht in jedem einzelnen Falle auf eine Ergänzung durch ein axiologisches Verfahren, d. h. durch Bewer-

---

75 Vgl. die Nachw. bei Esser selbst (Vorverständnis, S. 123 Fn. 19–22), ferner bei Roth-Stielow, NJW 1970, 2057; dems., Rechtsanwendung, S. 38 f., 203 Fn. 117 f.; BGHZ 46, 80. Aus neuester Zeit vgl. etwa BGH NJW 1973, 1239 f.

76 s. o. S. 55.

tungen,[77] angewiesen ist. Wegen seiner erheblichen Bedeutung werden wir dieses Problem im Rahmen eines besonderen Kapitels untersuchen, in dem die wissenschaftstheoretischen Implikationen unserer historischen Rechtshermeneutik an ihren neuralgischen Punkten vertieft erörtert werden sollen.[78]

c) Bei der Behandlung von Mennickens Gegenargumenten können wir uns nunmehr kurz fassen. Wenn die bisher vorgelegten Entwürfe einer gestuften Methodenlehre auch letztlich allesamt auf eine objektive Auslegungstheorie hinauslaufen mögen, so berührt uns das doch überhaupt nicht, denn es versteht sich, daß die auf unserer vierten Stufe der Rechtsgewinnung in Frage kommende „Aufkündigung des Gehorsams gegenüber dem Gesetzgeber" nicht schon bei schlichter Mißbilligung des legislatorischen Machtspruches durch den Rechtsanwender, sondern erst unter erheblich engeren und strengeren Voraussetzungen zulässig ist.[79] Und Mennickens Hinweis auf die Notwendigkeit diesbezüglicher Kriterien ist bereits im Rahmen der Auseinandersetzung mit Kriele gewürdigt worden; er widerlegt die gestufte Methodenlehre nicht, sondern fordert nur zu ihrer Ergänzung auf, die wir teilweise bereits vorgenommen und zum anderen Teil an der passenden Stelle in dieser Abhandlung noch nachholen werden.

§ 6 Der Standort der historischen Rechtshermeneutik in der modernen Wissenschaftstheorie und gegenüber der objektiven Interpretationstheorie

I. Überblick

Mit dieser Skizze der historischen Auslegung i. w. S. als erster Stufe der Rechtsgewinnung müssen wir uns im Rahmen dieser Arbeit begnügen; alle weiteren Exemplifizierungen müssen dem dogmatischen Teil vorbehalten bleiben, dessen Bemühungen wir in den vorstehenden Überlegungen den Ausgangspunkt und die erste Richtung gewiesen haben. An dieser Stelle muß nur noch eines geleistet werden: eine selbstkritische und eingehende, sämtliche Erkenntnisse

---

77 Esser erblickt auch darin noch ein hermeneutisches Verfahren (s. Vorverständnis, S. 133 ff. und auch S. 159 ff., 167, wo Esser die Werterwägungen nur als Richtigkeitskontrolle der hermeneutisch gewonnenen Entscheidung einordnet), was seine bereits bemerkte, wissenschaftstheoretisch kaum haltbare Zwitterstellung zwischen ontologisierender Hermeneutik und kritischem Rationalismus ausmacht.

78 s. u. S. 81 ff.

79 s. i. e. u. S. 207 ff.

der modernen Wissenschaftstheorie einbeziehende Überprüfung der am Anfang unserer eigenen Lösung etwas kursorisch begründeten These, daß wir damit auf der ersten Stufe der Rechtsfindung eine uneingeschränkt wissenschaftliche Rechtsdogmatik etabliert hätten. Insoweit bedürfen noch vier Problemkreise der Vertiefung: die Frage, ob die Regeln der historischen Rechtshermeneutik Erkenntnisbedingungen oder nicht vielmehr in Wahrheit Rechtsnormen darstellen, die Bedeutung von Vorverständnis und hermeneutischem Zirkel für die Objektivität der hermeneutischen Erkenntnis, die Brauchbarkeit der historischen Rechtshermeneutik für die Einzelfallentscheidung und schließlich ihr Verhältnis zur gegenwärtig herrschenden objektiven Auslegungstheorie.

II. Der Charakter der methodischen Prinzipien

1. a) Der wohl fundamentalste wissenschaftstheoretische Einwand gegen unseren Anspruch, eine wissenschaftliche Rechtsgewinnungsmethode gefunden zu haben, ergibt sich aus der jüngst wieder von Hruschka[1] im Anschluß an Somló[2] und Engisch[3] vertretenen Auffassung, daß die Rangordnung der verschiedenen Auslegungsformen kein Problem der Wissenschaft, sondern eine Rechtsfrage sei. Denn wenn wir vorstehend keine Bedingungen der Erkenntnis, sondern rechtliche Imperative entwickelt hätten („der Richter ist verpflichtet, zunächst den Bedeutungskern der gesetzlichen Termini zu ermitteln" usw.), so wären wir in der Aporie stecken geblieben, daß die wissenschaftliche Rechtsfindung selbst nur eine Form rechtlich geforderten Verhaltens ist. Tatsächlich kennt ja die Rechtsgeschichte genug Beispiele für gesetzliche Auslegungsvorschriften,[4] Art. 103 II GG könnte als ein noch heute im geschriebenen Recht enthaltenes Beispiel angeführt werden, und die obigen Regeln wären als ungeschriebene Rechtsnormen (Konkretisierungen der Verfassungsnorm des Art. 20 III GG) zu qualifizieren, die dem Richter ein bestimmtes Vorgehen bei der Rechtsfindung geböten.

b) Das bei Übernahme dieser Auffassung drohende Paradoxon reicht sogar noch weiter als oben angedeutet, denn wenn die methodologischen Regeln in Wahrheit rechtliche Imperative wären, müßte konsequenterweise das Vorgehen zur Auffindung dieser Imperative selbst wiederum einem Imperativ folgen usw.

---

1 Verstehen, S. 90.

2 Grundlehre, S. 377 ff.; ebenso Heller, Rechtsanwendung, S. 117.

3 Einführung, S. 93.

4 Meist in Form von „Auslegungsverboten", vgl. die Nachw. bei Kriele, Rechtsgewinnung, S. 61; Coing, Rechtsphilosophie, S. 281 f.

usw.,[5] so daß schließlich das Kardinalproblem des Positivismus, nämlich die Auffindung einer „Grundnorm“, von der her alles Recht seine Verbindlichkeit bezieht,[6] im methodologischen Bereich verdoppelt würde und Recht und Rechtserkenntnis in einem circulus vitiosus verenden müßten.

2. Das Auftreten dieses Paradoxons zeigt indessen, daß bereits der Ausgangspunkt verfehlt sein muß, denn alle Paradoxien – wie etwa der jahrtausendelang frappierende und erst durch die Unterscheidung von Objekt- und Metasprache aufgelöste Krokodilschluß[7] – sind nichts anderes als „Verhexungen des Verstandes durch die Sprache“, die durch eine sorgfältige Sprachkritik behoben werden können.

a) Der erste Fehler bei der „Normativierung der Rechtswissenschaft“ liegt bereits darin, daß die Methodennormen bei der vorstehenden Skizze ohne weiteres als Imperative gedacht wurden. Richtigerweise müßten sie jedoch bei den Kompetenznormen i. w. S.,[8] den sekundären Normen im Sinne Harts, eingeordnet werden. Unter sekundären Normen (secondary rules) versteht Hart, auf dessen eigene Darstellung hier im einzelnen verwiesen werden muß,[9] diejenigen Normen, die private oder öffentliche Macht übertragen[10] und keine Imperative aufstellen, sondern nur Befugnisse verleihen. Eine besondere Gruppe der sekundären Normen bilden danach die Entscheidungsnormen, die die Personen bestimmen, die die Verletzung von Imperativen autoritativ feststellen und daran Sanktionen knüpfen und die darüber hinaus das dabei zu befolgende Verfahren definieren.[11] Hierzu gehören u. a. die die Jurisdiktion betreffenden Regeln, die daher ebenfalls keine Imperative enthalten,[12] sondern nur die Bedingungen und Grenzen definieren, unter denen die Entscheidungen eines Gerichts gültig sein sollen.[13] Wenn man diese Unterscheidung, die von Hart selbst nicht zu Unrecht

5 Vgl. auch Kriele, Rechtsgewinnung, S. 36 zum entsprechenden Paradoxon bei der Verfassungsauslegung.

6 Vgl. dazu Kelsen, Rechtslehre, S. 202 ff.; Hart, Concept, S. 97 ff. = Begriff, S. 142 ff. und dazu Eckmann, Rechtspositivismus, S. 117 ff.

7 Ein Krokodil hat einer Mutter ihr Kind geraubt und verspricht ihr, es dann und nur dann zurückzugeben, wenn die Mutter errät, was es tun wird. Die Mutter sagt: „Du wirst es mir nicht zurückgeben.“ – Zu weiteren semantischen Antinomien und Paradoxien vgl. Stegmüller, Wahrheitsproblem, S. 23 ff., 38 ff.

8 Vgl. dazu Ross, Law, S. 32; Sartorius, ARSP 1966, 166.

9 Concept, S. 77 ff., 91 ff., = Begriff, S. 131 ff., 135 ff.

10 Vgl. dazu auch Eckmann, Rechtspositivismus, S. 61 ff.

11 Hart, Begriff, S. 133 f.

12 Abgesehen davon, daß Überschreitungen der richterlichen Kompetenz u. U. mit Strafe bedroht sind, z. B. im Falle der Rechtsbeugung (s. dazu Eckmann, Rechtspositivismus, S. 62).

13 Vgl. Concept, S. 30 mit der note auf S. 239 = Begriff, S. 50 f. m. Anm. auf S. 340.

als sein wichtigster Systemgedanke betrachtet wurde[14] und die aus Raumgründen hier nicht weiter untermauert werden kann, auch bei der gegenwärtigen Erörterung zugrunde legt, so ergibt sich folgendes: So wie die richterliche Tätigkeit (Zuständigkeit, Entscheidungskompetenz etc.) überhaupt nur nichtimperativischen Sekundärnormen untersteht, könnten auch die Auslegungsprinzipien allenfalls als „rechtliche (d. h. normative) Bedingungen für die Gültigkeit einer Gerichtsentscheidung“ eingeordnet werden, nicht aber als Imperative.

b) Auch diese Sicht wäre aber noch von Grund auf falsch. Denn erstens ist zu berücksichtigen, daß wir in rechtstheoretischer Hinsicht von dem Modell einer durch den Spruch des Gesetzgebers positivierten, verbindlichen Sollensordnung ausgehen, die nicht nur in Gerichtsurteilen greifbar wird, sondern auch von Rechtswissenschaftlern erkannt werden kann, die insoweit fraglos keinerlei Primär- oder Sekundärnormen unterfallen. Und zweitens ist die Normativierung der Methodologie vom gemäßigt gesetzespositivistischen Ausgangspunkt (und erst recht von allen übrigen Rechtstheorien) her schlechterdings überflüssig und sogar störend: Wenn die Einhaltung des positiven Rechts Bedingung für die Gültigkeit der richterlichen Entscheidung ist und wenn das positive Recht auf der ersten Stufe aus den Willenserklärungen des Gesetzgebers resultiert, so sind die rechtlichen Bedingungen einer dem Recht gemäßen richterlichen Entscheidung damit völlig hinreichend beschrieben. Die Annahme einer „normativen Methodologie“ wäre darüber hinaus mit diesen Prämissen auch nicht zu vereinbaren, denn da das Recht auf der ersten Stufe ja in der Entscheidung des Gesetzgebers vorgegeben ist, muß man es auf kognitivem Wege (d. h. erkenntnismäßig) erfassen können, und eine rechtliche Ordnung kann nun einmal keine Erkenntnis vermitteln.

c) Auch die Existenz von gesetzlichen „Methodenverboten“ wie etwa dem Art. 103 II GG vermag die Normativierung der juristischen Methodenlehre nicht zu begründen. Denn erstens betrifft der nulla-poena-Satz nicht unsere erste Stufe der Rechtsgewinnung, sondern schränkt nur die rechtsschöpferische Rechtsfindung ein (wenn man ihn mit der h. M.[15] unter dem Aspekt der „Wortlautgrenze“ interpretiert) oder schließt sie (wenn man ihn im Sinne Nauckes[16] versteht) sogar gänzlich aus, läßt also auf jeden Fall die wissenschaftliche Rechtsfindung der ersten Stufe unangetastet. Und zweitens kann das Recht natürlich – wie man an den strafprozessualen Beweisverboten sieht – den Gebrauch gewisser

14 Vgl. das Vorwort zum Begriff, S. 7.

15 Zur Wortlautgrenze vgl. die Nachw. o. S. 68 Fn. 45; zur h. M. im Strafrecht vgl. nur Jescheck, Lehrbuch, S. 125; Welzel, Strafrecht, S. 22; Schönke-Schröder, Strafgesetzbuch, § 2, Rdnr. 46; Baumann, Strafrecht, S. 159.

16 Betrug, S. 183 ff.

Erkenntnismethoden verbieten; niemals kann aber eine zur Erkenntnisgewinnung ungeeignete Methode dadurch tauglich werden, daß ihre Anwendung vom Recht geboten wird – das Recht kann die Erkenntnis nur erschweren, nicht aber erzwingen![17]

III. Vorverständnis und hermeneutischer Zirkel

1. Die von uns für die erste Stufe der Rechtsgewinnung beschriebene Methode gewährleistet also im Rahmen ihrer Tragweite die Kognitivität der Rechtsdogmatik und genügt damit sowohl einem hermeneutischen als auch einem kritisch-rationalen wie auch schließlich einem gemäßigt-analytischen Wissenschaftsbegriff. Zu prüfen bleibt freilich, ob wir damit über die Position der ontologischen Hermeneutik, die die intersubjektive Überprüfbarkeit und die rationale Methodenbefolgung auf dem gesamten Gebiet der Rechtsgewinnung nur in sehr eingeschränktem Maße für möglich hält und gleichwohl gegen die Verleihung des Prädikats der Wissenschaftlichkeit keine Bedenken hegt, überhaupt nennenswert hinausgekommen sind. Kann denn unsere Methode zur Austilgung des Vorverständnisses und zum Ausbruch aus dem hermeneutischen Zirkel führen, deren ontologische Vorgegebenheit die moderne Hermeneutik so nachdrücklich betont hat? Wenn die Hermeneutik, wie wir gesehen haben,[18] eine Intersubjektivität verbürgende Methode nicht zu präsentieren vermag, so bleiben doch ihre das Objektivitätsideal der analytischen Philosophie ideologiekritisch in Frage stellenden Thesen bedeutungsvoll. Hierzu haben wir bereits am Anfang des vorigen Kapitels[19] festgehalten, daß der Ausschluß absolut sicherer Erkenntnis bei der historischen Hermeneutik ebensowenig wie in anderen Forschungsdisziplinen den Wissenschaftscharakter zerstören kann, der nur die Erlangbarkeit praktischer Gewißheit voraussetzt. Zu prüfen bleibt, ob Vorverständnis und hermeneutischer Zirkel darüber hinaus die durch Methodengerechtheit verbürgte praktische Gewißheit selbst in Frage stellen, weil sie einen direkten Zugriff auf den historischen Sinn bzw. zumindest den Nachweis eines gelungenen Zugriffs unmöglich machen.

2. Das Problem des hermeneutischen Zirkels[20] scheint dabei noch am ehesten lösbar zu sein. Denn es besteht, wie wir auch schon mehrmals kurz ange-

---

17 Von so „brutalen" Mitteln wie Zeugnispflichten etc. natürlich abgesehen. – Die Rechtsgewinnungsmethode der ersten Stufe ist nach den obigen Darlegungen also nicht Inhalt, sondern nur Konsequenz der bei uns geltenden Sekundärnormen!

18 s. o. S. 47 ff.

19 s. o. S. 55.

20 Vgl. dazu bereits o. S. 16 u. ö.; ferner Gadamer, Wahrheit, S. 275 ff.; Esser, Vorverständnis, S. 134 ff.; Arth. Kaufmann, Rechtsphilosophie, S. 366; ders., Festschr. f. Gallas, S. 17 ff.; Hassedeutet haben, eigentlich Einigkeit darüber, daß der Zusammenhang zwischen dem zu Ergründenden und dem bereits Gewußten nicht in dem Sinne ein zirkulärer ist, daß man dem Verstehensprozeß als Resultat nur eine insgeheim untergeschobene Prämisse abgewinnen könne;[21] es handelt sich vielmehr, um eine in der Hermeneutik geprägte Metapher zu gebrauchen, um ein „Höherschrauben in einer Spirale",[22] oder, analytisch ausgedrückt, um den Grundsatz, daß das sich an eine Hypothesenaufstellung anschließende Verfahren der Verifizierung resp. Falsifizierung eben auch nur auf diese Hypothese bezogen ist und keine hypothesentranszendenten Ergebnisse zu liefern vermag.[23] Das bedeutet dann aber keine Trübung, sondern nur eine Beschränkung des Erkenntnisvorganges, die durch eine Erhöhung der Hypothesenzahl ausgeglichen werden kann. An der Intersubjektivität unserer „Rechtsgewinnung erster Stufe" und an der Rationalität ihrer Methoden kann daher bloß unter Hinweis auf den sog. hermeneutischen Zirkel nicht gerüttelt werden.

3. a) Erheblich größere Schwierigkeiten bereitet hingegen das Vorverständnis. Jeder Wissenschaftler geht an seine Tätigkeit mit gewissen Grundhaltungen (Attitüden) und Erwartungen heran; und wenn deren Einfluß auch bei der Hypothesenbildung noch völlig legitim ist – erst durch die Vielfalt der Attitüden wird eine Vielfalt konkurrierender Hypothesen ermöglicht und damit einer Verarmung der wissenschaftlichen Diskussion vorgebeugt –, so wird er doch bei der Hypothesenprüfung gefährlich: Wenn das Faktenmaterial nicht objektiv, sondern in einer durch das Vorverständnis beeinflußten, „getrübten" Weise gesammelt und berücksichtigt wird, dann ist die Intersubjektivität im Grunde nur eine scheinbare, weil ein vorurteilsloser, für alle gleicher Zugang zu den Fakten nicht eröffnet ist!

b) Die Hermeneutik hat hier mit dem Begriff des „Vorverständnisses" einen wissenschaftstheoretisch und ideologiekritisch relevanten Tatbestand erfaßt, der auch in völlig anders fundierten Systemen Beachtung gefunden hat: etwa in der Attitüdenforschung der amerikanischen Richtersoziologie,[24] dem Klassenjustizmodell der Neomarxismus[25] und dem „dialektischen Denken" im Sin-

---

mer, Tatbestand, S. 104 ff.; Habermas, Erkenntnis, S. 215 ff.; Essler, Wissenschaftstheorie II, S. 56 f.

21 Vgl. nur Hassemer und Essler, a. a. O., (Fn. 20).

22 So Hassemer, Tatbestand, S. 107 f.

23 Die Überprüfung der alten Hypothesen ist daher für die Aufstellung neuer Hypothesen allenfalls von heuristischem Wert.

24 Vgl. dazu die Darstellung bei Rottleuthner, Richterliches Handeln, S. 65 ff.; ders., Rechtswissenschaft, S. 96 ff.

25 Vgl. dazu die Darstellung, Kritik und Weiterführung bei Rottleuthner, KritJ 1969, 1 ff.; ders., Richterliches Handeln, S. 162 ff.; ders., Rechtswissenschaft, S. 52 ff.; vgl. ferner Rasehorn, ne des kritischen Rationalismus.[26] Schon das nährt die Vermutung, daß wir es hier mit einer in der analytischen Philosophie vergessenen Grundbedingung menschlicher Wahrheitserforschung zu tun haben, die das Postulat der restlosen Intersubjektivierbarkeit radikal in Frage stellt. Zwar ist in der juristischen Hermeneutik[27] und in den Hauptschriften des kritischen Rationalismus[28] überall zu lesen, daß die Vorurteile artikuliert und damit prüfbar gemacht werden müßten; daß dies überhaupt restlos möglich ist, kann aber bisher nicht als nachgewiesen gelten.[29]

c) Wir können hier zu diesem noch ungelösten Problem nur drei Bemerkungen machen, die aber für die Zwecke unserer Untersuchung auch ausreichen dürften.

aa) Ad 1: Die Frage der Objektivierbarkeit des Vorverständnisses ist von der Psychologie zu beantworten und gehört hier zu dem umgreifenden Komplex der Möglichkeit einer Bewußtmachung von Unbewußtem. Insoweit möchten wir nur daran erinnern, daß Sigmund Freud sein berühmtes Postulat „Wo Es war, soll Ich werden" für erfüllbar hielt[30] und daß die in der Psychoanalyse gesammelten Erfahrungen beweisen dürften, daß die Aufhellung des Unbewußten jedenfalls unter gewissen Bedingungen und bis zu einem gewissen Grade möglich ist.[31]

bb) Ad 2: Die sicherste Methode, um den vorhandenen Aufhellungsspielraum vollständig auszuschöpfen, dürfte eine von keinerlei Zwängen beeinträchtigte, völlig freie wissenschaftliche Diskussion bieten, die ihre Teilnehmer dazu zwingt, Farbe zu bekennen (d. h. ihre Vorurteile erkennbar und damit prüfbar zu machen), wenn sie ihr sonstiges Pulver (die rein kognitiven, u. U. nur Rationalisierungen darstellenden Argumente) verschossen haben. Die wissenschaftliche Auseinandersetzung übernimmt damit für die Wissenschaft die Rolle, die das Analysegespräch für die Aufhellung eines unbewußten Komplexes spielt!

Recht und Klassen, bes. S. 42 ff., 96 ff.; Rasehorn, Kaupen, Lautmann-Peters und Sack in Vorgänge 1973, 5 ff., 32 ff., 45 ff., 55 ff., bes. S. 38 f.

26 Vgl. dazu Albert, Traktat, S. 41 ff.

27 Hassemer, Tatbestand, S. 135 ff.; Müller, Normstruktur, S. 50, 200; Arth. Kaufmann, Festschr. f. Peters, S. 306; Essers Bemerkungen zu diesem Problem (Vorverständnis, S. 134 ff., bes. S. 116) können tatsächlich nur als „kryptische Notizen" (so Rottleuthner, Richterliches Handeln, S. 42 Fn. 51) bezeichnet werden.

28 Albert, Traktat, S. 42 f. m. w. N.

29 Insoweit muß Rottleuthner, Richterliches Handeln, S. 44 f., 53 daher beigepflichtet werden.

30 Werke XV, S. 86 („Es ist Kulturarbeit etwa wie die Trockenlegung der Zuydersee.").

31 Vgl. Schultz-Hencke, Psychoanalyse, S. 237 ff.; vgl. auch Rottleuthner, Handeln, S. 114, 117, sowie Habermas, der die Kausalität der unbewußten Motive als einen „naturwüchsigen", „durch die Kraft der Reflexion bezwingbaren" Zwang versteht (Logik, S. 301, 303 f.; Erkenntnis, S. 312).

cc) Ad 3: Falls hiernach noch ein unauflösbarer Rest unbewußter Vorurteile verbleibt, so handelt es sich dabei dann jedenfalls um jene bereits oben[32] angesprochene unaustilgbare Ungewißheit allen menschlichen Wissens, die auch bei den Tatsachenfeststellungen im Prozeß, bei der Soziologie und – über den Bereich des Rechtlich-Sozialen hinaus – auch bei der Medizin und der Physik und überall sonst anzutreffen ist und die infolgedessen keinen spezifischen Mangel unserer Rechtsgewinnungsmethode begründen kann!

4. Damit dürfen wir abschließend resümieren, daß es uns gelungen ist, die Wissenschaftlichkeit unserer ersten Rechtsfindungsstufe gegenüber allen bisher diskutierten Einwänden zu behaupten: Obwohl es sich um ein historisch-hermeneutisches Verfahren zur Aufdeckung einer nicht ohne weiteres greifbaren Willenserklärung handelt, genügt unser Modell einem gemäßigten analytischen Wissenschaftsbegriff, weil es nur streng rationale Methoden zuläßt; es genügt dem Wissenschaftsbegriff des kritischen Rationalismus, weil es zwar Wertungen (nämlich die des Gesetzgebers) erfaßt, diese aber kognitiv behandelt und damit im Rahmen des Weberschen Postulats der Wertfreiheit verbleibt; und es vermag schließlich auch gegenüber den ideologiekritischen Angriffen der ontologischen Hermeneutik in dem Maße standzuhalten, wie dies einer von Menschen betriebenen Wissenschaft überhaupt möglich ist.

IV. Das Problem der historisch-konkreten Rechtsfindung und der Bedeutungskernansatz

1. Abschließend müssen wir uns mit dem wohl gewichtigsten, ebenfalls der Hermeneutik entstammenden und von Hassemer tiefer fundierten Einwand gegen die Möglichkeit einer rein historischen Rechtshermeneutik auseinandersetzen, daß durch eine abstrakte semantische Interpretation der Normen[33] die Entscheidung eines konkreten Rechtsfalles niemals vollständig bestimmt werden könne, weil die Zuordnung eines konkreten Sachverhaltes zu einem abstrakten Tatbestand wegen der fehlenden Exaktheit der Umgangssprache, in der die Tatbestände formuliert sind, niemals durch eine bloß formale Subsumtion erfolgen könne, sondern immer einen den Tatbestand selbst gestaltenden, schöpferischen Verstehensakt erfordere:[34] Jede konkrete Entscheidung konstituiere die Norm, auf die sie sich gründe, neu, verändere sie also, und daraus folge, daß

---

32 s. o. S. 78.

33 Hassemer spricht lediglich vom Tatbestand, wohl weil dieser im allgemeinen der Auslegung weitaus mehr Probleme aufgibt als die Rechtsfolgeanordnung.

34 Hassemer, Tatbestand, S. 84 ff., 98 ff.

der Tatbestand die konkrete Sachverhaltsentscheidung vor dem Entscheidungsverfahren actualiter gar nicht enthalten haben könne.[35]

2. Die Bedeutung dieses Einwandes kann gar nicht überschätzt werden. Wenn er generell zuträfe, würde nämlich die Wissenschaftlichkeit unserer ersten Stufe niemals ausreichen, damit man auch nur in einem einzigen Fall von einer streng szientistischen Rechtsfindung sprechen könnte, denn die hiernach unvermeidbare typologische Entfaltung der Norm am Sachverhalt wie auch die im Hinblick auf die (noch unfertige!) Norm erfolgende Konstituierung des Sachverhalts aus dem Lebensvorgang[36] ist, wie wir schon oben[37] gesehen haben, in der ontologischen Hermeneutik bisher ein Programm ohne exakte Methode geblieben und steht daher mangels gesicherter Intersubjektivität außerhalb unseres Wissenschaftsbereiches. Damit würde sich unsere erste Rechtsfindungsstufe dann aber in der Gewinnung diffuser Leitlinien erschöpfen, die zwar auch einen gewissen Nutzen bringen,[38] für eine (zumindest sektorale)[39] Szientifizierung der Jurisprudenz aber keine hinreichende Grundlage bieten können. Selbst eindeutige Rechtsfindungsergebnisse, deren Vorkommen Hassemer nicht leugnet,[40] wären danach kein Verdienst der juristischen Methode, sondern nur Konsequenzen einer bereits metrisierten und vom Recht nur übernommenen Wirklichkeit,[41] und selbst sie sollen nicht an Hand von Kriterien, die die Interpretation leiten, zwingend nachweisbar, sondern nur in dem Auslegungsvorgang immanent aufweisbar sein.[42]

3. Mit diesen Thesen, in denen Hassemer gewissermaßen das Grundaxion der ontologischen juristischen Hermeneutik eingefangen hat, dürften jedoch die Möglichkeiten einer wissenschaftlichen Rechtsdogmatik unterschätzt werden. Der Grund dafür ist, wie es scheint, in der sprachlich-semantischen Dimension des Tatbestandes zu suchen, die von Hassemer zu einschichtig gesehen und auf diese Weise unzulässig verkürzt wird.

a) Als erstes ist festzuhalten, daß der Gesetzgeber, obwohl er sich der Chiffren der Umgangssprache bedient, nicht in der Umgangssprache spricht, sondern in einer besonderen juristischen Fachsprache, die – ebenso wie die Umgangssprache – eine Sonderform der natürlichen Sprache „Deutsch“ ist.[43] Denn

---

35 a. a. O., S. 99–101.

36 Vgl. dazu Hassemer, a. a. O., S. 103 ff., 109 ff.; Hruschka, Konstitution, S. 35 ff., 46 ff.

37 s. o. S. 47 ff.

38 Zur Rechtsfindung aus unbestimmten Rechtsbegriffen s. u. S. 225 ff.

39 D. h.: nicht in allen, aber in einigen Fällen bis zur Einzelfallentscheidung reichende.

40 Hassemer, Tatbestand, S. 114, 117.

41 Hassemer, a. a. O., S. 117.

42 Hassemer, a. a. O., S. 135 ff.

43 Vgl. zu der notwendigen Differenzierung der natürlichen Sprachen v. Kutschera, Sprachphilosophie, S. 16. Man könnte auch – in Anlehnung an die Terminologie Wittgensteins (in

der Gesetzgeber will, wie die historische Auslegung regelmäßig zeigt, mit den von ihm benutzten Ausdrücken aus der Bedeutungsvielfalt der Umgangssprache ein relativ enges Segment herausschneiden (u. U. auch einmal Sachverhalte außerhalb des umgangssprachlichen Bedeutungsspektrums erfassen), und das heißt, daß mit der Sprache des Gesetzgebers andere Bedeutungen verknüpft sind als mit der Umgangssprache bzw. – in der Sicht Wittgensteins[44] – daß sie anderen Regeln folgt als die Umgangssprache. Die bei der Rechtsfindung zu entscheidenden konkreten Fälle werden dagegen in der Umgangssprache erfaßt. In linguistischer Sicht besteht daher das Hauptproblem bei der Rechtsanwendung darin, die Sätze der juristischen Fachsprache in die Umgangssprache zu übersetzen und auf diese Weise Norm und Sachverhalt im Medium der Umgangssprache kommensurabel zu machen. Dementsprechend besteht denn auch die Tätigkeit der Auslegung darin, die vom Gesetzgeber intendierten Sinngehalte umgangssprachlich zu erfassen und so eine Prüfung mit der umgangssprachlichen Sachverhaltsschilderung – auf Gleichheit oder Ungleichheit hin – zu ermöglichen. Die von der ontologischen Hermeneutik behauptete Unmöglichkeit einer allein vom vorgegebenen Gesetz her erfolgenden konkreten Fallentscheidung könnte infolgedessen in drei Bereichen wurzeln: in der umgangssprachlichen Sachverhaltsschilderung, in der umgangssprachlichen Gesetzes-Übersetzung oder schließlich in dem Vergleich des umgangssprachlich aufgelösten Tatbestandes mit der Sachverhaltsschilderung.

aa) Es ist sicher richtig, daß die umgangssprachliche Sachverhaltsschilderung als sprachliche Beschreibung eines Lebensvorganges eine eigene Leistung ist, ohne die eine Rechtsanwendung überhaupt nicht möglich wäre. Es ist weiterhin richtig, daß eine Norm nur auf einen konkreten Fall angewendet werden kann, der – ebenso wie die Norm – sprachlich fixiert ist, und daß die sprachliche Fixierung des Falles mit Zielrichtung auf den Gesetzestatbestand hin erfolgt. Es ist unseres Erachtens aber übertrieben, hieraus im Rahmen der Rechtsfindung der 1. Stufe eine produktive Rolle des Sachverhaltes ableiten zu wollen, indem man Tatbestand und Sachverhalt sich aneinander entfalten läßt:[45] Die

---

Untersuchungen, Nr. 23 und passim; vgl. dazu vor allem Stegmüller, Hauptströmungen, S. 584 ff., und Pitcher, Philosophie, S. 278 ff.) – von einem besonderen juristischen Sprachspiel sprechen.

44 S. dazu vor allem Wittgenstein, Untersuchungen, Nr. 198 ff., und die Interpretation bei Stegmüller, Hauptströmungen, S. 585 ff.; v. Kutschera, Sprachphilosophie, S. 228 f.

45 So aber Hassemer, Tatbestand, S. 108; ähnlich auch Hruschka, Konstitution, S. 50 ff.; ders., ARSP 1964, 486; Arth. Kaufmann, Rechtsphilosophie, S. 280 ff., 309 f., bes. S. 302 f.; ders., Festschr. f. Peters, S. 303; im Prinzip wohl schon Engisch, Logische Studien, S. 14 f., und Wahrheit, S. 12; vgl. ferner die Ergebnisse von Lautmanns teilnehmender Beobachtung in Justiz, S. 151 ff.

durch das Mittel der Abstraktion erfolgende Konturierung des Sachverhaltes, die zu einer Auslöschung aller rechtlich irrelevanten Besonderheiten des individuellen Falles (z. B. der Haarfarbe, der Kleidung, u. U. auch des Geschlechtes der beteiligten Personen) führt, erfolgt ausschließlich an Hand der Relevanzkriterien des Gesetzestatbestandes, und für die Bestimmung dieser Relevanzkriterien liefert der Lebensvorgang keine selbständig wirksamen Gesichtspunkte, sondern steuert nur die Fragen bei („Hat der historische Gesetzgeber die Haarfarbe, die Kleidung oder das Geschlecht der beteiligten Personen für relevant erklärt?"). Wenn man bei einer derartigen Unterordnung des Sachverhaltes unter das Gesetz noch von einem Hin- und Herwandern des Blickes (Engisch) oder von einer wechselseitigen Entfaltung (Hassemer) sprechen will, so mag dies als (allerdings die Gefahr von Mißverständnissen hervorrufende) façon de parler gerade noch durchgehen: Ein Argument gegen die Möglichkeit unserer durch das Aufsuchen des legislatorischen Machtspruchs gekennzeichneten Rechtsfindung erster Stufe läßt sich daraus aber jedenfalls nicht ableiten, denn der Sachverhalt wird entweder unter die legislatorische Entscheidung passen oder nicht; zu verändern vermag er sie dagegen nicht.[46]

bb) Das gleiche gilt für die Probleme, die bei der Übersetzung der vom historischen Gesetzgeber benutzten Sprache in die Umgangssprache auftreten. Diese Übersetzung geht ja nach den Regeln vor sich, die wir oben bei der Darstellung der historischen Auslegung i. w. S. skizziert haben, und da wir ein non liquet von vornherein für möglich erklärt haben und uns infolgedessen nicht dem Zwang gegenüber sehen, „fündig" werden zu müssen, besteht kein Anlaß, an der im Rahmen des Menschenmöglichen verbürgten Objektivität dieser Übersetzung zu zweifeln. Natürlich erfolgt eine Übersetzung zumeist oder sogar immer im Hinblick auf konkrete Fälle, die uns vor Augen schweben und das Frage- und Hypothesenmaterial liefern. Das ändert aber nichts daran, daß wir die Verifizierung bzw. Falsifizierung allein durch die historische Auslegung i. w. S. betreiben und von unserer wissenschaftlichen Methode daher um keinen Deut abzuweichen brauchen.

b) Das entscheidende Problem liegt daher nicht entweder in der Auslegung oder in der Sachverhaltskonturierung, sondern in dem Vergleich beider. Ist es angesichts der semantisch diffusen Struktur der Umgangssprache, ihrer „open texture",[47] die von wenigen Ausnahmen wie den metrischen Begriffen abgese-

46 Der Sachverhalt besitzt daher nur eine heuristische Funktion: Seine möglichst vollständige, nur von den intuitiv als völlig belanglos erkannten Einzelheiten entlastete umgangssprachliche Beschreibung liefert das Hypothesenmaterial für die anschließende Ermittlung der normativen Relevanzkriterien.

47 Dieser von Waismann stammende Terminus (Verifiability, S. 119 = Verifizierbarkeit, S. 156) ist im Deutschen am besten mit „Porosität" wiederzugeben (so Waismann, Verifiability, a. a. O.).

hen eine exakte Bestimmung des Bedeutungsumfanges unmöglich macht, nicht ausgeschlossen, den durch Abstraktion aus einem Lebensvorgang erhaltenen Ausdruck x in seiner Bedeutung mit dem durch historische Auslegung aus dem Gesetz gewonnenen Ausdruck x einfach gleichzusetzen, ohne die dadurch behauptete Gleichsetzbarkeit axiologisch (d. h. durch meta-sprachliche materiale Wertung) zu überprüfen? Muß ein solches Vorgehen nicht um so verfehlter erscheinen, als in der modernen Linguistik die Abhängigkeit der Wortbedeutung vom Satz, d. h. die Bestimmung des Wortsinnes durch den Satzsinn und umgekehrt so nachdrücklich herausgearbeitet worden ist[48] (denn der Satzzusammenhang wird im Tatbestand des Gesetzes ein ganz anderer sein als in der Sachverhaltsbeschreibung)!?

aa) Wir wollen die hiermit angeschnittene Problematik zunächst an einem in Anschluß an Hart und Fuller formulierten Beispiel erläutern:[49]

> Infolge akuter Parkraumnot fangen die Autofahrer einer Großstadt an, auch die Grünflächen zum Parken zu benutzen; die mit Treckern, Pferde- und Ochsenkarren aus dem Umland in die Stadt fahrenden Bauern schließen sich an. Die Bezirksregierung erläßt daraufhin zur Unterbindung dieser Verhaltensweisen eine Verordnung, daß das „Aufstellen von Fahrzeugen in öffentlichen Grünanlagen" verboten sei. Wie verhält es sich nun α) mit dem Aufstellen von Kinderfahrrädern am Rande einer Spielwiese, β) mit dem Aufstellen eines Mercedes-Benz-Automobils als Denkmal für den in der Stadt geborenen Erfinder, γ) mit dem Landen von Hubschraubern, δ) mit dem anläßlich eines Staatsbesuches erfolgenden Aufstellen der Autos von „Jubelpersern", die auf Bitten der Regierung in großer Zahl zur Begrüßung des ausländischen Staatsoberhauptes angereist sind?

Eine rein historische, von allen teleologischen Beimengungen freie Auslegung ergibt dann folgendes: Der Verordnungsgeber hatte offenbar nur solche Fahr-

---

Er ist vor allem von Hart aufgegriffen worden (Concept, S. 121 ff.; auch schon in Positivismus, S. 30 ff.). Zu dem Porositätsproblem vgl. ferner Wittgenstein, Untersuchungen, Nr. 79 f., und dazu Stegmüller, Hauptströmungen, S. 620 ff.

48 Vgl. nur Hassemer, Tatbestand, S. 70 f., und Lyons, Linguistik, S. 419; ferner allgemein zur Kontextabhängigkeit Schnelle, Sprachphilosophie, S. 236 f. Kamlah-Lorenzen, Propädeutik, S. 64 ff. Die Abhängigkeit des Wortsinns vom sprachlichen Feld, d. h. von seinem Stellenwert im linguistischen Gesamtsystem (dazu Hassemer, Tatbestand, S. 71 ff.; v. Kutschera, Sprachphilosophie, S. 277 ff.; Schnelle, Sprachphilosophie, S. 252 ff.) spielt dagegen hier keine besondere Rolle, da sie auf der Tatbestands- wie auf der Sachverhaltsseite gleichermaßen gilt.

49 Vgl. Hart, Concept, S. 123; vorher schon bei Hart, Positivismus, S. 30; aufgegriffen von Fuller, Harv.L.R. 1958, 663 f.

zeuge im Sinn, die in den Parks nicht selbst geführt werden, so daß der Rechtsbegriff „Fahrzeug“ die Bedeutung der umgangssprachlichen Ausdrücke „Kraftfahrzeug oder Fuhrwerk“ hat. Die Kinderfahrräder im Fall α) dürfen also weiterhin im Park aufgestellt werden. Im Fall β) ist an der Erfüllung des Tatbestandsmerkmals „Kraftfahrzeug“ zunächst nicht zu zweifeln. Der Verordnungsgeber wollte aber das Halten oder Parken, nicht aber das Errichten von Denkmälern verbieten, so daß dem Ausdruck „Aufstellen“ in dem Satzfeld des Sachverhalts „Denkmalsbau“ eine andere Bedeutung als in der Verordnung zukommt; das Verbot trifft daher diesen Fall nicht. Das gleiche gilt auch im Fall γ), obwohl hier teleologische Erwägungen eindeutig für ein Verbot sprechen würden; der Gesetzgeber hat einen Fall dieser Art aber nicht bedacht und auch nicht implizit miterfaßt, da ein Hubschrauber im natürlichen Sinne weder ein Kraftfahrzeug noch ein Fuhrwerk ist. Fall δ) unterfällt schließlich wieder dem Verbot, obwohl teleologische Erwägungen hier dagegen sprechen würden; denn es geschieht hier genau das, was der Verordnungsgeber als solches verbieten wollte, und der bloße gute Zweck kann an der Tatbestandserfüllung nichts ändern.[50]

bb) An diesem Beispiel dürfte sich folgendes gezeigt haben: Es ist an Hand einer historischen Auslegung prinzipiell möglich, auch solche Fälle zu entscheiden, die sich der Gesetzgeber nicht vorgestellt hat, die aber von der von ihm getroffenen Entscheidung entweder eindeutig erfaßt (Fall δ) oder eindeutig nicht erfaßt werden (Fälle α–γ). Die Abhängigkeit des Wortsinns vom Satzfeld bereitet dabei keine unüberwindlichen Schwierigkeiten, denn sie kann, wie Fall β) zeigt, erkannt und durch eine entsprechende sprachliche Umformung („Errichtung“ statt „Aufstellung“ eines Automobildenkmals) auch terminologisch erkennbar gemacht werden, ohne daß es einer über den historischen Zusammenhang hinausreichenden teleologischen Argumentation bedarf. Ferner lassen die Fälle γ) und δ) den entscheidenden Hebel erkennen, der die vom Gesetzgeber nicht bedachten, aber von der legislatorischen Entscheidung erfaßten individuellen Fälle von den weder bedachten noch von der historischen Entscheidung erfaßten Sachverhalten trennt: Es ist der (damalige)[51] Bedeutungskern, d. h. grob gesagt der jenseits der Porosität der Umgangssprache lie-

50 Dies ist wohlgemerkt nur das Ergebnis der ersten Rechtsgewinnungsstufe; der Fall γ) kann daher durch ein arg. a fortiori auf einer höheren Stufe noch erfaßt werden, ohne daß dadurch Wissenschaftlichkeit und Bindungswirkung der historischen Rechtshermeneutik beeinträchtigt würden, denn die erste Stufe hat jedenfalls keine positive Gestattung des Hubschrauberlandens ergeben, so daß der Fall γ) vom Verordnungsgeber überhaupt nicht geregelt wurde und damit der Entscheidung auf einer höheren Rechtsfindungsstufe unterliegt.

51 D. h.: im Zeitpunkt des Gesetzeserlasses gültige.

gende, in der Gesellschaft für alle Satzzusammenhänge anerkannte Minimalsinn der in der historischen Auslegung in die Umgangssprache übersetzten Aussage des Gesetzgebers, und zwar wohlgemerkt der Bedeutungskern der umgangssprachlichen Übersetzung.[52] Während Fall δ) ersichtlich im Bedeutungskern des „Aufstellens von Kraftfahrzeugen" liegt und daher (vorbehaltlich eines Rechtfertigungsgrundes) der Verbotsnorm unterfällt, liegt das Landen eines Hubschraubers allenfalls noch im Bedeutungshof, d. h. im Porositätsumkreis der nicht mehr gewissen, sondern nur noch möglichen Bedeutungen der angegebenen Übersetzung und gehört daher nicht mehr zu dem, was der Gesetzgeber mit Sicherheit implizit gewollt hat.

cc) Mit dieser anscheinend erstmals von Heck[53] vorgenommenen Unterscheidung von Bedeutungskern und Bedeutungshof der umgangssprachlichen Ausdrücke glauben wir der aus der Unexaktheit der Umgangssprache resultierenden berechtigten Kritik an jedweder Begriffsjurisprudenz Rechnung getragen und zugleich den legitimen Bereich einer mit analytischen Methoden arbeitenden, nicht selbst wertenden Rechtsdogmatik vor dem von der h. M. bevorzugten Methodensynkretismus gerettet zu haben: Der umgangssprachlich erfaßte Kern der den Gesetzgeber leitenden Vorstellungen ist in dem legislatorischen Prozeß immer notwendig mitbewußt[54] und mitgewollt, denn wenn der Gesetzgeber sich zu einer abstrakten Normierung anstelle eines Maßnahmegesetzes entschließt, so trifft er damit eine generelle Regelung für künftige, von ihm nicht individuell bedachte Fälle, und damit will er zumindest alle die Sachverhalte erfassen, die dem Kern seiner „Alltagsvorstellung" entsprechen, so wie sie in der historischen Auslegung zu Tage gefördert worden ist. Die Anknüpfung an den umgangssprachlichen Bedeutungskern ermöglicht daher nicht nur rein formal unter der Voraussetzung, daß der konkrete Fall im Kernbereich liegt, eine allein durch eine Rechtsfindung erster Stufe zu treffende individuelle Entscheidung, sondern ist auch von unseren Prämissen der historischen Rechtshermeneutik her bestens legitimiert. Und in der Betonung dieser Verbindung mit dem „damaligen", d. h. den historischen Gesetzgeber leitenden Bedeutungskern erblicken wir die Besonderheit unserer Konzeption, die sich dadurch von den auch für sie richtungweisenden Arbeiten von Heck und Jesch[55] unterscheidet:

---

52 Wohingegen der umgangssprachliche Bedeutungskern der Gesetzestermini das erste Raster der historischen Rechtshermeneutik abgibt (s. o. S. 62); falls die beiden o. a. weiteren Raster zu keiner Modifizierung führen, ist der Bedeutungskern der Gesetzestermini freilich ausnahmsweise mit dem Bedeutungskern der umgangssprachlichen Übersetzung identisch.

53 AcP 112, 46, 173; in neuerer Zeit vor allem von Jesch, AöR 1957, 172 ff. aufgegriffen und ausgebaut.

54 Vgl. dazu Platzgummer, Bewußtseinsformen, S. 81 ff.

55 S. die Nachw. o. in Fn. 53.

Die Freiheit von eigener Wertung und die prinzipielle Verbindlichkeit und Unwandelbarkeit der die historische Auslegung zum Einzelfall hin vermittelnden Bedeutungskerne ist für unsere erste Rechtsgewinnungsstufe konstitutiv und trennt die heteronom-historische Bedeutungskernlehre zugleich von einer durch eigene Wertung und prinzipielle Variabilität gekennzeichneten autonom-teleologischen Bedeutungskerntheorie, die – und das hat Jesch[56] nicht genügend berücksichtigt – eine eigene wissenschaftstheoretische und methodologische Durchdringung erfordert.[57]

dd) Infolgedessen erweist sich unsere Rechtsfindung erster Stufe zwar gegenüber allen technischen oder sozialen Umwälzungen als ohnmächtig (wie etwa auch der obige Fall γ) – Neuaufkommen eines Hubschrauberverkehrs – deutlich macht); aber das bedeutet nicht etwa einen Mangel unserer Methode, sondern spiegelt nur die vorgegebene Struktur unserer Rechtsordnung (wie auch unserer Sprache und unserer ganzen Kultur überhaupt) wider: Alles wirklich Neue kann der Gesetzgeber ja gar nicht geregelt haben und muß es daher so lange gesetzesungebundener richterlicher Rechtsschöpfung überlassen, bis die neue Zeit ihren Beruf zur legislatorischen Regelung der neuen Verhältnisse gefunden hat und der Gesetzgeber die Eulen seiner Weisheit oft erst mit der einbrechenden Dämmerung des Neuen ihren Flug beginnen läßt.[58]

4. Im einzelnen muß die auf der Unterscheidung von Bedeutungskern und -hof aufgebaute Methodologie freilich noch vielfältig ausgebaut und abgesichert werden, denn ihre Herkunft aus vorhermeneutischen und voranalytischen Wissenschaftsströmungen macht es unerläßlich, ihre Vereinbarkeit mit den modernen Positionen und den Grad der ihr hiernach noch verbleibenden Fruchtbarkeit kritisch zu überprüfen.

a) Die grundsätzliche Vereinbarkeit des Kern-Hof-Ansatzes mit der modernen Hermeneutik und der analytischen Sprachphilosophie ist überraschend leicht nachzuweisen und begründet geradezu den Punkt, in dem diese so gegensätzlichen Wissenschaftstheorien für die Jurisprudenz übereinkommen.

aa) So lesen wir z. B. bei Hassemers Darstellung des hermeneutisch-typologischen Rechtsfindungsverfahrens, daß etwa die Bedeutung des Tatbestandsmerkmals „Mensch" in § 212 StGB ganz sicher den Mann von 32 Jahren und ganz sicher nicht die Leibesfrucht im 3. Monat umfasse; der Wortsinn sage (scil. bei

56 Vgl. a. a. O., S. 176 ff., 182 ff., wo die ausschließlich dienende Stellung des Richters (als bloßer „Subsumtionsautomat") im Bereich des Begriffskerns zwar gesehen, die auch von Jesch für möglich gehaltene, im Laufe der Zeit eintretende Veränderung des Begriffskerns aber nicht problematisiert wird (von einigen knappen Bemerkungen a. a. O., S. 183 unten, abgesehen).

57 s. dazu u. S. 103 ff.

58 Zu der entsprechenden Ohnmacht der Sprachkonventionen gegenüber neuen Erscheinungen vgl. Wittgenstein, Untersuchungen, Nr. 80; Stegmüller, Hauptströmungen, S. 621.

allen Tatbestandsmerkmalen) nur (grob), was der Typus ganz sicher umfasse (d. i. unser „Bedeutungskern") und was er ganz sicher nicht umfasse[59] (d. h. was jenseits des „Bedeutungshofes" liegt) – und damit erkennt Hassemer im Grunde selbst die Möglichkeit einer bloß nachvollziehenden Rechtsfindung im Rahmen dieser Kernbedeutungen an.

bb) Interessanterweise finden wir auch in der pragmatischen Semantik für unseren Kern-Hof-Ansatz zahlreiche Anhaltspunkte, was hier an der so überaus kritischen Sprachphilosophie Wittgensteins demonstriert werden soll. Wittgenstein hat die niemals austilgbare Unexaktheit unserer Sprache in immer neuen Dimensionen aufgewiesen und dennoch immer wieder ihre Brauchbarkeit betont:

> Der Wegweiser (scil. die Sprache) ist in Ordnung, – wenn er, unter normalen Verhältnissen, seinen Zweck erfüllt.[60] ‚Unexakt' ... bedeutet ... nicht ‚unbrauchbar'.[61] Sollen wir sagen, daß wir mit diesem Wort (scil. Sessel) eigentlich keine Bedeutung verbinden, da wir nicht für alle Möglichkeiten seiner Anwendung mit Regeln ausgerüstet sind?[62] Ich gebrauche den Namen ‚N' (also sogar einen Eigennamen!) ohne feste Bedeutung. Aber das tut seinem Gebrauch so wenig Eintrag wie dem eines Tisches, daß er auf vier Beinen ruht, statt auf dreien, und daher unter Umständen wackelt.[63]

Wenn wir Wittgenstein hier richtig interpretieren, so hat er gerade in diesen Passagen den pragmatischen Entwurf der Sprache skizziert, die trotz aller ihrer Unbestimmtheit vermöge ihrer Bedeutungskerne „unter normalen Verhältnissen ihren Zweck erfüllt". Infolgedessen dürfte der Vorwurf Rottleuthners, daß die in den Metaphern von „Begriffskern" und „Begriffshof" steckende Verdinglichung von Begriffen ein „Indiz für den Verlust an intersubjektiver Bestimmung" in der Rechtsprechung sei,[64] völlig absurd sein.[65] Denn ungeachtet seiner Her-

59 Tatbestand, S. 114 f.

60 Untersuchungen, Nr. 87 a. E.

61 a. a. O., Nr. 88.

62 a. a. O., Nr. 80.

63 a. a. O., Nr. 79. Zur konkreten Unschädlichkeit der ontologisch vorgegebenen Unschärfe unserer sprachlichen Mittel vgl. auch Schaff, Sprache, S. 220, 240 ff.

64 Richterliches Handeln, S. 137.

65 Hiervon abgesehen wird man auch an das Bibelwort vom Splitter und Balken (Matthäus 7, 3–5; Lukas 6, 41–42) erinnert, wenn man an der gleichen Stelle Rottleuthners Vorwurf liest, daß der Kern-Hof-Ansatz „eine Handhabung von Begriffen gleich Dingen vortäusche" (a. a. O., S. 137) und wenn man dies etwa – um nur ein Beispiel für viele zu geben – mit Rottleuthners Forderung (a. a. O., S. 133) vergleicht, daß „zwischen Rolle und Aktor noch Licht fallen" müsse (difficile ist, satiram non scribere, wenn man an die ideologische Tranfunzel denkt, deren trübes ‚„Licht" auch in Rottleuthners so kenntnis- und gedankenreicher Arbeit einen unverstellten Blick auf die Ambivalenz richterlichen Handelns zwischen Freiheit und Bindung unmöglich gemacht hat).

kunft aus der Frankfurter Schule folgt Rottleuthner bei der Deutung der Rechtsanwendung als Regelbefolgung der Philosophie Wittgensteins,[66] der, wie wir gesehen haben, „unter normalen Verhältnissen" eine hinreichende Regelhaftigkeit der Sprache angenommen hat.[67]

cc) Auch Wittgensteins Theorie von den Familienähnlichkeiten[68] kann unserem Kern-Hof-Ansatz schließlich nicht den Boden entziehen. Wittgenstein will mit dieser Bezeichnung zum Ausdruck bringen, daß die Objekte, denen sich ein einstelliges Prädikat F (etwa: Mensch im Sinne des § 212 StGB) zusprechen läßt, „im allgemeinen keine Eigenschaften gemeinsam haben, die andererseits alle Objekte, denen sich F nicht zusprechen läßt, nicht aufweisen, sondern daß zwischen ihnen nur gewisse Ähnlichkeiten bestehen".[69] Zwar sind hiermit klassifikatorische Begriffe im herkömmlichen (d. h. durch Gleichheit ihrer Objekte gekennzeichneten) Sinne ausgeschlossen und auf bloße Ähnlichkeiten sowie auf die (von Hassemer also völlig zu Recht in den Mittelpunkt seiner Hermeneutik gerückten) Typenbegriffe reduziert;[70] aber das ist für die Existenz von Begriffskernen, dic durch die spontane intersubjektive Zusammenfassung ähnlicher Objekte durch das gleiche Prädikat gekennzeichnet sind, nicht im mindesten hinderlich: Der Kern-Hof-Ansatz ist ein pragmatischer Ansatz und bleibt daher von dem durch Wittgensteins Theorie von den Familienähnlichkeiten auf eine neue Basis gerückten Streit zwischen Begriffsrealismus und -nominalismus unberührt.[71]

b) Bezeichnenderweise ist denn auch die stark an Wittgenstein orientierte analytische Rechtstheorie Harts auf die Unterscheidung von einem durch die Umgangssprache festgelegten festen Bedeutungskern (core) und einem „porösen" Bedeutungshof (penumbra) gegründet.[72] Falls Hart nunmehr[73] unter dem Einfluß der Kritik Fullers, daß eine völlig zweckfreie Wortinterpretation grundsätzlich ausgeschlossen sei,[74] seine früheren Thesen eingeschränkt und anstelle

66 Rottleuthner, a. a. O., S. 17 ff., 137.

67 Auf das Verhältnis von Wittgensteins „Regeltheorie" (in Untersuchungen, Nr. 217 ff.) zu seinen oben angeführten Bemerkungen bezüglich der Regelhaftigkeit der Sprache kann hier nicht näher eingegangen werden.

68 Untersuchungen, Nr. 65 ff.

69 So die Zusammenfassung von Kutscheras (in Sprachphilosophie, S. 267; vgl. auch Stegmüller, Hauptströmungen, S. 611 f.).

70 Vgl. zu den auf Ähnlichkeiten beruhenden klassifikatorischen Begriffen neuer Prägung und zu den schon den komparativen Begriffen nahestehenden Typenbegriffen v. Kutschera, Sprachphilosophie, S. 272 ff., 276 f.

71 Zutr. daher Eckmann, Rechtspositivismus, S. 57 Fn. 95 gegen Sartorius, ARSP 1966, 172 in Fn. 33.

72 Vgl. Hart, Positivism, Harv.L.R. 1958, 593 ff., 607, 610 ff. = Positivismus, S. 14 ff., 30 f., 38 f.

73 Vgl. Concept, S. 123 ff. = Begriff, S. 175 ff.

74 Harv.L.R. 1958, 630, 663 f.

der Umgangssprache die allgemeine Auffassung in den Gerichtsentscheidungen gesetzt haben sollte,[75] dürften wir uns hiervon allerdings nicht beirren lassen: Da weder die Umgangssprache noch die Gerichte echt legislatorische Kompetenzen besitzen, ist der Bedeutungskern weder im heutigen natürlichen Sprachgebrauch noch in seiner Fassung durch die heutige ständige Rechtsprechung für die Rechtsfindung als solche verbindlich; Relevanz besitzt er nur als damaliger Bedeutungskern, der die Entscheidung des historischen Gesetzgebers bis zum konkreten Fall hin vermittelt und auf diese Weise die Rechtsfindung erster Stufe ermöglicht und bestimmt.[76]

Und eine zweite, bereits oben[77] gezogene Folgerung muß hier gegenüber Hart nochmals herausgestellt werden: Der Bedeutungshof besitzt auf unserer ersten Stufe keinerlei Relevanz und vermag auch auf den folgenden Stufen den Bereich der schöpferischen Rechtsfindung nicht im mindesten einzugrenzen,[78] weil ihn für den Regelfall (d. h. wenn die historische Auslegung nicht eine negative Entscheidung des Gesetzgebers zu Tage fördert) mit der legislatorischen Entscheidung kein Legitimationszusammenhang mehr verbindet.[79]

5. Abschließend müssen wir uns noch kurz der Frage zuwenden, wie der Bedeutungskern, dem wir in unserer Methodologie so große Beachtung geschenkt haben, definiert und wie er im konkreten Fall ermittelt werden kann.

---

75 So die Interpretation von Eckmann, Rechtspositivismus, S. 55, 57, die aber problematisch ist, da die von Hart in Concept, S. 123, benutzte Wendung „general agreement in judgments as to the applicability of the classifying terms" nicht unbedingt auf Gerichtsurteile, sondern hier wohl eher auf geistige Urteile der Allgemeinheit und damit auf die Umgangssprache gemünzt ist; im letzteren Sinne auch die Übersetzung von v. Baeyer, s. Begriff, S. 176.

76 Hier liegt der der ontologischen Hermeneutik entlehnte Einwand nahe, daß künftige Fälle doch niemals vom damaligen Bedeutungskern erfaßt werden könnten; aber damit würde verkannt, daß dem Bedeutungskern deswegen auch erst nachträglich eintretende Einzelfälle zugeordnet werden können, weil er sich aus Allgemeinvorstellungen mit einem Reservoir an evidenten Konkretionen zusammensetzt. Freilich wird der Evidenzbereich mit zunehmendem zeitlichen Abstand immer mehr schrumpfen, namentlich im Falle technischer oder sozialer Umwälzungen (vgl. auch u. S. 92 ff.); aber was z. B. ein Mensch, eine bewegliche Sache oder ein Gebäude ist, bleibt – von Randerscheinungen wie dem klinisch toten „Organreservoir" u. ä. abgesehen – im Kern von dem Wandel der Zeiten unberührt.

77 s. o. S. 67 f.

78 Bei Hart (Concept, S. 124 ff. = Begriff, S. 176 ff.) wird offenbar nur die Ausfüllung des Bedeutungshofes behandelt, obwohl diese sich, wie noch im einzelnen zu zeigen sein wird, von der freien Rechtsfindung strukturell nicht unterscheidet.

79 Zweierlei muß dabei zur Vermeidung von Mißverständnissen nochmals festgehalten werden: Erstens behält der Bedeutungshof auch nach unserer Auffassung eine begrenzte (nämlich rein heuristische) Funktion, und zweitens könnte er im Strafrecht auf Grund des nullumcrimen-Satzes die äußerste Grenze richterlicher Rechtsschöpfung in malam partem markieren (vgl. dazu auch Hart, Positivismus, S. 34).

a) Wenn wir einmal – unter den bei einem solchen Unterfangen gebotenen Vorbehalten – eine Definition des „Bedeutungskernes" versuchen, so erscheint uns die folgende am treffendsten:

> Der Bedeutungskern eines Ausdrucks wird gebildet durch die Summe derjenigen Gegenstände, deren Familienähnlichkeit untereinander so groß ist, daß in der Sprachgemeinschaft ein spontaner Konsens besteht oder herstellbar ist, zur Bezeichnung jedes einzelnen Gegenstandes den betreffenden Ausdruck zu verwenden.[80]

Der Bedeutungskern beruht also auf einem stillschweigenden, für alle normalen Fälle gültigen Konsens der Sprachgemeinschaft, der sich in jedem konkreten Fall in einem spontanen Evidenzerlebnis realisiert. Der die historische Rechtshermeneutik bis zur individuellen Fallentscheidung hin „verlängernde" Bedeutungskernansatz verweist daher zwar letztlich nur auf die Evidenz. Wie wir bei der Behandlung der zweiten Rechtsgewinnungsstufe näher darlegen werden,[81] verweisen aber sämtliche Wissenschaftsmethodologien letztlich auf die Evidenz, und das Problem liegt daher allein darin, ob sich die Evidenz bei diesem letzten Schritt auch wirklich einstellt. Insoweit brauchen wir uns hier jedoch wohl keine übertriebenen Sorgen zu machen, denn schon die tägliche Erfahrung lehrt, daß die Wörter der Umgangssprache durchweg evidente Kernbedeutungen besitzen, die sich an den spontanen Zustimmungsakten der Sprachbenutzer erkennen lassen.

b) Die Ermittlung des Bedeutungskernes hat im Rahmen unserer Rechtsfindung erster Stufe auf die Weise zu erfolgen, daß der im Zeitpunkt des Gesetzeserlasses in der Sprachgemeinschaft vorhanden oder herstellbar gewesene Konsens in einem historisch-philologischen Verfahren durch eine von eigener Wertung tunlichst befreite analytische Methode herausgearbeitet wird. In der Praxis dürften die hierbei prima facie zu erwartenden Schwierigkeiten nicht sonderlich groß sein, da von vornherein drei Entscheidungshilfen gegeben sind: Erstens wird die Auslegung immer an Hand eines oder mehrerer konkreter Fälle vorgenommen, so daß man die zu überprüfenden Hypothesen („x gehört / gehört nicht zum Bedeutungskern") bereits vorab geliefert bekommt.[82] Zweitens

---

80 Daß sich in dieser Definition Elemente der realistischen und der pragmatischen Semantik mischen, begründet unseres Erachtens keinen beachtlichen Einwand gegen sie, denn eine Festlegung auf bestimmte Schulen ist nach unserer Überzeugung in einer rechtsmethodologischen Arbeit eher schädlich und daher von uns auch durchgehend vermieden worden.

81 s. u. S. 126 f.

82 Wobei der heuristische Vorgang der „Konstitution des Rechtsfalles", wie wir gesehen haben (s. o. S. 83 f.), zunächst zu einer Hypothesenvermehrung führt („Sachverhalt x_1, x_2, x_3 usw. gehört zum Bedeutungskern"), die dann im Zuge der Auslegung immer mehr reduziert wird.

soll ja nicht ein verborgener Wille des Volkes, sondern der Wille des Gesetzgebers – im allgemeinen eines sich aus den gebildeten Schichten rekrutierenden Parlamentes – ermittelt werden, so daß also Spezialjargons und Mundarten außer Betracht zu lassen sind und nur der unter den gebildeten Schichten anerkannte Sprachgebrauch herauszuarbeiten ist.[83] Und drittens führt ein (sicherlich nicht seltenes) non liquet einfach dazu, daß eine Zugehörigkeit zum Bedeutungskern nicht feststellbar und der konkrete Fall auf einer höheren Rechtsfindungsstufe zu entscheiden ist – irgendein Zwang, die eigene Wertung in den historischen Sprachgebrauch hineinzuprojizieren, besteht also nicht.

c) Die Feststellung einer Zugehörigkeit zum Bedeutungskern wird immer schwieriger, je mehr Zeit seit dem Erlaß des Gesetzes vergangen ist (wegen der zeitbedingten Wandlungen der Sprachgewohnheiten) und je abstrakter, normativ gefärbter die Gesetzestermini sind (wegen des geringen Kernbereichs abstrakter oder normativ gefärbter Ausdrücke, deren Porosität mit zunehmender Abstraktionshöhe und normativer Färbung ebenfalls zunimmt). Darin liegt aber kein Mangel, sondern ein Vorzug unserer Methode: Durch diese „Unschärferelation" wird nämlich eine übermäßige Bindung der Gegenwart an die Vorstellungen und standards der Vergangenheit vermieden und die behutsame Anpassung des Rechts an den Zeitenwandel gewährleistet, ohne daß der verfassungsmäßig garantierte und um der Rechtssicherheit willen unverzichtbare Vorrang des Gesetzes zugunsten einer unbegrenzten Richterwillkür preisgegeben wird.

V. Der Gegensatz zwischen der historischen Rechtshermeneutik und der herrschenden Auslegungstheorie

1. Nachdem wir damit unsere Rechtsfindungsmethode erster Stufe, die historische Rechtshermeneutik, in ihren grundsätzlichen Problemen und Implikationen nach allen Seiten hin verfolgt haben, müssen wir uns abschließend noch die selbstkritische Frage vorlegen, ob die erzielten Ergebnisse denn überhaupt den in den vorangegangenen Abschnitten getriebenen wissenschaftstheoretischen Aufwand gelohnt haben. Eine historische Auslegung wird ja in dem Interpretationskatalog der h. M. ebenfalls geführt, und da diese Art der Rechtsfindung auch nach unserer Methodenkonzeption natürlich nicht die einzig

83 Gegen diese These den Vorwurf der Klassenjustiz zu erheben, wäre ebenso naheliegend wie verfehlt; denn sie ist nur eine Konsequenz aus der bis heute im wesentlichen unveränderten personellen Zusammensetzung unserer gesetzgebenden Körperschaften, um deren Sprachgebrauch es auf unserer ersten Stufe allein geht.

mögliche sein kann, könnte es auf den ersten Blick so scheinen, als habe das Kreißen des Wissenschaftsolymps nur zur Geburt einer recht kümmerlichen Maus (nämlich der „Hackordnung": erst historisch-hermeneutisch, dann objektiv-teleologisch!) geführt.

Daß dieser Einwand gegenüber unseren wissenschaftstheoretischen Überlegungen nicht durchgreift, versteht sich von selbst. Indem wir nämlich den Methodensynkretismus der h. M. verwarfen und die erste Stufe der Rechtsgewinnung auf eine die vollständige Intersubjektivität garantierende Grundlage stellten, haben wir auf diesem Sektor die gegenüber der h. M. so berechtigte Kritik an dem Wissenschaftsanspruch der Rechtsdogmatik[84] zum Schweigen bringen können. Denn während der herrschende Methodeneklektizismus dazu geführt zu haben scheint, daß das Ergebnis häufig rein intuitiv gewonnen und dann nur noch mit dem Mantel der jeweils passenden Auslegungsform „bekleidet" wird,[85] werden mit der von uns skizzierten Rangordnung überhaupt erst die Grundvoraussetzungen für eine wissenschaftliche Rechtsdogmatik geschaffen: Wenn zwei verschiedene „Auslegungsmethoden" zu zwei verschiedenen Ergebnissen führen, so ist eine rationale Entscheidung erst dann möglich, wenn man ein oberhalb der Interpretationscanones angesiedeltes Auswahlkriterium besitzt![86]

Um den wirklichen Standort unserer Konzeption als Spielart oder als Antipode der h. M. beurteilen zu können, müssen wir diese theoretische Sicht allerdings noch durch einen Blick auf die Praxis ergänzen. Hat unsere Konzeption neben ihrer theoretischen Bedeutung also überhaupt auch praktische Konsequenzen, durch die sie von der h. M. nicht lediglich in der façon de parler abweicht?

2. a) Ein solcher sachlicher Unterschied, der nicht nur in der Studierstube des Rechtstheoretikers kultiviert wird, sondern sich bis in die tägliche Rechtsfindung hin auswirkt, besteht aber ohne Zweifel und ist sogar viel direkter greifbar als die immer im Verdacht der Esoterik stehenden wissenschaftstheoretischen Differenzierungen: Er liegt in der Einschränkung der objektiv-teleologischen Rechtsschöpfung contra legem, die sich heute in Rechtsprechung und Rechtsdogmatik unter dem Schleier des Methodensynkretismus immer unangefochtener ausbreiten kann. Vornehmster Kronzeuge dieser Rechtsfindung, wie sie ist,

---

84 Nachw. o. S. 63 in Fn. 36.

85 Vgl. von den Nachw. o. S. 111 in Fn. 33 vor allem Esser, Vorverständnis, S. 122 f.

86 Natürlich muß dieses Kriterium hinreichend differenziert sein, so daß der von uns postulierte Vorrang der historischen Auslegung auch Ausnahmen hinnehmen muß, die aber – das unterscheidet unsere Konzeption von der h. M. – wissenschaftlich beschreibbar sein müssen (s. dazu u. S. 213 ff.).

ist niemand anders als das BVerfG, das zwar nach seinem methodensynkretistischen Lippenbekenntnis den Willen des Gesetzgebers mit dem Willen des Gesetzes zusammenfallen läßt,[87] den im Gesetz zum Ausdruck kommenden objektivierten Willen des Gesetzgebers als Auslegungsrichtschnur anerkennt[88] sowie demzufolge die grammatische, die systematische, die teleologische und die historische Auslegung allesamt für erlaubt erklärt und zwischen ihnen kein Ausschluß-, sondern ein Ergänzungsverhältnis postuliert.[89] Wenn man aber etwas genauer nachfragt, so erfährt man, daß die subjektive Vorstellung der am Gesetzgebungsverfahren beteiligten Organe nicht entscheidend sei,[90] so daß der Entstehungsgeschichte eines Gesetzes nur die Funktion zukomme, eine nach den anderen Grundsätzen (bereits) ermittelte Interpretation zu bestätigen oder noch nicht völlig ausgeräumte Zweifel zu beheben[91] – und das heißt, weniger euphemistisch ausgedrückt: Die historische Auslegung wird gerne mitbenutzt, wenn sie in das bereits auf andere Weise gefundene Konzept hineinpaßt, anderenfalls aber schlichtweg ignoriert.

Wenn die Gesetzesmaterialien nur insoweit herangezogen werden können, als sie auf den „objektiven Gesetzesinhalt" schließen lassen, wenn sie in der Regel nur unterstützend zu verwerten sind und nicht dazu verleiten dürfen, die Vorstellungen der gesetzgebenden Instanzen dem „objektiven Gesetzesinhalt" gleichzusetzen,[92] dann heißt das eben im Klartext nichts anderes, als daß nicht der Wille der gesetzgebenden Instanzen (d. h. des Gesetzgebers), sondern der des Gesetzesinterpreten (d. h. vor allem des Richters) entscheidend sein solle. Denn bei allem Respekt vor dem BVerfG: Die Beschwörung des „objektiven Gesetzesinhalts" hat (wie am Ende dieses Kapitels auf einfache Weise, nämlich durch eine elementare Anleihe bei der modernen Semantik, nachzuweisen ist) nur Vernebelungsfunktion! Wenn man mit den toten Buchstaben des Gesetzes weder den vom Gesetzgeber gemeinten noch den vom Interpreten hineingelegten Sinn verbinden will, so kann es sich bei der vorgeblich „objektiven Bedeutung" allenfalls um den „Alltagssinn" (d. h. um die Durchschnittsbedeutung) der Gesetzeswörter handeln, der aber niemandem (auch nicht dem BVerfG) als Ziel der Auslegung erscheint – wer wollte schon die wehrlose Justitia dem gemeinen Belieben preisgeben? Der sog. „objektive Sinn" ist infolgedessen nichts

---

87 BVerfGE 11, 130.

88 BVerfGE 1, 312; 8, 307; 10, 244; 11, 130 f.; vgl. ferner 13, 328; 18, 111; 19, 47; 22, 153.

89 BVerfGE 11, 130.

90 Nachw. bei Leibholz-Rinck, Grundgesetz, Einf. Rdnr. 2; aus neuerer Zeit etwa BVerfGE 27, 127.

91 BVerfGE 1, 127, 312; 8, 307; 10, 244; 11, 130 f. u. ö.

92 Nachw. bei Leibholz-Rinck, a. a. O.; vgl. auch BVerfGE 20, 253.

anderes als die auf teleologischen Erwägungen – d. h. auf Wertungen – beruhende Auffassung des Rechtsfinders, und wenn man diese prinzipiell über den Willen des Gesetzgebers stellt, dann hat man damit zugleich Montesquieu nicht von dem Kopf auf die Füße gestellt, sondern völlig vom festen Boden gelöst: Der demokratisch legitimierte Gesetzgeber wird zu einer Staatsgewalt „en quelque façon nulle", denn die soziale Realisierung seiner Machtsprüche steht dann immer unter dem Vorbehalt, daß der im Einzelfall entscheidende Richter sein Placet gibt und den Willen des Parlaments nicht durch eine „objektive Auslegung" an Hand des „Willens des Gesetzes" modifiziert oder sogar in sein Gegenteil verkehrt.

b) Daß das BVerfG auf diese Weise den Richter zum Meister des Gesetzgebers macht, ist im Grunde nicht weiter verwunderlich, denn das BVerfG steht in doppelter Hinsicht über dem Gesetzgeber: Es kann dessen Entscheidungen entweder kassieren (§§ 31 II, 78 BVerfGG) oder durch eine „verfassungskonforme Auslegung" nahezu ins Gegenteil verkehren,[93] und das alles allein auf eine Handvoll von Grundgesetznormen gestützt, die freilich so minimale Bedeutungskerne aufweisen, daß die Geringschätzung der historischen Auslegung durch das BVerfG nicht völlig unverständlich ist.[94]

Wenigstens die einfachen Gerichte, denen eine solch souveräne Stellung von der Verfassung vorenthalten worden ist, hätten aber natürlich allen Grund, den Willen des Gesetzgebers und damit der historischen Auslegung eine überlegenere Position einzuräumen; auch in ihrer Rechtsprechung trifft man jedoch, wenn man genauer hinsieht, auf das gleiche Verhältnis von Theorie und Praxis wie in der Judikatur des BVerfG: Es wird im Prinzip dem Methodensynkretismus gehuldigt, im Einzelfall aber überwiegend der objektivteleologischen Rechtsfindung der Vorzug gegeben.[95] Wie wir gesehen haben, hat das sogar zu der Ver-

---

93 Vgl. dazu im einzelnen u. S. 194 ff., 199 ff., 220 f.

94 Es gibt allerdings auch zahlreiche Entscheidungen, in denen sich das BVerfG in ausschlaggebender Weise auf die historische Entwicklung des Grundgesetzes – vor allem auf das sog. vorverfassungsrechtliche Gesamtbild – stützt (vgl. die Nachw. b. Roth-Stielow, Rechtsanwendung, S. 202 f. Fn. 117, 129, und bei Müller, Normstruktur, S. 139 f.). Ob hier wirklich das historische Argument nur als bequeme Legitimation für die vom BVerfG insgeheim schon vorher vorgenommene eigene Wertung gedient hat oder ob man nicht doch von einer echt ambivalenten Einstellung des BVerfG zur historischen Auslegung ausgehen muß, ist ein schwieriges, wohl nur in einer ideologiekritischen Spezialuntersuchung lösbares Problem.

95 Wenn eine Gesamtschau, wie die Nachw. bei Roth-Stielow (Rechtsanwendung, S. 36 ff., 202 f. in Fn. 113 ff.) und in BGHZ 46, 80 zeigen, insgesamt auch keineswegs einen eindeutigen Vorrang der objektiven Auslegungstheorie ergibt, so hat diese doch merkwürdigerweise ausgerechnet im Strafrecht eine Vorzugsstellung erlangt, die auch im Schrifttum fast einhellig akzeptiert wird (vgl. die Nachw. der BGH-Rspr. bei Tröndle, LK, § 2 Rdnr. 26; zust. Tröndle, a. a. O.,

mutung geführt, daß die einfachen Gerichte – von Ausnahmefällen abgesehen – ähnlich wie das BVerfG ihre Entscheidungen grundsätzlich an den ihnen richtig dünkenden Wertungen orientieren und auf die historische Auslegung nur dann zurückgreifen würden, wenn sie die bequemste Begründung für die eigene, oft problematische Wertung des Richters zu liefern vermag: die historische Auslegung werde gegenwärtig in den meisten Fällen entweder beiseite geschoben oder nur als willkommene Rationalisierung einer in Wahrheit auf anderem Wege gefundenen Entscheidung benutzt.[96]

Es ist aus Raumgründen leider ausgeschlossen, diese Hypothese hier in der Ausführlichkeit zu überprüfen, die ob ihrer Radikalität an sich geboten wäre. Immerhin soll doch wenigstens auf die besondere Hilflosigkeit der h. M. gegenüber einer derartigen Entwicklung und – an Hand zweier besonders aktueller Beispiele – auch auf die sich in letzter Zeit häufenden, methodensynkretistisch verhüllten Unbotmäßigkeiten der Rechtsprechung gegenüber unbeliebten Entscheidungen des Gesetzgebers hingewiesen werden.

aa) Erstens fällt es auf, daß die h. M. sich niemals um ein Kriterium dafür bemüht hat, wann der historischen Auslegung im Falle eines Konflikts mit der teleologischen Wertung der Vorzug gebührt und wann sie zurücktreten muß. Falls sie in der Mehrzahl der Fälle ins zweite Glied zurücktreten muß,[97] könnte es eigentlich auch nicht eine beständige Gehorsamsbereitschaft der Richter sein, die ihr in den übrigen (selteren) Fällen zum Siege verhelfen würde. Und falls sich auch nicht zeigen ließe, daß die Rechtsprechung die legislatorische Entscheidung nur unter noch im einzelnen zu bestimmenden, eine Gehorsamsaufkündigung rechtfertigenden Voraussetzungen mißachtet hat, bliebe als plausible Erklärung für die sporadischen Erfolge der historischen Auslegung eigentlich nur noch Essers ideologiekritische Hypothese übrig, daß die historische Argumentation stets nur als Scheinbegründung benutzt würde!

Für diese Hypothese spricht auch die wissenschaftstheoretische Untersuchung v. Savignys, der an Hand der auf den Allgemeinen Teil des materiellen Strafrechts bezogenen, in Band 1–18 der Amtlichen Sammlung veröffentlichten Entscheidungen des BGH nachgewiesen hat, daß der BGH in erster Linie Wertungen als Begründungsbasis benutzt[98] und daß dann, wenn Wertargumente in einer Diskussion um einen Strafrechtssatz ins Feld geführt werden, diese auch

---

Rdnr. 24, 26; Maurach, Allgemeiner Teil, S. 101 ff.; Jescheck, Lehrbuch, S. 122; Schmidhäuser, Strafrecht, 5/32 (S. 83); Schönke-Schröder, Strafgesetzbuch, § 2 Rdnr. 34 a m. w. N.).

96 Esser, Vorverständnis, S. 123.

97 Das müßte einmal durch eine exakte Analyse des vorliegenden Rechtsprechungsmaterials, die hier nicht vorgenommen werden kann, im einzelnen untersucht werden.

98 Überprüfbarkeit, S. 15, 113 ff.

erfolgreich sind.[99] Denn da die historische Auslegung von ihrer Idee her wertungsfrei ist, muß sie also in einem Konflikt mit einem vom BGH für richtig befundenen Werturteil normalerweise unterliegen. Ein vollgültiger Beweis wird freilich auch durch v. Savignys Untersuchung nicht erbracht, denn dafür müßte man auch die BGH-Entscheidungen analysieren, in denen andere als Werterwägungen (also etwa: historische Argumente) zur Begründung der Entscheidung angegeben werden. Inwieweit die Rechtsprechung letztlich den vom Grundgesetz verordneten Gehorsam insgeheim aufgekündigt hat, muß hier also offen bleiben – eines ist aber sicher: Die herrschende Methodenlehre würde einer solchen verfassungswidrigen Entwicklung hilflos gegenüberstehen und sie im Grunde genommen sogar noch begünstigen.

bb) Wenn die Anzeichen nicht täuschen, ist in der letzten Zeit die Revolte des Richters gegen den Gesetzgeber sogar zu einer ernsthaften Gefahr geworden, die sich infolge des gegenwärtigen Elends der Rechts-„wissenschaft“ noch mit dem Schafspelz der objektiven Auslegungstheorie tarnen kann; zwei besonders instruktive Paradigmen müssen hier zur näheren Darlegung genügen.

α) Das erste aktuelle Beispiel ist das Beweisverbot der §§ 49/50 BZRG. Daß eine frühere, im Zentralregister bereits getilgte Verurteilung in einem späteren Strafverfahren bei der Beweiswürdigung keinesfalls zum Nachteil des Angeklagten verwertet werden darf, kann bei einer historischen Auslegung i. w. S. nicht zweifelhaft sein: Die Entstehungsgeschichte[100] macht deutlich, daß mit den Worten „im Rechtsverkehr“ in § 49 I BZRG auch und gerade an gerichtliche Verfahren gedacht worden war; die systematische Auslegung (§ 49 I BZRG i. V. m. § 50 Nr. 2 BZRG) ergibt, daß der Gesetzgeber damit auch die indizielle Verwertung der früheren Tat für die Beurteilung der strafprozessualen Schuldfrage im Auge hatte, und, wie der Bedeutungskern des Ausdrucks „nur“ in § 50 BZRG zeigt, mit einer einzigen Ausnahme bei der Beurteilung der Zurechnungsfähigkeit (§ 50 Nr. 2 BZRG) ausschließen wollte. Daß die in § 49 II BZRG enthaltene Ausnahmeklausel der „Rechte Dritter“ für Strafverfahren hingegen keinerlei Relevanz besitzen sollte, folgt erstens aus einer systematischen Auslegung (§ 50 BZRG und damit auch das in § 50 Nr. 2 BZRG geregelte „erneute Strafverfahren“ wird als eine Abweichung von § 49 I BZRG gesehen, zu § 49 II BZRG aber in keine Beziehung gesetzt) und zweitens aus der Entstehungsgeschichte des § 49 II BZRG, der vor allem einer Schmälerung zivilrechtlicher Ersatzansprüche vorbeugen und dann schließlich auch als Ventil für alle diejenigen Konstellationen dienen sollte, die bei Erlaß des Gesetzes noch nicht zu übersehen waren.[101] Da

99 v. Savigny, a. a. O., S. 99, 113 ff.
100 Vgl. dazu BGHSt. 24, 378 ff.
101 Vgl. i. e. die Darstellung in BGH NJW 1973, 207.

die Konstellation der Verfolgung von Straftaten gegen Individualrechtsgüter als dem Gros aller Straftaten überhaupt vom Gesetzgeber mit Sicherheit gesehen worden ist, als ein Antrag des Innenausschusses, die indizielle Verwertung in einem neuen Strafverfahren zu gestatten, abgelehnt worden ist,[102] führt die historische Auslegung zu dem völlig eindeutigen Ergebnis, daß die getilgte Verurteilung auch in einem neuen Strafverfahren wegen Verletzung eines Individualrechtsgutes nicht indiziell verwertet werden darf. Gleichwohl hat der BGH nunmehr[103] – angeblich im Wege der Auslegung – entschieden, daß die indizielle Verwertung einer früheren Verurteilung immer dann zulässig sei, wenn die angeklagte Tat gegen die „Rechte Dritter" gerichtet gewesen war, mochte sie auch über einen folgenlosen Deliktsversuch nicht hinausgekommen sein.

Es würde hier zu weit führen, die Rabulistik des BGH, mit der dieser seine an und für sich durchaus diskutable autonome Wertung („Der Ausschluß der indiziellen Verwertbarkeit ist nicht sachgemäß") in das Gesetz hineinzuprojizieren versucht, im einzelnen vorzuführen und zu entlarven;[104] uns interessiert allein die methodologische Unhaltbarkeit dieser Entscheidung: Obwohl der BGH eine völlig eindeutige Entscheidung des Gesetzgebers in ihr Gegenteil verkehrt,[105] hält er es nicht für nötig, über die geargwöhnte Verfassungswidrigkeit der §§ 49, 50 BZRG eine Entscheidung des BVerfG herbeizuführen, und stellt sich also mit Hilfe der objektiv-teleologischen Auslegung über den Gesetzgeber!

β) Daß wir hiermit beileibe keinen Ausnahmefall herausgegriffen haben, beweist ein gleichfalls zum neuesten Strafprozeßrecht ergangener Beschluß des 1. Strafsenats, der die Durchsicht und Beschlagnahme des Schriftwechsels zwischen dem Beschuldigten und seinem Verteidiger trotz der durch das StPÄG vom 19. 12. 1964 neugefaßten Verbotsnorm des § 148 für zulässig erklärt, sofern „gewichtige Anhaltspunkte dafür bestehen, daß der Verteidiger sich an der Tat beteiligt hat, die dem Beschuldigten zur Last gelegt wird".[106] Der BGH räumt dabei (im Anschluß an eine frühere Entscheidung)[107] selbst ein, daß die Entste-

---

102 S. BGH NJW 1973, 67 = BGHSt. 24, 381.

103 NJW 1973, 206 ff. = BGHSt. 25, 24 ff. i. V. m. BGH bei Dallinger, MDR 1973, 192; krit. Brauser, NJW 1973, 1007; Götz, JZ 1973, 496.

104 Vgl. dazu Brauser, NJW 1973, 1007 f.; and. als der BGH auch Götz, Bundeszentralregistergesetz, § 49 Anm. 16; Dreher, JZ 1972, 618, 621; Stadie, DRiZ 1972, 347; zust. allerdings Peters, JR 1973, 165 ff.

105 Der BGH läßt zwar bei Straftaten gegen die Allgemeinheit ein Verwertungsverbot bestehen; es liegt aber auf der Hand, daß nach dem Gesetz, nach dem der BGH angetreten, in diesen Fällen ebenfalls zwingend eine Ausnahme geboten wird – nämlich von der „Sicherheit der Bundesrepublik Deutschland" (s. § 50 Nr. 1 BZRG).

106 NJW 1973, 2035 ff.

107 NJW 1973, 1656.

hungsgeschichte der Neufassung den Willen des Gesetzgebers erkennen läßt, selbst die geringste Beschränkung des schriftlichen Verkehrs zwischen Verteidiger und Mandanten auszuschließen. „Eine solche Folgerung entspräche indessen" – so fährt der BGH fort – „nicht der herrschenden objektiven Theorie der Gesetzesauslegung", die der BGH durch eine Ausrichtung an „Sinn und Zweck" des § 148 zu dem Ergebnis führt, daß der Verkehr „nur eben für die Zwecke der Verteidigung frei" sei. Da der BGH zu verspüren scheint, daß er damit nur zirkulär argumentiert (ein sich im Rahmen der Verteidigungszwecke haltender Verkehr braucht ohnehin nicht beschränkt zu werden, der zweckwidrige Verkehr ist hingegen thema probandum und kann daher nicht als alleiniger Grund für die Beschränkung angegeben werden), läßt er anschließend seine eigentlichen Beweggründe erkennen: Der Gesetzgeber sei davon ausgegangen, daß ein völlig unbeschränkter Verkehr zwischen Verteidiger und Beschuldigtem wegen der Möglichkeit eines Verteidigerausschlusses verantwortet werden könne; weil das BVerfG den derzeit ohne gesetzliche Grundlage erfolgenden Ausschluß des Verteidigers aber für verfassungswidrig erklärt habe, sei nunmehr eine enge Auslegung des § 148 unerläßlich.

Die sachliche Berechtigung dieses Argumentes liegt hier wiederum außerhalb unseres Interesses.[108] Für uns kommt es nur darauf an, daß der BGH hier eine eindeutige Entscheidung des Gesetzgebers wegen Fortfalls ihrer subjektiven „Geschäftsgrundlage" korrigiert, ohne sich der verfassungsrechtlichen und methodologischen Problematik eines solchen Vorgehens auch nur im geringsten bewußt zu sein. Wie die völlige Unreflektiertheit der BGH-Entscheidung in diesem Punkte zeigt, wird durch die falsche und irreführende Redeweise vom Primat einer „objektiven Auslegung" die tatsächlich immer wieder stattfindende richterliche Rechtsschöpfung contra legem unkenntlich gemacht, eine wissenschaftliche Durchdringung ihrer Voraussetzungen und Grenzen verhindert und das Verhältnis des Richters zum Gesetzgeber in ein jegliche verfassungsrechtliche und methodologische Klärung ausschließendes Halbdunkel getaucht!

3. a) Zu dieser soeben im einzelnen dargestellten, heute in Lehre und Rechtsprechung praktisch einhellig vertretenen Auffassung, die eine abstrakte Rangordnung unter den verschiedenen „Auslegungsmethoden" ablehnt und im konkreten Fall zumeist der sog. „objektiven Auslegung" den Vorzug gibt, haben wir also mit unserem – im einzelnen noch näher zu bestimmenden – Primat der subjektiv-historischen Auslegung die entschiedenste Gegenposition aufgebaut, die – das dürften die erörterten Beispiele zur Genüge gezeigt haben – auch für die Rechtsfindung im Einzelfall weitreichende Konsequenzen birgt.

---

108 Vgl. dazu Roxin, JR 1974, 117 ff.

b) Gerade weil unsere Konzeption so bedeutende praktische Auswirkungen für sich in Anspruch nimmt und auf ein so kompromiß- und schonungsloses Verdikt über die in Jahrzehnten gewachsene und gefestigte, von den größten Autoritäten geteilte herrschende Meinung hinausläuft, wird sie freilich auch zunächst auf eine entschiedene Ablehnung gefaßt sein müssen. Die von uns erreichte partielle Szientifizierung der Rechtsdogmatik wird unseren Kritikern als Legitimation für den Bruch mit allen überkommenen Auffassungen sicherlich – und das zu Recht – nicht ausreichen. Denn erstens kann diese Szientifizierung kein Selbstzweck sein, der eine bestimmte Rangordnung auch dann rechtfertigen würde, wenn es an einem zureichenden Grunde für sie fehlen würde. Und zweitens wird niemand die den eingefahrenen Geleisen so sehr widersprechenden praktischen Ergebnisse unserer rechtstheoretischen Überlegungen zu akzeptieren bereit sein, wenn wir unsere Konzeption nicht aus der evidenten Struktur unserer Rechtsordnung schlüssig abzuleiten vermögen.

Diese notwendige Konnexität von Rechtsordnung und Rechtstheorie ist von uns bereits mehrfach angesprochen und vom Beginn unserer eigenen Überlegungen an beachtet worden. Hier soll nunmehr die Summe gezogen und in aller Kürze nachgewiesen werden, daß das Primat der historischen Rechtshermeneutik sich aus der Struktur unserer Rechtsordnung zwingend ableiten läßt, sofern man nur die Erkenntnisse der modernen Sprachphilosophie (hier: der Semantik) mitberücksichtigt.

aa) Oberste Richtschnur in unserem Staat ist – für Bürger und Richter gleichermaßen – das geschriebene Gesetz (Art. 20 III GG, Rechtsstaatsprinzip, Gesetzesvorbehalt), und es gehört zum unbezweifelbaren Bedeutungskern des Art. 20 III GG, daß der Richter im Prinzip unter dem Gesetzgeber steht und dessen Anordnungen (die Gesetze) respektieren muß.[109] Da die Schriftzeichen des Gesetzes aber als „tote Buchstaben" keinen Sinn enthalten,[110] gewinnen sie ihre Bedeutung erst durch festgelegte Gebrauchsregeln[111] bzw. – was für unsere Zwecke auf das gleiche hinausläuft – durch Bedeutungszuschreibungen. Die Gebrauchsregeln der Gesetzessprache können nun aber nur auf dreierlei Weise festgelegt sein: entweder durch den Gesetzgeber oder durch den Rechtsfinder

---

109 Das ist im Prinzip (d. h. von den u.S. 183 ff. zu erörternden Ausnahmefällen abgesehen) unstreitig, vgl. nur v. Mangoldt-Klein, Grundgesetz Bd. I, S. 604 m. w. N.; Wernicke im Bonner Kommentar (Erstbearb.), Art. 20 S. 10; Maunz-Dürig in Maunz-Dürig-Herzog, Grundgesetz, Art. 20, Rdnr. 69, 72.

110 Vgl. Wittgenstein, Untersuchungen, Nr. 432: „Jedes Zeichen scheint allein tot"; ferner v. Kutschera, Sprachphilosophie, S. 18.

111 v. Kutschera, a. a. O., S. 19, 119 ff., 228; zum Aufbau einer Sprache nach festen Regeln vgl. exemplarisch Kamlah-Lorenzen, Propädeutik, S. 23 ff., 70 ff., zur Sprachkonvention auch S. 48.

oder schließlich durch den normalen Sprachgebrauch. Wenn die Bedeutung der Gesetzessprache ausschließlich durch eine Ermittlung der vom Gesetzgeber benutzten Gebrauchsregeln bestimmt wird, so tritt der Rechtsfinder als zu Informierender auf, der eine von einem anderen ausgehende Nachricht erfaßt. Wenn der Rechtsfinder hingegen die Bedeutung nach von ihm aufgestellten Gebrauchsregeln bestimmt, so tritt er als Informator auf, der eine Nachricht darüber verkündet, wie es seiner Meinung nach sein sollte. Da die dritte Möglichkeit, den Gesetzesinhalt nach dem jeweiligen normalen Sprachgebrauch zu bestimmen, wie bereits bemerkt, gänzlich unsinnig ist,[112] gibt es also immer nur einen „Sinn des Gesetzgebers“ oder einen „Sinn des Rechtsfinders“. Der in der Methodenlehre seit so langer Zeit dominierende „Sinn des Gesetzes“ existiert hingegen überhaupt nicht, er ist eine Mystifikation, die der Meinung des Rechtsfinders von dem, was richtig ist, eine höhere Weihe geben soll![113]

Die Redeweise vom „Sinn des Gesetzes“ ist daher – polemisch formuliert – eine irreführende Fiktion,[114] die den methodologischen Verstand vieler Generationen verhext hat!

bb) Mit ihrer Austilgung wird das Verhältnis zwischen der Auffassung des Gesetzgebers und der Auffassung des Rechtsfinders von der Klarheit eines neu-

---

112 s. o. S. 95. Selbst wenn man (im Rückgriff auf v. Savigny) dem „waltenden Volksgeist“ legislatorische Kompetenzen zugestehen wollte, könnte man damit doch keine Aufwertung des sozialen Sprachgebrauchs begründen, weil dieser aus zahlreichen und jedenfalls nur zum kleinsten Teil juristisch relevanten Quellen gespeist wird. Eine andere Frage ist, ob der jeweilige Sprachgebrauch aus bestimmten Gründen – etwa wegen des nullum-crimen-Prinzips – als Grenze der „Auslegung“ in Frage kommen kann.

113 Goethe hat mit der in den „Zahmen Xenien“ vorgenommenen Unterscheidung von „Auslegen“ und „Unterlegen“ genau ins Schwarze getroffen: Entweder wird aus dem Gesetz der vom Gesetzgeber gemeinte Sinn herausgeholt, oder der dem Rechtsfinder angemessen erscheinende Sinn wird hineingelegt! – Die philosophische Herkunft der h. M., die vor allem Larenz durch eine Anknüpfung an Hegels Lehre vom konkret-allgemeinen Begriff theoretisch zu untermauern versucht hat (vor allem in DRW 1940, 279 ff.; heute in Methodenlehre, S. 476 ff.), kann hier nicht dargestellt und diskutiert werden (vgl. aber die ideologiekritschen Ausführungen von Rüthers, Auslegung, S. 304 ff.) – was aber wohl auch entbehrlich ist, weil diese Rechtfertigung der h. M. nach Larenz' eigenem Eingeständnis (Methodenlehre, S. 476 mit Fn. 1) in die Regionen der spekulativen Philosophie führt, die jenseits unserer praxisbezogenen, auf Herstellung eines allgemeinen Methodenkonsenses gerichteten Zielsetzungen liegen.

114 Die naheliegende Ausrede, es handele sich dabei nur um einen unpräzisen Ausdruck, verschlägt nicht. Denn auf einem so abstrakten Gebiet wie der Methodenlehre bedeuten sprachliche Ungenauigkeiten immer auch sachliche Fehler, was sich hier schon daran zeigt, daß nur die Redeweise vom „Sinn des Gesetzes“ die Praxis der h. M., den Willen des Richters über den des Gesetzgebers zu stellen, scheinbar legitimiert hat und somit für diese ohne verfassungsrechtliches Problembewußtsein erfolgte eigenmächtige Umverteilung der konstitutionellen Gewichte verantwortlich ist. – Ähnlich wie hier Rödig, Theorie, S. 297; Hirsch, Interpretation, S. 15 ff., 263 ff. und passim.

en Anfangs überstrahlt: Da unsere Rechtsordnung (anders als reine Präjudizienrechtsordnungen) auf dem Primat des unmittelbar demokratisch legitimierten Gesetzgebers vor dem (dem Exekutivbereich i. w. S. zuzuzählenden) Richter beruht und da dieses Verhältnis in Art. 20 III GG (Bindung des Richters an das Gesetz) in unserer Verfassung ebenso ausdrücklich wie unmißverständlich festgelegt worden ist, ist der prinzipielle Vorrang des vom Gesetzgeber intendierten Sinnes (d. h. der historischen Auslegung i. w. S.) vor dem vom Rechtsfinder intendierten Sinn (d. h. der objektiv-teleologischen Rechtsgewinnung) im Grunde selbstevident! Und damit ist, um es zusammenzufassen, in zwei entscheidenden Punkten die Abkehr vollzogen von der überkommenen und jedenfalls die Rechtsprechung noch ganz unangefochten beherrschenden, jeglichen möglichen Wissenschaftscharakter der Rechtsdogmatik aber zerstörenden h. M.: Die für die Argumentationsmethoden und für die wissenschaftstheoretische Stringenz ausschlaggebende Grenzlinie liegt nicht zwischen Auslegung im herkömmlichen Sinne und Analogie, sondern zwischen subjektiv-historischer Auslegung und objektiv-teleologischer Rechtsschöpfung;[115] und den Vorrang genießt prinzipiell die historische Auslegung i. w. S., während die Rechtsschöpfung zunächst nur zur Ausfüllung der (zahlreichen) danach noch verbleibenden Lücken dient, zu einer Korrektur der Auslegung aber allenfalls unter besonderen, im einzelnen noch zu ergründenden Voraussetzungen führen kann.

§ 7 Die Rechtsfindung durch Werterwägungen als zweite und dritte Stufe der Rechtsgewinnung

I. Die Notwendigkeit weiterer Rechtsgewinnungsstufen

1. Wir haben in den vorangegangenen Kapiteln unsere erste Stufe der Rechtsgewinnung so ausführlich darzustellen und gegen jedwede Kritik abzusichern versucht, wie es der vorgegebene Rahmen nur irgend gestattete. Eine gewisse Weitläufigkeit war dabei nicht nur wegen der wissenschaftstheoretischen Implikationen nicht zu vermeiden, sondern auch deswegen geboten, weil wir uns in diesem Abschnitt gegen die herrschende Zeitströmung gestellt und dem weiten

115 Vgl. zur Kritik an der herkömmlichen Grenzziehung zwischen „Auslegung" und „Analogie" bereits Sax, Analogieverbot, S. 148 f.; Arth. Kaufmann, Rechtsphilosophie, S. 176 ff.; Hruschka, Verstehen, S. 102; ferner meine eigenen Überlegungen in Grund und Grenzen, S. 256 ff., und in ZStW 84, 889 f. m. Fn. 95. Ganz im Sinne des Textes sagt auch Arth. Kaufmann, daß nicht das Gesetz (s. etwa Binding, Handbuch, S. 454, und Radbruch, Rechtsphilosophie, S. 211), sondern der Richter klüger als der Gesetzgeber sei (Rechtsphilosophie, S. 165).

Spielraum richterlicher Rechtsschöpfung einen Fixpunkt zu geben versucht haben. Durch die Übernahme der Unterscheidung von Bedeutungskern und Bedeutungshof erwies es sich als möglich, die historische Auslegung in einer Anzahl von Fällen bis zur konkreten Fallentscheidung zu „verlängern" und damit einen von eigenen Wertungen prinzipiell freigehaltenen Kernbereich der Rechtsfindung aufzuweisen, der die Grundlage für die Wissenschaftlichkeit der Rechtsdogmatik wie auch den Rahmen für eine sonst ausufernde, mit den Anforderungen eines einheitlichen Gemeinwesens (der „Rechtssicherheit") allzu leicht kollidierende richterliche Rechtsschöpfung bildet.

2. Auf der anderen Seite haben wir aber niemals daran gezweifelt, daß mit unserer ersten Stufe immer nur ein – größerer oder kleinerer – Teil der insgesamt vorkommenden Rechtsfälle gelöst werden kann. Wenn man berücksichtigt, daß die problemlosen Fälle sich in der Regel gewissermaßen von selbst erledigen werden – sei es, daß die Bürger untereinander ihre Pflichten ohne Einschaltung der Gerichte erfüllen, sei es, daß die Gerichte die Prozesse, ohne viel Aufhebens zu machen, nach der Prozeßordnung führen, u. v. a. m. –, so findet man leicht eine Erklärung dafür, daß sich die höchstrichterliche Rechtsprechung und die Rechtswissenschaft fast immer nur mit solchen Fällen zu beschäftigen haben, deren Lösung allein mit den Mitteln der ersten Stufe nicht möglich ist. Wenn wir auch deswegen natürlich nicht – wie das heute infolge einer Blickverengung vielfach geschieht – den Schluß ziehen dürfen, daß es unsere Rechtsfindung erster Stufe überhaupt nicht geben könne, so können wir uns andererseits ebensowenig der Aufgabe entziehen, auch die sich oberhalb der ersten Stufe stellenden rechtstheoretischen und methodologischen Probleme zu analysieren.

II. Der Charakter der weiteren Rechtsgewinnungsstufen

1. Die Problemstruktur ist dabei in allen Fällen, die sich nicht auf der ersten Stufe entscheiden lassen, weitestgehend die gleiche: Man hat eine Anzahl von Kernfällen, deren Behandlung auf Grund der historischen Rechtsgewinnung feststeht, und einen konkreten Fall x, der den Kernfällen in vielen oder wenigen Beziehungen gleicht, d. h. ihnen mehr oder weniger ähnlich ist. Die Aufgabe der Rechtsfindung besteht hier infolgedessen in der Beantwortung der Frage, ob die Ähnlichkeit so groß ist, daß es angebracht erscheint, auch dem Fall x die vom Gesetzgeber für die Kernfälle vorgeschriebene Rechtsfolge zuzuordnen. Die Rechtsfindung auf dieser Ebene ist also, wie keiner eindringlicher als Arthur Kaufmann[1] dargelegt hat, ursprünglich analog.

1 Rechtsphilosophie, S. 288, 295 ff. u. ö.

Wie kann man aber feststellen, ob die vorhandene Ähnlichkeit für eine rechtliche Gleichbehandlung ausreicht? Die Hermeneutik vermag auf diese Frage keine befriedigende Antwort zu geben, denn selbst in Hassemers tiefdringender Untersuchung ist nur ganz allgemein die Rede davon, daß sich der Auslegungsprozeß in einer gewundenen Spirale vollziehe,[2] indem Tatbestand (= bisher feststehende Kernbedeutung) und Sachverhalt (= der konkrete Fall x) aneinander entfaltet würden[3] und in der adaequatio von Norm und Wirklichkeit als tertium übereinkämen.[4] Auf welche Weise dies geschieht, durch welche Qualitäten sich die wechselseitige Entfaltung von einem metaphysischen Vorgang unterscheidet, sagt Hassemer nicht und kann es von seinem Ausgangspunkt aus wohl auch gar nicht sagen, weil sich hier, wenn wir recht sehen, der entscheidende Mangel der ontologischen Hermeneutik offenbart: Weil sie von ihren Prämissen her auch die über die Entscheidungen des Gesetzgebers hinausgreifende Rechtsschöpfung noch als Verstehensprozeß einordnet,[5] ohne daß hier eine dem Verständnis vorgegebene Entität aufweisbar ist,[6] kann sie ihre grundlegenden rechtstheoretischen Einsichten nicht mehr konkretisieren und präzisieren; durch das Festhalten an dem bei der Rechtsschöpfung nicht mehr passenden Verstehensbegriff zementiert sie dessen Vagheit und kommt über eine oberhalb der historischen Rechtsfindung und der teleologischen Rechtsschöpfung angesiedelte und daher „blutleere“ Abstraktion nicht hinaus.[7]

2. a) Wenn man infolgedessen die hermeneutischen Dogmen beiseite läßt, so läßt sich die Art und Weise der „Feststellung einer die gleiche Rechtsfolge rechtfertigenden Ähnlichkeit“ unschwer aufdecken: Die Gleichsetzung des Falles x mit den feststehenden Kernfällen erfolgt auf Grund von Werturteilen, nämlich auf Grund von Sätzen über die normative Gleichstellung deskriptiv unterschiedlicher Sachverhalte. Diese Einsicht, daß die Rechtsschöpfung durch Wertungen erfolgt, ist zwar nahezu eine Binsenweisheit und als solche natürlich auch der Hermeneutik nicht fremd;[8] sie bleibt dort aber merkwürdig peripher und folgenlos,[9] während sie nach unserer Auffassung das Zentralproblem

2 So Hassemer, Tatbestand, S. 107 f.

3 a. a. O., S. 108.

4 a. a. O., S. 118 f.

5 So ganz deutlich Hassemer, Tatbestand, S. 120 f.

6 Zu der methodologischen Unfruchtbarkeit von Naturrechtskonzeptionen s. bereits o. S. 47 ff.

7 Vgl. auch die Kritik von Lüderssen, Erfahrung, S. 87 ff.

8 Vgl. etwa Hassemer, Tatbestand, S. 151 f.

9 Vgl. z. B. die zweifelnden Bemerkungen bei Hassemer, Tatbestand, S. 152 Fn. 9. Der Grund dafür liegt wohl in der nicht weiter ausdifferenzierten und daher methodologisch unfruchtbaren Annahme einer „Verschlingung“ von Wert und Wirklichkeit (s. dazu Arth. Kaufmann, Rechtsphilosophie, S. 242 ff.; ders., Festschr. f. Peters, S. 303; Arth. Kaufmann-Hassemer, Grundprobleme, S. 69 ff.).

der Rechtsschöpfung darstellt und zu weitreichenden Folgerungen nötigt. Bevor wir diesen im einzelnen nachspüren, wollen wir die normative Struktur der die erste (historische) Stufe transzendierenden, rechtsschöpferischen Rechtsgewinnung an einem einfachen Beispiel demonstrieren.

b) Angenommen, der Gesetzgeber habe die private Tierhaltung von „Löwen, Tigern und anderen Raubtieren" generell verboten, weil sich in der Vergangenheit durch nachlässige Verwahrung zahllose Unglücksfälle ereignet hatten und weil auch sonst eine Verseuchung der Bevölkerung mit Löwen- und Tigerbandwürmern drohte. In dieser Vorschrift steckt, wie in der rechtswissenschaftlichen Normentheorie seit langem herausgearbeitet wurde,[10] die „Bestimmungsnorm" „Niemand soll Löwen etc. halten" sowie die „Bewertungsnorm" (besser: das Werturteil) „Das Halten von Löwen etc. ist unrecht". Die historische Auslegung ergibt hier, daß der Gesetzgeber jedenfalls alle die Tiere von der privaten Haltung ausschließen wollte, die dem Menschen unmittelbar gefährlich werden und einen dem Menschen gefährlichen Bandwurm beherbergen können. Daß die Haltung von Katzen, die zwar im zoologischen Sinne ebenfalls Raubtiere, dem Menschen aber weder unmittelbar noch mittelbar durch die Bandwurmbeherbergung gefährlich sind, weiterhin gestattet ist, ergibt dementsprechend bereits die Rechtsfindung erster Stufe, die allein die Wertungen des Gesetzgebers benutzt und daher von eigener (autonomer) Wertung frei ist. Wenn nun aber der dem Gesetzgeber seinerzeit unbekannte Goldschakal in den deutschen Salons auftaucht, der zwar dem erwachsenen Menschen nicht unmittelbar gefährlich wird, für Kleinkinder aber doch eine Bedrohung darstellen könnte und außerdem für eine dem Menschen besonders fatale Bandwurmart den Zwischenwirt spielt, so reicht die historische Auslegung nicht mehr aus, denn es handelt sich um einen neuartigen Sachverhalt, der auch dem damaligen Bedeutungskern („für den Menschen unmittelbar und mittelbar durch den Bandwurm gefährliches Tier") nicht unterfällt: Der Schakal wird nur Kleinkindern unmittelbar gefährlich, kompensiert diese „Unvollkommenheit" aber durch einen für den Menschen besonders unangenehmen Darmbewohner. Die Bestimmungsnorm „Niemand soll Goldschakale halten" und das Werturteil „Das Halten von Goldschakalen ist unrecht" können daher nicht schon aus dem historischen Gesetzessinn und dem vorliegenden Faktenmaterial abgeleitet werden, sondern setzen zwei zusätzliche Werturteile voraus: 1. „Das Halten von Tieren, die die Gesellschaft in dem gleichen Ausmaße gefährden wie Löwen etc., ist unrecht".

---

10 Vgl. dazu nur Engisch, Einführung, S. 27; Jescheck, Lehrbuch, S. 179 f.; näher Arm. Kaufmann, Normentheorie, S. 76 und passim; ders., Dogmatik, S. 19 f.; Mezger, GS 89, 208 ff.; Stratenwerth, SchwZStrR 79, 248.

2. „Ein Mangel an unmittelbarer Gefährlichkeit wird durch eine überdurchschnittliche mittelbare Gefährdung ausgeglichen".

3. Wir können damit als Ausgangspunkt unserer weiteren Erörterungen festhalten, daß die Lösung eines konkreten Falles, der sich einer historischen Auslegung nicht vollständig einpaßt, nur unter Heranziehung zusätzlicher, in der Rechtsfindung erster Stufe noch nicht zu Tage geförderter Werturteile möglich ist. Die entscheidenden Fragen für die in solchen Fällen erforderliche weitere Stufe der Rechtsfindung lauten daher: Auf welche Weise werden diese zusätzlichen Werturteile gewonnen, und können sie mit dem Anspruch auf Wahrheit (und entsprechend die Methoden zu ihrer Gewinnung mit dem Anspruch auf Wissenschaftlichkeit) auftreten?

III. Der Graben zwischen Sein und Sollen

1. Als erste Antwort bietet sich die Ableitung des Werturteils aus der Faktizität bzw. des Sollens aus dem Sein an. Insoweit muß gleich vorab angemerkt werden, daß wir die Unterschiede zwischen indikativischen Werturteilen und imperativischen Sollenssätzen im folgenden weitgehend vernachlässigen können, weil es für die wissenschaftstheoretische Problematik darauf nicht ankommt: Da ein Sollenssatz die Werthaftigkeit des Gesollten und ein positives Werturteil die Gesolltheit des bewerteten Zustandes impliziert,[11] gehören beide Gruppen der „präskriptiven Sprache" an[12] und stimmen daher in ihren materialen Erkenntnisproblemen überein.[13] Wir können daher allgemein fragen: Ist es möglich, normative Sätze aus Aussagen über Tatsachen zu gewinnen?

2. Eine eingehende Diskussion dieses Themas würde Bände füllen. Wir können hier nur kurz die wichtigsten Stationen der darum seit vielen Jahrzehnten geführten Auseinandersetzung skizzieren.

---

11 Vgl. nur Kalinowski, Normenlogik, S. 9, sowie Hare, Moral, S. 193 ff., 205 ff., und v. Savigny, Philosophie der Sprache, S. 177. Zwar kann nur die Werthaftigkeit direkt aus einer Sollensnorm abgeleitet werden, während eine Ableitung des Sollens aus der Werthaftigkeit eine zusätzliche Prämisse erfordert (s. für das erstere Mezger, GS 89, 240 f.; Henkel, Rechtsphilosophie, S. 61 f.; für das letztere Weinberger, Rechtslogik, S. 201, 218, und Priester, Rechtstheorie, S. 37 f.; einen solchen allgemeinen Obersatz, daß das gleichermaßen Werthafte auch gleichermaßen gesollt sei, ist aber im Recht in Gestalt von Art. 3 GG durchaus vorhanden (s. u. S. 138 f.).

12 Vgl. dazu Hare, Moral, S. 21.

13 Es könnte lediglich insofern ein formaler Unterschied bestehen, als die Sollenssätze nach verbreiteter Auffassung (dagegen Kalinowski, Normenlogik, S. 2, 17, und Rödig, Theorie, S. 254 ff.) niemals „wahr", sondern nur „gültig" sein können; mit dieser Frage brauchen wir uns hier aber nicht länger aufzuhalten, weil, wie wir bereits oben (S. 31 ff.) festgestellt haben,

a) Ungefähr zur gleichen Zeit, als Georg Jellinek im Staatsrecht das berühmte Wort von der normativen Kraft des Faktischen prägte,[14] herrschte etwa im Strafrecht der Kausalmonismus, der normative Probleme wie die Abgrenzung von Täterschaft und Teilnahme, die Strafbarkeit des Versuchs und des unechten Unterlassungsdelikts durch das naturwissenschaftliche Kausalprinzip entscheiden zu können vermeinte.[15] Der Umschwung wurde vor allem durch den sich in der Strafrechtswissenschaft rasch durchsetzenden sog. südwestdeutschen Neukantianismus eingeleitet, der die kategoriale Unvereinbarkeit von Sein und Sollen und den daraus folgenden Methodendualismus zu seinen unverbrüchlichsten Dogmen zählte.[16] Außerhalb der Kriminalrechtswissenschaft wurde diese Position von der „Reinen Rechtslehre" Kelsens vertreten, die die unüberbrückbare Differenz zwischen Sein und Sollen als eine nicht näher erklärbare, dem Bewußtsein unmittelbar gegebene Grundeinsicht verstand.[17] In die gleiche Richtung weisend, aber noch wesentlich radikaler war das Wertfreiheitspostulat von Max Weber, nach dessen Auffassung Werturteile und Sollenssätze mit den Mitteln der Wissenschaft überhaupt nicht zu beweisen waren.[18]

b) Durch Welzels Schrift über „Naturalismus und Wertphilosophie im Strafrecht"[19] und durch verschiedene Aufsätze Radbruchs[20] wurde eine erneute Umbesinnung eingeleitet, die – parallel zu der Renaissance des Naturrechts – in den Fünfziger Jahren zu einer Wiederbelebung der „Natur der Sache"[21] bzw. der „sachlogischen Strukturen" (Welzel) als einer Rechtsquelle i. w. S. führte.[22]

---

auf jeden Fall die Aussagen über Normen in formeller Hinsicht wahrheitsfähig sind (so wohl auch Weinberger, Rechtslogik, S. 201; Lampe, Semantik, S. 46; Kelsen, Rechtslehre, S. 73 f.).

14 Staatslehre, S. 337 ff. und dazu zuletzt Grimmer, Rechtsfiguren, S. 12 ff.

15 Vgl. dazu die speziellen Nachw. bei Roxin, Täterschaft, S. 52 f., und in meinen Grund und Grenzen, S. 9, sowie die Erörterung des Lisztschen Systems bei Welzel, Naturalismus, S. 22 ff.

16 Der Weg geht von Rickerts wertbeziehender Begriffsbildung (Grenzen, S. 318 ff.) zu Lasks „Schichtenlehre" (Schriften I, S. 307 ff.) und wird im Strafrecht durch Radbruch (Grundzüge), M. E. Mayer (Rechtsnormen), Erik Wolf (Schuldlehre) und Schwinge (Begriffsbildung) markiert; vgl. auch die Darstellung bei Welzel, Naturalismus, S. 41 ff.

17 Kelsen, Rechtslehre, S. 5.

18 Vgl. die Nachw. o. S. 41 Fn. 40.

19 aus dem Jahre 1935.

20 Unrecht, in: Rechtsphilosophie, S. 347 ff.; Festschr. f. Laun, S. 157 ff.

21 Ein uralter, auch im 19. Jahrhundert verbreiteter Topos, vgl. nur Dernburg, Pandekten, S. 87.

22 Vgl. dazu den Sammelband von Arth. Kaufmann (Hrsg.), Ontologische Begründung, mit der Bibliographie von Hassemer, S. 670 ff., sowie seitdem Tammelo, ARSP 1969, 259 ff.; Diesselhorst, Natur der Sache, S. 244 und passim. Eine Sonderform dieser Denkfigur stellt das vor allem im Öffentlichen Recht beliebte „institutionelle Rechtsdenken" dar; vgl. dazu und zur Kritik Rüthers, Institutionelles Rechtsdenken, S. 18 ff., 32 ff., 41 ff.

Heute wird in der juristischen Hermeneutik die „Verschlingung von Sein und Sollen" weiterhin in den Vordergrund gerückt.[23] Die Ausstrahlungskraft der „Natur der Sache" bzw. der „sachlogischen Strukturen" hat hingegen an Intensität verloren; man versteht darunter zumeist nur noch diejenigen vorrechtlichen Strukturen, die sich unter einem bestimmten Wertgesichtspunkt als wesentlich herausstellen,[24] und ist damit im Grunde wieder bei der wertbeziehenden Methodenlehre des Neukantianers Emil Lask gelandet.[25]

c) In der analytischen Wissenschaftstheorie herrscht die scharfe Trennung von Sein und Sollen unangefochtener denn je zuvor.[26] Der sog. metaethische Naturalismus, der die logische Ableitbarkeit von Werturteilen aus Tatsachenurteilen vertritt,[27] wird heute ganz überwiegend abgelehnt.[28] Die Versuche einiger analytischer Philosophen, die Deduzierbarkeit des Sollens aus dem Sein dadurch zu erweisen, daß sie aus einem deskriptiven Satz wie „Paris ist die Hauptstadt Frankreichs" durch logische Abschwächung den Satz „Paris ist die Hauptstadt Frankreichs, oder man soll nicht lügen" ableiten,[29] führen nur zu offensichtlich sinnlosen, mindestens zu völlig beliebigen Satzverbindungen und können daher keinen wirklichen Brückenschlag zwischen deskriptiven und präskriptiven Sätzen vermitteln.[30] Für den kritischen Rationalismus schließlich

---

23 Vgl. die Nachw. o. S. 105 in Fn. 9.

24 So Stratenwerth, Natur der Sache, S. 17; vgl. auch Welzel, Vom Bleibenden, S. 20; Strafrecht, S. 37; Engisch, Rechtsphilosophie, S. 234 ff.

25 Denn die Grundidee der Natur der Sache liegt in der Determinierung des deontischen Bereichs durch den ontischen Bereich!

26 Vgl. vorerst nur Kraft, Wertlehre, S. 219; Hare, Moral, S. 50, 123 f.; Weinberger, Rechtslogik, S. 218; Hoerster, ARSP 1969, 11 ff., 36 (mit der Wendung von der Ontologie zur Erkenntnistheorie); Tammelo, Rechtslogik, S. 142 ff.

27 Vgl. die Darstellung bei Moore, Principia, S. 74 ff.; Albert, Ethik, S. 478 f.; Frankena, Ethik, S. 117 ff.; ders., Mind 1939, 464 ff.

28 Vgl. Hare, Moral, S. 109 ff.; v. Savingy, Überprüfbarkeit, S. 43 ff.; ders., Philosophie der Sprache, S. 206 ff.; Frankena, Ethik, S. 118 ff.

29 So Mavrode, zit. b. Hoerster, ARSP 1969, 33 Fn. 82; etwas anders Searle, Sprechakte, S. 264 ff.; ähnlich auch v. Savingy, Überprüfbarkeit, S. 44 f.; ders., Philosophie der Sprache, S. 207 f.; vgl. auch die Erörterungen bei Hoerster, ARSP 1969, 24 ff.; Stegmüller, Wissenschaftstheorie IV, 1, S. 51 ff.

30 Das räumen letztlich auch Hoerster (ARSP 1969, 32, 35 f.) und v. Savigny (Überprüfbarkeit, S. 45 ff.; Philosophie der Sprache, S. 208 ff.) ein. Zwar können Sätze, die sich aus einem deskriptiven und einem normativen Teil zusammensetzen, durchaus sinnvoll sein – aber nur dann, wenn sie Konklusionen aus mindestens einer normativen Prämisse darstellen, wie Hoersters eigene Beispiele (a. a. O., S. 35 Fn. 86) zeigen (vgl. auch Prim-Tiltmann, Grundlagen, S. 119 f.) – Searle schließlich, der von der faktischen Abgabe eines Zahlungsversprechens auf die Zahlungsverpflichtung schließt (a. a. O., S. 264 ff.), setzt sich zwar nicht dem oben geäußerten, wohl aber dem ebenso durchschlagenden Vorwurf aus, insgeheim eine normative Prämisse (nämlich: „pacta sunt servanda") mitzubenutzen (so auch Weinke, ARSP 1972, 387 f.).

ist der Schluß vom Sein aufs Sollen gänzlich undiskutabel, weil für diesen Max Webers Wertfreiheitspostulat in alter Schärfe weitergilt und jede rationale Diskussion der Wertung selbst verbietet.[31]

3. Bei der eigenen Stellungnahme können wir uns kurz fassen. Die von der Hermeneutik betonte „Verschlingung von Wert und Wirklichkeit" kann zwar nicht geleugnet werden, denn sie findet in der Umgangssprache ständig statt und stellt gerade die analytische Moralphilosophie vor sehr schwierige Probleme.[32] Eine ursprüngliche Ineinssetzung läßt sich aber, wie die moderne Kritik am metaethischen Naturalismus gezeigt hat[33] und wie gerade die Gezwungenheit der oben dargestellten Antikritik lehrt, nicht aufrechterhalten. Ergänzend darf darauf hingewiesen werden, daß nach heute sich immer mehr durchsetzender Auffassung die Operation mit Sollenssätzen den Aufbau einer eigenen Logik, der sog. deontischen Logik,[34] erfordert. Wenn Sollenssätze aber aus Seinsurteilen ableitbar wären, so dürfte nichts im Wege stehen, anstelle der normativen Konklusionen die deskriptiven, unzweifelhaft der herkömmlichen Logik unterstehenden Prämissen einzusetzen, und eine deontische Logik müßte von daher also überflüssig sein.

Wir halten daher an dem erstmals von Hume[35] aufgestellten und von Kant[36] untermauerten Fundamentalsatz fest, daß die Ableitung eines normativen Urteils nur aus solchen Prämissen möglich ist, die ihrerseits mindestens ein normatives Urteil enthalten. Die Bedeutung der vorrechtlichen „Natur der Sache" beschränkt sich daher auch für uns auf die Relevanz im Rahmen eines vorgegebenen Werturteils,[37] und das bedeutet: Wenn die Wertungen des Gesetzgebers die Entscheidung eines konkreten Falles nicht mehr bestimmen, so kann die erforderliche Zusatzwertung nicht schon aus der tatsächlichen Beschaffenheit des Falles und den faktischen Verhältnissen der Gesellschaft abgeleitet werden. Umso dringlicher wird infolgedessen die Beantwortung der Frage, ob denn andere wissenschaftliche Methoden – und wenn ja, welche – zur Ermittlung dieser paragesetzlichen Werturteile zur Verfügung stehen.

---

31 Albert, Traktat, S. 57 f.; ders., Ethik, S. 482 f.; Prim-Tiltmann, Grundlagen, S. 119.

32 Vgl. Hoerster, ARSP 1969, 30 f.; Hare, Moral, S. 209 ff.

33 Vgl. bereits Moore, Principia, S. 49 ff., 75 ff.; ferner vor allem Hare, S. 109 ff.

34 And. noch Engisch, Logische Studien, S. 5 ff.; v. Savigny, Überprüfbarkeit, S. 12, 61 ff.; Klug, Logik, S. 47 ff.; heute aber ganz h. M., vgl. Wagner-Haag, Logik, S. 17 f.; Weinberger, Rechtslogik, S. 195; Lampe, Semantik, S. 15; Morscher-Zecha ARSP 1972, 371 ff. m. w. N.; Tammelo, Rechtslogik, S. 25 f.; eingehend Philipps, Logik, S. 352 ff.; ferner (differenzierend) ders., Handlungsspielraum, S. 36 ff.

35 Zit. bei Hoerster ARSP 1969, 12.

36 Grundlegung, S. 33 ff., 76 ff.

37 Vgl. dazu schon meine Grund und Grenzen, S. 34 ff.

IV. Die meta-ethische Problematik

1. Zur Vorbereitung unserer Antwort wollen wir uns zunächst in die Situation des Richters versetzen, der einen vom Gesetzgeber weder positiv noch negativ entschiedenen Fall abzuurteilen hat. Dieser Richter sieht sich einer Lücke nicht nur im Gesetz, sondern auch im Recht gegenüber. Denn da die geschriebene Rechtsordnung keine Auskunft gibt und eine ungeschriebene Rechtsordnung (von den seltenen Fällen des Gewohnheitsrechts abgesehen)[38] nach unseren antimetaphysischen Prämissen nicht existiert (mindestens nicht aufweisbar ist), stellt die rechtliche Normenordnung – metaphorisch betrachtet – ein Gitter dar, dessen Stäbe durch die Rechtsfindung erster Stufe ermittelt werden, dessen Zwischenräume aber zunächst einmal rechtlich vollkommen ungeregelt sind. Und so wie die Verfassung dem Gesetzgeber die Befugnis zur Einziehung immer neuerer, engerer Gitterstäbe eingeräumt hat, hat sie den Richter mit der fallweisen Ausfüllung der jeweils verbleibenden Zwischenräume betraut. Da der Richter (anders als der Gesetzgeber) unter Entscheidungszwang steht – unsere Prozeßordnungen kennen nur Verurteilung oder Freispruch bzw. Klageabweisung (sog. Rechtsverweigerungsverbot)[39] –, muß er also eine von den vorhandenen Rechtsnormen nicht völlig gedeckte Entscheidung treffen. Womit soll er aber das Normendefizit auffüllen? Nach Lust und Laune, etwa mit Hilfe eines Würfels, natürlich nicht, und an Hand religiöser oder individualethischer Gebote sicherlich auch nicht, denn der Richter ist weder der Beichtvater noch das Gewissen der Bürger. Die Maßstäbe der Sozialethik und der ihr zugrundeliegenden sozialen Wertstrukturen sind daher das einzige, an das sich der Richter bei Erfüllung seiner Rechtsschöpfungsaufgabe halten kann, sofern diese überhaupt objektiv erkennbar und nicht nur das subjektive Willkürprodukt jedes einzelnen Moralphilosophen sind.

Es ist leicht zu sehen, daß eine Anknüpfung an die Sozialethik sich im Ergebnis nicht allzusehr von einer Naturrechtskonzeption unterscheidet – sie ergibt gewissermaßen ein sich mit den Wandlungen der Sozialethik selber wandelndes „Naturrecht mit wechselndem Inhalt".[40] Zugleich scheint hier eine Nahtstelle zwischen Recht und Sittlichkeit zu liegen, die mindestens eine Modifizierung des von uns akzeptierten Hartschen positivistischen Modells erzwin-

38 Sofern man die Existenz von Gewohnheitsrecht heute überhaupt noch für möglich hält – vgl. dazu andeutungsweise u. S. 256 f.

39 S. dazu Larenz, Methodenlehre, S. 345 f.; Goldschmidt, Rechtslage, S. 78 f.; eingehend Schumann ZZP 1968, 89 ff.

40 Vgl. dazu außer den Nachw. o. S. 46 Fn. 63 auch Tammelo ARSP 1969, 262 ff.; Rechtslogik, S. 55 f.

gen würde. Wir müssen daher die am Anfang unserer Überlegungen ausgesprochene Verwerfung des Naturrechts jetzt noch einmal von höherer Warte aus überprüfen. Dabei können wir an die Ergebnisse eines Zweiges der analytischen Moralphilosophie, der sog. Meta-Ethik, anknüpfen, unter der man die ethische Wissenschaftstheorie, d. h. die Wissenschaft von der Möglichkeit oder Unmöglichkeit einer wissenschaftlichen Ethik, zu verstehen hat.

2. a) Eine Schule der Meta-Ethik haben wir bereits kennengelernt: den metaethischen Naturalismus, der die wissenschaftstheoretischen Probleme der Moralbegründung zwar auf vergleichsweise einfachem Wege löst, sich aber wissenschaftstheoretisch nicht halten läßt[41] und sich, wie der juristische Naturalismus zur Genüge bewiesen hat,[42] im Rahmen der Rechtsdogmatik nur unheilvoll auswirken kann.

b) Noch radikaler, aber umgekehrt verfährt der metaethische Emotivismus, der Wert- und Sollensurteile nicht wie der Naturalismus auf deskriptive Aussagen über die durch die normativen Urteile ausgezeichneten Sachverhalte zurückführt, sondern ihnen überhaupt jeden deskriptiven Gehalt abspricht und sie nur als Gefühlsäußerungen sowie als Mittel, fremde Gefühle zu beeinflussen, interpretiert.[43] Von hier aus führt eine direkte Linie zu dem skandinavischen und amerikanischen Rechtsrealismus,[44] der die Rechtswissenschaft – grob gesagt – auf Psychologie reduziert und das Ende jeder wissenschaftlichen Rechtsdogmatik bedeutet.

So radikal der metaethische Emotivismus die Wissenschaftlichkeit normativer Urteile in Frage stellt, so relativ leicht kann man ihm doch den Wind aus den Segeln nehmen, indem man den Gefühlsbezug der Wertungen einräumt und zugleich geltend macht, daß sie sich in dieser Emotionalität aber nicht erschöpften. Hare hat darauf hingewiesen, daß Wertungen neben der empfehlenden auch eine deskriptive Bedeutung haben, weil sie in ihrer Verbindung mit einem konkreten Gegenstand den Maßstab für das Werturteil erklären oder aufstellen[45] – woraus sich die Möglichkeit einer wissenschaftlichen Aufklärung der „gelebten Sozialethik" ergeben könnte. Und v. Savigny hat darauf aufmerksam gemacht, daß zwischen Gefühlsäußerungen und Gefühlsbeeinflussungen auf der einen sowie kognitiven Aussagen auf der anderen Seite kein unüberbrück-

41 s. o. S. 110 ff.
42 Am drastischsten im Strafrecht, vgl. die Nachw. o. S. 108 Fn. 15.
43 So Ayer, Wahrheit, S. 41 ff.; weit. Nachw. bei v. Savigny, Philosophie der Sprache, S. 169 ff.; Stegmüller, Hauptströmungen, S. 511 ff.
44 Vgl. dazu die Darstellungen bei Reich, Jurisprudence, S. 44 ff., und Weiss, Theorie, S. 58 ff., und zur Kritik Hart, Begriff, S. 189 ff.
45 Moral, S. 147 ff., 151 ff., 171 f., 184 ff.

barer Gegensatz besteht, weil nicht nur die Werturteile, sondern auch die empirischen Aussagen regelmäßig in einer doppelten Funktion gebraucht werden: zur Beschreibung eines Gegenstandes als primärem und zur Beeinflussung des Gesprächspartners als sekundärem Zweck.[46] Auch der Emotivismus kann somit nicht die Basis der Metaethik abgeben, weil er auf eine letztlich nur Verwirrung stiftende Konfundierung der semantischen und der pragmatischen Ebene der Werturteile hinausläuft: Aus dem pragmatischen Ziel der Werturteile, andere zu „überreden", folgt noch nicht, daß sich auch auf der semantischen Ebene ihre Bedeutung darin erschöpft.

c) Naturalismus und Emotivismus sind die profiliertesten, wegen ihrer Radikalität am leichtesten zu rubrizierenden Strömungen der modernen Metaethik. Jede schlagwortartige Einordnung des übrigen Meinungsspektrums muß zu Simplifizierungen führen, die wir aber für die Zwecke unserer Untersuchung in Kauf nehmen müssen und wohl auch in Kauf nehmen dürfen. Wir ziehen daher eine kühne Trennungslinie und unterscheiden im übrigen nur noch zwei große Gruppen: den Intuitionismus und den Nonkognitivismus.

aa) Der heutige Intuitionismus geht auf Moore[47] zurück, der aus der Ablehnung des metaethischen Naturalismus zu der Überzeugung gelangte, daß die normativen Prädikate nichtempirische Eigenschaften bezeichneten, die auf Grund einer besonderen Fähigkeit, der moralischen Intuition, festgestellt würden.[48] Der Intuitionismus befindet sich heute in der Defensive, hat aber immer wieder wortgewaltige Fürsprecher gefunden. Wenn man will, kann man etwa auch die materiale Wertethik Schelers und Nicolai Hartmanns[49] als Form des Intuitionismus begreifen, denn die materiale Wertethik und der analytische Intuitionismus stimmen in der Grundthese, daß es normative Wesenheiten gibt, die vom Menschen als solche intuitiv erfaßt werden können, durchaus überein – wie ja überhaupt alle großen ethischen Systeme der Vergangenheit auf intuitionistischen Prämissen beruhen und wie ja auch durch die von Moore

46 Überprüfbarkeit, S. 55 ff. (mit dem Beispiel: Der kognitive Satz „Der Eimer steht an der Stiege" wird nicht allein wegen seiner Kognitivität, sondern vor allem deswegen ausgesprochen, um dem Gesprächspartner die Orientierung zu erleichtern).

47 Principia, S. 258 ff. für „das Gute an sich".

48 Dies gilt nach Moores Auffassung allerdings nur für die „letzten Ziele" (v. Savigny, Philosophie, S. 17), während die ethische Beurteilung von konkreten Handlungen weitaus komplizierter und nicht im Wege der Intuituion zu leisten sein soll (Moore, Principia, S. 211 ff., 251 ff., 258 ff. 303 ff.).

49 Scheler, Formalismus, S. 43, 84 f., 89, 102 ff., 116, 200, 269 und passim; Hartmann, Ethik, S. 62, 109, 120 f., 125 f., 134, 140, 148 ff., 154 ff., 651 und passim; zur Darstellung und Kritik vgl. Kraft, Einführung, S. 91 ff.; Stegmüller, Hauptströmungen, S. 110 ff., 132 ff., 275 ff.; Podlech AöR 95, 202 ff.; Zippelius, Wahrheit, S. 508 f.

selbst[50] eingestandene Verwandtschaft des Intuitionismus zu Brentanos Philosophie der Evidenz[51] die Brücke zu der deutschen idealistischen Ethik geschlagen wird.

In der Gegenwart wird die kognitive Struktur der moralischen Urteile vor allem mit dem Hinweis auf ihre indikativische Form[52] sowie mit der Annahme verteidigt, daß die landläufige Uneinigkeit in ethischen Fragen nicht auf die fehlende Kognitivität, sondern auf die unterschiedliche Folgenabschätzung und damit letztlich auf empirische Unklarheiten zurückzuführen sei: Wenn die Menschen sich über sämtliche Konsequenzen einer Handlung einig wären, so würden auch die Differenzen über deren moralische Bewertung beigelegt sein.[53]

bb) Eine eingehende Rechtfertigung des Intuitionismus namentlich im Bereich der Rechtswissenschaft findet sich bei v. Savigny.[54] Nach v. Savignys Auffassung kommen der Empirismus und die intuitionistische Ethik darin überein, daß sie ihre Überzeugungskraft letztlich auf Evidenzerlebnisse stützten: der Empirismus auf die Beobachtungsevidenz und die intuitionistische Ethik auf die Wertevidenz.[55] Auch die (Straf-) Rechtswissenschaft verfahre nach diesem allgemeinen szientistischen Prinzip, daß Werthypothesen aufgestellt und einer Einigung durch unwillkürliche Zustimmung zugeführt würden.[56] Und daraus folgert v. Savigny, daß eine wissenschaftliche Gewinnung der (gesetzesergänzenden Straf-) Rechtssätze möglich sei, weil sie im Rahmen eines Ableitungszusammenhanges überprüft werden könnten, der letztlich zu der Evidenz (hier: der Wertevidenz) als Urgrund aller Erkenntnis führe.[57]

d) Dieser „Intuitionsgläubigkeit" steht nun allerdings eine weitaus verbreitetere „Intuitionsskepsis" gegenüber, deren Vertreter – bei allen Unterschieden im einzelnen – jedenfalls darin übereinstimmen, daß eine restlose Kognitivität der ethischen Urteile nicht gegeben sei. Den radikalen Flügel dieser in der Metaethik heute herrschenden Auffassung, den Emotivismus, haben wir bereits kennengelernt. Nunmehr müssen wir uns den Richtungen zuwenden, die sowohl den Intuitionsmus als auch einen kruden Emotivismus ablehnen und auf diese Weise eine Mittelstellung einnehmen, die das Bild des modernen Nonkognitivis-

---

50 Principia, Vorwort, S. 7.

51 Grundlegung, S. 54 ff., 146 und passim; knappe Darstellung bei Stegmüller, Hauptstromungen, S. 25 ff.

52 So Glassen, Kognitivität, S. 139 ff. mit Kritik von Schuster und Erwiderung von Glassen, a. a. O., S. 157 ff., 161 ff.

53 Vgl. Frankena, Ethik, S. 133 f.

54 Überprüfbarkeit, S. 74 ff. und passim.

55 a. a. O., S. 10, 12, 52 f., 72.

56 a. a. O., S. 7, 14, 95 f.

57 a. a. O., S. 7, 10.

mus entscheidend geprägt hat. Diese Richtungen weisen ungeachtet dessen, daß ihre Hauptprotagonisten aus den verschiedensten Schulen stammen, die für unsere Zwecke wichtige Gemeinsamkeit auf, daß sie eine partielle Rationalität der normativen Urteile bejahen und deren Rechtfertigungsfähigkeit erst bei den letzten, nicht mehr rationalisierbaren Grundentscheidungen abbrechen lassen. Wir wollen drei der wichtigsten Positionen dieses „partiellen Wertrationalismus" hier kurz skizzieren: die wissenschaftliche Wertlehre des aus dem Wiener Kreis hervorgegangenen Österreichers Victor Kraft, die sprachkritische Moraltheorie des in der Wittgenstein-Nachfolge stehenden Engländers R. M. Hare und schließlich die analytische Ethik des Amerikaners W. K. Frankena.[58]

aa) Krafts Wertlehre beruht auf der Annahme, daß sich die Werte aus zwei im Prinzip inkommensurablen Schichten zusammensetzten: aus dem deskriptiven, gewissermaßen „neutralen" Sachgehalt und aus der den eigentlichen Wertcharakter begründenden Auszeichnung.[59]

α) Mit dem „Sachgehalt" meint Kraft die empirische Struktur des Objektes der Wertung die Voraussetzung und Gegenstand der positiven oder negativen Auszeichnung bildet. Ein Irrtum über die empirische Struktur begründet dann auch die Unrichtigkeit der Wertung, ohne daß es auf den eigentlichen „Wertcharakter" überhaupt ankommt: So kann etwa ein negatives Werturteil über Tiberius dadurch widerlegt werden, daß man seine deskriptive Grundlage – etwa die auf Tacitus und Sueton gegründeten, die (angeblichen) Taten des Tiberius schildernden „Basissätze" – widerlegt.[60] Hieraus erwächst die Möglichkeit einer partiellen Rationalisierbarkeit der normativen Urteile, die vor allem bei den Nützlichkeitsurteilen eine große Bedeutung besitzt: Das Kausalgesetz bzw., allgemeiner gesprochen, die Naturgesetze „bilden die überindividuelle Instanz, welche die Anerkennung solcher Werturteile (scil. der Nützlichkeits- und Schädlichkeitswertungen) notwendig macht, sofern der Zweck, für den etwas Mittel ist, bejaht wird".[61]

β) Der eigentliche Wertcharakter besteht für Kraft in einer positiven oder negativen Auszeichnung, d. h. in einer besonderen Stellungnahme.[62] Diese Stel-

58 Durch diese Auswahl dürfte ein insgesamt zwar sehr lückenhafter, für die Zwecke unserer Untersuchung aber wohl ausreichender Überblick über den gemäßigten Nonkognitivismus zu erreichen sein; im übrigen können auch unsere Überlegungen nur vorläufiger Natur sein, da der Bereich der Werte auf der Landkarte der Wissenschaftstheorie noch heute zahllose weiße Flecken aufweist (vgl. zu den noch ungelösten Problemen Stegmüller, Wissenschaftstheorie IV, 1, S. 49 ff.).

59 So Kraft, Wertlehre, S. 15 f., 17 f.; Wiener Kreis, S. 170; Einführung, S. 94; Moralbegründung, S. 34; Grundlagen, S. 102.

60 Wertlehre, S. 200 f., 211 f., 215.

61 Wertlehre, S. 211; vgl. auch Grundlagen, S. 106 ff.

62 Vgl. Einführung, S. 94; Moralbegründung, S. 29; Wiener Kreis, S. 170 f.; eingehend Wertlehre, S. 38 ff.

lungnahme, die regelmäßig die Aufforderung zu einer ebensolchen Stellungnahme an die Verstehenden einschließt,[63] ist zunächst einmal ein rein subjektiver Vorgang: „Was wertvoll ist, ist es also in Bezug auf ein Subjekt".[64] Kraft bleibt nun aber – und das unterscheidet seine Auffassung von einem mit naturalistischen Versatzstücken ausgestatteten Emotivismus – hierbei nicht stehen, sondern zeigt auch im eigentlichen Wertbereich zwei Möglichkeiten der Rationalisierung auf: Erstens hält er eine partielle Rechtfertigungsfähigkeit auf Grund logischer Ableitung für gegeben, weil ein konkretes Werturteil auf dem Wege logischer Schlußfolgerungen auf allgemeinere Wertungsgrundsätze zurückgeführt werden könne.[65] Diese soll zwar nur hypothetische und keine absoluten Werturteile erlauben, weil die obersten Wertungsgrundsätze keine absolute, uneingeschränkt objektive Wesenheiten darstellten, sondern nur als Voraussetzungen, d.h. als Wertungsaxiome, eingeführt werden könnten.[66] Kraft erkennt aber – zweitens – an, daß diese Aufstellung der Wertungsaxiome in unserem Kulturkreis nicht völliger Beliebigkeit folgt, sondern in doppelter Weise vinkuliert ist. Einmal bilden sich in einer Kultur gemeinsame kollektive Wertungen heraus, „die auch inhaltlich etwas anderes als rein persönliche Wertungen" sind, weil „in ihnen ... das festgelegt" wird, „was den sozialen Verband angeht, was nicht bloß Sache des einzelnen ist";[67] „die Gegenstände erhalten auf diese Weise einen eindeutig festgelegten Wertcharakter, ... und es wird ... auch eine Rangordnung der Werte festgelegt".[68] Und wenn auch diese kollektiven Wertungen keine absolute Gültigkeit besitzen, weil sie zeitlich, räumlich und sozial beschränkt sind,[69] so besteht doch wenigstens innerhalb regionaler Grenzen eine außerordentlich große Übereinstimmung in den tatsächlichen Grundwertungen,[70] die durch die Mechanismen der sozialen Kontrolle immer wieder auch gegenüber Abweichlern durchgesetzt wird.[71] Zum anderen muß zwar kein Wertungsgrundsatz (und wenn er auch zu den traditionellen, herrschenden Wertungen des Kollektivs gehört) vom erkenntnistheoretischen Standpunkt aus unbedingt und unweigerlich anerkannt werden;[72] wenn man sich aber einmal dazu entschließt, das eigene und das soziale Leben zu beja-

63 Wiener Kreis, S. 171.
64 Einführung, S. 95; vgl. auch Wiener Kreis, S. 171; Grundlagen, S. 103.
65 Wertlehre, S. 213 ff.
66 Wertlehre, S. 219; Wiener Kreis, S. 171; Einführung, S. 106.
67 Wertlehre, S. 226 ff., 231; Einführung, S. 109 ff.
68 Wertlehre, S. 233.
69 Wertlehre, S. 241.
70 Wertlehre, S. 235.
71 Wertlehre, S. 238 f.
72 Wertlehre, S. 244.

hen, dann kann man den Wert alles dessen, was dafür unerläßliche Bedingung ist, unmöglich negieren.[73] Und weil für die Anerkennung der menschlichen Kultur eine durch mögliche theoretische Skrupel im Ergebnis nicht beeinträchtigte praktische Notwendigkeit spricht, lassen sich nach dem Prinzip der „condicio sine qua non für die Kultur" Wertungsgrundsätze von allgemeiner, überindividueller Geltung begründen, und zwar teils von ganz allgemeiner Gültigkeit für das, was für Kultur in jeder Form unentbehrlich ist, und teils von beschränkter, bloß regionaler Gültigkeit für das, was für eine spezielle Kultur (unter bestimmten besonderen Bedingungen) unentbehrlich ist.[74] Auf diese Weise hat Kraft ein Programm für die Aufstellung weitestgehend objektiver Wertungsgrundsätze gewonnen, das er durch Zusammenstellung der wichtigsten Kulturgüter wie der Wahrheit, des sozialen Friedens, der Kunst und der Wissenschaft noch etwas weiter ausführt.[75]

bb) Hares nonkognitivistische Metaethik stimmt mit Krafts Wertlehre darin überein, daß auch sie von der partiellen Rechtfertigungsfähigkeit normativer Urteile ausgeht.

α) Ebenso wie Kraft unterscheidet auch Hare zwischen der (primären) wertenden Bedeutung der normativen Urteile (ihrem Wertcharakter im Sinne Krafts) und ihrer (sekundären) beschreibenden Bedeutung (dem Sachgehalt im Sinne Krafts), die durch die standards, d. h. durch den Maßstab des Werturteils (z. B. „gut") für eine bestimmte Klasse von Objekten (z. B. für Autos) bestimmt wird.[76] Auf diese Weise ergibt sich – nicht anders als bei Kraft – die empirische Überprüfbarkeit konkreter Werturteile, die im Falle des Nichtvorliegens der vorausgesetzten standards als in sich falsch erwiesen werden können.

β) Daneben kennt Hare – insoweit wiederum in Übereinstimmung mit Kraft – auch die Rückführung konkreter Imperative und Werturteile auf normative Prinzipien, die – neben der (empirisch überprüfbaren) Darstellung der Folgen einer Entscheidung – als Rechtfertigung der konkreten Entscheidung dienen kann.[77] Hare hat hierzu sogar eine besondere Logik der imperativen Sprache zu entwickeln versucht, die auf der für die Werturteile bereits angesprochenen Unterscheidung ihres deskriptiven (der „Phrastik" in der Terminologie Hares) und ihres präskriptiven Gehalts (der „Neustik") beruht.[78]

---

73 Wertlehre, S. 245; Einführung, S. 114.

74 Wertlehre, S. 247 f.

75 Wertlehre, S. 248 ff.

76 Hare, Moral, S. 144 ff., 171, 183 ff. und dazu v. Savigny, Philosophie der Sprache, S. 178 f.

77 Hart, Moral, S. 96 f.

78 a. a. O., S. 37 f., 234 ff. und dazu Stegmüller, Hauptströmungen, S. 519 f.; v. Savigny, Philosophie, S. 21 f.; Kalinowski, Normenlogik, S. 43 f.

γ) Bei der Frage der Rechtfertigungsfähigkeit der letzten Prinzipien besteht zwischen Hare und Kraft hingegen ein wesentlicher Unterschied: Hare erblickt die allein mögliche Rechtfertigung dieser Prinzipien – insoweit in deutlicher Anlehnung an Wittgenstein – in einer Beschreibung der Lebensform, von der sie ein Teil sind. Die weitere Frage nach dem „warum" einer solchen Lebensform könne dann nicht mehr beantwortet werden, es sei bereits alles gesagt, was in dieser weiteren Antwort beschlossen sein könnte,[79] denn alle Rechtfertigung müsse einmal abgebrochen werden: „Habe ich die Begründungen erschöpft, so bin ich nun auf dem harten Felsen angelangt, und mein Spaten biegt sich zurück. Ich bin dann geneigt zu sagen: ‚So handle ich eben'."[80]

cc) Auch Frankena vertritt schließlich die Auffassung, daß die Konzeption des Nonkognitivismus „in ihren am wenigsten extremen Formen den richtigen Weg eingeschlagen hat",[81] darauf allerdings nicht einmal weit genug gegangen sei, weil sie sich „zu leicht mit einer Art von fundamentalem Relativismus abgefunden" habe.[82] Auch wenn man gegenüber dem Intuitionismus daran festhalte, daß durch die Wertprädikate keine kognitiv faßbaren Eigenschaften bezeichnet würden, brauche man doch keinem metaethischen Relativismus zu verfallen, da sich die tatsächliche Verschiedenheit der in der Welt vertretenen Wertanschauungen durch die bisher nicht widerlegte Annahme unterschiedlicher Vorstellungen im deskriptiven Bereich erklären lasse.[83] Moralische Urteile seien daher zwar nicht im strengen Sinne beweisbar, aber doch uneingeschränkt rechtfertigungsfähig, weil sie mit dem Anspruch darauf auftreten könnten, daß ihnen jeder vernünftige Gesprächspartner in einer idealen Gesprächssituation zustimmen würde[84] – womit Frankena ersichtlich bei der von uns bereits früher[85] gestreiften Konsensustheorie der Wahrheit gelandet ist, derzufolge einem Gegenstand dann und nur dann ein bestimmtes Prädikat zugesprochen werden darf, „wenn auch jeder andere, der in ein Gespräch mit mir eintreten könnte, demselben Gegenstand das gleiche Prädikat zusprechen könnte", so daß „die Bedingung für die Wahrheit von Aussagen ... die potentielle Zustimmung aller anderen" sei: „Jeder andere müßte sich überzeugen können, daß ich dem Gegenstand das Prädikat ... berechtigterweise zuspreche, und müßte mir dann zustimmen können".[86]

79 Hare, Moral, S. 96.
80 Wittgenstein, Untersuchungen, Nr. 217; vgl. auch Nr. 325, 654.
81 Ethik, S. 129.
82 a. a. O., S. 131.
83 a. a. O., S. 133 f.
84 a. a. O., S. 136 f.
85 s. o. S. 30 Fn. 15.
86 So Habermas in: Habermas-Luhmann, Sozialtechnologie, S. 124.

V. Der Bereich szientistischer Werterkenntnis als Grundlage der zweiten Rechtsgewinnungsstufe

Mit diesem skizzenhaften Überblick über die moderne metaethische Diskussion wollen wir uns begnügen, denn schon daraus können wir wichtige Erkenntnisse für unsere methodologischen Fragen gewinnen. Wie wir bereits am Anfang dieses Kapitels festgestellt haben, hat der Richter bei allen Fällen, die von der historischen Entscheidung des Gesetzgebers nicht mehr eindeutig erfaßt werden, eine Rechtsschöpfung vorzunehmen, die im Prinzip die gleichen Probleme aufwirft wie die Aufstellung einer sozialethischen Normenordnung durch den Moralphilosophen. Die in der modernen gemäßigt-nonkognitivistischen Metaethik aufgewiesenen Möglichkeiten einer (partiellen) wissenschaftlichen Rechtfertigung von Sollenssätzen müssen infolgedessen auch für die Jurisprudenz gelten; wir wollen sie noch einmal der Reihe nach betrachten.

1. a) Wie sowohl Kraft als auch Hare herausgearbeitet und wie schon Max Weber[87] und in dessen Fahrwasser der kritische Rationalismus[88] mit Nachdruck festgestellt haben, hat jedes Werturteil auch einen – mehr oder weniger großen – deskriptiven Gehalt, der grundsätzlich empirischer Überprüfung zugänglich ist. Mit der Bedeutung dieser Komponente für die Rechtsfindung hat sich in letzter Zeit vor allem Lüderssen eingehend beschäftigt: Lüderssen hat dabei herausgearbeitet, daß das wichtigste Element dieser „empirischen Seite des (rechtlichen) Werturteils“ in der Mittel-Zweck-Beziehung besteht, d. h. in der (empirisch nachprüfbaren) Tauglichkeit der Mittel für den vom Gesetz vorgesehenen Zweck, wobei die Mittel selbst wieder sekundäre Ziele sind, für deren Erreichung wiederum Mittel empirisch festgestellt werden können und so fort, so daß man schließlich eine „Problemverkleinerung durch Zwecksetzung und Operationalisierung[89] von Unterzwecken“ erreicht.[90]

b) Es ist wohl nicht zu bestreiten, daß sich auf diese Weise aus relativ abstrakten Wertaussagen relativ konkrete Entscheidungen gewinnen lassen. Um nur zwei Beispiele zu nennen: Wenn in unserem Strafgesetzbuch festgesetzt

---

87 Vgl. Wissenschaftslehre, S. 510 ff.; zur wissenschaftlichen Analyse der Zweck-Mittel-Beziehung und der praktischen Effekte einer bestimmten Wertung.

88 Vgl. Albert, Traktat, S. 76 ff. zur Rolle der von ihm so genannten „Brückenprinzipien“; sowie Prim-Tilmann, Grundlagen, S. 129 f.

89 Unter Operationalisierung versteht Lüderssen (Erfahrung, S. 73 Fn. 231) im Anschluß an Luhmann (Zweckbegriff, S. 216) die „Angabe des Verhaltens, das die Wahrnehmung des Gegenstandes vermittelt“. Vgl. i. ü. zur „operationalen Definition“ anschaulich Seiffert, Wissenschaftstheorie 1, S. 191 ff.

90 Vgl. Lüderssen, Erfahrung, S. 69 ff., 73 ff., 79 ff., sowie Luhmann (Zweckbegriff, S. 238), von dem Lüderssen das im Text letztgenannte Zitat entlehnt hat.

wäre, daß das alleinige Ziel des Strafrechts in der (Re-) Sozialisation des Delinquenten bestehe, und wenn des weiteren empirisch feststünde, daß kurze Freiheitsstrafen resozialisierungsfeindlich sind,[91] so vermöchte man infolge dieser Kenntnis der Mittel-Zweck-Beziehung für die Fälle, in denen das Gesetz die Strafart offen läßt, die Ersetzung der kurzfristigen Freiheitsstrafe durch die Geldstrafe abzuleiten. Da der Verzicht auf eine kurzfristige Freiheitsstrafe nun aber nach geltendem Recht (s. §§ 14 I, 23 III StGB = 47, 56 III 2. StrRG) unter dem Vorbehalt der Verteidigung der Rechtsordnung steht, muß die Mittel-Zweck-Beziehung in eine zweite Richtung hin ergänzt werden, indem die Einflüsse der durch Geldstrafe und Strafaussetzung erfolgenden Zurückdrängung der kurzfristigen Freiheitsstrafe auf die Kriminalitätsziffern zu ermitteln sind. Und wenn sich dann ergibt, daß die Vollstreckung kurzer Freiheitsstrafen für die Rechtstreue der Bevölkerung – wenn man sie als den Zweck der §§ 14 I, 23 III StGB = 47, 56 III 2. StrRG interpretiert – z. B. bei Trunkenheitsfahrten ohne Bedeutung ist,[92] so kann man den Schluß ziehen, daß die Vollstreckung einer kurzen Freiheitsstrafe in diesen Fällen zur Verteidigung der Rechtsordnung nicht geboten ist.[93]

c) Wie die beiden Beispiele gezeigt haben dürften, ist es also durch die Gewinnung neuer empirischer Daten möglich, vom abstrakten Gesetz zu relativ konkreten Fallgruppen eine Brücke zu schlagen und den Lebenssachverhalt ohne zusätzliche Wertentscheidungen aus dem Gesetz heraus zu entscheiden. Bei Lichte besehen dürfte dieses Verfahren weitgehend identisch sein mit dem, was ich früher – noch in der Terminologie der überkommenen, durch die etwas unpräzise Begrifflichkeit der Hermeneutik gekennzeichneten Methodenlehre – als „Konkretisierung einer normativen Richtlinie an Hand der Natur der Sache" bezeichnet habe[94] und was den berechtigten Kern der in den Fünfziger Jahren so umstrittenen Rechtsfindung aus der Natur der Sache ausmacht: Durch das leitende Werturteil werden gewisse Ziele als wünschenswert ausgezeichnet, und an Hand empirischer Feststellungen können die dazu nötigen Mittel ausgemacht, d. h. – in der herkömmlichen Terminologie – diejenigen sachlogischen

91 Das scheint heute noch nicht völlig gesichert zu sein, vgl. einerseits Baumann u. a., Alternativentwurf, S. 75, andererseits Göppinger, Kriminologie, S. 281 f. m. w. N.

92 Vgl. dazu Schöch, Strafzumessungspraxis, S. 197 ff.; Kaiser, Verkehrsdelinquenz, S. 400 ff.

93 Vgl. allerdings – weniger wissenschaftlich und mit wohlfeilen Alltagstheorien arbeitend – BGHSt. 24, 64 ff. Wenn man die gewundene Begründung des BGH aufmerksam liest so leuchtet wohl ein, daß nur die im Text erörterte Methode in der Zukunft eine Chance besitzen wird, die eingefleischten Durchschnittsvorurteile aus der Rspr. zu vertreiben; vgl. auch u. S. 153 Fn. 43.

94 In Grund und Grenzen, S. 240 ff., 344 f.

Strukturen aufgefunden werden, die sich unter dem vorher bestimmten Wertgesichtspunkt als wesentlich herausheben.[95]

d) Wenn man will, kann man also tatsächlich von der „Erfahrung als Rechtsquelle“ (Lüderssen) sprechen. Auf der anderen Seite dürfen die hierdurch eröffneten, sicherlich nicht geringen Möglichkeiten einer empirischen Rechtsgewinnung aber auch nicht überschätzt und die wissenschaftstheoretische und rechtsmethodologische Relevanz des eigentlichen Wertcharakters daneben auch nicht minimalisiert werden. Die These, daß der Jurist in seiner täglichen Arbeit nur selten bis zu den äußersten, nicht mehr reduzierbaren Zielsetzungen geführt werde und daß die Sachstruktur des Werturteils für ihn daher dessen relevanterer Teil sei,[96] scheint uns allzu kühn und durch die auch von uns geteilten wissenschaftstheoretischen Prämissen nicht gerechtfertigt zu sein. Denn mit der empirischen Seite des Werturteils ist ja nur dort bis zur konkreten Entscheidung weiterzukommen, wo zuvor ein hinreichend präzise ausgezeichnetes Ziel festgestellt worden ist! Hierfür ist als erstes, wie wir bereits wissen, die historische Rechtshermeneutik nicht zu entbehren, von der wir bei Lüderssen nur sehr wenig lesen. Und zweitens reicht auch eine Verbindung unserer ersten Rechtsfindungsstufe mit den empirischen Wertanalysen im aufgezeigten Sinne beileibe nicht zur Lösung aller Rechtsfälle aus: Häufig wird das legislatorische Ziel nämlich nicht hinreichend präzise festgestellt werden können, und noch häufiger wird man im Gesetz gegenläufige Werte anerkannt finden, deren Antagonismus nur für einen Teil der vorkommenden Konstellationen entschieden worden ist. Gerade in diesen gewissermaßen sogar die Regel bildenden Fällen der „Wertkonflikte“ muß eine rein empirische Wertbetrachtung aber letztlich versagen, weil jeder Versuch, die Konflikte durch empirische Argumentationen beizulegen, in dem „naturalistischen Fehlschluß“ stecken bleiben müßte. Die Erfahrung reicht als Rechtsquelle daher nur unter der Voraussetzung aus, daß die Wertkonflikte durch die auf der ersten Rechtsfindungsstufe zu ermittelnde Entscheidung des Gesetzgebers so präzise entschieden worden sind wie im Fall der kurzfristigen Freiheitsstrafe: „Rechtstreue der Bevölkerung ist wichtiger als Resozialisierung, die wiederum in diesem Bereich der Schuldvergeltung vorgeht“.[97] Wenn diese Voraussetzung aber nicht erfüllt ist, so vermag auch die Zweck-Mittel-Analyse keine eindeutigen Resultate, sondern nur Ergebnisalternativen zu liefern – wie gerade auch der zweite Teil von Lüderssens Arbeit be-

---

95 Vgl. dazu Stratenwerth, Natur der Sache, S. 16 ff., 25; zu der Frage, ob sich eine Rechtsfindung aus der Natur der Sache auf diese Herausarbeitung von Mittel-Zweck-Beziehungen beschränkt, s. u. S. 171 ff.

96 So der Klappentext von Lüderssens „Erfahrung als Rechtsquelle“.

97 Einmal unterstellt, daß dieser Satz – wofür vieles spricht – das Ergebnis der historischen Auslegung der §§ 14 I, 23 III StGB = 47, 56 III 2. StrRG zutreffend wiedergibt.

stätigen dürfte, der „kasuistisch-individualisierend“[98] das Kartellstrafrecht behandelt und ein imponierendes System hypothetischer Schlüsse darstellt, ohne doch eine Immunisierung der axiologischen Prämissen erreichen zu können.[99]

e) Die empirische Erforschung des dem rechtlichen Werturteil zukommenden „Sachgehalts“ besitzt daher für die jenseits der historischen Rechtshermeneutik angesiedelte Rechtsfindung zwar einerseits eine hervorragende Bedeutung – das kann und darf nicht übersehen werden –, bietet aber andererseits auch keine Patentlösung der methodologischen Probleme: Die „Quadratur des axiologischen Kreises“ (d. h. die restlose Szientifizierung der Wertentscheidung) kann auch auf diese Weise nicht gefunden werden.

2. Der Wertrationalismus der nonkognitivistischen Metaethik ist damit freilich noch nicht erschöpft. Sowohl Kraft als auch Hare gehen, wie wir gesehen haben, von der Möglichkeit logischer Deduktionen im Wertsystem aus und erblicken hierin einen weiteren uneingeschränkt rationalen Sektor der Moralphilosophie. Hier tritt also die formale Logik auf den Plan, die zwar auch in der Ethik und in der Jurisprudenz keine synthetische Erkenntnis a priori produzieren kann,[100] als „Organon der Kritik“[101] und als Mittel der Explikation aber doch zu den wichtigsten, auch vom kritischen Rationalismus anerkannten[102] Garanten für eine partielle Überprüfbarkeit der normativen Aussagen gehört. Ihr Anwendungsbereich umfaßt beide Formen der präskriptiven Sprache, d. h. nicht nur die axiologischen Urteile (die Wertaussagen), sondern auch die imperativischen Sollenssätze (die Normen). Zwar ist heute umstritten, ob die Logik der Aussagesätze ohne weiteres auch auf die Sollenssätze anwendbar ist,[103] ob es dazu einer Transformation durch die Unterscheidung zwischen einer neutralen Phrastik und einer den Charakter des Satzes bestimmenden Neustik bedarf[104] oder ob schließlich – so die moderne Auffassung – der Aufbau einer besonderen Logik der Imperative, der sog. deontischen Logik, erforderlich ist;[105]

98 So Lüderssen, Erfahrung, S. 18.

99 Darauf kann hier nicht im einzelnen eingegangen werden; als Beispiel ist auf Lüderssens Erörterung der Verbotsirrtumsproblematik hinzuweisen, die sehr weit ausholt und schließlich doch in dem rein normativen Postulat endet: „Man sollte das Wagnis ruhig einmal eingehen, die Geltung von Rechtsnormen an ihre Kenntnis und Annahme durch die Menschen, die unter ihnen leben sollen, zu knüpfen.“ (Erfahrung, S. 194).

100 Der tautologische Charakter der formalen Logik bedarf keiner weiteren Erläuterung; ob im übrigen eine synthetische Erkenntnis a priori überhaupt möglich ist, kann hier dahinstehen.

101 So vor allem Popper, z. B. in Adorno u. a., Positivismusstreit, S. 115 f.; vorher schon in Conjectures, S. 33 ff.

102 Vgl. nur Albert, Traktat, S. 43 und passim.

103 So Engisch, Klug und v. Savigny (Nachw. o. S. 110 Fn. 34).

104 So Hare, s. o. S. 117 f.

105 So die h. M. (Nachw. o. S. 110 Fn. 34).

dieser Streit braucht uns hier aber nicht zu bekümmern. Denn es besteht jedenfalls Einigkeit darüber, daß sich auch die präskriptive Sprache einer Logik fügen muß, und das soll uns hier genügen: Daß ein Organon der Kritik und ein Mittel der Explikation auch hier existiert, steht damit fest, und mit den diffizilen Problemen der juristischen Logik können wir uns hier ohnehin nicht näher befassen.

3. Die Möglichkeiten einer voraussetzungslosen Werterkenntnis, wie sie beispielsweise selbst in Hares sprachkritischer Metaethik und im kritischen Rationalismus anerkannt sind, dürften hiermit erschöpft sein. Ob damit aber auch die Grenzen der wissenschaftlichen Werterkenntnis überhaupt gefunden sind, bedarf näherer Prüfung.

a) Von den bisher betrachteten metaethischen Positionen interessiert zunächst die Auffassung Krafts, daß man den Wert alles dessen, was zu den unerläßlichen Voraussetzungen der menschlichen Kultur gehört, unmöglich negieren könne, sofern man sich nur dazu entschlossen habe, das eigene soziale Leben zu bejahen.[106] Natürlich ist dieser Standpunkt insoweit gerade nicht voraussetzungslos, als der Mensch sich im Prinzip auch dazu entschließen kann, das eigene soziale Leben zu verneinen und ein Leben als outlaw oder als Anachoret zu führen. Aber diese Alternative ist im Rahmen der rechtlichen Werterkenntnis „en quelque façon nulle", denn es versteht sich, daß das Recht als soziale Normenordnung die Anerkennung eines sozialen Lebens zur unabdingbaren Voraussetzung hat, so daß die „unerläßlichen Voraussetzungen der menschlichen Kultur" bei jeder einzelnen rechtlichen Wertung zu den unbezweifelbaren Grundaxiomen gehören. Gerade weil das Recht selbst schon auf gewissen Voraussetzungen aufbaut, ist die Rechtswissenschaft gegenüber der voraussetzungsloseren Moralwissenschaft im Vorteil: Was in der Ethik noch als autonome Wahl einer „Lebensform"[107] den Kronzeugen des Wertrelativismus abgeben würde – etwa die Wahl zwischen einem „bellum omnium erga omnes" und dem Prinzip „pacta sunt servanda" –, ist im Bereich der Rechtswissenschaft schon vorentschieden: Die Minimalvoraussetzungen des Sozialen stehen bei der Rechtsfindung nicht mehr zur Diskussion![108]

b) Natürlich ist damit noch nicht gesagt, daß die Grundprinzipien der jeweils herrschenden Kultur der Rechtsfindung in allen Fällen vorgegeben sind, denn diese herrschende Kultur kann ja überholt sein, so daß ihre fundamentalen Wertungen nicht ohne Fug in Frage gestellt werden können. Allemal vor-

---

106 s. o. S. 116.

107 Dieser Terminus wurde von Wittgenstein in die Philosophie eingeführt, s. Untersuchungen Nr. 19, 23.

108 Ähnlich Engisch, Rechtsphilosophie, S. 281 ff.

gegeben sind also nur die Möglichkeitsbedingungen für menschliche Kultur (besser: für ein menschliches Sozialleben) überhaupt, und die hierdurch geschaffene „Axiomatisierung" verbleibt daher letztlich doch in einem relativ engen Rahmen. Trotzdem wäre es falsch, ihr jegliche Bedeutung abzusprechen: Durch die bereits beschriebene Zweck-Mittel-Rekursion[109] wird man hier eine ganze Anzahl unverzichtbarer gesellschaftlicher Grundpositionen ermitteln können, und wenn ein derartiger Versuch von uns auch nicht mehr unternommen werden kann, so dürfte als praktisches Beispiel die Untersuchung Amelungs zum strafrechtlichen Rechtsgutsbegriff genügen, die die Fruchtbarkeit sozialwissenschaftlicher Ansätze bei der Bestimmung des „Gesellschaftsnotwendigen" erweist.[110]

4. Wir haben damit bisher drei Gesichtspunkte anerkannt, die eine wissenschaftliche Rechtsgewinnung auch dort noch gestatten, wo die historische Rechtshermeneutik nicht mehr von den Bedeutungskernen bis zum konkreten Fall hin vermittelt wird: die empirische Untersuchung des dem legislatorischen Werturteil zukommenden Sachgehaltes (vor allem die „Mittel-Zweck-Rekursion"), die juristische Logik und die Zusammenstellung der Grundbedingungen des menschlichen Soziallebens. Eine darüber hinausgehende „Wissenschaftsgläubigkeit" ist in der anti-intuitionistischen Metaethik nur vereinzelt anzutreffen; wir haben dafür in unserer Skizze Frankenas analytische Ethik als Beispiel angeführt, die die Wahrheitsfähigkeit der (als nicht-intuitiv anerkannten) ethischen Aussagen durch einen Rückgriff auf die Konsensustheorie zu halten versucht.[111] Gerade bei den Sätzen der präskriptiven Sprache führt nun aber die Konsensustheorie, wenn wir dies richtig sehen, über den letztlich zu einer Evidenztheorie führenden Intuitionismus nicht im mindesten hinaus. Wenn man die Wahrheit auf die Zustimmung aller vernünftigen Gesprächspartner gründet,[112] so erklärt man die vorgebliche Rationalität einer im übrigen unbeweis-

---

109 s. o. S. 119 ff.

110 Amelung knüpft an die soziologische Systemtheorie von Talcott Parsons an (vgl. Rechtsgüterschutz, S. 350 ff.) und entwickelt daraus eine „Sozialrechtsgutstheorie" (a. a. O., S. 385 ff.), die zwar natürlich keinen apodiktischen Vorrang vor der „Individualrechtsgutstheorie" genießen kann (vgl. dazu Hassemer, Theorie, S. 68 ff.; Marx, Definition, S. 79 ff. und auch Amelung selbst, a. a. O., S. 388 ff.), aber immerhin deutlich macht, daß gewisse Mindestbedingungen des Zusammenlebens bei jeder rechtlichen Regelung anerkannt werden müssen.

111 s. o. S. 118; zu anderen Versuchen (vor allem von Toulmin, Nowell-Smith und Baier) vgl. v. Savigny, Philosophie der Sprache, S. 172 ff. – irgendwelche über die hier besprochenen Ansätze hinausführenden Garantien für eine wissenschaftliche Ethik scheinen auch diese Autoren, denen es vor allem um eine abweichende Bestimmung des Kognitivitätsbegriffs geht, nicht anbieten zu können.

112 So letztlich Frankena, Ethik, S. 136 f.; Habermas in Habermas-Luhmann, Sozialtechnologie, S. 123 ff.; Kamlah-Lorenzen, Propädeutik, S. 116 ff.; Apel, Kommunikationsgemeinschaft, S. 222 f., 252 f., 263.

baren Aussage durch die postulierte Rationalität ihrer Verfechter, und es liegt nahe, daß man die Gegner dieser Aussage dann und nur dann für unvernünftig erklären zu können glaubt, wenn man die Aussage selbst für evident hält. Die Annahme Frankenas, daß die ethischen Urteile prinzipiell einer idealen Übereinstimmung fähig seien, die sich allerdings vielleicht nie oder erst am Tage des Jüngsten Gerichts erweisen würde,[113] unterscheidet sich daher in praxi überhaupt nicht von einem Intuitionismus, der seine ethischen Urteile auf ihre (nach seiner Überzeugung sich irgendwann einmal durchsetzende) Evidenz zu gründen vermeint. Es versteht sich, daß wir uns hier in keine detaillierte Auseinandersetzung mit dieser „Evidenzphilosophie im modernen Gewande der Konsensustheorie" einlassen können, die über ihre Väter Peirce und Brentano[114] noch in einer Zeit wurzelt, in der alle am Wissenschaftsbetrieb Beteiligten noch so viele gemeinsame Evidenzerlebnisse besaßen, daß eine Konsensherstellung ohne streng-rationale Methoden auch auf dem normativen Sektor als weithin möglich erschien. Daß heute hingegen jeder Verweis auf vorgebliche Evidenzen und ideale Konsensmöglichkeiten, der in einer aktuellen Kontroverse ausgesprochen wird, letztlich nur auf eine ideologische Diffamierung des Gegners hinausläuft, dürften gerade die bei uns in den letzten fünfzehn Jahren immer hitziger geführten Auseinandersetzungen über die sozialwissenschaftlichen Grundfragen und die sozialen Grundwerte zeigen, die trotz ständiger gegenseitiger Ideologiekritik eine zunehmende Ideologisierung der Diskussion verursacht haben.[115] Infolgedessen dürfte jeder Versuch, ethische und normative Urteile prinzipiell für restlos rechtfertigungs- und konsensfähig zu erklären, bei der Aufstellung einer juristischen Methodenlehre unbrauchbar sein: Was kann es nützen, die prinzipielle Evidenz oder Konsentierbarkeit normativer Aussagen zu behaupten und darauf eine juristische Wissenschaftstheorie zu gründen, wenn sich der danach zu erwartende Konsens fast nie herstellen läßt? Muß eine solche Rechtstheorie nicht die eigentlich neuralgischen Punkte des Rechtsfindungsvorganges von vornherein verfehlen?

---

113 So Frankena, Ethik, S. 137.

114 Zu Brentanos Evidenzphilosophie s. Stegmüller, Hauptströmungen, S. 2 ff., 10 f., zu dem Pragmatismus Peircescher Prägung s. Apel, Szientismus, S. 188 ff., und Habermas, Erkenntnis, S. 116 ff.

115 Vgl. – um aus dem unübersehbaren Schrifttum nur einige wenige Beispiele herauszugreifen – die Streitigkeiten der Kritischen Theorie mit dem Kritischen Rationalismus in Adorno u. a., Positivismusstreit, mit der Ontologischen Hermeneutik in „Hermeneutik und Ideologiekritik" und mit der Systemtheorie in Habermas-Luhmann, Sozialtechnologie.

VI. Der geschichtliche Evidenzkonsens als axiomatische Basis der zweiten Stufe

1. Die Einführung der Konsensustheorie der Wahrheit kann daher nach unserer Überzeugung in der Rechtswissenschaft keinen Nutzen bringen und insbesondere nicht über den „juristischen Intuitionismus" hinausführen, der in Gestalt eines theologischen oder rationalistischen Naturrechts nach Jahrhunderten der Herrschaft, des Niederganges und der Restauration heute jedenfalls insoweit überwunden sein dürfte, als die Annahme einer durchgängigen und überzeitlichen Naturrechtsordnung keine nennenswerte Anhängerschaft mehr findet.[116] Auch der Versuch v. Savignys, die Wertevidenz in den normativen Disziplinen der Beobachtungsevidenz in den empirischen Wissenschaften gegenüberzustellen und die Angriffe auf den Wissenschaftscharakter der Jurisprudenz unter Hinweis auf die sämtlichen Wissenschaften gemeinsame Grundlage in der Evidenz zurückzuschlagen,[117] kann hieran letztlich nichts ändern. Zwar trifft es zu, daß alle Wissenschaften – auch die empirischen! – sich in letzter Instanz gemeinhin auf Evidenzerlebnisse zurückziehen – erstens weil sie sonst (das gilt allgemein) in dem infiniten Regreß der Begründungsschritte scheitern müßten, und zweitens (das gilt im besonderen für die empirischen Wissenschaften) weil die Basissätze[118] bzw. Protokollsätze,[119] d. h. die so leicht verifizierbar erscheinenden Aussagen über beobachtbare Sachverhalte, als Prüfstein der gesamten naturwissenschaftlichen Hypothesenbildung selbst wieder einer Rechtfertigung bedürfen, die nach dem klassischen Empirismus von der Beobachtungsevidenz geliefert wird. Ferner verdanken wir zwar dem kritischen Rationalismus die Einsicht, daß dieser Rückzug auf die Evidenz auch in den Naturwissenschaften nicht zu einer unmittelbar greifbaren Wahrheit führt, sondern nur einen Abbruch des Begründungsregresses darstellt, der in gewisser Weise willkürlich ist und gerade im Fall der Verwurzelung in Wahrnehmungen keine absolute Wahrheitsgarantie zu bieten vermag, weil die Wahrnehmungen selbst in starkem Maße theoriegeprägt und theoriegeleitet zu sein pflegen, so daß immer eine möglicherweise erkenntnistrübende Selektion des Tatsachenmaterials stattfindet.[120] Aber dennoch ist es unseres Erachtens nicht gerechtfertigt, der Wert-

---

116 Zu der neuesten Diskussion vgl. die Nachw. o. S. 45 Fn. 62.

117 s. o. S. 114.

118 Vgl. dazu Popper, Logik der Forschung, S. 10, 17 ff., 66 ff. und passim; ders., Erkenntnis, S. 19.

119 So die Terminologie von Carnap, Erkenntnis 1932/33, 215 ff.; zu der übereinstimmenden Bedeutung von Basis- und Protokollsatz s. Popper, Demarcation, S. 267 f.

120 Vgl. Popper, Logik der Forschung, S. 20 f., 69 ff. (mit einem interessanten Vergleich mit dem Wahrspruch der Geschworenen auf S. 74 f.); ders., Erkenntnis, S. 85 ff., 373 ff.; Albert, Traktat, S. 27 f.; ferner die Darstellung bei Lay, Wissenschaftstheorie I, S. 135 ff. (wo Popper evidenz in der Rechtswissenschaft die gleiche Rolle zuzuweisen wie der Beobachtungsevidenz in der Naturwissenschaft. Denn erstens werden durch die Beobachtung in der Außenwelt vorhandene Gegebenheiten festgestellt,[121] während der Nachweis, daß der eigentliche Wertcharakter der normativen Aussagen den Sachverhalten selbst zukommt und nicht nur von uns an sie herangetragen wird, von dem metaethischen Kognitivismus noch nicht erbracht werden konnte.[122] Zweitens existieren in den Naturwissenschaften vielfältige Methoden zur Überprüfung und Absicherung der Beobachtungserlebnisse,[123] denen die normativen Disziplinen nichts entsprechendes entgegenzusetzen haben. Und wenn der Intuitionismus damit auch theoretisch noch nicht zwingend widerlegt ist,[124] so leiten doch diese Einwände zu dem der praktischen Anschauung entnommenen Hauptargument gegen die Annahme einer durchgängigen Wertevidenz über: Die Evidenz taugt in der Wissenschaft nur etwas, wenn sie allgemein anerkannt ist, während die bloße Evidenzbehauptung, wie Popper gezeigt hat, als solche einen widersprechenden Diskussionspartner niemals zu überzeugen und überhaupt keinen Wahrheitsbeweis zu liefern vermag;[125] entscheidend ist also nicht das subjektive Evidenzurteil, sondern der Evidenzkonsens! Und weil ein derartiger Evidenzkonsens in den empirischen Wissenschaften aus den oben genannten Gründen sehr häufig, in den normativen Disziplinen aber relativ viel seltener herstellbar ist, ergibt sich von hier aus in der Bedeutung der Evidenz für die empirischen Wissenschaften einerseits und für die normativen Disziplinen andererseits zwar kein essentieller, aber doch ein äußerst schwerwiegender gradueller Unterschied: Während die Evidenzkonsense in den Naturwissenschaften die Regel darstellen, bilden sie in den Wert-„wissenschaften" eine Ausnahme, so daß sie hier auch nicht (wie in den empirischen Wissenschaften) die Grundlage für ein weitgehend geschlossenes Gesamtsystem abgeben können, sondern nur den Aufbau von in sich und untereinander lückenhaften Teilsystemen erlauben.

---

sogar als Konventionalist eingeordnet wird, obwohl dieser den Konventionalismus in Logik der Forschung, S. 50, jedenfalls expressis verbis ablehnt); ferner bei Lüderssen, Erfahrung, S. 50 ff.

121 Auf die erkenntnistheoretischen Spekulationen, denen auch dieser bewußt harmlos formulierte Satz ausgesetzt ist, kann hier natürlich nicht eingegangen werden.

122 Vgl. nur Hare, Moral, S. 150 ff.; Frankena, Ethik, S. 126 f.

123 Vgl. dazu nur Leinfellner, Einführung, S. 108 ff.

124 Vgl. die Antikritik von v. Savigny, Glassen u. a. (Darstellung und Nachw. o. S. 114, 124 Fn. 111).

125 Popper, Logik der Forschung, S. 20; ähnlich etwa auch – von ganz anderen Ausgangspunkten aus – Nicolai Hartmann (vgl. die Darstellung von Stegmüller, Hauptströmungen, S. 252 f.). Kritisch zur Rolle der Evidenz in der Ethik auch Hare, Sprache, S. 61 ff.

2. Wenn wir diese Überlegung konsequent zu Ende denken, so gelangen wir zu einer differenzierten Sicht des Evidenzphänomens, die zwischen Intuitionismus und Nonkognitivismus, zwischen klassischer Axiomatik und Konventionalismus steht, die die Konsensustheorie der Wahrheit für die Jurisprudenz ins Gegenteil verkehrt und von einer Grundthese des kritischen Rationalismus ausgeht, ohne doch dessen „positivistische" Konsequenzen zu übernehmen. Daß hierdurch, wie wir glauben, ein adäquates „Neues Bild" der wissenschaftlichen Rechtsdogmatik gewonnen werden kann, erscheint bei einem solchen Theorieneklektizismus allerdings prima facie wenig plausibel und bedarf näherer Darlegung.

a) Im Anschluß an Popper gehen wir davon aus, daß die uns unmittelbar einleuchtenden Basissätze eigentlich keinen natürlichen, „gegebenen" Grund der Wissenschaften darstellen, auf dem die Pfeiler des wissenschaftlichen Gebäudes für alle Zeiten feststehen;[126] sie markieren vielmehr nur den Punkt, an dem wir uns für vorläufig befriedigt erklären, weil wir sie einstweilen für hinreichend geprüft anerkennen.[127] Der darin liegende Dogmatismus ist nun allerdings für Popper allein deswegen harmlos, weil Popper nur Aussagen über beobachtbare Vorgänge und damit also nur intersubjektiv nachprüfbare Aussagen als Basissätze zulassen will,[128] da alle nicht falsifizierbaren Sätze – darin liegt ja überhaupt der Grundgedanke des kritischen Rationalismus – in der Wissenschaftssprache nichts zu suchen haben sollen. In diesem Punkt muß daher die Rechtswissenschaft eigene Wege gehen, denn wenn sie empirische Aussagen als Basissätze nehmen wollte, so würde es sich um eine Neuauflage des schon früher verworfenen „naturalistischen Fehlschlusses" handeln.[129] Die Rechtswissenschaft darf andererseits aber auch eigene Wege gehen, weil sie ein gewisses Maß an Dogmatismus nicht nur nicht zu fürchten, sondern sogar zu kultivieren hat. Sie wird ja nicht völlig voraussetzungslos betrieben, sondern findet, wie unsere Analyse der ersten Rechtsgewinnungsstufe gezeigt hat,[130] immer schon zahllose will-kürliche Setzungen vor, so daß in dieser speziellen Disziplin – anders als in der generellen Wissenschaftstheorie des kritischen Rationalismus[131] – nicht ein Dogmatismus als solcher, sondern nur ein unbegründeter Dogmatismus abzulehnen ist.

---

126 Vgl. die Sumpf-Metapher bei Popper, Logik der Forschung, S. 75 f.
127 So Popper, a. a. O., S. 70.
128 a. a. O., S. 68.
129 s. o. S. 107 ff.
130 s. o. S. 51 ff.
131 Zur Kritik an den Immunisierungsstrategien aller Richtungen vgl. vor allem Albert, Traktat, S. 71 ff., 97 ff., 106 ff.

b) Daraus folgt, daß eine Axiomatisierung der Rechtswissenschaft nicht a limine ausgeschlossen ist; nötig ist nur, daß man die Aufstellung der Axiome hinreichend rechtfertigen kann – so wie etwa die auf der ersten Stufe ermittelten legislatorischen Entscheidungen auf der in wissenschaftstheoretischer Hinsicht völlig anders strukturierten zweiten Rechtsgewinnungsstufe als Axiome einzuführen sind, die ihre Rechtfertigung in dem Primat des Gesetzgebers finden. Eine solche Rechtfertigung kann nun allerdings – und das unterscheidet unseren Standpunkt von den einer klassischen Axiomatik huldigenden intuitionistischen Systemen – nicht in der Selbstevidenz der axiomatisierten Werturteile gesehen werden, denn die Annahme einer „objektiven Evidenz" bedeutet in Wirklichkeit die Anmaßung subjektiver Verordnungsmacht seitens des sein eigenes Evidenzerlebnis hochstilisierenden Wissenschaftlers. Die Axiome können aber andererseits auch nicht rein konventionalistisch eingeführt werden, so wie etwa der Nonkognitivismus die Wahl zwischen den verschiedenen Lebensformen dem einzelnen und damit prinzipiell beliebigen Konventionen offen läßt. Denn die hieraus folgende Kontingenz der Ergebnisse schließt eine stringente Rechtsfindung jedenfalls aus und kann auf unserer zweiten Stufe, auf der wir alle Methoden einer wissenschaftlichen Rechtsgewinnung oberhalb der historischen Rechtshermeneutik zusammenstellen, noch keine Heimstatt finden.

c) Damit bleibt nur noch eine einzige Rechtfertigung für eine Axiomatisierung von nicht-legislatorisch gesetzten Werturteilen übrig: der Evidenz-Konsens der Rechtsgemeinschaft. Die dogmatische Setzung meines Evidenzerlebnisses muß dann und nur dann gerechtfertigt sein, wenn (in Umkehrung der pragmatischen Konsensustheorie!)[132] alle an der Kommunikation realiter Beteiligten die gleiche subjektive Evidenz verspüren und mir daher zustimmen; denn woher sollte der Impuls kommen, diesen Evidenz-Konsens in Frage zu stellen, wenn ihn nicht jemand wirklich in Frage stellt?[133]

Die von uns hiermit für zulässig erklärte Axiomatisierung eines Evidenz-Konsenses wirkt auf den ersten Blick wie eine nutzlose Tautologie. Nach unserem Dafürhalten hat sie aber eine außerordentlich wichtige Funktion, die allerdings nur von einem intuitionsskeptischen Standpunkt aus verstanden werden kann. Wenn man in der präskriptiven Sprache „Wahrheiten an sich" für gegeben und für durch Intuition in ihrer Evidenz erfaßbar hält oder wenn man (wie Frankena) die „richtige Moral" durch eine Rezeption der Konsensustheorie als Gegenstand eines idealen Konsenses versteht, so ist ein unangefochtener Evidenz-Konsens eigentlich der klassische Fall, in dem eine präskriptive Aussage

132 Die nicht auf einen realen, sondern auf einen idealen Konsens abstellt!

133 Ähnlich wohl auch Kraft, Erkenntnislehre, S. 193, der auf die „intersubjektive Übereinstimmung in den subjektiven Evidenzerlebnissen" als letztem Wahrheitsgrund abstellt.

als wahr bezeichnet werden darf. Denn was soll evidenter sein als ein Evidenzkonsens, und was soll dem etwas mysteriösen „idealen Konsens aller Vernünftigen" näher kommen als ein realer Konsens aller an der wissenschaftlichen Kommunikation Beteiligten?

Gleichwohl dürfte die Annahme einer sozusagen überzeitlichen Wahrheit in einem solchen Falle nicht gerechtfertigt sein. Wie die Rechtsgeschichte lehrt, sind für unbezweifelbar erachtete Wertprinzipien, wenn ihre Zeit abgelaufen war, immer und immer wieder umgestoßen worden, und oft hat schon eine einzige neue Idee im Schrifttum ausgereicht, um einen bis dahin festgefügten Evidenz-Konsens zu zerstören – man denke etwa nur an den Verfall des Unzuchtsbegriffes[134] oder an die Erschütterung der bis dahin völlig unangefochtenen objektivistischen Grundlage sämtlicher Täterschafts- und Versuchslehren durch die von v. Buri u. a. aus dem Kausalmonismus abgeleitete Subjektivierung.[135] Aus diesem Grunde muß es zu verhängnisvollen Konsequenzen führen, wenn man die zu einer bestimmten Zeit unbestrittenen Basissätze der Rechtsdogmatik als objektiv-selbstevidente Axiome oder als notwendige Gegenstände eines idealen Konsenses auffaßt und auf diese Weise gegen den üblichen Wandel der Wertanschauungen zu immunisieren versucht – die Wissenschaft würde sich damit selbst zerstören, und an die Stelle von Hypothese und Beweis würden, wofür es in der Weltgeschichte nur allzu viele Beispiele gibt, Gefängnis und Scheiterhaufen treten.

d) Indem wir die Axiomatisierung der rechtsdogmatischen Basissätze einerseits nicht als Ausdruck ihrer vorgeblichen Selbstevidenz und andererseits auch nicht als eine beliebig konventionalisierbare Angelegenheit auffassen, sondern von einem geschichtlichen Evidenz-Konsens abhängig machen, haben wir für die zweite Stufe der Rechtsgewinnung eine ähnliche Lösung des Basisproblems unternommen wie Popper für die empirischen Wissenschaften (und zugleich den kritischen Rationalismus aus seiner nach unserer Überzeugung übertriebenen Wertabstinenz zu lösen versucht): Die Basissätze, die einhellig als gut

---

134 Der zur Zeit von BGHSt. (GrS) 6, 46 ff. zwar nicht mehr für die Behauptungen, die in diesem Schulbeispiel für die wissenschaftstheoretische Fragwürdigkeit der „subjektiven Evidenz mit absolutem Objektivitätsanspruch" aufgestellt wurden, aber doch für manches andere (etwa Gruppensex) auf Evidenzkonsensen ruhte, die heute zerbröckelt sind.

135 Mit Auswirkungen auf allen dogmatischen Bezirken, vor allem bei den Unterlassungsdelikten, bei der Teilnahme und beim Versuch (vgl. nur Buri, GS 21, 189 ff.; 27, 25 ff.; 56, 418 ff.; GA 1869, 233 ff., 305 ff.; GS 32, 321 ff.; ZStW 1. 185 ff.; Causalität, S. 38 ff., 114 ff.); leider steht eine eingehende Darstellung und Würdigung von v. Buris Einfluß auf Strafrechtslehre und -rechtsprechung heute noch aus.

begründet anerkannt sind,[136] werden gegen den nur noch theoretisch übrig bleibenden relativistischen Zweifel so lange abgeschirmt, bis sie von irgendjemandem ernsthaft, namentlich unter Angabe von Gründen, in Frage gestellt werden. Die Rolle, die bei Popper im Falle eines Konsens-Kollapses der jederzeit möglichen Fortsetzung der empirischen Überprüfung zukommt, muß in der Rechtsdogmatik, der die Beobachtungsbasis fehlt, der Evidenzkonsens selber übernehmen, der nach seinem Zusammenbruch regelmäßig nicht auf einer anderen Basis wiederhergestellt werden kann, sondern sich nur von Fall zu Fall einstellt. Das bedeutet aber keine Schwäche unserer Theorie, sondern markiert nur die vorgegebene Differenz in der Konsensfähigkeit von Beobachtungsaussagen und normativen Urteilen. Und deswegen dürfen wir einstweilen den Anspruch zu erheben wagen, die einer wissenschaftlichen Rechtsdogmatik adäquate Lösung des Basisproblems angesteuert zu haben.

3. Abschließend müssen wir uns freilich noch mit der Frage auseinandersetzen, ob sich der von uns getriebene wissenschaftstheoretische Aufwand denn überhaupt gelohnt hat, d. h. ob in der Jurisprudenz überhaupt eine ins Gewicht fallende Zahl von Evidenzkonsensen anzutreffen ist. Lehrt nicht jeder Blick in einen beliebigen Kommentar, daß selbst in der Praxis seit langem ausgetragene Fragen in der Wissenschaft noch nach Jahrzehnten kontrovers sind, so daß, selbst wenn nur noch ein einziger Kommunikationspartner hartnäckig an der sonst überwundenen Auffassung festhält, die strengen Anforderungen unseres Evidenzkonsenses nicht erfüllt sind?

a) Dieser Einwand hätte sicherlich einige Berechtigung, wenn wir uns der Hoffnung hingeben würden, gerade grundlegende Werturteile durch Evidenzkonsens zu Basissätzen promoviert zu finden. Aber eine solche Einstellung wäre natürlich von vornherein völlig abwegig. Zwar mögen in einer festgefügten, saturierten und relativ homogenen Gesellschaft auch einmal Kernbestandteile von fundamentalen Werturteilen ausnahmslos anerkannt sein; dies wird jedoch immer eine seltene Ausnahme bleiben. Das Hauptgebiet der juristischen Evidenzkonsense wird vielmehr erst bei der Arbeit an konkreten Falltypen sichtbar, und zwar in Gestalt einer Evidenz der nichtstringenten juristischen Argumente. Zu diesen speziellen juristischen Argumenten zählen etwa das arg. per analogiam, das arg. e contrario, das arg. a maiore ad minus und a minore ad maius (arg. a fortiori) und auch das arg. ad absurdum, die sämtlich in ihrer in der Rechtswissenschaft gebräuchlichen Anwendungsform keine logischen Schlüsse darstel-

136 Wie wir im nächsten Kapitel noch deutlicher herausarbeiten werden, können natürlich auch die Werturteile begründet werden – nur eben regelmäßig nicht in stringenter, sondern nur in mehr oder weniger kontingenter Weise.

len, sondern eine rhetorisch-teleologische Struktur aufweisen.[137] In zahlreichen Fällen ist ihre praktische Überzeugungskraft nämlich so groß, daß sie ungeachtet ihrer in logischer Hinsicht fehlenden Stringenz zu einem Evidenzkonsens führen, der meist dauerhafter ist als die (ohnehin weitaus selteneren) reinen Wertkonsense, die nicht wie die oben genannten Argumente (das arg. ad absurdum ausgenommen) durch ihre Beziehung auf einen bereits feststehenden Rechtssatz gewissermaßen akzessorisch sind. Die Bedeutung der im Einzelfall zu Evidenzkonsensen führenden Argumente per analogiam, e contrario oder a fortiori für die Rechtsfindung im Einzelfall liegt darin, daß sie eine „Verlängerung" der etwa im Wege der historischen Rechtshermeneutik gefundenen Normen über die Bedeutungskerngrenze hinaus auch bis zu solchen Fällen hin gestatten, die durch den legislatorischen Machtspruch weder explizit noch implizit geregelt sind, die aber wegen einer frappierenden Übereinstimmung (oder Nichtübereinstimmung) mit den legislatorisch geregelten Sachverhalten, die sich auf alle irgendwie relevant erscheinenden Beziehungen erstreckt, bei allen Beteiligten zu dem Evidenzerlebnis führt, daß hier eine Gleichbehandlung (oder Ungleichbehandlung) geboten sei.

b) Es ist eine gängige Erfahrung jedes Juristen, daß sich derartige Evidenzkonsense immer wieder einstellen; wir können uns hier infolgedessen auf drei knappe Beispiele beschränken.

aa) Die Bestellung eines Bewerbers zum Notar ist gem. § 6 BNotO von dessen persönlicher und fachlicher „Eignung" abhängig. Ob eine im übrigen vorhandene Eignung dadurch ausgeschlossen wird, daß gegen den Bewerber das Konkursverfahren eröffnet wird, sagt § 6 BNotO nicht. § 50 I Nr. 5 BNotO schreibt jedoch zwingend vor, daß ein bereits bestellter Notar seines Amtes zu entheben ist, wenn er „durch gerichtliche Anordnung in der Verfügung über sein Vermögen beschränkt ist". Auf der Grundlage des Evidenzkonsenses, daß die Bestellung eines sofort wieder zu enthebenden Bewerbers offenbar unsinnig wäre, wird daher das arg. a fortiori, daß eine gem. § 50 I Nr. 5 BNotO zu enthebende Person „erst recht" ungeeignet im Sinne des § 6 BNotO ist, auf einen allgemeinen Evidenzkonsens rechnen können.[138]

bb) Gem. § 302 II StPO bedarf der Verteidiger zur Zurücknahme eines Rechtsmittels einer ausdrücklichen Ermächtigung; über die Voraussetzungen eines durch den Verteidiger erklärten Rechtsmittelverzichtes sagt diese Vorschrift aber nichts, ohne daß sich für diese im Hinblick auf § 302 I, 1 StPO auffäl-

137 Vgl. Weinberger, Rechtslogik, S. 336 f.; Schreiber, Logik, S. 47 ff.; eingehend Klug, Logik, S. 97 ff.; dazu, daß die reductio ad absurdum in ihrer juristischen Form von dem der Logik zugehörigen sog. apagogischen Beweis zu unterscheiden ist, vgl. Schneider, Logik, S. 208 ff.

138 Ähnlich wie der zivilrechtliche Grundsatz „dolo agit qui petit quod statim redditurus sit."

lige „Lücke“ in den Gesetzesmaterialien eine Erklärung finden ließe.[139] Wegen der gleichen Wirkungen von Verzicht und Rücknahme (endgültiger Verlust des Rechtsmittels!)[140] leuchtet es aber unmittelbar ein, daß der Rechtsmittelverzicht mit den gleichen Kautelen versehen werden muß wie die Rechtsmittelzurücknahme, und die analoge Anwendung des § 302 II StPO auf den Fall des Rechtsmittelverzichtes wird denn auch einhellig gutgeheißen.[141]

cc) Wenn wir diese Aufzählung fortsetzen würden – was sich hier aus Raumgründen verbietet –, so würde sich zeigen, daß die zu einem Evidenzkonsens führenden juristischen Standardargumente durchaus nicht nur in so relativ einfachen Schlußketten wie den oben dargestellten vorkommen; nicht selten ist es erst mit ihrer Hilfe möglich, die problematischen Stellen in einer komplizierteren Ableitung zu überbrücken, so daß sie die Funktion der im kritischen Rationalismus so sehr gepriesenen und doch nur in so geringem Umfange anerkannten „Brückenprinzipien“ übernehmen.[142] Als Beispiel möchte ich meine eigene Untersuchung über das unechte Unterlassungsdelikt heranziehen. Die erste Hypothese, daß unechte Unterlassungsdelikte im RStGB von 1871 stillschweigend vorgesehen seien,[143] wurde mit den Mitteln der historischen Rechtshermeneutik bestätigt.[144] Daß hierfür nur begehungsgleiche Unterlassungen in Frage kommen (2. Hypothese), ist ebenfalls durch eine historische Auslegung i. w. S. zu erweisen, da der Gesetzgeber von der Existenz einer (wissenschaftlich nur noch nicht vollständig aufgeklärten) besonderen Gruppe von begehungsgleichen Unterlassungen ausging[145] und weil die ohne dieses Kriterium erfolgende, „willkürliche“ Schaffung von Unterlassungsdelikten gegen die vom Gesetzgeber im nulla-poena-Satz verordnete Beschränkung der richterli-

---

139 Vgl. Hahn, Materialien I, S. 246 f., 986 ff., wo hierzu kein Wort verloren wird.

140 Sofern nicht seine fristgemäße Wiedereinlegung vorbehalten wird, s. BGHSt. 10, 245 und OLG Königsberg, GA 71, 268, 270.

141 RGSt. 64, 164; OGHSt. 1, 74; BGH NJW 1952, 273; Gollwitzer bei Löwe-Rosenberg, Strafprozeßordnung, § 302, Anm. 10 b; Kleinknecht, Strafprozeßordnung, § 302, Anm. 6 B; Eb. Schmidt, Lehrkommentar, § 302, Rdnr. 9; Müller-Sax, KMR, § 302 Anm. 8 a; Peters, Strafprozeß, S. 184.

142 Vgl. dazu Albert, Traktat, S. 76 ff., 105, 173. Alberts beliebtestes Brückenprinzip „Sollen impliziert Können“ (vgl. a. a. O., S. 76) ist übrigens, wie die Normentheorie zeigt (vgl. Engisch, MSchrKrimBiol 1932, 424 f.; ders., Unrechtstatbestand, S. 422 f.; eingehend Arm. Kaufmann, Normentheorie, S. 121 ff.), als Fundamentalprinzip durchaus nicht selbstverständlich und kann daher nur auf bestimmten Rechtsgebieten im Wege eines Evidenzkonsenses eingeführt werden.

143 Vgl. die Zusammenfassung meines Gedankenganges in Grund und Grenzen, S. 237.

144 a. a. O., S. 46–60.

145 a. a. O., S. 52.

chen Strafrechtsschöpfung verstoßen würde.[146] Daß ein stoffliches Kriterium der Begehungsgleichheit nur gefunden werden kann, wenn man auf die die Bestrafbarkeit begründenden besonderen Eigenarten der verschiedenen Deliktstypen abstellt (3. Hypothese) und daß bei den Erfolgsdelikten der Grund der Bestrafbarkeit in der Zurechnung des Erfolges an die Person und der Grund dieser Zurechnung wiederum in der aktuellen Herrschaft der Person über die Körperbewegung als dem unmittelbaren Grund des Erfolges liegt (4. und 5. Hypothese), wird durch eine Analyse des Sachgehaltes[147] der Strafrechtsnormen ermittelt, wobei die zusätzlich benötigten Begriffe der „Deliktstypen" und der „Erfolgsdelikte" nicht teleologisch-normativ, sondern streng logisch durch Abstraktion aus den konkreten Deliktstatbeständen gebildet werden. Aus diesen Prämissen kann nun auf formallogischem Wege deduziert werden, daß die Unterlassungshaftung bei den Erfolgsdelikten eine aktuelle Herrschaft über den Grund des Erfolges voraussetzt.[148]

Bis hierher darf meine damalige Beweisführung wohl auch gegenüber denen, die sie nicht für überzeugend halten, jedenfalls den Anspruch der Wissenschaftlichkeit erheben, denn die von mir benutzten Methoden – die historische Rechtshermeneutik, die Logik und die Analyse des Sachgehalts der Werturteile – genügen nach unseren bisherigen Überlegungen selbst strengen wissenschaftstheoretischen Anforderungen. Als problematisch muß dann aber mein damals nächster Schritt bezeichnet werden, die Aufgliederung des „Grundes des Erfolges" in die beiden Typen der „Station des Kausalverlaufes" und der „besonderen Hilflosigkeit des Opfers".[149] Herzberg hat dieser von mir seinerzeit etwas apodiktisch eingeführten Spaltung des Erfolgsgrundes inzwischen entgegengehalten, daß bei den Erfolgsdelikten durch Begehung doch unzweifelhaft nur eine aktuelle Herrschaft über die causa efficiens gegeben sei, so daß es von meinen eigenen Prämissen aus naheliege, nur die Herrschaft über eine Station des Kausalverlaufes selbst, nicht aber auch die bei Begehungsdelikten nicht vorausgesetzte Herrschaft über die Anfälligkeit des Opfers für eine Gleichstellung des Unterlassens ausreichen zu lassen.[150] Und in der Tat wird hiermit – wie Herzberg scharfsinnig erkannt hat – in meine Unterlassungsdogmatik ein neuer Gesichtspunkt eingeführt, auf dessen Rechtfertigung ich damals nicht genug Mühe verwendet habe. Wenn ich daran gleichwohl heute noch festhalten und sogar auch in dieser Beziehung den Anspruch der Wissenschaftlichkeit erheben möchte, so beruht dies allein auf einem brückenschlagenden Evidenz-

146 a. a. O., S. 231 f.
147 D. h. der empirischen Seite des Werturteils, s. o. S. 115, 119 ff.
148 a. a. O., S. 236 f., 241, 243.
149 a. a. O., S. 241.
150 Unterlassung, S. 193.

konsens, den ich insoweit für gegeben halte. Es ist nämlich seit vielen Jahrzehnten einhellig anerkannt, daß der Fall der Mutter, die ihren Säugling vorsätzlich verhungern läßt, geradezu der Urfall des unechten Unterlassungsdelikts ist, dessen Begehungsgleichheit außer jedem Zweifel steht.[151] Solange man dieses Evidenzerlebnis (etwa bis 1935) im Sinne der formellen Rechtspflichttheorie oder (anschließend) im Sinne einer „Garantenstellung aus Verwandtschaft" interpretierte,[152] konnte es freilich nur zu unzulässigen Induktionen führen; sobald man es aber „im Lichte" des Herrschaftsprinzips betrachtet und die schon vor der Unterlassung begründete und bis zu ihrer Vollendung fortdauernde Willensmacht der Mutter über die Existenz des Säuglings in den Vordergrund rückt, vermag es die Brücke von der „Herrschaft über eine Erfolgsursache" zur „Herrschaft über die Hilflosigkeit des Opfers" zu schlagen: Der Evidenzkonsens zeigt, daß beide Herrschaftstypen einander gleichstehen und auch unter strafrechtlichen Aspekten keine Ungleichbehandlung vertragen![153]

4. Die enorme Bedeutung der normativen Evidenzkonsense für die Rechtsgewinnung dürfte schon an diesen wenigen Beispielen deutlich geworden sein. Abschließend müssen wir uns allerdings noch kurz mit dem naheliegenden Einwand auseinandersetzen, daß wir mit der Feststellung von Konsensen, die im Kreise des Justizstabes hergestellt werden, immer nur die alten Juristenvorurteile reproduzieren, das wirkliche soziale Leben (namentlich das der unterprivilegierten Schichten) aber notwendig verfehlen würden.

Wir können an dieser Stelle leichten Herzens darauf verzichten, die ideologischen Prämissen dieses Einwandes aufzuarbeiten und uns mit der heute in der Soziologie so modischen Verketzerung (um nicht zu sagen: Verteufelung) der Juristen auseinanderzusetzen.[154] Denn auch wenn wir ihm a limine einigen

---

151 Vgl. nur Pfleiderer, Garantenstellung, S. 127; Schmidhäuser, Strafrecht, S. 534; meine Grund und Grenzen, S. 240.

152 Zur Kritik vgl. meine Grund und Grenzen, S. 221 ff., 341 ff., 357 f.

153 Zu den weiteren Konsequenzen – die freilich nicht mehr alle auf der zweiten, sondern z. T. erst auf der dritten Rechtsgewinnungsstufe gezogen werden können – vgl. meine Grund und Grenzen, S. 341 ff.

154 Zahlr. Nachw. finden sich dazu in den Fußnoten o. auf S. 5 ff. Der Hauptmangel der neueren soziologischen Untersuchungen dürfte wohl darin zu sehen sein, daß die die Juristen betreffenden Ergebnisse nicht umfassend auf das deutsche Gesellschaftsprofil insgesamt projiziert werden – wobei sich möglicherweise herausstellen würde, daß die Attitüden des durchschnittlichen Juristen zwar systemstabilisierend, aber nicht eigentlich reaktionär sind; und daß es für den Justizjuristen keine capitis diminutio bedeutet, wenn man ihn nicht zu den progressiven Ultras rechnet, folgt schon aus ihrer verfassungsrechtlichen Fixierung auf Konditionalprogramme, die die autonome Entwicklung gesellschaftsreformatorischer Zweckprogramme weitgehend ausschließt (vgl. zu dieser Unterscheidung Luhmann, Legitimation, S. 130 ff.; ders., Rechtssoziologie, S. 227 ff.; zur „konservativen Funktion" der Justiz s. i. e. u. S. 156 ff.).

Kredit geben – und in der Tat spricht manches dafür, daß eine Heranführung des Rechts an das Selbstverständnis der lower classes auch heute noch trotz aller diesbezüglichen Errungenschaften der jüngsten Zeit wie stets zuvor zu den Aufgaben der Zukunft gehört –, so brauchen wir doch die von uns eingenommenen wissenschaftstheoretischen Positionen deswegen keinesfalls zu räumen. Seine Stoßkraft richtet sich nämlich nicht gegen den Rechtsfinder, sondern allein gegen den Gesetzgeber und den Sozialreformer: Solange den unterprivilegierten Schichten in der Gesellschaft keine Artikulationsbasis zur Verfügung steht und solange sie auch nicht genügend Fürsprecher in der justizbezogenen Publizistik besitzen,[155] muß ihnen dieser Zugang zwar geschaffen werden, und es versteht sich, daß auch der Richter aufgerufen ist, seine Evidenzerlebnisse auch von einer anderen gesellschaftlichen Warte aus zu überprüfen; aber solange diese Postulate in dem (natürlich auch die Presse umfassenden) juristisch relevanten Kommunikationsbereich zu keiner tatsächlichen Infragestellung der Evidenz-Konsense führen, kann deren theoretische Möglichkeit die Rechtsfindung nicht verunsichern, denn ein rein theoretischer Zweifel trotz praktischer Gewißheit bleibt immer und kann daher per definitionem ausgeklammert werden: „Wenn nichts als befriedigend gelten soll, dann ist es notwendig wahr, daß ich nicht befriedigt werden kann. Ist das aber notwendig wahr, dann braucht man sich nicht länger zu beunruhigen. Die Unruhe mag faktisch weiterbestehen; aber an diesem Punkt ist der Zustand des Zweifels neurotisch geworden". In diesen Worten Ayers[156] kommt auch für die Rechtswissenschaft eine tiefe Weisheit zum Ausdruck; solange ein Evidenzkonsens besteht, ist die bloße Möglichkeit, daß er einmal von irgendjemandem in Frage gestellt werden kann, vernünftigerweise völlig irrelevant. Den berechtigten Vorbehalten gegenüber einer subjektiven Evidenz haben wir bereits dadurch genügend Rechnung getragen, daß wir schon ihr Bestreiten durch irgendeinen ernsthaften, unserer Zeit angehörenden Gesprächspartner für den Ausschluß ihrer Axiomatisierung ausreichen lassen; die bloß theoretische Möglichkeit, daß auch der festestgefügte Evidenzkonsens in der Zukunft einmal abbröckeln kann, braucht uns in der Gegenwart aber noch nicht zu bekümmern.

VII. Die wissenschaftstheoretische Einordnung der zweiten Rechtsgewinnungsstufe

1. a) Wenn wir nunmehr die in diesem Kapitel erörterten Rechtsgewinnungsmethoden zusammenfassend betrachten, so glauben wir hinreichenden Anlaß zu

155 Wenigstens die zweite Benachteiligung scheint allerdings seit einigen Jahren fortgefallen zu sein.

156 Basissätze, S. 172; vgl. auch Habermas, Wissenschaftstheorie, S. 305.

besitzen, sie zu bündeln und als eine besondere Stufe der Rechtsgewinnung einzuordnen, weil sie einerseits über die historische Rechtshermeneutik als der ersten Rechtsfindungsstufe hinausgreifen und sich andererseits von der teleologischen Rechtsschöpfung, die wir im nächsten Kapitel betrachten werden, durch ihre Vereinbarkeit mit den Postulaten des Szientismus unterscheiden. Dies ist bereits bei der Diskussion der verschiedenen Methoden – der empirischen Analyse des Sachgehaltes der präskriptiven Sätze, der logischen Operationen mit ihnen, der Ermittlung der Grundvoraussetzungen des menschlichen Soziallebens und der durch Evidenzkonsense ermöglichten Axiomatisierung von Basissätzen – im einzelnen dargelegt worden, so daß hier nur noch einmal festzuhalten ist, daß wir uns auch mit dem Abbruch des Begründungsregresses im Falle eines Evidenzkonsenses nicht von dem Pfade strenger Wissenschaftlichkeit entfernen, denn ein ähnliches Vorgehen ist sogar in der Mathematik und erst recht in den Naturwissenschaften gang und gäbe.

b) Ein besonders wichtiges Resultat unserer Überlegungen sehen wir darin, daß wir die Wissenschaftlichkeit der Rechtsdogmatik auf der ersten wie auch auf der zweiten Stufe begründen konnten, ohne die schon mehrfach angesprochene Konsensustheorie der Wahrheit zu Hilfe rufen zu müssen. Denn indem die Konsensustheorie, die in letzter Zeit in den Sozialwissenschaften im allgemeinen und auch in der Rechtstheorie im Vordringen begriffen zu sein scheint,[157] auf den „idealen Konsens unter allen vernünftigen Diskussionsteilnehmern" abstellt, birgt sie, wie schon kurz angedeutet, nach unserem Eindruck gerade auf dem Gebiet der Normen und Werte bereits den Keim für eine totalitäre Lösung des Wahrheitsproblems in sich. Weil die „ethischen Anfangsgründe" nicht auf kognitivem Wege, sondern nur durch die individuelle Wahl der korrespondieren Lebensform aufgefunden werden können und sich damit einer wissenschaftlichen Fixierung entziehen,[158] kann hier auch die von Habermas vorgeschlagene Ersetzung der Wahrheitsvoraussetzung „Vernünftigkeit der Diskussionspartner" durch den „Vorgriff auf die (durch absolute Freiheit und Chancengleichheit gekennzeichnete) ideale Sprechsituation"[159] an der vorgegebenen Kontingenz der moralischen Lebensformen nichts ändern. Die Propagierung der Konsensustheorie für den Bereich der präskriptiven Sprache[160] kann daher bei deren loyaler Anwendung zu keinen neuen Erkenntnissen führen und dürfte infolgedessen lediglich die Gefahr ihrer illoyalen Anwendung involvieren, indem nämlich die „Vernünftigkeit" des widersprechenden Gesprächspart-

---

157 Vgl. die Nachw. o. S. 124 Fn. 111.
158 Abgesehen von den Minimalvoraussetzungen das Soziallebens, s. o. S. 123 f.
159 in Habermas-Luhmann, Sozialtechnologie, S. 136 ff.
160 So vor allem Frankena, Ethik, S. 136 f., und J. Schmidt, JuS 1973, 206 f.

ners ideologisiert wird – etwa dadurch, daß nur der Partner als „vernünftig" akzeptiert wird, der Widersprüche in der Wissenschaft für notwendig (bzw. umgekehrt: für unzulässig) hält.[161] Gerade in der Rechtswissenschaft müßte das aber einen neuen ideologischen Dogmatismus zur Folge haben, dem nur durch die hier versuchte exakte Bestimmung des Wissenschaftsbereiches innerhalb der Jurisprudenz wirkungsvoll gesteuert werden kann!

2. Einige zusätzliche Bemerkungen erfordert noch die Frage, auf welche Weise sich die Wissenschaftlichkeit unserer zweiten Rechtsgewinnungsstufe damit vereinbaren läßt, daß das hierbei gefundene Recht über den Machtspruch des historischen Gesetzgebers hinausgreift und damit irgendwie durch den Rechtsfinder geschöpft zu sein scheint; kann eine schöpferische Rechtsfindung denn überhaupt den Wahrheitswert erfüllen, ist sie nicht weniger eine Form der Erkenntnis als vielmehr eine nach anderen Kriterien zu beurteilende Handlung?

a) Wir werden im nächsten Kapitel sehen, daß die eigentliche schöpferische Rechtsgewinnung den Wissenschaftsbereich tatsächlich transzendiert; für die bisher betrachtete zweite Stufe gilt das aber nicht, und alle dahin zielenden Bedenken können zerstreut werden, wenn man sich klar macht, daß es auch auf der zweiten Stufe nur um eine Explikation des vom Gesetzgeber implizit Gewollten geht. Wenn der Gesetzgeber etwa die Norm aufstellt, daß die Jagd auf alle Säugetiere fürderhin verboten sei, so ist mit dem Aufweis einer dem Gesetzgeber noch unbekannten Säugetierart (d. h. durch die empirische Erforschung des Sachgehalts der Norm) oder durch die von einem Evidenzkonsens getragene Feststellung, daß eine neue Tierart in allen relevanten Beziehungen den vom Gesetzgeber berücksichtigten Arten gleicht, die Möglichkeit gegeben, die vom Gesetzgeber nur in einer Allgemeinvorstellunq getroffene Entscheidung im ersten Fall vermittels ihres Bedeutungskernes, im zweiten Fall vermittels einer Analogie für den konkreten Fall zu explizieren. Wenn man will, mag man das natürlich eine schöpferische Tätigkeit nennen, nämlich in dem Sinne, wie etwa auch die Formulierung der Naturgesetze eine Schöpfung des menschlichen Geistes ist. Es liegt darin aber jedenfalls kein einziger dezisionistischer Schritt verborgen, und gerade das ist die notwendige und hinreichende Bedingung dafür, daß wir insoweit von einer wissenschaftlichen Rechtsgewinnung sprechen können.

b) Dies gilt im besonderen auch für die auf Evidenzkonsensen beruhende Analogiebildung. Zwar könnte man hier einwenden, daß man doch niemals wisse, ob der Gesetzgeber in seiner „Willkür" die analogen Fälle auch wirklich

---

161 Vgl. dazu vor allem Popper, Falsche Propheten, S. 51 f.; ders., Dialectic, S. 316 ff. = Dialektik, S. 266 ff.; Albert, Traktat, S. 43 ff.; Adorno in Adorno u. a., Positivismusstreit, S. 129 f.; ferner Topitsch, Leerformeln, S. 247 ff.

gleich behandelt wissen wolle; aber dabei würde man die Grundnorm der analogen Rechtsanwendung, den Art. 3 des Grundgesetzes, übersehen. Wie heute allgemein anerkannt ist, gilt der hier niedergelegte Gleichheitsgrundsatz in allen Bereichen, insbesondere auch für die Rechtsprechung,[162] und stellt damit die Fundamentalnorm für die gesamte Rechtsgewinnung oberhalb der ersten Stufe und die letzte Rechtfertigung der juristischen Standardargumente dar. In den Fällen, wo die Gleichheit des Regelungssubstrats mit dem vom Gesetzgeber entschiedenen Sachverhalt auf Grund eines Evidenzkonsenses feststeht, ergibt sich daher unmittelbar aus Art. 3 GG auch die gleiche Rechtsfolge, und für irgendeine Dezision des Rechtsanwenders ist auch hier wieder kein Platz.

c) In diesem Zusammenhang taucht allerdings eine Komplikation auf, die aus unserem Verständnis des Evidenzkonsenses als eines durch den ernsthaften Widerspruch schon eines einzigen Kommunikationsteilnehmers zerstörbaren Axioms resultiert. Weil ein bis dahin auf der zweiten Stufe lösbares Rechtsproblem nach Erhebung des Widerspruches nur noch auf der dritten Stufe und damit nicht mehr rein wissenschaftlich gelöst werden kann, könnte man es für unplausibel ansehen, daß der Widerspruch einer einzigen Person dazu in der Lage sein soll, aus einer wissenschaftlichen Argumentation eine unwissenschaftliche zu machen und – mehr noch – einen vorher kognitiv erfaßbaren generellen Befehl (die auf der ersten Stufe interpretierte und auf der zweiten Stufe „verlängerte" Rechtsnorm) unsichtbar zu machen.

Dieser Einwand rüttelt an den Grundfesten unserer Evidenztheorie und ist sicherlich auch nicht a limine abzuweisen, dürfte aber letztlich doch zu entkräften sein.

aa) Die geringe Widerstandskraft der axiomatisierten Basissätze gegenüber jedweder Kritik folgt zwingend aus der begrenzten Kognitivität der normativen Urteile und kann daher unserer Konzeption nicht zum Vorwurf gemacht werden. Ferner wird die Wissenschaftlichkeit der vorgenommenen Ableitung durch den Fortfall der Axiomatisierung ja auch nicht in jedem einzelnen Punkte zerstört, vielmehr wird lediglich ein nicht selbst wissenschaftlicher, aber in der Wissenschaft zulässiger Schritt (die Axiomatisierung) nunmehr unzulässig, und deswegen muß natürlich auch die conclusio trotz fortbestehender Intaktheit der übrigen Schritte problematisch werden.

bb) Auch der normentheoretische Einwand vermag unsere bisherigen Annahmen nicht zu widerlegen. Denn als unmittelbares Produkt des Gesetzgebers reicht die Norm natürlich nur soweit, wie die historische Rechtshermeneutik

162 Vgl. nur die bei Leibholz-Rinck, Grundgesetz, Art. 3 Rdnr. 3 und vor Rdnr. 17, nachgewiesene Judikatur des BVerfG; Gubelt in v. Münch, Grundgesetz, Art. 3 Rdnr. 8, 32 ff.; Hesse, Grundzüge, S. 176.

fruchtbar ist; und die Explikationen[163] auf der zweiten Stufe sind in diesem Sinne keine Rechtsnormen, sondern Relationen nach dem Muster: „Aus den Rechtsnormen des § 302 Abs. 2 StPO und Art. 3 Abs. 1 GG sowie dem auf einem Evidenzkonsens beruhenden Basissatz, daß ein Rechtsmittelverzicht mit den gleichen Kautelen wie eine Rechtsmittelzurücknahme zu versehen ist, folgt, daß der von einem Verteidiger erklärte Rechtsmittelverzicht nur im Falle einer ausdrücklichen Ermächtigung wirksam ist". Mit dem Fortfall des Basissatzes erledigt sich natürlich auch die conclusio (die wir einmal als „Rechtsnormfolge" oder „Folgenorm" bezeichnen wollen), und darüber kann sich eigentlich nur derjenige wundern, der sich unter einer Folgenorm eine irgendwie in der Zeit herumgeisternde Wesenheit vorstellt, die nicht auf den Protest einer beliebigen Person hin einfach „verschwinden" dürfe. Ein solches Verständnis würde aber auf eine ähnliche Verdinglichung von Konstrukten hinauslaufen wie die von uns schon früher abgelehnte irreführende Redeweise vom „Willen des Gesetzes" und kann daher als unserem Modell inadäquat gar nicht energisch genug zurückgewiesen werden.

3. Am Ende dieser wissenschaftstheoretischen Einordnung unserer zweiten Rechtsgewinnungsstufe ist noch kurz darauf hinzuweisen, daß unsere Behandlung der Evidenzkonsense das analytische Pendant zu der Lehre vom „Naturrecht mit wechselndem Inhalt", d.h. vom „geschichtlichen Naturrecht" darstellt, die nach dem Niedergang der absoluten Naturrechtstheorien noch heute vielfach vertreten wird.[164] Daß zwei grundverschiedene wissenschaftstheoretische Ausgangspunkte zu einer weitgehend übereinstimmenden Sacheinsicht führen, stellt sicherlich ein starkes Indiz für die Richtigkeit dieser Sacheinsicht dar, und deswegen ist wohl nach Ersteigung der ersten beiden Rechtsgewinnungsstufen die Zusammenfassung gerechtfertigt, daß für ein resignierendes Bekenntnis zu einer extrem relativistisch-dezisionistischen Rechts-„wissenschaft" gegenwärtig kein Anlaß besteht; die szientistischen Komponenten der Rechtsdogmatik sind stärker, als ihre modernen radikalen Kritiker glauben machen wollen!

163 Unter Explikation wollen wir hier die nicht dezisionistische Entfaltung eines normativen Prinzips verstehen (während die Begriffsexplikation in der herkömmlichen analytischen Wissenschaftstheorie auch konventionalistische Elemente enthält, s. Wittgenstein, Hauptströmungen, S. 374 f.; Essler, Wissenschaftstheorie I, S. 56 ff.; unklar Rottleuthner, Richterliches Handeln, S. 27 ff.).

164 Vgl. dazu die Nachw. o. S. 46 Fn. 63, ferner Radbruch, Rechtsphilosophie, S. 107.

§ 8 Das rational-dezisionistische Werturteil als dritte Stufe der Rechtsgewinnung

I. Die drei Rechtsfindungsformen der dritten Stufe

1. Wir haben von Anfang an keinen Zweifel daran gelassen, daß die bisher analysierten Rechtsfindungsmethoden keinesfalls ausreichen, um für sämtliche in der Praxis wirklich vorkommenden Lebenssachverhalte eine Lösung zu ermöglichen. Obwohl wir glauben, daß die wissenschaftliche Rechtsgewinnung, deren Modell wir zu entwerfen versucht haben, in der Praxis zu weitaus mehr stringenten Entscheidungsbegründungen verhelfen könnte, als der herrschende Skeptizismus wahrhaben will, zweifeln wir daher nicht an der Notwendigkeit einer dritten Rechtsgewinnungsstufe, die eine Entscheidung auch der Fälle ermöglichen muß, die allein mit Hilfe einer streng wissenschaftlichen Dogmatik nicht zu lösen sind.

2. Es läßt sich auch bereits in groben Zügen angeben, unter welchen Voraussetzungen die ersten beiden Stufen der Rechtsgewinnung bei der Lösung eines konkreten Falles versagen müssen und in welchen Formen die danach verbleibende Lücke auf der dritten Stufe zu schließen ist.

a) Am nächsten liegt dies für völlig neuartige Fälle, die von den Gesetzesnormen und den Folgenormen in keiner Beziehung erfaßt werden (also allen geregelten Fällen völlig unähnlich sind) und andererseits auch nicht deren kontradiktorisches Gegenteil darstellen (so daß ein arg. e contrario gerechtfertigt wäre), sondern überhaupt inkommensurabel sind. Wenn man eine embryonale, nur wenige Konstellationen regelnde Legalordnung unterstellt, mögen solche neuen, inkommensurablen Fälle tatsächlich oft vorkommen (wobei wir uns freilich darüber im klaren sein müssen, daß es auf der Tatbestandsseite unter logischen Gesichtspunkten nur die Alternative „ähnlich oder unähnlich" gibt, so daß die Inkommensurabilität erst dadurch zustande kommen kann, daß für die im Gesetz geregelten ähnlichen Fälle keine für den neuen Fall auch nur einigermaßen passende Rechtsfolge vorgesehen ist). Unter unserer Rechtsordnung dürfte für solche gewissermaßen umstürzlerischen Novitäten aber nur noch ein recht bescheidener Raum verbleiben, denn unser gesamtes soziales Leben wird von einer kaum noch überschaubaren Zahl von Gesetzen und Verordnungen mit einem immer dichter werdenden Netz überspannt, dessen Maschen zum einen Teil schon winzig klein geworden (nämlich soweit die beiden ersten Rechtsfindungsstufen die Entscheidung eines konkreten Falles ermöglichen) und zum anderen Teil zwar immer noch recht grob geblieben sind, das aber immerhin doch auch hier durch ein bis zu den verfassungsrechtlichen Grundentscheidungen aufsteigendes Normengebäude zusammengehalten wird.

So können selbst völlig neuartige Sachgebiete häufig in Anknüpfung an bewährte Regelungsmuster behandelt werden – woraus sich etwa die fortdauernde Bedeutung der §§ 22 ff. KUG erklärt, die unmittelbar nur das Recht am eigenen Bild regeln, mittelbar aber weiten Bereichen des modernen Persönlichkeitsschutzes als Vorbild dienen.[1]

b) aa) Daß die beiden ersten Rechtsfindungsstufen wegen totaler Inkommensurabilität eines Regelungsproblems versagen, ist daher zwar keinesfalls ausgeschlossen, kommt aber doch nur verhältnismäßig selten vor. Der Normalfall der dritten Stufe wird vielmehr darin zu sehen sein, daß der zur Entscheidung anstehende Fall den vom Gesetz bereits geregelten Konstellationen in einigen, aber nicht in allen Beziehungen gleicht und daß über die Gleichbehandlung oder Ungleichbehandlung kein Evidenzkonsens hergestellt werden kann. Vor allem wenn der Sachgehalt der auf den ersten beiden Stufen zutage geförderten Werturteile gering ist, wird jeder neue Fall zusätzliche faktische Komponenten und Beziehungen aufweisen, deren axiologische Einordnung von dem als Ausgangspunkt dienenden legislatorischen Werturteil noch nicht in einer einen Evidenzkonsens ermöglichenden Weise präjudiziert wird. Diese nicht mehr streng-wissenschaftliche Weiterentwicklung des Basiswerturteils an Hand konkreter Fälle wird gemeinhin als die Konkretisierung der Rechtsnorm bezeichnet[2] und stellt das wohl häufigste Ziel der dritten Stufe dar. Sie hat bei äußerlicher Betrachtung eine gewisse Ähnlichkeit mit der auf der zweiten Stufe eingeordneten empirischen Sachgehaltsanalyse,[3] weist aber die bei exakter Analyse unverkennbare Besonderheit auf, daß sie die von der ersten Stufe her vorgegebenen Basissätze nicht nur durch die auf der zweiten Stufe behandelten Argumente weiterführt, sondern in ihr logisches Ableitungsgerüst zusätzliche normative Annahmen einbauen muß, die durch die Methoden der ersten beiden Stufen nicht gerechtfertigt werden können. Als das wohl umfassendste Beispiel für die Konkretisierung normativer Prinzipien kann hier Roxins Analyse des Tatherrschaftsbegriffs angeführt werden,[4] die von dem hochnormativen Herrschaftsbegriff ausgeht und diesen über zahlreiche Unter- und Subtypen so weit konkretisiert, daß eine Einordnung der individuellen Sachverhalte möglich ist.

bb) In dogmatischen Untersuchungen findet sich die Konkretisierung meist in unaufgelöster Verbindung mit der szientistischen Wertbehandlung der zwei-

---

1 Vgl. Kern-Roxin, Strafverfahrensrecht, S. 83, sowie eingehend Lampe, NJW 1973, 217 ff.

2 Grundlegend Engisch, Konkretisierung, passim; vgl. ferner Säcker ARSP 1972, 219 ff., dem unsere folgenden Ergebnisse relativ nahekommen.

3 s. o. S. 119 ff.

4 Täterschaft, S. 127 ff., 142 ff., 170 ff., 233 ff., 242 ff., 252 ff., 275 ff., 292 ff., 352 ff., 399 ff. und passim.

ten Stufe, und der gesamte Ableitungszusammenhang wird dann als „Rechtsfindung aus der Natur der Sache" eingeordnet.[5] Das dürfte vor allem darauf zurückgehen, daß die beschreibende Zusammenstellung der Fallkonstellationen und deren empirische Strukturanalyse in beiden Fällen eine erhebliche Rolle spielt: Die darin steckende Anreicherung des Sachgehalts stellt die eigentliche Entnormativierungsarbeit dar, und da wir auch auf der zweiten Stufe in Form von axiomatisierten Basissätzen synthetische Wertaussagen zugelassen haben, besteht der Unterschied zwischen der szientistischen Wertbehandlung und der Wertkonkretisierung allein darin, daß die zusätzlichen normativen Annahmen im letzteren Fall nicht mehr durch Evidenzkonsense gerechtfertigt werden können. Da der Verfasser einer dogmatischen Arbeit aber normalerweise nur diejenigen Prämissen ohne Rechtfertigung lassen wird, die ihm selbst evident erscheinen, hat er zunächst einmal ausreichenden Anlaß, für seine Untersuchung den Anspruch auf eine stringente Rechtsfindung aus der Natur der Sache geltend zu machen, und erst der Fortgang der Diskussion wird dann zeigen, ob seine axiologischen Basissätze durch einen Evidenzkonsens legitimiert werden (zweite Rechtsgewinnungsstufe) oder aber kontrovers bleiben (dritte Rechtsgewinnungsstufe).

cc) Die Struktur der Konkretisierungsarbeit ist allemal die gleiche; der Sachgehaltsreichtum des zu konkretisierenden Werturteils ist nur insoweit von (gradueller) Bedeutung, als die Kontingenz der Konkretionsergebnisse mit wachsender Abstraktheit der Konkretionsobjekte ebenfalls zunimmt. In der juristischen Methodenlehre werden diese graduellen Unterschiede gewöhnlich mit Hilfe von vier Typen ausgedrückt, nämlich den deskriptiven Tatbestandsmerkmalen (z. B. „Mensch" in § 212 StGB), den normativen Tatbestandsmerkmalen (z. B. „Urkunde" in § 267 StGB), den normativen Richtlinien (z. B. „Tatherrschaft" in der Täterschaftsdogmatik und „Herrschaft über den Grund des Erfolges" in der Unterlassungsdogmatik) und schließlich den regulativen Prinzipien (z. B. der „Zumutbarkeit" in der Schulddogmatik).[6] In rechtstheoretischer

---

5 So auch meine eigene Konkretisierung der Herrschaftsrichtlinie in Grund und Grenzen, S. 330, 354; da diese vom Autor selbst vorgenommene Einordnung aus den im Text genannten Gründen in gewisser Weise berechtigt ist, scheint mir der dagegen von Otto erhobene Vorwurf der „Leichtfertigkeit" (MschrKrim 1974, 125) unbegründet und selbst nur Ausdruck einer enormen Überschätzung der sich seit Jahrhunderten im Kreise drehenden Diskussion um die geheimnis- und gedankenlyrikumwobene „Natur der Sache" zu sein.

6 Zu den deskriptiven und normativen Tatbestandsmerkmalen vgl. Engisch, Festschr. f. Mezger, S. 142 ff.; ders., Einführung, S. 109 ff., m. zahlr. Nachw.; kritisch Larenz, Methodenlehre, S. 209 Fn. 1; Strache, Standards, S. 73 Fn. 23/28. Zu den normativen Richtlinien und regulativen Prinzipien vgl. Henkel, Festschr. f. Mezger, S. 249 ff.; ders., Rechtsphilosophie, S. 357 ff.; ders., Recht und Individualität, S. 26 ff.; Lenckner, JuS 1968, 249 ff., 304 ff.

Hinsicht sind hiermit aber keine voneinander streng geschiedenen Rechtsfindungsmethoden bezeichnet, sondern nur quasi statistische Aussagen über die Verteilung unserer drei Rechtsgewinnungsstufen auf die verschiedenen Lebensgebiete ermöglicht: Soweit deskriptive Tatbestandsmerkmale vorhanden sind, wird man viele Fälle auf der ersten Stufe entscheiden können; die normativen Tatbestandsmerkmale bilden die Domäne der zweiten Stufe; bei den normativen Richtlinien ist viel Konkretisierungsarbeit zu leisten; und wenn man nur regulative Prinzipien zur Verfügung hat, so ist man eigentlich nur sicher, daß eine Wertung (eine „Stellungnahme") unter einem übergreifenden Gesichtspunkt zu erfolgen hat, besitzt dafür aber praktisch keine inhaltlichen Maßstäbe, so daß jeder neue Fall zunächst einmal „inkommensurabel" ist.

Eine darüber hinausgehende methodologische Bedeutung kommt dieser Typologie aber nicht zu. Denn wie heute weitgehend anerkannt ist,[7] können die genannten vier Gruppen weder untereinander scharf abgegrenzt noch jeweils einer bestimmten Rechtsfindungsmethode zugeordnet werden: Während die Rechtsfindung auch im Bereich deskriptiver Tatbestandsmerkmale beim Übergang zu den Begriffshöfen normative Überlegungen erfordert,[8] kann ein regulatives Prinzip durchaus auch einmal durch einen Evidenzkonsens ausgefüllt werden, so daß in allen vier Gruppen sowohl stringente als auch kontingente Ableitungen vorkommen – die Unterschiede sind eben, wie gesagt, nur graduell. Eine besondere Methodenlehre kann daher auf die nach Intensitätsgraden differenzierten legislatorischen Regelungstypen nicht gegründet werden.[9]

c) Als dritte Gruppe neben der „freien Rechtsschöpfung" und der „entnormativierenden Konkretisierung" ist die Wertabwägung zu nennen. Die Ursache für die fehlende Stringenz der gesamten Ableitung liegt hier nicht in dem gänzlichen Fehlen oder der Lückenhaftigkeit des empirischen Sachgehalts, sondern in der Konkurrenz zweier jeweils für sich anerkannter und auf den konkreten Fall anwendbarer Wertungsgrundsätze. In welchem Ausmaße unsere gesamte Rechtsordnung von Wertantinomien durchsetzt ist, zeigt bereits das herrschende Verständnis des Rechtsstaatsprinzips, das die antagonistischen Anforderungen der Rechtssicherheit und der materiellen Gerechtigkeit in sich vereinigen soll.Und wenn auch viele dieser Antinomien auf der ersten Rechtsfindungsstufe

---

7 Eingehend Lemmel, Strafbarkeitsvoraussetzungen, S. 57 ff.; ferner Schmidhäuser, Strafrecht, S. 158 f.; Lenckner, JuS 1968, 256; Engisch, Einführung, S. 107; Jescheck, Lehrbuch, S. 102 u. v. a. m.

8 Um vorerst nur ein Beispiel zu nennen: Der so deskriptiv scheinende Begriff des „Menschen" erfordert zumindest bei der Bestimmung des Todeszeitpunktes eine wertende Betrachtungsweise.

9 Zu der Frage, ob es eine besondere „typologische Rechtsfindung" gibt, s. i. e.u. S. 169 ff.

aufgelöst werden können[10], so bleiben doch immer noch genug Konstellationen übrig, bei denen nur eine autonome Abwägung der rivalisierenden, je für sich einschlägigen Wertprinzipien weiterhelfen kann. In der Grundrechtsinterpretation des BVerfG hat die Wertabwägung neben der schlichten Konkretisierung eine beherrschende Stellung erlangt, die unter dem Stichwort „Schaukeltheorie" auch bei der Auslegung der grundrechtsbeschränkenden Gesetze anerkannt ist.[11]

d) In der Praxis wird die Rechtsfindung auf der dritten Stufe sehr oft kombiniert ablaufen: Zunächst müssen die allgemeinen Wertgrundsätze je für sich konkretisiert werden, und wenn sich dann ergibt, daß zwei einander widersprechende Prinzipien gleichermaßen einschlägig sind, so muß ihre Konkurrenz durch eine Wertabwägung entschieden werden, die immer nur unter Berücksichtigung der individuellen Momente, d. h. also fallbezogen, möglich ist, ohne doch bereits aus der empirischen Fallstruktur naturalistisch ableitbar zu sein.

Zur Illustrierung dieses Kombinationsmodells soll noch einmal auf die bereits oben herangezogene Entfaltung der Herrschaftsrichtlinie in meiner früheren Untersuchung des unechten Unterlassungsdelikts zurückgegriffen weiden.[12] Während die notwendige Konkretisierung der „Herrschaft über den Grund des Erfolges", wie wir an der Mutter-Säugling-Konstellation gesehen hatten,[13] teilweise unter Ausnutzung von Evidenzkonsensen auf der zweiten Rechtsfindungsstufe vor sich geht, ist sie zum anderen Teil auf Wertabwägungen angewiesen, die einer stringenten Begründung nicht zugänglich sind. Beispielsweise steht man, wenn man als garantenbegründende Herrschaft über eine wesentliche Erfolgsursache auch die Herrschaft über rechtsgüterverletzende Personen zuläßt, vor der Frage, ob hierfür bereits jede psychische Einflußmöglichkeit oder nur eine rechtlich anerkannte Muntgewalt ausreicht. Die Antwort kann nur durch eine Wertabwägung zwischen dem Herrschafts- und dem Verantwortlichkeitsprinzip (das auf der grundsätzlichen Anerkennung der Personautonomie jedes Menschen fußt) gefunden werden, deren Ausbalancierung m. E. dadurch am besten erreicht wird, daß man bei Strafunmündigen schon die faktische Herrschaft, bei Strafmündigen hingegen nur die rechtlich untermauerte Befehlsgewalt zur Begründung der Garantiehaftung ausreichen läßt.[14]

---

10 Als Modell vgl. etwa die Aufgliederung des § 23 III a. F. StGB (o. S. 120 f.).

11 Vgl. Hesse, Grundzüge, S. 133 m. zahlr. Nachw. aus der Rspr. des BVerfG.

12 Die wiederholte Exemplifikation an eigenen Vorarbeiten dürfte sich durch die genaue Kenntnis von deren Genese sowie durch die Gefahren, die die selbstherrliche Zuschreibung einer Methode an einen fremden Autor birgt, genügend rechtfertigen.

13 s. o. S. 134 f.

14 Vgl. meine Grund und Grenzen, S. 323 ff., 329 f.

3. Freie Rechtsschöpfung, entnormativierende Konkretisierung und Wertabwägung sind also die drei Formen, in denen sich die Rechtsgewinnung auf der dritten Stufe vollzieht. Die von uns gegebene phänomenologische Beschreibung konnte sehr knapp gehalten werden und auch auf den Versuch einer präziseren Abgrenzung zwischen diesen drei Formen verzichten, weil alle drei, wie im folgenden Abschnitt gezeigt werden soll, in wissenschaftstheoretischer Hinsicht die gleiche Struktur aufweisen: die Rechtsfindungsmethode und die fehlende Stringenz der Argumentationsketten ist überall gleich.

II. Methodologische und wissenschaftstheoretische Einordnung der dritten Stufe

1. a) Die die dritte Stufe kennzeichnende Methode ist die Plausibilitätsargumentation oder, wie man bei uns häufiger sagt, die Topik, oder schließlich, wieder anders ausgedrückt, die objektiv-rationale rhetorische Argumentation. Mit diesen drei Bezeichnungen ist letztlich allemal das gleiche gemeint: daß auf der dritten Rechtsgewinnungsstufe zwar nicht mehr stringent, aber immer noch rational argumentiert wird. Viehweg hat in seiner heute schon klassischen Schrift über „Topik und Jurisprudenz“ an die in der antiken Rhetorik beheimatete Topik angeknüpft und sie als ein besonderes, an der Verwendung bestimmter anerkannter Argumentationsgesichtspunkte (eben der Topoi) orientiertes Verfahren der Problemerörterung für die Jurisprudenz nutzbar zu machen versucht.[15] Perelman hat seine grundlegenden Arbeiten zur Argumentationstheorie für die Jurisprudenz dahin zusammengefaßt, daß es „eine spezifische Logik der Werte nicht gibt, daß aber dieselben Techniken des rational begründenden Denkens, deren man sich bedient, um Meinungen, Wahlen, Behauptungen und Entscheidungen zu kritisieren und zu begründen, (auch dann) angewandt werden, wenn es sich darum handelt, Aussagen, die man gewöhnlich als Werturteile bezeichnet, zu kritisieren und zu rechtfertigen“.[16] Und Weinberger hat schließlich in

---

15 Vgl. Viehweg, Topik, S. 31 ff., 95 ff., 111 ff.; ders., Notizen, S. 439 ff.; ders., Systemprobleme, S. 98 ff.; vgl. auch dens., Ideologie, S. 85 ff., wo die in den „Systemproblemen“ vorgenommene Unterscheidung von „Dogmatik“ und „Zetetik“, von „Meinungsdenken“ und „Forschungsdenken“, aufgreift und weiterführt. Aus der inzwischen um die Topik entbrannten, kaum noch überschaubaren Diskussion vgl. Diederichsen, NJW 1966, 698 ff.; N. Horn, NJW 1967, 601 ff.; Otte, Rtheorie 1970, 183 ff.; Otto ARSP 1969, 504 ff.; Larenz, Methodenlehre, S. 150 ff.; Canaris, Systemdenken, S. 135 ff.; Zippelius, NJW 1967, 2227 ff.; ders., Methodenlehre, S. 63 ff.; Müller, Normstruktur, S. 56 ff. und passim; ders., Methodik, S. 68 ff.; Wieacker, Rechtsdogmatik, S. 326 ff.; Kriele, Rechtsgewinnung, S. 114 ff., 133 ff.; Struck, Jurisprudenz, S. 4 ff. und passim; Blühdorn, Problemdenken, S. 449 ff.

16 ARSP 1965, 167 = Gerechtigkeit, S. 136.

Anknüpfung an Perelman zwei Typen von Plausibilitätsargumentationen unterschieden (die für die „vernünftige Zuhörerschaft der Epoche" bestimmte objektive rationale Begründung und die nur für einen bestimmten Adressaten bestimmte relative – subjektive – Vernunftsbegründung) und die objektiv-rationale Begründung als die der Jurisprudenz angemessene Argumentationsform eingeordnet.[17]

b) Obwohl also in der modernen topisch-rhetorischen Einordnung der Rechtsdogmatik deren durch die mangelnde Stringenz nicht berührter rationaler Charakter betont wird, müssen wir uns darüber im klaren sein, daß diese Rationalität begrenzt ist und nicht darüber hinwegtäuschen kann, daß hier im letzten eine Dezision gefordert wird, die von der Argumentationsmethodologie nur noch eingegrenzt, aber nicht mehr inhaltlich motiviert werden kann. Die Basiswerturteile der dritten Stufe sind daher sowohl rational, weil sie mit Gründen gerechtfertigt werden, als auch dezisionistisch, weil sie durch die angebbaren Gründe niemals vollständig gerechtfertigt werden können: Denn da die Gründe selbst wieder der Rechtfertigung bedürfen, verflüchtigt sich die Argumentation letztlich in dem infiniten Begründungsregreß,[18] dessen Abbruch nur im Falle eines (zur zweiten Stufe hinüberführenden) Evidenzkonsenses gerechtfertigt wäre. Dieser wissenschaftstheoretisch unbehebbare „Mangel" der dritten Stufe bedeutet, daß die richterliche Rechtsfindung hier selbst im Idealfall nicht vollständig „regelgeleitet" ist, sondern in die Dimension der dezisionistischen, nur als Ausdruck einer individuellen Lebensform zu begreifenden Handlung hineinwächst. Die klassische Formulierung Wittgensteins für den heimlichen Dezisionismus jeder regelgeleiteten Handlung kann daher geradezu als Programmsatz unserer dritten Rechtsgewinnungsstufe aufgefaßt werden:

„‚Wie kann ich einer Regel folgen?' – wenn das nicht eine Frage nach den Ursachen ist, so ist es eine nach der Rechtfertigung dafür, daß ich so nach ihr handle. Habe ich die Begründungen erschöpft, so bin ich nun auf dem harten Felsen angelangt, und mein Spaten biegt sich zurück. Ich bin dann geneigt zu sagen: ‚So handle ich eben.'"[19]

c) Im Rahmen der Dezision ist mithin kein exakter Beweis, sondern nur die Überzeugung des Kommunikationspartners möglich, deren Methoden wir hier, wo es uns um Grund und Grenzen einer wissenschaftlichen Rechtsdogmatik geht, nicht weiter verfolgen können. Wir müssen uns statt dessen damit begnügen, auf die einschlägigen Untersuchungen zu verweisen, die einerseits zur To-

17 Rechtslogik, S. 350 f.; vgl. auch dens., ARSP 1972, S. 312 ff., sowie in JurA 1971, 77 f., 83 ff.

18 Vgl. dazu Albert, Traktat, S. 13 ff.; vorher schon Popper, Logik der Forschung, S. 60, unter Berufung auf Fries.

19 Untersuchungen, Nr. 217.

pik und Rhetorik (allgemein gesprochen: zur Argumentationstheorie)[20] und andererseits zur Ideologiekritik, zur Attitüdenforschung und zur Klassenjustiz (allgemein gesprochen: zur Psychologie der richterlichen Überzeugungsbildung)[21] angestellt worden sind. Während die Argumentationstheorie den Austrag der kontroversen Werturteile gewissermaßen von innen, von den Bewußtseinsinhalten der Kommunikationspartner her, zu erfassen hat, kann durch die Richterpsychologie gewissermaßen von außen her, durch eine Aufdeckung der unbewußten Strukturen, die Funktion der „Vorverständnisse" aufgedeckt werden, die auf der dritten Stufe wegen des Fehlens einer lückenlosen wissenschaftlichen Kontrolle eine dominierende Rolle spielen dürften. Und überall dort, wo die die Rechtsfindung leitende Regel kein an einen vorhandenen Tatbestand anknüpfendes Konditionalprogramm, sondern ein von den Zukunftserwartungen abhängiges Zweckprogramm[22] ist, kommt als dritter Wissenschaftszweig die aus der Spieltheorie entwickelte moderne Entscheidungslogik hinzu, die mit den Mitteln der induktiven Logik auch für Entscheidungen unter Unsicherheit Rationalitätskriterien zu entwickeln versucht.[23]

d) Die auf der dritten Stufe notwendig stattfindende Dezision ist also ein komplexer, nur von verschiedenen Seiten her aufschlüsselbarer Vorgang, wie zuletzt noch an dem Beispiel der Strafzumessung gezeigt werden soll. Die Entscheidung des Gesetzgebers, die Schuld zur Grundlage der Strafzumessung zu machen (s. § 13 I, 1 StGB = § 46 I, 1 i. d. F. des 2. StrRG), stellt bei formaler Betrachtung ein Konditionalprogramm zur Verfügung, das aber im Grunde weitestgehend ungreifbar ist und allenfalls ganz grobe Abstufungen zuläßt.[24] Nach der

---

20 Vgl. die Nachw. o. in Fn. 15–17.

21 Zur Ideologiekritik vgl. den Sammelband von Maihofer (Hrsg.), Ideologie; zur Attitüdenforschung Opp-Peuckert, Ideologie, S. 52 ff.; Rottleuthner, Richterliches Handeln, S. 64 ff.; zur Klassenjustiz Rottleuthner, Richterliches Handeln, S. 162 ff., und Rasehorn, Recht und Klassen, passim; zur Psychologie der richterichen Überzeugungsbildung grundlegend Bendix, Psychologie, passim; Swarzenski, JuS 1973, 194 ff.; ferner die Nachw. o. S. 5 ff. Fn. 3 ff.

22 Diese Terminologie stammt von Luhmann (Nachw. o. S. 135 Fn. 154). Luhmanns Auffassung, daß „der heutige Jurist seine Entscheidungsaufgabe typisch konditional programmiert vorfinde" (in AöR 94, 3), erscheint freilich zweifelhaft und bedürfte selbst für die ersten beiden Rechtsgewinnungsstufen näherer Prüfung.

23 Dazu eingehend Stegmüller, Wissenschaftstheorie IV, 1, S. 287 ff.; ferner Kirsch, Entscheidungsprozesse, S. 63 ff. und passim; vgl. aber (zu der begrenzten Einsatzfähigkeit der Entscheidungslogik in der Rechtsdogmatik) auch Schlink, Entscheidungen, S. 322 ff.

24 Vgl. Stratenwerth, Tatschuld, S. 18, 25, 35; ferner die Rspr., die diesen Tatbestand in der sog. Spielraumtheorie eingefangen hat (BGHSt. 7, 28, 32; 20, 264, 266 f.) und dazu zuletzt zust. Schaffstein, Festschr. f. Gallas, S. 100 f. m. zahlr. weit. Nachw. Die heute allgemein gesehene Problematik des Schuldbegriffs überhaupt (vgl. dazu zuletzt Roxin, MschrKrim 1973, 316 ff. m. w. N.) begründet natürlich eine zusätzliche Skepsis gegenüber den Möglichkeiten einer Schuldquantifizierung.

herrschenden und auch nunmehr im Gesetz bekräftigten „Vereinigungstheorie“[25] muß dieses Konditionalprogramm daher durch die Zweckprogramme der Generalprävention und der Spezialprävention ergänzt werden, die wegen ihrer fortgeschrittenen Entnormativierung zwar prinzipiell eine größere Prägnanz gewährleisten, wegen der Kompliziertheit der Materie und des embryonalen Zustandes einschlägiger empirischer Methoden[26] aber von irgendeiner Exaktheit noch weit entfernt sind. Die Strafzumessung weist daher die doppelte Problematik auf, daß sie zum einen ein „mit höchster Exaktheit, nämlich numerisch, formuliertes Entscheidungsergebnis (das konkrete Strafmaß) auf eine Entscheidungsbasis begründen muß, die denkbar unexakt bestimmbar ist“,[27] und zum anderen von drei verschiedenen Programmen bestimmt wird, deren Rangfolge bis heute nicht in einer allgemein anerkannten Weise geklärt ist.[28] Daraus resultiert eine ganz enorme Kontingenz der Strafzumessungsakte, die trotz bedeutender wissenschaftlicher Anstrengungen[29] wohl noch längere Zeit fortbestehen wird. Es bleibt daher weiterhin die Hauptaufgabe der Strafzumessungsdogmatik, auf den vor allem von Bruns geebneten Pfaden fortzuschreiten und eine auf der objektiv-rationalen Plausibilitätsargumentation beruhende Diskussion zu erzwingen, um dadurch die von der Rechtsprechung bis heute bevorzugten scheinrationalen Gemeinplatzbegründungen zu verdrängen, die selbst die schon heute mögliche Rationalität der Strafzumessung blockieren, von der Verhinderung jeglichen wissenschaftlichen Fortschritts völlig abgesehen. Parallel dazu kann durch eine „Attitüdenforschung“, wie sie etwa von Opp und Peuckert in Angriff genommen worden ist,[30] eine Ideologiekritik geleistet werden, die die rationale Kontrolle erhöht und ggf. auch neue Lernprozesse in Gang setzt – etwa wenn nachgewiesen würde, daß die Rechtsprechung in den Formeln der Spezialprävention weiterhin ein reines Vergeltungsstrafrecht praktizierte. Und drittens könnte schließlich ein entscheidungstheoretisches Modell erarbeitet werden, das – selbstverständlich nur auf der Grundlage normativer Rangfestsetzungen – auch unter der Unsicherheit der spezialpräventiven Prognose und der

---

25 Vgl. dazu Jescheck, Lehrbuch, S. 54 ff. m. zahlr. Nachw.; zur Unterscheidung zwischen „additiver“ und „dialektischer“ Vereinigungstheorie s. Roxin, Sinn und Grenzen, S. 28.

26 Zur Problematik der bisherigen Prognoseverfahren s. Göppinger, Kriminologie, S. 238 ff.; Höbbel, Bewährung, S. 251 ff.

27 Hassemer, Strafzumessung, S. 115.

28 Vgl. dazu eingehend Roxin, Sinn und Grenzen, S. 1 ff.; Jescheck, Lehrbuch, S. 45 ff. m. zahlr. Nachw.; eingehend neuestens Gössel, Behandlung, S. 178 ff., 208 ff., 243 ff., 279 ff., 306 ff. m. erschöpfenden Nachw.

29 Grundlegend Bruns, Strafzumessungsrecht, passim; ferner Dreher, Strafe; Spendel, Strafmaß; Henkel, Strafe; Stratenwerth, Tatschuld; Zipf, Strafmaßrevision u. v. a. m.

30 Ideologie, passim.

generalpräventiven Notwendigkeiten eine rationale Entscheidungsfindung ermöglicht.[31] Eine stringente Auffindung der „richtigen Strafe“ wird natürlich auch dadurch nicht ermöglicht – der Umfang der reinen Dezisionen kann auf diese Weise aber ganz erheblich eingeschränkt werden.

III. Die szientistische Beschränkung des Dezisionsspielraumes

Wir haben bereits mehrfach angedeutet, daß auch auf der dritten Rechtsgewinnungsstufe szientistische Argumentationsketten vorkommen, die die Rationalität auch dieser Stufe noch begründen und sogar weitaus zahlreicher als die Dezisionen sind, wegen des Grundsatzes „Wenn in einer Ableitung ein Schritt kontingent ist, ist die ganze Ableitung kontingent“ aber doch keine vollständige Wissenschaftlichkeit der dritten Stufe zu garantieren vermögen. Diese szientistischen Elemente und ihre Auswirkungen für den Rechtsfindungsvorgang sollen nunmehr zusammengestellt und der Reihe nach betrachtet werden.

1. Als erstes muß festgehalten werden, daß die Methoden der ersten beiden Rechtsgewinnungsstufen natürlich auf der dritten Stufe nicht etwa verpönt sind, sondern auch hier einen breiten Raum einnehmen und lediglich nicht mehr ausreichen, um die Entscheidung eines konkreten Falles vollständig zu begründen. Wenn man sich die Mühe machen würde, die großen dogmatischen Kontroversen auf der dritten Stufe in Argumentationsatome aufzulösen und den Anteil „szientistischer Atome“ in den verschiedenen Diskussionsphasen auszuzählen, so würde sich höchstwahrscheinlich zeigen, daß der dogmatische Fortschritt dadurch gekennzeichnet ist, daß immer mehr „Unterkontroversen“ auf wissenschaftlichem Wege beigelegt und daß die verbleibenden Dezisionsspielräume immer mehr eingeengt, zurückgedrängt und mit „szientistischen Inseln“ durchsetzt werden. Ein Beispiel bietet etwa die Verbotsirrtumsjudikatur des Reichsgerichts und des Bundesgerichtshofes: Solange man nur den in wissenschaftlicher Hinsicht gänzlich untauglichen Ansatz „Strafrechtsirrtum – außerstrafrechtlicher Irrtum“[32] zur Verfügung hatte, mußte im Grunde jede Einzelfallentscheidung dezisionistisch ausfallen; mit der bis ins Detail durchgeführten Ausarbeitung der Vorsatz- und Schuldtheorien[33] sind eigentlich nur noch zwei

31 Vgl. die Untersuchung von Haag, Strafzumessung, die die Entscheidungsmodelle der Operations Research für die Strafzumessung nutzbar zu machen versucht.

32 Vgl. die ausführliche Darstellung bei v. Hippel, Strafrecht II, S. 332 f., 345 f., sowie die knappe Zusammenfassung bei Baumann, Strafrecht, S. 383 f.

33 Vgl. dazu nur Jescheck, Lehrbuch, S. 338 ff., und Roxin, Offene Tatbestände, S. 113 ff., beide m. zahlr. Nachw.

Dezisionen zu treffen: ob das Unrechtsbewußtsein zum Vorsatz gehört und ob im Rahmen der Rechtfertigungsgründe dem Irrtum über die tatsächlichen Voraussetzungen eine Sonderstellung zukommt – während mit Vornahme dieser Dezisionen fast alle praktischen Fälle auf wissenschaftlichem Wege gelöst werden können.[34] Daß selbst dieser Spielraum noch mit den Methoden der ersten beiden Stufen eingeengt werden kann, zeigt nicht nur die Interpretation des 2. Strafrechtsreformgesetzes, das in § 17 eine eindeutige Stellungnahme des Gesetzgebers gegen die Vorsatztheorie enthält,[35] sondern auch der für die Verbotsirrtumslehre niemals hinreichend ausgeschlachtete § 51 II StGB, der bei fehlendem Unrechtsbewußtsein und verminderter Einsichtsfähigkeit nur eine Strafmilderung vorsieht und damit ebenfalls eine Entscheidung gegen die Vorsatztheorie enthält.[36]

Die szientistische Einengung des auf der dritten Stufe bestehenden Dezisionsspielraumes wird zwar auch in der modernen methodologischen Literatur anerkannt,[37] in ihrer Bedeutung aber nicht genügend gewürdigt. Allein sie dürfte es nämlich ermöglichen, daß der Spruch unserer Obergerichte zu einem „herrschende Meinung" genannten Konsens führen oder durch einen solchen Konsens zur Revision geführt werden kann[38] – ohne diese Reduktion der Dezisionsspielräume wäre es unmöglich, zahllose Fallentscheidungen auf die gleichen Grundfragen zurückzuführen und auf die Grundlage relativ weniger Mehrheitsentscheidungen zu stellen. Hierin liegt auch die bleibende Bedeutung des heute so umstrittenen systematischen Denkens:[39] Es konzentriert den dogmatischen Streit auf relativ wenige Basisprobleme, die eine Majoritätsbildung weit eher zulassen als ein Urwald der verschiedensten Topoi, die eine völlige Zersplitterung der Meinungsbildung gestatten würden.

2. Diese überaus wichtige Bedeutung der szientistischen Einengung der dritten Stufe, die in der topischen Jurisprudenz vielfach übersehen wird, erfährt

34 Lediglich bei den „Rechtspflichtmerkmalen" scheint die Rspr. noch Dezisionsspielräume zu haben, ferner natürlich auch bei der – von der allgemeinen Problematik unabhängigen – Frage nach den Vermeidbarkeitskriterien (s. dazu eingehend Rudolphi, Verbotsirrtum, S. 193 ff.).

35 Vgl. nur Maurach, Strafrecht, S. 255 f.

36 S. Roxin-Schünemann-Haffke, Klausurenlehre, S. 82.

37 Vgl. etwa Kriele, Rechtsgewinnung, S. 203 (zur Abschneidung von Unterkontroversen durch das Gesetz).

38 Wobei diesem Konsens im Vergleich zum Evidenzkonsens nur die Einstimmigkeit fehlt (der Konsens der h. M. ist also genaugenommen nur ein Majoritätsbeschluß).

39 Vgl. zu dem Streit zwischen systematischem und topischem Denken die Nachw. o. S. 146, Fn. 15, sowie Garrn, Rechtsproblem, S. 9 ff., und Coing, Methodenlehre, S. 54 ff. = Rechtsphilosophie, S. 342 ff.

durch einen weiteren, in der modernen Methodologie kaum berücksichtigten Umstand eine entscheidende Verstärkung: durch die prinzipielle Begrenztheit der im Einzelfall relevanten Topoi. Wenn es zuträfe, daß die Zahl möglicher Topoi praktisch unbegrenzt ist,[40] so wäre ein wissenschaftlicher Fortschritt freilich ebenso wenig möglich wie eine stabile Majoritätsbildung: Sobald die behauptete Relevanz eines Topos widerlegt wäre, könnten seine Anhänger auf einen zu dem gleichen Ergebnis führenden Reservetopos überspringen, und das Leben der Generationen und das institutionalisierte Gedächtnis des Wissenschaftsbetriebes wären nicht lang genug, um das Wiederaufleben ehedem abgelegter Topoi und damit die Schließung eines Teufelskreises zu verhindern; zudem wäre die jeweilige Mehrheitsbildung äußerst labil, weil möglicherweise jeder Anhänger der Mehrheitsmeinung einem speziellen Topos anhängen würde, der zufällig das gleiche Ergebnis wie die Topoi der anderen stützen, seine subjektive Überzeugungskraft aber gänzlich anderen Attitüden verdanken könnte – so daß sich die Mehrheit nur zufällig zusammenfinden und bei der ersten Belastung durch einen neu entdeckten Topos in Auflösungsgefahr geraten würde.

Zum Glück lehrt nun aber die juristische Erfahrung, daß eine solche Topoiphantasmagorie über den Rechtsfindungsvorgang keine Macht gewinnen kann. Der Topoiwirrwarr könnte nur einen Menschen verunsichern, der weder über Rechtskenntnisse noch über eine Minimalbasis gemeinsamen Werterlebens verfügt – einen aus der Wildnis in die Großstädte deportierten Buschmann etwa – und bleibt daher für unsere Rechtswirklichkeit ein blutleeres theoretisches Gespenst.[41] Der besagte Buschmann könnte etwa noch daran zweifeln, ob ein rothaariger Angeklagter nicht schon wegen seiner Rothaarigkeit verurteilt werden müsse (Topos: Leute von ungewöhnlichem Aussehen sind verdächtig und daher aus der Horde auszuschließen); wer an unserer Rechtskultur auch nur den allergeringsten Anteil hat, verspürt bei Erwähnung eines solchen Topos aber nur Belustigung oder, wenn er einige elementare Geschichtskenntnisse besitzt, ein beklemmendes Frösteln. Statt dieses einen vielleicht allzu drastischen Beispiels ließen sich leicht hunderte und tausende aus dem juristischen Alltag

---

40 Die Ausführungen von Viehweg, Topik, S. 35 ff., werden von Larenz (Methodenlehre, S. 152) dahin zusammengefaßt, daß „die Zahl möglicher Topoi praktisch unbegrenzt" sei. Viehweg sieht zwar die Notwendigkeit zu einer systematischen Reduzierung des Topoigemenges, hält aber „nur Ableitungszusammenhänge von geringerem Umfange" für möglich; vgl. aber dagegen (für eine Begrenztheit der jeweils in Frage kommenden Topoi) Roxin, Täterschaft, S. 589.

41 Vgl. auch Roxin, Täterschaft, S. 588 f., der von einem anderen wissenschaftstheoretischen Ausgangspunkt – der Hegelschen Begriffsmetaphysik – aus an Hand der praktischen Anschauung zu dem gleichen Ergebnis gelangt.

anführen, die alle das gleiche zeigen würden: Die beiden ersten Stufen der Rechtsgewinnung ermöglichen eine so starke Topoireduktion, daß es auf der dritten Stufe in der Regel nur noch um eine Entscheidung zwischen wenigen starken, miteinander rivalisierenden Topoi geht.

3. a) Die „Topoiflut" hat daher nur heuristische Bedeutung; sie kann mit den bisher kennengelernten szientistischen Methoden in der Regel bald eingedämmt und auf jene markanten Rivalitäten etwa zwischen Rechtssicherheit und Einzelfallprüfung, Herrschafts- und Verantwortungsprinzip[42] reduziert werden. In welchem Maße das möglich ist, hängt allerdings vor allem von der Dichte des vom Gesetzgeber geknüpften Normengeflechtes ab: Bei freier Rechtsschöpfung beispielsweise wird der Topoiwirrwarr schwieriger und weniger weitgehend zu disziplinieren sein als bei der Arbeit mit normativen Tatbestandsmerkmalen.

b) Auch auf der dritten Stufe bleibt es natürlich das Ziel aller dogmatischen Argumentationen, den „Sprung zur zweiten Stufe" zu schaffen und eine ausnahmslos wissenschaftliche Ableitung der Einzelfallentscheidung zu finden – auch wenn diese Lösung nur sehr selten zu erreichen sein wird. Es ist aber niemals ausgeschlossen, daß man eine neue Ableitung findet, deren Prämisse durch einen Evidenzkonsens axiomatisiert wird, daß eine bisher kontroverse Prämisse durch einen Wandel der grundlegenden Wertanschauungen dasselbe glückliche Schicksal erfährt oder daß schließlich eine bisher offene Frage bei der Mittel-Zweck-Analyse des Sachgehaltes durch eine neue empirische Untersuchung beantwortet werden kann.[43] Auf diese Weise kann also ein echter Fortschritt in der juristischen Dogmatik stattfinden, der freilich niemals gegen eine erneute Infragestellung auf Grund besserer Erkenntnis oder Veränderung der gesamtgesellschaftlichen Wertungsbasis gefeit ist – aber gerade dadurch wird ja eine orthodoxe Erstarrung der Dogmatik verhindert und ihre Anpassung an das jeweilig neueste empirische und axiologische Niveau gewährleistet.

c) Wenn ein solcher nur im Ausnahmefall möglicher Sprung zur zweiten Stufe nicht gelingt, wird die wissenschaftliche Argumentation, die die szientistische Begrenzung des drittstufigen Dezisionsspielraumes realisiert, nicht durch die (in diesem Fall nicht mögliche) Verifikation des eigenen Standpunktes, sondern durch die Falsifikation der vom Kontrahenten vorgetragenen Ableitung gekrönt. Die dogmatische Methode entspricht hier also genau dem Wissenschaftsideal des kritischen Rationalismus: Die (nach Auffassung der kritischen Rationalisten

42 s. dazu etwa o. S. 145.

43 Etwa: Die Folgen einer Strafaussetzung bei Trunkenheitsfahrten auf die Rechtstreue der Bevölkerung werden exakt gemessen (vgl. Kaiser, Verkehrsdelinquenz, S. 400 ff., und Schöch, Strafzumessungspraxis, S. 197 ff.), wodurch die Kontroversen im Bereich der §§ 14, 23 StGB a. F. allmählich beigelegt werden können.

ohnehin an dem Trilemma von unendlichem Regreß, Dogmatisierung problematischer Basissätze und logischem Zirkel scheiternden) Verifizierungsversuche werden durch einen niemals endenden Prozeß kritischer Prüfungen ersetzt, die zwar keine endgültige Gewißheit liefern, aber immerhin durch die Möglichkeit der Falsifizierung eine Atmosphäre kritischer Aufgeschlossenheit schaffen, durch die sich die wissenschaftliche Diskussion von unbelehrbarem, stets nur sich selbst reproduzierendem Dogmatismus unterscheidet.[44] Wie schon v. Savigny bemerkt hat,[45] könnte die Idee der kritischen Prüfung sogar als allumfassende Grundlage für eine moderne Rechtswissenschaftstheorie genommen werden, sofern man nicht – wie der kritische Rationalismus – an dem Max Weberschen Wertfreiheitspostulat festhält[46] oder – wie wir selbst in unseren metaethischen Überlegungen[47] – die in der Kritisierbarkeit zum Ausdruck kommende Rationalität präskriptiver Aussagen nur unter der Voraussetzung zur Verleihung des Prädikats „wissenschaftlich" ausreichen läßt, daß im Einzelfall eine Axiomatisierung der Basissätze möglich ist. Aber auch von unserem einschränkenden Standpunkt aus begründet die kritische Prüfung, soweit sie möglich ist, die szientistische Begrenzung der dezisionistischen Rechtsfindung, um deretwillen es gerechtfertigt ist, den Gesamtbereich der Rechtsdogmatik an unseren wissenschaftlichen Hochschulen zu behandeln.

Die Methoden der auf Falsifizierung abzielenden kritischen Prüfung sind mit denen identisch, die auch auf der ersten und zweiten Rechtsfindungsstufe in Betracht kommen. Man kann eine dogmatische Schlußkette etwa dadurch zerstören, daß man einen zwischen einer ihrer normativen Prämissen und einer legislatorischen Entscheidung bestehenden Widerspruch mit den Mitteln der historischen Rechtshermeneutik aufdeckt; ferner dadurch, daß man einen intrasystematischen Widerspruch aufdeckt, der entweder logischer Natur ist oder hinsichtlich dessen nach genügender Vorbereitung ein Evidenzkonsens hergestellt werden kann; und schließlich auch dadurch, daß empirische Annahmen widerlegt werden, die ja gerade im Rahmen von Zweck-Mittel-Deduktionen als Prämissen der normativen Aussagen auftreten.[48] Bei einer Beschränkung auf Falsifikationen kommt dieser „empirischen Kritik" sogar eine noch weitaus größere Bedeutung zu als bei der Rechtsgewinnung zweiter Stufe,[49] denn während

44 Zur Idee der „kritischen Prüfung" und der Falsifizierbarkeit als Kriterium der Wissenschaftlichkeit s. Popper, Logik der Forschung, S. 47 ff., 77 ff.; ders., Erkenntnis, S. 26 ff.; Albert, Traktat, S. 29 ff.; ders., Plädoyer, S. 11 ff.; Prim-Tilmann, Grundlagen, S. 85 ff.

45 in Albert-Luhmann-Maihofer-Weinberger, Jahrbuch II, S. 97, 107.

46 s. o. S. 108, 109 f. m. w. N.

47 s. o. S. 126 ff.

48 s. o. S. 115, 117 f.

49 s. o. S. 119 ff.

die „Erfahrung als Rechtsquelle" (Lüderssen) immer noch – soll man nicht in den naturalistischen Fehlschluß verfallen – normativer Ergänzung bedarf, setzt sie als zweites „Organon der Kritik"[50] lediglich voraus, daß der Gegenstand der Kritik empirische Prämissen enthält. Gerade das ist aber bei praktischen juristischen Argumentationen noch häufiger der Fall, als es wissenschaftstheoretisch notwendig wäre – weil es nämlich zu den typischen juristischen Argumentationsstrukturen gehört, intuitiv-autonome Wertsetzungen noch utilitaristisch-naturalistisch zu begründen,[51] indem auf die zu erwartenden Folgen der konkurrierenden Regelungsmuster abgehoben wird, deren positiver oder negativer Wertcharakter zwar selbst wieder problematisch ist, aber doch eher eine eindeutige Majoritätsbildung erlaubt als die eigentliche Wertsetzung. Die Bedeutung der empirischen Kritik in derartigen Fällen kann sehr schön an einem von uns schon früher[52] erörterten Beispiel demonstriert werden: Der Begriff der „Verteidigung der Rechtsordnung", der für die Verhängung und Vollstreckung kurzfristiger Freiheitsstrafen von entscheidender Bedeutung ist (s. §§ 14, 23 StGB = §§ 47, 56 III i. d. F. des 2. StrRG) könnte entweder in Richtung auf eine besonders schwere Schuld,[53] d. h. „absolut", oder (wie ganz überwiegend) „relativ", nämlich im Sinne der „Erhaltung der Rechtstreue der Bevölkerung" interpretiert werden.[54] Der BGH hat sich nun zwar offiziell für die zweite Möglichkeit entschieden,[55] praktiziert aber – was hier nicht im einzelnen dargelegt werden kann – in erheblichem Umfange die erste, indem er nämlich in Fällen schwerer Schuld die Alltagsvorstellung artikuliert, eine milde Rechtsfolgenbestimmung würde die Rechtstreue der Bevölkerung erschüttern.[56] Diese Scheinargumentation kann nun im Rahmen der kritischen Prüfung schnell entlarvt werden, wenn an Hand empirischer Untersuchungen festgestellt wird, daß die Kriminalitätsziffer in solchen Fällen von der Vollstreckung oder Aussetzung der Freiheitsstrafe überhaupt nicht abhängt,[57] so daß der BGH danach zur Offenlegung seiner

50 Neben der deduktiven Logik als dem ersten Organon der Kritik (s. dazu o. S. 198 m. w. N.).

51 Nach der namentlich im anglo-amerikanischen Denken einflußreichen utilitaristischen Ethik kann die Rechtfertigung eines präskriptiven Satzes ja sogar nur durch den Hinweis auf seine Konsequenzen erfolgen (zur utilitaristischen Ethik vgl. Frankena, Ethik, S. 54 ff., sowie Hoerster, Ethik, S. 11 ff. und passim).

52 s. o. S. 194.

53 oder schwere Folgen, vgl. OLGe Hamm und Köln, VRS 39, 330; 44, 264.

54 Vgl. dazu Lackner-Maassen, Strafgesetzbuch, § 14 Anm. 3 c bb; Schönke-Schröder, Strafgesetzbuch, § 14 Rdnr. 17; Jescheck, Lehrbuch, S. 628; alle m. w. N.

55 BGHSt. 24, 40 ff.

56 Vgl. BGHSt. 24, 64 und BGH NJW 1972, 832, 834 m. krit. Anm. von Naucke ebda.

57 Zu den Trunkenheitsfahrten s. die Untersuchungen von Schöch und Kaiser (Nachw. o. S. 194 Fn. 91). Zu den NS-Gewaltverbrechen sind entsprechende empirische Untersuchungen

eigentlichen Wertungsgrundlagen – vielleicht überhaupt erst zu deren Bewußtmachung – gezwungen wäre.[58] Diese Wertungsgrundlagen können dann wieder mit den Mitteln der historischen Rechtshermeneutik kritisiert werden[59] – bis im Grenzfall ein Sprung auf die zweite Stufe gelingt, wenn alle Konzeptionen bis auf die eine, allein noch übrig bleibende falsifiziert worden sind.

d) Mit diesen Andeutungen zu den auch in der juristischen Plausibilitätsargumentation noch enthaltenen szientistischen Elementen müssen wir uns begnügen. Wenn eine detailliertere Analyse hier auch nicht mehr möglich ist, so können wir doch jedenfalls festhalten, daß die dogmatische Argumentation auch auf dieser Stufe noch Wissenschaftscharakter besitzt, der lediglich wegen der Notwendigkeit, die Basissätze dezisionistisch, und das heißt letztlich: durch ein Übereinkommen der Mehrheit („Majoritätskonvention"), festzusetzen, nur eine partielle intrasystematische Stringenz verbürgen kann.

IV. Politische Implikationen des Dezisionsspielraumes

1. a) Wenn wir uns nunmehr der dezisionistischen Komponente der dritten Rechtsgewinnungsstufe zuwenden, so können wir die dem Richter insoweit eingeräumte Kompetenz als eine Befugnis zu politischem Handeln einordnen, die ebenso wie das Privileg des Abgeordneten, an der Gesetzgebung mitzuwirken, als soziales Gestaltungsrecht bezeichnet werden könnte. Auch wenn sich dieses Gestaltungsrecht im Gegensatz zu dem des Abgeordneten auf den jeweiligen individuellen Fall beschränkt, bedarf es doch in einem nach dem Grundsatz der Volkssouveränität verfaßten Gemeinwesen der demokratischen Legitimierung, die umso direkter sein muß, je mehr der betreffende Richter theoretisch oder praktisch Aufgaben der Normsetzung oder der Normkassation wahrnimmt, die in einem reinen Gewaltenteilungsmodell allein der Legislative zustünden. Das in unserem Richterrecht verwirklichte Prinzip, den Grad der demokratischen

---

kaum möglich, aber wohl auch wegen der hier notorischen Unanwendbarkeit generalpräventiver Überlegungen entbehrlich.

58 Der BGH müßte dann die Verletzung des Doppelverwertungsverbots (die Schuld wird ja schon bei der Festsetzung des Strafrahmens berücksichtigt!) offenlegen, zumal auch der Rückzug auf das abstrakte Gefühl der Redlichen („So einer muß doch in die Strafanstalt kommen!") als Fetisch der Rechtstreue rasch als Scheinargument decouvriert werden könnte, weil damit im Grunde doch wieder nur die Entrüstung über die Schuldhöhe und ein gründliches Mißverständnis des Instituts der Strafaussetzung artikuliert wird.

59 Vgl. zur Eliminierung des Schuldgedankens die Protokolle über die Sitzungen des Sonderausschusses für die Strafrechtsreform des Deutschen Bundestages in der 5. Wahlperiode, V S. 2134 ff., 2798.

Legitimierung des Richters von seinem Funktionsumfang abhängig zu machen und die höchsten Richter von einem durch den steigenden Einfluß des Parlamentes als der demokratisch am besten legitimierten Körperschaft bestimmten Gremium wählen zu lassen (s. §§ 5 ff. BVGG, 2 ff. RichterwahlG), ist daher den richterlichen Aufgaben, die ja auch das politische Handeln durch reine Dezision auf der dritten Stufe umfassen, durchaus adäquat. Zwar gerät diese Regelung leicht in Mißkredit, wenn das Wahlgremium das zu der (durch das Wahlsystem garantierten) politischen Eignung kumulativ hinzutretende Erfordernis der besonderen juristischen Qualifikation (vgl. § 11 RichterwahlG und § 4 I BVGG!) mißachtet[60] – aber diese Perversion des Richterwahlsystems setzt eine Perversion des Parlamentes voraus, die ohnehin nicht durch normative Absicherungen verhindert werden und daher auch nicht als Argument gegen unsere Art der Richterberufung eingesetzt werden kann, die in ihrer Verbindung von fachlicher und politischer Eignung, deren Anforderungen in beiden Beziehungen mit der Bedeutung des jeweiligen richterlichen Amtes wachsen, die in der Rechtsfindung anzutreffende Verbindung von wissenschaftlicher und politischer Tätigkeit getreulich nachzeichnet.

b) Aus diesen Überlegungen folgt, daß die in den letzten Jahren so oft polemisch überspitzte Forderung nach dem „politischen Richter"[61] eine gewisse Berechtigung besitzt; und zwar nicht nur in dem Sinne, daß der Richter bei der Rechtsschöpfung durch freie Dezision überhaupt politisch tätig wird (das kann vom heutigen Einsichtsstand aus ohnehin nicht bestritten werden), sondern auch in dem Sinne, daß eine die politischen Verhältnisse im Gemeinwesen widerspiegelnde Zusammensetzung der Richterschaft wünschenswert ist. Denn wenn die Ausfüllung der nach den ersten beiden Rechtsgewinnungsstufen verbliebenen „Lücken im Recht" nicht in dem gleichen Geiste bzw., um es modern auszudrücken, von der gleichen Lebensform her erfolgt, der auch die das Gesetz beschließende Mehrheit zugehört, wird es zu mit den Mitteln der Wissenschaftslogik nicht nachweisbaren und dennoch schwer erträglichen Widersprüchen in der Rechtspflege kommen, die den Erfolg des legislatorisehen Regelungsplanes selbst in Frage stellen können. Ein Beispiel bietet etwa die höchstrichterliche Rechtsprechung der Weimarer Zeit, die die neuen Wertsetzungen des republikanischen Staates vielfach von der Lebensform des vergangenen Kaiserreiches her interpretierte und damit in einer wissenschaftlich allerdings kaum nachweisbar

---

60 Vgl. dazu und zur allgemeinen Problematik der Richterwahl Laufer, Verfassungsgerichtsbarkeit, S. 206 ff.; Billing, Problem, S. 82 ff. und passim; Alberts JA 1972, 659 ff.; Frowein-Meyer-Schneider, Bundesverfassungsgericht, S. 68 ff.; Zuck, ZRP 1973, 238; Koch, JuS 1973, 473 f.; Kübler, DRiZ 1969, 379 ff.

61 Vor allem von Wassermann und seinem Kreis (Nachw. o. S. 5 Fn. 3).

illoyalen Weise manipulierte.[62] Da nach unseren wissenschaftstheoretischen Überlegungen bereits der ernsthafte Widerspruch eines einzelnen die Verlängerung der präzisen legislatorischen Entscheidungen durch Evidenzkonsense ausschließt,[63] besteht ein legitimes Bedürfnis dafür, die nicht exakt beweisbaren, sondern nur erfühlbaren Intentionen der Mehrheit auch im justitiellen Bereich durchzusetzen. Denn da unsere Gerichtsverfassung durch Oberste Gerichtshöfe des Bundes, durch einen Gemeinsamen Senat, durch Große Senate und durch zahlreiche Vorlageflichten[64] eine weitestgehende Rechtseinheitsgarantie geschaffen und die von Ort zu Ort differierende Ausfüllung der Rechtslücken damit ausgeschlossen hat und da ferner wissenschaftlich nicht entscheidbare, kontroverse Wertungsfragen nach dem demokratischen Grundprinzip unseres Staates (Art. 20, 28 GG) nicht nach dem Gutdünken einzelner, sondern nach dem Mehrheitsprinzip zu entscheiden sind, kann auch eine politische Auswahl der Richter nicht länger anrüchig sein: Die Abstimmung über die richtige Lückenfüllung in dem Senat eines Obersten Gerichtshofes, in einem Großen Senat oder in dem Gemeinsamen Senat spiegelt dann im kleinen die Majoritätsbildung wider, die sich im großen in den demokratischen Wahlen und parlamentarischen Abstimmungen vollzieht.

c) Auf der anderen Seite wäre es aber auch grundfalsch, das Prinzip des politischen Richters zu verabsolutieren. Erstens verdient bei den Instanzgerichten und damit bei der großen Masse der Richter das Prinzip der Chancengleichheit den Vorrang, das allen loyalen Staatsbürgern den gleichen Zugang zu den öffentlichen Ämtern verheißt (Art. 33 II, III GG) und damit auf den unteren Ebenen eine gesellschaftliche Vielfalt verbürgt, die einerseits eine ideologische Erstarrung verhindert und andererseits wegen der institutionell verankerten Rechtseinheitsgarantie doch niemals zu der Gefahr einer politischen Atomisierung des Staates führen kann. Zweitens hat der Grundgesetzgeber selbst durch die Anerkennung des Gewaltenteilungsgrundsatzes (Art. 20 III GG) und die flankierende Garantie der richterlichen Unabhängigkeit (Art. 97 I GG), die die Unabsetzbarkeit und Unversetzbarkeit des Richters einschließt (Art. 97 II GG), eine politische Gleichschaltung der Judikative ausgeschlossen und damit der heute so viel gescholtenen „Beharrungstendenz“ der Rechtspflege, die unter dem Aspekt der Rechtssicherheit eine gern unterschätzte, aber für die Gesellschaft

---

62 Vgl. dazu nur Rosenbaum, Naturrecht, S. 66 ff., 71 f., 72 ff., m. zahlr. Nachw. auf S. 338 ff. Fn. 1 ff., bes. Fn. 2, 14; bezüglich der Strafrechtsprechung des RG ist allerdings auch die zu einem entgegengesetzten Ergebnis gelangende Untersuchung von Neusel, Strafgerichtsbarkeit, S. 103 ff. und passim (m. zahlr. weit. Nachw. der Gegenmeinung auf S. 12 ff.) zu beachten.

63 s. o. S. 126 ff.

64 Vgl. Art. 95 GG, §§ 1 ff. Rspr.EinheitsG, 121 II, 132, 136 f. GVG u. v. a. m.

ungeheuer wichtige stabilisierende Funktion hat, ausdrücklich den Vorzug gegeben. Und drittens ist der Richter ja nicht nur zu politischen Handlungen, sondern auch zu wissenschaftlicher Tätigkeit berufen, die nicht nur durch die wissenschaftliche Dogmatik unserer ersten und zweiten Stufe, sondern auch durch die bereits behandelte szientistische Einengung des auf der dritten Stufe vorhandenen Dezisionsspielraumes ermöglicht und gefordert wird. Und wenn es auch wahr ist, daß den „denkenden Gehorsam“ (Heck) gegenüber dem Gesetz nur derjenige in vollkommener Weise aufbringen kann, dessen Attitüden mit denen der parlamentarische Mehrheit in allen wichtigen Punkten übereinstimmen, so ist es doch nicht weniger wahr, daß eine allzu starke Befrachtung mit politischen Vorurteilen dem Wissenschaftsprozeß ungeheuer abträglich ist und zu jener einseitigen Auswahl des für die wissenschaftliche Argumentation benutzten Materials führen muß, die an die Stelle der kritischen Hypothesenüberprüfung eine zirkuläre Denkweise setzt und die Wissenschaft in einem ideologischen Dogmatismus erstarren läßt.[65]

d) Wir können damit zusammenfassen: Die Ausfüllung des auf der dritten Stufe verbleibenden Dezisionsspielraumes erfolgt in einem politischen Prozeß, der aber nach dem Willen des Grundgesetzgebers nicht durch einen vollständig nach demokratischen Grundsätzen konstruierten Majoritätsbeschluß abgeschlossen werden soll, sondern vermöge der Übermacht der durch die besondere juristische Qualifikation ihrer Mitglieder gekennzeichneten Obergerichte deutliche (scheuen wir uns nicht, es auszusprechen) aristokratisch-technokratische Züge trägt; durch das Wahlverfahren für die Richter der obersten Gerichte ist jedoch eine vorsichtige Anpassung der „Justizoligarchie“[66] an die politischen Machtverhältnisse im gesamten Gemeinwesen gewährleistet, und dieser Kompromiß zwischen der wissenschaftlich-fachlichen und der politischen Qualifikation dürfte der Doppelnatur des zwischen wissenschaftlicher Erkenntnis und rechtspolitischer Dezision angesiedelten Rechtsfindungsverfahrens vergleichsweise am besten entsprechen.[67]

---

65 Vgl. zu dem Ideologieproblem allg. Lenk (Hrsg.), Ideologie, passim; ferner Seiffert, Marxismus, S. 59 ff. m. w. N.; Albert, Ideologie, S. 168 ff.; zu Ideologie und Recht speziell Maihofer (Hrsg.), Ideologie, passim; Henkel, Ideologie, S. 19 ff.; König Kaupen, Anmerkungen, S. 356 ff,

66 Deren Machtbefugnisse allerdings in vielfacher Hinsicht beschränkt sind, s. u. S. 162 ff.

67 Die landläufige Kritik am Sozialprofil des Justizjuristen dürfte an dieser Erkenntnis vorbeigehen, ganz abgesehen davon, daß sie, wie bereits bemerkt, methodisch anfechtbar ist, solange die bei den Juristen gefundenen Daten nicht auf ein umfassendes Gesellschaftssoziogramm (wie konservativ sind etwa die Apotheker, Tiefbauingenieure, Lateinlehrer, Arbeiter und Poliere?) projiziert, sondern nur an einem heimlichen oder explizierten „progressiven“ Gesellschaftsideal gemessen wird. Auch die wichtigste Reformforderung für die Juristenausbildung – die Hinführung zu den empirischen Sozialwissenschaften – setzt keinerlei gesellschaftspolitische Radikalismen voraus, sondern ergibt sich weit zwangloser aus der wissenschaftstheoretischen Einord-

2. a) Daß die innerhalb der Justiz zu treffenden gesellschaftlichen Entscheidungen trotz der richterlichen Unabhängigkeit normalerweise – d. h. wenn die Richter ein Mindestmaß an Loyalität aufbringen – weder zu einer gegen den Gesetzgeber gerichteten, die Gefahr einer innenpolitischen Paralyse bergenden Politik gebündelt werden noch sich in der amorphen Masse der von der „Richterwillkür" wahllos bevorzugten Einzelfalltopoi verlieren, wird wiederum durch die wissenschaftliche Komponente der zweiten Rechtsfindungsstufe gewährleistet. So bildet etwa die bereits angesprochene zahlenmäßige Begrenztheit der relevanten Topoi[68] die Grundlage für die dogmatischen Diskussionen, die nach und nach zu einer vollständigen Zusammenstellung der auf einem bestimmten Regelungsgebiet anzutreffenden Sach- und Wertstrukturen führen und schließlich, wenn sie auf dem harten Felsengrund der letzten Wertungen angelangt sind, eine auf den Attitüden der Mehrheit beruhende Majoritätsbildung erlauben. Auf diese Weise schafft die Dogmatik überhaupt erst die Möglichkeit dafür, daß sich das auf der dritten Stufe letztlich den Ausschlag gebende „Rechtsgefühl"[69] in einer dem Dezisionsspielraum adäquaten Weise durchsetzt und sich einerseits nicht von im Grunde irrelevanten, mit Hilfe der unteren Rechtsfindungsstufen leicht zu entkräftenden Topoi düpieren läßt, andererseits aber auch die feststehenden Wertungen der ersten beiden Stufen aufnimmt und verarbeitet. Erst durch diese dogmatische Schulung des Rechtsgefühls wird gewährleistet, daß die Lücken der Rechtsordnung in denkendem Gehorsam, d. h. in Loyalität gegenüber den legislatorischen Setzungen, und nicht in praktischer Umkehrung der gesetzgeberischen Entscheidungen geschlossen werden. Insoweit hat daher die wissenschaftliche Dogmatik auch eine politische Funktion, und sie begründet gerade jene Fähigkeit des guten Juristen, die von den Verfechtern einer Systemveränderung so leidenschaftlich gegeißelt wird und die doch jedem kritischen Betrachter als ein besonderer Vorzug erscheinen muß: die Fähigkeit nämlich, nicht gleich bei jedem Rechtsfall in wildem Denken die eigenen politischen Vorurteile auszutoben, sondern durch dessen Einordnung in das System der Rechtsordnung und durch die behutsame Auslotung des verbleibenden Dezisionsspielraumes das Rechtsgefühl selbst zu leiten und zu einem Spruch hinzuführen, der mit den tragenden Grundsätzen der Legalordnung in Einklang steht und nicht ihre Torpedierung, sondern ihre Fortentwicklung darstellt. Na-

---

nung unserer zweiten Rechtsfindungsstufe: Die empirische Analyse des „Sachgehalts", vor allem der Mittel-Zweck-Beziehungen (s. o. S. 115, 120 ff.), ist natürlich ohne die modernen Sozialwissenschaften überhaupt nicht möglich.

68 s. o. S. 151 f.

69 Als Produkt der den Persönlichkeitsgrund bildenden Attitüden; vgl. zu seiner Funktion bei der Rechtsfindung zuletzt Venzlaff, Schlüsselstellung, S. 57 ff.

türlich müssen alle jene, die diesen tragenden Grundsätzen nicht die mindeste Toleranz entgegenbringen, auch die genannte Fähigkeit zutiefst verabscheuen, aber wer das Fundament unseres demokratischen Rechtsstaates auch nur im Prinzip akzeptiert, wird den Wert dieses im positiven Sinne „konservativen" Vermögens des Rechtsdogmatikers gerecht zu beurteilen wissen.

b) Natürlich kann diese werthafte Bewahrungstendenz der Dogmatik auch zu einem vielen negativ erscheinenden Konservativismus entarten; aber selbst die Apologie dieser Tendenz hat noch mehr für sich, als man auf den ersten Blick annehmen sollte.

aa) Erstens wird man nämlich in Abwandlung der bekannten Formulierung von Kants Straftheorie[70] sagen können, daß der Gesellschaft in der obergerichtlichen Rechtsprechung nur das widerfährt, was ihre eigenen Taten (d. h. ihre politischen Aktivitäten) wert sind: Die in den Fünfziger Jahren ergangene Rechtsprechung des Bundesgerichtshofes zum Sittlichkeits- und Staatsschutzstrafrecht etwa, die seitdem so oft so herb getadelt worden ist,[71] war – das kann hier nur pauschal festgestellt und müßte ggf. durch eine exakte soziologische Analyse im einzelnen nachgewiesen werden – das getreue Abbild des Deutschland der Adenauer-Zeit, das sich auf dem Gebiet des Strafrechts noch in den Beratungen der Großen Strafrechtskommission und in dem darauf beruhenden E 1962 ein ebenso sehr von hohem Ernst wie auch von deutlichem Konservativismus durchdrungenes, eindrucksvolles Denkmal gesetzt hat.[72] Daß der Wandel der gesellschaftlichen Grundhaltungen mit einer gewissen Verzögerung auch bis zur Justizoligarchie, d. h. der höchstrichterlichen Rechtsprechung, durchschlägt, zeigt der schon viele Jahre vor der Verabschiedung des 4. Strafrechtsreformgesetzes in der Sittlichkeitsrechtsprechung einsetzende Umschwung, der schließlich dazu geführt hat, daß die vom Gesetz offen gelassenen Dezisionsspielräume in einer gegenüber den Fünfziger Jahren völlig veränderten, liberalen Weise ausgefüllt wurden.[73]

---

70 Metaphysik der Sitten, § 49 E I, S. 455.

71 Zur Darstellung und Kritik vgl. nur Copic, Politisches Strafrecht, S. 163 ff., 188 f.; Kirchheimer, Politische Justiz, S. 142 f. u. ö.; Ammann in Nedelmann-Thoss-Bacia-Ammann, Kritik, S. 121 ff.; Hanack, Gutachten, Rdnr. 13 f.; Berra, Paragraphenturm, S. 83 ff., 91 ff.; Wiethölter, Rechtswissenschaft, S. 117 f., 124 ff. Neben der i.f. im Text angegebenen Wurzel hat die Sittlichkeitsrechtsprechung (deutlichstes Beispiel: BGHSt. -GrS- 6, 46 ff.) allerdings noch eine zweite Grundlage, die die herbe Kritik wirklich verdient hat, nämlich eine etwas bigotte Moral als (damals) typische Attitüde der gehobenen Mittelschicht, die zwar als individuelle Lebensform zu tolerieren, als Maßstab des Kriminalrechts aber entschieden abzulehnen ist.

72 Zum E 1962 vgl. insoweit Hanack, Gutachten, Rdnrn. 18 ff.; ders., ZStW 77, 399 ff.; Wiethölter, Rechtswissenschaft, S. 120 ff.; Maihofer, Reform, S. 116, 120 ff.; Roxin, Sittlichkeit, S. 156 ff.

73 Vgl. nur das berühmte Fanny-Hill-Urteil BGHSt. 23, 40.

bb) Daß der angesprochene Verzögerungsfaktor bei der justitiellen Vermittelung gesellschaftlicher Veränderungen und die daraus resultierende Beharrungstendenz der Judikatur nicht eigentlich als ein möglichst zu behebender Defekt unserer Rechtsverwirklichungsorganisation angesprochen werden kann, ist bereits früher angedeutet worden. Hier soll der Grund dafür noch einmal ganz unmißverständlich formuliert werden: Die Justiz ist nicht und kann nicht der Teil unseres sozialen Systems sein, der gesellschaftliche Veränderungen sowohl zu konzipieren und zu artikulieren als auch zu realisieren hat, weil ihr dazu die organisatorischen und technischen Voraussetzungen, die Machtmittel und vor allem die direkten demokratischen Legitimationen fehlen. Woher soll eine Handvoll Juristen in Karlsruhe die demokratische Legitimation zum Oktroi einer Gesellschaftsreform beziehen, die in dem vom Volke gewählten Parlament keine Mehrheit gefunden hat? Welche Verfahrensordnung stellt die organisatorischen und technischen Mittel zur Verfügung, die zur Durchführung der vor einer Neuregelung anzustellenden Recherchen unentbehrlich sind? Und wo sind dic Machtmittel unserer Obergerichte, wenn sich Untergerichte und Prozeßbeteiligte der Neuregelung versagen, so daß die kritischen Prozesse nicht „nach oben" gelangen, oder wenn gar durch die Abwanderung zu Schiedsgerichten ganze Lebensgebiete der Karlsruher Jurisdiktion entzogen werden?[74]

Die Rechtsprechung ist daher schon von ihrer im Grundgesetz und in den Prozeßordnungen konzipierten Struktur her nicht in der Lage, sich zum Promoter eines sozialen Fortschritts aufzuwerfen, der vom Parlament und von der Regierung nicht gewollt ist. Zwar kennt die Rechtsgeschichte zahlreiche Beispiele „geglückter richterlicher Rechtsfortbildung",[75] aber diese Fälle sind immer dadurch gekennzeichnet, daß die Rechtsprechung entweder schon längst eingetretene gesellschaftliche Veränderungen gegen das unverändert gebliebene Gesetz nachvollzog[76] oder in einer unhaltbar gewordenen Situation eine Entscheidung traf, auf die die in irgendeiner Form paralysierten anderen Staatsgewalten im Grunde sehnsüchtig warteten.[77] Ohne diese stillschweigende Duldung von Regierung und Parlament können die reformatorischen Aktivitäten der Obergerichte aber nur selten durchschlagende Erfolge erringen, weil das Herrschaftssystem innerhalb der Justiz selbst viel zu diffus ist und weil die

---

74 Zu dieser Charakterisierung der Justiz als einer „konservativen Gewalt" vgl. auch Kriele, Rechtsgewinnung, S. 265 ff. m. w. N.

75 Vgl. dazu Larenz, Kennzeichen, S. 6 ff.; ders., Festschr. f. Henkel, 1974.

76 Z. B. bezüglich der Prozeßfähigkeit von Gewerkschaften (BGHZ 42, 210; 50, 325).

77 So die moderne Rspr. zum Persönlichkeitsrecht, der eine bis heute erfolglos gebliebene, in die gleiche Richtung zielende Bonner Initiative korrespondiert (vgl. Esser, Schuldrecht II, S. 400 f. sowie Larenz, Schuldrecht II, S. 389).

Obergerichte mangels eines ihnen gegebenen „Devolutionsrechts" nicht in der Lage sind, unmittelbar die soziale Wirklichkeit selbst zu reglementieren.[78]

cc) Mangelnde demokratische Legitimation und institutionelle Schwäche stehen also einem „Beruf der Rechtsprechung zur ständigen Gesellschaftsreform" entgegen und rechtfertigen jene ihr seit je eigentümliche und heute so verpönte Beharrungstendenz. Daß es übrigens kein Zufall ist, daß sich die auf Systemveränderung abzielenden politischen Gruppierungen in unserer Gesellschaft als Hauptziel ihrer Angriffe neben den Hochschulen die Justiz und nicht etwa die Verwaltung ausgesucht haben, ist von hier aus leicht erklärbar, denn gerade auf Grund ihrer institutionellen Schwäche sind Universität und Justiz die wehrlosesten Angriffsobjekte, denen ihr besonderer Vorzug – der weitgehende Abbau hierarchischer Binnenstrukturen als unabdingbare Voraussetzung wissenschaftlicher Tätigkeit – im politischen Machtkampf gerade zum Nachteil gereicht!

c) Daraus folgt: Die Justiz hat nach der Verfassung unseres Staates nicht die Aufgabe, die gesellschaftlichen Verhältnisse zu revolutionieren, sondern soll diese vielmehr stabilisieren – ein nur scheinbar reaktionärer Satz, der aber nichts weniger als eine Option für den status quo enthält, sondern nur eine heute vielfach verkannte Rollenverteilung wieder ans Licht heben soll. Die schon oben abgelehnten Forderungen nach dem ein ganz bestimmtes progressives Programm verfolgenden Richter,[79] deren Anhänger eigentlich in Abwandlung des berühmten Marx-Wortes[80] den Satz „Die Juristen haben die Gesetze immer nur verschieden interpretiert; es kommt aber darauf an, sie zu verändern" im Panier führen müßten, sind daher an den falschen Adressaten gerichtet. In gesamtgesellschaftlicher Hinsicht liegt der Schwerpunkt der Judikatur, wie dargelegt, in der Bewahrung der Rechtssicherheit, in der Vervollständigung der gesetzten und gelebten Ordnung. Politische Reformforderungen, die weder im Parlament eine Majorität finden noch das gesellschaftliche Werterleben zu dominieren vermögen, werden auch in der Rechtsprechung keine Lorbeeren ernten können!

3. Die bisherigen Überlegungen können nun freilich leicht das Mißverständnis verursachen, als ob wir die lückenfüllende Rechtsfindung auf einen ehe-

---

78 Etwas anderes gilt wohl nur bei einer von antinomischen Institutionen beherrschten Wirklichkeit wie etwa im Arbeitsrecht – wo denn auch der Schwerpunkt der justitiellen Gesellschaftsreform liegt. In der Strafjustiz darf der Versuch des BGH, das fehlende Devolutionsrecht durch eine Disziplinierung der Staatsanwälte zu ersetzen (s. BGHSt. 15, 155 ff.), wohl als gescheitert angesehen werden (vgl. nur Kern-Roxin, Strafverfahrensrecht, S. 47 m. w. N.).

79 s. o. S. 158 f.

80 In der elften These über Feuerbach (1845).

gestrigen Konservativismus festlegen wollten. Es muß daher betont werden, daß eine solche Festlegung des Rechtsanwenders auf die Attitüden einer vergangenen Epoche weder wünschenswert noch möglich ist. Bisher wurde nämlich insoweit ein einseitiges Bild entworfen, als nur die Schulung des Rechtsgefühls am überkommenen Normenbestand betrachtet wurde, die die wichtigen Kontinuitäts- und Rechtssicherheitsfunktionen trägt und die gegen die modernen freirechtlichen Angriffe in Schutz genommen werden mußte. Nunmehr muß dieses Bild aber durch einen Blick auf die „Anpassungsfunktion" ergänzt werden, die bei der Ausfüllung der Dezisionsspielräume durch die Vermittelung des überkommenen Normengitters mit den modernen Attitüden realisiert wird. Die oben beschriebene Schulung des Rechtsgefühls kann natürlich niemals zu einer Austilgung des durch das Leben in der Gegenwart geprägten „axiologischen Persönlichkeitsgrundes" des Richters führen, sondern immer nur die Bewußtmachung und Eliminierung der der Legalordnung am ärgsten widerstreitenden Einstellungen leisten. Alle jene zeitbedingten Vorverständnisse aber, die sich nach dem subjektiven Empfinden des jeweiligen Rechtsanwenders mit den Ergebnissen der ersten beiden Stufen noch loyal vereinbaren lassen, kommen dann bei der Schließung der Dezisionsspielräume auch voll zum Tragen und bewirken jene Vermittelung des statischen Gesetzes mit der dynamischen Wirklichkeit, die als gesellschaftliche Aufgabe der Rechtsprechung gleichwertig neben die Bewahrung der Rechtssicherheit tritt und in der herkömmlichen Methodenlehre mit der Wendung, daß das Gesetz „sich in der Zeit wandle",[81] nur höchst mißverständlich und mißverstanden beschrieben wird. Ebensowenig wie wir in einer „révolution de tous les jours" zu leben vermögen, können wir uns in den Schranken eines durch die Veränderung der gesellschaftlichen Verhältnisse überholten Zeitgeistes wohlfühlen, und hier zwischen Scylla und Charybdis die freie Durchfahrt, die gute Mitte zu finden, ist die politische Aufgabe der Rechtsprechung, die ihr von keiner anderen Staatsgewalt abgenommen werden kann – auch nicht von dem im Falle einer Pflicht zur ständigen Anpassung des heute schier endlosen Normengeflechts vollständig überforderten Gesetzgeber. Wenn wir diese Anpassungstätigkeit hier nicht mehr im einzelnen verfolgen, so ist dies nicht nur durch die vorgegebene Umfangsbeschränkung geboten, sondern auch vom heutigen Diskussionsstand her gerechtfertigt: Die Anpassungsaufgabe des Richters steht heute außer Streit und braucht daher nicht mehr umständlich auseinandergesetzt zu werden, während ihre Begrenzung durch das Rechtssicherheitsinteresse und durch die beschränkten Möglichkeiten der Rechtsprechung zur Gesellschaftsreformation seit einiger Zeit in

---

81 Vgl. dazu vom Standpunkt der objektiven Auslegungstheorie aus eingehend Larenz, Methodenlehre, S. 330 ff., sowie Zippelius, JZ 1970, 242.

(unbegründeten) Mißkredit geraten ist und daher einer leicht polemischen Reaktivierung dringend bedurfte.

4. a) Wir haben damit die dritte Stufe der Rechtsgewinnung mit ihrer Mischung aus szientistischen und dezisionistischen Bestandteilen so vollständig zu analysieren versucht, wie es der beschränkte Raum und der Umfang der in den früheren Kapiteln betriebenen wissenschaftstheoretischen Studien gestattete. Vor allem der zweite Teil unserer Überlegungen – die Betrachtung der dezisionistischen Lückenfüllung – mußte naturgemäß in der etwas unpräzisen Dialektik von „Rechtsbewahrung und Anpassung" stecken bleiben, weil die wissenschaftliche Methodik, die die bei der dogmatischen Arbeit um der Wahrheitsfindung willen zu beachtenden Regeln gewissermaßen von innen her entwickelt, hier kein Betätigungsfeld mehr findet, so daß die diesbezügliche Argumentation selbst aus dem wissenschaftstheoretischen in den politischen Bereich überwechselt. Es ist daher zu bezweifeln, ob für die Schließung der Dezisionsspielräume überhaupt jemals eine wissenschaftliche Methodologie gefunden werden kann, die die von uns vorgenommene dialektische Entgegensetzung aus der Unwissenschaftlichkeit des dialektischen Denkens[82] hinausführt und die Praxis mit genuin wissenschaftlichen Theorien versorgt. Einstweilen scheint es nur möglich zu sein, die Praxis dadurch auf das richtige Gleis zu steuern bzw. dort festzuhalten, daß in die (selbst nur partiell mit szientistischen Argumenten geführte) justizpolitische Diskussion eingegriffen wird, so wie wir dies – wenn auch ohne explizite Auseinandersetzung mit unseren prominenten Kontrahenten[83] – von der von uns in den vorangegangenen Kapiteln bereiteten wissenschaftstheoretischen Warte aus unternommen haben.

b) Eine wissenschaftliche Untermauerung und Fortentwicklung scheint allerdings noch an der Nahtstelle zwischen szientistischer und dezisionistischer Rechtsgewinnung möglich zu sein. Die Bedeutung der von uns angenommenen szientistischen Begrenzung müßte nämlich einmal unter Auswertung des in kritischen Zeiten angefallenen Rechtsprechungsmaterials in einer juristisch-soziologisch-psychologischen Untersuchung näher analysiert werden, weil wohl erst auf diese Weise die heute so landläufige Schelte der juristischen Dogmatik endgültig zum Verstummen gebracht werden kann. Gerade das Verhalten der Justiz im Dritten Reich dürfte hier ein reiches empirisches Material liefern. Muß es nicht auffallen, daß der Mordterror in der Exekutive und den exekutivische Staatsfunktionen okkupierenden Parteigliederungen ohne besondere Wider-

82 Wir müssen es uns versagen, dieses provokatorische Bekenntnis hier im einzelnen gegen die einflußreichen neodialektischen Schulen zu verteidigen, und können zur Kritik des dialektischen Denkens nur allgemein auf Popper, Falsche Propheten, S. 51 ff., verweisen.
83 Vgl. die Nachw. o. S. 5 Fn. 3.

stände Blutorgien unglaublichen Ausmaßes feierte, in der Justiz aber – von der apokalyptischen Endphase abgesehen – nur in relativ seltenen (heute zum Ausgleich dieses quantitativen Minus gern besonders in den Vordergrund gespielten) Fällen Fuß fassen konnte?[84] Muß es nicht auffallen, daß Hitler an den Juristen, diesen fortschrittsunfähigen ewig Gestrigen, so wenig Gefallen finden konnte?[85]

Es dürfte sich daher verlohnen, all die Einbruchsstellen zusammenzuschreiben, durch die der Terror in den Rechtsstaat eindrang. Der nach dem Zusammenbruch so übel beleumundete Gesetzespositivismus ist es eigentlich nicht – denn die Nürnberger Gesetze und die zahlreichen Kriegsverordnungen haben zwar zu Rechtszuständen geführt, die wir von unserem heutigen Werterleben aus nur schärfstens verurteilen und verabscheuen können, die aber in der Geschichte der zivilisierten Welt zahlreiche (anscheinend niemals hinreichend abschreckende) Beispiele finden[86] und sich auch von dem, was in der Exekutive daraus wurde, um Wertwelten unterscheiden. Die sogenannte Endlösung der Judenfrage ist niemals in Rechtssatzform verordnet worden[87] – man braucht also anläßlich des schlimmsten Terrors im Dritten Reich keinen transzendenten Naturrechtsglauben zu bemühen, weil es offenbar Mechanismen gibt, die eine Perversion des geschriebenen Gesetzes dort, wo es sich gegen die Evidenzkonsense der großen Mehrheit richten müßte, ausschließen. Ein solcher Terror muß dann immer heimlich sein, er bedarf der Bemäntelung, und der Gesetzespositivismus erweist sich dadurch als ein stärkerer Schutzschild denn das Naturrechtsbekenntnis, weil er selbst in den Zeiten des Terrors dem gerechten Richter noch dort Deckung zu bieten vermag, wo eine Berufung auf das Naturrecht mit einer Selbstpreisgabe identisch wäre.

---

84 Die tiefdringende Untersuchung von Rüthers (Auslegung) ist in erster Linie dem Privatrecht gewidmet und ergibt daher für die im Text gestellte Frage wenig. Die Untersuchungen von Schorn (Richter im Dritten Reich) und Weinkauff (Hrsg., Justiz und Nationalsozialismus) weisen – ungeachtet ihrer möglicherweise apologetischen Stimulation – jedenfalls in die im Text genannte Richtung, und sonstige Gesamtdarstellungen über die Rolle der Justiz im 3. Reich existieren (von der Broschüre von Staff, Justiz, S. 68 ff., und von dem Aufsatz von v. Brunneck in KritJ 1970, 21 ff. abgesehen) bis heute nicht. Die im Text getroffene Feststellung ist eine intuitive Schlußfolgerung aus dem vorliegenden historischen Material, deren endgültige Verifizierung natürlich nur durch eine detailliertere historische Untersuchung erfolgen könnte.

85 Vgl. Picker, Tischgespräche, S. 211–213, 259 f. u. ö.

86 Eine populäre Zusammenstellung findet sich jetzt bei Dollinger, Schwarzbuch; im Sinne der im Text unternommenen Rehabilitierung des Positivismus jetzt auch Rosenbaum, Naturrecht, S. 147 ff.; Flume, Richter, S. 13.

87 Vgl. Henkys, Gewaltverbrechen, S. 126 ff.; Baumann, ebda., S. 295 f.

c) Es verdient daher Beachtung, daß auch im Dritten Reich die Angriffe auf die gesetzliche Basis der Justiz, die wir mit unseren ersten beiden Rechtsgewinnungsstufen gegen die modernen Auflösungsdiagnosen zu verteidigen versuchten, durch die Unterminierung der die alten Wertsetzungen wegen der weitgehend unveränderten Gesetzeslage noch im NS-Staat reproduzierenden, gesetzespositivistischen Methodenlehre gekennzeichnet sind. Institutionelles Rechtsdenken, konkretes Ordnungsdenken und die Lehre vom konkret-allgemeinen Begriff bildeten die methodologischen Wegbereiter des Nationalsozialismus,[88] und nicht zufällig stehen diese alle irgendwie auf Hegel zurückgehenden, jegliche Versuche einer szientistischen Grundlegung vereitelnden Denkfiguren beim heutigen Neomarxismus wieder in hohem Ansehen.[89] Und wenn man hinzunimmt, daß die einer szientistischen Begrenzung weitestgehend entwachsenen Generalklauseln das Haupteinfallstor des Nationalsozialismus bildeten,[90] ist wohl die Schlußfolgerung gerechtfertigt, daß eine wissenschaftliche Dogmatik vergleichsweise noch das beste Abwehrmittel gegen eine „Umpolung" der Justiz durch eine revolutionäre Minderheit darstellt. Zwar kann natürlich auch die Rechtswissenschaft die menschliche Fragilität nicht beseitigen, so daß mit dem endgültigen Sieg einer neuen Ideologie auch in der Justiz die alten Werte zerbrechen,[91] aber bis zu diesem Zeitpunkt kann die wissenschaftliche Dogmatik – und darin müssen wir Rüthers[92] widersprechen – sehr wohl verhindern, daß die Minderheitenideologie von einem Tag auf den anderen alle gesellschaftlichen Verhältnisse umstürzt. Denn wie das Beispiel des Nationalsozialismus und jetzt wieder das der DDR zeigt, verzichtet die an die Macht gelangte Minderheit für eine längere Zeit bewußt und wohl auch aus gutem Grund auf eine gesetzlich verordnete und damit legale Totalrevision der Gesellschaft, und dieser „horror legis" bedeutet die große Chance einer wissenschaftlichen Dogmatik, außer Bewahrung und Anpassung auch Freiheitsverbürgung zu leisten.

---

88 Vgl. dazu die Darstellung bei Rüthers, Auslegung, S. 277 ff., 302 ff.; ders., Rechtsdenken, passim. Natürlich ist damit nicht gesagt, daß die – häufig in der Tradition des deutschen Idealismus stehenden – Vertreter der o.g. Konzeptionen die die inhaltlichen Lücken schließende NS-Ideologie oder gar den NS-Terror voraussahen oder gar billigten.

89 Vgl. zu den Parallelen von nationalsozialistischen und neomarxistischen Immunisierungsstrategien Topitsch, Mythos, S. 159 f.; ders., Sozialphilosophie, S. 36 ff., 329 f.

90 Rüthers, Auslegung, S. 210 ff.

91 In einem solchen Fall bleibt natürlich auch das Kopfschütteln der Naturrechtsanhänger ohnmächtig: Ein politischer Machtkampf kann nicht allein durch eine bessere Metaphysik entschieden werden!

92 Vgl. Auslegung, S. 443 ff.

d) Gerade eine Analyse der Rechtsprechung im Dritten Reich dürfte daher die Wichtigkeit der szientistischen Begrenzung des richterlichen Dezisionsspielraumes nachdrücklich unter Beweis stellen. Daß die Justiz unter dem Nationalsozialismus im Vergleich zur Exekutive bei einer heutigen Würdigung relativ gut abschneidet, verdankt sie sicher zu einem guten Teil ihrer ursprünglich festgefügten Dogmatik, und eine solidere Verwissenschaftlichung hätte gewiß noch eine größere Standfestigkeit beschert. Gegen eine gesamtgesellschaftliche Wertrevolution ist natürlich auch die Dogmatik machtlos – aber dagegen gibt es, wie gesagt, ohnehin kein wissenschaftstheoretisches Rezept, sondern nur politischen Kampf, der nicht das Thema unserer Arbeit bildet.

V. Wissenschaftstheoretische Implikationen des Konkretisierungsvorganges und der sog. typologischen Rechtsfindung

1. a) Nachdem wir damit die wissenschaftstheoretischen und die rechtspolitischen Probleme der rational-dezisionistischen Werturteile, die wir als dritte Stufe der Rechtsgewinnung einordnen, in den Grundzügen erörtert haben, wollen wir uns noch etwas näher mit der „Idee der Konkretisierung" (Engisch) beschäftigen, von der alle dogmatischen Bemühungen auf der dritten Stufe geleitet sind. Wie wir bereits festgestellt haben, geht die Rechtsfindung im Bedeutungshof deskriptiver und normativer Tatbestandsmerkmale ebenso wie die Rechtsfindung an Hand normativer Richtlinien dergestalt vor sich, daß die feststehende allgemeine Aussage in einer wissenschaftlich nicht stringenten Weise in Richtung auf den konkreten Fall hin verlängert, „konkretisiert" wird.[93] Wir haben auch schon erkannt, daß die Rationalität dieses Konkretisierungsvorganges durch die szientistische Begrenzung des Dezisionsspielraumes gewährleistet wird, die zwar keine Verifizierung, aber doch immerhin Falsifizierungen gestattet.[94] Nunmehr gilt es, den wissenschaftstheoretischen Stellenwert dieser Konkretisierungsarbeit abschließend und unter Berücksichtigung des einschlägigen methodologischen Schrifttums noch etwas genauer zu betrachten.

b) Die Idee der Konkretisierung wird in der modernen rechtstheoretischen Literatur im Rahmen des Typusdenkens behandelt, das in den letzten Jahren zahllose Anhänger gefunden hat und ohne Zweifel heute die große Mode geworden ist. Gerade dadurch wird eine kurze Stellungnahme freilich fast unmöglich gemacht, weil die im einzelnen vielfach nuancierten Positionen des kaum noch

93 s. o. S. 143.
94 s. o. S. 153 ff.

überschaubaren Schrifttums zum Typusbegriff[95] nur in einer eigenen Monographie adäquat wiedergegeben und erörtert werden könnten. Im folgenden können daher nur die neuralgischsten Punkte des Typusdenkens erörtert werden: der „Begriff des Typus" und seine wissenschaftstheoretische Stellung in der Rechtswissenschaft, die Möglichkeit einer besonderen Logik des Typusdenkens, das Verhältnis des Typusdenkens und der Konkretisierungsarbeit zur begriffsjuristischen Inversionsmethode (allgemeiner gesprochen: die Bedeutung genereller Aussagen für spezielle Fallentscheidungen) und schließlich die Beziehung zwischen Typus (bzw., allgemein gesprochen, zwischen „offenen Begriffen") und Subsumtion.

2. a) Die erste Unklarheit ergibt sich bereits bei der Einordnung der Typenbegriffe in die fundamentalen Kategorien der klassifikatorischen (qualitativen) Begriffe, der komparativen (topologischen) Begriffe und der metrischen (quantitativen) Begriffe.[96] Wenn es auch klar ist, daß das szientistische Ideal einer metrischen, auf einer exakten Quantifizierung nach Meter, Gramm oder Grad aufbauenden Begriffsbildung in der Jurisprudenz nur in den seltensten Fällen zu erreichen ist, so bleibt doch offen, ob die tatsächlichen Sachverhalte in den rechtlichen Typenbegriffen unter einem übergreifenden Gesichtspunkt komparativ geordnet, d. h. in eine Reihenfolge gebracht werden,[97] oder ob sie nicht doch in qualitative Klassen eingeteilt werden, die lediglich unscharfe Ränder aufweisen.[98] Hempel und Oppenheim haben in ihrer grundlegenden Untersuchung zum Typusbegriff vor allem auf die komparative Struktur abgestellt und

---

95 Grundlegend Radbruch, Klassenbegriffe, S. 46 ff., und Engisch, Konkretisierung, S. 237 ff.; ferner vor allem Wolff, Typen, S. 195 ff.; Arth. Kaufmann, Rechtsphilosophie, S. 310 ff.; Hassemer, Tatbestand, S. 111 ff.; Leenen, Typus, S. 25 ff., 62 ff. und passim; Larenz, Methodenlehre, S. 423 ff.; Henkel, Rechtsphilosophie, S. 351 ff.;. ferner zu dem aus der anglo-amerikanischen Rechtstheorie stammenden, dem Typusdenken eng verwandten „Denken in Standards" Esser, Grundsatz, S. 95 ff.; Strache, Standards, S. 19 ff., 67 ff. (der allerdings zumeist doch auf das deutsche Typusdenken zurückgreift) – alle m. w. N. –.

96 Vgl. dazu Stegmüller, Wissenschaftstheorie II, S. 19 ff.; v. Kutschera, Wissenschaftstheorie II, S. 16 ff.

97 Z. B. der komparative Begriff des Dunklen, der im Recht etwa in § 251 Nr. 4 StGB und im Kriegsstrafrecht – vgl. § 2 der VO gegen Volksschädlinge v. 5. 9. 1939 und dazu Gleispach, Kriegsstrafrecht, S. 20 f. – relevant wird und der in eine abgestufte Reihe von den Sonnenflecken bis zur finstersten Nacht auseinandergelegt werden kann; oder, ein aktuelleres Beispiel: die Verkehrswidrigkeit (§ 315 c StGB) als Reihe, die von einer kleinen Unachtsamkeit bis zur Benutzung der falschen Autobahnseite reicht; oder schließlich die Schuld als Grundlage der Strafe (§ 13 I StGB), die von einer fahrlässigen Bagatellverfehlung bis zum absichtlichen Völkermord geordnet werden kann.

98 Etwa die Dunkelheit als Notwendigkeit, die üblichen Verrichtungen bei künstlichem Licht durchzuführen; oder die Wegnahme als Aufhebung einer fremden Sachgewalt.

haben dementsprechend den Typus als (komparativen) Ordnungsbegriff ausdrücklich gegen den Typus als „unscharfen Klassenbegriff" abgegrenzt, der durch nachträgliches Zerschneiden einer typologischen Reihenordnung entsteht und in logischer Hinsicht nicht den Ordnungs-, sondern den Klassenbegriffen zuzurechnen ist.[99] Diese Betonung der ordnenden Funktion des Typus, die sich auch noch bei v. Kempski und H. J. Wolff findet,[100] ist aber anscheinend sogar von Hempel selbst inzwischen zugunsten einer Gleichsetzung von ordnender und klassifizierender Form revidiert worden,[101] und Engisch hat angemerkt, daß sich die „präzise Bestimmung des Typenbegriffs" als Ordnungsbegriff in der juristischen Terminologie nicht einzubürgern scheine, weil die meisten sogenannten „Typenbegriffe" keine Steigerungsbegriffe seien und weil die vorkommenden Steigerungsbegriffe nicht „Typen" genannt würden, so daß man von Typen im Recht immer schon dann spreche, wenn das „vergleichsweise Konkrete" zum Durchbruch dränge.[102] Unseres Erachtens muß man, noch über Engisch hinaus, davon ausgehen, daß es bei der Rechtsfindung primär um Klassifizierungen und nur sekundär und durchaus nicht immer um komparative Reihen geht, so daß die ordnende Funktion des Typusbegriffs hier ganz und gar im Dienste der letztlich bezweckten Klassifikation steht.[103] Denn die Frage des „Entweder-Oder" auf der Tatbestandsseite kann nur durch einen klassifizierenden Tatbestand ei füllt werden, so daß der Richter schließlich doch dazu gezwungen ist, die zuvor von ihm aufgestellte komparative Reihe „nachträglich zu zerschneiden"[104] und damit letztlich doch zu jener „Ignorierung aller Zwischentöne" zu gelangen, „welche vielen ... das Recht ... so abstoßend macht".[105] Die komparative Funktion der Typenbegriffe kann daher nur dort selbständig zur Geltung kommen, wo nach der klassenlogischen Beantwortung der Frage nach der Tatbestandserfüllung, d. h. nach dem „Ob" der Rechtsfolge, noch de-

---

99 Typusbegriff, S. 5, 79, 83 u. ö.

100 Studium Generale 1952, 205 ff., bzw. 203. Eine Betonung der Funktion der Ordnungsbegriffe im Recht findet sich jetzt auch wieder bei Otte, Sätze, S. 301 ff.

101 Typologische Methoden, S. 86 ff.

102 Konkretisierung, S. 289 f.

103 Wohingegen die Ordnungsbegriffe in den Naturwissenschaften die Vorstufe zu den metrischen Begriffen darstellen, vgl. Stegmüller, Wissenschaftstheorie II, S. 29.

104 Vgl. Hempel-Oppenheim, Typusbegriff, S. 83.

105 Radbruch, Klassenbegriffe, S. 49. Die Dominanz der klassifikatorischen Funktion dürfte letztlich auf der vorherrschenden Struktur unserer Rechtsordnung als eines Konditionalprogrammes beruhen, dessen Voraussetzungen entweder vorliegen oder nicht vorliegen, während in Zweckprogrammen die geringere oder größere Eignung der möglichen Maßnahmen zur Erreichung eines aufgegebenen Zwecks und damit die ordnende Funktion im Vordergrund stünde.

ren Umfang zu ermitteln ist, wie vor allem bei der Strafzumessung. Wie klassenlogische Begriffe hier gewissermaßen von selbst in Ordnungsbegriffe umgewandelt werden, ist sehr schön am Beispiel des strafrechtlichen Schuldbegriffs zu zeigen, der auf der Tatbestandsseite („Sind Schuldausschließungsgründe vorhanden?")[106] rein qualitativ, bei der Strafzumessung aber („Das Maß der Schuld ist Grundlage der Strafzumessung")[107] quantitativ in Erscheinung tritt.[108] Vereinzelt dominiert die komparative Betrachtungsweise auch auf der Tatbestandsseite – wie etwa im Fall des Rechtsgütervergleichs beim übergesetzlichen Notstand[109] und in ähnlichen Fällen der Unrechts- und Schuldquantifizierung[110] –, aber das bleiben Ausnahmefälle.

b) Für die Analyse des Typusbegriffs folgt daraus, daß man ihn in der Rechtstheorie weder auf seine klassifizierende noch auf seine ordnende Funktion beschränken kann, da im Recht beide Formen relevant werden. Es muß also nach einem anderen Kriterium gesucht werden, das die heute ganz herrschende Meinung in seiner Mittelstellung zwischen Abstraktion und Individualisierung gefunden zu haben glaubt. Der Typus soll „in der Welt des Abstrakten ... eine Mittelstellung zum Konkreten hin" einnehmen,[111] die „Mittelhöhe zwischen dem Allgemeinen und dem Besonderen" bilden[112] und „‚gleichsam in der Mitte' zwischen dem Individuellen, ... ‚Konkreten' auf der einen und dem ‚abstrakten Begriff' auf der anderen Seite" stehen.[113] Diese Sicht dürfte zwar an und für sich zutreffend sein; es ist aber zu bezweifeln, daß damit das in wissenschaftstheoretischer Beziehung wesentliche Moment erfaßt worden ist. Denn in dieser Mittelstellung wird überwiegend kein allerdings unvermeidbares, die Einbruchsstelle des Dezisionismus bildendes Defizit an Wissenschaftlichkeit, sondern eine Wirkungsmacht gesehen, die die Grundlage für die Methode der Rechtsfindung aus

---

106 Darauf ist die Schuldprüfung gewöhnlich reduziert, vgl. nur Roxin-Schünemann-Haffke, Klausurenlehre, S. 19 f.

107 Wobei es in diesem Zusammenhang nicht darauf ankommt, ob das Schuldausmaß die Strafe exakt oder nur dem Rahmen nach bestimmt oder schließlich nur die Obergrenze markiert.

108 Vgl. Engisch, Konkretisierung, S. 287 f.

109 S. § 34 StGB i. d. F. des 2. StrRG und speziell zur Güterabwägung Lenckner, Notstand, S. 90 ff.

110 Vgl. dazu Kern, ZStW 64, 287; Noll ZStW 77, 17 f.; ders., ZStW 68, 184; Rudolphi ZStW 78, 80 ff.; Stratenwerth, Strafrecht, Rdnr. 631.

111 Engisch, Konkretisierung, S. 238; ähnlich auch S. 251, 260.

112 Arth. Kaufmann, Rechtsphilosophie, S. 310.

113 Larenz, Methodenlehre, S. 425; vgl. ferner Leenen, Typus, S. 56; Hassemer, Tatbestand, S. 113 f. m. w. N. in Fn. 131. Als generalisierende Denkfigur wird der Typus dagegen bei Henkel, Rechtsphilosophie, S. 354 ff., und den bei Leenen, Typus, S. 25 f., aufgeführten Autoren eingeordnet.

der Natur der Sache abgeben soll. Daß das typologische Denken ein Denken aus der Natur der Sache sei, findet man schon bei Radbruch und heute wieder bei Arthur Kaufmann, Larenz, Maihofer und Stratenwerth ausgeführt[114] – um nur die prominentesten Vertreter dieser Auffassung zu nennen. Trotz jahrhundertealter Beschwörungsversuche im theologischen, später im rationalistischen Naturrecht und trotz der zahlreichen und zu großem Einfluß gekommenen Erneuerungsversuche der letzten 25 Jahre[115] ist die Rechtsfindung aus der Natur der Sache aber bis heute nicht in einer rationalen Methodologie verankert worden, sondern in einem geheimnisvollen Bereich abstrakt-unpräziser Beschreibungen verblieben, der den von uns anerkannten wissenschaftstheoretischen Exaktheitsanforderungen nicht zu genügen vermag.[116] Wir haben bereits im Laufe dieser Arbeit darzulegen versucht, daß eine metaphysische Ableitung der „sachlogischen Rechtsgewinnung“ nicht akzeptiert werden kann,[117] daß ein Schluß vom Sein aufs Sollen auch in säkularisierter Form nicht möglich ist[118] und daß die Natur der Sache zwar im Rahmen der empirischen Sachgehaltsanalyse eine hervorragende Rolle spielt und hier sogar eine szientistische Verlängerung der historischen Rechtshermeneutik bewirken kann,[119] daß ihre wissenschaftliche Fruchtbarkeit aber dann endet, wenn zur Entscheidung eines konkreten Falles zusätzliche normative Prämissen gesetzt werden müssen, die mangels eines Evidenzkonsenses nicht mehr axiomatisiert werden können.[120] Natürlich haben wir mit diesen wenigen Bemerkungen die Problematik der Natur der Sache nicht erschöpft und sind vor allem eine detaillierte Auseinandersetzung mit den Argumenten unserer Gegner schuldig geblieben. Aber mehr kann in diesem Rahmen nicht gesagt werden, und mehr braucht hier vielleicht auch nicht gesagt zu wer-

114 Radbruch, Klassenbegriffe, S. 49; Arth. Kaufmann, Rechtsphilosophie, S. 310 f.; Larenz, Methodenlehre, S. 388 f., 446 f.; Maihofer, Naturrecht, S. 23; Stratenwerth, Natur der Sache, S. 22.

115 Das einschlägige Schrifttum ist kaum noch übersehbar; vgl. bis 1965 Arth. Kaufmann (Hrsg.), Ontologische Begründung, mit zahlr. Beiträgen auf S. 5–243 und erschöpfender Bibliographie von Hassemer auf S. 670 ff.; seitdem etwa (überwiegend kritisch!) Dreier, Natur der Sache, S. 83 ff., 119 ff.; Baratta, Analogie, S. 149 ff.; Engisch, Rechtsphilosophie, S. 232 ff.; Müller, Normstruktur, S. 94 ff.; ders., Methodik, S. 75 ff.; Diesselhorst, Natur der Sache, S. 206 ff., 218 ff.; Grimmer, Rechtsfiguren, S. 20 ff.; Säcker ARSP 1972, 223 f.; Albert, Probleme, S. 59.

116 Denn die „Rechtsfindung aus der Natur der Sache“ in ihrem herkömmlichen Verständnis verläuft rein intuitionistisch und verfügt daher weder über eine rationale Methode noch über einen Kontrollbereich.

117 s. o. S. 47 ff.

118 s. o. S. 107 ff.

119 s. o. S. 120.

120 s. o. S. 142 f.

den, weil auch die modernen Vertreter des sachlogischen Denkens, wenn wir das richtig sehen, unter Preisgabe älterer und gewagterer Positionen auf eine dem hier vertretenen Standpunkt nicht eigentlich widersprechende Linie einzuschwenken scheinen. Welzel nimmt etwa nur noch eine „punktförmige Durchsetzung des Rechtsstoffs mit sachlogischen Strukturen an“[121] – was sich möglicherweise nur in der façon de parler von der von uns bejahten „szientistischen Begrenzung des Dezisionsspielraumes“ unterscheidet. Und Larenz und Arthur Kaufmann betonen im Rahmen ihrer Stellungnahmen zur „ipsa res iusta“, daß diese „immer ein Akt der Persönlichkeit“ sei,[122] und das heißt doch wohl: ein irgendwie auch dezisionistischer Akt ist, weil sich in den Handlungen der Menschen die Freiheit des Willens realisiert.[123]

Damit scheint für die Zukunft sogar ein Konsens möglich, weil die verbliebene Differenz, ob es denn eine ipsa res justa überhaupt gibt, angesichts der Einigkeit in der methodologischen Einordnung nur noch rechtsphilosophische Fragen betrifft, die für die Rechtsfindung selbst keine Relevanz besitzen; denn Philosophie in diesem Sinne, als Weltanschauungslehre, „ist kein Leistungswissen“.[124]

c) Gerade diese zunehmend unstreitiger werdende dezisionistische Komponente des Denkens aus der Natur der Sache und damit auch der typologischen Rechtsfindung muß nun aber bei der wissenschaftstheoretischen Analyse das entscheidende Abgrenzungskriterium bilden, dem gegenüber die „Mittelstellung“ des Typusbegriffs zwischen abstrahierender und individualisierender Begriffsbildung zurücktritt, weil sie über die wissenschaftstheoretische Struktur des Typendenkens eigentlich noch nichts Präzises aussagt. Und weil diese Struktur bei der Rechtsfindung an Hand deskriptiver oder normativer Tatbestandsmerkmale bis hin zur Rechtsfindung an Hand normativer Richtlinien oder gar regulativer Prinzipien die gleichen essentiellen Elemente in lediglich graduell unterschiedlicher Abstufung aufweist – nämlich die szientistischen und die dezisionistischen Elemente[125] –, bestand für uns zu einer weiteren Ausfächerung des methodologischen Instrumentariums und zu einer besonderen Kategorie des „typologischen Denkens“ kein Anlaß; lediglich die statistische

121 Naturrecht, 2. Aufl., S. 198; Vom Bleibenden, S. 20.

122 Larenz, Festschr. f. Nikisch, S. 295; zustimmend Arth. Kaufmann, Festschr. f. Larenz, S. 39; ders., Festschr. f. Peters, S. 304 f.

123 Natürlich wäre es auch noch ein dezisionistischer Akt, das erkannte Rechte zu verwirklichen, aber weil für das Rechte auf der dritten Stufe keine erschöpfenden szientistischen Kriterien angegeben werden können, muß schon der „Rechtsfindungsvorgang“ auch dezisionistische Elemente enthalten.

124 Arth. Kaufmann, Festschr. f. H. Mayer, S. 80.

125 s. o. S. 146 ff.

Aussage war angezeigt, daß bei den (in der Nomenklatur der h. M. wohl als „Typen" zu bezeichnenden) „normativen Richtlinien" der Anteil der Konkretisierungsarbeit durch rational-dezisionistische Unter-Werturteile besonders groß ist.[126] Aus diesem Grunde erscheint es auch nicht erforderlich, die im Schrifttum anzutreffende Kontroverse, ob sämtliche nicht schlechthin exakten (und das heißt: bis auf die seltenen metrischen Begriffe und die intrasystematischen Kunstschöpfungen der Rechtssprache alle) Rechtsbegriffe als Typen anzusehen sind, ob dies nur für die normativen und regulativen Prinzipien gilt oder ob der Typus – noch enger – auf das Zwischenreich zwischen begrifflich fixierten Tatbestandsmerkmalen und Generalklauseln beschränkt ist,[127] hier im einzelnen nachzuzeichnen und fortzuführen. Denn da eine „typologische Betrachtungsweise" schon bei der Ausfüllung der Begriffshöfe der deskriptiven Tatbestandsmerkmale und noch bei der Ausfüllung von Generalklauseln angezeigt ist, führt die „klassische" Feststellung,[128] daß bei der besonderen Gruppe der Typen das typologische Denken typisch sei, eigentlich zu keiner neuen methodologischen Einsicht, sondern gehört gewissermaßen nur zu der architektonisch schön gegliederten, aber keine tragenden Teile enthaltenden Fassade des methodologischen Bauwerks.

d) Auch der Versuch Leenens, den Typus im Recht an Hand seiner Offenheit, Sinnhaftigkeit, Ganzheitlichkeit und Anschaulichkeit von dem „deutungsbedürftigen Rechtsbegriff" abzusetzen,[129] dürfte nur den Unterschied zwischen der normativ-konkretisierenden und der historisch-hermeneutischen Rechtsfindung artikulieren, weil die genannten differentiae specificae des Typus auch bei der nicht bloß auf den ersten beiden Rechtsgewinnungsstufen erfolgenden Ausfüllung der Bedeutungshöfe der „deutungsbedürftigen Rechtsbegriffe" im

---

126 Auch im Hinblick auf die von uns unterschiedenen drei Denkformen der freien Rechtsschöpfung, der entnormativierenden Konkretisierung und der Wertabwägung (s. o. S. 141 ff., 144 f.) gilt für den „Typus" gegenüber dem „Rechtsbegriff" nichts Besonderes: Freie Rechtsschöpfung ist in beiden Fällen selten genug, und Konkretisierungs- und Wertabwägungsarbeit ist bei Rechtsbegriffen (d. h. deskriptiven oder normativen Tatbestandsmerkmalen), wenn die ersten beiden Rechtsfindungsstufen nicht weiterhelfen, nicht anders zu leisten als beim „Typus".

127 Vgl. für die erste Auffassung vor allem Hassemer, Tatbestand, S. 85, 98, 111 f.; und auch Zippelius, Festschr. f. Engisch, S. 231 f.; für die zweite Auffassung Wolff, Studium Generale 1952, 201; für die dritte Auffassung Leenen, Typus, S. 34 ff., 49 ff.

128 Vgl. Leenen, Typus, S. 28, 61; Esser, Grundsatz, S. 97; Larenz, Methodenlehre, S. 440, 446 f.; Strache, Standards, S. 33 ff., 82 f. (mit einer zu der Herkunft des Typusdenkens aus der ontologischen Hermeneutik in Widerspruch stehenden Annäherung an die Topik).

129 Typus, S. 34 ff: Einen ähnlichen Unterscheidungsversuch, mit dem wir uns hier nicht im einzelnen auseinandersetzen können, hat bereits Strache (Standards, S. 21 ff., 78 ff.) unternommen; vgl. dazu die treffende Kritik von Schmidt, ARSP 1973, 257 ff.

Sinne Leenens anzutreffen sind: Das kann etwa schon an einem so geschlossen wirkenden Rechtsbegriff wie dem strafrechtlichen Begriff des „Menschen" ohne Schwierigkeiten gezeigt werden.

aa) Leenen sieht die Offenheit des Typus durch dessen Abstufbarkeit und damit in seiner schon oben erörterten komparativen Struktur als Ordnungsbegriff begründet, die etwa bei dem Typus des „entgeltlichen Geschäfts", nicht aber bei Rechtsbegriffen wie „Mann oder Frau" anzutreffen sei.[130]

Diese Argumentation ist jedoch offenbar nur für die Begriffskerne gültig, während es bei den Begriffshöfen – und das übersieht Leenen – ebenso wie bei den „Typen" unumgänglich ist, durch eine Welt gleitender Übergänge einen scharfen Schnitt zu ziehen. Bei der notwendigen Abgrenzung zwischen der Mißgeburt (dem Monstrum) und dem krankhaft entarteten Ei (der Mole)[131] ist die komparative Feststellung („Y ist mehr/weniger Mensch als X") daher ebenso möglich und angezeigt wie bei der Bestimmung der Menschwerdung im Geburtsvorgang (vgl. § 217 StGB), wo der Embryo von den ersten Anzeichen oder dem ersten Einleitungsakt der Geburt über die ersten Wehen und den Beginn der Ausstoßung bis zur Abnabelung und der eigenen Atmung „immer mehr" zum Menschen wird.[132] Die Offenheit des Typus unterscheidet sich von der Offenheit der Begriffshöfe daher im Prinzip nicht.

bb) Das gleiche gilt für die „Sinnhaftigkeit" (als Beziehung auf einen übergeordneten Wertgesichtspunkt), die für den Typus konstitutiv sein soll, während bei der Begriffsanwendung die Wertungsfrage grundsätzlich durch die Frage nach dem Vorliegen der Begriffsmerkmale ersetzt werde[133] Denn sobald bei der Ausfüllung des Bedeutungshofes die beiden ersten Rechtsgewinnungsstufen nicht mehr weiterhelfen – und an deren Grenzen stößt man früher oder später bei jedem nicht logisch exakten Rechtsbegriff[134] –, bleiben nur noch rational-dezisionistische Werterwägungen übrig, bei den „geschlossenen Rechtsbegriffen" nicht anders als bei den „offenen Typen".

cc) Daß schließlich für die „Ganzheitlichkeit" und die „Anschaulichkeit"[135] das gleiche gilt, zeigt wiederum das von uns herangezogene Beispiel des „Menschen" im strafrechtlichen Sinne. Bei der Abgrenzung der Mole vom Monstrum

---

130 Typus, S. 40 f.

131 Vgl. dazu Schönke-Schröder, Strafgesetzbuch, Rdnr. 10 vor § 211; Frank, Kommentar, Anm. I vor § 211; vgl. auch das Schneemenschenbeispiel bei Gössel, Festschr. f. Peters, S. 54 f.

132 Vgl. dazu Schönke-Schröder, Strafgesetzbuch, Rdnr. 9 vor § 211 m. zahlr. Nachw.: Daß durch eine komparative Ordnung zur Entscheidung eines Einzelfalles ein Schnitt gelegt werden muß, ist hier nicht anders als bei den sog. Typen geboten.

133 Leenen, Typus, S. 44 f.

134 Dazu eingehend Hassemer, Tatbestand, S. 67 ff., 96 ff.

135 Dazu Leenen, Typus, S. 46 ff. m. zahlr. weit. Nachw.

werden die äußere Gestalt und die innere Struktur des Körpers zu einem Gesamtbild „des Menschen" zusammenzufassen sein, wobei an die Stelle einer knappen, merkmalsarmen Definition eine anschauliche Beschreibung derjenigen Einzelheiten tritt, die uns als „menschliche Züge" vertraut sind.[136]

e) Wir können damit resümieren, daß die Lehre vom Typendenken gewissermaßen nur eine quantitative Erkenntnis ausdrückt und daß der methodologisch wichtigere, gewissermaßen übergeordnete Begriff die Konkretisierung ist – verstanden als die „Verlängerung" der auf den ersten beiden Stufen ermittelten Regelung durch rational-dezisionistische Werterwägungen. Wenn die somit nur verbleibende quantitative Differenz zwischen Begriff und Typus nach allem hierzu Gesagten es auch nicht rechtfertigt, von einer eigenen „typologischen Rechtsfindungsmethode" zu sprechen,[137] so darf andererseits doch nicht übersehen werden, daß die diesem graduellen Unterschied zu Grunde liegende Regelungsstruktur auch bei der Konkretisierung zu einem graduellen Unterschied führt, der sich in einer unterschiedlichen Verteilung von Rechtssicherheit und Individualgerechtigkeit niederschlägt. Denn wie Leenen[138] in Fortführung älterer Ansätze[139] zu Recht betont hat, liegt in der Option des Gesetzgebers für eine mehr offene oder für eine mehr geschlossene Gesetzesfassung eine Betonung der Individualgerechtigkeit oder aber der Rechtssicherheit,[140] wodurch sich auch für die Konkretisierung eine unterschiedliche Dignität dieser rivalisierenden Wertungen ergibt. Aber auch hieraus läßt sich im konkreten Fall kein stringenter Schluß gewinnen, da die aus gesetzestechnischen Gründen erfolgte Einbeziehung eines vom primären telos nicht mehr erfaßten Sachverhaltes in die legislatorische Regelung nicht dazu zwingt, nun auch bei der Konkretisierung solche Wertverschiebungen vorzunehmen. Und da der Rechtssicherheit in dem die Konkretisierung durchführenden richterlichen Urteil ohnehin regelmä-

136 Ebenso im Fall des Schneemenschen, s. Gössel, Festschr. f. Peters, S. 54 f., und zu der Kombination von deskriptiven und emotiven (besser: evaluatjven) Elementen bei der Zusammenstellung der „typisch menschlichen Züge" Schmidt ARSP 1973, 261 (am Beispiel der „typischen mittelalterlichen Stadt").

137 Gegen Leenen, Typus, S. 172; anders, wenn man die „typologische Rechtsfindung" nur als Synonym für unsere dritte Stufe auffaßt – aber darum geht es nach dem klassischen Verständnis gerade nicht, vielmehr soll es hiernach eine besondere Rechtsfindung an Hand von Typen geben, die sich von jener an Hand von Begriffen essentiell unterscheiden soll.

138 Typus, S. 108 ff.

139 Nämlich der von Heck unterschiedenen Prägung des Gesetzes durch die primäre Sachentscheidung und die sekundären rechtstechnischen Interessen (AcP 112, 18 u. ö. = Gesetzesauslegung, S. 53; Begriffsbildung, S. 40 f., 77 ff.

140 Leenen ordnet (im Anschluß an Heck, Begriffsbildung, S. 79 f.) die Individualgerechtigkeit als „primäre" und die Rechtssicherheit als „sekundäre" Wertung des Gesetzgebers ein, s. a. a. O., S. 109 ff.

ßig ein geringerer Rang zukommt als im abstrakten Gesetzgebungsverfahren, wird sich auch unter diesem Gesichtspunkt keine qualitative Sonderstellung der „typologischen Rechtsfindung" nachweisen lassen.

3. Die Frage, ob es eine eigene Logik der „Rechtsfindung im Typenbereich" gibt, ist infolgedessen ebenfalls zu verneinen. Die Ordnungsbegriffe i. e. S. bedurften zwar ursprünglich einer eigenen logischen Grundlage, weil die Mittel der traditionellen Klassenlogik zu ihrer Erfassung nicht ausreichten;[141] inzwischen sind aber auch formalisierte Modelle entwickelt worden, die die Einführung sowohl von klassifikatorischen als auch von komparativen Begriffen erlauben.[142] Auch ohne daß die juristische Logik der konkretisierenden Rechtsfindung dritter Stufe hier weiter verfolgt wird,[143] kann daher festgehalten werden, daß eine völlige Separierung des Typendenkens in der Rechtswissenschaft auch aus Gründen der Rechtslogik nicht geboten ist.

4. Wir lassen daher im folgenden die „typologische Rechtsfindung" in dem übergeordneten Komplex der „Konkretisierung durch rational-dezisionistische Werterwägungen" aufgehen, wobei wir die Konkretisierung hier im weiteren, die Wertabwägung einschließenden Sinne[144] verstehen. Von den zu Beginn dieses Abschnitts[145] aufgeworfenen und bisher noch nicht gelösten Problemen wollen wir das Verhältnis unseres Konkretisierungs- zu dem herkömmlichen Subsumtionsmodell erst im 2. Hauptteil, bei der Abgrenzung von Tat- und Rechtsfrage, näher erörtern,[146] so daß an dieser Stelle nur noch die Frage zu beantworten ist, wie denn überhaupt eine allgemeine, relativ unpräzise Vorstellung für die Entscheidung eines konkreten Falles fruchtbar gemacht werden kann, obwohl doch die konkrete Entscheidung in der allgemeinen Vorstellung vorher nicht „enthalten" gewesen ist.[147]

---

141 Vgl. Hempel-Oppenheim, Typusbegriff, S. 13 ff.; kritisch und weiterführend nunmehr Ziegler, Typologien, S. 11 ff.

142 Vgl. v. Kutschera, Sprachphilosophie, S. 272 ff., 277.

143 Für unsere methodologischen Ziele käme dabei nichts heraus, weil die Konkretisierung zwar natürlich die Gesetze der Logik beachten muß, sich darin aber nicht erschöpft. Aus dem gleichen Grunde muß auch bezweifelt werden, daß die von soziologischer Seite aus unternommenen Anstrengungen zur Analyse von Typologien als „Rekonstruktionen der generativen Regeln von Handlungs- und Sinnschemata" (vgl. Ziegler, Typologien, S. 40 ff., und Habermas, in Habermas-Luhmann, Theorie der Gesellschaft, S. 172 ff. in Fn. 2) für die juristische Methode fruchtbar gemacht werden können.

144 s. o. S. 145.

145 s. o. S. 169.

146 Nunmehr in Band 3 der „Gesammelten Werke", Hauptteil I.

147 Vgl. Hassemer, Tatbestand, S. 99: „Ob der Tatbestand eine bestimmte Sachverhaltsentscheidung ‚enthält', zeigt sich erst nach dem Verfahren der Auslegung und ist vorher nicht gewußt."

a) Es zählte bekanntlich zu den Erbsünden der Begriffsjurisprudenz, die dem Rechtsgefühl sympathische Lösung dem gesetzlichen Begriff insgeheim als Prämisse zu unterschieben, um sie dann anschließend wie das Kaninchen aus dem Hut wieder hervorzuzaubern – vermittels der von Heck so genannten Inversionsmethode.[148] Daß wir uns auf der dritten Rechtsgewinnungsstufe davor hüten müssen, in den gleichen Fehler zu verfallen, bedarf keines weiteren Beweises; jede Argumentation aus der Natur der Sache, die nicht auf der zweiten Stufe abgesichert werden kann, stellt eigentlich einen solchen Inversionsschluß dar, weil sie eine dezisionistische Wertung verschleiert und als wissenschaftliche Explikation der unpräzisen allgemeinen Wertung ausgibt.

b) Wie soll der Leitbegriff aber dann wirken? Da (anders als auf der ersten Rechtsgewinnungsstufe) keine semantische Brücke zum konkreten Fall geschlagen werden kann, ist offenbar nur ein mittelbarer Zusammenhang möglich, der durch das konkretisierende Unter-Werturteil hergestellt wird. Das Unter-Werturteil wird seinerseits aus der Leitrichtlinie in nicht stringenter Weise entwickelt, und zwar gewöhnlich durch eine Analogie, indem der Sachgehalt des Unter-Werturteils mit dem Sachgehalt der Leitrichtlinie verglichen und für einer gleichen Auszeichnung würdig befunden wird.[149] Da der Sachgehalt in einem faktischen Material, d. h. in Fällen, besteht, bedeutet das also, daß der zu konkretisierende Begriff über die konkreten Fälle wirkt, deren Zuordnung zu ihm bereits feststeht. Das an diese bekannten Fälle anknüpfende Ähnlichkeitsurteil ist selbst wiederum teilweise semantisch vermittelt, indem zwischen den Fällen der Leitlinie und den Fällen des Unter-Werturteils in verschiedenen Beziehungen eine durch das Zutreffen des gleichen Prädikats sprachlich erfaßte Gleichheit festgestellt wird. Da aber in anderen Beziehungen durch die Notwendigkeit zur Benutzung verschiedener Prädikate auch Ungleichheiten hervortreten, muß bei der Abwägung zwischen den Gleichheiten und Ungleichheiten ein Dezisionsakt hinzukommen, der mit normativen Topoi begründet, aber nicht stringent gerechtfertigt werden kann. Und bei der Heranziehung dieser Topoi wird sich, wie wir schon mehrfach angedeutet haben, die normative Leitrichtlinie im Sinne einer „Reduktion von Komplexität" auswirken, indem eine ganze Anzahl von Topoi hiermit nicht mehr zu vereinbaren ist, so daß schließlich die eine Alternative auf einem kraftvollen, die andere Alternative nur noch auf einem ausgezehrten Topoifundament ruht. Und wenn nach dieser „Auszehrung" nicht mehr genug Topoi übrigbleiben, die die juristischen Attitüden, d. h. das Rechtsgefühl der Mehrheit positiv ansprechen, dann kommt es eben zu jener Majoritätsbildung, genannt „herrschende Meinung", die im juridischen System die auf

148 Vgl. Rechtsgewinnung, S. 18 ff.
149 Zu dieser Terminologie vgl. o. S. 115 f.

den ersten beiden Rechtsfindungsstufen prästierte Rechtssicherheit in reduziertem Umfang noch im Bereich der dritten Stufe gewährleistet und damit eine unverzichtbare Stabilisierungsfunktion ausübt. Und das heißt: Wenn die allgemeine Regel den konkreten Fall auch nicht „enthält", so bleibt sie für seine Entscheidung doch nicht völlig gleichgültig, sondern steuert den jeweiligen Argumentationshaushalt und wirkt sich damit bis zum Ergebnis der Fallentscheidung hin aus – auch wenn dieser Einfluß wegen der notwendigen Vermittelung durch das irrationale Rechtsgefühl nicht gewissermaßen von außen in einer szientistischen Rechtsmethodologie, sondern nur gewissermaßen von innen unter Hinzunahme entscheidungspsychologischer Ansätze wissenschaftlich voll erklärt werden kann.

Eine weitere nicht rechtsmethodologisch, sondern nur psychologisch faßbare Wirkung der normativen Richtlinie dürfte schließlich darin bestehen, daß sie durch das ständige Umgehen mit ihren bereits feststehenden Konkretionen „internalisiert" werden[150] und damit zu jener von uns bereits mehrfach angesprochenen Disziplinierung des Rechtsgefühls führen kann. Welcher Stellenwert diesem Effekt bei der Ausbildung des Vorverständnisgefüges des Rechtsfinders insgesamt zukommt, kann zwar mangels einschlägiger Vorarbeiten nicht einmal geschätzt werden; es dürfte aber jedenfalls nicht richtig sein, ihn vollständig zu unterschlagen und die hierdurch möglichen Modifizierungen der Grundattitüden gänzlich zu vernachlässigen.

c) Diese in knappster Form noch einmal zusammengefaßte Methodologie der dritten Stufe soll abschließend an einem Beispiel demonstriert werden, das vielleicht die infolge des hohen Abstraktionsgrades unserer Überlegungen bedingten Unklarheiten zu vermindern hilft.

aa) Nehmen wir den Sachverhalt, über den der 5. Strafsenat des BGH in seinem Urteil vom 28. 2. 1956 zu entscheiden hatte:[151] Der Angeklagte überfiel eine Frau, um sie zu vergewaltigen, stellte vor Ausführung seines Vorsatzes aber fest, daß es sich um die ihm bekannte A. handele; er ließ daraufhin von ihr ab und brachte hervor: „Wenn ich das gewußt hätte, hätte ich das nicht gemacht". Selbstanklagen, daß er sich schämen müsse, wechselten noch mit einem Aufflammen seiner Begierde; er beteuerte auch mehrmals, daß er sich das Leben nehmen wolle, falls die A. den Vorfall anzeigen würde, woraufhin diese ihm Stillschweigen versprach.[152]

---

150 Vgl. zu diesem Begriff und seiner Bedeutung für das soziale Handeln grundlegend Parsons, System, S. 201 ff.; König, Orientierungen, S. 49 ff.; Moser, Jugendkriminalität, S. 170 ff.

151 BGHSt. 9, 48 ff.

152 Wir wollen annehmen, daß – was der BGH (BGHSt. 9, 52 f.) noch durch den Tatrichter feststellen lassen mußte – das geäußerte Schamempfinden bei fortbestehender libido ein dominantes Rücktrittsmotiv war.

bb) Bei der Prüfung der Frage, ob in diesem Fall ein freiwilliger Rücktritt gem. § 46 Nr. 1 StGB vorlag, ist zunächst eine Stellungnahme zwischen der noch herrschenden psychologistischen Freiwilligkeitstheorie[153] und der im Vordringen begriffenen normativen Abgrenzungslehre[154] erforderlich. Wir wenden uns hier sogleich der normativen Theorie zu, nicht nur weil wir sie für besser begründet halten, sondern vor allem wegen ihres methodologischen Demonstrationswertes. Sie ist nämlich in ihrer modernsten Fassung bei Roxin[155] zu einer normativen Richtlinie ausformuliert worden, deren Konkretisierung geradezu einen Paradefall für die Rechtsfindung dritter Stufe darstellt: Aus der Rückbindung des Rücktrittsprivilegs an die Strafzwecklehre wird die Formel entwickelt, daß der Rücktritt freiwillig ist, wenn er Ausdruck eines – worauf immer beruhenden – Willens zur Rückkehr in die Legalität ist, hingegen unfreiwillig, wenn er lediglich ein nach den Normen des Verbrecherhandwerks (den Maßstäben der „Verbrechervernunft") zweckdienliches Verhalten ist.[156]

cc) Wenn man nun die normative Richtlinie der Verbrechervernunft in Richtung auf den Ausgangsfall hin konkretisieren will, so muß man zunächst ihren Sachgehalt an Hand eindeutiger Konkretionen erfassen. Insoweit darf man wohl auf einen dahingehenden Evidenzkonsens rechnen, daß jemand, der allein aus Angst vor der sicheren Ergreifung zurücktritt, nur nach den Normen des auf ein geheimes Wirken angewiesenen Verbrecherhandwerks handelt, während derjenige, der von der Tat wegen eines plötzlich aufkommenden Scham- und Ekelgefühls ob ihrer Scheußlichkeit Abstand nimmt, dadurch den Willen zur Rückkehr in die Legalität dokumentiert.

Unser Ausgangsfall gleicht nun offenbar der letztgenannten Alternative in der Beteiligung des Schamgefühls bei der Willensbildung. Er bildet aber auch insoweit einen Sonderfall, als das Schamgefühl bei dem Angeklagten nicht schon durch den in jeder Notzucht liegenden Unwert, sondern erst durch die besondere Verächtlichkeit der Vergewaltigung einer Bekannten angesprochen wurde. Bei der notwendigen Analogiebildung müssen nun erst einmal die einschlägigen Topoi zusammengetragen werden: Für eine Gleichbehandlung spricht, daß das Schamgefühl in allen Spielarten in den Normen des Verbrecherhandwerks keinen Platz hat; daß speziell das „Lustprinzip", das das obers-

153 Vgl. dazu nur Busch in LK, § 46, Rdnrn. 20 ff. m. zahlr. Nachw.; Schönke-Schröder, Strafgesetzbuch, § 46, Rdnr. 22; Maurach, Strafrecht, S. 520 f.; Lackner-Maassen, Strafgesetzbuch, § 46 Anm. 3 c.

154 Vgl. Bockelmann, Untersuchungen, S. 171 ff.; neuestens vor allem Roxin, Kriminalpolitik, 37; Festschr. f. Heinitz, S. 255 ff.

155 Vgl. die Nachw. in Fn. 154; ferner Roxin, ZStW 77, 96 ff.; 80, 708.

156 Roxin, Festschr. f. Heinitz, S. 256 f., 262 f.

te Gebot des Notzuchts-„handwerks" darstellt, den Angeklagten nicht vollständig beherrschte; daß die Rücksichtnahme auf die Individualität des Opfers keine Maxime der Verbrechervernunft ist; schließlich noch, daß die Tat bei fortbestehender libido offenbar leicht durchzuführen war und daß der Angeklagte, da er ja nun einmal entdeckt war, bei unter entsprechenden Drohungen fortgeführter Notzucht nur noch ein maßvolles zusätzliches Risiko einging, so daß ein „vernünftiger Notzüchter" hier die Befriedigung der Begierde vorgezogen hätte, zumal die Vergewaltigung von dem Täter bekannten Personen, wenn man die mutmaßliche Dunkelziffer berücksichtigt, weitaus häufiger als die Vergewaltigung unbekannter Personen sein dürfte und infolgedessen gegen die Normen des Notzuchts-„handwerks" nicht verstieß. Gegen eine Gleichbehandlung und für eine Einordnung bei der Gruppe „Rücktritt aus Entdeckungsfurcht" spricht, daß die Rückkehr in die Legalität personengebunden war und keine Gewähr dafür bot, daß der Angeklagte sich nicht zukünftig an ihm unbekannten Frauen doch wieder vergreifen würde, daß eine Schonung des Bekanntenkreises eigentlich kein besonderes Verdienst, sondern geradezu selbstverständlich ist und daß das Schamgefühl offenbar so stark war, daß eine „psychologistische Freiwilligkeit" kaum noch vorhanden war.

dd) Wenn man diese Topoi an der übergeordneten Richtlinie mißt, so ergibt sich, daß das psychologistische und das auf die fehlende Verdienstlichkeit abstellende contra-Argument irrelevant sind, weil es darauf unter dem Gesichtspunkt der Verbrechervernunft nicht eigentlich ankommt. Und nach dieser Topoireduktion dürfte sich die Waage auf die Seite der Freiwilligkeit senken, auch wenn eine stringente Begründung hierfür nicht geliefert werden kann.[157]

d) Bevor wir die Analyse der dritten Rechtsgewinnungsstufe endgültig abschließen, wollen wir von diesem sehr handfesten Beispiel noch kurz die Verbindungslinie ziehen zu einer Ur-Streitfrage der Philosophie, die trotz ihres ehrwürdigen Alters heute unvermindert aktuell ist und deren Abglanz auch auf unsere Überlegungen zur Fruchtbarkeit des abstrakten Begriffs bei konkreten Sachverhaltsentscheidungen gefallen ist. Gemeint ist der Universalienstreit, d. h. die Auseinandersetzung um die Frage, ob den Allgemeinbegriffen (den Universalien) eine von den Einzeldingen verschiedene allgemeine, metaphysisch-objektive Wesensart entspricht (Begriffsrealismus), ob sie lediglich in einer Ähnlichkeitsbeziehung der Einzeldinge bestehen (Konzeptualismus) oder ob sie schließlich nur Worte sind, durch die auf Grund einer Sprachkonvention verschiedene Einzeldinge zusammenfassend bezeichnet werden (Nominalismus). Diese in der modernen analytischen Philosophie wieder heftig diskutierte

157 So im Ergebnis auch BGHSt. 9, 53 und Roxin, Festschr. f. Heinitz, S. 270.

Problematik[158] kann hier natürlich keinesfalls weiter erörtert werden; es dürfte aber immerhin die Bemerkung veranlaßt sein, daß unsere Konzeption einer begrenzten Fruchtbarkeit der juristischen Allgemeinbegriffe bei der individuellen Fallentscheidung dem modernen Konzeptualismus zu entsprechen scheint, wie er etwa in Wittgensteins Theorie von den Familienähnlichkeiten zum Ausdruck kommt: Was nach einem vorläufigen Abschluß der Konkretisierungsarbeit schließlich unter einem Allgemeinbegriff (etwa der „Freiwilligkeit" als „Handeln gegen die Verbrechervernunft") zusammengefaßt wird, ist durch keine „statische", allen Konkretionen gemeinsame Eigenschaft gekennzeichnet, sondern durch „ein kompliziertes Netz von Ähnlichkeiten, die einander übergreifen und kreuzen".[159] Wir nennen etwas „freiwillig", „weil es eine -direkte Verwandtschaft mit manchem hat, was man bisher (‚freiwillig') genannt hat; und dadurch, kann man sagen, erhält es eine indirekte Verwandtschaft zu anderem, was wir auch so nennen. Und wir dehnen (bei der Konkretisierungsarbeit) unseren Begriff der (‚Freiwilligkeit') aus, wie wir beim Spinnen eines Fadens Faser an Faser drehen. Und die Stärke des Fadens liegt nicht darin, daß irgendeine Faser durch seine ganze Länge läuft, sondern darin, daß viele Fasern einander übergreifen".[160]

Wenn wir uns daran erinnern, daß die herrschende Theorie des Typendenkens diese „elastische Struktur", die anstelle unabdingbarer, in allen Konkretionen gleichbleibend fester Merkmale abgestufte Ähnlichkeitsbeziehungen kennt, als Spezifikum des Typus ansieht,[161] so wird unsere Auffassung, daß zwischen den juristischen Typen und den juristischen Allgemeinbegriffen kein essentieller Unterschied besteht,[162] also auch durch den modernen Begriffskonzeptualismus bestätigt. Und mit dieser Feststellung, daß sich unsere Konzeption der dritten Rechtsgewinnungsstufe auch in die analytische Sprachphilosophie bruchlos einfügen läßt, haben wir unsere diesbezüglichen Überlegungen zum Abschluß geführt; die künftige Kritik wird zeigen, ob uns damit eine zutreffende und in den wesentlichen Komponenten erschöpfende Analyse der „schöpferischen Rechtsfindung praeter legem" gelungen ist.

---

158 Vgl. dazu Stegmüller, Hauptströmungen, S. 487 ff.; Lay, Wissenschaftstheorie I, S. 320 ff.; Kamlah-Lorenzen, Propädeutik, S. 172 ff.; Savigny, Philosophie, S. 120 ff.; ders., Philosophie der Sprache, S. 250 ff. m. zahlr. weit. Nachw. auf S. 260; Kraft, Erkenntnislehre, S. 87 ff.

159 Vgl. Wittgenstein, Untersuchungen, Nr. 66.

160 Wittgenstein, a. a. O., Nr. 67. Zur Einordnung Wittgensteins in den Universalienstreit vgl. noch v. Kutschera, Sprachphilosophie, S. 269 f.

161 Vgl. nur Leenen, Typus, S. 42; Larenz, Methodenlehre, S. 440.

162 s. o. S. 174 ff.

§ 9 Die justitielle Gesetzesderogation als vierte Stufe der Rechtsgewinnung

I. Allgemeine Problematik einer Entscheidung contra legem

1. In den bisherigen Abschnitten unserer methodologischen Untersuchungen haben wir die Befolgung des legislatorischen Machtspruches in der historischen Rechtshermeneutik, seine szientistische Weiterentwicklung durch wissenschaftliche Werterwägungen und schließlich die schöpferische Lückenausfüllung durch das rational-dezisionistische Werturteil und damit drei Stufen der Rechtsgewinnung kennengelernt, die zwar durch einen abnehmenden Einfluß, aber nichtsdestoweniger durch einen unbedingten Vorrang der legislatorischen Entscheidung gekennzeichnet sind. Nunmehr müssen wir noch die Frage erörtern, ob bzw. unter welchen Voraussetzungen der Richter befugt ist, gegen einen als sachlich verfehlt oder nicht mehr zeitgemäß empfundenen Machtspruch des Gesetzgebers zu entscheiden.

2. Die erhebliche praktische Bedeutung dieses Problems ergibt sich daraus, daß der im Gesetz positivierte Befehl des Gesetzgebers grundsätzlich so lange für alle zukünftigen Fälle gilt, bis er durch einen Gegenbefehl des Gesetzgebers wieder aufgehoben wird. Nur ganz selten sind die Gesetze von sich aus befristet oder ausschließlich auf eine vorübergehende Konstellation zugeschnitten, mit deren Fortfall sie ihren Anwendungsbereich verlieren und automatisch obsolet werden; die wichtigste Kategorie dieser „flüchtigen Gruppe" bilden die Polizeiverordnungen, die auf eine Laufzeit von höchstens dreißig Jahren befristet sind.[1] Gerade die großen Gesetzgebungswerke des vorigen Jahrhunderts haben aber – von flickwerkhaften Novellierungen abgesehen – drei staatliche und gesellschaftliche Umwälzungen textlich unversehrt überstanden, und wenn man hinzunimmt, daß sie schon zum Zeitpunkt ihrer Verabschiedung wegen ihrer Verankerung in vorkapitalistischen Strukturen nicht zukunfts-, sondern vergangenheitsorientiert waren,[2] so ist leicht zu ermessen, daß die in den letzten hundert Jahren geleistete, ebenso schwierige wie notwendige „Anpassungsarbeit" zu einem guten Teil auf Kosten der ursprünglichen legislatorischen Intentionen gehen mußte.

---

1 Vgl. §§ 34 prPVG; 23 nds. SOG; 34 nwPVG; 42 rhpfPVG; 35 nw OBG; 32 brePolG; 18 bwPolG; 34 blnPVG; Art. 58 bay-LStVG.

2 Das ist namentlich für das BGB leicht belegbar, vgl. nur Ramm, Allgemeiner Teil, S. 71 ff.; Menger, Recht, S. 46 ff., 58 ff., 141 ff., 160 ff.

3. Die Problematik der „Rechtsfortbildung contra legem“ wird auch im gegenwärtigen methodologischen Schrifttum häufig erörtert,[3] ohne daß bisher hinlänglich präzise Ergebnisse gefunden wären.

a) So lesen wir etwa bei Larenz, dem wir wohl die gründlichsten Untersuchungen zu diesem Komplex verdanken,[4] daß der Richter befugt sei,

> einem dem Gesetz noch fremden Rechtsgedanken, der sich im ‚allgemeinen Rechtsbewußtsein‘ bereits Geltung verschafft hat, unter besonderen, eng zu begrenzenden Voraussetzungen, nämlich dann Raum zu geben und dadurch die gesetzliche Regelung umzubilden, wenn andernfalls ein Rechtsnotstand, d. h. ein Zustand entstehen würde, durch den der Rechtsgedanke Schaden leiden muß. Ein solcher Zustand entsteht, wenn ein als ‚unabweisbar‘ empfundenes Bedürfnis des Verkehrs durch die Rechtsordnung nicht befriedigt wird oder wenn die ‚Natur der Sache‘ oder ein rechtsethisches Prinzip in einer für das allgemeine Rechtsbewußtsein, ‚unerträglichen‘ Weise unberücksichtigt bleibt. Der ‚Rechtsnotstand‘ muß evident und auf andere Weise nicht zu beheben, mit einem alsbaldigen Eingreifen des Gesetzgebers darf nicht zu rechnen sein.[5]

b) Auch Fischer hält es „bei den heutigen Verhältnissen für unabweisbar, daß die Gerichte bei der Anwendung der vielfach veralteten Gesetze das Recht fortzubilden haben“,[6] sprich: ggf. contra legem entscheiden müssen. Entgegen Flume[7] sei der Richter sogar zu der Korrektur von politischen Grundentscheidungen des Gesetzgebers befugt, wenn diese – wie etwa bei der fehlenden Parteifähigkeit der Gewerkschaften gem. § 50 ZPO – inzwischen durch die Ent-

---

3 Die Stellungnahmen hierzu wie auch zum allgemeinen Problem des „Richterrechts“ sind heute kaum noch überschaubar; außer den i.f. genannten vgl. vor allem Schneider, Richterrecht, S. 30 ff.; Kruse, Richterrecht, S. 7 ff.; Wieacker, Richterkunst, S. 6 ff.; Bachof, Richtermacht, S. 11 ff.; Esser, Grundsatz, S. 26 ff., 244 ff., 260 ff.; ders., Vorverständnis, S. 184 ff.; ders., Festschr. f. v. Hippel, S. 95 ff.; Zippelius, NJW 1964, 1981 ff.; ders., JZ 1970, 241 ff.; Stein, NJW 1964, 1745 ff.; Ecker, JZ 1969, 477 ff.; Seuffert, NJW 1969, 1369 ff.; Habscheid, Richter und Recht, S. 7 ff.; Hirsch, JR 1966, 334 ff.; Flume, Richter, S. 17 ff.; Herschel, DB 1973, 2298 ff.; Meier-Hayoz, Festschr. f. Guldener, S. 189 ff.; Pehle-Stimpel, Rechtsfortbildung, S. 3 ff., 24; Arndt, NJW 1963, 1273 ff.; Arndt/Heinrich/Weber-Lortsch, Rechtsfortbildung, S. 17 f., 31 ff.; Redeker, NJW 1972, 409 ff.; Rupp, NJW 1973, 1769 ff.; Vogel, Praxis, S. 39 ff.; Säcker, Grundprobleme, S. 121 ff.; Adomeit, Rechtsquellenfragen, S. 37 ff.; Schreiber, Geltung, S. 188 ff.; v.d.Heydte, Naturrecht, S. 89 ff.; Hilger, Festschr. f. Larenz, S. 109 ff.; Ebsen, Gesetzesbindung, S. 54 ff.

4 Vgl. Larenz, Festschr. f. Nikisch, S. 275 ff.; Festschr. f. Olivecrona, S. 384 ff.; Festschr. f. Schima, S. 254 ff.; Festschr. f. Henkel (1974); NJW 1965, 1 ff.; Kennzeichen, S. 3 f.; Methodenlehre, S. 399 ff.; vgl. auch dens., Festschr. f. Huber, S. 291 ff. (zum Problem der Gesetzesbindung des Richters).

5 Methodenlehre, S. 401.

6 Weiterbildung, S. 38.

7 Richter, S. 20, 25.

wicklung unserer Rechtsordnung überholt seien.[8] Andererseits müsse die richterliche Rechtsfortbildung aber dort ihre Grenze finden, wo die Fortentwicklung (sprich: Abänderung) alter Bestimmungen eine Stellungnahme in einem offenen Streit der politischen Meinungen über Grundsatzfragen erfordere, wo durch die Preisgabe bestimmter, ein ganzes Rechtsgebiet prägender Entscheidungen eine unerträgliche Rechtsunsicherheit eintreten würde, wo die beschränkten Erkenntnismittel der Rechtsprechung keine hinreichende Beurteilung der Tragweite einer etwaigen Rechtsfortbildung gestatteten und wo schließlich eine legislatorische Maßnahme unmittelbar bevorstehe.[9]

c) Auch das BVerfG hat nunmehr zu dem Problem der richterlichen Rechtsfortbildung contra legem Stellung genommen, und zwar im Zusammenhang mit der Frage, ob die bekannte Rechtsprechung des BGH zum Schmerzensgeld bei Verletzungen des allgemeinen Persönlichkeitsrechts[10] mit dem Grundgesetz zu vereinbaren ist.[11] Das BVerfG geht von Art. 20 III GG aus, dem es den Grundsatz entnimmt, daß „gegenüber den positiven Setzungen der Staatsgewalt ... unter Umständen ein Mehr an Recht bestehen (kann), das seine Quelle in der verfassungsmäßigen Rechtsordnung als einem Sinnganzen besitzt und dem geschriebenen Gesetz gegenüber als Korrektiv zu wirken vermag".[12] Die Verwirklichung dieses Rechts sei Aufgabe der Rechtsprechung und erfolge in einem zwar auch „willenhaften", aber nicht willkürlichen Prozeß,[13] dessen Grenzen nicht für alle Rechtsgebiete und Rechtsverhältnisse gleich seien.[14] Auf dem Gebiet des Bürgerlichen Rechts bestehe wegen des seit Erlaß des BGB eingetretenen tiefgreifenden Wandels der Lebensverhältnisse und Rechtsanschauungen ein besonderes Bedürfnis für die schöpferische Rechtsfortbildung,[15] das im Fall des von Anfang an zweifelhaften, unter dem Einfluß der geänderten Wertvorstellungen aber als unerträglich empfundenen prinzipiellen Ausschlusses des Geldersatzes für immaterielle Schäden (§ 253 BGB) unabweisbar geworden sei.[16] Die vom BGH vorgenommene Rechtsfortbildung könne daher verfassungsrechtlich nicht beanstandet werden, zumal sie auch in der Rechtswissenschaft überwiegend

---

8 Weiterbildung, S. 32 f.

9 a. a. O., S. 32, 34–36.

10 Erstmals im „Herrenreiterfall" (BGHZ 26, 349 ff.); seitdem stRspr, vgl. zuletzt BGH NJW 1971, 698.

11 Beschluß v. 14. 2. 1973 – 1 BvR 112/65 = BVerfGE 34, 269 ff.; hier zitiert nach dem vollständigen Entscheidungstext.

12 a. a. O., S. 23.

13 a. a. O., S. 23.

14 a. a. O., S. 24.

15 a. a. O., S. 25.

16 a. a. O., S. 26 ff.

gutgeheißen, auf einem dogmatisch zumindest diskutablen Wege gewonnen und nur in dem unerläßlich Umfange durchgesetzt worden sei;[17] denn obwohl der BGH den § 253 BGB als vorkonstitutionelles Gesetz habe für verfassungswidrig erklären können, habe er sich auf die Statuierung einer weiteren Ausnahme beschränkt und das Enumerationsprinzip im übrigen unangetastet gelassen.[18] Da diese Entscheidung dem BGH nicht nur von der Entwicklung der Lebensverhältnisse, sondern auch von einem jus superveniens, nämlich den höherrangigen Art. 1 und 2 I GG, gefordert erschienen sei, habe der BGH damit keinen eigenen rechtspolitischen Willen zur Geltung gebracht, sondern lediglich Grundgedanken der von der Verfassung geprägten Rechtsordnung mit systematischen Mitteln weiterentwickelt;[19] das Ergebnis sei daher „Recht" im Sinne des Art. 20 III GG – „nicht im Gegensatz, sondern als Ergänzung und Weiterführung des geschriebenen Gesetzes".[20]

3. a) Wenn man diese von kompetentester Seite ergangenen drei Stellungnahmen zu unserem Problem miteinander vergleicht, so fällt bei allen Unterschieden im einzelnen eine Gemeinsamkeit auf: die generalklauselartige Vagheit der der richterlichen Rechtsfortbildung contra legem gezogenen Grenzen. So hängt etwa der „evidente Rechtsnotstand" im Sinne von Larenz evidentermaßen von den Anschauungen des jeweiligen Urteilers ab: Für den BGH stellte der Schmerzensgeldausschluß bei Persönlichkeitsrechtsverletzungen einen solchen Rechtsnotstand dar, für Larenz nicht;[21] für viele Untergerichte stellte die Möglichkeit von Gerichtsstandsvereinbarungen in AGB einen Rechtsnotstand dar, für die Obergerichte nicht;[22] bei der Produzentenhaftung hat der BGH wiederum einen Notstand bejaht,[23] bei dem fehlenden Schutz des Bürgers vor formlosen Grundstückserwerbsverpflichtungen hingegen nicht einmal erwogen.[24] Ir-

---

17 a. a. O., S. 27–29.

18 a. a. O., S. 29.

19 a. a. O., S. 30.

20 a. a. O., S. 28.

21 Methodenlehre, S. 402.

22 Vor allem LGe Braunschweig, Frankfurt a. M. und Nürnberg-Fürth, NJW 1971, 1413; BB 1972, 381; NJW 1973, 1618 im Anschluß an Löwe, NJW 1970, 2236 ff.; vgl. ferner Vollkommer NJW 1973, 1591 ff. m. w. N.

23 OLG München NJW 1973, 1620 f., 1885. Inzwischen hat sich der Gesetzgeber zu einer Neufassung der §§ 38 ff. ZPO durchgerungen, die den progressiven Forderungen entspricht (Gesetz vom 21. 3. 1974, BGBl. I S. 753).

24 BGH NJW 1972, 715 ff. m. Anm. v. Löwe, ferner Hepp, NJW 1972, 1695; zahlreiche weitere Beispielsfälle bei Fischer, Weiterbildung, S. 14 ff. und den oben in Fn. 3 genannten Autoren. Obwohl die Auseinandersetzungen um die Gerichtsstandsvereinbarungen und die Erwerbsverpflichtungen zumeist als Auslegungsstreit (§ 242 bzw. § 313 BGB) geführt wurden, kann wohl kein Zweifel daran bestehen, daß es hier der Sache nach um richterliche Rechtsfortbildungen ging.

gendwelche festen Konturen können dem Rechtsnotstandsbegriff in Anbetracht eines solchen Entscheidungsspektrums daher wohl kaum gegeben werden, und auch seine Ausdifferenzierung in die grundlegende Veränderung der sozialen Verhältnisse einerseits und in die grundlegende Wandlung der allgemeinen Wertanschauungen andererseits[25] kann das Quantifizierungsproblem nicht lösen: Da die sozialen Gegebenheiten und Wertanschauungen einem ständigen Wandel unterworfen sind, können sie eine Entscheidung contra legem offenbar erst dann legitimieren, wenn ihr Mißverhältnis zu den überkommenen Normen „unerträglich" geworden ist – und diese „Unerträglichkeit" setzt, wie die Beispiele zeigen, eine weitestgehend autonome, mit wissenschaftlichen Methoden nicht zu begründende Wertung voraus.

b) Auch der Versuch Fischers, an Hand von verschiedenen Fallgruppen die Grenzen der Rechtsfortbildung contra legem deutlich zu machen, kann keine hinreichende Exaktheit verbürgen. Denn abgesehen davon, daß die einzelnen (etwas eklektischen!) Gruppen selbst wieder Zweifeln und Anfechtungen ausgesetzt sind (Ist eine Stellungnahme in kontroversen politischen Grundsatzfragen nicht eher Inhalt als – so Fischer – Grenze der Rechtsfortbildung? Muß der Richter nicht den konkreten Fall auch dann gerecht entscheiden, wenn für zukünftige Fälle mit einem Eingreifen des Gesetzgebers zu rechnen ist?) – mit der von Fischer vorgenommenen Gruppierung wird das Problem nicht gelöst, sondern nur verlagert: Ob die gerichtlichen Erkenntnismittel zur Beurteilung der bei einer Rechtsfortbildung zu erwartenden gesamtgesellschaftlichen Konsequenzen in concreto nicht ausreichen bzw. ob es sich in concreto um die Stellungnahme in einer kontroversen politischen Grundsatzfrage oder lediglich um den juristischen „Nachholbedarf" angesichts eines in der Sozietät bereits eingetretenen Wertanschauungswandels handelt, das kann auf szientistischem Wege nicht entschieden werden, so daß nicht nur die Notwendigkeit, sondern auch die Grenzen der Rechtsfortbildung contra legem letztlich dem richterlichen Ermessen anheimgegeben sind.

c) Auch der Beschluß des BVerfG hat schließlich keine größere Klarheit zu stiften vermocht, sondern sogar die Unklarheit wieder vergrößert, indem heterogene Gesichtspunkte durcheinandergemischt wurden. Das BVerfG geht davon aus, daß in dem „Sinnganzen" der Rechtsordnung ein „Mehr an Recht" gegeben (scil. greifbar vorhanden?) sei, räumt aber die dezisionistischen („willenhaften") Elemente bei seiner Erfassung ein; es gesteht diesem „Mehr an Recht" eine „Korrektivwirkung" zu, sieht dann aber die darauf beruhende Rechtsfortbildung „nicht im Gegensatz, sondern als Ergänzung und Weiterführung des

---

25 Vgl. meine Unterscheidung in ZStW 84, 899 mit Fn. 138, ferner etwa auch Larenz, Methodenlehre, S. 401.

geschriebenen Gesetzes"; es spricht davon, daß die in der Schmerzensgeldrechtsprechung des BGH erfolgte partielle Derogation des § 253 BGB von dem „jus superveniens" der Art. 1 und 2 I GG gefordert gewesen sei, hält eine Verfassungswidrigkeit des § 253 BGB aber offenbar nicht für gegeben!

Wenn der Respekt vor den bedeutenden Leistungen des BVerfG es nicht verböte, könnte ein solches Konvolut von Ungereimtheiten und Widersprüchen nur als Ausdruck einer wirren Gedankenführung verstanden werden; so aber ist es wohl symptomatisch für die Ungenauigkeit und Floskelhaftigkeit, mit der die richterliche Rechtsfortbildung contra legem – sicherlich eines der wichtigsten rechtstheoretischen und verfassungsrechtlichen Probleme – bei uns trotz aller tieferschürfenden Ansätze immer noch behandelt wird.

4. a) Auf der Grundlage der herrschenden Meinung sticht dieses Defizit an dogmatisch-wissenschaftlicher Erhellung freilich deswegen nicht so stark ins Auge, weil eine offene Rechtsfortbildung contra legem verhältnismäßig selten ist. Bei der Behandlung der ersten Rechtsgewinnungsstufe haben wir gesehen, daß die Anpassung der legislatorischen Machtsprüche an den Wandel der sozialen Verhältnisse und gesellschaftlichen Wertentscheidungen bereits weitgehend durch die sog. objektive Auslegung geleistet wird, mit deren Hilfe ein nicht vom Gesetzgeber, sondern allein vom Rechtsfinder intendierter Sinn in den toten Buchstaben des Gesetzes hineingelegt und als „Sinn des Gesetzes" wieder hervorgeholt wird.[26] Diese „verdeckte" Rechtsfortbildung contra legislatorem findet nach der herrschenden Doktrin erst dort ihre Grenze, wo der mögliche Wortsinn der Gesetzestermini überschritten werden müßte,[27] und da der ohnehin meist recht weite mögliche Wortsinn mit Hilfe einer „berichtigenden Auslegung" und ähnlichen Kunstgriffen häufig noch weiter ausgedehnt werden kann,[28] bleiben nur relativ wenige Fälle für eine offene Rechtsfortbildung contra legem übrig, und das hat wiederum eine doppelte Konsequenz gehabt: erstens das Dogma von der absoluten Ausnahmestellung einer Rechtsfortbildung contra legem, die nur in unerträglichen Notsituationen stattfinden soll, und zweitens die immer noch bescheidene wissenschaftliche Durchdringung dieser „Randerscheinung".

b) Von unserer eigenen Theorie der Rechtsgewinnung aus betrachtet, kommt dem ganzen Komplex jedoch eine weitaus größere, geradezu grundlegende Bedeutung zu. Denn weil wir ein mit den Mitteln der historischen Rechts-

---

26 s. o. S. 93 ff., 98 ff.

27 Larenz, Methodenlehre, S. 304; Engisch, Einführung, S. 82 f.; Göldner, Verfassungsprinzip, S. 213; Canaris, Lücken, S. 21 f. m. w. N.; im Strafrecht etwa Jescheck, Lehrbuch, S. 124 f. m. zahlr. Nachw.; Wessels, Strafrecht, S. 5; Welzel, Strafrecht, S. 22.

28 Ein berühmt-berüchtigtes Beispiel bietet hier § 246 StGB, vgl. dazu meine Darstellung in JuS 1968, 115 f. m. w. N.

hermeneutik erzieltes Ergebnis für prinzipiell verbindlich erklärt haben,[29] verlagert sich die Last der Anpassungsarbeit auf die vierte Stufe, auf der wir plötzlich zwischen Scylla und Charybdis geraten zu sein scheinen: Denn wenn wir die Anpassung der statischen Willenserklärung des Gesetzgebers an die dynamischen gesellschaftlichen Verhältnisse und Wertungen nur als eine der offenen Rechtsfortbildung contra legem entsprechende Ausnahmeerscheinung zulassen, wird unsere Konzeption zwar an Geschlossenheit noch gewinnen, aber gleichwohl auf keinerlei Beifall rechnen können, weil ein die offensichtlichen Bedürfnisse der Praxis mit Füßen tretender Entwurf zwar Chancen auf einen Platz im wissenschaftlichen Raritätenkabinett besitzt, ansonsten aber überhaupt keine Perspektiven eröffnet – weder in der Theorie noch etwa in der Praxis. Wenn wir aber andererseits eine teleologische Korrektur des historischen Machtspruches nach Lust und Laune zulassen, so wie die herrschende objektive Auslegungstheorie es tut, dann hat das Kreißen der methodologischen Hochgefilde wirklich nur zu einer kümmerlichen Maus geführt, denn eine bloße „Verschiebung“ der objektiven Auslegung um drei Stufen, ohne sachliche Änderung, würde wahrlich den bisherigen wissenschaftstheoretischen Aufwand nicht rechtfertigen können.

c) Indessen wäre es allzu voreilig, die Flinte sogleich ins Korn zu werfen; da wir in unserem bisherigen methodologischen Entwurf gerade eine realistische, von den Vernebelungen der h. M. freie Sicht der Rechtsgewinnung angestrebt haben, muß auch jetzt eine sowohl den praktischen Bedürfnissen gerecht werdende als auch theoretisch gut auslotbare Fahrtrinne zu finden sein. Der Ansatzpunkt ist auch unschwer zu finden: Eine sachangemessene differenzierte Lösung ist offenbar nur möglich, wenn auch die Aufgabe, das Recht an den Zeitenwandel anzupassen, nicht zu grobsinnig betrachtet, sondern in ihre verschiedenen Erscheinungsformen aufgegliedert wird.

II. Formen und Gründe der justitiellen Gesetzesderogation

1. a) Wenn wir die einzelnen Gruppen der Gesetzesanpassung durch den Richter analysieren, so müssen wir vorab von der justitiellen Gesetzesderogation im engeren Sinne, d. h. von der Aufkündigung des Gehorsams gegenüber dem Gesetzgeber, diejenige Anpassung der Rechtspflege an den Zeitenwandel unterscheiden, die auf unserer zweiten und/oder dritten Rechtsgewinnungsstufe erfolgt. Hier liegt der täglich zu beobachtende Schwerpunkt der Anpassungsarbeit, die in einem stetigen Wechsel von extensiver und restriktiver „Auslegung“ erfolgt.

---

29 s. o. S. 66 f.

Lehrreiche Beispiele liefert etwa die Rechtsprechung zum Sittlichkeits- und Staatsschutzstrafrecht, die die nach der ersten Stufe verbliebenen, hier besonders weiten Gestaltungsspielräume – dem Zeitgeist mit einer gewissen Verspätung entsprechend – zunächst moralistisch-engherzig und später liberalistisch-großzügig ausgefüllt hat.[30] Die axiologischen Verschiebungen innerhalb der Gesellschaft wirken sich, sobald sie den Justizstab erreichen, regelmäßig auf der dritten Stufe über deren dezisionistische Komponente aus, indem alte Wertungen korrigiert und durch die modernen Positionen ersetzt werden. Falls der Anschauungswandel besonders intensiv ist, kommt im Einzelfall auch ein Evidenzkonsens in Betracht, der eine Anpassung auf der zweiten Stufe bewirkt, später wieder zerfallen kann, einer neuen Majoritätswertung Platz macht etcetera ad infinitum.

Außer im Falle eines axiologischen Evidenzkonsenses ist die zweite Rechtsgewinnungsstufe auch bei einer Veränderung des rechtlichen Substrats – der ontischen und sozialen Strukturen und unserer Kenntnis davon – Träger der Anpassungsfunktion. So haben etwa die Fortschritte der modernen Medizin bei der Reamination irrevisibel Bewußtloser und bei der Organtransplantation in juristischer Hinsicht zu der Ersetzung des „Herztodes" durch den „Hirntod" geführt, weil bei gleichbleibendem Zweck (Schutz des menschlichen Lebens) der Mittelkomplex sich gewandelt hat (die Organtransplantation, die dem Leben dient, wird durch das Abstellen auf den Hirntod zumindest sehr erleichtert, während das Abstellen auf den Herztod umgekehrt keinem im eigentlichen Sinne menschlichen Leben zu dienen vermag).[31]

b) Diese Anpassung auf der zweiten und dritten Stufe bedeutet, wie nochmals betont werden muß, nur eine Anpassung der Rechtsprechung und stellt daher keine justitielle Gesetzesderogation dar; nur vor der Fassade der „objektiven Gesetzesauslegung" hat es den Anschein, als ob sich ein bis dato vorhandener „objektiver Gesetzessinn" nunmehr urplötzlich wandeln würde. Im praktischen Effekt laufen die „objektive Auslegung" und unsere „Anpassung auf der zweiten und dritten Stufe" weitgehend auf dasselbe hinaus, doch bleiben zwei wichtige Unterschiede zu beachten: Während die „objektive Auslegung" der h. M. durch den möglichen Wortsinn begrenzt wird, ergibt sich die Schranke unserer Anpassung der Rechtsprechung aus dem prinzipiellen Vorrang des in der historischen Rechtshermeneutik zu erfassenden legislatorischen Willens; und weil wir nicht einen im Gesetz irgendwie bereits enthaltenen Sinn zu ermit-

---

30 Vgl. BGHSt. 6, 46 und BayObLG NJW 1962, 1878; BGHSt. 23, 267 einerseits, BGHSt. 23, 40 und BGHSt. 25, 30, 133 andererseits.

31 Vgl. dazu Bockelmann, Strafrecht des Arztes, S. 112; Stratenwerth, Festschr. f. Engisch, S. 541 f.; eingehend Saerbeck, Beginn, S. 136 ff.

teln vorgeben, sondern die dezisionistische Komponente keineswegs verschleiern, scheint uns auf diese Weise eine im Vergleich zur herrschenden Praxis selbstkritischere, offenere dogmatische Diskussion garantiert zu sein, die illegitime Vorurteile aufzudecken hilft und dadurch die Konsenschancen insgesamt verbessert.

2. a) Die nächste Gruppe der Gesetzesderogation gehört ebenfalls nicht auf die vierte, sondern auf eine frühere, in diesem Fall auf die erste und die zweite Rechtsgewinnungsstufe. Gemeint ist die Nichtanwendung eines formell ordnungsgemäß in Kraft gesetzten Rechtssatzes wegen seiner wissenschaftlich feststellbaren Unvereinbarkeit mit höherrangigem oder gleichrangig-jüngerem Recht. „Lex superior derogat legi inferiori" – dieser unmittelbar einzusehende Grundsatz ist für das Verhältnis Bundesrecht/Landesrecht in Art. 31 GG eigens positiviert worden, gilt aber natürlich auch im Verhältnis Verordnung/Gesetz und Gesetz/Verfassung.[32] Und der Grundsatz „lex posterior derogat legi priori" ist ebenso Bestandteil der juristischen Muttermilch wie das diese Gruppe abschließende Prinzip „lex specialis derogat legi generali".[33] Sämtliche Fälle dieser Gruppe stimmen darin überein, daß der Richter nicht dem Gesetzgeber schlechthin den Gehorsam versagt, sondern einen Normenkonflikt dadurch entscheidet, daß er dem höherrangigen, jüngeren oder konkreteren Machtspruch folgt. Und weil der Richter hierbei nicht rechtsschöpferisch tätig wird, sondern exakten Regeln folgt, bleibt die Rechtsfindung szientistisch. Die genannten Konkurrenzregeln sind als Rechtserzeugungsregeln, als „Sekundärnormen" im Sinne Harts[34] einzuordnen, weil sie die „Bedingungen und Grenzen" der legislatorischen Macht festlegen; und weil sie von ungewöhnlicher Exaktheit sind (das spätere Gesetz, der höherrangige Gesetzgeber sind eindeutig zu ermitteln), wird die Auffindung der Primärnormen durch sie nicht etwa verunklart, sondern erleichtert bzw. sogar überhaupt erst ermöglicht.

Der Anwendung der drei genannten Derogationsvorschriften kann allerdings nur dann eine Unbedenklichkeitsbescheinigung ausgestellt werden, wenn das derogierende Gesetz für das konkrete Problem eine eindeutige, d. h. auf den ersten beiden Stufen zu findende Antwort bereithält. Andernfalls handelt es sich nämlich doch um keine „legale", sondern um eine „justitielle Gesetzesderogation", denn wenn der Inhalt der lex derogans auf der dritten Stufe

---

32 Vgl. Art. 93 I Nr. 2 GG sowie den Grundsatz des Vorrangs des Gesetzes (dazu Hesse, Grundzüge, S. 81, 205; Leibholz-Rinck, Grundgesetz, Anm. 2 vor Art. 70; Schnapp in v. Münch, Grundgesetz, Art. 20, Rdnr. 38 f. m. w. N.).

33 Vgl. Larenz, Methodenlehre, S. 207 ff.; Lehmann-Hübner, Allgemeiner Teil, S. 68; Zippelius, Methodenlehre, S. 46 ff.

34 Vgl. Hart, Begriff, S. 135 ff., und dazu Eckmann, Rechtspositivismus, S. 63, 86 ff.

festgestellt werden muß, so ist die Derogation letztlich ein Produkt des richterlichen Dezisionsspielraumes und gehört damit in den engeren Komplex der Aufkündigung des Gesetzesgehorsams hinein.

b) Interessanterweise verläuft in unserer gegenwärtigen Rechtsordnung ein Kompetenzschnitt durch die in methodologischer Hinsicht einheitliche Gruppe der „legalen Gesetzesderogation“ mitten hindurch: Während die Rechtsprechung in der Weimarer Zeit das richterliche Prüfungsrecht gegenüber dem Gesetz schließlich allgemein in Anspruch genommen hat,[35] hat unser Verfassunggeber den Grundsatz der Gewaltenteilung schärfer akzentuiert und in Art. 100 GG die Anwendung des Prinzips „lex superior derogat legi inferiori“, soweit es um die Derogation von förmlichen nachkonstitutionellen Gesetzen geht 36, den einfachen Gerichten entzogen und den Verfassungsgerichten vorbehalten. In methodischer Sicht ist diese Grenze eigentlich willkürlich, denn auch von der überkommenen, keine scharfe Trennung von szientistischer und dezisionistischer Rechtsfindung vornehmenden Methodenlehre aus besteht zwischen der Derogation durch die lex superior und der Derogation durch die lex posterior oder specialis kein essentieller Unterschied. Der Grund für den Kompetenzschnitt dürfte daher rein pragmatischer Natur sein. Während es sich bei der Derogation durch die lex posterior um einen alltäglichen Vorgang handelt, ist die Derogation durch die lex superior (die meistens die lex generalis ist!) eine Ausnahmeerscheinung, die regelmäßig einen Vorwurf gegen den Schöpfer der lex inferior begründet; und weil hier ein typischer Konfliktsfall vorliegt – der Schöpfer der lex inferior wird eine Verletzung der lex superior nicht für gegeben erachtet haben –, dürfte es um der Autorität des Gesetzgebers willen in der Tat angebracht sein, die Kompetenz zur Verwerfung der lex specialis posterior inferiorque beim BVerfG zu monopolisieren. Da diese Gründe bei der Derogation der lex prior durch eine lex posterior aber unabhängig davon nicht eingreifen, ob die lex posterior gleich- oder übergeordnet ist, hat das BVerfG jedenfalls die „legale Derogation“ der gesamten vorkonstitutionellen Normenordnung völlig zu Recht dem Urteil der einfachen Gerichte unterstellt.[36]

3. a) Unabhängig von diesem Kompetenzschnitt beginnt die „justitielle Gesetzesderogation i. e. S.“ aber erst dort, wo ein formell ordnungsgemäßes, den konkreten Fall an sich erfassendes Gesetz auf Grund einer richterlichen Dezi-

35 Grundlegend RGZ 111, 320 ff.; vgl. i. ü. nur Stern im Bonner Kommentar (Zweitbearb.), Art. 100 Rdnr. 5 m. zahlr.weit.Nachw.36 So jedenfalls die st.Rspr. des BVerfG; zu deren Problematik s. i. e. u. S. 230 ff.

36 St.Rspr. seit BVerfGE 2, 128 ff.; zum entsprechenden und in entscheidender Hinsicht anders gelagerten Problem bei der justitiellen Derogation der vorkonstitutionellen Normenordnung s. u. S. 231 ff.

sion nicht angewendet wird. Die erste Gruppe bilden hier die Normen, die bereits bei ihrem Erlaß die (dem Gesetzgeber unbekannten) ontischen oder sozialen Gegebenheiten verfehlen oder die bereits bei ihrem Erlaß zu den herrschenden Wertvorstellungen in einem die Toleranzgrenze überschreitenden Widerspruch stehen. Was in solchen Fällen geschieht, ist zur Genüge bekannt: Das BVerfG wird von einer Regierung, einem Gericht oder einem Bürger im Verfahren der (abstrakten oder konkreten) Normenkontrolle oder mittels Verfassungsbeschwerde angerufen werden und wird, wenn es die vorgenannten Voraussetzungen für gegeben hält, das fehlerhafte Gesetz für verfassungswidrig erklären und gem. § 31 II BVGG mit Gesetzeskraft aufheben; im ersten Fall wird es die Entscheidung auf den Gleichheitsgrundsatz (Art. 3 I GG) stützen, weil der Gesetzgeber wegen Verkennung des Regelungssubstrats eine willkürliche Entscheidung getroffen habe,[37] im zweiten Fall wird es die speziellen Gewährleistungen des Grundgesetzes heranziehen oder hilfsweise auf die allgemeinen Prinzipien der Rechtsstaatlichkeit oder der Sozialstaatlichkeit (Art. 20, 28 GG) zurückgehen.

b) Wenn man die seither ergangene Judikatur des BVerfG Revue passieren läßt, so kann kein Zweifel daran bestehen, daß der größte Teil seiner Entscheidungen dezisionistische Elemente enthält, so daß in zahllosen Fällen eine echte justitielle Gesetzesderogation stattgefunden hat. Die Befugnis dazu wird dem BVerfG kaum noch bestritten,[38] denn auch die neuerdings häufig zu vernehmende Empfehlung, das BVerfG möge in politischen Dingen „judicial self-restraint" üben, soll nur eine Abstinenz des BVerfG in politischen Grundsatzfragen wie etwa dem Grundvertragsstreit bewirken,[39] ist aber nicht gegen die vom BVerfG ständig praktizierte teleologische Verfassungsauslegung (sprich: rational-dezisionistische Verfassungskonkretisierung) gerichtet. Das BVerfG selbst

---

37 Vgl. zur einschlägigen Rspr. des BVerfG die Nachw. bei Leibholz-Rinck, Grundgesetz, Art. 3, Anm. 2, sowie Podlech, Gehalt, S. 45 f.

38 Anders noch in den Fünfziger Jahren, vgl. Böckenförde, Gleichheitssatz, S. 76, 86, und Wolff, Gedächtnisschr. f. Jellinek, S. 45 ff.; Forsthoff, Verfassungsauslegung, S. 26 ff.; ders., Festschr. f. Schmitt, S. 35 ff.; ders., WDStRL 12, 16 ff.; dagegen treffend Göldner, Verfassungsprinzip, S. 163, 178 f. (m. zahlr. weit. Nachw.) mit dem Hinweis darauf, daß die Auffassung Wolffs und Böckenfördes auf einer unzutreffenden, nämlich zu engen Sicht des dezisionistischen Elementes bei der Rechtsfindung beruht.

39 Die Formel vom „judicial self-restraint" scheint von Justice Stone geprägt worden zu sein, s. Laufer, Festschr. f. Leibholz, S. 445; vgl. dazu vor allem Leibholz, JöR 1957, 126; ders., Status, S. 75; Hesse, Grundzüge, S. 227 f.; Seuffert, NJW 1969, 1369 ff. Soweit von den genannten Autoren – wie vor allem von Leibholz – der Eindruck zu erwecken versucht wird, daß der politische von dem justitiablen Bereich exakt abgegrenzt werden könne, ist dies natürlich nach unseren bisherigen methodologischen Erkenntnissen nicht zu halten (vgl. auch Schuppert ZRP 1973, 257 ff.; Zuck, JZ 1974, 365 ff.).

betont zwar ständig, daß es den Gestaltungsspielraum des Gesetzgebers unberührt lassen müsse,[40] meint damit aber auch nichts anderes als einen maßvollen judicial self-restraint, denn das Recht zu einer rational-dezisionistischen Konkretisierung des Grundgesetzes ist von ihm von allem Anfang an in Anspruch genommen und niemals aufgegeben worden. An dieser Stelle dürfte es als Beleg genügen, aus der kaum noch übersehbaren Fülle der einschlägigen Entscheidungen das berühmte Apothekenurteil zu zitieren, das in den Art. 12 I GG eine „Dreistufentheorie" hineingelesen hat, die ungeachtet ihrer Plausibilität als eine eindeutig dezisionistische Fortentwicklung des Grundrechtes der Berufsfreiheit angesprochen werden muß.[41]

c) Im übrigen würde die Inanspruchnahme und Ausfüllung von Dezisionsspielräumen durch das BVerfG eine eigene Monographie erfordern, die nicht nur die Nichtigerklärung von Gesetzen, sondern auch ihre „verfassungskonforme Auslegung" durch das BVerfG berücksichtigen müßte. Gerade die vom BVerfG in ständiger Rechtsprechung praktizierte[42] sog. verfassungskonforme Auslegung kann in ihrer theoretischen und praktischen Bedeutung gar nicht hoch genug eingeschätzt werden. Das BVerfG hat schon in seinen Anfangsjahren den Grundsatz herausgearbeitet, daß ein Gesetz dann nicht für nichtig zu erklären sei, wenn es im Einklang mit der Verfassung ausgelegt werden könne, so daß bei mehreren möglichen Deutungen einer Norm derjenigen der Vorzug zu geben sei, die einer Wertentscheidung der Verfassung besser bzw. allein noch entspreche.[43] Diese Praxis, die gesetzesimmanente Auslegung durch die gesetzestranszendente Verfassungskonkretisierung zu korrigieren, ist heute mit Hilfe der sog. Schaukeltheorie in einer noch niemals dagewesenen Weise ausgedehnt und intensiviert worden. Mit der erstmals im Lüth-Urteil aufgestellten und inzwischen zur stereotypen Formel erstarrten Doktrin, daß die die Grundrechtsgewährleistungen einschränkenden Gesetze selbst wieder „im Lichte" des Grundrechtes gesehen und von dort her eingeschränkt werden müßten,[44] hat das BVerfG jedes konkrete Auslegungsergebnis unter den Vorbehalt einer zusätzlichen gesetzestranszendenten, verfassungsunmittelbaren Verhältnismäßigkeitsprüfung gestellt.[45] Um hier wiederum aus der Fülle des vorliegenden Mate-

---

40 Eingehende Darstellung der Rspr. des BVerfG bei Laufer, Verfassungsgerichtsbarkeit, S. 351 ff.; vgl. zuletzt vor allem das Grundvertragsurteil NJW 1973, 1539, 1541.

41 BVerfGE 7, 377 ff.

42 Zahlr. Nachw. bei Leibholz-Rinck, Grundgesetz, Einf. 4; aus dem reichhaltigen Schrifttum vgl. hier nur Michel, JuS 1961, 274 ff.

43 Vgl. BVerfGE 2, 282, 340 f.; 8, 221; 9, 200; ferner 2, 266 f.; 7, 124 ff., 272 ff.

44 BVerfGE 7, 207 ff.; 12, 124 f.; 20, 176 f.; 21, 281; 25, 55; 27, 80, 109; 28, 47, 63, 187.

45 Vgl. dazu Gentz, NJW 1968, 1605; zur Einzelfallwirksamkeit der „Schaukeltheorie" vgl. weiter BVerfGE 7, 210 f.; 20, 176; 28, 202; DÖV 1973, 453; kritisch zu dieser Rspr. vor allem Eb.

rials[46] ein Beispiel auszuwählen, sei auf die beiden Entscheidungen des BVerfG zu § 81 StPO hingewiesen, die diese Vorschrift einerseits nicht für verfassungswidrig erklären, andererseits aber die dort genannten Eingriffsvoraussetzungen nicht genügen lassen, sondern körperliche Eingriffe beim Beschuldigten, die gem. § 81 a I, 2 StPO ohnehin nur im Falle der Gefahrlosigkeit zulässig sind, zusätzlich von einem angemessenen Verhältnis zwischen der Schwere des Eingriffes und dem Gewicht des strafrechtlichen Vorwurfes abhängig machen.[47]

d) Mit Hilfe der verfassungskonformen Auslegung, der Schaukeltheorie und dem in den Einzelfall hineinwirkenden Verhältnismäßigkeitsgrundsatz ist es dem BVerfG gelungen, das in Art. 100 GG niedergelegte Kassationsprinzip weitgehend durch das „Variationsprinzip" zu ersetzen: Die den grundgesetzlichen Wertentscheidungen nach Auffassung des BVerfG nur unvollkommen oder gar überhaupt nicht entsprechenden Gesetze brauchen nicht für nichtig erklärt zu werden, sondern können in einer veränderten, dem GG angepaßten Form aufrechterhalten bleiben. Auf diese Weise reicht die Wertordnung des Grundgesetzes, so wie sie vom BVerfG verstanden wird, bis zu jedem Einzelfall, und zwar unter vielfältiger Modifizierung der ursprünglichen legislatorischen Entscheidung. Daß in dieser im Schrifttum zwar vereinzelt angegriffenen,[48] in der Verfassungswirklichkeit aber fest etablierten Rechtsprechung des BVerfG eine vom Grundgesetz ursprünglich nur zugelassene,[49] dann vom einfachen Gesetzgeber eingeleitete[50] und schließlich im Grundgesetz abgesegnete[51] Gewichtsverlagerung von der Legislative zur Judikative, insbesondere zum BVerfG, zum Aus-

---

Schmidt, NJW 1969, 1141 ff. Bettermann, JZ 1964, 602; Maunz-Dürig-Herzog, Grundgesetz, Art. 5, Rdnr. 252.

46 Vgl. zuletzt zur Verwertung einer Tonbandaufnahme BVerfGE 34, 238 ff.

47 BVerfGE 16, 194 ff.; 17, 108 ff,

48 Zu den Bedenken gegen die verfassungskonforme Auslegung vgl. Bender, MDR 1959, 441 f.; Michel JuS 1961, 277 f.; Hesse, Grundzüge, S. 33; zur Kritik der „Einzelfallwirksamkeit" des Grundgesetzes überhaupt vgl. die Nachw. o. in Fn. 46. Die h. M. billigt hingegen die Rspr. des BVerfG, vgl. nur Naucke SchlHA 1966, 97 ff.; v. Münch in v. Münch, Grundgesetz, Art. 5 Rdnr. 52; Hesse, Grundzüge, S. 132 f.; zur Wurzel der „Schaukeltheorie" im Verhältnismäßigkeitsgrundsatz vgl. Gentz NJW 1968, 1605; zur verfassungskonformen Auslegung vgl. nur Spanner AöR 1966, 503 ff. m. zahlr. weit. Nachw., und Burmeister, Verfassungsorientierung, S. 16 ff. und passim.

49 Nämlich durch Art. 93 I Nr. 5 a. F. GG, der eine Erweiterung der Zuständigkeit des BVerfG durch einfaches Bundesgesetz vorsah und damit die Einführung der einzelfallwirksamen Verfassungsbeschwerde ermöglichte.

50 Durch die Einführung der Verfassungsbeschwerde in § 90 BVGG.

51 Durch die Verankerung der Verfassungsbeschwerde in Art. 90 I Nr. 4 a GG n.F. durch Gesetz vom 29. 1. 1969 (BGBl. I S. 97).

druck kommt, ist schon oft festgestellt worden.[52] Wegen der unleugbaren dezisionistischen Elemente bei der Verfassungskonkretisierung ergeben sich daraus freilich Friktionen mit den Prinzipien der Gewaltenteilung (Art. 20 II GG) und der Bindung des Richters an das Gesetz (Art. 20 III GG), die die Frage nach den Grenzen der verfassungskonformen Auslegung zur Lebensfrage unseres gesamten Rechtssystems machen.

aa) Gegen die durch die Aktualisierung des Verhältnismäßigkeitsprinzips drohende Gefahr, daß das Gesetz vollständig beiseite geschoben und in jedem Einzelfall durch eine Güter- und Interessenabwägung ersetzt wird, hat das BVerfG sich in zweifacher Weise zur Wehr gesetzt: einmal mit Hilfe der Formel, daß das BVerfG kein Superrevisionsgericht sei, sondern nur die Verletzung von spezifischem Verfassungsrecht überprüfe,[53] und zum anderen durch die ausdrückliche Anerkennung eines legislatorischen Gestaltungsspielraumes als Prärogative des Gesetzgebers.[54] Die erstgenannte Einschränkung scheint zwar zunächst nur eine rein prozessuale Abgrenzung gegenüber dem „Sondergut" der einfachen Gerichte darzustellen, entpuppt sich aber bei näherem Zusehen als eine materielle Einschränkung des Verhältnismäßigkeitsgrundsatzes und des in der Schaukeltheorie steckenden Güterabwägungsprinzips, die das BVerfG nicht so rigoros handhaben will, daß den einfachen Gerichten kein Gestaltungsspielraum verbleibt. Damit erweist sich aber diese Einschränkung als eine bloße Konsequenz aus der zweitgenannten Einschränkung, durch die dem Gesetzgeber ein Konkretisierungsfreiraum zugestanden wird, der der Einwirkung durch das BVerfG entzogen ist.

Dieser auf den ersten Blick einleuchtende self-restraint des BVerfG weist nun allerdings eine doppelte Problematik auf: Erstens kommt er nur bei der Kassation, nicht aber bei der Variation zum Zuge, die ja als eine keine Gehorsamsaufkündigung enthaltende „Auslegung" verstanden wird.[55] Und zweitens ergeben sich daraus Komplikationen, daß das BVerfG dem Gesetzgeber nicht unter gleichzeitiger eigener Beschränkung auf eine szientistische Interpretation der Verfassung den gesamten Bereich der rational-dezisionistischen Konkretisierungsarbeit überläßt, sondern daß es den Schnitt an irgendeiner Stelle innerhalb dieses Bereiches vornimmt. Damit ist der Konkretisierungsspielraum des Gesetz-

52 Die schon im Grundgesetz angelegte Erweiterung der richterlichen Gewalt wurde übrigens von Anfang an als nicht unproblematisch erkannt, vgl. nur Weber, Spannungen, S. 103 ff.

53 So zuletzt wieder vor allem im Mephistofall (NJW 1971, 1645, 1647 m. w. N. und krit. Sondervotum von Rupp-v.Brünneck NJW 1971, 1652 ff. sowie BVerfG NJW 1974, 26, 27 mit Kritik der vier unterlegenen Richter NJW 1974, 28.

54 Vgl. die Nachw. o. in Fn. 40 f.

55 Vgl. beispielsweise BVerfG NJW 1973, 1491, 1494 zur Variation des § 80 VwGO.

gebers aber nicht mehr exakt bestimmbar, und das bedeutet, daß es letztlich von dem Ermessen des BVerfG abhängt, ob es im konkreten Fall die Entscheidung des Gesetzgebers als noch vertretbare Ausfüllung oder als Überschreitung des Gestaltungsspielraumes qualifiziert. Durch eine Detailuntersuchung ließe sich das mühelos im einzelnen belegen; aus Raumgründen müssen wir uns hier aber auf einige wenige Beispiele beschränken: So hat das BVerfG etwa das Mephistourteil des BGH bestehen gelassen, das Blinkfüerurteil aber aufgehoben,[56] obwohl es in beiden Fällen um die Schranken des Art. 5 GG ging und obwohl beide Male das entgegengesetzte Ergebnis ebenso gut vertretbar war;[57] so hat das BVerfG das Sammlungsgesetz für verfassungswidrig erklärt, weil der normative Gehalt des entscheidenden Teils des Gesetzes im Falle einer verfassungskonformen Auslegung neu bestimmt worden wäre, während es die „bewegliche Zuständigkeit" der Strafgerichte nach §§ 24 Nr. 2, 3; 25 Nr. 2 c GVG im Wege der verfassungskonformen Auslegung aufrechterhalten hat[58] und eine partielle Kassation des § 232 II ZPO in dem Sinne, daß eine Zurechnung des Anwaltsverschuldens in Statussachen entfällt, sogar unter Hinweis auf den Gestaltungsspielraum des Gesetzgebers gänzlich abgelehnt hat.[59] Es soll dabei gar nicht bestritten werden, daß das BVerfG in allen Fällen für seine jeweilige Auffassung plausible Argumente vorbringen konnte – entscheidend ist allein, daß das dezisionistische Element dieser Entscheidungen dadurch nicht ausgeräumt wird und daß die Grenze zwischen legislatorischer Konkretisierungsprärogative und justitieller Gesetzesderogation daher letztlich dem Ermessen des BVerfG überantwortet ist!

bb) Hieran wird auch nicht dadurch vorbeizukommen sein, daß an Stelle einer allgemeinen Formel Fallgruppen gesucht werden, die den drei Alternativen Kassation – Variation – „Resignation"[60] zugeordnet werden. Wenn auf diese Weise auch eine Aufbereitung des vorliegenden Materials möglich sein mag, so wird doch allein mit Hilfe szientistischer Maßstäbe weder die Abgrenzung noch die Zuordnung der einzelnen Gruppen jemals gelingen. Denn selbst in der so geschlossen wirkenden Fallgruppe der „Belastung der öffentlichen Hand mit Zahlungspflichten wegen Verfassungswidrigkeit von Ausschlußklauseln" kann niemals exakt prognostiziert werden, ob das BVerfG die Ausschlußklauseln kur-

---

56 Vgl. einerseits BVerfGE 30, 173 ff., andererseits BVerfGE 25, 256 ff.

57 Zum Mephistobeschluß vgl. die Sondervoten von Stein (NJW 1971, 1648 ff.) und Rupp-v. Brünneck (NJW 1971, 1652 ff.), zum Blinkfüerfall die vom BVerfG aufgehobene Entscheidung BGH NJW 1964, 29 ff., die lange Zeit der h. M. entsprochen hatte.

58 BVerfGE 9, 223 ff.; 22, 254 ff.; dagegen vor allem Bockelmann, NJW 1959, 889 ff.; Eb. Schmidt, JZ 1959, 535; Grünwald, JuS 1968, 452 ff.

59 NJW 1973, 1315 f.; dagegen vor allem OLG Celle NJW 1972, 504; Sondervotum v. Schlabrendorff NJW 1973, 1316 ff.

60 D. h.: Anerkennung einer legislatorischen Prärogative.

zerhand für nichtig erklären oder sich auf einen Feststellungstenor beschränken wird, um den legislatorischen Gestaltungsspielraum zu schonen.[61]

cc) Dieses Ergebnis, daß die Abgrenzung zwischen Kassation, Variation und Resignation nicht exakt möglich ist, sondern im Ermessen des BVerfG steht, ist in wissenschaftlicher Hinsicht zunächst irgendwie unbefriedigend. Einen Versuch, hier doch noch zu einer schärferen Abgrenzung zu gelangen, hat in der letzten Zeit vor allem Göldner unternommen, der in Übereinstimmung mit der h. M. die verfassungskonforme Auslegung intra legem dort enden läßt, „wo das Ergebnis der richterlichen Rechtsanwendung eine Modifikation des gesetzgeberischen Regelungsplanes einschließen und gleichzeitig die Grenzen des sprachlich noch möglichen Wortsinns sprengen würde".[62] Alles, was darüber hinausgehe, sei eine verfassungskonforme Rechtsfortbildung, die wegen der legislatorischen Konkretisierungsprärogative nur unter der Voraussetzung der „formalen Eindeutigkeit" zulässig sei.[63] Göldner versteht hierunter „einen gewissen Grad an Evidenz" und knüpft damit an bekannte Vorbilder an;[64] ein letzter Rest von Richtersubjektivität werde zwar auch dann noch übrigbleiben, aber zumindest sei doch damit die Aufstellung einer praktisch bedeutsamen Negativgruppe von Fällen möglich geworden, in denen das Eindeutigkeitsurteil, loyal geprüft, mit einiger Sicherheit verneint werden könne.[65]

Auch dieser auf dem Boden der h. M. erwachsene Abgrenzungsversuch ist jedoch unseres Erachtens zum Scheitern verurteilt. Zur Begründung können wir uns weitgehend auf die Erkenntnisse beziehen, die wir bereits bei der Erörterung der ersten drei Rechtsgewinnungsstufen gewonnen haben. Die von Göldner zwischen der immer zulässigen Auslegung und der nur eingeschränkt zulässigen Rechtsfortbildung gezogene Linie, die mit der Wortlautgrenze als Grenze des heutigen Bedeutungshofes der Gesetzestermini identisch ist, entbehrt, wie wir in Auseinandersetzung mit der entgegenstehenden herrschenden Lehre nachzuweisen versucht haben,[66] jeglichen juristischen Sinnes. Eine Regel kann entweder dadurch konstituiert werden, daß sie von einer dazu kompetenten Stelle (dem Gesetzgeber) aufgestellt wurde, oder dadurch, daß sie sich bei teleologischer Betrachtung als vernünftig erweist. Der wandelbare allgemeine Sprachgebrauch hat in diesem Zusammenhang aber lediglich eine heuristische

---

61 Vgl. etwa einerseits BVerfGE 22, 163 ff.; andererseits BVerfGE 22, 349 ff.; w. N. b. Leibholz-Rinck, Grundgesetz, Art. 3 Rdnr. 16; Skouris, Teilnichtigkeit, S. 45 ff.

62 Verfassungsprinzip, S. 213 f. m. w. N.

63 a. a. O., S. 231 f.

64 Vgl. die Nachw. bei Göldner, a. a. O., S. 231 Fn. 86.

65 a. a. O., S. 232 f.

66 s. o. S. 67, 93 ff.

Funktion, weil er Hypothesen über den Willen des Gesetzgebers liefert – eine „Wortlautgrenze" für die Auslegung kann dagegen nicht aus dem bloßen Begriffshof entwickelt werden, solange die Andersbehandlung der jenseits dieser Grenze liegenden Fälle nicht mit Hilfe der historischen Rechtshermeneutik als Wille des Gesetzgebers festgestellt werden kann.[67] Es ist daher auch im Rahmen der justitiellen Gesetzesderogation verfehlt, die Wortlautgrenze zum Maßstab der Abgrenzung zwischen Kassation und Variation zu nehmen oder gar, wie es der Konzeption Göldners entspricht, zur Scheidelinie zwischen einer unbegrenzt zulässigen „verfassungskonformen Auslegung" und einer wegen des legislatorischen Gestaltungsspielraums durch das Kriterium der „formalen Eindeutigkeit" beschränkten „verfassungskonformen Rechtsfortbildung" zu machen.

dd) Interessanterweise hat auch das BVerfG, das die „verfassungskonforme Auslegung" ursprünglich strikt an die Wortlautgrenze gebunden hatte,[68] diese Einschränkung in einer neueren Entscheidung ausdrücklich fallen gelassen. Das BVerfG hat hier entschieden, daß die Vorschrift des § 80 VI, 2 VwGO (Beschlüsse, durch die die aufschiebende Wirkung eines Widerspruchs gegenüber einem Verwaltungsakt angeordnet oder wiederhergestellt wird, sind unanfechtbar) in der Weise verfassungskonform auszulegen sei, daß dies nicht für Verwaltungsakte mit Doppelwirkung gelte, und hat dabei die Mißachtung des eindeutigen Wortlautes wie folgt begründet:[69] Da die richterliche Bindung an das Gesetz nicht Bindung an dessen Buchstaben mit dem Zwang zu wörtlicher Auslegung, sondern Gebundensein an Sinn und Zweck des Gesetzes bedeute, brauche der Richter am Wortlaut einer Norm nicht halt zu machen. Die Interpretation sei Methode und Weg, auf dem der Richter den Inhalt einer Gesetzesbestimmung erforsche, ohne durch den formalen Wortlaut des Gesetzes begrenzt zu sein. Da der Gesetzgeber die Verwaltungsakte mit Doppelwirkung in den Vorschriften der VwGO nirgends besonders berücksichtigt habe,[70] spreche dies für die Ansicht, daß der Gesetzgeber nicht alle Konsequenzen der von ihm in § 80 VI, 2 VwGO gewählten Gesetzesfassung (!) bedacht habe. Der Wortlaut bedürfe daher, gemessen an der ratio der Norm, einer einschränkenden Deutung, zumal es keinen Anhaltspunkt dafür gebe, daß der Gesetzgeber auch dann keine einschränkende

67 s.o. S. 67 f. Die letztere Möglichkeit dürfte, wie bereits mehrfach bemerkt, vor allem im Strafrecht in Betracht kommen, wo aus Art. 103 II GG das arg. e contrario für alle vom Gesetzgeber mit Sicherheit nicht angesteuerten Fälle zu entnehmen sein dürfte, ferner vielleicht auch bei grundrechtsbeschränkenden Gesetzen gem. Art. 2 II, 2; 10 II; 11 II etc. GG.

68 Vgl. BVerfGE 2, 398, 406;, 8, 34 f., 41; 9; 200; 18, 111.

69 NJW 1973, 1491, 1494.

70 Was übrigens unrichtig ist, wie die Vorschrift des § 68 I Nr. 2 VwGO zeigt!

Formulierung gewählt haben würde, wenn er das Problem erkannt hätte. Die verfassungskonforme Interpretation des § 80 VI, 2 VwGO sei daher keine Auslegung contra legem, weil hier nicht einem nach Wortlaut und Sinn eindeutigen Gesetz ein das gesetzgeberische Ziel verfälschender Sinn beigelegt würde, und stelle daher keinen verfassungsrechtlich unhaltbaren Eingriff in die Kompetenz des Gesetzgebers dar.

Um der Kernaussage dieser Entscheidung willen lohnt es sich, das etwas verworrene, dem unklaren Methodensynkretismus des BVerfG zu verdankende Begründungsbeiwerk rasch beiseite zu schieben. Wir verzichten daher auf eine nähere Analyse des merkwürdigen Vorgehens des BVerfG, ein Bekenntnis zur „objektiven Auslegungstheorie" mit einem Verzicht auf die gerade hier (als letztes „Bindemittel" zum geschriebenen Gesetz) intrasystematisch unentbehrliche Wortlautgrenze zu verbinden; wir verzichten auch auf eine Kritik an der mit den modernen Methodenerkenntnissen offensichtlich nicht zu vereinbarenden Auffassung des BVerfG, daß bei der objektiven Auslegung ein (scil. vorgegebener) Inhalt des Gesetzes lediglich „erforscht" würde; wir wenden uns vielmehr allein dem Ergebnis des BVerfG zu, daß eine Bindung des Richters an eine im Gesetz irgendwie vorgegebene Entscheidung nur noch dann bestehe, wenn kumulativ ein eindeutiger Gesetzeswortlaut und eine bewußte Stellungnahme des Gesetzgebers gerade für diese konkrete Fallgruppe vorhanden seien. Der richtige Kern dieser Auffassung liegt darin, daß das BVerfG sich von der Wortlautgrenze gelöst und wieder der historischen Stellungnahme des Gesetzgebers genähert hat, die nach unseren Überlegungen der einzige Gegenstand der Auslegung sein kann. Das BVerfG hat dann diesen Ansatz aber nicht konsequent zu Ende geführt, sondern zwei unbegründete Einschränkungen gemacht, die die Bedeutung des legislatorischen Machtspruchs selbst im Vergleich zur herkömmlichen objektiven Auslegung noch herabsetzen. Erstens hat es nämlich darauf abgestellt, ob der Gesetzgeber „alle Konsequenzen der von ihm gewählten Gesetzesfassung bedacht" hat, und das heißt: Nicht schon der damalige Bedeutungskern der vom Gesetzgeber benutzten Termini,[71] sondern erst die Berücksichtigung aller (nach Auffassung des BVerfG relevanten) Konsequenzen kann einen verbindlichen historischen Machtspruch begründen, womit die Verbindlichkeit im Grunde also unter den Vorbehalt der Sachgerechtheit gestellt wird! Denn weil die rationale Wertdiskussion vor allem mit dem Hinweis auf die zu erwartenden Folgen geführt wird – darauf beruht ja die gesamte utilitaristische Ethik[72] –, stellt der Hinweis auf die fehlende Berücksichtigung aller Konsequenzen eine ganz „normale" Kritik an einer fremden Wertentscheidung

71 Vgl. dazu o. S. 86 ff.

72 S. dazu Hoerster, Ethik, S. 11 ff., sowie zu der Mittel-Zweck-Analyse, o. S. 119 ff.

dar, so daß man die Verbindlichkeit der legislatorischen Machtsprüche restlos und ein für allemal untergräbt, wenn man die Möglichkeit einer solchen Kritik zu ihrem Maßstab macht. Und nicht genug damit – das BVerfG hat auch in dieser Entscheidung noch die systematisch-teleologische Auslegung in den Vordergrund gerückt und betont, daß nur einem nach „Sinn" und Wortlaut eindeutigen Gesetz keine entgegengesetzte Deutung gegeben werden dürfe, womit die Wortlautgrenze zwar nicht als Verbotsgrenze, aber wohl als Erlaubnisgrenze beibehalten ist: Innerhalb der Wortlautgrenze soll, wie es der ständigen Rechtsprechung des BVerfG entspricht,[73] der Wille des Gesetzgebers bei der teleologischen Auslegung beliebig beiseite geschoben werden können.

Die jüngste Entscheidung des BVerfG bedeutet damit eine ungeheure Ausdehnung der Variation (der „verfassungskonformen Auslegung") auf Kosten der Kassation, was deswegen von allergrößter Tragweite ist, weil, wie bereits bemerkt, bei der Variation schon das schlichte „Besserwissen" des BVerfG für eine Änderung der legislatorischen Intentionen ausreicht, während eine Kassation nach der Rechtsprechung des BVerfG nur bei einer Überschreitung des gesetzgeberischen Regelungsspielraumes in Betracht kommt![74] Die an und für sich völlig korrekte Preisgabe der „Wortlautgrenze" hat daher mangels sonstiger Einschränkungskriterien zu einer weitgehend ungebundenen justitiellen Gesetzesderogation geführt – es bleibt zu prüfen, ob damit der Weisheit letzter Schluß gefunden ist.

ee) Als letzte in der Literatur favorisierte Schranke der justitiellen Gesetzesderogation ist die bereits erwähnte, im Anschluß an Larenz und andere[75] entwickelte These Göldners zu untersuchen, daß eine Kassation nur bei „formeller Eindeutigkeit" zulässig sei.[76] Eine echte Eingrenzung der justitiellen Gesetzesderogation (nämlich durch Zurückführung auf eine szientistische Rechtsgewinnung) wäre hiermit nur dann zu erreichen, wenn die „formale Eindeutigkeit" als Evidenzkonsens im Sinne unserer Uberlegungen zur zweiten Rechtsgewinnungsstufe[77] aufgefaßt würde. Gerade das ist aber nicht der Fall, denn Göldner versteht darunter, wie seine näheren Darlegungen ergeben,[78] nichts anderes als die mit einer Majoritätsbildung verbundene subjektive Evidenz. Damit ist aber so gut wie gar nichts gewonnen, denn das subjektive Evidenzerlebnis pflegt die

---

73 Vgl. die Nachw. bei Leibholz-Rinck, Grundgesetz, Einf. 1f., 8.

74 Vgl. die Nachw. o. in Fn. 40f.

75 Vgl. Larenz, Methodenlehre, S. 401; w. N. b. Göldner, Verfassungsprinzip, S. 231 Fn. 86.

76 a. a. O., S. 231ff.

77 s. o. S. 129ff. Besonders häufig wird ein Evidenzkonsens dahin herstellbar sein, daß keine Verfassungswidrigkeit vorliegt!

78 a. a. O., S. 232f.

Folge einer besonders intensiv ausgeprägten Attitüde zu sein und besitzt daher gegenüber dem Kontrahenten, der von der entgegengesetzten Attitüde geleitet wird, nicht die mindeste Überzeugungskraft. Auch die Forderung nach einer das Evidenzerlebnis teilenden Majorität hilft wenig weiter, weil die hieraus folgende quasidemokratische Legitimation zwar bei einer schlichten herrschenden Meinung noch angehen mag, gegenüber dem Mehrheitsbeschluß des direkt demokratisch legitimierten Gesetzgebers, wie er in dem zu kassierenden Gesetz zum Ausdruck kommt, aber eigentlich keine höhere Dignität beanspruchen kann.

Daß die Forderung nach „formaler Eindeutigkeit" außerhalb des szientistischen Bereiches schlechterdings unerfüllbar ist, zeigen schließlich auch die praktischen Erfahrungen, denn eigentlich muß in sämtlichen oben angeführten Kassations- und Variationsentscheidungen des BVerfG die Gegenmeinung wenigstens als gut vertretbar bezeichnet werden:[79] Eine „formale Eindeutigkeit" jenseits der szientistischen Rechtsgewinnung ist eben ein Truggebilde, dessen Einbau in die Methodologie allenfalls eine Beruhigungsfunktion hat, irgendeine Beschränkung der justitiellen Gesetzesderogation aber nicht zu garantieren vermag.

e) Unsere Betrachtung der Kassation resp. Variation formell ordnungsgemäßer Gesetze durch die Rechtsprechung bei anfänglicher Verfehlung der Sachstrukturen oder der herrschenden Wertanschauungen hat damit zu dem Ergebnis geführt, daß weder in der gegenwärtigen Rechtsprechung (insbesondere des BVerfG) noch im einschlägigen Schrifttum irgendwelche tauglichen Limitierungsmaßstäbe für die dezisionistische justitielle Gesetzesderogation vorzufinden sind.

4. Bevor wir uns der Frage zuwenden, ob diese negative Feststellung einer unverrückbaren Sachgesetzlichkeit zu verdanken oder bei einer vertieften Untersuchung noch einer Revision zuzuführen ist, müssen wir zuvor die weiteren Untergruppen der echten justitiellen Gesetzesderogation analysieren.

a) Das Pendant zu der anfänglichen Verfehlung der Sachstrukturen durch den Gesetzgeber stellt deren nachträgliche Veränderung dar, die entweder auf einem Wandel der sozialen (seltener auch der „natürlichen", biophysischen) Verhältnisse oder auf einer Evolution der naturwissenschaftlichen (seltener auch der sozialwissenschaftlichen) Erkenntnis beruhen kann.[80] Um hierfür eini-

---

79 Vgl. die Nachw. o. Fn. 57–59.

80 Denn die Beziehung des Rechts zu den ontischen Strukturen wird von den dieselben betreffenden Wissenschaften als deren einzigem Erkenntnismittel mediatisiert, so daß im Grunde genommen nicht die Sachstrukturen selbst, sondern unser Urteil darüber das Substrat des Wertungsvorganges bilden.

ge Beispiele zu nennen: α) Das Bürgerliche Gesetzbuch regelte das Arbeitsverhältnis im Rahmen des Vertragstypus „Dienstvertrag", wobei seine Verfasser wohl vor allem an Gouvernanten und Hauslehrer dachten.[81] Diese eigentlich schon im Jahre 1896 antiquierte Konzeption[82] wurde durch den Wandel im Wirtschaftsleben, durch den Machtzuwachs der gewerkschaftlich organisierten Arbeitnehmer und durch die Verbreitung des proletarischen Prinzips (Arbeitskraft als einziges Vermögen) in weiten Bevölkerungskreisen so brüchig, daß die Rechtsprechung das Dienstvertragsrecht des BGB und seine Anhängsel im HGB (§§ 59 ff.) und in der Gewerbeordnung (§§ 105 ff.) größtenteils beiseitegeschoben und durch ein in den Gerichtssälen nach und nach herausgebildetes „Arbeitsrecht" ersetzt hat.[83] β) Nehmen wir an, der Gesetzgeber habe die regelmäßige Begasung von Fuchsbauen angeordnet, weil der Fuchs nach dem damaligen Stande der Wissenschaft Hauptträger der Tollwut war. Wenn jetzt neue Forschungen das Gegenteil ergeben und wenn zugleich durch die bisherigen Aktionen das Aussterben dieser Tierart droht, werden die Gerichte dem alten Gesetz mit ziemlicher Sicherheit den Gehorsam aufkündigen. γ) Wenn sozialwissenschaftliche Untersuchungen die fehlende soziale Gefährlichkeit der Homosexuellen und ihre fehlende Konditionierbarkeit durch strafrechtliche Maßnahmen ergeben, muß ein diesbezüglicher Straftatbestand ins Zwielicht geraten, was bei einem weniger reformfreudigen Gesetzgeber über kurz oder lang zu einer justitiellen Gesetzesderogation führen kann.[84]

b) Als weitere und letzte Gruppe ist die nachträgliche Veränderung der Wertanschauungen anzuführen, die das Pendant zu der anfänglichen Verfehlung des herrschenden Wertempfindens durch den Gesetzgeber darstellt. So hat etwa die in den Sechziger Jahren die ganze Gesellschaft überspülende Liberalisierungswelle lange vor dem 4. Strafrechtsreformgesetz zu einer mit den ursprünglichen legislatorischen Intentionen sicherlich nicht zu vereinbarenden Neubestimmung der „Unzüchtigkeit" und damit zur Freigabe erotischer Romane wie der „Memoiren der Fanny Hill" geführt, weil „die Rechtsprechung nicht an einer tiefgreifenden und nachhaltigen Änderung der allgemeinen Anschau-

---

81 Vgl. nur Wiethölter, Rechtswissenschaft, S. 283; Esser, Schuldrecht II, S. 140. Zu dem außerhalb des BGB auch schon im 19. Jahrhundert entwickelten Arbeitsschutzrecht s. Hueck-Nipperdey, Lehrbuch I, S. 806 ff.

82 Richtungweisend schon damals Lotmar, Arbeitsvertrag.

83 Man denke nur an die allgemeine Fürsorgepflicht, die Haftung bei schadensgeneigter Arbeit, die Sphärentheorie sowie das Streik- und Aussperrungsrecht – um nur einige der rein „richterrechtlich" geregelten Institute und Subsysteme des Arbeitsrechts zu nennen.

84 Zur Entwicklung bei uns vgl. nur Hanack, Gutachten, Nr. 329 ff., sodann die Neufassungen des § 175 StGB durch das 1. und 4. StrRG sowie die Entscheidungen BVerfGE 6, 389 ff. und BVerfG NJW 1973, 2195 f.

ungen über die Toleranzgrenze gegenüber geschlechtsbezogenen Äußerungen vorbeigehen" könne.[85] In ähnlicher Weise hat die Rechtsprechung der nachlassenden Beschwörungsangst vor nationalsozialistischen Symbolen durch eine restriktive „Auslegung" der erst im Jahre 1968 neu gefaßten §§ 86, 86a StGB Rechnung getragen, die wohl schon als teleologische Reduktion im Sinne Larenz'[86] angesehen werden muß.[87] Die Umwertung der aus den Zeiten des Kalten Krieges überkommenen Wertanschauungen hat zu einer entsprechend restriktiven „verfassungskonformen Auslegung" von § 5 des Gesetzes zur Überwachung strafrechtlicher und anderer Verbringungsverbote[88] geführt,[89] und die zunehmende Wertschätzung der Nacktkultur hat sogar die Nichtigerklärung der Vorschrift des § 6 Abs. 2 GjS gezeitigt, die die Nudistenpropaganda seit 1953 unter die Ladentheke verbannt hatte.[90]

c) Unter kompetenzdogmatischen Aspekten sind die vorgenannten Gruppen und Untergruppen nach ihrer Behandlung in der heutigen Praxis und Lehre in drei Kategorien einzuteilen:

α) Der Zeitenwandel kann ohne Einschränkung von den einfachen Gerichten berücksichtigt werden, sofern dies im Wege der „Auslegung" im herrschenden objektiven Sinne, d. h. ohne Überschreitung der Wortlautgrenze möglich ist.[91] Der gesamte Bereich der „Variation" steht daher zur Disposition der einfachen Gerichte, über denen freilich noch als Kontrollinstanz das BVerfG thront – zwar nicht als Superrevisionsgericht, aber doch als Feldhüter der „verfassungskonformen Auslegung", der von seinen vigilatorischen Befugnissen allerdings mit wechselnder Intensität Gebrauch macht.[92]

β) Sofern dem Zeitenwandel nur im Wege der Nichtigerklärung der Norm, d. h. der Kassation, Rechnung getragen werden kann, verengt sich die Kompetenz der einfachen Gerichte nach herrschender Lehre und Rechtsprechung auf die nichtförmlichen Gesetze (Verordnungen und Satzungen) und auf die förmli-

---

85 So BGHSt. 23, 40, 43 unter Verweis auf Schönke-Schröder, Strafgesetzbuch, 14. Aufl., § 184 Anm. II, 2 und Hanack, Gutachten, Rdnr. 354 f.

86 Methodenlehre, S. 369 ff.

87 Vgl. die Entwicklung von BGHSt. 23, 267 über BGHSt. 25, 30 bis zu BGHSt. 25, 133,

88 vom 24. 5. 1961 – BGBl. I S. 607.

89 Vgl. BVerfGE 33, 52 ff.

90 Vgl. BVerfG NJW 1973, 1555 ff.

91 Inwieweit die o. S. 199 ff. besprochene Entscheidung BVerfG NJW 1973, 1491 ff. allgemein zu einer Preisgabe der Wortlautgrenze führen wird, bleibt abzuwarten.

92 Vgl. einerseits das Lüthurteil BVerfGE 7, 198 ff., andererseits den Mephistobeschluß BVerfGE 30, 173 ff. mit speziell auf das Lüthurteil zurückgreifendem Sondervotum von Rupp-v. Brünneck BVerfGE 30, 218 ff. u. Anm. v. Schröder NJW 1972, 675 und schließlich auch BVerfG NJW 1973, 1491 ff.

chen vorkonstitutionellen, d. h. vor Erlaß des Grundgesetzes verabschiedeten Gesetze. Der zuerst vom BVerfG herausgearbeitete[93] Grund dieser inzwischen allgemein anerkannten Differenzierung[94] wird darin gesehen, daß der Schöpfer des Grundgesetzes mit Art. 100 GG die im Grundgesetz und in den Landesverfassungen konstituierte gesetzgebende Gewalt schützen und auf diese Weise verhüten wollte, daß sich die einfachen Gerichte über den Willen des unter der Geltung der Verfassung tätig gewordenen und daher die Verfassung präsumtiv beachtenden Gesetzgebers hinwegsetzen. Und weil dieser Zweck gegenüber vorkonstitutionellen und „infralegalen" (nicht-förmlichen) Gesetzen nicht eingreift, sollen der Befugnis des Richters zur Prüfung der Norm am Maßstab des höheren und (gegenüber dem vorkonstitutionellen Recht) jüngeren Rechts des Grundgesetzes keine Schranken gesetzt sein. Neben dieser „konstitutionellen Derogation" älterer Gesetze und ohne besondere Vermittlung mit ihr[95] sind in der contra-legem-Doktrin des methodologischen Schrifttums noch verschiedene andere Maßstäbe entwickelt worden, von denen die bereits erörterte Rechtsnotstandsformel von Larenz[96] der bekannteste ist. Wenn diese Maßstäbe auch bei einer offenen Gehorsamsaufkündigung, bei der sich die Rechtsprechung stets auf die Verfassung berufen hat,[97] keine besondere Rolle spielen dürften, so gibt es doch daneben auch verdeckte Derogationen, die etwa in der „Rechtsfortbildung mit Rücksicht auf ein unabweisbares Bedürfnis des Rechtsverkehrs"[98] bestehen, einer Legitimation durch die Verfassung auch nach dem Selbstverständnis ihrer Verfechter entraten und daher eine eigenständige contra-legem-Doktrin zu erfordern scheinen. Ein Beispiel bietet etwa die Herausbildung des Rechtsinstitutes „Sicherungseigentum", das von der Rechtsprechung unter Berufung auf die Verkehrsbedürfnisse und ohne irgendeine Rückversicherung im Verfassungsbereich ohne Rücksicht darauf entwickelt wurde, daß hierfür eindeutige Wertentscheidungen des BGB beiseite geschoben werden mußten.[99]

---

93 Grundlegend BVerfGE 1, 184 ff.; 2, 124 ff.

94 Vgl. Stern im Bonner Kommentar, Art. 100, Rdnr. 63, 85; Maunz-Dürig-Herzog, Grundgesetz, Art. 100, Rdnr. 10; Sigloch in Maunz-Sigloch-Schmidt-Bleibtreu-Klein, Bundesverfassungsgerichtsgesetz, § 80, Rdnr. 40 ff., 71 ff. – alle m. zahlr. weit. Nachw.

95 Eine Harmonisierung unternimmt nunmehr Göldner, Verfassungsprinzip, S. 221 ff.

96 s. o. S. 184, 186 f.

97 Eine wichtige Rolle bei dieser konstitutionellen Absicherung der Gehorsamsaufkündigung spielt die Theorie des BVerfG, daß das Grundgesetz eine zusammenhängende „objektive Wertordnung" aufgerichtet habe – vgl. dazu die eingehende Darstellung und Kritik bei Goerlich, Wertordnung, S. 50 ff., 135 ff., 187.

98 Vgl. dazu Larenz, Methodenlehre, S. 385 ff.

99 Zum Problem der von der Rspr. zugelassenen und immer weiter ausgestalteten Sicherungsübereignung vgl. nur Larenz, Methodenlehre, S. 385 ff. m. zahlr.Nachw. – Natürlich kam eine konstitutionelle Absicherung der Sicherungsübereignung für das ehemalige Reichsgericht unγ) Die dritte Kategorie wird von den förmlichen nach-konstitutionellen Gesetzen gebildet, deren Kassation gem. Art. 100 GG nur vom BVerfG ausgesprochen werden kann. Das BVerfG rechnet hierzu in ständiger Rechtsprechung auch diejenigen „vorkonstitutionellen Normen, die der Gesetzgeber nach Inkrafttreten des GG in seinen Willen aufgenommen hat".[100] Die an die „Aufnahme in den Willen des Gesetzgebers" zu stellenden Anforderungen haben in der Rechtsprechung des BVerfG geschwankt und können hier nicht im einzelnen analysiert werden. Notwendig ist jedenfalls, daß sich der Bestätigungswille entweder aus dem Inhalt des Gesetzes selbst – d. h. unmittelbar durch seine nachkonstitutionelle Änderung – oder aus dem besonders engen Zusammenhang zwischen der (unveränderten) Norm und anderen, nachkonstitutionell geänderten Normen ergibt, z. B. wenn die neue auf die alte Norm verweist oder wenn ein begrenztes und überschaubares Rechtsgebiet vom nachkonstitutionellen Gesetzgeber durchgreifend geändert wird und aus dem engen sachlichen Zusammenhang der geänderten mit der alten Vorschrift offensichtlich ist, daß der nachkonstitutionelle Gesetzgeber die alte Vorschrift nicht ungeprüft übernommen haben kann.[101] Auf diese Weise ist die Kassationsbefugnis der einfachen Gerichte gegenüber vorkonstitutionellem Recht doch wieder erheblich eingeschränkt worden, und da ja auch die verbleibende Kassationskompetenz auf den konkreten Fall beschränkt ist und vom BVerfG im Rahmen der abstrakten Normenkontrolle (Art. 93 I Nr. 2 GG) oder im Rahmen einer Verfassungsbeschwerde gegen die Gerichtsentscheidung (Art. 93 I Nr. 4 a GG) korrigiert werden kann, ist dafür gesorgt, daß das BVerfG in den meisten Fällen doch die letzte Entscheidung trifft.

5. Die heutige Situation der justitiellen Gesetzesderogation ist damit durch eine klare Präpotenz des BVerfG gekennzeichnet, im übrigen jedoch, wie unsere Betrachtungen gezeigt haben, unklar und verworren. Die Voraussetzungen von Variation, Kassation und Resignation sind bis heute nicht wissenschaftlich exakt beschrieben worden, und für die gegenseitige Abgrenzung dieser drei Kategorien gilt dasselbe. Wir werden daher im folgenden zu untersuchen haben, ob diese Unvollkommenheit der bisherigen rechtstheoretischen Bemühungen lediglich die Konsequenz aus einer vorgegebenen Sachstruktur darstellt oder ob doch noch ein größeres Maß an Exaktheit erzielt werden kann.

---

ter der Geltung der Reichsverfassung von 1871 sowieso nicht in Betracht, so daß dieses Beispiel heute nicht mehr völlig „trifft"; es läßt sich aber ohne Schwierigkeiten Ersatz finden – etwa in Gestalt der Rspr. zur Haftungseinschränkung bei schadensgeneigter Arbeit (vgl. dazu Palandt-Putzo, Bürgerliches Gesetzbuch, § 611, Anm. 14 b m. zahlr. Nachw.).

100 Vgl. BVerfGE 6, 55; 7, 290; 9, 46 f.; 10, 129; 11, 129 u. a. m.

101 Vgl. BVerfGE 11, 131 f.; zur schwankenden Rspr. des BVerfG vgl. Stern, a. a. O., Rdnr. 92 ff., sowie Sigloch, a. a. O., Rdnr. 74 ff. – beide m. zahlr. weit. Nachw.

III. Grundlagen der eigenen Lösung

1. a) Wie bereits bemerkt, rührt die Frage nach der Reichweite der richterlichen Gesetzesderogation deswegen an den Nerv unserer Rechtsgewinnungskonzeption, weil wir die euphemistische Redeweise von der „objektiven Auslegung“ verschmäht haben und allein die drei ehrlichen Alternativen „Entscheidung des Gesetzgebers – wissenschaftliche Weiterentwicklung – Entscheidung des Rechtsfinders“ gelten lassen. Darin kann natürlich ebenso wenig ein Mangel unseres Modells gesehen werden wie in der Unfähigkeit der Atomtheorie, einen einfachen Weg zur Goldherstellung sichtbar zu machen: Daß wir den nichtssagenden Schleier der „objektiven Auslegung“ von dem Rechtsfindungsvorgang fortgerissen haben, kann nicht deswegen verfehlt gewesen sein, weil sich danach die Rechtsfindung contra legem in Wahrheit als häufiger und daher auch problematischer erweist, als es nach der auch hier wieder den eigentlichen Sachverhalt verkleisternden herrschenden Meinung den Anschein hat.

b) Wir müssen daher auf der vierten Stufe von den Erkenntnissen der früheren Stufen ausgehen, daß jede die Ergebnisse der ersten beiden Rechtsgewinnungsstufen mißachtende Entscheidung eine Rechtsfindung contra legislatorem und damit contra legem darstellt, da die lex als Imperativ nichts anderes als der Machtspruch des historischen Gesetzgebers sein kann. Daß sich der Bereich der tatsächlich praktizierten justitiellen Gesetzesderogation damit gegenüber der auf die Überschreitung des Bedeutungshofes abstellenden herrschenden Doktrin nicht unerheblich erweitert, dürfte außer Frage stehen. Andererseits bedeutet das aber auch keineswegs einen völligen Dammbruch, denn die richterliche Rechtsschöpfung findet, wie ebenfalls schon ausgeführt wurde,[102] zum allergrößten Teil auf der dritten Stufe statt, und eine Entscheidung contra legem bleibt daher auch nach unserer Sicht eine – wenngleich nicht ganz so seltene – Ausnahme. Auch in der heutigen Zeit des sich ständig ausbreitenden „Richterrechts“ trifft man immer wieder auf Urteile, in denen sich der Richter einer ihm an und für sich zweifelhaft erscheinenden Wertung des Gesetzgebers unterwirft,[103] wodurch sich die objektiv gemeinte Abgrenzung von Larenz in subjektivem Gewande bestätigt: Die Richter sind offenbar bereit, dem Gesetzgeber eine (wissenschaftlich nicht exakt quali- oder quantifizierbare) Prärogative einzuräumen, aber nur so lange, wie dieser nicht eine für ihre persönlichen Attitüden unerträgliche Entscheidung gefällt hat.

2. a) Damit führt unsere methodologische Erörterung zu dem nach verfassungsrechtlichen Maßstäben zu entscheidenden Kompetenzproblem, ob der

---

102 s. o. S. 190 f. u. ö.

103 Zahlr. Nachw. bei Roth-Stielow, Rechtsanwendung, S. 36 ff., 202 f. Anm. 117 ff.

Richter zu einer nicht ausschließlich wissenschaftlich legitimierten Aufkündigung des Gehorsams gegenüber dem Gesetzgeber denn überhaupt befugt ist. Daß unsere rechtstheoretische Untersuchung hier in eine verfassungsdogmatische Fragestellung einmündet, braucht uns dabei nicht weiter zu verwundern, da – um die bereits erwähnte Terminologie Harts zu benutzen[104] – die Methode der Feststellung von Primärnormen von den Sekundärnormen abhängt, die die Erzeugung und Verbindlichkeit der Primärnormen regeln und die in ihren wichtigsten Bereichen in der Verfassung niedergelegt sind. Wenn wir dies bei unseren bisherigen Erörterungen nicht eigens berücksichtigt haben, so erklärt sich das daraus, daß wir insoweit auf zwei unbestreitbaren und unbestrittenen Grundgegebenheiten unserer Rechtsordnung aufbauen konnten, nämlich auf den Generalkonsensen über den prinzipiellen Primat des Gesetzgebers und über die eigenständige Aufgabe der Judikative bei der Lückenfüllung. Diese Fundamentalprinzipien brauchten wir gerade wegen ihrer einhelligen Anerkennung nicht zu problematisieren, sondern konnten sie unseren eigenen Untersuchungen stillschweigend als Axiome zugrundelegen und aus ihnen unter Verwerfung aller bloßen Alibi- und Verschleierungsmodelle (wie etwa der „objektiven Auslegungstheorie“) jene drei Stufen der Rechtsgewinnung entwickeln, die die szientistischen und die dezisionistischen Elemente der Rechtsfindung in ihrem richtigen Verhältnis zu erfassen erlauben. In dieser Hinsicht muß daher festgehalten werden, daß die bisherigen Neuerungen unserer Konzeption gegenüber der herkömmlichen Interpretionslehre nicht etwa auf einer abweichenden Bestimmung des Verhältnisses der Judikative zur Legislative beruhen, sondern allein auf einer Anwendung der modernen Wissenschaftstheorie auf die gemeinsamen Grundaxiome (insbesondere durch Eliminierung der unheilstiftenden Redeweise vom „objektiven Gesetzessinn“).

b) Nunmehr sind wir aber gewissermaßen am „Bedeutungshof“ unserer Grundaxiome angelangt, weil die Annahme eines prinzipiellen Vorrangs der legislatorischen Entscheidung nichts darüber aussagt, unter welchen Voraussetzungen dieses Prinzip nachgiebig ist, d. h. welche Anforderungen an den Ausnahmefall der richterlichen Gehorsamsaufkündigung zu stellen sind bzw., wieder anders ausgedrückt, welche Kompetenz der Justiz in unserem Gemeinwesen letztlich zukommt. Und das ist keine Frage der Wissenschaftstheorie, sondern ein Problem der Staatsverfassung, das in den verschiedenen Epochen, wie die Rechtsgeschichte lehrt, ganz verschieden gelöst worden ist. So ist etwa den Kommentierungsverboten der Aufklärungsgesetze,[105] die auf dem bekann-

104 Begriff, S. 115 ff., 135 u. ö.
105 Vgl. nur die Nachw. bei Coing, Rechtsphilosophie, S. 281 f.

ten Richterbild Montesquieus („la bouche qui prononce les paroles de la loi")[106] beruhten, die „sklavische" Unterordnung des Richters unter den Gesetzgeber zu entnehmen, während revolutionäre Ideologien von jeher die völlige Befreiung des Richters von den überkommenen Wertsetzungen gefordert und etwa im Dritten Reich und in der DDR auch in weitem Umfange durchgesetzt haben.[107] Auch in diesen vergleichsweise „progressivsten" Modellen ist allerdings keine freie Gestaltungsmacht der Judikative, sondern nur die Ersetzung der alten Bindungen durch neue – nämlich an die Glaubenssätze der Partei – realisiert, was in dem Rechtssystem der DDR mit dem materiellen Grundsatz der „Parteilichkeit" und den formellen Einwirkungsmöglichkeiten der politischen Führung[108] besonders kraß zum Ausdruck kommt.

c) Wenn damit unsere vierte Rechtsgewinnungsstufe von dem konkreten Inhalt der Verfassung der Bundesrepublik Deutschland abhängt, die wiederum primär in den Normen des Grundgesetzes festgelegt ist, so scheinen wir damit freilich auf den ersten Blick in einen circulus vitiosus hineingeraten zu sein: Die Kompetenznormen des GG müssen ja selbst wieder ausgelegt werden, und wenn wir uns zu diesem Zweck unseres bisher entworfenen Stufenmodells bedienen würden, läge erstens die Gefahr einer petitio principii auf der Hand, und zweitens könnte das Problem der justitiellen Umbildung der Kompetenzverteilung (der „vierten Stufe der Verfassungsauslegung") auf diese Weise keinesfalls gelöst werden, weil die Kompetenznormen des GG den Maßstab ihrer „Auslegung" nicht selbst enthalten können.

Die damit unser ganzes Modell (wie natürlich auch alle übrigen Rechtsgewinnungstheorien) urplötzlich bedräuenden Paradoxien machen deutlich, daß wir hier an die jeder wissenschaftlichen, d. h. positivistischen Rechtstheorie gesetzte Grenze gestoßen sind: Die letzte Rechtfertigung des Rechts ist auf diese Weise ebenso wenig möglich wie die letzte Rechtfertigung der Welt überhaupt, wie an der „Reinen Rechtslehre" Kelsens par excellence demonstriert werden kann. Kelsen kann zwar die Verbindlichkeit aller Rechtssätze pyramidenförmig auf eine „Grundnorm" zurückführen, die die Regel aufstellt, nach der die Normen des Rechtssystems zu erzeugen sind,[109] muß aber die eigentliche Rechtfer-

---

106 Vom Geist der Gesetze, Buch XI Kap. 6, S. 225; vgl. auch a. a. O., S. 220.

107 Für das Dritte Reich vgl. Rüthers, Auslegung, S. 145 ff. m. zahlr. Nachw.; für die DDR vgl. Pfarr, Auslegungstheorie, S. 36 ff. (wozu die strikte Bindung an das sozialistische Gesetz – vgl. Pfarr, a. a. O., S. 68 f. – in bezeichnendem Gegensatz steht).

108 Vgl. dazu Kern-Roxin, Strafverfahrensrecht, S. 359 f.; Rosenthal, Justiz, S. 18 ff.; Pfarr, Auslegungstheorie, S. 60 f.; Bechthold, Prozeßprinzipien, S. 56 ff.; Mampel, Verfassung, Art. 93 Anm. 3 b.

109 Rechtslehre, S. 199.

tigung dieser Grundnorm schuldig bleiben; die Grundnorm ist für ihn „keine gewollte, auch nicht von der Rechtswissenschaft gewollte, sondern nur gedachte Norm“[110] und vermag die Rechtsgeltung daher nicht zu begründen, sondern setzt diese genau genommen schon voraus und gibt ihr lediglich eine bestimmte gedankliche Fassung.[111]

d) In einer solchen Situation gibt es, wie die Wissenschaftsgeschichte lehrt, zwei Auswege: entweder ein Abbruch des Regresses durch eine Konvention, die dann eine Axiomatisierung ermöglicht, oder ein Sprung in die Metaphysik. Eine metaphysische, und das heißt hier: in irgendeiner Form naturrechtliche Rechtsbegründung vermag zwar das Regreßproblem in endgültiger, vor allem subjektiv befriedigender Weise zu lösen, kommt für die Zwecke unserer methodologischen Untersuchung aber nicht in Betracht. Denn eine praxisbezogene, auf die Prästierung von „Leistungswissen“ angewiesene Disziplin kann nicht auf eine umstrittene, heute überdies nur noch von einer qualifizierten Minderheit getragene Metaphysik gegründet, sondern muß in auch praktisch tragfähigen Fundamenten verankert werden, die entweder szientistisch oder konventionalistisch strukturiert sein können. Und da ein szientistischer Abbruch des Rechtfertigungsregresses nicht möglich ist, bleibt nur die konventionalistische Lösung übrig.[112]

3. a) Dieser Zwang zu einer konventionalistischen Lösung besteht nun nicht allein für die Suche nach dem letzten Grund der Rechtsgeltung als oberstem Abstraktum, sondern auch für die Herausarbeitung des konkreten Rechtsfindungsmodells in einem konkreten Gemeinwesen. Denn solange das Rechtserzeugungsprinzip zu allgemein ist, als daß es die Kompetenzrivalitäten zwischen den mit „dem Recht“ hantierenden staatlichen Institutionen beizulegen vermag, ist mit seiner Existenz wenig gewonnen. Wir müssen daher versuchen, über den bisher schon allgemein anerkannten Primat des Gesetzgebers hinaus zu konsensfähigen Maßstäben auch für jenen die Spitze der Problematik bilden-

---

110 Rechtslehre, S. 208.

111 Zutr. Larenz, Methodenlehre, S. 78; Tammelo, Aufsätze, S. 13.

112 Die Feststellung, daß das von uns entwickelte positivistische Rechtsfindungsmodell „nach oben“ nur durch eine Konvention abgesichert werden kann, nimmt zugleich dem naheliegenden Einwand die Spitze, daß eine positivistische Rechtstheorie auch den Maßnahmen eines totalitären Unrechtsstaates Rechtscharakter zugestehen müsse. Denn in diesem Fall wird es regelmäßig an der Konventionalisierbarkeit des obersten Rechtserzeugungsprinzips fehlen. Unser positivistisches Konsensmodell funktioniert eben (wie das Recht überhaupt) von vornherein nur in einigermaßen geordneten und gemäßigten staatlichen Verhältnissen, was aber keinen beachtlichen Einwand gegen unsere Konzeption begründet; denn (um mit Wittgenstein zu sprechen) unser „Wegweiser“ ist in Ordnung, wenn er „unter normalen Verhältnissen“ seinen Zweck erfüllt – mehr kann keine Rechtsmethodologie auf Erden leisten!

den Grenzbereich zu gelangen, der durch die Aufkündigung des richterlichen Gesetzesgehorsams gekennzeichnet ist.

b) Die Auffindung eines konsensfähigen Modells setzt zuvörderst die Zusammenstellung derjenigen Modelle voraus, die nicht a limine zurückgewiesen werden können.

aa) Auf der äußersten „Linken", wenn man so will, wäre die Idee einer völlig freien richterlichen Rechtsschöpfung einzuordnen, die die Verbindlichkeit eines Gesetzes von der Zustimmung des jeweils entscheidenden Richters abhängig macht und damit also im Grunde genommen aufhebt. Weil hierdurch die Befehlsgewalt des Gesetzgebers in ein bloßes Vorschlagsrecht umgewandelt und sein allgemein anerkannter Primat vollständig preisgegeben würde, kann dieses Modell von vornherein ausgeschieden werden.

bb) Irgendwo in der Mitte sind die oben unter II. erörterten Konzeptionen angesiedelt, die die richterliche Gehorsamsaufkündigung von inhaltlichen („Rechtsnotstand", „Verfassungskonformität") und/oder kompetenziellen Voraussetzungen („jeder Richter", „nur das BVerfG") abhängig machen.

cc) Eine Auswahl unter diesen Konzeptionen bzw. deren Weiterentwicklung erweist sich allerdings nur dann als der gebotene Lösungsweg, wenn die Eliminierung des auf der äußersten „Rechten" angesiedelten Modells des „richterlichen Kadavergehorsams" möglich ist. Unter dieser etwas polemischen Bezeichnung wollen wir hier jene die Gewaltenteilung in Reinkultur[113] verwirklichende Konzeption verstehen, die das richterliche „Prüfungsrecht" auf die Anwendung szientistischer Methoden beschränkt und jede dezisionistische Gehorsamsaufkündigung strikt ausschließt.[114] Da sie den Primat des Gesetzgebers nicht beseitigt, sondern verstärkt, ohne der Judikative ihre eigentliche Rechtsschöpfungsdomäne – die dritte Rechtsgewinnungsstufe – streitig zu machen, kann sie keinesfalls a limine abgewiesen, sondern höchstens auf konventionalistischem Wege beiseite gerückt werden.

c) Welche argumentatorischen Mittel stehen dann aber überhaupt zu unserer Verfügung, um einen Generalkonsens zugunsten eines der nicht a limine abweisbaren Modell herbeizuführen? Offenbar nur drei: erstens „vernunftrechtliche Erwägungen" im Sinne Krieles,[115] bei denen es sich aber in Wahrheit um eine bloße Plausibilitätsargumentation handelt und die daher nur in den seltenen Glücksfällen einer umfassenden, allen Kommunikationspartnern gemein-

113 Vgl. dazu Herzog, Staatslehre, S. 228 f.; Zippelius, Staatslehre, S. 129 f.

114 So vor allem Forsthoff, Verfassungsauslegung, S. 26 ff.; ders., Festschr. f. C. Schmitt, S. 35 ff.; ders., VVDStRl 12, 16 ff.; Böckenförde, Gleichheitssatz, S. 76, 86; Wolff, Gedächtnisschr. f. Jellinek, S. 45 ff.

115 Rechtsgewinnung, S. 169 ff., 314.

samen Attitüdenbasis zu einem Generalkonsens führen können; zweitens die Argumentation aus der mit den methodischen Mitteln der historischen Rechtshermeneutik festzustellenden Entscheidung des Verfassunggebers; und drittens die Analyse der Verfassungswirklichkeit, die den den Verfassungsnormen hic et nunc beigelegten („unterschobenen") Sinn ergibt. Natürlich wäre es erfreulich, wenn wir diese drei Argumentationstypen in eine Rang- und Reihenfolge bringen könnten, so wie uns das mit den ersten drei Stufen der Rechtsgewinnung gelungen ist; eine dahinzielende Hoffnung kann aber auf der Grundlage unserer vorangegangenen Überlegungen nur als eitel bezeichnet werden. Denn selbst wenn wir dem Grundgesetz unter Berufung auf Art. 79 GG das Verbot einer stillschweigenden Verfassungsänderung und damit den absoluten Primat der historischen Verfassungsauslegung vor der Verfassungswirklichkeit entnehmen, bleibt die Frage unbeantwortet, ob der Schöpfer des Grundgesetzes denn überhaupt befugt war, seinen Willen in solch exzessivem Maße auch für den Fall absolut zu setzen, daß sämtliche Verfassungsorgane einverständlich eine andere Praxis bevorzugen. Es geht hier also um das berühmte Problem der „normativen Kraft des Faktischen"[116] auf dem Gebiet der Rechtsgeltung, um die Derogation eines Machtspruches durch seine Mißachtung sowohl seitens der Normunterworfenen[117] als auch seitens der Normwächter,[118] kurz: um die Effektivität des Rechts als Voraussetzung der Rechtsgeltung. Wir können diese uralte Streitfrage[119] hier nicht im einzelnen erörtern, zumal die uns sympathisch anmutende Lösung – die Effektivität kann als bloßes Faktum die Verbindlichkeit zwar nicht begründen,[120] aber wohl begrenzen – nicht stringent gerechtfertigt werden kann. Daraus folgt, daß wir weder dem von der Verfassungswirklichkeit überholten Willen des Verfassunggebers noch der vom Willen des Verfassunggebers nicht gedeckten Verfassungswirklichkeit eine absolute Verbindlichkeit zuerkennen können. Fester Grund unter den Füßen ist daher nur bei einer Koinzidenz von historischem Verfassungsinhalt und aktueller Verfassungspraxis zu

116 Dazu grundlegend Jellinek, Staatslehre, S. 337 ff. und zu Jellinek eingehend Grimmer, Rechtsfiguren, S. 12 ff.

117 Das sind hinsichtlich der Kompetenznormen des Grundgesetzes sämtliche Staatsorgane.

118 Worunter hier diejenigen Organe verstanden werden, die die Normbefolgung überwachen, bezüglich der Normen des Grundgesetzes also vor allem das BVerfG.

119 Vgl. dazu vor allem Schreiber, Geltung, S. 51 ff., 68 ff., 200 ff. und passim; Larenz, Rechtsgeltung, S. 9 ff.; Engisch, Rechtsphilosophie, S. 56 ff.; Krawietz, Recht, S. 70 ff.; ferner (von rechtssoziologischer Seite aus) Max Weber, Rechtssoziologie, S. 69 ff.; Geiger, Vorstudien, S. 211 ff.; Podgorecki, Wirksamkeit, S. 271 ff.; Ryffel in Rehbinder-Schelsky, Jahrbuch III, S. 225 ff.; vgl. ferner neuestens Henkel, Probleme, S. 63 ff.

120 Zu dem in der entgegengesetzten Annahme steckenden naturalistischen Fehlschluß s. schon o. S. 109 ff.

gewinnen, und selbst in diesem Fall ist es nicht ausgeschlossen, daß diese Basis durch eine zukünftige Veränderung der Verfassungswirklichkeit unterspült werden wird: Selbst wenn etwa (was noch zu prüfen ist) für die Gegenwart ein zum „Zentrumsbereich“ gehörendes Modell als Basis der vierten Rechtsgewinnungsstufe ermittelt werden kann, sind wir pro futuro jedenfalls in juristischer Hinsicht nicht davor gefeit, daß etwa eine dem Gewaltenhäufungsprinzip verhaftete politische Gruppe an die Macht kommt, das BVerfG mit Gesinnungsgenossen besetzt und dann die Verfassungswirklichkeit in Richtung auf das Modell des richterlichen Kadavergehorsams umgestaltet.

4. Wegen dieser besonderen Empfindlichkeit des Verfassungsrechts gegenüber dem Effektivitätsprinzip müssen wir im folgenden unser Konsensmodell auf eine doppelte Grundlage stellen: Entweder muß es dem historischen Verfassungsinhalt und der Verfassungswirklichkeit entsprechen, oder es muß der Verfassungswirklichkeit oder dem historischen Verfassungsinhalt korrespondieren und zugleich im Rahmen rational-dezisionistischer Werterwägungen als vorzugswürdig erscheinen. Im ersten Fall werden wir – auf dem Grundaxiom einer Rechtssetzungsmacht des Verfassunggebers aufbauend – sogar von einer stringenten Bestimmung der richterlichen Derogationskompetenz sprechen dürfen, während es im zweiten Fall nur um die Präsentation des chancenreichsten Konsensmodells gehen kann.[121]

IV. Die inhaltlichen und kompetentiellen Voraussetzungen der richterlichen Gesetzesderogation

1. a) Wenn wir als erstes das Modell des „richterlichen Kadavergehorsams“ in der zuvor dargestellten Weise überprüfen, so stoßen wir ziemlich rasch auf den Befund, daß es jedenfalls in der Verfassungswirklichkeit keine Heimstatt findet. Das BVerfG hat von allem Anfang an für sich die Befugnis in Anspruch genommen, das Verfassungsrecht zu konkretisieren und fortzubilden, ohne insoweit auf die Ermittlung des historischen Willens des Verfassunggebers beschränkt zu sein.[122] Wenn die darin steckende Inanspruchnahme dezisionistischer Derogationskompetenz (sei es in Form der Kassation, sei es in Form der Variation einfacher Gesetze) auch durch das Bekenntnis des BVerfG zur „objektiven Auslegungstheorie“[123] verbal verschleiert worden ist, so zeigt doch jede von termi-

---

121 Auch im ersten Fall betrifft die Stringenz natürlich, wie dargelegt, nur die Gegenwart und ist gegen einen künftigen Fortfall der Effektivität nicht gefeit.

122 Vgl. BVerfGE 1, 32 f., 312; 2, 401; 3, 422; 6, 75, 240, 431.

123 BVerfGE 1, 312; 6, 75; 10, 244; 11, 130; 24, 15.

nologischen Verdunkelungen befreite Analyse der bundesverfassungsgerichtlichen Rechtsprechung, daß das BVerfG die bei einer rein historischen Auslegung des Grundgesetzes verbleibenden (riesigen) Lücken nicht vollständig der Ausfüllung durch den einfachen Gesetzgeber überantwortet, sondern bis zu einem gewissen, im einzelnen schwankenden Grade durch eine schöpferische Konkretisierung und unter Reklamation eines Vorrangs vor dem einfachen Gesetzgeber selber schließt.[124]

Diese Praxis ist von den übrigen Staatsgewalten hingenommen worden, ohne daß es zu ernsthaften Versuchen kam, etwa durch eine Wiederholung des kassierten Gesetzes dem BVerfG zu trotzen[125] oder bei der Neuwahl der Richter die zu Kadavergehorsam neigenden Kandidaten zu bevorzugen. Und auch die Wissenschaft hat – mit der einzigen Ausnahme Forsthoffs[126] – diese „selbständig gestaltende Wirkung" auf dem „verfassungsrechtlich geordneten Bereich ... politischer Willensbildung" und den daraus folgenden „begrenzten Anteil (des BVerfG) an der obersten Staatsleitung" ausdrücklich gebilligt.[127]

b) Von unseren Ausgangsüberlegungen her stellt sich damit die Frage, ob die Verfassungswirklichkeit insoweit gegen oder ohne den Willen des Verfassunggebers entstanden ist oder ob sie durch den historischen Inhalt des Grundgesetzes normativ legitimiert wird.

Für die Beantwortung dieser Frage kommt es entscheidend darauf an, was der Parlamentarische Rat unter der „Verfassungswidrigkeit" von Gesetzen (Art. 100 GG) bzw. der „Vereinbarkeit" von Bundes- oder Landesrecht mit dem

124 Vgl. nur Hesse, Grundzüge, S. 24 f. m. zahlr. Nachw. der Rspr. des BVerfG.

125 Daß das Parlament in Reaktion auf Entscheidungen des BVerfG das Grundgesetz selbst geändert hat – etwa durch das 14. ÄndG v. 30. 7. 1965 (BGBl. I S. 649) als Reaktion auf BVerfGE 9, 405 ff. – beruht nicht auf der Mißachtung, sondern gerade auf der Anerkennung des supra legem und nur sub constitutione stehenden BVerfG.

126 Vgl. die Nachw. o. Fn. 114.

127 Hesse, Grundzüge, S. 225; vgl. ferner Leibholz, Status, S. 69, 73; Scheuner, Festgabe f. Smend, S. 295; Maunz/Dürig in Maunz-Dürig-Herzog, Grundgesetz, Art. 20, Rdnr. 73; Maunz in Maunz-Dürig-Herzog, a. a. O., Art. 94, Rdnr. 2, 4; der Sache nach ebenso, wenngleich weniger präzise in der Formulierung, Seuffert NJW 1969, 1372 f.; eingehend Göldner, Verfassungsprinzip, S. 178 ff.; ferner Stern im Bonner Kommentar, Art. 100, Rdnr. 17, 33 ff.; aus der Sicht der Allgemeinen Staatslehre Herzog, Staatslehre, S. 236, 337; vgl. auch (in der Schlußfolgerung noch nicht völlig klar) Laufer, Festschr. f. Leibholz II, S. 443 ff. m. w. N.; ders., Verfassungsgerichtsbarkeit, S. 284 ff. Die von Laufer (Festschr. f. Leibholz II, S. 444 bei und in Fn. 73) getroffene, an eine Entscheidung des Supreme Court und Leibholz' eigene Überlegungen anknüpfende Unterscheidung von „rational standards" in justiziablen Streitigkeiten und von „largely imponderable resolution of conflicts of value" in rein politischen Streitsachen kann nach unseren Überlegungen natürlich nur als quantitative anerkannt werden; deutlicher als Laufer etwa auch Drath VVDStRL 9, 96.

Grundgesetz (Art. 93 I Nr. 2 GG) verstanden hat, d. h. ob er hier die Kassationskompetenz des BVerfG in einem rein szientistischen oder auch in einem dezisionistischen Bezugsrahmen gesehen hat.

aa) Wenn wir dieses Problem mit den Mitteln der historischen Rechtshermeneutik angehen, so stellen wir fest, daß die grammatische und die systematische Auslegung zunächst wenig weiterhelfen. Für die Reichweite der verfassungsgerichtlichen „Auslegung" des Grundgesetzes ist dem Wortlaut der genannten Vorschriften überhaupt nichts zu entnehmen. Als Anknüpfungspunkt für eine systematische Auslegung bietet sich zunächst Art. 20 III GG an, dessen Formel von „Gesetz und Recht" prima facie eine Konkretisierungsmacht des Richters oberhalb des positiven Normenbestandes zu begründen scheint. Die notwendige Überprüfung dieser Hypothese an Hand der Materialien[128] liefert dann aber mehr Zweifels- als Bestätigungsgründe. Denn während der Grundsatzausschuß des Parlamentarischen Rates noch der Fassung „Rechtsprechung und Verwaltung stehen unter dem Gesetz" zugestimmt hatte, wurde die Formel von „Gesetz und Recht" erst von dem Allgemeinen Redaktionsausschuß ersonnen, der laut Begründung des Abgeordneten Dehler damit „zur besseren Kennzeichnung der Rechtsstaatlichkeit als der Grundlage des Grundgesetzes" beitragen wollte.[129] Da es nicht zu den Aufgaben des für die Überprüfung von „Rechtssprache und sonstigen Formalien" zuständigen Redaktionsausschusses gehörte, Wertentscheidungen des zuständigen Fachausschusses zu durchkreuzen,[130] und da die unklare Begründung Dehlers auch in der Folgezeit nicht mehr erläutert worden ist,[131] erscheint es nachgerade als ausgeschlossen, die in der ursprünglichen Fassung des Art. 20 III GG betonte Bindung des Richters an das Gesetz allein wegen der unklaren Umformulierung als weitgehende Befreiung des Richters vom Gesetz, d. h. die intendierte Unterordnung als eine Überordnung zu verstehen. Im Schrifttum herrscht denn auch die tautologische Deutung des Art. 20 III GG vor, wonach die Formel von „Gesetz und Recht" nicht den Richter zu einem Judizieren nach vorgeblich überpositiven und damit letztlich seinen eigenen Wertvorstellungen in den Stand setzen, sondern nur die Säkularisation von ehedem überpositiven Wertprinzipien durch die „irdische Positivität des GG selbst" betonen soll.[132] Und selbst wenn die vereinzelt vertre-

128 s. dazu o. S. 62 ff.

129 Vgl. Matz JöR 1, 199 f.

130 Vgl. die bei Matz, JöR 1, 10 wiedergegebene Regelung des Hauptausschusses.

131 S. Matz, a. a. O., S. 200 f.; Wernicke im Bonner Kommentar (Erstbearbeitung), Art. 20, S. 9 f.

132 Vgl. Ipsen, DÖV 1949, 486, 490; Maunz/Dürig in Maunz-Dürig-Herzog, Grundgesetz, Art. 20 Rdnr. 72 m. zahlr. Nachw.; Wernicke, a. a. O., Art. 20, S. 10; Bachof, Richtermacht, S. 24; Hesse, Grundzüge, S. 80; Schnapp in v. Münch, Grundgesetz, Art. 20 Rdnr. 36; Schreiber, Geltung, S. 221 ff. m. zahlr. Nachw.; m. N. b. Arth. Kaufmann, Rechtsphilosophie, S. 137 Fn. 6 f.

tene gegenteilige Auffassung, daß der Terminus „Gesetz“ in Art. 20 III GG als „Positivität ohne Wertgehalt“, der Terminus „Recht“ dagegen als „Wertgehalt ohne Positivität“ zu verstehen sei,[133] mit dem historischen Befund zu vereinbaren sein sollte, würde sich daraus für die historisch-hermeneutische Analyse des Art. 20 III GG überhaupt nichts ableiten lassen, weil auf dieser Stufe bloße Möglichkeiten für die Rechtsfindung völlig gleichgültig sind.[134] Als Stütze einer systematischen Auslegung kommt daher nur die bedeutende Stellung in Betracht, die das Grundgesetz allenthalben dem BVerfG eingeräumt hat. Und darin dürfte in der Tat auch der erste taugliche Anhaltspunkt zu sehen sein: Der staatliche Zuständigkeitskatalog des Art. 93 GG, die Einführung des besonderen Normenkontrollverfahrens in Art. 100 GG und schließlich die in Art. 94 GG verfassungsrechtlich abgesicherte, dem Prinzip der föderativen Gewaltenteilung verhaftete Zusammensetzung des BVerfG machen deutlich, daß auch der Verfassunggeber davon ausgegangen sein dürfte, daß die Bundesverfassungsrichter nicht nur Justizsyllogismen schustern, sondern eine irgendwie auch politische Gewalt darstellen.

bb) Mit der objektiv bedeutenden Stellung des BVerfG ist freilich noch kein stringenter Beweis dafür gelungen, daß der Verfassunggeber auch subjektiv die dieser Position entsprechenden Kompetenz hat einräumen wollen; eine Ergänzung durch die historische Auslegung i. e. S. ist daher unentbehrlich.

α) Bevor zu diesem Zweck die Materialien durchgemustert werden, muß kurz das „vorverfassungsrechtliche Gesamtbild“ skizziert werden, das als Grundlage für eine zutreffende Würdigung der Entstehungsgeschichte unentbehrlich ist.[135] Im vorliegenden Zusammenhang kommt es dabei auf folgendes an: Das „richterliche Prüfungsrecht“ gegenüber Gesetzen, das vom Reichsgericht erstmals im Jahre 1925 in Anspruch genommen worden war,[136] ist in der Literatur

---

133 So v. Mangoldt-Klein, Grundgesetz, Art. 20 Anm. VI, 3 f. = S. 603. Interessanterweise wird diese Auffassung im rechtstheoretischen Schrifttum ohne nähere Auseinandersetzung mit den oben dargestellten Interpretationsproblemen favorisiert (vgl. Larenz, Methodenlehre, S. 346; Engisch, Einführung, S. 172 m. zahlr. weit. Nachw. in Fn. 229; Maihofer, Bindung, S. 32; Arth. Kaufmann, Rechtsphilosophie, S. 138; Paul, Rechtsdogmatik, S. 62). Selbst wenn die Bemerkung des Abg. Dehler in diese Richtung gezielt haben sollte (so Arth. Kaufmann, a. a. O.; aus den im Text genannten Gründen ist das aber äußerst zweifelhaft), kann jedenfalls von einer klaren Entscheidung des Verfassunggebers bei Art. 20 III GG keine Rede sein, so daß u. E. nur die im Text folgende Beweisführung kritischer Prüfung standhält.

134 s. o. S. 60 f.

135 Das folgt aus den Grundmaximen der historischen Rechtshermeneutik, weil nur auf diese Weise die unhistorischen Vorverständnisse eliminiert werden können, und wird übrigens auch in der Rspr. des BVerfG nicht selten praktiziert, vgl. die Nachw. bei Hesse, Grundzüge, S. 24, und Roth-Stielow, Rechtsanwendung, S. 36 f. m. Fn. 113, 117.

136 In RGZ 111, 320 ff.

der Weimarer Zeit bis zuletzt umstritten geblieben.[137] Art. 100 GG enthielt daher implizit[138] eine eindeutige Entscheidung für das Prüfungsrecht und die damit vorausgesetzte Derogationskompetenz. Nach der früher ohnehin und eigentlich auch heute noch ganz herrschenden Meinung war damit aber grundsätzlich die Befugnis mitgegeben, die einfache Norm an einer Verfassungsnorm zu messen, deren Inhalt im Wege der objektiv-teleologischen „Auslegung" festgestellt (in Wahrheit: festgesetzt) wurde. Denn die scharfe Trennung zwischen historisch-hermeneutischer Auslegung i. e. S. und objektiv-teleologischer Rechtsschöpfung ist zwar von uns nicht erst „erfunden" worden, hat aber bisher niemals eine beherrschende Rolle spielen können; selbst ein so entschiedener Verfechter der subjektiven Interpretationstheorie wie Philipp Heck trug etwa keine Bedenken, mit der Formel vom „denkenden Gehorsam"[139] eine Vereinigung von hermeneutischer und wertender Jurisprudenz vorzunehmen. Und daraus kann der Schluß gezogen werden, daß der Verfassunggeber bei einem Schweigen der Materialien von der üblichen, d. h. nach unseren Erkenntnissen: auch dezisionistische Elemente enthaltenden Verfassungsauslegung als Maßstab für die Geltung des einfachen Gesetzes ausgegangen ist.

β) Die Durchsicht der Materialien zeigt darüber hinaus, daß wir diesen Satz nicht einmal zu bemühen brauchen, um bei der historischen Analyse der Kompetenzproblematik fündig zu werden. Schon im Herrenchiemseer Entwurf war vorgesehen, daß das BVerfG im Vergleich zum Staatsgerichtshof der Weimarer Verfassung erweiterte Zuständigkeiten erhalten und „oberste Instanz in Fragen des Bundesstaatsrechtes und damit Hüter der Verfassung in wahrhaftem Sinne" sein sollte.[140] Nachdem im Rechtspflegeausschuß die im Herrenchiemseer Entwurf vorgesehene Zuständigkeit des BVerfG für Organstreitigkeiten zunächst mit der Begründung gestrichen worden war, daß derartige Fragen nur durch politische Willensentscheidungen und nicht durch ein Gerichtsverfahren ausgeglichen werden könnten,[141] wurde diese Zuständigkeit kurze Zeit später wiederhergestellt, wobei es nunmehr hieß, daß alle irgendwie mit dem Grundgesetz zusammenhängenden Streitigkeiten dem BVerfG vorzubehalten seien, und zwar auch dann, wenn bei ihnen reine Rechtsfragen überwögen.[142] Daß der Parla-

137 Zur Kritik vgl. Fraenkel, Klassenjustiz, S. 25 f.; Heller, Rechtsstaat, S. 9 f.; Anschütz, Verfassung, Art. 70 Anm. 3–6, Art. 13 Anm. 7; w. N. b. Stern im Bonner Kommentar, Art. 100 Rdnr. 5.

138 Vgl. Stern, a. a. O., Rdnr. 6 m. w. N.

139 AcP 112, 51.

140 Vgl. v. Doemming, JöR 1, 669.

141 v. Doemming, a. a. O., S. 671 f.

142 v. Doemming, a. a. O., S. 673.

mentarische Rat gerade bei der abstrakten Normenkontrolle von einem solchen „Überwiegen der Rechtsfragen" ausging, die in dem Monopol auf die Verfassungsauslegung steckende politische Komponente aber durchaus gesehen hat, zeigt die Behandlung des wiederholten Antrages, die Normenkontrolle als Entscheidung einer „reinen Rechtsfrage" dem BVerfG wieder zu entziehen und dem Obersten Bundesgericht zuzuweisen: Der Antrag wurde beide Male abgelehnt, nachdem er von dem Abgeordneten Zinn mit dem Argument bekämpft worden war, daß bei diesen Streitigkeiten zwar vornehmlich (!) Rechtsfragen zu entscheiden seien, daß sie aber durchaus auch von politischer Bedeutung seien.[143] Da die gleichen Überlegungen auch im Rahmen der Beratungen der Art. 94 und 100 GG dominierten,[144] ist der Schluß unabweisbar, daß der Parlamentarische Rat die Mischung von dogmatisch-szientistischen und politisch-dezisionistischen Elementen in der Rechtsprechung des BVerfG vorausgesehen und ausdrücklich gutgeheißen hat, zumindest aber nicht im entferntesten daran dachte, die Verfassungsinterpretation durch das BVerfG auf eine streng historische Rechtshermeneutik zu beschränken.

γ) Im übrigen wäre etwaigen Zweifeln, selbst wenn sie durch die bisherigen Überlegungen noch nicht ausgeräumt worden wären, spätestens seit 1969 jeder Boden entzogen. Denn die gesetzgebenden Körperschaften haben in diesem Jahre durch das 19. Gesetz zur Änderung des Grundgesetzes[145] die bis dahin nur in § 90 BVGG vorgesehene Verfassungsbeschwerde „verfassungsfest" gemacht und damit in voller Kenntnis der bis dahin ergangenen, dezisionistisch durchsetzten Rechtsprechung des BVerfG gerade die Verfahrensart konstitutionell abgesegnet, die – mangels eines in Gestalt von anderen Staatsorganen vorgeschalteten „Filters" – dem BVerfG den direktesten Zugriff auf die Akte der anderen Gewalten gestattet.[146] Mit dieser Festigung der dem BVerfG eingeräumten Kompetenzen muß jeder Gedanke daran, daß das BVerfG sich im Laufe seiner Rechtsprechung nachhaltig (d. h. nicht bloß im Einzelfall) verfassungswidrige Kompetenzen angemaßt hätte, vollständig und endgültig aufgegeben werden: Historischer Verfassungsinhalt und aktuelle Verfassungswirklichkeit befinden sich in Deckung!

2. a) Damit steht fest, daß das Modell des richterlichen Kadavergehorsams jedenfalls in unserem Staate keine Heimstatt findet. Manch einer mag zwar meinen, daß dies doch selbstverständlich und der deswegen getriebene argumenta-

143 v. Doemming, a. a. O., S. 677 f., 680 f.

144 Vgl. v. Doemming, a. a. O., S. 684, 737.

145 vom 29. 1. 1969 – BGBl. I S. 97.

146 Zur Kassationskompetenz des BVerfG im Verfassungsbeschwerdeverfahren s. § 95 III BVGG.

torische Aufwand eigentlich überflüssig gewesen sei; in Wahrheit ist unser Ergebnis aber von so zentraler Bedeutung, daß seine argumentative Absicherung gar nicht sorgfältig genug durchgeführt werden konnte. Denn daß ein Gericht eine mit dezisionistischen Elementen versetzte Derogationsmacht besitzt und im Rahmen dieser Kompetenz also dem Gesetzgeber übergeordnet ist, ist beileibe nicht selbstverständlich, sondern bildet den wichtigsten, speziell unsere Staatsverfassung kennzeichnenden[147] Herrschaftsfaktor der Dritten Gewalt, die bei uns trotz ihrer bereits aufgezeigten vorgegebenen Beschränkungen[148] nicht mehr „en quelque façon nulle", sondern eine eigenständige Staatsgewalt ist, was auch schon in den ersten Jahren nach Erlaß des Grundgesetzes als dessen bedeutendste, durchaus nicht selbstverständliche und vielleicht sogar problematische Neuerung erkannt worden ist.[149] Wenn wir diese verfassungsmäßige Kompetenzverteilung in einem an die landläufige Staatsschiffmetapher anknüpfenden Bild wiedergeben wollen, so können wir sagen, daß das BVerfG zwar nicht den Motor, aber die Steuerung des Schiffes lenkt und dem Gesetzgeber dabei zwar die Feineinstellung überläßt, jede größere Kursänderung aber unterbinden oder korrigieren kann – wie zuletzt wieder die Entscheidungen zur Hochschulorganisation[150] und zum Grundvertrag[151] eindrucksvoll verdeutlicht haben.

b) In juristischer Hinsicht läßt sich dieser Kompetenz des BVerfG erst dort eine Grenze ziehen, wo die vom Gesetzgeber getroffenen Regelungen mit den Mitteln der ersten beiden Rechtsgewinnungsstufen als eindeutig verfassungsgemäß nachgewiesen werden können, d. h. wo der Konkretisierungsspielraum eindeutig überschritten ist. Die nicht nur beim BVerfG beliebte Beschwichtigungsformel, daß es dem Gesetzgeber einen weiten Ermessensspielraum konzediere und nur über wirklich justitiable Fragen entscheide,[152] vermag hieran nichts zu ändern. Denn sie geht letztlich auf Alltagstheorien von Richtern des amerikanischen Supreme Court zurück,[153] die einer genauen wissenschaftstheoretischen Überprüfung nicht standhalten: Weil sich in dem Bereich der dezisio-

---

147 Anders etwa in Frankreich und Großbritannien, s. Herzog, Staatslehre, S. 335 f.

148 s. o. S. 162.

149 Vgl. die zweifelnden Erwägungen von Holtkotten im Bonner Kommentar (Erstbearbeitung), Art. 93, S. 20 ff.

150 BVerfG NJW 1973, 1176 ff.

151 BVerfG NJW 1973, 1539 ff.

152 Vgl. BVerfG 2, 380, 406; 19, 354, 367 und (zur Rspr. zu Art. 3 GG) die Nachw. bei Leibholz-Rinck, Grundgesetz, Art. 3 Rdnr. 9 f.; Seuffert NJW 1969, 1372 f.; Leibholz JöR 6, 126; Laufer, Festschr. f. Leibholz II, S. 445 f.; ders., Verfassungsgerichtsbarkeit, S. 351 ff.

153 Nämlich von Justice Stone und Justice Frankfurter, s. Leibholz in dem von ihm maßgeblich beeinflußten Statusbericht, JöR 6, 126.

nistischen Verfassungskonkretisierung nirgendwo exakte Linien ziehen lassen, läßt sich natürlich auch die „Konkretisierungsprärogative" des Gesetzgebers nicht exakt abgrenzen, so daß sie in praxi von den Attitüden der Senatsmehrheit abhängt, die je nach dem Interesse der Richter an den verschiedenen Konstellationen dem Gesetzgeber bald freie Hand lassen, bald eine „Zwangsjacke" verordnen wird.[154] Wie weit das BVerfG hier gehen kann, ist letztlich eine politische Machtfrage: Das BVerfG ist im ganzen gesehen zu einer gewissen Mäßigung gezwungen, da es mangels eines Exekutionsapparates auf den freiwilligen Gehorsam der anderen Gewalten angewiesen ist und da es, wenn es den Bogen überspannt, bei der nächsten Richterwahl in die Gefahr einer „Gleichschaltung" kommen wird. Auf diese Weise wird also der Ausfall des juristischen Regelsystems durch politische Bindungen kompensiert!

c) Dieses Parallelogramm von kompetentieller Freiheit und politischer Bindung ist vom BVerfG allerdings schon sehr frühzeitig in einem wichtigen Punkt erweitert worden: nämlich durch die bereits angesprochene[155] Usurpierung der im Grundgesetz nicht vorgesehen Variation der legislatorischen Entscheidung, die das BVerfG euphemistisch „verfassungskonforme Auslegung" nennt und die, soweit der Wille des historischen Gesetzgebers nicht konkretisiert, sondern verändert wird, eine verdeckte Gesetzesderogation in Verbindung mit einer neuen Normsetzung darstellt. Die „verfassungskonforme Auslegung contra legislatorem" stellt ein Stück Verfassungswirklichkeit dar, dem der Gesetzgeber selbst in § 31 BVGG normative Kraft verliehen hat. Denn die hier angeordnete absolute Bindungswirkung entfaltet, da „richtige" Entscheidungen des BVerfG ohnehin bindend sind, ihre eigentliche Bedeutung bei kompetenzüberschreitenden, „falschen" Entscheidungen des BVerfG – wie etwa der „verfassungskonformen Auslegung contra legislatorem", die die ursprünglich nur verliehene Kassationskompetenz zu einer Variationskompetenz erweitert. Und da der Gesetzgeber die über § 31 BVGG verbindliche Gesetzesvariation durch das BVerfG nicht zum Anlaß einer Kompetenzneubestimmung genommen hat, haben wir hier eine ursprünglich usurpatorische, aber in concreto normativ wirksame und vom Gesetzgeber tolerierte, echte Kompetenzerweiterung des BVerfG vor uns.[156]

---

154 Das könnte und müßte im einzelnen durch eine ideologiekritische Analyse der Rspr. des BVerfG abgesichert werden, für die hier leider kein Raum ist.

155 s. o. S. 194 ff., 199 ff.

156 Die allerdings nicht stringent begründet werden kann, denn die ex post eintretende Bindungswirkung einer „falschen" Entscheidung des BVerfG gem. § 31 BVGG kann nicht ex ante deren Zulässigkeit beweisen. Im übrigen ist zu bemerken, daß die „verfassungskonforme Auslegung" durch das BVerfG sowohl zu Lasten des Gesetzgebers als auch zu Lasten der einfachen Gerichte geht: zu Lasten der einfachen Gerichte, weil die nach der impliziten Kassation ent-

d) Damit haben wir eine echte richterliche Derogationskompetenz aufgewiesen, die in dem historischen Verfassungsinhalt wie auch in der Verfassungswirklichkeit verankert ist bzw., soweit sie (wie die „verfassungskonforme Auslegung contra legislatorem“) nicht stringent begründet werden kann, zumindest auf einen allgemeinen Konsens rechnen darf. Denn die Rechtsprechung des BVerfG hat – nimmt man nur alles in allem – die kühnsten Ausgleich- und Befriedungshoffnungen, die man im Jahre 1949 an die neuartige Kompetenzverteilung knüpfen konnte, wohl noch übertroffen, und eine Rückwärtsrevidierung der heutigen Verfassungswirklichkeit in Richtung auf das Kadavergehorsamsmodell besitzt gegenwärtig zu Recht keinerlei Erfolgsaussichten.

Unsere Aufgabe, die justitielle Gesetzesderogation als vierte Stufe der Rechtsgewinnung zu beschreiben und zu analysieren, ist damit aber erst zum Teil erfüllt; es bleiben vielmehr noch zwei Fragen zu beantworten: erstens, ob die vorstehend untersuchte Derogationskompetenz auf das BVerfG beschränkt ist oder auch den einfachen Gerichten zukommt, und zweitens, ob ihre materielle Orientierung an dem (zum Teil vom BVerfG dezisionistisch zu gestaltenden) Verfassungsinhalt als unabdingbare Voraussetzung einer justitiellen Gesetzesderogation anzusehen ist.

3. a) Wir wollen diesen Fragen zunächst für den Bereich der nachkonstitutionellen, d. h. unter der Herrschaft des Grundgesetzes zustande gekommenen Gesetze nachgehen, weil die Beantwortung hier ob der Modernität der legislatorischen Entscheidung vergleichsweise am einfachsten ist. Daß die einfachen Gerichte insoweit keine auf die „Verfassungswidrigkeit“ des Gesetzes gestützte Kassationskompetenz besitzen, ergibt sich unmittelbar aus Art. 100 GG, der in dieser Hinsicht ein Monopol des BVerfG statuiert hat.[157] Dieses Monopol ist in der Praxis allerdings durch das Bekenntnis zur „objektiven verfassungskonformen Auslegung“ durchlöchert, die eine Korrektur des legislatorischen Willens durch die einfachen Gerichte zuläßt, soweit dadurch nur die Grenze des möglichen Sinnes der Gesetzestermini („Wortlautgrenze“) nicht überschritten wird.[158]

---

standene Lücke an sich von ihnen auf der dritten Rechtsgewinnungsstufe auszufüllen wäre; und zu Lasten des Gesetzgebers, weil die Aufstellung bindender Normen seine Domäne ist.

157 Einhellige Meinung, vgl. nur Stern, a. a. O., Rdnr. 10.

158 Denn zur „verfassungskonformen Auslegung“ ist nach einhelliger Auffassung auch schon der einfache Richter befugt und verpflichtet (vgl. nur BVerfGE 8, 41; Larenz, Methodenlehre, S. 319; Michel, JuS 1961, 279; Spanner AöR 1966, 535; Seuffert NJW 1969, 1372; Engisch, Einführung, S. 224, Anm. 82 b; eingehend Göldner, Verfassungsprinzip, S. 69 ff. m. zahlr. Nachw.; BGHSt. 13, 102, 117; 19, 325 ff.) und bei mehreren verfassungskonformen soll ihm die Bestimmung der „verfassungskonformsten“ vorbehalten sein (das folgt aus dem Grundsatz, daß das BVerfG nicht eine verfassungskonforme Entscheidung des Gesetzgebers durch eine „verfassungskonformere“ ersetzen kann – BVerfGE 19, 367 u. ö. –, während die einfachen Gerichte

Mit der Zerstörung des in Gestalt der objektiven Interpretationstheorie über die wirkliche Struktur des Rechtsfindungsvorganges gelegten Schleiers wird aber sofort deutlich, daß wir es hier mit einer echten Gesetzesderogation zu tun haben, die im Grunde über die schlichte Kassation noch hinausgeht, weil sie zugleich die kassierte Norm in ihrer konkreten Bedeutung durch eine neue ersetzt; daß sich dies alles innerhalb der im Grunde zufälligen „Wortlautgrenze" abspielt, kann an diesem Tatbestand nicht das geringste ändern. Daraus folgt dann aber, daß die gegenwärtige Praxis vor den verfassungsrechtlichen Grundentscheidungen der Art. 20 III, 100 GG keinen Bestand haben kann: Auch wenn der Grundgesetzgeber natürlich nicht explizit von unserem Stufenmodell der Rechtsgewinnung ausgegangen ist, so hat er doch jedenfalls in Art. 20 III GG den Primat des Gesetzgebers festgelegt und in Art. 100 GG das BVerfG zum Wächter darüber bestimmt, und diese beiden Fixpunkte genügen, um unter Verwertung der modernen wissenschaftstheoretischen Erkenntnisse den Primat der historischen Rechtshermeneutik, die Verwerfung der objektiven Interpretationstheorie und dementsprechend die Monopolisierung der verfassungskonformen Gesetzesvariation beim BVerfG zu deduzieren. Wenn wir dieses Ergebnis, das auf der zweiten Rechtsgewinnungsstufe („Verlängerung" der historischen Aussage durch szientistische Erwägungen, hier durch die Sachgehaltsanalyse des Art. 20 III GG) gewonnen wurde, gleichwohl nicht als absolut verbindlich, sondern nur als Konsensmodell zu präsentieren wagen, so beruht dies ausschließlich auf dem bereits angesprochenen[159] Problem der „normativen Derogationskraft des Faktischen". Das BVerfG hat nämlich durch die Favorisierung der objektiven Auslegungstheorie de facto auf sein Variationsmonopol verzichtet und sich auf seine allgemeine Kontrolltätigkeit zurückgezogen, die es im Rahmen des abstrakten Normenkontroll- und des Verfassungsbeschwerdeverfahrens ausübt und die gerade die eigentliche Problematik – die Gehorsamsaufkündigung gegenüber dem historischen Machtspruch durch ein einfaches Gericht – infolge des objektivistischen Auslegungsdogmas ausspart. Ob deswegen die dem Grundgesetz zu entnehmende Gewichtsverteilung zwischen Legislative und Judikative nicht mehr „gilt", kann wegen der bereits angesprochenen wissenschaftlichen Unlösbarkeit des Geltungsproblems[160] nicht ohne Rückgriff auf unverifizierbare Prämissen gesagt werden und muß daher offen bleiben. Dessenungeachtet muß aber mit aller Entschiedenheit ausgesprochen werden, daß die gegenwärtige Praxis einer „verfassungskonformen Variation" durch die

---

nach h. M. im Rahmen der Wortlautgrenze den Tendenzen der Verfassung uneingeschränkt Rechnung tragen kann – vgl. Göldner, Verfassungsprinzip, S. 52 ff.).

159 s. o. S. 211 ff.

160 s. o. S. 210, 212.

einfachen Gerichte nicht nur gegen die Kompetenzverteilung des Grundgesetzes verstößt,[161] sondern auch davon abgesehen sachlich verfehlt ist. Wenn jeder Richter bei der dezisionistischen Konkretisierung des Grundgesetzes über dem Gesetzgeber steht, so ist aus dem Primat des Gesetzgebers ein bloßes Vorschlagsrecht geworden, was im Fall einer Auflösung des gemeinsamen Attitüdengrundes zu einer Atomisierung des Staates führen muß. Und selbst wenn es den Obersten Gerichtshöfen des Bundes gelingt, unter Ausnutzung der der Rechtseinheit dienenden Normen des Gerichtsverfassungsrechts[162] eine uniforme „verfassungskonforme Auslegung" durchzusetzen, so bleiben doch gegenüber einer Variation durch das BVerfG vier für das gemeine Beste nachteilige Unterschiede bestehen. Erstens kann es eigentlich nur zu Unzuträglichkeiten führen, wenn man neben dem BVerfG als dem angestammten Hüter und Fortentwickler der Verfassung auch die Obersten Gerichtshöfe des Bundes dazu bestellt, die heute zwar meist legalistischer,[163] in Zukunft vielleicht aber auch einmal „interventionalistischer" als das BVerfG gesonnen sind und dann eine konfliktsmäßig ungelöste Gegensteuerung betreiben können.[164] Zweitens greifen die oben[165] für den judicial self-restraint des BVerfG angegebenen politischen Gründe gegenüber den Obersten Gerichtshöfen nur in geringerem Maße ein, so daß im Falle einer zukünftigen Polarisierung (etwa: konservative Gerichtshöfe und progressiver Gesetzgeber) eine unvertretbare Einschränkung des legislatorischen Konkretisierungsspielraumes zu befürchten ist.[166] Drittens gibt es in der Ziviljustiz immer noch Rechtseinheitsexklaven, weil die Berufungskammern der Landgerichte über die Urteile der Amtsgerichte letztinstanzlich und ohne Bindung an die höchstrichterliche Rechtsprechung entscheiden.[167] Und viertens kann die von den Obersten Gerichtshöfen angestrebte Rechtseinheit nur in immer neuen, mit jahrelangen Verzögerungen durch sämtliche Ins-

161 Dies gilt natürlich nicht für die legitime, auf der dritten Rechtsfindungsstufe stattfindende „verfassungskonforme Gesetzeskonkretisierung", die den feststellbaren Machtspruch des Gesetzgebers unangetastet läßt.

162 Vgl. nur §§ 121 II GVG, 28 II FGG, 132 II Nr. 2 VwGO.

163 Das zeigt die relativ hohe Zahl der Verfassungsbeschwerden, die über den Angriff auf eine höchstrichterliche Entscheidung zur Gesetzeskassation durch das BVerfG geführt haben (wie etwa in BVerfGE 21, 139 ff.).

164 Denn in den Streit zwischen zwei gleichermaßen mit dem GG zu vereinbarenden „objektiven Auslegungen" greift das BVerfG nicht ein, s. Seuffert NJW 1969, 1372.

165 s. o. S. 220; ferner ist auch die häufigere Synchronisation der BVerfG-Besetzung mit den herrschenden politischen Kräften zu vermerken.

166 Daß diese Gefahr heute noch nicht aktuell zu sein scheint, besagt nichts, denn die Kompetenznormen müssen immer erst im Konfliktsfall ihre Angemessenheit beweisen.

167 s. §§ 72, 119 GVG, 545 ZPO und als einzige Ausnahme Art. III des 3. Gesetzes zur Änderung mietrechtl. Vorschriften v. 21. 12. 1967 – BGBl. I S. 1248.

tanzen getriebenen Prozessen durchgesetzt werden, weil die Untergerichte – anders als nach § 31 BVGG – an die in anderen Verfahren ergangenen Entscheidungen der Obersten Gerichtshöfe nicht gebunden sind.[168]

b) Wir kommen damit zu dem Ergebnis, daß die „verfasungskonforme Auslegung“, soweit sie nicht nur auf der dritten Stufe erfolgt, sondern eine Mißachtung der legislatorischen Entscheidung enthält, ausschließlich dem BVerfG vorbehalten ist. Diese Lösung ist nicht nur theoretisch richtig, weil allein sie dem verfassungsrechtlich angeordneten Primat des Gesetzgebers gerecht wird, indem sie die dezisionistische Verfassungskonkretisierung den obersten Verfassungsorganen vorbehält und einen Übergriff der einfachen Gerichte in die Konkretisierungsprärogative des Gesetzgebers verhindert; sie läßt sich außerdem auch bruchlos in die gegenwärtige Praxis einfügen. Denn Art. 100 I GG sieht die Vorlage an das BVerfG vor, wenn ein Gericht ein für die Entscheidung relevantes Gesetz für verfassungswidrig hält, und das bedeutet hier: wenn es den mit den Mitteln der historischen Rechtshermeneutik festgestellten Machtspruch des Gesetzgebers für korrekturbedürftig und an Hand einer (u. U. schöpferischen) Verfassungskonkretisierung für korrekturfähig hält. Die vom BVerfG daraufhin zu fällende Entscheidung – mag sie in Kassation, Variation oder Resignation bestehen – unterscheidet sich in keiner Beziehung von den schon heute üblichen Entscheidungsformen; lediglich die Anzahl der Normenkontrollverfahren wird sich dadurch etwas erhöhen. Auch deswegen sind aber keinerlei praktische Unzuträglichkeiten zu befürchten, denn erstens sind Verletzungen des Grundgesetzes durch den nachkonstitutionellen Gesetzgeber nicht allzu häufig,[169] zweitens beschließen die einfachen Gerichte (wie die einschlägigen Entscheidungen des BVerfG zeigen) in zweifelhaften Fällen schon heute eher eine Vorlage an das BVerfG als eine eigene „verfassungskonforme Auslegung“, und drittens kann eine begrenzte Vermehrung der Normenkontrollverfahren neben der Belastung des BVerfG durch die zahllosen Verfassungsbeschwerdeverfahren[170] und die großen politischen Prozesse[171] nicht entscheidend ins Gewicht fallen.

c) Im übrigen bietet die Konzentrierung der „verfassungskonformen Auslegung contra legislatorem“ beim BVerfG keine Besonderheiten. Die grundsätzliche

168 Auf den heute ganz überwiegend zu beobachtenden freiwilligen Gehorsam kann gerade in krisenhaften Zuständen nicht gerechnet werden; zum Präjudizienproblem s. i. ü. u. S. 250 ff.

169 Jedenfalls wenn man sie in Beziehung setzt zu der Gesamtheit der nachkonstitutionellen Gesetze wie auch zu den Grundgesetzverletzungen durch exekutivische Einzelakte.

170 Weswegen das besondere Vorprüfungsverfahren des § 93 a BVGG geschaffen werden müßte, in dem 97 % der vieltausendfachen Verfassungsbeschwerden auf der Strecke bleiben (s. die bei Zuck NJW 1973, 1257 angegebenen Zahlen).

171 Man denke etwa an das KPD-Verbot und den Grundvertragsstreit, das Saarurteil und die Hochschulprozesse!

Problematik der hierin liegenden Verbindung von Kassations- und Normsetzungskompetenz ist bereits oben[172] erörtert worden. Eine hier nur noch andeutungsweise mögliche Erörterung verdient noch die „Wortlautgrenze“, die das BVerfG der Theorie nach prinzipiell,[173] in der Praxis aber durchaus nicht immer als Kriterium zur Unterscheidung der Variation von der Kassation benutzt.[174] Da der denkbare Wortsinn der Gesetzestermini, d. h. der „Bedeutungshof“, nach unseren früheren Erkenntnissen[175] die ihm von der h. M. zugeschriebene Funktion eines allgemeinen Abgrenzungsmerkmals zwischen heteronomer Auslegung und autonomer Rechtsschöpfung keinesfalls zu erfüllen vermag,[176] kann die Wortlautgrenze nur als heuristisches Prinzip verwertet werden, um die vom BVerfG der Sache nach in Anspruch genommene „relativ geringfügige Variation der legislatorischen Entscheidung“ vor einer Entartung in Gestalt von unerträglichen Übergriffen auf die Normsetzungsprärogative des Gesetzgebers zu bewahren. Insoweit kommt ihr also immerhin eine gewisse praktische Bedeutung zu, ohne daß sie doch zur exakten Bestimmung des gerade auch bei der verfassungskonformen Variation erforderlichen judicial self-restraint taugen würde. Es kann daher in methodologischer Hinsicht auch nicht beanstandet werden, daß das BVerfG in einigen Entscheidungen[177] die von ihm selbst auf den Schild gehobene Wortlautgrenze mißachtet hat: So wenig wie im dezisionistischen Bereich der Verfassungskonkretisierung die Derogation von der Resignation in wissenschaftlich exakter Weise abgegrenzt werden kann, so wenig ist dies zwischen der Kassation und der Variation möglich; die innerhalb des Dezisionsspielraumes gebotene Zurückhaltung bei den Eingriffen in den legislatorischen Bereich kann nur mit politischen Mitteln sichergestellt werden, und gerade deswegen muß auch die Variation beim BVerfG monopolisiert werden – so wie das (Grund-) Gesetz es befahl!

4. a) Wenn wir uns nunmehr der weiteren Frage zuwenden, ob die Mißachtung einer nachkonstitutionellen legislatorischen Entscheidung auch ohne Rückführung auf eine konkretisierte Verfassungsnorm zulässig ist – etwa im Falle eines „Rechtsnotstandes“ oder unter ähnlichen Voraussetzungen –, so kann als erstes festgestellt werden, daß sich jedenfalls in der verfassungsge-

---

172 s. o. S. 194 ff., 199 ff., 220 f.

173 BVerfGE 2, 398; 8, 34; 9, 200; 18, 111.

174 Vgl. zuletzt BVerfG NJW 1973, 1494 u. dazu o. S. 199 ff.

175 s. o. S. 67 f., 91.

176 Wie bereits mehrfach bemerkt, soll damit nichts über die besondere und eine gesonderte Untersuchung erfordernde Problematik im Strafrecht ausgesagt sein.

177 Vgl. außer BVerfG NJW 1973, 1491 ff.; früher etwa BVerfGE 9, 194, 199 f. und BVerfGE 1, 19 f.; 37 f.

richtlichen Judikatur dafür kein Beispiel finden läßt. In der Rechtsprechung der einfachen Gerichte dürfte eine die „Wortlautgrenze" überschreitende Variation nachkonstitutioneller Gesetze ebenfalls nicht auffindbar, zumindest äußerst selten sein, denn die bekannten Fälle richterlicher Rechtsfortbildung contra legem betreffen durchweg das vorkonstitutionelle Recht.[178] Etwas anderes gilt für die Variation innerhalb der „Wortlautgrenze", die nach den Dogmen der heute herrschenden objektiven Interpretationstheorie ja sogar ohne qualifizierte Voraussetzungen zulässig sein soll, sofern sie nur teleologisch richtig erscheint.[179] Daß diese Dogmen unhaltbar sind, weil sie den unbestreitbaren Primat des Gesetzgebers verletzen, haben wir schon am Anfang unserer methodologischen Erörterungen festgestellt.[180] Immerhin könnte die Einführung qualifizierter Voraussetzungen – sei es des „Rechtsnotstandes", sei es einer Veränderung des Substrats oder einer Wandlung der Wertanschauungen[181] – dieser Kritik den Boden entziehen, weil dadurch wenigstens eine völlig beliebige Mißachtung des legislatorischen Machtspruches ausgeschlossen würde. Tatsächlich wäre eine solche Lösung durchaus diskutabel, sofern eine sichere Abgrenzung möglich wäre, die allein die gerade hier naheliegende Gefahr zu bannen vermöchte, daß klangvolle, aber inhaltsleere und daher doch nur auf die persönlichen Attitüden verweisende Formeln lediglich die Herrschaft der richterlichen Willkür verschleiern.

b) Gerade daran dürfte aber jede Konstruktion einer parakonstitutionellen Derogationskompetenz der Judikative scheitern. Wir haben bereits oben[182] gesehen, daß die genannten Abgrenzungsformeln keine objektive Sicherheit zu bieten vermögen; ergänzend ist folgendes zu bemerken: Ein Rechtsnotstand kann ja immer nur dann angenommen werden, wenn die einfachen Gesetze zu höherrangigen Wertungen in Widerspruch stehen; wenn diese höherrangigen Wertungen aus den konkretisierten Verfassungsnormen – etwa aus dem Rechts- oder Sozialstaatsprinzip (Art. 20, 28 GG) oder aus der Koalitionsfreiheit (Art. 9

---

178 Vgl. etwa BGHZ 40, 210; 50, 325 zu § 50 II ZPO und BGHZ 26, 349; 35, 363; 39, 124 zu § 253 BGB.

179 Dies folgt schon aus der Ablehnung der historischen Auslegung als einer eigenen Rechtsfindungsstufe durch die h. M. und den dadurch bedingten Methodensynkretismus.

180 s. o. S. 67 ff.

181 Vgl. Larenz, Methodenlehre, S. 401, und meine eigenen früheren Überlegungen in ZStW 84, 899 m. Fn. 138. Eine solche parakonstitutionelle Gesetzesderogation kommt natürlich immer nur bei einer Berufung auf einen nach der Verabschiedung des Gesetzes eingetretenen Wandel (der tatsächlichen Verhältnisse oder der Wertanschauungen) in Betracht, denn sonst wären die besonderen Vorschriften für die Verfassungswidrigkeit eines Gesetzes vollkommen überflüssig.

182 s. o. S. 184 ff., 196 ff.

III GG)[183] – abgeleitet werden, so steht ihr höherer Rang außer Frage, und durch die vorstehend im einzelnen begründete Monopolisierung eines solchen Vorgehens beim BVerfG wird auch gewährleistet, daß der bei der Verfassungskonkretisierung anfallende Dezisionsspielraum in einer dem Primat des Gesetzgebers Rechnung tragenden restriktiven Weise ausgefüllt wird; wenn die zur Begründung der Gesetzesderogation herangezogene Wertung aber nicht vom BVerfG aus der Verfassung gewonnen,[184] sondern von einem einfachen Gericht ohne konstitutionellen Rückhalt inthronisiert wird, so bedeutet das bei Lichte besehen nichts anderes als die Ersetzung des legislatorischen Ermessens durch das richterliche Gutdünken und führt damit zur Preisgabe des unverzichtbaren Rückgrats unserer. Rechtsordnung, nämlich der Prärogative des Gesetzgebers. Auch die Ausdifferenzierung des Rechtsnotstandserfordernisses in gravierende Änderungen der tatsächlichen Verhältnisse, grundlegende Wandlungen der Wertanschauungen u. a. kann, wie bereits bemerkt,[185] an diesem Tatbestand nichts ändern, weil wegen der ständigen Wandlungen des rechtlichen Substrats das entscheidende Problem darin besteht, daß durch eine Welt gleitender, quantitativ nicht exakt bestimmbarer Übergänge ein qualitativer Schnitt gelegt werden muß, dessen Lokalisierung mit wissenschaftlichen Mitteln nicht möglich ist und daher notwendig zum Spielball der unterschiedlichen Attitüden der an der Rechtsfindung Beteiligten werden muß.

c) Damit kommen wir zu dem Ergebnis, daß eine parakonstitutionelle Gesetzesderogation durch die einfachen Gerichte jedenfalls bei nachkonstitutionellen Gesetzen nicht in Betracht kommt. Das mag manche wie ein Rückfall in einen archaischen Formalismus anmuten, ist aber in Wahrheit davon weit entfernt. Mit der Aufdeckung der dezisionistischen Komponente der „objektiven Auslegung“ und mit dem Nachweis der Grenzen, die einer wissenschaftlichen Wertlehre gesetzt sind, ist das Verhältnis der objektiv-teleologischen „Interpretation“ zu einer recht verstandenen subjektiv-historischen Auslegung zu einem reinen Kompetenzproblem geworden, das nur unter Anerkennung des dem Gesetzgeber zukommenden Primats gelöst werden kann, wenn nicht die jahrhundertealten und im Bonner Grundgesetz erneuerten Grundlagen unserer Rechtsordnung preisgegeben werden sollen.[186] Die Respektierung der Entscheidung, die in einem meist langwierigen, unter ständiger Beteiligung von Juristen durch-

183 Die sich etwa als Aufhänger für die partielle Derogation des § 50 II ZPO anbot.
184 bzw., soweit die dezisionistische Komponente reicht, der Verfassung implantiert wird.
185 s. o. S. 187.
186 Vgl. auch die kritischen Stellungnahmen zum „Richterrecht“ bei Hirsch, JR 1966, 339, 342; Luhmann, Legitimation, S. 237 f.; ders., Rechtssoziologie, S. 238 f.; Schneider, Richterrecht, S. 30 ff.

geführten, in einem Mehrheitsbeschluß der das Volk repräsentierenden gewählten Volksvertreter endenden Verfahren zustande gekommen ist und die mit den vom BVerfG konkretisierten Verfassungsnormen in Einklang steht, sollte für die einfachen Gerichte eigentlich selbstverständlich sein. Ist es nicht, so betrachtet, geradezu ein Ausdruck unverantwortlicher Hybris, wenn ein Richter seine auf spezifischen Vorverständnissen beruhende Richtigkeitsauffassung über die des demokratisch weitaus besser legitimierten, die Gesamtheit repräsentierenden Gesetzgebers stellt und dessen doch sicher nicht leichtfertig erteilten Befehl für unvertretbar erklärt?

d) So brüchig und anfechtbar die Dogmen der objektiven Interpretationstheorie, die im Rahmen der Wortlautgrenze eine nahezu beliebige Mißachtung des historischen Machtspruches des Gesetzgebers gestattet, im Zuge unserer bisherigen Überlegungen auch geworden sind – ihre Anhänger verfügen doch noch über ein Gegenargument, das wir zu guter Letzt nicht unerörtert lassen dürfen. Die objektive „Auslegung" kann nämlich für sich in Anspruch nehmen, daß sie in ganz ausgezeichneter Weise die Verwirklichung der materiellen Gerechtigkeit befördere, weil sie die ständige Anpassung des „Gesetzessinnes" an die Erfordernisse der Gegenwart ermögliche. Wenn diese Anpassung de tous les jours tatsächlich erforderlich und unsere eigene Konzeption dafür ungeeignet wäre, würden wir nicht umhin kommen, unsere gesamte Theorie der Rechtsgewinnung von Grund auf neu zu durchdenken. Eine möglichst vorurteilslose Überprüfung dürfte jedoch zu dem Ergebnis führen, daß die Wichtigkeit einer ständigen Anpassung der Rechtsnormen überschätzt wird und daß die wirklich notwendige Anpassung auch auf der Grundlage unseres Rechtsfindungsmodells geleistet werden kann.

aa) Die Annahme, daß durch eine ständige Anpassung, d. h. Veränderung des Rechts der materialen Gerechtigkeit gedient werde, beruht auf der Prämisse, daß eine gezielte Verwirklichung der materialen Gerechtigkeit bzw. zumindest eine Unterscheidung zwischen gerechteren und ungerechteren Lösungen eines Rechtsproblems möglich ist. In dem dezisionistischen Rechtsfindungsbereich, den wir hier betrachten, findet eine solche Hypothese aber keinen Platz, und sie ist auch, wenn wir sie nicht als metaphysischen Glaubenssatz, sondern als methodologische Aussage verstehen, durch unsere wissenschaftstheoretischen Betrachtungen zur Wertlehre und Metaethik[187] widerlegt. Was sich wirklich sagen läßt, ist allein dieses: Durch den Zeitenwandel wird das Geflecht der hinter einem historischen Machtspruch stehenden teleologischen Argumente verändert; es wird bald stärker, bald schwächer werden, ohne doch auf dem hier

---

187 s. o. S. 111 ff.

erörterten Sektor völlig zu zerreißen, weil ja dann eine unproblematische szientistische oder zumindest konstitutionelle Derogation möglich wäre. Ob die historische Entscheidung, wenn sie jetzt vom Gesetzgeber zu wiederholen wäre, wegen der Veränderung des Topoigeflechtes anders ausfallen würde, ist eine weder theoretisch noch praktisch beantwortbare, wegen ihres Bezuges auf eine fiktive Dezision rein spekulative Frage. Eine im Laufe der Zeit schwächer gewordene teleologische Fundierung der historischen Entscheidung bleibt also immerhin noch (wenn auch in abgeschwächter Form) erhalten, und was sie hier an Überzeugungskraft eingebüßt hat, gewinnt sie auf einer anderen Ebene, nämlich durch die im Laufe der Zeiten wachsende Rechtssicherheit, wieder zurück. Gerade wegen der weithin bestehenden Unmöglichkeit, Werturteile wissenschaftlich zu rechtfertigen, muß der Rechtssicherheit als der einzigen Konstanten in einem Meer von Relativismen eine größere Bedeutung beigemessen werden, als dies gewöhnlich geschieht.[188] Das klingt reaktionär, ist aber bloße Konsequenz eines wissenschaftstheoretisch fundierten Naturrechtsskeptizismus: Wenn die vom Gesetzgeber gewählte und seitdem im Rechtsleben verwurzelte Regelung nicht eindeutig als überholt nachgewiesen werden kann, ist es nicht Aufgabe der einfachen Gerichte, durch die immer nur von Fall zu Fall mögliche Durchsetzung einer vermeintlich besseren Regelung den Rechtsverkehr zu verunsichern und die ohnehin schon weitgehend eingeschränkte Berechenbarkeit des Rechts auf ein Minimum zu reduzieren. Daß den im Rechtsleben längere Zeit praktizierten Regelungen allein schon wegen der dadurch vermittelten Rechtssicherheit gegenüber konkurrierenden Denkmodellen ein gewisser Vorrang gebührt, ist im übrigen eine ganz geläufige, für viele Bereiche einschlägige Erkenntnis, die sich etwa auch in Krieles Lehre von der „präsumtiven Verbindlichkeit der Präjudizien"[189] und in der Rechtsfigur der Selbstbindung der Verwaltung durch gleichförmige Ermessensausübung[190] niedergeschlagen hat.

bb) Trotz allem müßte man vielleicht doch die Positionen der h. M. akzeptieren, wenn das der einzige Ausweg wäre, um ein völliges Auseinanderfallen von Rechtsinhalt und Zeitgeist zu verhindern. Diese Notwendigkeit besteht je-

---

188 Auch Luhmann betont, wenn wir dies recht sehen, neben dem die soziale Komplexität reduzierenden Verfahren die Bedeutung der relativen Stabilität als Legitimationsgrundlage (vgl. Luhmann, Legitimation, S. 149, wo die an sich begrüßte Variabilität an eine vorgegebene Grenze gebunden wird).

189 Die allerdings u. E. von Kriele falsch – nämlich bei der Normentheorie – eingeordnet wird (s. dazu u. S. 250 f.).

190 Vgl. dazu BVerwG DVBl. 1963, 65; NJW 1965, 414; Eyermann-Fröhler, Verwaltungsgerichtsordnung, § 114, Rdnr. 22 m. w. N.

doch, soweit das ohne eine (hier nicht mehr mögliche) Einzeluntersuchung gesagt werden kann, eigentlich nicht. Erstens ist es ja zunächst einmal Aufgabe des Gesetzgebers, seine Normen dem Zeitenwandel anzupassen, und daß der Gesetzgeber diese Aufgabe auch nach besten Kräften zu erfüllen trachtet, macht jede neue Ergänzungslieferung zum „Schönfelder" oder „Sartorius" auch für den die Lektüre der Gesetzblätter verschmähenden Juristen deutlich. Zweitens können die durch den Zeitenwandel entstehenden Anpassungsbedürfnisse, wie bereits mehrfach betont, zum großen Teil bereits auf der dritten Rechtsgewinnungsstufe befriedigt werden. Und drittens wird durch die von uns anerkannte konstitutionelle (d. h. unter Berufung auf das Grundgesetz vollzogene) Derogation eine weitere, stark ins Gewicht fallende Anpassung des Normenbestandes garantiert. Was danach noch an nicht erfüllbaren Anpassungswünschen übrig bleibt, ist der Preis, den die Rechtssicherheit und unsere auf dem Primat des Gesetzgebers beruhende Rechtsordnung fordern und der jedenfalls nicht zu hoch, sondern geradezu notwendig ist, wenn die Verbindlichkeit der legislatorischen Entscheidung nicht unter den Vorbehalt der richterlichen Zustimmung gestellt und damit praktisch der Richter zum Meister des Gesetzgebers gemacht werden soll!

e) Für die nachkonstitutionellen Gesetze sind wir damit zu dem Ergebnis gekommen, daß die justitielle Derogationskompetenz beim BVerfG monopolisiert und inhaltlich davon abhängig ist, daß ein durch Verfassungskonkretisierung gewonnener Maßstab zur Verfügung steht. Ein darüber hinausgehendes Recht zur Aufkündigung des richterlichen Gehorsams gegenüber dem historischen Machtspruch des Gesetzgebers besteht nicht, weder in kompetenzieller Hinsicht (die einfachen Gerichte können nur über einen Vorlagebeschluß gem. Art. 100 GG auf eine Derogation hinzuwirken suchen), noch in inhaltlicher Hinsicht (ein verfassungsirrelevanter „Rechtsnotstand" gibt ebenso wenig ein Derogationsrecht wie ein parakonstitutioneller Wandel der Wertanschauungen und/oder der tatsächlichen Verhältnisse).

5. a) Für die vorkonstitutionellen Gesetze bietet sich zumindest in kompetenzieller Hinsicht eine andere Lösung an. Bekanntlich hat das BVerfG in ständiger Rechtsprechung den Vorlagezwang des Art. 100 GG dahin eingeschränkt, daß er nur für nachkonstitutionelle Gesetze gelte, während die Unvereinbarkeit von vorkonstitutionellen Gesetzen mit dem Grundgesetz von den einfachen Gerichten selbst festgestellt werden könne, weil es hier einfach um die Anwendung des Grundsatzes „lex posterior derogat legi priori" gehe und weil Art. 100 GG nur die Autorität des nachkonstitutionellen Gesetzgebers schützen solle.[191]

191 BVerfGE 2, 124, 138, 218; 3, 48; 4, 339; 6, 64; 7, 335; 10, 58, 127, 131, 159 usw. (st. Rspr.).

Obwohl sich diese Einschränkung aus der Entstehungsgeschichte des Art. 100 GG nicht eindeutig ableiten läßt,[192] ist im Schrifttum heute (anders als zu Beginn der Fünfziger Jahre)[193] nur noch gelegentliche Skepsis anzutreffen,[194] während sich die ganz überwiegende Meinung der Auffassung des BVerfG angeschlossen hat.[195]

Dieses Ergebnis, daß die einfachen Gerichte zur konstitutionellen Derogation der vorkonstitutionellen Gesetze befugt sind, ist bei näherem Zusehen aber durchaus nicht so gut begründet, wie es die Phalanx seiner Anhänger nahelegt. Denn das lex-posterior-Argument ist deswegen äußerst brüchig, weil ja von einer Derogation der lex prior durch den Gesetzgeber selbst nur insoweit gesprochen werden kann, wie der Konflikt auf den ersten beiden Rechtsgewinnungsstufen ausgetragen werden kann. Und während die Derogation einer drittstufigen „Auslegung" der lex prior als Korrektur von „Richterrecht" durch „Richterrecht" in kompetenzieller Hinsicht gänzlich unproblematisch ist, bedeutet die Korrektur einer erststufigen Auslegung der lex prior durch eine drittstufige „Auslegung" der lex posterior eine echte justitielle Gesetzesderogation mit all den Problemen, die die Aufkündigung des richterlichen Gehorsams gegenüber dem Gesetzgeber mit sich bringt. Da ferner das Grundgesetz wegen des hohen Abstraktionsgrades seiner Normen zum allergrößten Teil erst auf der dritten Stufe „mundgerecht" gemacht werden kann, ist die lex-posterior-Argumentation also keinesfalls überzeugend. Die das BVerfG wahrscheinlich am Anfang der Fünfziger Jahre leitende praktische Überlegung, daß es mit der Anpassung des gesamten vorkonstitutionellen Rechts kapazitätsmäßig überfordert sei, ist heute, nach einer fünfundzwanzigjährigen Anpassungsarbeit des Gesetzgebers, gleichfalls nicht mehr recht stichhaltig.[196] Und da schließlich auch das unterstützende Argument, Art. 100 GG solle nur den nachkonstitutionellen Gesetzgeber schützen, eine bloße petitio principii ist, dürfte sich die Waage zu Lasten der herrschenden Meinung senken, die zwei sehr starke Argumente heute nicht mehr konterkarieren kann. Erstens spricht nämlich die in der Verfassung vorausgesetzte Kontinuität der deutschen Gesetzgebung (vgl. Art. 123–125 GG) gegen eine Überordnung der einfachen Gerichte über den vorkonstitutio-

192 Vgl. die Darstellung bei v. Doemming, JöR 1, 734 ff., sowie Sigloch in Maunz-Sigloch-Schmidt-Bleibtreu-Klein, Bundesverfassungsgerichtsgesetz, § 80, Rdnr. 72.

193 Vgl. Geiger, DRiZ 1951, 172; Hufnagl DVBl. 1951, 277.

194 Vor allem bei Zeidler DÖV 1960, 23 ff., und Stern im Bonner Kommentar, Art. 100, Rdnr. 93 a. E.

195 Sigloch, a. a. O., Rdnr. 71 m. zahlr. Nachw.; Maunz in Maunz-Dürig-Herzog, Grundgesetz, Art. 100, Rdnr. 12.

196 So auch Stern, a. a. O., Rdnr. 93.

nellen Gesetzgeber, und zweitens ist es auch im Interesse der Rechtssicherheit vorzuziehen, wenn das BVerfG über die Verbindlichkeit aller Gesetze entscheidet und damit eine divergierende Praxis der Untergerichte kraft seiner gem. § 31 BVGG über den Einzelfall hinausreichenden Befehlsgewalt von allem Anfang an ausschließt.

b) Mit einer Revision der verfassungsgerichtlichen Rechtsprechung zu Art. 100 GG würde zugleich die unübersichtliche und wechselhafte Kasuistik des BVerfG zu der Frage überflüssig, wann der Gesetzgeber eine vorkonstitutionelle Norm „in seinen Willen aufgenommen" und damit zu einer nachkonstitutionellen gemacht hat.[197] Die im Schrifttum herausgearbeitete Fragwürdigkeit der vom BVerfG in diesem Zusammenhang vorgenommenen Differenzierungen[198] macht deutlich, daß die ganze Unterscheidung von vor- und von nachkonstitutionellen Normen, wenn man sie formal handhabt, zu innerlich unbegründeten Differenzierungen führt und daß sie andererseits, wenn man sie materiell fundieren will, heillose Abgrenzungsschwierigkeiten beschert.

Nach allem dürfte es bei einer sachangemessenen drittstufigen „Auslegung" des Art. 100 GG geboten sein, daß das BVerfG künftig auch die konstitutionelle Derogation der vorkonstitutionellen Gesetze als sein Monopol in Anspruch nimmt. Solange dies nicht geschieht, ist freilich angesichts der Bindungswirkung der verfassungsgerichtlichen Entscheidungen (§ 31 BVGG) die eigenartige Situation gegeben, daß die einfachen Gerichte eine ihnen nicht vom Verfassunggeber, sondern lediglich vom BVerfG übertragene Kompetenz wahrzunehmen gehalten sind. Wir müssen es uns versagen, der Problematik einer sachlich verfehlten, aber bindenden Entscheidung des BVerfG hier im einzelnen nachzugehen, und beschränken uns daher auf die Feststellung, daß das BVerfG zwar gehalten ist, die konstitutionelle Gesetzesderogation auch bezüglich der vorkonstitutionellen Gesetze bei sich zu konzentrieren, daß aber, solange dies nicht effektiv geschehen ist, nach wie vor die einfachen Gerichte zur Ausübung dieser Kompetenz berufen sind.

c) Damit stehen wir vor der letzten Frage, die uns die vierte Stufe unseres Rechtsgewinnungsmodells aufgibt: Beschränkt sich die justitielle Derogationskompetenz auch bei den vorkonstitutionellen Gesetzen auf den Vorrang konkretisierter Verfassungssätze, oder kommt hier eine Anpassung des historischen Gesetzessinnes an die durch den Zeitenwandel eingetretenen Veränderungen schon unter erweiterten Voraussetzungen in Betracht?

---

197 Grundlegend BVerfGE 6, 65; ferner BVerfGE 7, 290; 9, 46 f.; 10, 129 ff.; 11, 129 ff.; 13, 157 f., 294 f.; 16, 230 f.; 18, 104, 220; 20, 376.

198 Vgl. dazu die eingehenden kritischen Ausführungen bei Sigloch, a. a. O., Rdnr. 74 ff.; ferner Stern, a. a. O., Rdnr. 92 ff.; Maunz, a. a. O., Rdnr. 13 ff.

aa) Die nächstliegende Antwort, daß bei den vorkonstitutionellen Gesetzen bereits wegen der durch den Verfassungswandel bezeugten grundlegenden Veränderung der gesellschaftlichen Wertanschauungen eine großzügigere Anpassung zulässig sein müsse, erweist sich bei genauerer Überprüfung als ein Kurzschluß. Denn die durch die Verfassung bewirkten oder in ihr zum Ausdruck kommenden Wertverschiebungen können ja im Rahmen einer konstitutionellen Derogation ohnehin berücksichtigt werden, und für die in der Verfassung nicht verlautbarten Veränderungen spielt es dann aber auch gar keine Rolle, ob sie im Bereich vorkonstitutioneller oder im Bereich nachkonstitutioneller Normierungen eintreten. Just die spektakulären Fälle richterlicher Rechtsfortbildung zeichnen sich durch ihre Verwurzelung im konstitutionellen Bereich aus – man denke nur an die Schmerzensgeldrechtsprechung[199] als Konkretisierung von Art. 1 GG, an die Entscheidung zur Parteifähigkeit der Gewerkschaften[200] als Konkretisierung von Art. 9 III GG und an die Judikatur des BAG zu den nachvertraglichen Wettbewerbsverboten[201] als Konkretisierung von Art. 12 GG.[202] Gerade weil der vorkonstitutionelle Gesetzgeber auf das GG noch keine Rücksicht nehmen konnte, bietet sich der konstitutionellen Derogation hier ein so reichhaltiges Anwendungsfeld, daß allen dringenden Anpassungsbedürfnissen Rechnung getragen werden kann, ohne daß die mit dem Primat des Gesetzgebers nicht zu vereinbarende Freiheit des Richters vom vorkonstitutionellen Gesetz proklamiert werden muß.[203]

bb) Diese Möglichkeit besteht mit Hilfe des bereits erwähnten Hebels des Gleichheitsgrundsatzes (Art. 3 I GG) auch dann, wenn sich nicht die Wertungen, sondern die faktischen Verhältnisse oder unsere Kenntnis davon seit Erlaß des Gesetzes geändert haben. Wir haben dies bereits oben an Hand des Tollwutbeispiels erläutert,[204] dem wir zahlreiche weitere beigesellen könnten – darunter auch die ebenfalls schon erwähnte einschränkungslose Strafbarkeit der männlichen Homosexualität, die nach neueren sozialwissenschaftlichen Forschungen[205] keine gegenüber der weiblichen Homosexualität gesteigerte Sozialgefahr

---

199 BGHZ 26, 349; 35, 363; 39, 124 usw. (st. Rspr.).
200 BGHZ 42, 210; 50, 325.
201 BAGE 22, 215; BAG NJW 1972, 2102.
202 Von den zahlreichen auf die Verfassung gestützten Umbildungen des Verwaltungsrechts durch das BVerwG ganz abgesehen.
203 Dazu, daß gerade bei den vorkonstitutionellen Gesetzen auch eine „verfassungskonforme Auslegung" in Betracht kommt, BVerfGE 2, 340 f.; 19, 8.
204 s. o. S. 203.
205 Vgl. Hanack, Gutachten, Nr. 329 ff.; Baumann, Paragraph 175, S. 157; zahlr. weit. Nachw. bei Hanack, ZStW 77, 420 f., und in Gutachten, A 213 Fn. 335.

bedeutet und daher mit Art. 3 GG nicht zu vereinbaren war.[206] Der denkbare Einwand, daß der Gleichheitsgrundsatz deswegen keinen tauglichen Anpassungsmaßstab liefere, weil er in der Rechtsprechung des BVerfG einschränkend als bloßes Willkürverbot interpretiert wird,[207] läßt sich unschwer entkräften. Denn die vom BVerfG benutzte Formel, daß Art. 3 GG (nur) dann verletzt sei, wenn sich ein vernünftiger, sich aus der Natur der Sache ergebender oder sonstwie sachlich einleuchtender Grund für die gesetzliche Differenzierung oder Gleichbehandlung nicht finden läßt,[208] bedeutet ja nichts anderes als den schon oben[209] erörterten, aus dem Primat des Gesetzgebers folgenden judicial self-restraint und enthält daher keine speziell den Art. 3 GG minimalisierende Einschränkung, sondern gibt lediglich die generelle Grenze der konstitutionellen Gesetzesderogation in einer dem Regelungsbereich des Art. 3 GG angepaßten Prägung wieder. Und daß sich hieraus im jeweiligen konkreten Fall ohnehin nur vage Richtlinien entwickeln lassen, die den Dezisionsspielraum niemals auf Null reduzieren, sondern bestenfalls zur Ausscheidung der fraglos verfassungsmäßigen Fälle führen können, braucht an dieser Stelle nicht nochmals betont zu werden.[210]

cc) Wenn die vorstehend aufgezeigten konstitutionellen Derogationsmöglichkeiten nicht eingreifen, kommt auch bei den vorkonstitutionellen Gesetzen keine Aufkündigung des richterlichen Gehorsams in Betracht. Denn für diese Fälle stellt das Grundgesetz, wie bereits bemerkt, überhaupt keine entscheiden-

---

206 Diese Erkenntnis war eigentlich schon zur Zeit des den § 175 StGB a. F. bestätigenden Urteils des BVerfG vom 10. 5. 1957 (BVerfGE 6, 389 ff.) verfügbar und bei den Beratungen der Großen Strafrechtskommission fast schon zur Binsenweisheit geworden; auch die neueste Entscheidung des BVerfG (NJW 1973, 2195) zu diesem Komplex zeigt sehr schön, wie die wohl aus Berührungsangst besonders gründlich internalisierte Homosexuellenfeindschaft, gepaart mit antiquierten Alltagstheorien über die lesbische Sexualität der Frau, ein die derogierende Anwendung des Art. 3 GG von vornherein ausschließendes Vorverständnis geschaffen hat. Zwar lassen sich dafür, daß § 175 StGB n.F. nicht gegen Art. 3 GG verstößt, gute Gründe geltend machen (vgl. nur Hanack, Gutachten, Rdnr. 232); aber daß das BVerfG in seiner neuen Entscheidung den ganzen Komplex nicht von der heutigen Warte aus problematisiert, sondern apodiktisch behandelt, ist in methodologischer Sicht ein Musterbeispiel für die attitüdengeleitete Ausfüllung eines Dezisionsspielraumes.

207 Vgl. die Nachw. bei Leibholz-Rinck, Grundgesetz, Art. 3 Rdnr. 2.

208 Richtungweisend hierfür Leibholz, Gleichheit, S. 72 ff.; von den modernen Versuchen, den Art. 3 GG adäquat zu interpretieren, vgl. vor allem Gubelt in v. Münch, Grundgesetz, Art. 3 Rdnr. 11 ff. m. zahlr. Nachw. sowie Podlech, Gehalt, S. 85 ff.

209 s. o. S. 196 ff.

210 Auch Podlechs Ausdeutung des Art. 3 GG als einer „Argumentationslastregel" (Gehalt, S. 89) kann hieran nichts ändern, da natürlich verschiedene Meinungen darüber möglich sind, ob im Einzelfall „die Zulässigkeit der Differenzierung festgestellt werden kann" (Podlech, Gehalt, S. 89).

de Zäsur dar, weil alles, was nicht verfassungsrelevant wird, auch nicht von dem Verfassungswechsel abhängen kann. Dem Zeitpunkt des Inkrafttretens des Grundgesetzes – dem Jahre 1949 – kommt nicht einmal eine im Einzelfall wirksame heuristische Funktion zu. Zwar ist es eine Binsenweisheit, daß mit wachsendem Zeitablauf auch die Anpassungsbedürfnisse zunehmen; aber diese pauschale Aussage kann für den Einzelfall nicht fruchtbar gemacht werden,[211] weil manche Wertungen so kurzlebig sind, daß sie schon nach weniger als 25 Jahren der Revision verfallen, während andere einen Zeitraum von über hundert Jahren ohne nennenswerte Einbuße an Überzeugungskraft überdauern. So hat etwa die sozialethische Fundierung der „einfachen", keine Rechtsgüter i. e. S. verletzenden Sittlichkeitsdelikte vom Erlaß des RStGB an bis in die Sechziger Jahre dieses Jahrhunderts hinein standgehalten, um dann innerhalb von wenigen Jahren zu zerbrechen, während andererseits formale Ordnungsprinzipien wie etwa der zivilrechtliche Abstraktionsgrundsatz[212] in der wissenschaftlichen Diskussion zwar öfters angegriffen,[213] in ihrer Verbindlichkeit auch für den Richter aber bis heute niemals ernsthaft in Frage gestellt worden sind. Wenn wir, um auch für die Gruppe der nach unseren Überlegungen unzulässigen „parakonstitutionellen Derogation vorkonstitutioneller Gesetze" ein Beispiel zu bringen, einmal unterstellen, daß der Gesetzgeber des BGB eine eindeutige Entscheidung gegen die Sicherungsübereignung traf,[214] und wenn wir ferner fingieren, daß diese Entscheidung bis 1949 von den Gerichten respektiert worden wäre, so ist nicht der mindeste Grund dafür ersichtlich, daß die Gerichte plötzlich befugt gewesen sein sollten, von der gem. Art. 123 I GG weiterhin verbindlichen Entscheidung des BGB aus problematischen Zweckmäßigkeitserwägungen heraus abzuweichen. Die Rechtsprechung zur Sicherungsübereignung, ihren Verwandtschafts-, Spiel- und Sonderformen[215] ist überhaupt ein vortreffliches Beispiel dafür, daß die häufig nicht einmal aus Gerechtigkeitserlebnissen, sondern

---

211 Deswegen kann auch die in letzter Zeit häufiger zu lesende These, daß mit dem „Altern" eines Gesetzes auch sein Geltungsanspruch nachlasse (vgl. Kübler JZ 1969, 645 ff.; Kloepfer, Vorwirkung, S. 117 f.; vgl. auch BVerfG NJW 1973, 1225), nicht zu der Annahme einer weitergehenden Derogationskompetenz der einfachen Gerichte führen: Entweder wird das die legislatorische Entscheidung stützende Topoigeflecht durch einen Evidenzkonsens zerstört oder es bleibt, wenn auch geschwächt, erhalten (s. o. S. 227) – tertium non datur!

212 Vgl. dazu nur Westermann, Sachenrecht, S. 21 ff.

213 Vgl. nur Larenz, Schuldrecht II, S. 11 ff.

214 Was umstritten ist, s. Gaul AcP 168, 357 ff. m. w. N.

215 Man denke etwa auch an den „verlängerten Eigentumsvorbehalt", die Globalzession und ähnliche Produkte der Kautelarjurisprudenz. Einen vorzüglichen Überblick über die Wucherungen des Richterrechts auf diesem Sektor gibt das Werk von Serick, Eigentumsvorbehalt, passim.

aus problematischen Zweckmäßigkeitserwägungen (etwa den „Bedürfnissen des Rechtsverkehrs") gespeiste parakonstitutionelle Gesetzesderogation leicht zu Weiterungen führt, die der Richter nicht übersieht und für die er oft nahezu „blind" eine Verantwortung übernimmt, die er im Grunde nicht zu tragen vermag: Die durch die modernen Rechtsfiguren bewirkte Umwälzung der Sicherungsformen hat das vom Gesetzgeber geschaffene Konkursrecht mit seinen eindeutig sozialen Zielsetzungen[216] nahezu vollständig entwertet, weil nach der Aus- und Absonderung des Sicherungsgutes kaum jemals eine auch nur einigermaßen ansehnliche Masse zur Verteilung übrigbleibt; und die die Rechtsprechung hierbei leitenden „Bedürfnisse des modernen Wirtschaftsverkehrs" sind bei genauerer Prüfung als die einseitigen Interessen der wirtschaftlich Stärkeren (vor allem der Banken) zu entlarven, die der Judikatur zum Sicherungsrecht eine rechtsethisch zumindest äußerst zweifelhafte Vorzugsstellung gegenüber den übrigen Gläubigern verdanken. Soll es wirklich zu den Befugnissen der Rechtsprechung gehören, auf so problematischen Gebieten die Wertungen des Gesetzgebers zu durchkreuzen und durch die eigenen Wertungen der Justizoligarchie zu ersetzen? Schon diese Frage stellen heißt doch wohl: sie verneinen!

V. Ergebnis

1. Wir sind damit auf der vierten und letzten Stufe unseres Rechtsgewinnungsmodells zu einem Resultat gekommen, das die Differenzierungsbemühungen der vorangegangenen Stufen nicht desavouiert, sondern lediglich ein Ventil für die Fälle schafft, in denen eine Anpassung der historischen Entscheidung des Gesetzgebers an die Gegenwart unabweisbar ist. Die Gefahr, daß die vierte Stufe zur Auflösung der ersten Stufe führt, konnte durch eine doppelte Einschränkung der richterlichen Gesetzesderogation gebannt werden: erstens durch die inhaltliche Fixierung auf eine konstitutionelle Derogation, die zwar bei der Konkretisierung der Verfassung noch erhebliche Dezisionsspielräume beläßt, aber für die Unantastbarkeit der verfassungsfesten Entscheidungen des Gesetzgebers sorgt; und zweitens durch die kompetenzielle Einschränkung, daß nicht der einfache Richter, sondern nur das BVerfG als Verfassungsorgan zur Aufkündigung des Gehorsams gegenüber dem Gesetzgeber und damit zur partiellen Inanspruchnahme der höchsten Staatsgewalt befugt ist.

2. Dem denkbaren Vorwurf, daß wir hiermit zu bloßen ad-hoc-Konstruktionen unsere Zuflucht nähmen, um die völlige Preisgabe unserer ersten Rechts-

216 Kenntlich etwa an dem Gleichheitsgrundsatz und dem Lidlohnvorrecht, wenn auch gestört durch das häßliche Fiskusprivileg des § 61 KO.

gewinnungsstufe (der historischen Rechtshermeneutik) abzuwenden, läßt sich dabei, wie wir glauben, in doppelter und sehr wirkungsvoller Weise begegnen.

a) Zunächst einmal muß nochmals betont werden, daß wir unsere Stufentheorie der Rechtsgewinnung nicht um der Freude an architektornischen Strukturen willen entwickelt, sondern an zwei Prinzipien ausgerichtet haben, die wohl auf allgemeine Anerkennung rechnen dürfen: dem Ergänzungsverhältnis von Legislative und Judikative bei der Rechtswerdung und dem Primat des Gesetzgebers. Dem Ergänzungsverhältnis haben wir vor allem mit unserer dritten Stufe Rechnung getragen, die den angestammten Bereich richterlicher Rechtsschöpfung betrifft; den Primat des Gesetzgebers galt es auf der vierten Stufe festzuhalten, indem die notwendige Anpassung des Rechts an die Gegenwart nicht mit der Preisgabe der richterlichen Gesetzesbindung erkauft werden durfte. Nach der wissenschaftstheoretischen Verabschiedung der objektiven Auslegung war dies nur durch eine Verbindung von kompetenzieller und inhaltlicher Beschränkung der justitiellen Gesetzesderogation möglich, und diese Möglichkeit haben wir ohne Vorbefangenheiten und ohne Bindung an kontroverse rechtsphilosophische Positionen zu analysieren versucht.

b) Als zweites darf nicht vergessen werden, daß der Primat des Gesetzgebers kein antiquiertes Verfassungsprinzip und auch kein reaktionärer Konsens der herrschenden Schichten ist, sondern eine im höchsten Maße plausible Konsequenz unserer staatlichen Organisation. Das Parlament als der Gesetzgeber ist demokratisch unmittelbar legitimiert, während die Richter von der vollziehenden Gewalt (eventuell unter Mitwirkung parlamentarischer Wahlmänner)[217] bestellt werden und also zum Volk nur in einer mittelbaren Repräsentationsbeziehung stehen; der Gesetzgeber verfügt über einen umfangreichen Apparat zur sozialen Bestandsaufnahme und Prognose, während die Erkenntnismittel des Richters regelmäßig auf die Erforschung des streitgegenständlichen Sachverhalts beschränkt sind, so daß der Richter im übrigen auf die Benutzung von Alltagstheorien angewiesen ist;[218] im Gesetzgebungsverfahren ist für eine möglichst vollständige Artikulierung und Ausgleichung der widerstreitenden Interessen gesorgt,[219] während im Gerichtsverfahren günstigstenfalls eine Teilrepro-

---

217 S. Art. 94 I, 95 II, 98 IV GG.

218 Eine Sonderstellung nimmt hier wiederum das – im Verhältnis zum Gesetzgeber und zur Regierung aber immer noch vergleichsweise ärmlich ausgestattete – BVerfG ein, s. Philippi, Tatsachenfeststellungen.

219 Zur Struktur des Gesetzgebungsverfahrens s. Noll, Gesetzgebungslehre, S. 63 ff.; ders., Gesetzgebungswissenschaft, S. 527 ff.; welche Möglichkeiten dem Gesetzgeber zum Ausgleich des regierungsamtlichen Wissensvorsprungs und damit zur Bündelung der insgesamt verfügbaren Informationen zur Verfügung stehen, zeigen die Hearings, die in der letzten Zeit bei großen Vorhaben (namentlich bei der Strafrechtsreform) üblich geworden sind.

duktion des gesamtgesellschaftlichen Bildes möglich ist; die Parlamentarier müssen sich alle vier Jahre zur Wiederwahl stellen und dabei für ihre bisherige Politik verantworten, während die Richter auf Lebenszeit berufen[220] und unabsetzbar sind (vgl. Art. 97 GG, §§ 10, 30 DRiG) und sich nur im Falle der direktvorsätzlichen Rechtsbeugung zu verantworten haben.[221] Angesichts dieser Umstände halten wir es nicht für vertretbar, die Wandlung „vom Gesetzesstaat zum Richterstaat"[222] zu propagieren; an dem Primat des Gesetzgebers ist vielmehr auch in Zukunft festzuhalten!

3. Eine Stellung über dem Gesetzgeber kann daher nicht jedem einfachen Gericht, sondern allein dem BVerfG zukommen, das nach Verfassungsinhalt und -wirklichkeit der wahre Hüter und Modellierer des Grundgesetzes ist. Die von uns entwickelte Erweiterung des verfassungsgerichtlichen Monopols (durch den Fortfall der heimlichen, durch die Dogmen der objektiven Auslegung getarnten Gesetzesderogation und durch die Ablehnung der den vorkonstitutionellen Gesetzen zugefügten Unterprivilegierung) bildet daher die einzige rechtstheoretisch, verfassungsrechtlich und verfassungspolitisch befriedigende Lösung des Problems der justitiellen Gesetzesderogation. Irgendwelche praktischen Bedenken, namentlich wegen einer drohenden Überlastung des BVerfG, dürften demgegenüber nicht durchgreifen, denn es geht hier um zentrale, angestammte Aufgaben des BVerfG, deren gesamtgesellschaftliche Relevanz weitaus größer ist als etwa die der Verfassungsbeschwerdeentscheidungen.[223] Der Primat des Gesetzgebers endet daher erst vor der konstitutionellen Gesetzesderogation durch das BVerfG – mit dieser klaren Lösung dürfte auch die vierte Rechtsgewinnungsstufe ihren Stachel eingebüßt haben.

220 Auch insoweit nimmt das BVerfG eine Sonderstellung ein, s. § 4 BVGG.

221 Vgl. BGHSt. 10, 294. Ob sich hieran auf Grund der redaktionellen Streichung des Wortes „vorsätzlich" (durch Art. 19 Nr. 188 des EGStGB v. 2. 3. 1974) etwas ändern wird, erscheint mindestens zweifelhaft.

222 So der programmatische Titel der Schrift von Marcic, Gesetzesstaat.

223 Das Verfassungsbeschwerdeverfahren erfreut sich zwar, weil es einen zusätzlichen Rechtsbehelf zur Verfügung stellt, eines besonders guten Leumunds; wie die notorischen Sorgen des BVerfG, dadurch zu einem Superrevisionsgericht zu werden, und die dadurch entstandenen beinahe unlösbaren Abgrenzungsschwierigkeiten zeigen, ist der Rechtsschutz hiermit aber fast schon überspannt. Die Überflutung des BVerfG mit Verfassungsbeschwerden kann daher keinesfalls ein Argument dafür ergeben, genuine Aufgaben des BVerfG durch die einfachen Gerichte erledigen zu lassen.

Schluss: Zusammenfassung und Ausblick

I. Zusammenfassung

1. Mit der Verabschiedung der vierten Stufe ist unser Rechtsfindungsmodell abgeschlossen. Wir haben versucht, das ungegliederte, nur mit vagen Formeln beschriebene Konglomerat, das der Vorgang der Rechtsgewinnung in der heute herrschenden Doktrin bildet, in seine Bestandteile auseinanderzulegen sowie diese zu ordnen und in eine bestimmte Reihen- und Rangfolge zu bringen. Dem Primat des Gesetzgebers entsprechend, erörterten wir auf der ersten Stufe die Erforschung des historischen Machtspruches des Gesetzgebers als der für den Richter prinzipiell verbindlichen Entscheidung. Als Forschungsmethode haben wir hier die historische Rechtshermeneutik anerkannt, die sich aus der (nach dem damaligen Bedeutungskern fragenden) grammatischen Auslegung, der logisch-systematischen sowie schließlich der historischen Auslegung zusammensetzt. Auch hier findet sich wieder eine Stufenfolge, weil die grammatische und die logisch-systematische Auslegung nur die ersten beiden Raster für die allein entscheidende Feststellung des historischen Gesetzesbefehls bilden. Dieser Gesetzesbefehl kann zwar nicht als ein individualpsychisches Faktum ermittelt werden;[1] er stellt aber gleichwohl einen objektiven, der Erkenntnis vorgegebenen Sachverhalt dar, nämlich das von der Mehrheit der Abgeordneten akzeptierte Sinngebilde, so wie es sich aus dem vorliegenden Material erschließt. Vermöge des Bedeutungskernansatzes kann die Erschließung dieses Sinngebildes unter günstigen Umständen bis zur Entscheidung eines konkreten Einzelfalles „verlängert" werden, so daß es im Prinzip möglich ist, einen Rechtsfall allein auf der ersten Rechtsgewinnungsstufe zu lösen. Auf der anderen Seite befinden wir uns (wegen der Reservestellung der zweiten und dritten Stufe) auf der ersten Stufe unter keinem erkenntnistrübenden Zwang, „fündig" zu werden, sondern können immer dann, wenn keine Auslegungshypothese zu praktischer Gewißheit bestätigt werden kann, leichten Herzens ein non liquet in Kauf nehmen. In diesem Fall verliert die erste Stufe zugleich jegliche Relevanz, so daß die die h. M. kennzeichnende Vermischung zweier inkommensurabler Betrachtungs-

1 Das unterscheidet unsere Konzeption von dem positivistischen Willensdogma und den daraus folgenden psychologisierenden Rechtstheorien, die den zutreffenden historisch-subjektiven Ausgangspunkt verabsolutiert und damit überspannt haben; immerhin bieten diese Theorien für die – hier nicht mehr mögliche – Detailausarbeitung der ersten Stufe doch weitaus fruchtbarere Ansätze (vgl. vor allem Bierling, Prinzipienlehre IV, S. 256 ff., 275 ff.) als die objektiven Theorien, deren jahrzehntelanger Herrschaft das heutige Fehlen einer bis in die Einzelheiten durchgeführten, rationalen Rechtsgewinnungstheorie zu verdanken ist.

https://doi.org/10.1515/9783110648188-004

weisen – der hermeneutischen und der axiologischen – vollständig vermieden wird.

Dieses hier in allerknappster Weise wiedergegebene Programm hat sich sodann auch bei einer Konfrontation mit den verschiedenen wissenschaftstheoretischen Strömungen als tragfähig erwiesen. Vorab konnte festgestellt werden, daß die Sätze der Rechtswissenschaft als Implikationsbehauptungen wahrheitsfähig und daher von bloßen politischen Forderungen auch formal zu unterscheiden sind. Ferner erwies sich die historische Rechtshermeneutik als wertungsbezogen, aber wertfrei, so daß sie sich dem Wissenschaftsbegriff des kritischen Rationalismus fügt, und nach ihrer Methode des Aufstellens und Überprüfens von Deutungshypothesen ist sie auch mit dem Wissenschaftsbegriff einer gemäßigten analytischen Philosophie zu vereinbaren. Etwas besonderes gilt für das Verhältnis unserer historischen zu der heute herrschenden ontologischen Hermeneutik, die wir als juristische Methode abgelehnt haben, die uns aber als Ideologiekritik alsbald wiederbegegnet. Obwohl wir (im Unterschied zu ihren meisten Kritikern) weit davon entfernt sind, das Gewicht ihrer Argumente zu unterschätzen, halten wir doch unseren Ansatz durch den auch von Seiten der analytischen Kommunikationstheorie erhobenen Haupteinwand, daß das niemals austilgbare Vorverständnis eine wissenschaftliche Erfassung des historischen Gesetzessinnes ausschließe und daß das Verstehen immer eine aktiv-gestaltende Leistung des Verstehenden erfordere, nicht für widerlegt: Ziel der künftigen wissenschaftstheoretischen Bemühungen muß es sein, die zweifellos vorhandenen Möglichkeiten zur Bewußtmachung und Eliminierung der Vorverständnisse zu erforschen, während eine Zirkel und Vorverständnis als positive Grundlagen einordnende Erkenntnistheorie keine Fortschrittsperspektiven eröffnet.

Als wichtigsten Ertrag unserer ersten Rechtsgewinnungsstufe dürfen wir die Verwerfung der „objektiven Interpretationstheorie" verbuchen, die von der wissenschaftstheoretisch unhaltbaren Annahme eines „objektiven Gesetzessinnes" aus zu einer Konfusion von Hermeneutik und Axiologik, von legislativen und justitiellen Kompetenzen gelangt und für das gegenwärtige „Elend der Jurisprudenz", d. h. für die Selbstverständniskrise der modernen Rechswissenschaft, in erster Linie verantwortlich zu machen ist. Mit ihrer Eliminierung aus dem Gebäude der juristischen Methodenlehre ist der Weg frei für eine Neukonstruktion, die den von soziologischer Seite aus auf die Rechtswissenschaft geführten Angriffen standhält, ohne sich dem Vorwurf auszusetzen, daß hier lediglich eine standesideologisch motivierte Immunisierungsstrategie betrieben würde. Die Grundlage jeder Rechtsfindung muß der historische Wille des Gesetzgebers, d. h. der von der Parlamentsmehrheit beschlossene Gesetzesbefehl bilden – diese sich aus unserer Staatsverfassung mit Notwendigkeit ergebende Konsequenz erweckt fast den Anschein einer Binsenweisheit und mußte doch mit besonderem Nachdruck und unter Einsatz eines ziemlich umfangreichen wissenschaftstheoretischen Apparates hervorgehoben werden, weil sie ähnlich dem Dornröschenschloß unter dem Wucherwerk der verschiedensten rechtsmethodologischen Konzeptionen nicht mehr zu erkennen war.

2. Da mit den Mitteln der historischen Rechtshermeneutik natürlich nur ein Teil der vorkommenden Rechtsfälle gelöst werden kann, müssen für den anderen Teil andere Methoden entwickelt werden, die – und darin erblicken wir die wichtigste Korrektur der ontologischen Hermeneutik – mangels eines für diese Fälle vorgegebenen Regelungsmusters nicht hermeneutischer, sondern axiologischer Natur sein müssen: Während es auf der ersten Rechtsgewinnungsstufe zu verstehen gilt, muß auf den folgenden Stufen gewertet werden – diese in der ontologischen Hermeneutik nivellierte Unterscheidung liefert den Schlüssel zu unserem gestuften Rechtsfindungsgebäude.

Während es für das historische Verstehen in der Jurisprudenz seit alters her anerkannte Methoden gibt, die wir lediglich unserem Modell anzupassen hatten, ist eine wissenschaftstheoretische Untersuchung des Wertens in der Rechtswissenschaft bisher kaum angestellt worden. Wir haben uns daher bei unseren eigenen Überlegungen an die moderne analytische Metaethik angelehnt, die die analoge Problematik auf dem Gebiet der Moralphilosophie untersucht hat und dabei in ihrer vermittelnden Schule, dem gemäßigten Nonkognitivismus, zu einem Ergebnis gelangt ist, das auch für die Rechtsmethodologie fruchtbar zu machen ist: dem Ergebnis nämlich, daß der Vorgang des Wertens zum größeren Teil dezisionistisch strukturiert ist und nur drei Bestandteile aufweist, die die Kriterien der Wissenschaftlichkeit zu erfüllen vermögen. Auf diese drei szientistischen Wertungsfiguren – erstens die Analyse des Sachgehalts (d. h. der empirischen Seite des Werturteils, vor allem der Mittel-Zweck-Beziehung), zweitens die Logik der präskriptiven Sprache, drittens die Zusammenstellung der für das soziale Leben unentbehrlichen Werte – haben wir unsere zweite Rechtsgewinnungsstufe gegründet, die sich durch die axiologische Struktur von der hermeneutischen ersten Stufe und durch ihre Beschränkung auf eine genuin wissenschaftliche Denkweise von den folgenden Stufen unterscheidet. Ergänzend haben wir hier auch die Axiomatisierung durch Evidenzkonsense für zulässig erklärt, die zwar kaum in den grundlegenden Wertungsfragen, dafür aber um so häufiger bei der „kleinen Münze“, nämlich den juristischen Standardargumenten, eine Verlängerung der szientistischen Argumentation ermöglichen.

Da die zweite Stufe die Grenzmark der wissenschaftlichen Rechtsfindung zu der dezisionistischen Rechtsgewinnung der dritten und vierten Stufe bildet, haben wir die Trennungslinie zwischen heteronomer Rechtsanwendung und autonomer Rechtsschöpfung im Vergleich mit der h. M. an einer anderen und, wie wir glauben, richtigeren Stelle gezogen. Denn die eingebürgerte Unterscheidung von Auslegung und Analogie ist hierzu generell untauglich, weil sie nicht auf unterschiedlichen Argumentationstypen, sondern nur auf der „Wortlautgrenze" aufbaut, der in der allgemeinen Rechtsmethodologie allenfalls eine heuristische Funktion zukommt; unsere Differenzierung ist dagegen an dem Unterschied von objektiv nachprüfbarer Erkenntnis und nur subjektiv zu verantwortender Entscheidung orientiert und trifft daher direkt jene Naht, an der die beiden Komponenten der Rechtsgewinnung – die szientistische und die dezisionistische – zusammengeschweißt sind. Diese Naht verläuft auch durch die Argumentationsketten hindurch, die unter dem Stichwort der „Natur der Sache" in der dogmatischen Rechtswissenschaft seit langem eine hervorragende Rolle spielen. Denn während derartige Ableitungen teilweise aus einer bloßen Sachgehaltsanalyse bestehen (eventuell unter Einschluß axiomatisierbarer Prämissen) und dann der zweiten Stufe zuzurechnen sind, weisen sie nicht selten auch verdeckte dezisionistische Elemente auf und fallen dann aus dem Bereich der szientistischen Rechtsgewinnung heraus.

3. Wenn weder die historische Rechtshermeneutik noch szientistische Werterwägungen weiterhelfen, ist der unter Entscheidungszwang stehende Richter aufgerufen, unter mehreren Regelungsalternativen die ihm am richtigsten erscheinende auszuwählen. Diese Entscheidung pflegt einerseits mit Gründen gerechtfertigt zu werden und ist deswegen bis zu einem gewissen Grade falsifizierbar; sie setzt andererseits aber im letzten anstelle eines verifizierbaren Erkenntnisaktes einen unvertretbaren Willensakt voraus und kann daher insgesamt als rational-dezisionistisch bezeichnet werden. Obwohl auch auf der dritten Stufe durchaus szientistische Schlußketten vorkommen, handelt es sich insgesamt also nur um eine Plausibilitätsargumentaticn, weil die letzten Annahmen nur noch rhetorisch gerechtfertigt werden können.

Immerhin sind die szientistischen Elemente in der Regel aber doch stark genug, um eine weitgehende Begrenzung des Dezisionsspielraumes zu verbürgen und auf diese Weise eine Grundlage für Majoritätsbildungen zu schaffen, ohne die eine Atomisierung des Rechtslebens unvermeidbar wäre. Die bedrohliche Flut der Topoi kann dadurch auf ein erträgliches Maß, d. h. so weit reduziert werden, daß die Topoi in der juristischen Kommunikation lange genug ausdiskutiert werden können, bis auf der Grundlage der Mehrheitsattitüden eine vorläufig stabile Entscheidung des gesellschaftlichen Konflikts zustande kommt. Die normativen Richtlinien, die in diesen Fällen regelmäßig als szientistisch gewonnene Obersätze zur Verfügung stehen, können zwar nicht bis zum Einzelfall semantisch verlängert werden und schreiben daher keine bestimmte Entscheidung positiv vor, üben aber doch eine wichtige negative Funktion aus, weil sie einen Prämissen-, Topoi- und Alternativenausschluß und damit jene „Reduktion von Komplexität“ (Luhmann) ermöglichen, ohne die die richterliche Lückenfüllung in zufallsbehafteter Kadijustiz versinken müßte.

Weitere Differenzierungen auf der dritten Stufe sind zwar möglich, versprechen aber nur einen begrenzten Nutzen. So kann man etwa zwischen der freien Rechtsschöpfung, der Normenkonkretisierung und der Wertabwägung unterscheiden, ohne daß damit im Einzelfall stets getrennte, in wissenschaftstheoretischer Hinsicht essentiell verschiedene Rechtsfindungsmethoden bezeichnet wären. Vor allem die heute so moderne „typologische Rechtsfindung“ stellt keine eigene Rechtsgewinnungsform dar, sondern bezeichnet lediglich die Bereiche, bei denen eine drittstufige Rechtsgewinnung mit einer relativ erheblichen szientistischen Begrenzung des Dezisionsspielraumes stattfindet.

Der die dritte Stufe kennzeichnende Dezisionsspielraum kann als ein politisches Gestaltungsrecht aufgefaßt werden, dessen Verleihung an die Richter bei deren gleichzeitiger Unabhängigkeit und Unabsetzbarkeit Legitimationsprobleme birgt, die nur durch eine auch politische Gesichtspunkte berücksichtigende Richterauswahl gelöst werden können. Unser System, wonach die Bedeutung der politischen Komponente bei der Richterauswahl mit der Machtfülle des jeweiligen Richteramtes zunimmt, ohne daß die von der wissenschaftlichen Komponente geforderte fachliche Qualifikation preisgegeben werden darf, ist daher substratadäquat. Zugleich folgt aus der Kombination von wissenschaftlicher Bindung und dezisionistischer Freiheit sowie aus der trotz allem nur indirekten demokratischen Legitimation der Richter ihre Aufgabe, die nach dem legislatorischen Machtspruch verbleibenden Freiräume loyal auszufüllen, d. h. für eine Anpassung des Rechtslebens an das gesellschaftliche Wertempfinden zu sorgen, ohne die Erfordernisse der Rechtssicherheit zu vernachlässigen. Die Justiz ist daher von ihrer Legitimationsgrundlage wie auch von ihren eingeschränkten Machtmitteln her nicht zur ständigen Gesellschaftsveränderung, sondern zur Gesellschaftsstabilisierung berufen – diese Rollenverteilung verkennen alle radikalen Justizkritiker, die sich deshalb dem Verdacht aussetzen, bei der Wahl des falschen Adressaten (Justiz anstelle von Legislative und Exekutive) in erster Linie auf dessen institutionelle Schwäche zu spekulieren, um hier andernorts nicht aussichtsreiche Forderungen durchzusetzen.

4. Die die Justiz einengende Prärogative des Gesetzgebers weist freilich einen neuralgischen Punkt auf: die immer wieder vorkommende Aufkündigung des richterlichen Gehorsams. Die Frage nach deren Voraussetzungen bildet wohl die Gretchenfrage einer jeden Methodenlehre, denn bei ihrer Beantwortung muß sich erweisen, was die methodologischen Theorien, deren stets gleichbleibender Inhalt der Ausschluß der Richterwillkür ist, im Ernstfall wirklich wert sind.

Der Standpunkt der h. M. ist auch hier wieder in dem gleichen Maße unpräzise wie die herrschende Auslegungstheorie: Zum einen wird die Mißachtung des vom historischen Gesetzgeber ausgegebenen Befehls nach der objektiven Auslegungsdoktrin im Rahmen der „Wortlautgrenze" ohne besondere Voraussetzungen freigegeben; zum anderen wird eine die Wortlautgrenze sprengende „Rechtsfortbildung contra legem" für zulässig erklärt, sofern sie zur Abweisung eines Rechtsnotstandes oder aus ähnlichen Gründen unerläßlich erscheint. Da diese Voraussetzung nicht exakt feststellbar ist, stehen sie letztlich zur Disposition des jeweiligen Richters, dem damit die Kompetenz-Kompetenz zuerkannt wird. Dies ist jedoch, wie sich zeigen läßt, mit dem historischen Verfassungsinhalt und der auch heute noch im Prinzip anerkannten Machtverteilung in unserem Staate nicht zu vereinbaren; die Methodenfrage schlägt hier in ein Kompetenzproblem um, das seinerseits im Schnittpunkt von Verfassungsrecht und Verfassungswirklichkeit steht und damit in den Bereich der Anfangsgründe des Rechts hineinragt, der teilweise nur noch konsensualistische Feststellungen gestattet.

Bei unserer eigenen Untersuchung sind wir zu dem Ergebnis gekommen, daß eine sowohl nach dem Verfassungsinhalt als auch nach der Verfassungswirklichkeit bestehende Derogationskompetenz nur dem BVerfG zukommt und hier in doppelter Weise eingeschränkt ist: erstens kann die Derogation zwar auf Grund einer Dezision erfolgen, diese Dezision muß aber als Konkretisierung eines Verfassungsrechtssatzes wissenschaftlich vertretbar sein; und zweitens ist nach dem ursprünglichen Sinn des Grundgesetzes nur eine Normenkassation vorgesehen, die eine dann erneut von dem Gesetzgeber, hilfsweise von den einfachen Gerichten mit Inhalt zu erfüllende tabula rasa schafft. Das BVerfG hat – vordergründig zur Schonung des Gesetzgebers, in Wahrheit aber in Ausdehnung seiner Kompetenzen – darüber hinaus als eine weitere Form der Derogation die Gesetzesvariation für sich in Anspruch genommen, und zwar in Gestalt der sog. „verfassungskonformen Auslegung", soweit diese nicht der (unbedenklichen) Ausfüllung des drittstufigen Dezisionsspielraumes dient, sondern die Entscheidung des historischen Gesetzgebers durch eine andere Sinngebung ersetzt. Die Usurpierung dieser Kompetenz ist, wenn sie im Einzelfall erfolgt ist, wegen der zu einer Kompetenz-Kompetenz führenden Bindungswirkung der verfassungsgerichtlichen Entscheidungen voll wirksam, und da in der Neufassung des Art. 93 GG das Einverständnis des Gesetzgebers mit der Rechtsprechung des BVerfG zum Ausdruck gekommen ist, darf die vom BVerfG vorgenommene Kompetenzerweiterung heute auch insgesamt als sanktioniert gelten.

Der bei der Gesetzesderogation gebotene judicial self-restraint ist beim BVerfG mit politischen Mitteln sichergestellt, da die Richter des BVerfG überwiegend nur auf Zeit gewählt werden und in besonderem Maße auf ein gedeihliches, auf gegenseitiger Anerkennung basierendes Verhältnis zum Gesetzgeber angewiesen sind. Darüber hinaus hält sich das BVerfG bei der „verfassungskonformen Auslegung“, um ein Überhandnehmen der Gesetzesvariation zu vermeiden, in den meisten Fällen an die „Wortlautgrenze“, die zwar auch hier wieder keine ausschlaggebende Bedeutung besitzt, aber immerhin bei der Einhaltung des self-restraint eine gewisse heuristische Funktion erfüllen kann.

Neben der „konstitutionellen Gesetzesderogation durch das BVerfG“ ist keine weitere Durchbrechung der legislatorischen Prärogative angebracht. Durch die Konkretisierung und Fortentwicklung der grundgesetzlichen Wertentscheidungen, insbesondere auch durch die Kontrolle der Gesetze am allgemeinen Gleichheitsgrundsatz, kann allen berechtigten Anpassungsbedürfnissen Genüge getan werden, und zwar auch bezüglich der vorkonstitutionellen Gesetze, die für eine konstitutionelle Anpassung aus naheliegenden Gründen besonders häufig in Frage kommen, im parakonstitutionellen Bereich aber die gleiche Verbindlichkeit beanspruchen dürfen wie die nachkonstitutionellen Gesetze. Nach der bisherigen aktualiter verbindlichen Praxis des BVerfG ist bei den vorkonstitutionellen Normen allerdings die kompetentielle Eigentümlichkeit zu beachten, daß hier auch die einfachen Gerichte zur konstitutionellen Derogation befugt sind; diese Differenzierung ist jedoch unbeschadet ihrer gegenwärtigen Verbindlichkeit sachlich unbegründet und daher für die Zukunft zu ändern. Denn zu einer Nichtigerklärung oder Abänderung der legislatorischen Machtsprüche ist nach seiner Stellung allein das BVerfG berufen, das also als alleiniger Herr der vierten Rechtsgewinnungsstufe anzusehen ist, während die Rechtsschöpfungskompetenz der einfachen Gerichte auf die dritte Rechtsgewinnungsstufe zu beschränken ist.

II. Ausblick

1. Die Theorie der Rechtsgewinnung, die wir hier in acht Kapiteln zu entwickeln und sodann auf wenigen Seiten zusammenzufassen versucht haben, bildet naturgemäß noch kein in allen Einzelheiten ausanalysiertes Konstrukt, kein mit sämtlichen konstruktiven Details und systematischen Ziselierungen versehenes Lehrgebäude, sondern muß eher – um im Bild zu bleiben – als ein „Leergebäude“ angesprochen werden, von dem zwar Fundamente, Grundmauern, Stockwerkseinteilung und Dach bereits vorhanden sind, dessen Einrichtung aber noch viele Lücken aufweist. Da die Schließung dieser Lücken in der vorliegenden Arbeit schon aus Raumgründen nicht möglich ist, sollen im folgenden lediglich die Hauptpunkte aufgezeigt werden, die zur Vervollständigung und Abrundung unserer Konzeption in Zukunft weiterverfolgt werden müssen. Da die

Aufklärung dieser Punkte nach unserer Überzeugung auf der hier geschaffenen Basis ohne besondere Schwierigkeiten geleistet werden kann, ist auch nicht zu besorgen, daß ihr Fehlen von der Kritik als Indiz für eine innere Schwäche unserer Theorie gewertet werden kann, zumal wir mit dem zweiten, dogmatischen Teil dieser Arbeit für die praktische Brauchbarkeit unserer Konzeption einen weiteren Prüfstein vorgesehen haben.

2. a) Bei einer künftigen detaillierten Ausarbeitung unserer Theorie muß vor allem das Schlußverfahren der historischen Rechtshermeneutik noch genauer untersucht werden. Da die ontologische Hermeneutik wegen der Schwierigkeiten, heteronomes Verstehen von autonomer Wertung zu trennen, aus der Not eine Tugend machen zu müssen glaubte und diese Unterscheidung schlicht preisgab, sind wir heute von einer ausgearbeiteten historisch-hermeneutischen Methodenlehre noch weit entfernt, und auch die von uns dazu angestellten Überlegungen sind über den Bereich einer Elementarschule schon aus Raumgründen nicht wesentlich hinausgekommen. Vor allem fehlt es an einer Zusammenstellung der Obersätze, aus denen im Einzelfall an Hand des vorliegenden Materials (der „Randbedingungen") eine bestimmte Entscheidung des historischen Gesetzgebers deduziert werden kann. Diese Obersätze sind natürlich keine naturwissenschaftlichen Gesetze, haben aber im Rahmen der Hermeneutik die gleiche Funktion wie die Allsätze in den empirischen Wissenschaften. Soweit sie nicht selbst auf höhere Obersätze zurückgeführt werden können, müssen sie als Axiome, d. h. im Wege des Evidenzkonsenses eingeführt werden. Da sowohl die Obersätze als auch das konkrete historische Material in dem Medium der nicht-metrisierten Umgangssprache gegeben sind und daher an deren „open texture" teilhaben, kann hiermit natürlich keine „exakte" Wissenschaft im Sinne der Mathematik oder der Physik etabliert werden, auch wenn mit dem Grundsatz „Eine unklare historische Entscheidung ist gar keine Entscheidung"[2] für die häufigen Fälle der „Entscheidung unter Unsicherheit" eine klare Regel zur Verfügung steht. Trotzdem dürfen wir die historische Rechtshermeneutik dem szientistischen Bereich zurechnen, da sie mit Hilfe intersubjektiv nachprüfbarer Methoden wahre Aussagen liefert und – anders als die ontologische Hermeneutik – jede Konfundierung von Erkenntnis und Wertung auszuschließen trachtet.

b) Daß dies überhaupt möglich ist und daß die ideologiekritische Doppelthese der ontologischen Hermeneutik von der Unausrottbarkeit und Fruchtbarkeit von Zirkel und Vorverständnis erfolgreich bekämpft werden kann, muß ebenfalls noch weitaus detaillierter belegt werden, als dies uns hier[3] möglich

2 s. o. S. 61
3 s. o. S. 78 ff.

war, und zwar durch eine ganz konkrete, über die bis jetzt üblichen allgemeinen Betrachtungen hinausreichende Vorverständnisforschung. Das von uns erwartete Ergebnis dieser Detailuntersuchungen – am Anfang steht das Vorverständnis, das aber im wissenschaftlichen Diskussionsprozeß stufenweise bewußt und damit eliminierbar gemacht und im günstigsten Fall vollständig unter die Relevanzschwelle gedrückt wird – soll abschließend noch an einem Beispiel erläutert werden. Nehmen wir an, in einem alten Text tauche das Wort „Afrika" auf. Bei dem einen Interpreten wird dieser Begriff im Assoziationsumgriff von Urlaub und Safari, bei dem anderen in der Nähe von Kolonialismus und Ausbeutung liegen, und bei einem dritten gibt er schließlich das Reizwort ab für introvertierten Tatendrang und Freiheitssehnsucht Karl Mayscher Provenienz. Diese unterschiedlichen Vorverständnisse liegen nun, wenn es um einen topographischen Text geht, unterhalb der Relevanzschwelle und sind in diesem Falle unbedenklich. Wenn der Text dagegen ein Dokument zur afrikanischen Sozialgeschichte darstellt, so kommen in den verschiedenen Vorverständnissen interpretationsrelevante Attitüden zum Ausdruck, die in der wissenschaftlichen Auseinandersetzung zunächst objektiviert und sodann entweder eliminiert oder konsentiert werden müssen.[4] Daß dies ungeachtet aller übrig bleibenden Diskrepanzen im Prinzip möglich ist, lehrt jede Betrachtung des Wissenschaftsbetriebes,[5] und irgendwelche darüber hinausweisende konkrete Aussagen lassen sich nicht geisteswissenschaftlich-spekulativ, sondern nur mit Hilfe empirisch-psychologischer Untersuchungen gewinnen, für die sich nur eines vorab sagen läßt: Die möglicherweise niemals bis zum letzten auflösbare „hermeneutische Unschärfe", die sich vielleicht in der Philologie oder der Ästhetik besonders stark auswirkt, wird gerade im Recht, das es mit den relativ groben, einfach faßbaren Sachverhalten des täglichen Lebens zu tun hat,[6] besonders häufig unter der Relevanzschwelle liegen und daher zu vernachlässigen sein.

c) Den Anhängern der heute (noch) herrschenden, auf einer ontologischen Hermeneutik oder einem modernen Rationalismus aufbauenden Rechtsgewinnungsmethoden, denen unsere Vierstufentheorie mit ihrer Zerteilung der in vielen Jahrzehnten mühsam hergestellten Einheit zunächst wie ein atavistischer Rückfall in frühpositivistische Geisteshaltungen anmuten muß, sei abschließend noch folgendes entgegengehalten: Nur eine die verschiedenen Arbeitsgän-

4 Entscheidend ist also nicht die Austilgung schlechthin, sondern die Bewußtmachung, die entweder zur Konsentierung oder zur Verwerfung führt.

5 Aus dem hermeneutischen Zirkel und dem Vorverständnis kommt daher wenn schon nicht der einzelne, so doch wenigstens die wissenschaftliche Diskussion, die sich an deren rationaler Darstellung entzündet, nach und nach heraus!

6 Eingehend Engisch, Weltbild, S. 13 ff.

ge der Rechtsfindung nicht nivellierende, sondern akzentuierende Theorie kann für die im ganzen sicherlich nicht szientistisch strukturierte dogmatische Rechts-„wissenschaft“ den genuin wissenschaftlichen Teilbereich retten und den von verschiedenen Seiten aus vorgetragenen, das überkommene Selbstverständnis der Juristen radikal in Frage stellenden Angriffen, die ihrerseits die dezisionistische Komponente der Rechtsfindung verabsolutieren, wirkungsvoll begegnen. Sollte auch unser Rechtfertigungsversuch zum Scheitern verurteilt sein, so ist nicht zu sehen, wie dann der Wissenschaftsanspruch der Rechtsdogmatik noch sollte aufrechterhalten werden können; das Recht müßte dann in der Politik, die dogmatische Rechts-„wissenschaft“ in der Rhetorik aufgehen – ein sicherlich denkbares Ergebnis des „Kampfes um das Recht“, das aber nach unserer Auffassung den heutigen wissenschaftstheoretischen Erkenntnissen nicht entspricht: Nicht Resignation, sondern sorgfältige Bestandsaufnahme ist das Gebot der Stunde, und in diesem Sinne will auch unsere eigene Rechtsgewinnungstheorie verstanden werden!

3. a) Da die historische Rechtshermeneutik als primäre Rechtsfindungsmethode der ständigen Bedrohung durch eine ungebundene justitielle Gesetzesderogation ausgesetzt ist, bedeuten die von uns auf der vierten Stufe herausgearbeiteten inhaltlichen und kompetentiellen Beschränkungen der richterlichen Gehorsamsaufkündigung einen wichtigen Flankenschutz für unsere erste Stufe. Es liegt auf der Hand, daß auch insoweit unsere Argumentation in einer monographischen Analyse der vierten Stufe noch in vielen Punkten vertieft und verstärkt werden kann, namentlich durch eine eingehende verfassungshistorische und verfassungsdogmatische Studie über das legislatorische Prinzip im deutschen Staat sowie durch eine politologische Untersuchung über die Mängel eines reinen „Richterstaates“ im Vergleich zu einem „Gesetzesstaat“. Denn lassen wir uns nicht täuschen: Das demokratische Gesetzgebungsverfahren, in dem alle Gruppen unseres pluralistischen Gemeinwesens zu Wort kommen können[7] und das mit seinem Abschluß eine im ganzen Land und für alle Bürger gültige Verhaltensrichtlinie liefert, ist als Instrument der sozialen Steuerung in einer modernen Gesellschaft unentbehrlich und kann durch die Einzelfallkompetenz der Richter nur ergänzt, nicht aber ersetzt werden, und deswegen muß auch eine politologische Untersuchung den legislatorischen Primat bestätigen.[8]

---

7 Zum legitimen Einfluß der Verbände vgl. nur aus politologischer Sicht Ellwein, Regierungssystem, S. 51 ff.

8 Denn nur hierdurch kann die vor allem auch aus rechtssoziologischer Sicht erforderliche Berechenbarkeit des Rechts als Voraussetzung seiner Konsentierbarkeit in einem genügenden Grade garantiert werden (zu den Vorzügen des Gesetzesrechts gegenüber dem Richterrecht aus rechtssoziologischer Sicht vgl. Luhmann, Legitimation, S. 237 f., und Rechtssoziologie, S. 238 f.).

b) Auf der zweiten und dritten Rechtsgewinnungsstufe bedarf es dagegen, wenn wir recht sehen, für die Zukunft weniger einer einzigen, weiter ausholenden und tiefer schürfenden rechtstheoretischen Gesamtanalyse als vielmehr zahlreicher dogmatischer Einzeluntersuchungen, die etwa durch Einbeziehung sozialwissenschaftlicher Forschungen[9] die praktische Realisierbarkeit der von uns theoretisch entwickelten wissenschaftlichen Wertbehandlung[10] zu erweisen hätten. Eine Szientifizierung auch der dritten Stufe ist hingegen, wie wohl die jahrhundertealten Bemühungen um die „Natur der Sache" hinreichend deutlich gemacht haben, auch pro futuro nicht zu erwarten; hier geht es um die in den Schranken der ersten beiden Stufen bestehende politische Gestaltungsmacht der Richterschaft, die nicht anders als das politische Handeln der Regierung oder des Parlamentes einer vollständigen Verwissenschaftlichung niemals zugänglich sein wird.

III. Die Lückentheorie der Rechtsnormen und das Problem der Präjudizienverbindlichkeit

1. Der politische Gestaltungsspielraum des Richters bei allen Entscheidungen, die nicht auf den ersten beiden Rechtsgewinnungsstufen determiniert werden, nötigt im übrigen zu weitgreifenden normentheoretischen Folgerungen, die hier nur noch ganz knapp angedeutet werden können. So wird man sich etwa im Strafrecht von der geläufigen Vorstellung lösen müssen, daß jedes Verbrechen im Zeitpunkt seiner Begehung eine Normverletzung darstelle. Denn immer dann, wenn das vom Richter auf die Tat angewendete Strafgesetz erst auf der dritten Stufe konkretisiert werden muß,[11] ist die Subsumtion der Tat unter das Strafgesetz vor der richterlichen Entscheidung und damit auch während der Tatbegehung nicht gewußt. Daraus folgt aber, daß weite Bereiche des strafbaren Verhaltens nicht in den rein fiktiven Bezugsrahmen der aktuellen Normwidrigkeit hineingepreßt werden dürfen, sondern daß sie als „Handeln unter Risi-

9 Hier sind an neueren Untersuchungen vor allem die von Amelung (Rechtsgüterschutz), Lüderssen (Erfahrung) und Hassemer (Theorie) zu nennen; zur Relevanz der Sozialwissenschaften für die Rechtsdogmatik vgl. i. ü. einerseits Naucke, Relevanz, S. 34 ff., 55 ff.; ders., Zusammenarbeit, S. 491 ff.; ders., Rtheorie 1973, 64 ff.; andererseits Lautmann, Soziologie, S. 18 ff.; ders., Rtheorie 1973, 57 ff.; ferner Grimm (Hrsg.), Rechtswissenschaft, passim.

10 s. o. S. 119 ff.

11 Der Nachweis, daß eine solche Konkretisierung entgegen Naucke (Betrug, S. 183 ff.) nicht durch den nulla-poena-Satz verboten ist, muß einer gesonderten Abhandlung vorbehalten bleiben.

ko" zu begreifen sind – unter dem Risiko nämlich, daß ein Richter dieses Handeln später einem Straftatbestand zuordnet. Den sich daraus ergebenden weiteren Konsequenzen für die Verbotsirrtumsdogmatik,[12] für die rückwirkende Änderung der Rechtsprechung[13] und für ähnliche Probleme können hier ebenso wenig verfolgt werden wie die rechtssystematischen Implikationen, die diese „Lückentheorie der Rechtsnormen" mit sich bringt. Es sei lediglich noch darauf hingewiesen, daß mit dieser Konzeption endlich wieder Theorie und Praxis miteinander in Einklang gebracht werden können: Jedem Anwalt ist bei der Beratung des Mandanten die Unterscheidung zwischen einem fraglos strafbaren und einem die Gefahr der Bestrafung mit sich bringenden Tun geläufig,[14] und auch in Rechtstheorie und Schulddogmatik sollte dieser Sachverhalt nicht länger mit Fiktionen zugedeckt werden.

2. Die aus der Lückentheorie folgende Zweiteilung des rechtlich relevanten menschlichen Verhaltens in die regelgeleiteten Handlungen und die Handlungen unter Risiko erlaubt auch eine adäquate Behandlung des Präjudizienproblems. In normentheoretischer Hinsicht gibt es hier nur zwei Möglichkeiten: Entweder beschränken sich die politische Gestaltungsmacht des Richters und das von ihm in dessen Ausübung geschaffene „Richterrecht" auf den jeweiligen Einzelfall, so daß der ursprüngliche Gestaltungsspielraum bei jedem neuen Fall neu gegeben ist; oder der Richterspruch besitzt auch für künftige Fälle normative Kraft (d. h. es gilt das Prinzip der Präjudizienverbindlichkeit), so daß die Normlücken infolge des täglich nachwachsenden Richterrechts einem ständigen Schrumpfungsprozeß unterliegen.

a) Die kontinentale Rechtstheorie ist durch diese Alternative in ein bemerkenswertes Dilemma geführt. Wenn sie (wie vor allem im schweizerischen Schrifttum[15] üblich ist, aber auch in den deutschen Stellungnahmen zunehmend häufiger vertreten wird),[16] das einzelne Präjudiz oder wenigstens einen längeren Gerichtsgebrauch zu Rechtsquellen aufwertet, so geschieht dies unter Verletzung der Verfassungs- und Legalordnung, die bei uns nun einmal eine richterliche Normsetzung prinzipiell ausschließt; gerade die von Kriele[17] zusam-

---

12 Es kann nicht auf die Erkennbarkeit der im Tatzeitpunkt ja noch rein fiktiven Normwidrigkeit, sondern nur auf die Erkennbarkeit des richterlichen Dezisionsspielraumes ankommen.

13 Die nur auf den ersten beiden Stufen der Idee nach unter Kontinuitätszwang steht, während auf der dritten Stufe die Anpassung überwiegt.

14 Und zwar nicht nur, soweit es die faktische Entdeckung und den forensischen Tatnachweis betrifft.

15 Vgl. nur Germann, Präjudizien, S. 45 ff.

16 Zuletzt vor allem von Rüthers, Auslegung, S. 471 ff. m. zahlr. Nachw. in Fn. 77; Kruse, Richterrecht, S. 7 ff.; vgl. auch Redeker NJW 1972, 411 m. w. N.

17 Rechtsgewinnung, S. 247 ff.

mengestellten „Hinweise im positiven Recht“ (vor allem die Vorlagepflichten im Gerichtsverfassungsrecht und die Bindungswirkung gem. § 31 BVGG) erweisen ja nicht – wie Kriele[18] meint – die „Präjudizienvermutung“ als „Prinzip unseres positiven Rechts“, sondern das genaue Gegenteil, weil sie e contrario die grundsätzliche Unverbindlichkeit der Präjudizien ergeben. Wenn in der Rechtstheorie hingegen (wie im deutschen Schrifttum wohl noch überwiegend)[19] eine gesetzesgleiche Wirkung der Präjudizien abgelehnt wird, so scheint das der Rechtspraxis zu widersprechen, in der die Präjudizien eine so große Bedeutung erlangt haben, daß die praktischen Unterschiede zum anglo-amerikanischen case law nach einem Worte Rabels[20] „mit der Lupe gesucht werden müssen“.

b) Die modernen Erörterungen des Präjudizienproblems stehen daher im Zeichen des Versuches, ihnen in irgendeiner Form eine Mittelstellung zwischen einer echten Rechtsquelle und einer für den späteren Richter vollständig unverbindlichen Stellungnahme zuzuweisen. So lesen wir etwa bei Esser, daß die „kontinentale Ausprägung von Rechtsgrundsätzen ... kein einzelner legislativer Akt der höchsten Gerichte, sondern ein kontinuierlicher Vorgang“ sei, „in welchem Präjudizien von engerer und breiterer Bedeutung allmählich zur Reife einer Grundsatzentwicklung gebracht“ würden, „zur Anerkennung eines mit der stehenden Rechtsprechung zutage tretenden, stets noch der ferneren Modellierung unterworfenen materiellen Rechtsprinzips“.[21] Obwohl Esser das Präjudiz ausdrücklich nicht als Rechtsquelle, sondern als „Medium der richterlichen Erkenntnis“ versteht,[22] verbirgt sich hinter dieser begrifflichen Unklarheit[23] also doch eine quasinormative Wirkung zwar nicht des einzelnen Präjudizes, aber doch der Präjudizienkette, denn nach Essers Auffassung existiert (scil. nur) „für die Dauer dieser (scil. die Herausarbeitung des materiellen Rechtsprinzips) vorbereitenden Praxis ... keine Norm“,[24] und das heißt: Mit Abschluß der „vorbereitenden Praxis“ hat die Rechtsprechung eine neue Norm geschaffen.

In ganz ähnlicher Weise ordnet auch Larenz die Präjudizien zunächst als bloße Rechtserkenntnisquellen ein,[25] um ihnen dann doch vermöge des „Ver-

---

18 a. a. O., S. 248.

19 Vgl. außer den i. f. Genannten vor allem Hanack, Ausgleich, S. 354 ff.; Meyer-Ladewig AcP 161, 107, 125; Hirsch JR 1966, 334 ff.; Baring, Grundsätze, S. 46 ff.; Enneccerus-Nipperdey, Allgemeiner Teil, S. 275; Fischer, Weiterbildung, S. 38 f.

20 RabelsZ 1951, 340, 345.

21 Grundsatz, S. 279.

22 Festschr. f. F. v. Hippel, S. 113 f.

23 Dort, wo sich das Präjudiz auf der dritten Rechtsgewinnungsstufe auswirkt, geht es nicht mehr um einen Erkenntnis-, sondern um einen Wertungsvorgang.

24 Grundsatz, S. 279.

25 Methodenlehre, S. 407.

läßlichkeitsgrundsatzes“ für den Fall normative Kraft zu verleihen, daß sie von einer allgemeinen Rechtsüberzeugung getragen werden.[26] Und Kriele geht schließlich noch einen Schritt, aber auch nur einen Schritt weiter, indem er zwar einerseits eine „präsumtive Verbindlichkeit der Präjudizien“ anerkennt,[27] die Preisgabe einer präjudiziellen Entscheidung aber andererseits für unbedenklich hält, „falls es gute, vernunftrechtliche Gründe dafür gibt“.[28]

c) Alle diese Ansätze bieten jedoch, wie sich leicht zeigen läßt, noch keine Lösung, sondern nur eine Beschreibung des Präjudizienproblems. Wenn die „präsumtive Verbindlichkeit der Präjudizien“ vor jedem „guten, vernunftrechtlichen Grunde“ kapituliert (Kriele), so hat sie eigentlich nie bestanden. Denn gute Gründe lassen sich auf der dritten Rechtsgewinnungsstufe für jede Regelungsalternative finden (sonst wäre ja ein zur zweiten Stufe führender Evidenzkonsens möglich), und die rangmäßige Einordnung der konkurrierenden Topoi ist, wie wir gesehen haben, im letzten eine Frage der individuellen Entscheidung des jeweiligen Urteilers, so daß auch die Präjudizienverbindlichkeit zu dessen Disposition steht.

Ähnlichen Einwänden ist auch das von Larenz formulierte „Verläßlichkeitsprinzip“ ausgesetzt, weil die bei seiner Anwendung vorausgesetzte „allgemeine Rechtsüberzeugung“, wenn man sie als Evidenzkonsens versteht, zur zweiten Stufe überleitet, wohingegen sie, wenn das Regelungsproblem kontrovers bleibt, entweder von jeder Partei für die eigene Auffassung in Anspruch genommen wird oder aber auf eine Petrifizierung der gerade herrschenden Meinung hinausläuft.

Daß schließlich auch Essers Formeln keine präzisere Abgrenzung gestatten, ergibt sich schon aus ihrer Vagheit, die wiederum aus ihrer beschreibenden Natur folgt. Wann die „vorbereitende Praxis“ abgeschlossen ist und „zur Reife einer Grundsatzentwicklung“ geführt hat,[29] hängt vom Verständnis des jeweiligen Urteilers ab und wird sich nie objektiv feststellen lassen.

3. a) Nicht in der Formulierung dilatorischer Formelkompromisse, sondern in der Betonung und weiteren Ausarbeitung der oben[30] herausgestellten Alternativität ist daher nach unserer Überzeugung die Lösung des Präjudizienproblems zu suchen. Dabei ist vorab festzuhalten, daß man die normative Kraft der Präjudizien nicht schon, wie es Rüthers[31] versucht, aus der rechtsschöpferi-

---

26 Methodenlehre, S. 411; vgl. auch dens. in Festschr. f. Schima, S. 262 f.
27 Rechtsgewinnung, S. 160, 165, 245, 247 ff., 258 ff.
28 a. a. O., S. 286.
29 Vgl. Esser, Grundsatz, S. 279.
30 s. o. S. 250.
31 Auslegung, S. 473–475.

schen Tätigkeit der Gerichte auf der dritten Rechtsgewinnungsstufe ableiten kann. Denn diese Rechtsschöpfung beschränkt sich zunächst einmal auf den Einzelfall, und die davon wohlweislich zu trennende Verbindlichkeit der Einzelfallentscheidung für künftige Fälle erfordert natürlich eine zusätzliche Rechtfertigung.

Diese Rechtfertigung kann nur in der Kompetenzordnung gefunden werden, die im Grundgesetz und in den gerichtsverfassungsrechtlichen Vorschriften enthalten ist. Insoweit darf wohl zunächst das Prinzip festgestellt werden, daß die Aufstellung von (generell verbindlichen) Normen Sache des Gesetzgebers ist, während den Präjudizien der einfachen Gerichte in unserer Verfassungs- und Legalordnung keine normative Kraft verliehen ist. Selbst dort, wo besondere Vorschriften zur Sicherstellung der Rechtseinheit bestehen,[32] kann von keiner generellen Verbindlichkeit der Präjudizien gesprochen werden, da der Richter bei der Zweitentscheidung nicht zur Befolgung der Erstentscheidung generell verpflichtet, sondern lediglich an einer Abweichung gehindert und im Divergenzfalle zur Anrufung einer höheren Instanz gezwungen ist (nämlich durch Vorlage an einen Senat des BGH, an einen Großen Senat oder an den Gemeinsamen Senat der Obersten Gerichtshöfe des Bundes). Wenn die höhere Instanz dann die Erstentscheidung bestätigt, so ist zwar der Richter bei der Zweitentscheidung nunmehr daran gebunden;[33] aber das ist dann nicht etwa die Konsequenz einer generellen Präjudizienverbindlichkeit, sondern nur eine Spielart der im Rahmen desselben Verfahrens bestehenden individuellen Gehorsamspflicht der niederen gegenüber der höheren Instanz.[34] Und da die Befugnis der oberen Instanz zum overruling, d. h. zur Abänderung des in der Erstentscheidung eingenommenen Standpunktes, normativ unbeschränkt ist (insbesondere wirkt sich das overruling bei uns nicht erst für die Zukunft, sondern schon in dem konkreten Verfahren aus),[35] ist für eine über den jeweiligen Einzelfall hinausreichende Normschöpfung durch Präjudizien kein Raum.

---

32 Vgl. §§ 121 II, 136 GVG, 28 II FGG, 11 III, 12 I, 132 II Nr. 2 VwGO, 2 RsprEinhG; weit. Fälle und eingehende Darstellung bei Hanack, Ausgleich, S. 205 ff.

33 Vgl. §§ 138 III GVG, 11 V, 2 VwGO, 16 RsprEinhG.

34 Vgl. etwa auch §§ 358 I StPO, 565 II ZPO.

35 Die abweichenden neueren Vorschläge, die auf die Übernahme der anglo-amerikanischen Rechtsfigur des prospective overruling hinauslaufen (vgl. Kisker, Rückwirkung, S. 120 ff.; Knittel, Rückwirkung, S. 53 ff.; Crunsky, Rückwirkung, S. 10 ff.; Zweigert-Kötz BB 1969, 453 ff.; Kruse, Richterrecht, S. 17 ff.) können hier nicht im einzelnen kritisiert werden (vgl. dazu Esser, Festschr. f. F. v. Hippel, S. 123 Anm. 73; Säcker NJW 1968, 709; Haffke, Rückwirkungsverbot, S. 139 ff.; Schreiber JZ 1973, 717 f.). Es sei nur darauf hingewiesen, daß sie erstens auf die normative Kraft bloßer obiter dicta hinauslaufen (denn die Ankündigung einer neuen Rspr. pro futuro kann niemals ratio decidendi sein), daß zweitens der notwendige Vertrauensschutz wohl besser im Schuldsachverhalt erfolgt und daß drittens der Gedanke, eine neue Rspr. erst

Daraus folgt, daß die Lückentheorie und die Kategorie des Handelns unter Risiko eine adäquate normentheoretische Einordnung der dritten Rechtsgewinnungsstufe auch dann noch gewährleisten, wenn für die Ausfüllung des Dezisionsspielraumes bereits Präjudizien vorliegen. Durch die Präjudizien wird lediglich die Bandbreite des Risikos immer mehr eingeschränkt, und zwar aus drei Gründen: Erstens dient die Kontinuität der Rechtsprechung der Rechtssicherheit, so daß ein wichtiger und mit der Verlängerung der Präjudizienkette ständig an Bedeutung zunehmender Argumentationstopos in jedem Falle für ein Festhalten am Präjudiz spricht.[36] Zweitens ist durch die personelle Stabilität der Gerichte[37] dafür gesorgt, daß die zu bestimmten Entscheidungen führenden Attitüdenstrukturen weitaus länger aufrechterhalten bleiben als auf anderen Gebieten der politischen Gestaltung, die – wie etwa Parlament und Regierung – durch einen institutionalisierten relativ kurzfristigen Wechsel gekennzeichnet sind. Und drittens führt die in den Präjudizien realisierte Rechtspraxis zu einer gewissen Konditionierung des Rechtsgefühls, weil das Vertraute regelmäßig auch vertrauenerweckend ist.[38]

b) Das einzelne Präjudiz hat daher bei uns prinzipiell keine normative Wirkung; für besonders qualifizierte Präjudizien (etwa seitens der Großen Senate) oder für eine höchstrichterliche Präjudizienkette (den „ständigen Gerichtsgebrauch“) könnte aber etwas anderes gelten, ist doch ihre gesetzesähnliche Wirkung in Rechtsprechung und Schrifttum weithin anerkannt[39] und anscheinend auch vom Gesetzgeber in § 137 GVG (Anrufung des Großen Senats „zur Fortbildung des Rechts“)[40] akzeptiert worden. Zumindest bei dem Gerichtsgebrauch korrespondiert der praktischen Stabilität, deren Gründe soeben schon dargelegt wurden, jedoch keine normative Verbindlichkeit. Denn da eine exakte Grenzziehung zwischen dem unverbindlichen Präjudiz und dem verbindlichen Gerichts-

---

pro futuro anzuwenden, konsequenterweise auch für den bis dato präjudizienfreien Raum gelten müßte – ein kaum akzeptables Ergebnis, das die unzulässige Überdehnung des Vertrauensprinzips in den Normbereich hinaus deutlich macht. Im übrigen zeigt die ähnliche Problematik bei der Nichtigerklärung von Gesetzen durchs BVerfG (vgl. vor allem Böckenförde, Nichtigkeit, S. 21 ff., 44 ff. sowie Kloepfer, Vorwirkung, S. 143 mit erschöpfenden Nachw. in Fn. 645), daß der Vertrauensgedanke gerade auch bei normativ unverbindlichen, aber faktisch wirksamen Regelungsmustern relevant wird, so daß sich daraus für die Verbindlichkeit der Präjudizien im Grunde überhaupt nichts ergibt.

36 Darin dürfte der berechtigte Kern von Krieles „präsumtiver Verbindlichkeit“ zu sehen sein.

37 Vgl. Art. 97 GG: Berufung auf Lebenszeit, Unabsetzbarkeit und Unversetzbarkeit!

38 Diese Annahme lerntheoretisch zu untermauern, ist hier leider schon aus Raumgründen ausgeschlossen.

39 Vgl. die Nachw. o. in Fn. 15, 16, 24, 26, 27.

40 Entsprechend z. B. auch in § 11 IV VwGO.

gebrauch ausgeschlossen ist,[41] kann das Vorliegen eines bindenden Gerichtsgebrauchs nur auf der dritten Stufe festgestellt werden und steht daher letztlich in dem Ermessen des Richters, das durch das Richterrecht gerade eingeschränkt werden soll.

Es bleibt daher allein die Möglichkeit übrig, die Verbindlichkeit der Präjudizien an die besondere Qualifikation des Rechtsprechungskörpers (etwa eines Großen Senats des BGH) zu knüpfen. Hierfür spricht in der Tat außer dem Wortlaut des § 137 GVG die gesteigerte Autorität und Stabilität dieser Grundsatzentscheidungen; und dennoch scheint uns auch in diesen Fällen die Annahme einer normativen Wirkung unplausibel zu sein, da die Entscheidungen der Großen Senate wie auch die des Gemeinsamen Senates der Obersten Gerichtshöfe des Bundes[42] nun einmal – daran ist nicht vorbeizukommen – die unteren Gerichte überhaupt nicht und die oberen Gerichte im Divergenzfalle nur bei ständiger individueller Wiederholung binden.[43] Denn während sich der Amtsrichter, der eine Entscheidung des Gesetzgebers direkt vorsätzlich mißachtet, wegen Rechtsbeugung (§ 336 StGB) strafbar macht,[44] braucht sein Kollege, der von einer für verfehlt erachteten ständigen Rechtsprechung des BGH abweicht, nur die Aufhebung seiner Entscheidung zu gewärtigen.[45] Daß die Obergerichte Entscheidungen der Untergerichte, die von ihren Präjudizien abweichen, „wegen Gesetzesverletzung" aufheben werden,[46] besagt demgegenüber rein gar nichts, da ja auch bei einer erstmaligen obergerichtlichen Entscheidung im bis dahin präjudizienfreien Raum das mißbilligte Urteil des Untergerichts „wegen Gesetzesverletzung" kassiert wird.

Ferner zeigt sich die eingeschränkte Wirkung der „Fortbildung des Rechts" durch die Großen Senate auch daran, daß ihre Erkenntnisse nicht etwa nach dem prior-tempore-Grundsatz auch die anderen Gerichtsbarkeiten binden, sondern im Konfliktsfalle gem. § 2 RsprEinhG der Überprüfung durch den Gemeinsamen Senat der obersten Gerichtshöfe des Bundes unterliegen. Eine stabile „Rechtsfortbildung" könnte daher allenfalls durch den Gemeinsamen Senat erfolgen, aber gerade dessen Funktion ist in Art. 95 III GG nur als „Wahrung der

41 Das zeigen deutlich die unpräzisen, rein beschreibenden Formulierungen von Esser, Grundsatz, S. 279.

42 Die Bindungswirkung ist in beiden Fällen völlig gleich ausgestaltet, s. §§ 138 III GVG, 16 RsprEinhG.

43 Vgl. zu § 138 III GVG etwa Schäfer in Löwe-Rosenberg, § 138 GVG, Anm. 4 b; Eb. Schmidt, Lehrkommentar, § 138 GVG, Rdnr. 6 f.

44 Zur Reform des § 336 StGB vgl. o. S. 238 Fn. 221.

45 Die Auffassung von Kriele (Rechtsgewinnung, S. 253), bei „entsprechenden Umständen" käme sogar Rechtsbeugung in Betracht, ist eine petitio principii.

46 Darauf stellt Kriele (Rechtsgewinnung, S. 252) ab.

Rechtseinheit“ definiert, und in dem Zwang zu stets neuer, individueller Durchsetzung seiner Regelungskonzeption (vgl. § 2 I 2. Alt. RsprEinhG) steht er neben den Großen Senaten, in der Zahl seiner Entscheidungen und damit an praktischer Bedeutung sogar unter ihnen.

Wir können damit resümieren. Der Einfluß der Präjudizien ist rechtstheoretisch nicht als normative Verbindlichkeit, sondern als Moment der politischen Stabilisierung zu begreifen und bildet in gewissem Sinne sogar das Spiegelbild der Normativität: Während die vom Gesetzgeber geschaffenen Normen den Staatsbürger verpflichten und quasi als Reflex normentsprechende Gerichtsurteile verlangen, wird durch die Präjudizien eine – allerdings begrenzte und lückenhafte – innerjustitielle Gleichschaltung politisch gesichert, die quasi als Reflex die Staatsbürger zwingt, ihr „Handeln unter Risiko“ der in der Rechtsprechung gerade herrschenden Lückenfüllung anzupassen.

c) Wenn Präjudiz und Gerichtsgebrauch als solche somit ohne unmittelbare normative Konsequenzen bleiben, so darf doch andererseits nicht übersehen werden, daß Präjudizienketten häufig in Evidenzkonsense übergehen – sei es, weil der Rechtssicherheitstopos übermächtig wird, sei es, daß bei allen Kommunikationspartnern der gleiche lerntheoretische Effekt eintritt. In einem solchen Fall gelingt also, wie schon mehrfach bemerkt, der Absprung auf die zweite Rechtsgewinnungsstufe, wofür etwa die zivilistischen Rechtsinstitute der culpa in contrahendo und der positiven Vertragsverletzung[47] als Beispiele angeführt werden können. Auch dann bleibt es aber dabei, daß nicht schon das Präjudiz für sich allein, sondern erst der darauf aufbauende Evidenzkonsens die neue Norm zu Wege bringt.

d) Eine unmittelbare normative Kraft der Präjudizien könnte daher allenfalls noch dadurch behauptet werden, daß der Gerichtsgebrauch als Quelle des Gewohnheitsrechts verstanden würde. Eine solche Verbindung von Gerichtsgebrauch und Gewohnheitsrecht wird zwar überwiegend abgelehnt,[48] ist aber so abwegig nicht, da bei dem heutigen Zustand der Rechtskultur ein echtes, allein aus „dem Volke“ hervorgewachsenes Gewohnheitsrecht ohne richterliche Mithilfe kaum noch denkbar ist.[49] Eine vertiefte Diskussion dieser Frage ist hier

47 Vgl. dazu nur Esser, Schuldrecht I, S. 372 ff., 380 ff.

48 Namentlich, soweit es um die „automatische“ Erstarkung zu Gewohnheitsrecht geht; vgl. Larenz NJW 1951, 498; ders., Festschr. f. Schima, S. 251 ff. m. w. N.; ders., Methodenlehre, S. 408 f.; Esser, Festschr. f. v. Hippel, S. 121 f., 129; ders., Grundsatz, S. 119 f., 132 ff.; Kriele, Rechtsgewinnung, S. 253 f.; Germann, Präjudizien, S. 49; Rüthers, Auslegung, S. 472; w. N. b. Tomuschat, Verfassungsgewohnheitsrecht, S. 52 Fn. 34.

49 Vgl. Rüthers, Auslegung, S. 464 ff.; Meyer-Cording, Rechtsnormen, S. 70; für den Verfassungsbereich aber anders Tomuschat, Verfassungsgewohnheitsrecht, S. 52.

natürlich nicht mehr möglich, weil der Problemkreis des Gewohnheitsrechtes nur in einer monographischen Arbeit mit hinreichenden Erfolgsaussichten angegangen werden kann. Wir müssen uns daher auch hier mit einem Ausblick begnügen und auf die Bemerkung beschränken, daß unsere bisherige Rechtsgewinnungstheorie in die Richtung der modernen Stellungnahmen weist, die das Gewohnheitsrecht aus dem heutigen Rechtsleben überhaupt verbannen möchten.[50] Denn weil von den beiden Voraussetzungen des Gewohnheitsrechts[51] zwar die longa consuetudo, nicht aber die opinio necessitatis in einem wertungsfreien, szientistischen Verfahren zu ermitteln sein dürfte,[52] stellt die Auffindung des Gewohnheitsrechts immer eine „drittstufige" Rechtsgewinnung dar und hat daher, was den Anteil der richterlichen Dezision betrifft, der normalen drittstufigen Rechtsfindung nichts voraus.

e) Eröffnet somit auch die Einordnung des Gerichtsgebrauchs bei dem selbst problematisch gewordenen Gewohnheitsrecht aller Voraussicht nach keine aussichtsreichen Perspektiven, so bleibt schließlich als letzte Fluchtburg einer normativen Wirkung der Präjudizien nur die Annahme übrig, daß sie immerhin zu einer Gesetzesderogation taugen könnten.

So hat etwa der BGH in einer sehr umstrittenen Entscheidung[53] ausgesprochen, daß durch die Mißachtung alten Gewohnheitsrechts seitens des Großen Senats des Bundespatentamtes dessen Rückhalt in der allgemeinen Rechtsüberzeugung zerstört und damit seine Verbindlichkeit beseitigt worden sei. Wenn auch eine Übertragung dieses Gedankens auf das Verhältnis des Gerichtsgebrauchs zum Gesetzesrecht schon deswegen ausscheiden dürfte, weil eine einmalige Rechtsverletzung wohl keinesfalls zu einer Rechtsveränderung führen kann,[54] so bietet sich doch eine begrenzte Analogie zu der von der h. M. anerkannten Derogation des alten Gewohnheitsrechts durch neues[55] an: Nach dem

50 So Tomuschat, Verfassungsgewohnheitsrecht, S. 88 ff., 132 ff., 151 ff.; Adomeit, Rechtsquellenfragen, S. 54; E. Wolf JZ 1971, 275 ff.

51 Vgl. dazu nur Enneccerus-Nipperdey, Allgemeiner Teil, S. 264 ff. m. w. N.

52 Das kann hier nicht mehr im einzelnen belegt werden. Die opinio necessitatis kann jedenfalls schon deswegen kein greifbares psychisches Faktum sein, weil im Moment der Entstehung des Gewohnheitsrechts keine necessitas bestanden haben kann, so daß die opinio necessitatis vermutlich nur die Einkleidung des richterlichen Plazets zu der consuetudo ist.

53 BGHZ 18, 81, 93.

54 So auch die h. M., vgl. Tomuschat, Verfassungsgewohnheitsrecht, S. 152 m. zahlr. weit. Nachw. in Fn. 32 und 35, ferner zur den Voraussetzungen einer Derogation des Gewohnheitsrechts allgemein BGHSt. 11, 254 ff.; BGHZ 1, 379; Enneccerus-Nipperdey, Allgemeiner Teil, S. 268 Fn. 11, 287; Hubmann JuS 1968, 61 ff. sowie zur Derogation eines Gesetzes durch Gewohnheitsrecht BVerfGE 9, 221.

55 Vgl. BGHSt. 11, 254 ff. und Enneccerus-Nipperdey, a. a. O.

Grundsatz der Effektivität des Rechts[56] könnte ein Machtspruch des Gesetzgebers seine Verbindlichkeit verlieren, wenn er von den Gerichten als den Normwächtern in ständiger Rechtsprechung mißachtet wird, so daß der Faktizität zwar keine normative, aber doch eine derogatorische Kraft zukommen würde. Wir haben bereits bemerkt, daß diese Frage nicht mehr szientistisch, sondern nur noch konsensualistisch beantwortet werden kann,[57] und müssen daher hier unsere Überlegungen abbrechen. Für unser Resümee kommt es auf die Stellungnahme zu diesem Komplex auch nicht mehr an, denn die normative Kraft des Gerichtsgebrauchs, die im Zentrum unserer Untersuchungen gestanden hat, haben wir so oder so nicht bestätigt gefunden. Die Rechtsprechung als „institutionelle Rechtsquelle"[58] mit Auftrag und Befugnis zu richterlicher Normbildung zu begreifen, bedeutet unseres Erachtens eine Verdunkelung des politischen Charakters der drittstufigen Rechtsgewinnung, die innerhalb der von den ersten beiden Stufen errichteten Schranken dogmatisch frei und insoweit also nicht regelgeleitet ist. Die Ausfüllung der zwischen den legislatorischen Normen verbleibenden Lücken ist – soweit die Präjudizienkette nicht zu einem Evidenzkonsens geführt hat[59] – keine Nachzeichnung justitiell geschaffener, verbindlicher Rechtsnormen, sondern eine ständig neue politische Gestaltung, die freilich wie jede politische Tätigkeit unter vielfältiger Rücksichtnahme auf die eingefahrene Praxis erfolgt. Was dann der Richter im Einzelfall anordnet, ist für diesen Fall Recht, stellt für die künftigen Fälle aber keine Norm, sondern nur ein Beispiel, eine Empfehlung auf, insoweit nicht anders als die Meinungsäußerung des Dogmatikers.[60] Die eine echte Normschöpfungskompetenz implizierende Präjudizienverbindlichkeit ist zwar eine denkbare und auch praktikable Alternative, aber sie ist nun einmal in der Kompetenzordnung unseres Staates nicht verwirklicht, und bei aller praktischen Annäherung der konkurrierenden Modelle darf die theoretische Analyse diese kategoriale Differenz nicht verschleiern.

---

56 Vgl. dazu o. S. 212 m. weit. Nachw. in Fn. 119.

57 s. o. S. 210 ff.

58 Vgl. Esser, Grundsatz, S. 139.

59 Der in funktioneller Hinsicht mit dem Gewohnheitsrecht in der herrschenden Doktrin zu vergleichen sein mag.

60 Recht ist also, in einem rechtsphilosophisch unvorbelasteten Sinn, das Produkt des politischen Handelns einer kompetenten Institution – in Form von Normen das Produkt des normenerzeugenden Gesetzgebers und in Form von Einzelfallentscheidungen das Produkt der einzelfallentscheidenden Gerichte. Zum Verständnis des Rechts als „geronnener Politik" vgl. i. ü. Grimm JuS 1969, 502; Schuppert ZRP 1973, 257 f.; vgl. aber auch Henkel, Festschr. f. Welzel, S. 36 ff.

IV. Beantwortung der Ausgangsfrage

1. Wir sind damit am Ende unserer methodologischen Grundlegung angelangt und haben im Zuge unserer Erörterungen fast alle Fragen, die wir uns zu Beginn dieser Arbeit gestellt haben, explizit beantwortet: das Verhältnis von historischer Auslegung und Wandel der Interessenbewertung, die Entwicklung konkreter Aussagen aus allgemeinen Sätzen, die Rechtsgewinnung praeter legem – alle diese Punkte sind, soweit es der vorgegebene Rahmen gestattete, untersucht und zu klären versucht worden. Lediglich die Ausgangsfrage schlechthin, nämlich die Frage nach der Abgrenzung von rechtsdogmatischen Aussagen de lege lata und rechtspolitischen Forderungen de lege ferenda, ist zwar bisher von den verschiedensten Seiten angegangen, aber noch nicht mit einer präzisen Formulierung beantwortet worden; das muß nunmehr nachgeholt werden.

2. So wie die Rechtsgewinnung selbst auf verschiedenen Stufen vor sich geht, können wir auch die Tätigkeit der dogmatischen Rechtswissenschaft, so wie sie heute tatsächlich praktiziert wird, in mehrere Kategorien einordnen. An erster Stelle steht die genuin wissenschaftliche Rechtserkenntnis, die mit Hilfe der Methoden der beiden ersten Rechtsgewinnungsstufen den hic et nunc vorhandenen Normenbestand ermittelt und deren Grenzen, wie wir wissen, die Grenze der szientistischen Rechtsdogmatik überhaupt bezeichnen. Die Grenze des „Berufsbildes“ des Rechtsdogmatikers ist damit aber, wie jeder Blick in juristische Publikationen lehrt, noch längst nicht erreicht. Denn der Dogmatiker behandelt auch die Probleme, die erst auf der dritten und vierten Rechtsgewinnungsstufe zu lösen sind, und entwickelt hier eigene Lösungen, deren Charakter von unserer Rechtsfindungstheorie aus unschwer zu erkennen ist: Es handelt sich hier weder um Rechtserkenntnis (auf der dritten und vierten Stufe wird das Recht ja erst in der Einzelfallentscheidung geschaffen!) noch um Rechtsschöpfung (dafür fehlt dem Dogmatiker jegliche Kompetenz!), sondern um politische Empfehlungen, d. h. um Vorschläge, die an die Adresse des kompetenten Organs (auf der dritten Stufe an die einfachen Gerichte, auf der vierten Stufe an das BVerfG) gerichtet sind.[61] Auch diese Sätze des Dogmatikers betreffen aber die geltende Gesetzeslage, sie beziehen sich auf den de lege lata in den Normlücken bestehenden Gestaltungsspielraum des Richters und auf des Staatsbürgers „Handeln unter Risiko“. Sie sind daher Bestandteil des sich hic et nunc vollziehenden Rechtsfindungsprozesses, und zwar gleichgültig, ob sie an die einfachen Gerichte oder an das BVerfG gerichtet sind: In beiden Fällen geht es um die gegenwärtige Behandlung aktueller Einzelfälle.

---

61 Diese Sätze des dogmatischen Sprachspiels sind daher tatsächlich nicht bis zum letzten wahrheitsfähig, so daß die Kritik Adomeits (s. o. S. 26 f.) für diesen Bereich also zutreffend ist.

Darin unterscheiden sich die „Justizempfehlungen“ von den an den Gesetzgeber adressierten Vorschlägen, die keine bestimmte Ausfüllung der gegenwärtigen Normlücken, sondern eine Änderung der heutigen Normenordnung und damit des geltenden Rechts zum Inhalt haben. Im Gegensatz zu den „Justizempfehlungen“ sind diese „Reformvorschläge“, weil die „szientistische Begrenzung des Dezisionsspielraumes“ beim Gesetzgeber auf die Beachtung der Verfassung und beim Verfassunggeber auf die Beachtung der Kulturgrundlagen und des Prinzips der Folgerichtigkeit reduziert ist, von einer fast unbeschränkten Bandbreite und methodologisch fast ausschließlich auf Plausibilitätsargumentationen angewiesen.

3. Die formelle Abgrenzung der Reformvorschläge von den Justizempfehlungen und der Rechtserkenntnis i. e. S., auf die unsere Ausgangsfrage zielte, ist nach allem nicht länger problematisch: Alle Gestaltungsvorschläge, die mit der Rechtserkenntnis i. e. S. nicht zu vereinbaren und auch nicht als viertstufige Derogationsempfehlungen an das BVerfG aus dem konstitutionellen Konkretisierungsspielraum herzuleiten sind, sind als bloße Reformvorschläge an den Gesetzgeber Räsonnements de lege ferenda und als solche von der Rechtserkenntnis i. e. S. und den das geltende Recht betreffenden Justizempfehlungen deutlich zu unterscheiden.[62]

62 Die Auffassung Schwerdtners, daß eine Unterscheidung von Rechtspolitik und Rechtsanwendung überhaupt nicht möglich sei (Rtheorie 1971, 235), ist daher zumindest in dieser Allgemeinheit unzutreffend.

Literaturverzeichnis

Das nachfolgende Abkürzungsverzeichnis enthält auch die Literatur des 2. Hauptteils meiner Habilitationsschrift von 1975, der in dieser Werkausgabe in Band 3 als Erster Teil publiziert wird.

Adomeit, Klaus. Juristische Methode, in: Görlitz, Handlexikon, S. 217.
Adomeit, Klaus. Noch einmal: Wahrheitsbegriff und Rechtswissenschaft, JuS 1973, 2.
Adomeit, Klaus. Rechtsquellenfragen im Arbeitsrecht, München 1969.
Adomeit, Klaus. Rechtswissenschaft, in: Görlitz, Handlexikon, S. 369.
Adomeit, Klaus. Zur Einführung: Rechtswissenschaft und Wahrheitsbegriff, JuS 1972, 628.
Adorno, Theodor W. Einleitung, in: Adorno u. a., Positivismusstreit, S. 7.
Adorno, Theodor W. Zur Logik der Sozialwissenschaften, zitiert aus: Adorno u. a., Positivismusstreit, S. 125.
Adorno, Theodor W. u. a. Der Positivismusstreit in der deutschen Soziologie, 2. Aufl., Darmstadt–Neuwied 1972.
Albert, Hans. Der Mythos der totalen Vernunft, zitiert aus: Adorno u. a., Positivismusstreit, S. 193.
Albert, Hans. Erkenntnis und Recht, in: Albert-Luhmann-Maihofer-Weinberger, Jahrbuch II, S. 80.
Albert, Hans. Ethik und Meta-Ethik, zitiert aus: Albert-Topitsch, Werturteilsstreit, S. 472 (auch zitiert aus: Albert, Konstruktion, S. 127).
Albert, Hans. Ideologie und Wahrheit, in: Albert, Konstruktion, S. 168.
Albert, Hans. Im Rücken des Positivismus?, zitiert aus: Adorno u. a., Positivismusstreit, S. 267.
Albert, Hans. Kleines, verwundertes Nachwort zu einer großen Einleitung, in: Adorno u. a., Positivismusstreit, S. 335.
Albert, Hans. Konstruktion und Kritik, Hamburg 1972.
Albert, Hans. Normativismus oder Sozialtechnologie?, in: Albert–Luhmann–Maihofer–Weinberger, Jahrbuch II, S. 109.
Albert, Hans. Plädoyer für kritischen Rationalismus, 2. Aufl., München 1971.
Albert, Hans. Probleme der Wissenschaftstheorie in der Sozialforschung, in: König, Sozialforschung, S. 57.
Albert, Hans. (Hrsg.) Theorie und Realität, 2. Aufl., Tübingen 1972.
Albert, Hans. Theorie und Praxis, in: Albert, Konstruktion, S. 41.
Albert, Hans. Traktat über kritische Vernunft, 2. Aufl., Tübingen 1969.
Albert, Hans. Wertfreiheit als methodisches Prinzip, in: Topitsch (Hrsg.), Logik, S. 181.
Albert, Hans. Wissenschaft und Politik, in: Topitsch (Hrsg.), Festschr. f. Kraft, S. 201.
Albert, Hans – Luhmann, Niklas – Maihofer, Werner – Weinberger, Ota (Hrsg.). Rechtstheorie als Grundlagenwissenschaft der Rechtswissenschaft, Jahrbuch für Rechtssoziologie und Rechtstheorie, Band II, Bielefeld 1972.
Albert, Hans – Topitsch, Ernst (Hrsg.). Werturteilsstreit, Darmstadt 1971.
Alberts, Hans-Werner. Probleme der Verfassungsrichterwahl, JA 1972, 659.
Albrecht, Reinhardt – Daheim, Jürgen – Sack, Fritz (Hrsg.). Soziologie, Festschr. f. René König, Opladen 1973.
Alexander, Franz – Staub, Hugo. Der Verbrecher und seine Richter, zit. aus: Moser, Psychoanalyse und Justiz, S. 205.

Alternativentwurf eines Strafgesetzbuches Allgemeiner Teil, hrsg. v. Baumann u. a., 2. Aufl., Tübingen 1969.
Amelung, Knut. Rechtsgüterschutz und Schutz der Gesellschaft, Frankfurt a. M. 1972.
Ammann, Walther. Die Problematik des vorverlegten Staatsschutzes, in: Nedelmann–Thoss–Bacia–Ammann, Kritik, S. 121.
Ancel, Marc. Die neue Sozialverteidigung, Stuttgart 1970.
André, Achim. Was heißt rechtswissenschaftliche Forschung?, JZ 1970, 396.
Anschütz, Gerhard. Die Verfassung des deutschen Reiches vom 11. August 1919, 14. Aufl. 1933, Nachdruck Bad Homburg v. d. H. 1960.
Apel, Karl-Otto. Die Kommunikationsgemeinschaft als transzendentale Voraussetzung der Sozialwissenschaften, in: Apel, Transformation II, S. 220.
Apel, Karl-Otto. Heideggers philosophische Radikalisierung der „Hermeneutik" und die Frage nach dem „Sinnkriterium" der Sprache, zitiert aus Apel, Transformation I, S. 276.
Apel, Karl-Otto. Szientismus oder transzendentale Hermeneutik?, in: Apel, Transformation II, S. 178 (auch zitiert aus: Bubner-Cramer-Wiehl, Hermeneutik I, S. 105).
Apel, Karl-Otto. Szientistik, Hermeutik, Ideologiekritik, zitiert aus: Hermeneutik und Ideologiekritik, S. 7.
Apel, Karl-Otto. Transformation der Philosophie, Band I und II, Frankfurt a. M. 1973.
Apel, Karl-Otto. Wittgenstein und das Problem des hermeneutischen Verstehens, zitiert aus: Apel, Transformation I, S. 335.
Arndt, Adolf. Gesetzesrecht und Richterrecht, NJW 1963, 1273.
Arndt, Horst – Heinrich, Herbert – Weber-Lortsch, Rudolf. Richterliche Rechtsfortbildung, Köln–Berlin–Bonn–München 1970.
Ayer, Alfred Jules. Basissätze, zitiert aus: Bubner, Sprache, S. 170.
Ayer, Alfred Jules. Sprache, Wahrheit und Logik (übersetzt von Herbert Herring), Stuttgart 1970.
Bachof, Otto. Grundgesetz und Richtermacht, Tübingen 1959.
Backes, Otto. Rechtsstaatsgefährdungsdelikte und Grundgesetz, Köln–Berlin–Bonn–München 1970.
Baldus, Paul. Versäumte Gelegenheiten usw., in: Ehrengabe f. Bruno Heusinger, München 1968, S. 373.
Baldus, Paulheinz – Willms, Günther (Hrsg.). Leipziger Kommentar zum Strafgesetzbuch, 9. Aufl., Berlin 1970 ff.
Baratta, Alessandro. Juristische Analogie und Natur der Sache, in: Hollerbach–Maihofer–Würtenberger (Hrsg.), Festschr. f. Erik Wolf, Frankfurt a. M. 1972, S. 137.
Baring, Martin. Die allgemeinen Grundsätze des Verwaltungsrechts eine Rechtsquelle?, in: Juristen-Jahrbuch (6) 1965, 27.
Baumann, Jürgen. (Hrsg.) Mißlingt die Strafrechtsreform? Neuwied und Berlin 1969.
Baumann, Jürgen. Paragraph 175, Berlin und Neuwied 1968.
Baumann, Jürgen (Hrsg.). Programm für ein neues Strafgesetzbuch, Frankfurt a. M. 1968.
Baumann, Jürgen. Strafrecht Allgemeiner Teil, 4. Aufl., 1966 und 6. Aufl., Bielefeld 1974.
Baumann, Jürgen. Urteilsanmerkung, JZ 1974, 512.
Baumann, Jürgen. Wird die U-Haft „umfunktioniert"?, JZ 1969, 134.
Baumann, Jürgen u. a. Alternativ-Entwurf, s. dort.
Bender, Bernd. Inhalt und Grenzen des Gebots der verfassungskonformen Auslegung, MDR 1959, 441.
Bendix, Ludwig. Zur Psychologie der Urteilstätigkeit, des Berufsrichters, Neudruck Neuwied 1968.

Bergbohm, Karl. Jurisprudenz und Rechtsphilosophie, Leipzig 1892.
Berra, Xaver (alias Rasehorn, Theo). Im Paragraphenturm, Neuwied 1966.
Bettermann, Karl-August. Die allgemeinen Gesetze als Schranken der Pressefreiheit, JZ 1964, 601.
Betti, Emilio. Allgemeine Auslegungslehre als Methodik der Geisteswissenschaften, Tübingen 1967.
Betti, Emilio. Die Hermeneutik als allgemeine Methodik der Geisteswissenschaften, Tübingen 1962.
Bierling, Ernst-Rudolf. Juristische Prinzipienlehre, 4. Band, Tübingen 1911.
Billing, Werner. Das Problem der Richterwahl zum Bundesverfassungsgericht, Berlin 1969.
Binding, Karl. Handbuch des Strafrechts, Band I, Leipzig 1885.
Bloch, Ernst. Naturrecht und menschliche Würde, Frankfurt a. M. 1961.
Blühdorn, Jürgen. Zum „Problemdenken" und seiner Funktion in der Rechtsfindungslehre, in: Albert–Luhmann–Maihofer–Weinberger, Jahrbuch II, S. 447.
Bochenski, J. M. Die zeitgenössischen Denkmethoden, (Uni-Taschenbücher 6), 6. Aufl., München 1973.
Bockelmann, Paul. Ist eine berichtigende Auslegung des § 246 statthaft? MDR 1953, 3.
Bockelmann, Paul. Richter und Gesetz, in: Festschr. f. Rudolf Smend, Göttingen 1952, S. 23.
Bockelmann, Paul. Strafrecht des Arztes, Stuttgart 1968.
Bockelmann, Paul. Strafrechtliche Untersuchungen, Göttingen 1957.
Böckenförde, Christoph. Die sogenannte Nichtigkeit verfassungswidriger Gesetze, Berlin 1966.
Böckenförde, Werner. Der allgemeine Gleichheitssatz und die Aufgabe des Richters, Berlin 1957.
Böckle, Franz – Böckenförde, Ernst-Wolfgang (Hrsg.). Naturrecht in der Kritik, Mainz 1973.
Böhme, Wolfgang (Hrsg.). Weltanschauliche Hintergründe in der Rechtsprechung, Karlsruhe 1968.
Bollnow, Otto Friedrich. Dilthey, 3. Aufl., Stuttgart–Berlin–Köln–Mainz 1967.
Bonner Kommentar. s. Kommentar zum Bonner Grundgesetz.
Braun, Hermann. Zum Verhältnis von Hermeneutik und Ontologie, in: Bubner–Cramer–Wiehl, Hermeneutik II, S. 201.
Brauser, Reinhold. Urteilsanmerkung, NJW 1973, 1007.
Brentano, Franz. Grundlegung und Aufbau der Ethik, (hrsg. v. Franziska Mayer-Hillebrand), Bern 1952.
Britsch, Wolfgang. Die falsche Verdächtigung, JZ 1973, 351.
v. Brünneck, Alexander. Die Justiz im deutschen Faschismus, KritJ 1970, 21.
Bubner, Rüdiger. „Philosophie ist ihre Zeit, in Gedanken erfaßt", in: Bubner–Cramer–Wiehl, Hermeneutik I, S. 317.
Bubner, Rüdiger (Hrsg.). Sprache und Analysis, Göttingen 1968.
Bubner, Rüdiger – Cramer, Konrad – Wiehl, Reiner (Hrsg.). Hermeneutik und Dialektik, Band I und II, Tübingen 1970.
v. Buri, Maximilian. Die Causalität und ihre strafrechtlichen Beziehungen, Stuttgart 1885.
v. Buri, Maximilian. Über die Begehung der Verbrechen durch Unterlassung, GS 21 (1869), 189.
v. Buri, Maximilian. Über Begehung von Verbrechen durch Unterlassung, GS 27 (1875), 25.
v. Buri, Maximilian. Über die sogenannten untauglichen Versuchshandlungen, ZStW 1 (1881), 185.
v. Buri, Maximilian. Urheberschaft und Beihilfe, GA 1869, 233, 305.

v. Buri, Maximilian. Versuch und Kausalität, GS 32 (1880), 321.
v. Buri, Maximilian. I. Willensfreiheit. II. Unterlassung. III. Causalität und Theilnahme, GS 56 (1899), 418.
Burmeister, Joachim. Die Verfassungsorientierung der Gesetzesauslegung, Berlin und Frankfurt a. M. 1966.
Busch, Max – Edel, Gottfried (Hrsg.). Erziehung zur Freiheit durch Freiheitsentzug, Neuwied u. Berlin 1969.
Canaris, Claus-Wilhelm. Die Feststellung von Lücken im Gesetz, Berlin 1964.
Canaris, Claus-Wilhelm. Systemdenken und Systembegriff in der Jurisprudenz, Berlin 1969.
Carnap, Rudolf. Testability and Meaning, in: Philosophy of Science, Vol. III, 1936.
Carnap, Rudolf. Über Protokollsätze, Erkenntnis 3 (1932/33), 215.
Casper, Gerhard. Juristischer Realismus und politische Theorie im amerikanischen Rechtsdenken, Berlin 1967.
Coing, Helmut. Grundzüge der Rechtsphilosophie, 2. Aufl., Berlin 1969.
Coing, Helmut. Juristische Methodenlehre, Berlin–New York 1972.
Coing, Helmut. Naturrecht als wissenschaftliches Problem, Wiesbaden 1965.
Copić, Hans. Grundgesetz und politisches Strafrecht neuer Art, Tübingen 1967.
von Cube, Felix. Was ist Kybernetik?, 2. Aufl., München 1972 (dtv Wiss. Reihe).
Dahm, Georg. Deutsches Recht, 2. Aufl., Stuttgart 1963.
Dahrendorf, Ralf. Deutsche Richter. Ein Beitrag zur Soziologie der Oberschicht, in: Dahrendorf, Gesellschaft, S. 176 ff.
Dahrendorf, Ralf. Gesellschaft und Freiheit, München 1961.
Dallinger, Wilhelm. Aus der Rechtsprechung des Bundesgerichtshofs in Strafsachen, MDR 1973, 190.
Dencker, Friedrich. Die Bagatelldelikte im Entwurf eines EGStGB, JZ 1973, 144.
Dernburg, Heinrich. Pandekten, Band I, 3. Aufl., Berlin 1889.
Diedrichsen, Uwe. Einführung in das wissenschaftliche Denken, Düsseldorf 1970.
Diedrichsen, Uwe. Topisches und systematisches Denken in der Jurisprudenz, NJW 1966, 697.
Diemer, Alfons (Hrsg.). System und Klassifikation in Wissenschaft und Dokumentation, Meisenheim am Glan 1968.
Diesselhorst, Malte. Die Natur der Sache als außergesetzliche Rechtsquelle, Tübingen 1968.
Dilthey, Wilhelm. Beiträge zum Studium der Individualität, zitiert aus: Dilthey, Schriften V, S. 241.
Dilthey, Wilhelm. Der Aufbau der geschichtlichen Welt in den Geisteswissenschaften, zitiert aus: Dilthey, Schriften VII, S. 79.
Dilthey, Wilhelm. Die Entstehung der Hermeneutik, zitiert aus: Dilthey, Schriften V, S. 317.
Dilthey, Wilhelm. Gesammelte Schriften, Band V und VII, 2. Aufl., Stuttgart–Göttingen 1957/58.
Dilthey, Wilhelm. Plan der Fortsetzung zum Aufbau der geschichtlichen Welt in den Geisteswissenschaften, zitiert aus: Dilthey, Schriften VII, S. 191.
Dilthey, Wilhelm. Studien zur Grundlegung der Geisteswissenschaften, zitiert aus: Dilthey, Schriften VII, S. 3.
v. Doemming, Klaus-Berto – Füsslein, Rudolf Werner – Matz, Werner. Entstehungsgeschichte der Artikel des Grundgesetzes, JöR n.F. 1,1.
Dollinger, Hans. Schwarzbuch der Weltgeschichte, München 1973.
Drath, Martin. Die Grenzen der Verfassungsgerichtsbarkeit, VVDStRL 9 (1952), 17.
Dreher, Eduard. Über die gerechte Strafe, Heidelberg 1947.
Dreier, Ralf. Zum Begriff der Natur der Sache, Berlin 1965.

Dulckeit, Gerhard – Schwarz, Fritz. Römische Rechtsgeschichte, 3. Aufl., München 1963.
Ebsen, Ingwer. Gesetzesbindung und „Richtigkeit" der Entscheidung, Berlin 1974.
Ecker, Walther. Das Recht wird in und mit der Auslegung, JZ 1969, 477.
Eckmann, Horst. Rechtspositivismus und sprachanalytische Philosophie, Berlin 1969.
Ellwein, Thomas. Das Regierungssystem der Bundesrepublik Deutschland, Köln und Opladen 1963.
Engisch, Karl. Auf der Suche nach der Gerechtigkeit, München 1971.
Engisch, Karl. Der Unrechtstatbestand im Strafrecht, in: Hundert Jahre Deutsches Rechtsleben (Juristentags-Festschrift), Band I, Karlsruhe 1960, S. 401.
Engisch, Karl. Die Idee der Konkretisierung in Recht und Rechtswissenschaft unserer Zeit, 2. Aufl., Heidelberg 1968.
Engisch, Karl. Einführung in das juristische Denken (Urban-Taschenbuch Nr. 20), 5. Aufl., Stuttgart–Berlin–Köln–Mainz 1971.
Engisch, Karl. Logische Studien zur Gesetzesanwendung, 3. Aufl., Heidelberg 1963.
Engisch, Karl. Notstand und Putativnotstand, MSchrKrimBiol 1932, 420.
Engisch, Karl. Vom Weltbild des Juristen, 1. Aufl., Heidelberg 1950.
Engisch, Karl. Wahrheit und Richtigkeit im juristischen Denken, München 1963.
Engisch, Karl. Zur „Natur der Sache" im Strafrecht, in: Festschr. f. Eb. Schmidt, Göttingen 1961, S. 90.
Enneccerus, Ludwig – Nipperdey, Hans Carl. Allgemeiner Teil des Bürgerlichen Rechts, 1. Halbband, 15. Aufl., Tübingen 1959.
Esser, Josef. Grundsatz und Norm in der richterlichen Fortbildung des Privatrechts, 2. Aufl., Tübingen 1964.
Esser, Josef. Richterrecht, Gerichtsgebrauch und Gewohnheitsrecht, in: Festschr. f. Fritz v. Hippel, Tübingen 1967, S. 95.
Esser, Josef. Schuldrecht Band I, Allgemeiner Teil, und Band II, Besonderer Teil, 3. Aufl., Karlsruhe 1968/69.
Esser, Josef. Vorverständnis und und Methodenwahl in der Rechtsfindung, Frankfurt a. M. 1970.
Essler, Wilhelm K. Analytische Philosophie I, Stuttgart 1972.
Essler, Wilhelm K. Einführung in die Logik, 2. Aufl., Stuttgart 1969.
Essler, Wilhelm K. Wissenschaftstheorie I, II und III, Freiburg – München 1970/71.
Eyermann, Erich – Fröhler, Ludwig. Verwaltungsgerichtsordnung, 5. Aufl., München 1971.
Feest, Johannes. Die Bundesrichter, in: Zapf, Beiträge zur Analyse der deutschen Oberschicht, S. 95 ff.
v. Ferber, Christian. Der Werturteilsstreit 1909/1959, in: Topitsch, Logik, S. 165.
Fikentscher, Wolfgang. Rechtswissenschaft und Demokratie bei Justice Oliver Wendell Holmes, Karlsruhe 1970.
Fincke, Martin. Die Gewißheit als hochgradige Wahrscheinlichkeit, GA 1973, 266.
Fischer, Robert. Die Weiterbildung des Rechts durch die Rechtsprechung, Karlsruhe 1971.
Flew, A. (Hrsg.). Essays on Logic and Language, First series, Oxford 1951.
Flume, Werner. Richter und Recht, (Verhandlungen des 46. DJT, Teil K), München–Berlin 1967.
Forsthoff, Ernst. Begriff und Wesen des sozialen Rechtsstaats, VVDStRL 12 (1954), 8.
Forsthoff, Ernst. Buchbesprechung, Der Staat, 1969, 526.
Forsthoff, Ernst. Die Umbildung des Verfassungsgesetzes, in: Festschr. f. Carl Schmitt, Berlin 1959, S. 35.
Forsthoff, Ernst. Zur Problematik der Verfassungsauslegung, Stuttgart 1961.
Forsthoff, Ernst. Recht und Sprache, Neudruck Darmstadt 1971.

Fraenkel, Ernst. Zur Soziologie der Klassenjustiz und Aufsätze zur Verfassungskrise 1931/32, Darmstadt 1968.
Frank, Reinhard. Das Strafgesetzbuch für das Deutsche Reich nebst dem Einführungsgesetz, 18. Aufl., Tübingen 1931.
Frankena, William K. Analythische Ethik, (übersetzt von Norbert Hoerster), München 1972.
Frankena, William K. „The Naturalistic Fallacy“, in: Mind 48 (1939), 464.
Freud, Sigmund. Gesammelte Werke, Band XV (Neue Folge der Vorlesungen zur Einführung in die Psychoanalyse), 5. Aufl., Frankfurt a. M. 1969.
Freud, Sigmund. Totem und Tabu, Frankfurt 1956 (Fischer Bücherei 147).
Friedrichs, Jürgen (Hrsg.). Teilnehmende Beobachtung abweichenden Verhaltens, Stuttgart 1973.
Frisch, Wolfgang. Ermessen, unbestimmter Begriff und „Beurteilungsspielraum“ im Strafrecht, NJW 1973, 1345.
Frowein, Jochen – Meyer, Hans – Schneider, Peter (Hrsg.). Bundesverfassungsgericht im 3. Jahrzehnt, Frankfurt a. M. 1973.
Fuller, Lon L. Positivism and Fidelity to Law, Harv. L.R. 1958 (Bd. 71), 630.
Gadamer, Hans-Georg. Rhetorik, Hermeneutik und Ideologiekritik, zitiert aus: Hermeneutik und Ideologiekritik, S. 57.
Gadamer, Hans-Georg. Wahrheit und Methode, 3. Aufl., Tübingen 1972.
Garrn, Heino. Rechtsproblem und Rechtssystem, Bielefeld 1973.
Gaul, Hans Friedhelm. Lex commissoria und Sicherungsübereignung, AcP 168 (1968), 357.
Geiger, Willi. Die Beziehungen zwischen der Bundesverfassungsgerichtsbarkeit und der übrigen Gerichtsbarkeit im Bunde auf Grund des Bundesverfassungsgerichtsgesetzes (BVGG), DRiZ 1951, 172.
Geiger, Theodor. Vorstudien zu einer Soziologie des Rechts, Berlin 1964.
Gentz, Manfred. Zur Verhältnismäßigkeit von Grundrechtseingriffen, NJW 1968, 1600.
Germann, Oskar Adolf. Präjudizielle Tragweite höchstinstanzlicher Urteile, insbesondere der Urteile des schweizerischen Bundesgerichts, Basel 1950.
Germann, Oskar Adolf. Präjudizien als Rechtsquelle, Upsala 1960.
Germann, Oskar Adolf. Probleme und Methoden der Rechtsfindung, 2. Aufl., Bern 1967.
Giegel, Hans-Joachim. Reflexion und Emanzipation, in: Hermeneutik und Ideologiekritik, S. 244.
Glassen, Peter. Die Kognitivität moralischer Urteile, zitiert aus: Eike v. Savigny (Hrsg.), Philosophie und normale Sprache, S. 139.
Glassen, Peter. Die Kognitivität moralischer Urteile. Eine Erwiderung, zitiert aus: Eike v. Savigny (Hrsg.), Philosophie und normale Sprache, S. 161.
Goerlich, Helmut. Wertordnung und Grundgesetz, Baden-Baden 1973.
Göldner, Detlef Christoph. Verfassungsprinzip und Privatrechtsnorm in der verfassungskonformen Auslegung und Rechtsfortbildung, Berlin 1969.
Göppinger, Hans. Kriminologie, München 1971.
Görlitz, Axel. Handlexikon zur Rechtswissenschaft, München 1972.
Gössel, Karl-Heinz. Strafrechtsgewinnung als dialektischer Prozeß, in: Festschr. f. Karl Peters, Tübingen 1974, S. 41.
Gössel, Karl-Heinz. Über die Behandlung des Irrtums im Strafrecht, Berlin 1974.
Gramatica, Filippo. Grundlagen der Défense Sociale, Hamburg 1965.
Grimm, Dieter (Hrsg.). Rechtswissenschaft und Nachbarwissenschaften, Band 1, Frankfurt a. M. 1973.
Grimm, Dieter (Hrsg.). Recht und Politik, JuS 1969, 501.

Grimmer, Klaus. Die Rechtsfiguren einer „Normativität des Faktischen“, Berlin 1971.
Grunsky, Wolfgang. Grenzen der Rückwirkung bei einer Änderung der Rechtsprechung, Karlsruhe 1970.
Habermas, Jürgen. Analytische Wissenschaftstheorie und Dialektik, in: Topitsch (Hrsg.), Logik, S. 291 (auch unter „Dialektik“, zitiert aus: Adorno u. a., Positivismusstreit, S. 155).
Habermas, Jürgen. Der Universalitätsanspruch der Hermeneutik, zitiert aus Hermeneutik und Ideologiekritik, S. 120.
Habermas, Jürgen. Erkenntnis und Interesse (Suhrkamp-Taschenbuch Wissenschaft Nr. 1), Frankfurt a. M. 1973.
Habermas, Jürgen. Gegen einen positivistisch halbierten Rationalismus, zitiert aus: Adorno u. a., Positivismusstreit, S. 235.
Habermas, Jürgen. Theorie der Gesellschaft oder Sozialtechnologie?, in: Habermas-Luhmann, Theorie, S. 142.
Habermas, Jürgen. Vorbereitende Bemerkungen zu einer Theorie der kommunikativen Kompetenz, in: Habermas-Luhmann, Theorie, S. 101.
Habermas, Jürgen. Zur Logik der Sozialwissenschaften (edition suhrkamp 481), 2. Aufl., Frankfurt a. M. 1971.
Habermas, Jürgen – Luhmann, Niklas. Theorie der Gesellschaft oder Sozialtechnologie, Frankfurt a. M. 1971.
Habscheid, Walther J. Die verspätete Absetzung von Strafurteilen, NJW 1964, 1842.
Habscheid, Walther J. Über das Verhältnis von Richter und Recht, in: Beiträge zum Richterrecht (Görres-Gesellschaft zur Pflege der Wissenschaft, Veröffentl. der Sektion f. Rechts- und Staatswissenschaft, N.F. 5), Paderborn 1968, S. 7.
Habscheid, Walther J. Verspätete Absetzung von Strafurteilen, NJW 1964, 629.
Haffke, Bernhard. Das Rückwirkungsverbot des Art. 103 II GG bei Änderung der Rechtsprechung zum materiellen Recht, Göttinger Dissertation 1970.
Haffke, Bernhard. Pro-mille-Grenze und Rückwirkungsverbot, Blutalkohol 1972, 32.
Haffke, Bernhard. Zur Problematik der 1,3-Promille-Grenze – BGHSt. 21, 157, JuS 1972, 448.
Hanack, Ernst-Walter. Der Ausgleich divergierender Entscheidungen in der oberen Gerichtsbarkeit, Hamburg-Berlin 1962.
Hanack, Ernst-Walter. Die Straftaten gegen die Sittlichkeit im Entwurf 1962 (§§ 204–231 E 1962), ZStW 77 (1965), 398.
Hanack, Ernst-Walter. Empfiehlt es sich, die Grenzen des Sexualstrafrechts neu zu bestimmen?, Gutachten A zum 47. Deutschen Juristentag, München 1968.
Hare, R. M. Die Sprache der Moral, (übersetzt von Petra v. Morstein), Frankfurt a. M. 1972.
Hart, H. L. A. Der Positivismus und die Trennung von Recht und Moral, in: Hart, Recht, S. 14 = deutsche Übersetzung von: Positivism and the Separation of Law and Morals, Harv. L.R. 1958 (71), 593.
Hart, H. L. A. Recht und Moral (übersetzt von Norbert Hoerster), Göttingen 1971.
Hart, H. L. A. The Concept of Law, 6. Aufl., Oxford 1972 (auch zitiert nach der deutschen Übersetzung von Alexander von Baeyer: Der Begriff des Rechts, Frankfurt a. M. 1973).
Hartmann, Nicolai. Ethik, 4. Aufl., Berlin 1962.
Hassemer, Winfried. Tatbestand und Typus, Köln–Berlin–Bonn–München 1968.
Hassemer, Winfried. Theorie und Soziologie des Verbrechens, Frankfurt 1973 (Fischer Athenaeum Taschenbuch 6010).
Haverkate, Görg. Offenes Argumentieren im Urteil, ZRP 1973, 281.
Heck, Philipp. Begriffsbildung und Interessenjurisprudenz, Tübingen 1932.

Heck, Philipp. Das Problem der Rechtsgewinnung, zitiert nach: Roland Dubischar (Hrsg.), Das Problem der Rechtsgewinnung usw., Bad Homburg–Berlin–Zürich 1968.
Heck, Philipp. Gesetzesauslegung und Interessenjurisprudenz, AcP 112 (1914), 1 (auch zitiert als: Gesetzesauslegung, nach der Ausgabe von Roland Dubischar, Das Problem der Rechtsgewinnung usw., Bad Homburg-Berlin-Zürich 1968).
Hegel, Georg, Friedrich Wilhelm. Grundlinien der Philosophie des Rechts, in: Werke Band 7, neu ediert von Moldenhauer–Michel, Frankfurt 1970.
Heidegger, Martin. Sein und Zeit, 12. Aufl., Tübingen 1972.
Heinz, Eckart. Rechtsregeln als Gegenstand sprachlicher Kommunikation, ARSP 1972, 29.
Heller, Hermann. Rechtsstaat oder Diktatur?, Tübingen 1930.
Heller, Theodor. Logik und Axiologie der analogen Rechtsanwendung, Berlin 1961.
Hempel, Carl Gustav. Philosophie der Naturwissenschaften, München 1974 (dtv Wissenschaftliche Reihe).
Hempel, Carl Gustav. Typologische Methoden in den Sozialwissenschaften, in: Topitsch, Logik, S. 85.
Hempel, Carl G. – Oppeheim, Paul. Der Typusbegriff im Lichte der neuen Logik, Leiden 1936.
Henkel, Heinrich. Bemerkungen zum Verhältnis von Recht und Politik, in: Festschr. f. Hans Welzel, Berlin-New York 1974, S. 31.
Henkel, Heinrich. Das Problem der Rechtsgeltung, in: Gedächtnisschr. f. René Maruć, Berlin–München 1974, S. 63.
Henkel, Heinrich. Die „richtige“ Strafe (Recht und Staat 381/382), Tübingen 1969.
Henkel, Heinrich. Einführung in die Rechtsphilosophie, München und Berlin 1964.
Henkel, Heinrich. Ideologie und Recht (Recht u. Staat 425/426), Tübingen 1973.
Henkel, Heinrich. Recht und Individualität, Berlin 1958.
Henkel, Heinrich. Strafverfahrensrecht, 2. Aufl., Stuttgart–Berlin–Köln–Mainz 1968.
Henkel, Heinrich. Zumutbarkeit und Unzumutbarkeit als regulatives Rechtsprinzip, in: Festschr. f. Edmund Mezger, München u. Berlin 1954, S. 249.
Henkys, Richard. Die nationalsozialistischen Gewaltverbrechen, 1. Aufl., Stuttgart–Berlin 1964.
Hepp, Camill. Zur Formbedürftigkeit einseitiger Erwerbsverpflichtungen, NJW 1972, 1695.
Hermeneutik und Ideologiekritik. (mit Beiträgen von Apel u. a.), Theorie-Diskussion Suhrkamp, Frankfurt a. M. 1973.
Herrlitz, Wolfgang. Kommunikation und Sprache (Abschn. 1–7), in: Funk-Kolleg Sprache, Band 1, Frankfurt a. M. 1973.
Herschel, Wilhelm. Von den Grenzen des Richterrechts, DB 1973, 2298.
Herzberg, Rolf Dietrich. Die Unterlassung im Strafrecht und das Garantenprinzip, Berlin–New York 1972.
Herzog, Roman. Allgemeine Staatslehre, Frankfurt a. M. 1971.
Hesse, Konrad. Grundzüge des Verfassungsrechts der Bundesrepublik Deutschland, 6. Aufl., Karlsruhe 1973.
v. d. Heydte, Friedrich August Frhr. Naturrecht, Richterrecht, Gesetzesrecht, in: Gedächtnisschr. f. René Maruć, Berlin-München 1974, S. 89.
Hilger, Marie Luise. Überlegungen zum Richterrecht, in: Festschr. f. Karl Larenz, München 1973, S. 109.
v. Hippel, Robert. Deutsches Strafrecht, Bd. II, Berlin 1930.
Hirsch, E. D. jr. Prinzipien der Interpretation, München 1972.
Hirsch, Ernst E. Das Recht im sozialen Ordnungsgefüge, Berlin 1966.

Hirsch, Ernst E. – Rehbinder, Manfred. Studien und Materialien zur Rechtssoziologie, Sonderheft 11/1967 der KZfSS, Köln und Opladen 1967.
Hirsch, Hans Joachim. Richterrecht und Gesetzesrecht, JR 1966, 334.
Hoerster, Norbert. Einleitung, in: Hart, Recht und Moral, Göttingen 1971.
Hoerster, Norbert. Grundthesen analytischer Rechtstheorie, in: Albert–Luhmann–Maihofer–Weinberger, Jahrbuch II, S. 115.
Hoerster, Norbert. Utilitaristische Ethik und Verallgemeinerung, Freiburg–München 1971.
Hoerster, Norbert. Zum Problem der Ableitung eines Sollens aus einem Sein in der analytischen Moralphilosophie, ARSP 1969, 11.
Horn, Dieter. Rechtssprache und Kommunikation, Berlin 1966.
Horn, Eckhard. Blutalkoholgehalt und Fahruntüchtigkeit, Bad Homburg v. d. H.–Berlin–Zürich 1970.
Horn, Eckhard. Konkrete Gefährdungsdelikte, Köln 1973.
Horn, Norbert. Zur Bedeutung der Topiklehre Theodor Viehwegs für eine einheitliche Theorie des juristischen Denkens, NJW 1967, 601.
Hruschka, Joachim. Das Verstehen von Rechtstexten, München 1972.
Hruschka, Joachim. Die Konstitution des Rechtsfalles, Berlin 1965.
Hruschka, Joachim. Rechtsanwendung als methodologisches Problem, ARSP 1964, 485.
Hubmann, Heinrich. Entstehung und Außerkrafttreten von Gewohnheitsrecht, JuS 1968, 61.
Hueck, Alfred – Nipperdey, Hans Carl. Lehrbuch des Arbeitsrechts, Band I, 7. Aufl., Berlin u. Frankfurt a. M. 1963.
Hünerfeld, Peter. Die Diskussionsbeiträge der Strafrechtslehrertagung 1972 in Kiel, ZStW 85 (1973), 438.
Jahr, Günther. Zum Verhältnis von Rechtstheorie und Rechtsdogmatik, in: Jahr–Maihofer, Rechtstheorie, S. 303.
Jahr, Günther – Maihofer, Werner (Hrsg.). Rechtstheorie, Frankfurt a. M. 1971.
Jäger, Herbert. Strafgesetzgebung und Rechtsgüterschutz bei Sittlichkeitsdelikten, Stuttgart 1957.
Jellinek, Georg. Allgemeine Staatslehre, 3. Aufl., Neudruck Darmstadt 1960.
Jesch, Dietrich. Unbestimmter Rechtsbegriff und Ermessen in rechtstheoretischer und verfassungsrechtlicher Sicht, AöR 1957 (82), 163.
Jescheck, Hans-Heinrich. Diskussionsbeitrag, zitiert nach: Hünerfeld, Diskussionsbeiträge.
Jescheck, Hans-Heinrich. Lehrbuch des Strafrechts, Allgemeiner Teil, 2. Aufl., Berlin 1972.
Kaiser, Günther. Strategien und Prozesse strafrechtlicher Sozialkontrolle, Frankfurt a. M. 1972.
Kaiser, Günther. Verkehrsdelinquenz und Generalprävention, Tübingen 1970.
Kalinowski, Georges. Einführung in die Normenlogik, (übersetzt von Wolfgang Klein), Frankfurt a. M. 1972 (Schwerpunkte Linguistik usw. Bd. 11).
Kamlah, Wilhelm – Lorenzen, Paul. Logische Propädeutik, Mannheim 1967.
Kant, Immanuel. Grundlegung zur Metaphysik der Sitten, zitiert nach: Kant – Studienausgabe Band IV, Darmstadt 1956.
Kantorowicz, Hermann U. (alias Gnaeus Flavius) Der Kampf um die Rechtswissenschaft, Heidelberg 1906.
Kaufmann, Armin. Die Dogmatik der Unterlassungsdelikte, Göttingen 1959.
Kaufmann, Armin. Keine neue Reform zur „Einführung“ der alten!, JZ 1973, 494.
Kaufmann, Armin. Lebendiges und Totes in Bindings Normentheorie, Göttingen 1954.
Kaufmann, Arthur. Analogie und „Natur der Sache“ – zugleich ein Beitrag zur Lehre vom Typus, zitiert aus: Kaufmann, Rechtsphilosophie, S. 272.

Kaufmann, Arthur. Die „ipsa res iusta" – Gedanken zu einer hermeneutischen Rechtsontologie, in: Festschr. f. Karl Larenz zum 70. Geburtstag, München 1973, S. 27.
Kaufmann, Arthur (Hrsg.) Die ontologische Begründung des Rechts, Darmstadt 1965.
Kaufmann, Arthur. Die ontologische Struktur der Handlung, in: Festschr. f. Hellmuth Mayer, Berlin 1966, S. 79.
Kaufmann, Arthur. Die Sprache als hermeneutischer Horizont der Geschichtlichkeit des Rechts, zitiert aus Kaufmann, Rechtsphilosophie, S. 338.
Kaufmann, Arthur. Freirechtsbewegung – lebendig oder tot?, zitiert aus: Kaufmann, Rechtsphilosophie, S. 251.
Kaufmann, Arthur. Gesetz und Recht, zitiert aus: Kaufmann, Rechtsphilosophie, S. 135.
Kaufmann, Arthur. Naturrecht und Geschichtlichkeit, zitiert aus: Kaufmann, Rechtsphilosophie, S. 1.
Kaufmann, Arthur. Rechtsphilosophie im Wandel, Frankfurt a. M. 1972.
Kaufmann, Arthur. Rechtspositivismus und Naturrecht in erkenntnistheoretischer Sicht, zitiert aus: Kaufmann, Rechtsphilosophie, S. 71.
Kaufmann, Arthur (Hrsg.) Rechtstheorie, Karlsruhe 1971.
Kaufmann, Arthur. Recht und Sittlichkeit, zitiert aus: Kaufmann, Rechtsphilosophie, S. 219.
Kaufmann, Arthur. Richterpersönlichkeit und richterliche Unabhängigkeit, in: Festschr. f. Karl Peters, Tübingen 1974, S. 295.
Kaufmann, Arthur. Über den Zirkelschluß in der Rechtsfindung, in: Festschr. f. Wilhelm Gallas, Berlin–New York 1973, S. 7.
Kaufmann, Arthur – Hassemer, Winfried. Grundprobleme der zeitgenössischen Rechtsphilosophie und Rechtstheorie, Frankfurt a. M. 1971.
Kaupen, Wolfgang. Die Hüter von Recht und Ordnung, 2. Aufl., Neuwied 1971.
Kaupen, Wolfgang. Klassenjustiz in der Bundesrepublik?, Vorgänge 1973, 32.
Kaupen, Wolfgang – Rasehorn, Theo. Die Justiz zwischen Obrigkeitsstaat und Demokratie, Neuwied, 1971.
Kellner, Hugo. Der sogenannte Beurteilungsspielraum in der verwaltungsgerichtlichen Prozeßpraxis, NJW 1966, 857.
Kelsen, Hans. Reine Rechtslehre, 2. Aufl., Wien 1960.
Keltsch, Jürgen. Über die Zulässigkeit rückwirkender Änderung von Rechtssätzen des Strafverfahrensrechts, Diss. München 1970.
v. Kempski, Jürgen. Zur Logik der Ordnungsbegriffe, besonders in den Sozialwissenschaften, Studium Generale 1952, 205.
Kern, Eduard. Grade der Rechtswidrigkeit, ZStW 64, 255.
Kirchheimer, Otto. Politische Justiz, Neuwied u. Berlin 1965.
v. Kirchmann, Julius. Die Wertlosigkeit der Jurisprudenz als Wissenschaft, Neudruck Darmstadt 1956.
Kirsch, W. Entscheidungsprozesse I: Verhaltenswissenschaftliche Ansätze zur Entscheidungstheorie, Wiesbaden 1970.
Kisker, Gunter. Die Rückwirkung von Gesetzen, Tübingen 1963.
Kloepfer, Michael. Vorwirkung von Gesetzen, München 1974.
Klug, Ulrich. Juristische Logik, 3. Aufl., Berlin–Heidelberg–New York 1966.
Klug, Ulrich. Rechtsstaatswidrige Vorbeugehaft, ZRP 1969, 1ff.
Knittel, Wilhelm. Zum Problem der Rückwirkung bei einer Änderung der Rechtsprechung, Bielefeld 1965.
Koch, Harald. Justizforschung, JuS 1973, 471.

König, René (Hrsg.). Geschichte und Grundprobleme der empirischen Sozialforschung, Band 1, 3. Aufl., Stuttgart 1973.
König, René (Hrsg.). Soziologische Orientierungen, Köln 1965.
König, René – Kaupen, Wolfgang. Soziologische Anmerkungen zum Thema „Ideologie und Recht“, in: Hirsch–Rehbinder, Rechtssoziologie, S. 356.
Kommentar zum Bonner Grundgesetz (Bonner Kommentar). Erst- und Zweitbearbeitung, Hamburg 1950 ff.
Kraft, Victor. Der Wiener Kreis, 2. Aufl., Wien–New York 1968.
Kraft, Victor. Die Grundlagen der Erkenntnis und der Moral, Berlin 1968.
Kraft, Victor. Die Grundlagen einer wissenschaftlichen Wertlehre, 2. Aufl., Wien 1951.
Kraft, Victor. Einführung in die Philosophie, 2. Aufl., Wien–New York 1967.
Kraft, Victor. Erkenntnislehre, Wien 1960.
Kraft, Victor. Rationale Moralbegründung, Wien 1963.
Kramer, Ernst A. Der Kampf um die Rechtswissenschaft, ZRP 1970, 82 ff.
Krauß, Detlef. Richter und Sachverständiger im Strafverfahren, ZStW 85 (1973), 320.
Krawietz, Werner. Das positive Recht und seine Funktion, Berlin 1967.
Krawietz, Werner. Juristische Methodik und ihre rechtstheoretischen Implikationen, in: Albert–Luhmann–Maihofer–Weinberger, Jahrbuch II, S. 12.
Krawietz, Werner. Welche Methode lehrt die juristische Methodenlehre?, JuS 1970, 425.
Krey, Volker. Diskussionsbeitrag, zit. nach Hünerfeld, Die Diskussionsbeiträge der Strafrechtslehrertagung 1972 in Kiel (s. dort).
Kriele, Martin. Theorie der Rechtsgewinnung, entwickelt am Problem der Verfassungsinterpretation, Berlin 1967.
Krüger, Herbert. Allgemeine Staatslehre, Stuttgart 1964.
Krüger, Lorenz. Über das Verhältnis der hermeneutischen Philosophie zu den Wissenschaften, in: Bubner–Cramer–Wiehl (Hrsg.), Hermeneutik I, S. 3.
Kruse, Heinrich Wilhelm. Das Richterrecht als Rechtsquelle des innerstaatlichen Rechts, Recht und Staat 396, Tübingen 1971.
Kübler, Friedrich. Amt und Stellung des Richters, DRiZ 1969, 379.
Kübler, Friedrich. Kodifikation und Demokratie, JZ 1969, 645.
v. Kutschera, Franz. Sprachphilosophie, München 1971.
v. Kutschera, Franz. Wissenschaftstheorie I und II, München 1972.
Lackner, Karl – Maassen, Hermann. Strafgesetzbuch mit Erläuterungen, 8. Aufl., München 1974.
Lampe, Ernst-Joachim. Der Straftäter als „Person der Zeitgeschichte“, NJW 1973, 217.
Lampe, Ernst-Joachim. Juristische Semantik, Bad Homburg–Berlin–Zürich 1970.
Larenz, Karl. Allgemeiner Teil des Bürgerlichen Rechts, 2. Aufl., München 1972.
Larenz, Karl. Das Problem der Rechtsgeltung, Neudruck Darmstadt 1967.
Larenz, Karl. Derogierende Kraft des Gerichtsgebrauchs?, NJW 1951, 497.
Larenz, Karl. Der Richter als Gesetzgeber?, in: Festschr. f. Heinrich Henkel, Berlin–New York 1974, S. 31.
Larenz, Karl. Die Bindung des Richters an das Gesetz als hermeneutisches Problem, in: Festschr. f. E. R. Huber, Göttingen 1973, S. 291.
Larenz, Karl. Kennzeichen geglückter richterlicher Rechtsfortbildungen, Karlsruhe 1965.
Larenz, Karl. Lehrbuch des Schuldrechts, II. Band, Besonderer Teil, 9. Aufl., München u. Berlin 1968.
Larenz, Karl. Methodenlehre der Rechtswissenschaft, 2. Aufl., Berlin–Heidelberg–New York 1969.

Larenz, Karl. Richterliche Rechtsfortbildung als methodisches Problem, NJW 1965, 1.
Larenz, Karl. Über das Verhältnis von Interpretation und richterlicher Rechtsfortbildung in: Festschr. f. Olivecrona, Stockholm 1964, S. 384.
Larenz, Karl. Über die Bindungswirkung von Präjudizien, in: Festschr. f. Hans Schima, Wien 1969, S. 247.
Larenz, Karl. Über die Unentbehrlichkeit der Jurisprudenz als Wissenschaft, Berlin 1966.
Larenz, Karl. Wegweiser zu richterlicher Rechtsschöpfung, in: Festschr. f. Hans Nikisch, Tübingen 1958, S. 275.
Larenz, Karl. Zur Logik des konkreten Begriffs, DRW 1940, 279.
Lask, Emil. Gesammelte Schriften, Band I, Tübingen 1923.
Laufer, Heinz. Typus und Status des Bundesverfassungsgerichts, in: Festschr. f. Gerhard Leibholz, Band II, Tübingen 1966, S. 427.
Laufer, Heinz. Verfassungsgerichtsbarkeit und politischer Prozeß, Tübingen 1968.
Lautmann, Rüdiger. *Justiz* – die stille Gewalt, Frankfurt 1972 (FAT Nr. 4002).
Lautmann, Rüdiger. Soziologie vor den Toren der Jurisprudenz, Stuttgart–Berlin–Köln–Mainz 1971.
Lenckner, Theodor. Wertausfüllungsbedürftige Begriffe im Strafrecht und der Satz „nullum crimen sine lege", JuS 1968, 249, 304.
Lenk, Kurt (Hrsg.). Ideologie. Ideologiekritik und Wissenssoziologie, 4. Aufl., Neuwied und Berlin 1970.
Löwe, Walter. Gerichtsstandsvereinbarungen in allgemeinen Geschäftsbedingungen und Formularverträgen, NJW 1970, 2236.
Löwe, Walter. Urteilsanmerkung, NJW 1972, 715.
Lorenz, Dieter. Der Rechtsschutz des Bürgers und die Rechtsweggarantie, München 1973.
Lotmar, Philipp. Der Arbeitsvertrag, Leipzig 1902.
Lüderssen, Klaus. Erfahrung als Rechtsquelle, Frankfurt a. M. 1972.
Luhmann, Niklas. Funktionale Methode und juristische Entscheidung, AöR 94 (1969), 1.
Luhmann, Niklas. Legitimation durch Verfahren, Neuwied und Berlin 1969.
Luhmann, Niklas. Positivität des Rechts als Voraussetzung einer modernen Gesellschaft, in: Lautmann-Maihofer-Schelsky, Jahrbuch I, S. 175.
Luhmann, Niklas. Rechtssoziologie, Reinbek 1972.
Luhmann, Niklas. Rechtssystem und Rechtsdogmatik, Stuttgart–Berlin–Köln–Mainz 1974.
Luhmann, Niklas. Zweckbegriff und Systemrationalität, Tübingen 1968.
Luhmann, Niklas. Positives Recht und Ideologie, in: Luhmann, Aufklärung, S. 178.
Luhmann, Niklas. Soziologische Aufklärung, Band 1, 3. Aufl., Opladen 1972.
Lautmann, Rüdiger. Wie irrelevant sind die Sozialwissenschaften für die Arbeit des Juristen?, Rtheorie 1973, 57.
Lautmann, Rüdiger – Maihofer, Werner – Schelsky, Helmut (Hrsg.). Die Funktion des Rechts in der moderner Gesellschaft, Jahrbuch für Rechtssoziologie und Rechtstheorie Band I, Bielefeld 1970.
Lautmann, Rüdiger – Peters, Dorothee. Ungleichheit vor dem Gesetz: Strafjustiz und soziale Schichten, Vorgänge 1973, 45.
Lay, Rupert. Grundzüge einer komplexen Wissenschaftstheorie, Band I und II, Frankfurt a. M. 1971/73.
Leenen, Detlef. Typus und Rechtsfindung, Berlin 1971.
Lehmann, Heinrich – Hübner, Heinz. Allgemeiner Teil des Bürgerlichen Gesetzbuches, 15. Aufl., Berlin 1966.
Leibholz, Gerhard. Die Gleichheit vor dem Gesetz, Berlin 1925.

Leibholz, Gerhard. Der Status des Bundesverfassungsgerichts, in: JöR 6 (1957), 109.
Leibholz, Gerhard. Der Status des Bundesverfassungsgerichts, in: Das Bundesverfassungsgericht, Karlsruhe 1963, S. 61.
Leibholz, Gerhard – Rinck, Hans-Justus. Grundgesetz für die Bundesrepublik Deutschland, 4. Aufl., Köln–Marienburg 1971.
Leinfellner, Werner. Einführung in die Erkenntnis- und Wissenschaftstheorie (BJ-Hochschultaschenbuch 41/41 a), 2. Aufl., Mannheim–Wien–Zürich 1967.
Leipziger Kommentar. s. Baldus-Willms, Leipziger Kommentar.
Lemmel, Hans-Peter. Unbestimmte Strafbarkeitsvoraussetzungen im Besonderen Teil des Strafrechts und der Grundsatz nullum crimen sine lege, Berlin 1970.
Lenckner, Theodor. Der rechtfertigende Notstand, Tübingen 1965.
Lyons, John. Einführung in die moderne Linguistik, 2. Aufl., München 1972.
Maihofer, Werner. Die Bindung des Richters an Gesetz und Recht, Köln–Berlin–Bonn–München 1960.
Maihofer, Werner. Die Reform des Besonderen Teils des Strafrechts, in: Baumann, Programm, S. 116.
Maihofer, Werner (Hrsg.) Ideologie und Recht, Frankfurt a. M. 1969.
Maihofer, Werner. Naturrecht als Existenzrecht, Frankfurt a. M. 1963.
Maihofer, Werner (Hrsg.) Naturrecht oder Rechtspositivismus?, 2. Aufl., Darmstadt 1972.
Maihofer, Werner. Vom Sinn menschlicher Ordnung, Frankfurt a. M. 1956.
Mampel, Siegfried. Die sozialistische Verfassung der Deutschen Demokratischen Republik, Frankfurt a. M. 1972.
v. Mangoldt, Hermann – Klein, Friedrich. Grundgesetz, Band I, 2. Aufl., Nachdruck Berlin u. Frankfurt a. M. 1966.
Marcic, René. Vom Gesetzesstaat zum Richterstaat, Wien 1957.
Marx, Michael. Zur Definition des Begriffs „Rechtsgut", Köln–Berlin–Bonn–München 1972.
Maunz, Theodor – Dürig, Günter – Herzog, Roman. Grundgesetz für die Bundesrepublik Deutschland, 3. Aufl., München 1969 ff.
Maunz, Theodor – Sigloch, Heinrich – Schmidt-Bleibtreu, Bruno – Klein, Franz. Bundesverfassungsgerichtsgesetz, München 1972.
Maurach, Reinhart. Deutsches Strafrecht, Allgemeiner Teil, 4. Aufl., Karlsruhe 1971.
Maurach, Reinhart. Deutsches Strafrecht Besonderer Teil, 5. Aufl., Karlsruhe 1969.
Mayer, Max Ernst. Rechtsnormen und Kulturnormen, Breslau 1903.
Mechler, Achim. Der Verbrecher als Sündenbock der Gesellschaft, ZRP 1971, 1 ff.
Meier-Hayoz, Arthur. Der Richter als Gesetzgeber, Zürich 1951.
Melzer, Michael. Die Neue Sozialverteidigung – ein neuer Begriff in der deutschen Strafrechtsreformdiskussion, JZ 1970, 764.
Melzer, Michael. Die Neue Sozialverteidigung und die deutsche Strafrechtsreformdiskussion, Tübingen 1970.
Menger, Anton. Das Bürgerliche Recht und die besitzlosen Volksklassen, 5. Aufl., Tübingen 1927.
Mennicken, Axel. Das Ziel der Gesetzesauslegung, Bad Homburg–Berlin–Zürich 1970.
Mergen, Armand. Die Kriminologie, Berlin und Frankfurt 1967.
Meyer, Wolfgang. Noch einmal: Wahrheitsbegriff und Rechtswissenschaft, JuS 1973, 202.
Meyer-Cording, Ulrich. Die Rechtsnormen, Tübingen 1971.
Meyer-Ladewig, Jens. Justizstaat und Richterrecht, AcP 161 (1962), 97.
Mezger, Edmund. Der psychiatrische Sachverständige im Prozeß, Beilage zu Band 117 des Archivs für die Civilistische Praxis, Tübingen 1918.

Mezger, Edmund. Die subjektiven Unrechtselemente, GS 89 (1924), 207.
Michel, Helmut. Die verfassungskonforme Auslegung, JuS 1961, 274.
Moench, Dietmar. Die methodologischen Bestrebungen der Freirechtsbewegung auf dem Wege zur Methodenlehre der Gegenwart, Frankfurt a. M. 1971.
Montesquieu, Charles-Louis. Vom Geist der Gesetze (hrsg. v. Ernst Forsthoff), Tübingen 1951.
Moore, G. E. Principia Ethica (übersetzt von Burkhard Wisser), Stuttgart 1970.
Morscher, Edgar – Zecha, Gerhard. Wozu deontische Logik?, ARSP 1972, 363.
Moser, Tilmann. Jugendkriminalität und Gesellschaftsstruktur, Frankfurt a. M. 1970.
Moser, Tilmann. (Hrsg.) Psychoanalyse und Justiz, Frankfurt 1971.
Müller, Friedrich. Juristische Methodik, Berlin 1971.
Müller, Friedrich. Normstruktur und Normativität, Berlin 1966.
v. Münch, Ingo (Hrsg.). Grundgesetz, Kommentar Band 1, Frankfurt a. M. 1974.
Naegeli, Eduard. Das Strafrecht und das Böse, in: Bitter, Wilhelm, Verbrechen – Schuld oder Schicksal?, Stuttgart 1969.
Naucke, Wolfgang. Zur Lehre vom strafbaren Betrug, Berlin 1964.
Naucke, Wolfgang. Der Nutzen der subjektiven Auslegung im Strafrecht, in: Festschrift f. Karl Engisch, Frankfurt 1969, S. 274.
Naucke, Wolfgang. Jurisprudenz und Sozialwissenschaften, Rtheorie 1973, 64.
Naucke, Wolfgang. Rückwirkende Senkung der Promille-Grenze und Rückwirkungsverbot (Art. 103 Abs. 2 GG), NJW 1968, 2321.
Naucke, Wolfgang. Über die juristische Relevanz der Sozialwissenschaften, Frankfurt a. M. 1972.
Naucke, Wolfgang. Über die Zusammenarbeit zwischen Juristen und Rechtssoziologen, in: Lautmann–Maihofer–Schelsky, Jahrbuch I, S. 491.
Naucke, Wolfgang. Urteilsanmerkung, NJW 1972, 832.
Nedelmann, Carl – Thoss, Peter – Bacia, Hubert – Ammann, Walther. Kritik der Strafrechtsreform, Frankfurt a. M. 1968.
Neusel, Werner. Höchstrichterliche Strafgerichtsbarkeit in der Republik von Weimar, Frankfurt a. M. 1972.
Noll, Peter. Gesetzgebungslehre, Reinbek bei Hamburg 1973 (rororo studium).
Noll, Peter. Tatbestand und Rechtswidrigkeit: Die Wertabwägung als Prinzip der Rechtfertigung, ZStW 77 (1965), 1.
Noll, Peter. Übergesetzliche Milderungsgründe aus vermindertem Unrecht, ZStW 68 (1956), 181.
Noll, Peter. Von der Rechtsprechungswissenschaft zur Gesetzgebungswissenschaft, in: Albert-Luhmann-Maihofer-Weinberger, Jahrbuch II, S. 524.
Oehler, Dietrich. In welcher Weise empfiehlt es sich, die Ausbildung der Juristen zu reformieren?, Gutachten E zum 48. Deutschen Juristentag, München 1970.
Opp, Rüdiger – Peuckert, Karl. Ideologie und Fakten in der Rechtsprechung, München 1971.
Otte, Gerhard. Komparative Sätze im Recht, in: Albert–Luhmann–Maihofer–Weinberger, Jahrbuch II, S. 301.
Otte, Gerhard. Zwanzig Jahre Topik-Diskussion: Ertrag und Aufgaben, Rtheorie 1970, 183.
Otto, Harro. Buchbesprechung, MschrKrim 1974, 123.
Otto, Harro. Methode und System in der Rechtswissenschaft, ARSP 1969, 493.
Ostermeyer, Helmut. Die juristische Zeitbombe, München 1973.
Ostermeyer, Helmut. Die Sündenbockprojektion in der Rechtsprechung, ZRP 1970, 241 ff.
Ostermeyer, Helmut. Richter, Recht und Macht, in: Sonnemann, Justiz, S. 31.
Ostermeyer, Helmut. Strafrecht und Psychoanalyse, München 1972.

Ostermeyer, Helmut. Strafunrecht, München 1971 (Reihe Hauser 75).
Palandt, Otto. Bürgerliches Gesetzbuch (bearb. v. Danckelmann, Degenhart, Heinrichs, Keidel, Lauterbach, Putzo und Thomas), 32. Aufl., München 1973.
Parsons, Talcott. The Social System, Glencoe, Ill., 1951.
Paul, Wolf. Kritische Rechtsdogmatik und Dogmatikkritik, in: Kaufmann, Rechtstheorie, S. 53.
Pehle, Rudolf – Stimpel, Walter. Richterliche Rechtsfortbildung usw., Karlsruhe 1969.
Perelmann, Chaim. Über die Gerechtigkeit (Beck'sche Schwarze Reihe Band 45), München 1967 = ARSP 51 (1965), 167.
Peters, Dorothee. Richter im Dienst der Macht, Stuttgart 1973.
Peters, Karl. Urteilsanmerkung, JR 1973, 165.
Pfarr, Heide M. Auslegungstheorie und Auslegungspraxis im Zivil- und Arbeitsrecht der DDR, Berlin 1972.
Philippi, Klaus J. Tatsachenfeststellungen des Bundesverfassungsgerichts, Köln–Berlin–Bonn–München 1971.
Philipps, Lothar. Braucht die Rechtswissenschaft eine deontische Logik?, in: Jahr–Maihofer, Rechtstheorie, S. 352.
Philipps, Lothar. Der Handlungsspielraum, Frankfurt a. M. 1974.
Picker, Henry. Hitlers Tischgespräche im Führerhauptquartier, Bonn 1951.
Pitcher, George. Die Philosophie Wittgensteins, Freiburg–München 1967.
Pfleiderer, Klaus. Die Garantenstellung aus vorangegangenem Tun, Berlin 1968.
Platzgummer, Winfried. Die Bewußtseinsformen des Vorsatzes, Wien 1964.
Podgorecki, Adam. Dreistufen-Hypothese über die Wirksamkeit des Rechts, in: Hirsch–Rehbinder, Studien, S. 271.
Podlech, Adalbert. Gehalt und Funktionen des allgemeinen verfassungsrechtlichen Gleichheitssatzes, Berlin 1971.
Podlech, Adalbert. Wertungen und Werte im Recht, AöR 95 (1970), 185.
Popper, Karl R. Conjectures and Refutations, New York und Evanston 1965.
Popper, Karl R. Die Logik der Sozialwissenschaften, zitiert aus: Adorno u. a., Positivismusstreit, S. 103.
Popper, Karl R. Falsche Propheten (Die offene Gesellschaft und ihre Feinde, Band II), 3. Aufl., Bern und München 1973.
Popper, Karl R. Logik der Forschung, 4. Aufl., Tübingen 1971.
Popper, Karl R. Objektive Erkenntnis, Hamburg 1973.
Popper, Karl R. The Demarcation Between Science and Metaphysics, in: Conjectures, S. 253.
Popper, Karl R. What is Dialectic?, in: Popper, Conjectures, S. 312 = Was ist Dialektik?, in: Topitsch, Logik, S. 262.
Priester, Jens-Michael. Rechtstheorie als analytische Wissenschaftstheorie, in: Jahr–Maihofer (Hrsg.), Rechtstheorie, S. 13.
Prim, Rolf – Tilmann, Heribert. Grundlagen einer kritisch-rationalen Sozialwissenschaft, Heidelberg 1973.
Quine, Willard van Orman. Philosophie der Logik, Stuttgart–Berlin–Köln–Mainz 1973.
Radbruch, Gustav. Die Natur der Sache als juristische Denkform, in: Festschr. f. Rudolf Laun, S. 157, Hamburg 1948.
Radbruch, Gustav. Einführung in die Rechtswissenschaft (hrsg. v. Konrad Zweigert), 11. Aufl., Stuttgart 1964.
Radbruch, Gustav. Gesetzliches Unrecht und übergesetzliches Recht, zitiert aus: Radbruch, Rechtsphilosophie, S. 347.
Radbruch, Gustav. Grundzüge der Rechtsphilosophie, Leipzig 1914.

Radbruch, Gustav. Klassenbegriffe und Ordnungsbegriffe im Rechtsdenken, Internat. Zeitschrift f. Theorie des Rechts 12 (1938), 46.

Radbruch, Gustav. Rechtsidee und Rechtsstoff, ARWP 17 (1923/24), 343.

Radbruch, Gustav. Rechtsphilosophie, hrsg. v. E. Wolf, 7. Aufl., Stuttgart 1970.

Raiser, Thomas. Einführung in die Rechtssoziologie, 2. Aufl., Berlin 1973.

Ramm, Thilo. Einführung in das Privatrecht, Allgemeiner Teil des BGB, Bd. 1–3, München 1969/70.

Rasehorn, Theo. Rechtlosigkeit als Klassenschicksal, Vorgänge 1973, 5.

Rasehorn, Theo. Recht und Klassen, Darmstadt und Neuwied 1974.

Rasehorn, Theo. Über den langen Marsch ..., in: Wassermann, Justizreform, S. 32.

Rasehorn, Theo. Was formt den Richter?, in: Böhme, Hintergründe, S. 1.

Rasehorn, Theo – Ostermeyer, Helmut – Huhn, Diether – Hasse, Fritz. Im Namen des Volkes?, Neuwied und Berlin 1968.

Redeker, Konrad. Legitimation und Grenzen richterlicher Rechtsetzung, NJW 1972, 409.

Rehbinder, Manfred – Schelsky, Helmut (Hrsg.). Zur Effektivität des Rechts, Jahrbuch für Rechtssoziologie und Rechtstheorie Band III, Düsseldorf 1972.

Reich, Norbert. Sociological Jurisprudence und Legal Realism im Rechtsleben Amerikas, Heidelberg 1967.

Reik, Theodor. Geständniszwang und Strafbedürfnis, zitiert aus: Moser, Psychoanalyse und Justiz S. 9.

Reiwald, Paul. Die Gesellschaft und ihre Verbrecher, Frankfurt 1973 (Suhrkamp Taschenbuch 130).

Rheinstein, Max. Wer wacht über die Wächter?, JuS 1974, 409.

Richter, Walther. Zur Bedeutung der Herkunft des Richters für die Entscheidungsbildung, Berlin 1973.

Rickert, Heinrich. Die Grenzen der naturwissenschaftlichen Begriffsbildung, 2. Aufl., Tübingen 1913.

Roellecke, Gerd. Grundfragen der juristischen Methodenlehre und die Spätphilosophie Ludwig Wittgensteins, in: Festschr. f. Gebhard Müller, Tübingen 1970, S. 323.

Rosenbaum, Wolf. Naturrecht und positives Recht, Neuwied und Darmstadt 1972.

Rosenthal, Walther. Die Justiz in der Sowjetzone, Bonn–Berlin 1962.

Ross, Alf. On Law and Justice, London 1958.

Roth-Stielow, Klaus. Das Ärgernis vom „historischen Gesetzgeber" in der Rechtsprechung, NJW 1970, 2057.

Roth-Stielow, Klaus. Grundgesetz und Rechtsanwendung, München 1972.

Rottleuthner, Hubert. Klassenjustiz?, KritJ 1969, 1 ff.

Rottleuthner, Hubert. Rechtswissenschaft als Sozialwissenschaft, Frankfurt 1973 (Fischerbücherei 6514).

Rottleuthner, Hubert. Richterliches Handeln, Frankfurt 1973.

Rottleuthner, Hubert. Zur Soziologie richterlichen Handelns, KritJ 1970, 283 ff.

Rottleuthner, Hubert. Zur Soziologie richterlichen Handelns II, KritJ 1971, 60 ff.

Roxin, Claus. Diskussionsbeitrag, ZStW 82 (1970), 1125.

Roxin, Claus. Kriminalpolitik und Strafrechtssystem, 2. Aufl., Berlin–New York 1973.

Roxin, Claus. Kriminalpolitische Überlegungen zum Schuldprinzip, MschrKrim 1973, 316.

Roxin, Claus. Literaturbericht, Allgemeiner Teil, ZStW 77 (1965), 60.

Roxin, Claus. Literaturbericht, Strafrecht Allgemeiner Teil, ZStW 80 (1968), 694.

Roxin, Claus. Offene Tatbestände und Rechtspflichtmerkmale, 2. Aufl., Berlin 1970.

Roxin, Claus. Pflichtwidrigkeit und Erfolg bei fahrlässigen Delikten, zitiert aus: Roxin, Grundlagenprobleme, S. 147.
Roxin, Claus. Sinn und Grenzen staatlicher Strafe, in: Roxin, Grundlagenprobleme, S. 1.
Roxin, Claus. Sittlichkeit und Kriminalität, in: Baumann, Strafrechtsreform, S. 156.
Roxin, Claus. Strafrechtliche Grundlagenprobleme, Berlin–New York 1973.
Roxin, Claus. Täterschaft und Tatherrschaft, 2. Aufl., Hamburg 1967.
Roxin, Claus. Urteilsanmerkung, JR 1974, 117.
Roxin, Claus – Schünemann, Bernd – Haffke, Bernhard. Strafrechtliche Klausurenlehre mit Fallrepetitorium, Köln–Berlin–Bonn–München 1973.
Rüthers, Bernd. Die unbegrenzte Auslegung (Fischer Athenaeum Taschenbuch), Neuauflage Frankfurt a. M. 1973.
Rüthers, Bernd. Institutionelles Rechtsdenken im Wandel der Verfassungsepochen, Bad Homburg–Berlin–Zürich 1970.
Rudolphi, Hans-Joachim. Diskussionsbeitrag, zitiert nach: Hünerfeld, Diskussionsbeiträge.
Rudolphi, Hans-Joachim. Ist die Teilnahme an einer Notstandstat i. S. der §§ 52, 53 Abs. 3 und 54 StGB strafbar?, ZStW 78 (1966), 67.
Rudolphi, Hans-Joachim. Unrechtsbewußtsein, Verbotsirrtum und Vermeidbarkeit des Verbotsirrtums, Göttingen 1969.
Rupp, Hans-Heinrich. Die Bindung des Richters an das Gesetz, NJW 1973, 1769.
Ryffel, Hans. Bedingende Faktoren der Effektivität des Rechts, in: Rehbinder–Schelsky, Jahrbuch III, S. 225.
Rusheweyh, H. Herrschaft des Richters oder der Anwälte im deutschen Strafprozeß?, SchlHA 1959, 277.
Ryle, Gilbert. Der Begriff des Geistes, Stuttgart 1969.
Sack, Fritz. Klassenjustiz und Selektionsprozesse, Vorgänge 1973, 55.
Säcker, Franz-Jürgen. Die Konkretisierung vager Rechtssätze durch Rechtswissenschaft und Praxis, ARSP 1972, 215.
Säcker, Franz-Jürgen. Grundprobleme der kollektiven Koalitionsfreiheit, Düsseldorf 1969.
Säcker, Franz-Jürgen. Urteilsanmerkung, NJW 1968, 708.
Saerbeck, Klaus. Beginn und Ende des Lebens als Rechtsbegriffe, Berlin–New York 1974.
Samson, Erich. Hypothetische Kausalverläufe im Strafrecht, Frankfurt a. M. 1972.
Sartorius, Rolf. The Concept of Law, ARSP 1966, 161.
Sauer, Wilhelm. Juristische Methodenlehre, Neudruck Aalen 1970.
v. Savigny, Eike. Analytische Philosophie, Freiburg-München 1970.
v. Savigny, Eike. Die Jurisprudenz im Schatten des Empirismus, in: Albert–Luhmann–Maihofer–Weinberger, Jahrbuch II, S. 97.
v. Savigny, Eike. Die Philosophie der normalen Sprache, Frankfurt a. M. 1969.
v. Savigny, Eike. Die Überprüfbarkeit der Strafrechtssätze, Freiburg–München 1967.
v. Savigny, Eike. Grundkurs im wissenschaftlichen Definieren, 2. Aufl., München 1971 (dtv Wiss. Reihe).
v. Savigny, Eike. Philosophie und normale Sprache (Hrsg.), Freiburg–München 1969.
v. Savigny, Friedrich Carl. Juristische Methodenlehre, hrsg. v. G. Wesenberg, Stuttgart 1951.
v. Savigny, Friedrich Carl. System des heutigen Römischen Rechts, Band I, Berlin 1840.
Sax, Walter. Das strafrechtliche „Analogieverbot“, Göttingen 1953.
v. Scanzoni, G. Urteilsanmerkung, JW 1929, 885.
Schaff, Adam. Sprache und Erkenntnis, Reinbek bei Hamburg 1974.
Schaffstein, Friedrich. Spielraum-Theorie, Schuldbegriff und Strafzumessung nach den Strafrechtsreformgesetzen, in: Festschr. f. Wilhelm Gallas, Berlin 1973, S. 99.

Schaffstein, Friedrich. Zur Problematik der teleologischen Begriffsbildung im Strafrecht, in: Leipziger Festschr. f. Richard Schmidt, Leipzig 1936, S. 47.
Scheler, Max. Der Formalismus in der Ethik und die materiale Wertethik, 4. Aufl., Bern 1954.
Scheuerle, Wilhelm A. Beiträge zum Problem der Trennung von Tat- und Rechtsfrage, AcP 157 (1958/59), 1.
Scheuner, Ulrich. Der Bereich der Regierung, in: Festschr. f. Rudolf Smend, Göttingen 1952, S. 253.
Schleiermacher, Fr. D. E. Hermeneutik (hrsg. v. Heinz Kimmerle), Heidelberg 1959.
Schlink, Bernhard. Inwieweit sind juristische Entscheidungen mit entscheidungstheoretischen Modellen theoretisch zu erfassen und praktisch zu bewältigen?, in: Albert–Luhmann–Maihofer–Weinberger, Jahrbuch II, S. 322.
Schmid, Richard. Weltanschauliche Hintergründe in der Strafrechtsprechung, in: Böhme, Hintergründe, S. 31.
Schmidhäuser, Eberhard. Strafrecht Allgemeiner Teil, Tübingen 1970.
Schmidt, Jürgen. Das Denken in Standards, ARSP 1973, 257.
Schmidt, Jürgen. Noch einmal: Wahrheitsbegriff und Rechtswissenschaft, JuS 1973, 204.
Schmidt-Bleibtreu, Bruno – Klein, Franz. Kommentar zum Grundgesetz für die Bundesrepublik Deutschland, 2. Aufl., Neuwied–Berlin 1969.
Schmidt-Salzer, Joachim. Der Beurteilungsspielraum der Verwaltungsbehörden, Berlin 1968.
Schneider, Egon. Logik für Juristen, 2. Aufl., München 1972.
Schneider, Hans Peter. Richterrecht, Gesetzesrecht und Verfassungsrecht, Frankfurt a. M. 1969.
Schnelle, Helmut. Sprachphilosophie und Linguistik (rororo Studium), Reinbek bei Hamburg 1973.
Schöch, Heinz. Strafzumessungspraxis und Verkehrsdelinquenz, Stuttgart 1973.
Schöne, Wolfgang. Das Vereiteln von Gläubigerrechten, JZ 1973, 446.
Schönke, Adolf – Schröder, Horst. Strafgesetzbuch, 17. Aufl., München 1974.
Schopenhauer, Arthur. Die Welt als Wille und Vorstellung, Band I und II der Sämmtlichen Werke in sechs Bänden, Leipzig o. J. (Reclam).
Schorn, Hubert. Der Richter im Dritten Reich, Frankfurt a. M. 1959.
Schreiber, Hans-Ludwig. Rückwirkungsverbot bei einer Änderung der Rechtsprechung im Strafrecht?, JZ 1973, 713.
Schreiber, Rupert. Die Geltung von Rechtsnormen, Berlin–Heidelberg–New York 1966.
Schreiber, Rupert. Logik des Rechts, Berlin–Göttingen–Heidelberg 1962.
Schroeder, Friedrich-Christian. Die Bestimmtheit von Strafgesetzen am Beispiel des groben Unfugs, JZ 1969, 775.
Schröder, Horst. Urteilsanmerkung, JZ 1966, 648.
Schröder, Meinhard. Urteilsanmerkung, NJW 1972, 675.
Schünemann, Bernd. Das strafprozessuale Wiederaufnahmeverfahren und der Grundsatz „in dubio pro reo", ZStW 84 (1972), 870.
Schünemann, Bernd. Der besondere Beitrag – Rundum betrachtet, JA 1972, 633, 703, 775.
Schünemann, Bernd. Die Stellung der Unterschlagungstatbestände im System der Vermögensdelikte, JuS 1968, 114.
Schünemann, Bernd. Grund und Grenzen der unechten Unterlassungsdelikte, Göttingen 1971.
Schünemann, Bernd. Urteilsanmerkung, NJW 1974.
Schultz-Hencke, Harald. Einführung in die Psychoanalyse, Unveränd. Nachdruck, Göttingen 1972.

Schulz, Walter. Anmerkungen zur Hermeneutik Gadamers, in: Bubner–Cramer–Wiehl, Hermeneutik I, S. 305.

Schumann, Ekkehard. Das Rechtsverweigerungsverbot, ZZP 81 (1968), 79.

Schuppert, Gunnar Folke. Verfassungsgerichtsbarkeit und Politik, ZRP 1973, 257.

Schuster, Cynthia A. Peter Glasen über die Kognitivität moralischer Urteile, zitiert aus: v. Savigny, Philosophie und normale Sprache, S. 157.

Schwerdtner, Peter. Rechtswissenschaft und kritischer Rationalismus, Rtheorie 1971, 67, 224.

Schwerdtner, Peter. Vorverständnis und Methodenwahl in der Rechtsfindung, JuS 1972, 357.

Schwerdtner, Peter. Wie politisch ist das Recht?, ZRP 1969, 136.

Schwinge, Erich. Teleologische Begriffsbildung im Strafrecht, Bonn 1930.

Searle, John R. Sprechakte (übersetzt von R. Wiggershaus), Frankfurt a. M. 1971.

Seiffert, Helmut. Einführung in die Wissenschaftstheorie 1, 3. Aufl., München 1971.

Seiffert, Helmut. Marxismus und bürgerliche Wissenschaft, München 1971.

Serick, Rolf. Eigentumsvorbehalt und Sicherungsübertragung, Bd. I–III, Heidelberg 1963–1970.

Seuffert, Walter. Die Abgrenzung der Tätigkeit des Bundesverfassungsgerichts gegenüber der Gesetzgebung und der Rechtsprechung, NJW 1969, 1369.

Siegert, Rainer. Die Gefangenenbefreiung, JZ 1973, 308.

Simitis, Spiros. Die Bedeutung von System und Dogmatik – dargestellt an rechtsgeschäftlichen Problemen des Massenverkehrs, AcP 172 (1972), 131.

Sinnreich, Johannes (Hrsg.). Zur Philosophie der idealen Sprache (dtv Wissenschaftliche Reihe), München 1972.

Skouris, Wassilios. Teilnichtigkeit von Gesetzen, Berlin 1973.

Somló, Felix. Juristische Grundlehre, Leipzig 1917.

Sonnemann, Ulrich (Hrsg.). Wie frei ist unsere Justiz, München 1969.

Spanner, Hans. Die verfassungskonforme Auslegung in der Rechtsprechung des Bundesverfassungsgerichts, AöR 91 (1966), 503.

Spendel, Günter. Zur Lehre vom Strafmaß, Frankfurt a. M. 1954.

Staff, Ilse (Hrsg.). Justiz im Dritten Reich, Frankfurt a. M. 1964.

Stammler, Rudolf. Wirtschaft und Recht nach der materialistischen Geschichtsauffassung, 5. Aufl., Berlin-Leipzig 1924.

Stegmüller, Wolfgang. Das Wahrheitsproblem und die Idee der Semantik, 2. Aufl., Nachdruck 1972, Wien–New York 1972.

Stegmüller, Wolfgang. Hauptströmungen der Gegenwartsphilosophie (Kröners Taschenausgabe Band 308), 4. Aufl., Stuttgart 1969.

Stegmüller, Wolfgang. Personelle und statistische Wahrscheinlichkeit, Probleme und Resultate der Wissenschaftstheorie und Analytischen Philosophie, Band IV, 1, Berlin–Heidelberg–New York 1973.

Stegmüller, Wolfgang. Theorie und Erfahrung, Probleme und Resultate der Wissenschaftstheorie und Analytischen Philosophie Band II, Berlin–Heidelberg–New York 1970.

Stegmüller, Wolfgang. Wissenschaftliche Erklärung und Begründung, Probleme und Resultate der Wissenschaftstheorie und Analytischen Philosophie, Band I, Berlin–Heidelberg–New York 1969.

Stein, Erwin. Die verfassungsrechtlichen Grenzen der Rechtsfortbildung durch die Rechtsprechung, NJW 1964, 1745.

Strache, Karl-Heinz. Das Denken in Standards, Berlin 1968.

Stratenwerth, Günther. Das rechtstheoretische Problem der „Natur der Sache", Tübingen 1957.

Stratenwerth, Günther. Handlungs- und Erfolgsunrecht im Strafrecht, SchwZStrR 79 (1963), 233.

Stratenwerth, Günther. Strafrecht Allgemeiner Teil, Köln-Berlin-Bonn-München 1971.

Stratenwerth, Günther. Tatschuld und Strafzumessung (Recht u. Staat H. 406/7), Tübingen 1972.

Stratenwerth, Günther. Zum juristischen Begriff des Todes, in: Festschr. f. Karl Engisch, Frankfurt a. M. 1969, S. 528.

Ströker, Elisabeth. Einführung in die Wissenschaftstheorie, Darmstadt 1973.

Strombach, Werner. Die Gesetze unseres Denkens, 2. Aufl., München 1971.

Struck, Gerhard. Topische Jurisprudenz, Frankfurt a. M. 1971.

Swarzenski, Martin. Justizforschung als Psychologie der Urteilstätigkeit des Berufsrichters, JuS 1973, 194.

Tammelo, Ilmar. Drei rechtswissenschaftliche Aufsätze, Willsbach u. Heidelberg 1948.

Tammelo, Ilmar. Rechtslogik und materiale Gerechtigkeit, Frankfurt a. M. 1971.

Tammelo, Ilmar. The „Nature of Things" and the Objective Import of Value Judgments, ARSP 1969, 259.

Tarski, Alfred. Die semantische Konzeption der Wahrheit und die Grundlagen der Semantik, zitiert aus: Sinnreich, Sprache, S. 53.

Tomuschat, Christian. Verfassungsgewohnheitsrecht?, Heidelberg 1972.

Topitsch, Ernst. (Hrsg.) Logik der Sozialwissenschaften, 7. Aufl., Köln-Berlin 1971.

Topitsch, Ernst. Mythos, Philosophie, Politik, Freiburg 1969.

Topitsch, Ernst (Hrsg.) Probleme der Wissenschaftstheorie, Festschr. f. Victor Kraft, Wien 1960.

Topitsch, Ernst. Sozialphilosophie zwischen Ideologie und Wissenschaft, 2. Aufl., Neuwied u. Berlin 1966.

Topitsch, Ernst. Über Leerformeln, in: Topitsch (Hrsg.), Probleme, S. 233.

Tröndle, Herbert. Aus der Arbeit des Strafrechtsausschusses des DRB, DRiZ 1968, 123.

Tröndle, Herbert. Zur Frage der Berufung in Strafsachen – Rückschau und Ausblick, GA 1967, 161.

Venzlaff, Friedrich. Über die Schlüsselstellung des Rechtsgefühls bei der Gesetzesanwendung, Frankfurt a. M. 1973.

Viehweg, Theodor. Ideologie und Rechtsdogmatik, in: Maihofer (Hrsg.), Ideologie, S. 33.

Viehweg, Theodor. Notizen zu einer rhetorischen Argumentationstheorie der Rechtsdisziplin, in: Albert–Luhmann–Maihofer–Weinberger, Jahrbuch II, S. 439.

Viehweg, Theodor. Systemprobleme in Rechtsdogmatik und Rechtsforschung, in: A. Diemer (Hrsg.), System, S. 96.

Viehweg, Theodor. Topik und Jurisprudenz, 3. Aufl. 1963 und 5. Aufl., München 1974.

Vogel, Thilo. Zur Praxis und Theorie der richterlichen Bindung an das Gesetz im gewaltenteilenden Staat, Berlin 1969.

Vollkommer, Max. Gerichtsstandsbegründung durch allgemeine Geschäftsbedingungen und Formularverträge, NJW 1973, 1591.

Wagner, Heinz – Haag, Karl. Die moderne Logik in der Rechtswissenschaft, Bad Homburg–Berlin–Zürich 1970.

Waismann, Friedrich. Verifiability, in: Flew (Hrsg.), Essays, S. 117; auch zitiert nach der deutschen Übersetzung: Verifizierbarkeit, in: Bubner (Hrsg.), Sprache, S. 154.

Wassermann, Rudolf. Der neue Richtertyp, in: Wassermann, Justizreform, S. 11.

Wassermann, Rudolf. Der politische Richter, München 1972.
Wassermann, Rudolf (Hrsg.), Erziehung zum *Establishment*, Karlsruhe 1969.
Wassermann, Rudolf. Erziehung zum Establishment?, in: Wassermann, Establishment, S. 33.
Wassermann, Rudolf (Hrsg.) Justizreform, Darmstadt 1970.
Wassermann, Rudolf. Richter, Reform, Gesellschaft, Karlsruhe 1970.
Watzlawick, Paul – Beavin, Janet H. – Jackson, Don D. Menschliche Kommunikation, 4. Aufl., Bern–Stuttgart–Wien 1974.
Weber, Max. Der Sinn der „Wertfreiheit" der soziologischen und ökonomischen Wissenschaften, in: Weber, Aufsätze, S. 489.
Weber, Max. Gesammelte Aufsätze zur Wissenschaftslehre (hrsg. v. Johannes Winckelmann), 4. Aufl., Tübingen 1973.
Weber, Max. Rechtssoziologie, 2. Aufl., Neuwied u. Berlin 1967.
Weber, Werner. Spannungen und Kräfte im westdeutschen Verfassungssystem, 2. Aufl., Stuttgart 1958.
Weinberger, Ota. Bemerkungen zur Grundlegung der Theorie des juristischen Denkens, in: Albert–Luhmann–Maihofer–Weinberger, Jahrbuch II, S. 134.
Weinberger, Ota. Fundamental Problems of the Theory of Legal Reasoning, ARSP 1972, 305.
Weinberger, Ota. Jurisprudenz zwischen Logik und Plausibilitätsargumentation, JurA 1971, 75.
Weinberger, Ota. Rechtslogik, Wien–New York 1970.
Weinberger, Ota. Topik und Plausibilitätsargumentation, ARSP 59 (1973), 17.
Weinkauff, Hermann (Hrsg.). Die deutsche Justiz und der Nationalsozialismus, Band I, Stuttgart 1968.
Weinke, Kurt. Einige zentrale Probleme der Ethik, ARSP 1972, 380.
Weiss, Manfred. Die Theorie der richterlichen Entscheidungstätigkeit in den Vereinigten Staaten von Amerika, Frankfurt a. M. 1971.
Wellmer, Albrecht. Methodologie als Erkenntnistheorie, Frankfurt a. M. 1967.
Welzel, Hans. Das Deutsche Strafrecht, 11. Aufl., Berlin 1969.
Welzel, Hans. Naturalismus und Wertphilosophie im Strafrecht, Leipzig–Mannheim–Berlin 1935.
Welzel, Hans. Naturrecht und materiale Gerechtigkeit, 1. Aufl. 1951, 2. Aufl. 1955, 3. Aufl. 1960, 4. Aufl. Göttingen 1962.
Welzel, Hans. Vom Bleibenden und vom Vergänglichen in der Strafrechtswissenschaft, Marburg 1964.
Wessels, Johannes. Strafrecht Allgemeiner Teil, 2. Aufl., Karlsruhe 1972.
Westermann, Harry. Sachenrecht, 5. Aufl., Karlsruhe 1966.
Weyrauch, Walter O. Zum Gesellschaftsbild des Juristen, Neuwied-Berlin 1970.
Wieacker, Franz. Buchbesprechung von „Canaris, Systemdenken usw.", Rtheorie 1970, 107.
Wieacker, Franz. Gesetz und Richterkunst, Karlsruhe 1958.
Wieacker, Franz. Notizen zur rechtshistorischen Hermeneutik, Nachrichten der Akademie der Wissenschaften in Göttingen, Phil.-histor. Klasse, Göttingen 1963.
Wieacker, Franz. Privatrechtsgeschichte der Neuzeit, 2. Aufl., Göttingen 1967.
Wieacker, Franz. Vom römischen Recht, 2. Aufl., Stuttgart 1961.
Wieacker, Franz. Zur praktischen Leistung der Rechtsdogmatik, in: Bubner–Cramer–Wiehl, Hermeneutik II, S. 311.
Wiethölter, Rudolf. Anforderungen an den Juristen heute, in: Wassermann, Establishment, S. 3.
Wiethölter, Rudolf. Rechtswissenschaft, Frankfurt 1968.

Winter, Gerd – Schumann, Karl F. Sozialisation und Legitimierung des Rechts im Strafverfahren, in: Rehbinder-Schelsky, Jahrbuch III, S. 529 ff. (s. auch Schumann-Winter).
Wittgenstein, Ludwig. Philosophische Untersuchungen, zitiert aus: Wittgenstein, Schriften I, S. 279.
Wittgenstein, Ludwig. Schriften I, Frankfurt a. M. 1969.
Wittgenstein, Ludwig. Tractatus logico-philosophicus, zitiert aus: Wittgenstein, Schriften I, S. 11.
Wolf, Ernst. Tatsächliches Arbeitsverhältnis, tatsächliche Übung und tatsächliche Ordnung, JZ 1971, 273.
Wolf, Erik. Strafrechtliche Schuldlehre, Mannheim-Berlin-Leipzig 1928.
Wolff, Hans Julius. Rechtsgrundsätze und verfassungsgestaltende Grundentscheidungen als Rechtsquellen, in: Gedächtnisschrift für Walter Jellinek, München 1955, S. 33.
Wolff, Hans Julius. Typen im Recht und in der Rechtswissenschaft, Studium Generale 1952, 195.
Würtenberger, Thomas. Die geistige Situation der deutschen Strafrechtswissenschaft, 2. Aufl., Karlsruhe 1959.
Zacher, Ewald. Der Begriff der Natur und das Naturrecht, Berlin 1973.
Zapf, Wolfgang (Hrsg.). Beiträge zur Analyse der deutschen Oberschicht, 2. Aufl., München 1965.
Zeidler, Klaus. Urteilsanmerkung, DÖV 1960, 23.
Ziegler, Rolf. Typologien und Klassifikationen, in: Albrecht-Daheim-Sack, Soziologie S. 11.
Zielinski, Diethart. Geld- und Wertzeichenfälschung nach dem Entwurf eines EGStGB, JZ 1973, 193.
Zimmermann, Theo. Der Wortlaut des Gesetzes im Spiegel höchstrichterlicher Rechtsprechung, NJW 1956, 1262 ff.
Zimmermann, Theo. Die Verbindung von subjektiver und objektiver Auslegungsmethoden, JBl. 1953, 585 ff.
Zimmermann, Theo. Mehrstufige Rechtsfindung als Verbindung von subjektiver und objektiver Auslegungsmethode, NJW 1954, 1628 ff.
Zippelius, Reinhold. Allgemeine Staatslehre, München 1969.
Zippelius, Reinhold. Die Verwendung von Typen in Normen und Prognosen, in: Festschr. f. Karl Engisch, Frankfurt a. M. 1969, S. 224.
Zippelius, Reinhold. Einführung in die juristische Methodenlehre, München 1971.
Zippelius, Reinhold. Problemjurisprudenz und Topik, NJW 1967, 2229.
Zippelius, Reinhold. Rechtsnorm und richterliche Entscheidungsfreiheit, JZ 1970, 241.
Zippelius, Reinhold. Über die Wahrheit von Werturteilen, in: Festschr. f. Theodor Maunz, München 1971, S. 507.
Zippelius, Reinhold. Zum Problem der Rechtsfortbildung, NJW 1964, 1981.
Zuck, Rüdiger. Die Verfassungsgerichtsbarkeit in der anwaltlichen Praxis, NJW 1973, 1255.
Zuck, Rüdiger. Political-Question-Doktrin, Judicial-self-restraint und das Bundesverfassungsgericht, JZ 1974, 361.
Zuck, Rüdiger. Zur Reform des Verfahrens vor dem Bundesverfassungsgericht, ZRP 1973, 233.
Zweigert, Konrad – Kötz, Hein. Die Bedeutung des Rückwirkungsverbots für die Auslegung von Steuergesetzen, BB 1969, 453.
Zwingmann, Klaus. Zur Soziologie des Richters in der Bundesrepublik Deutschland, Berlin 1966.

ZWEITER TEIL Zum Verhältnis von Norm und Sachverhalt bei der Rechtsanwendung und von Ober- und Untersatz im Justizsyllogismus

I. Zum Verhältnis von Rechtsnorm und Sachverhalt: Assimilationsthese und Typuskonzept

1. *Arthur Kaufmann*, mein verehrter Amtsvorgänger auf dem Münchener Lehrstuhl für Strafrecht und Rechtsphilosophie und in der Leitung des Institutes für Rechtsphilosophie und Rechtsinformatik, hat in seiner berühmten Studie über „Analogie und Natur der Sache“[1] die Rechtsfindung als „Assimilation von Lebenssachverhalt und Norm“ beschrieben: „Die Norm liegt auf der Ebene des begrifflich formulierten Sollens, der Sachverhalt auf der Ebene der empirischen Faktizität. Sie müssen daher, bevor der logische Syllogismus einsetzen kann, erst *gleichgemacht* werden, ... (wobei) man weder den ‚Obersatz‘ noch den ‚Untersatz‘ des sog. juristischen Schlusses isoliert je für sich ermitteln kann, (so) dass darum Rechtsfindung nie einfach nur ein logischer Syllogismus ist, sondern ein Hand in Hand gehendes Hinübertasten vom Bereich des Seins in den Bereich des Sollens und vom Bereich des Sollens in den Bereich des Seins, ein Wiedererkennen der Norm im Sachverhalt und des Sachverhalts in der Norm.“[2]

Diese *Assimilation* „setzt nun aber voraus, dass es ein Tertium gibt, [...] einen Mittler zwischen Sollen und Sein“,[3] den *Kaufmann* in der „Natur der Sache“ erblickt, welche in ihrer „Strukturverschlingung von Sein und Sollen“ auf den *Typus* verweise, der als normativer Typus die Mitte zwischen Rechtsidee und Lebenssachverhalt verkörpere.[4] Im Unterschied zum abstrakt-allgemeinen Klassenbegriff, der durch eine begrenzte Anzahl isolierender Merkmale definiert werde, sei der Typus nicht definierbar, sondern nur annäherungsweise zu beschreiben; er habe keine festen Grenzen, so dass von den für ihn charakteristischen Zügen auch der eine oder andere fehlen könne; und es könne deshalb auch nicht unter ihn subsumiert, sondern ihm nur ein konkreter Sachverhalt in höherem oder geringerem Grade zugeordnet und zu ihm in Entsprechung gebracht werden.[5]

Obwohl in der ganzen Schrift das Wort „Hermeneutik“ nicht einmal fällt[6] und obwohl die vorstehend wiedergegebenen Thesen nicht mit *Schleiermacher*, *Dilthey* und *Gadamer*, sondern mit der Formel vom „Hin- und Herwandern des

---

1 *Arthur Kaufmann*, Analogie und „Natur der Sache“ – Zugleich ein Beitrag zur Lehre vom Typus, 1. Aufl. 1965, 2. Aufl. 1982

2 A. a. O. (Fn. 1), S. 37, 39.

3 A. a. O. (Fn. 1), S. 44.

4 A. a. O. (Fn. 1), S. 46–48.

5 A. a. O. (Fn. 1), S. 47–49.

6 So *Kaufmann* selbst im Nachwort zur 2. Auflage, a. a. O., S. 77.

https://doi.org/10.1515/9783110648188-005

Blickes zwischen Obersatz (scil. Norm) und Lebenssachverhalt“ des Münchener Amtsvorgängers *Engisch*[7] und der Abhandlung des Lehrers *Radbruch* über „Klassenbegriffe und Ordnungsbegriffe im Rechtsdenken“[8] verknüpft werden, darf man sie getrost als „den“ Katechismus der (*ontologischen*) *juristischen Hermeneutik* bezeichnen, der schließlich auch in deren zentrale Denkfiguren ausmündet, nämlich das produktive und unentbehrliche „Vor-Urteil“ i. S. des *Vorverständnisses* und die Verneinung eines vitiösen „Denk-Zirkels“ i. S. des in Wirklichkeit auf eine „Spirale“ hinauslaufenden[9] *hermeneutischen Zirkels*.[10]

Wem dieser Nexus noch zu locker ist, der lasse sich durch die 21 Jahre später erschienene Abhandlung über „Juristische Hermeneutik“ von *Kaufmanns* Schüler *Winfried Hassemer* belehren, wo wir diesen Thesen als reifen Früchten einer Hermeneutik wiederbegegnen, die im Stande sei, „die Wissenschaftlichkeit der Rechtswissenschaft neu diskutierbar zu machen und anspruchsvoll zu begründen“, und deshalb bei *Hassemer* auch schärfere und riskantere Formulierungen gebiert, so wenn der Gleichsetzung von Gesetzesanwendung mit Subsumtion eine theoretisch naive und praktisch bornierte Sichtweise attestiert und Verstehen als „ein sich entwickelnder Prozess von Annäherungen“ charakterisiert wird, „der sowohl das verstehende Subjekt als auch den zu verstehenden Gegenstand aufeinander zubewegt und sie mithin aneinander verändert“, weshalb es ausgeschlossen sei, „gelingendes Verstehen (wahre Erkenntnis) abmessen und nachmessen zu können.“[11]

2. Die These, dass sich Subjekt und Objekt bei der Interpretation aufeinander zubewegen und aneinander verändern würden – in den Worten *Arthur Kaufmanns* die „Aufhebung des Subjekt-Objekt-Schemas für das Verstehensphänomen[12] –, die den Kern der „neuen“ ontologischen Hermeneutik ausmacht, hat in den letzten beiden Jahrzehnten im rechtsphilosophischen Schrifttum so viele

---

7 *Engisch*, Logische Studien zur Gesetzesanwendung, 2. Auflage 1960, S. 15.

8 Klassenbegriffe und Ordnungsbegriffe im Rechtsdenken, in: Internat. Zeitschr. f. Theorie des Rechts 1938, 46 ff.

9 Das Bild der hermeneutischen Spirale wurde, soweit ersichtlich, von W. *Hassemer* geprägt, in: Tatbestand und Typus, 1968, S. 107 ff.; offenbar unabhängig davon ist es sodann aber auch von *Stegmüller* in seiner Kritik des hermeneutischen Zirkels formuliert worden, in: *Hübner/Menne* (Hrsg.), Natur und Geschichte, X. Deutscher Kongress für Philosophie 1973, S. 21 ff., hier zitiert aus: *Stegmüller*, Das Problem der Induktion pp., 1975, S. 63, 69. Näher dazu nachfolgend im Vierten Teil, S. 315 ff.

10 A. a. O. (Fn. 1), S. 58, hier unter ausdrücklichem Hinweis auf *Gadamer*.

11 W. *Hassemer*, ARSP 72 (1986), 195 ff., besonders 201 ff.; die wörtlichen Zitate des Textes finden sich auf S. 196 und S. 208 f.

12 Zuletzt in Jura 1992, 236.

Anhänger gefunden,[13] dass sie allmählich wie ein vertrautes Möbelstück die Inneneinrichtung des herrschenden Rechtsverständnisses zu zieren beginnt und weder der in ihr enthaltene Sprengstoff noch ihr offensichtlicher Widerspruch zu den Alltagserfahrungen des Juristen nennenswerte Beachtung erfährt. Denn wenn die Richtigkeit des Verstehens nur innerhalb des konkreten Verstehensprozesses aufgewiesen werden kann und wenn es für dessen Ergebnis entscheidend ist, nicht „aus dem Zirkel heraus-, sondern in ihn nach der rechten Weise hineinzukommen",[14] so wird dadurch – stricto sensu genommen – der konkrete Verständigungsakt und damit etwa das konkrete richterliche Erkenntnis zur gegen Kritik immunisierten „relativen Letztbegründung" hochstilisiert; und es wird die geradezu elementare Erfahrung aller juristischen Professionen über den Haufen geworfen, dass man sehr wohl zwischen der Frage nach dem Inhalt des von einer Autorität (Gesetzgeber, Obergericht) formulierten Sollens-Satzes und zwischen der Frage, welche Rechtsfolge man persönlich für richtig hält, und damit zwischen *Verstehen* und *Bewerten* als elementaren Formen des Sich-Verhaltens unterscheiden kann, was auch durch die Unterschiedlichkeit der jeweils zugeordneten Meta-Wissenschaften unterstrichen wird (*Auslegungstheorie*, sei es als Hermeneutik, vs. *Metaethik*).

Es würde weit über das Thema dieser kleinen Studie hinausgehen, die *transzendentalphilosophische*[15] Grundfrage der Hermeneutik kritisch zu diskutieren und die zwei hauptsächlichen Desiderate der bisherigen Auseinandersetzung in Angriff nehmen, die mir in der bereits von *Stegmüller* gerügten fehlenden Verknüpfung der häufig stereotyp wiederholten Basisthesen der Hermeneutik mit der konkreten Interpretationsarbeit[16] sowie in der schiefen Antithese von Entscheidungs*herstellung* und Entscheidungs*darstellung*[17] zu bestehen scheinen: Wenn man etwa das filigrane Netz der dogmatischen Beiträge zu einem aktuellen Kapitel wie der Auslegung des § 24 Abs. 1 StGB[18] in das Licht der hermeneutischen Basisthesen taucht, so enthüllen sich Vorverständnis und Spirale als *heuristische* Kategorien, die zwar die *Bildung*, *nicht* aber die *Bestäti-*

---

13 Vgl. dazu einstweilen nur die Darstellungen bei *Frommel*, Die Rezeption der Hermeneutik bei Karl Larenz und Josef Esser, 1981; *Stelmach*, Die hermeneutische Auffassung der Rechtsphilosophie, 1991; und den bereits früher zu Ehren des Jubilars von *W. Hassemer* herausgegebenen Sammelband „Dimensionen der Hermeneutik", 1984.

14 *W. Hassemer*, a. a. O. (Fn. 9), S. 135; *Heidegger*, Sein und Zeit, 11. Aufl. 1967, S. 133

15 Denn es geht hierbei nicht um die richtigen Methoden, sondern um die Bedingungen der Möglichkeit von Erkenntnis überhaupt, siehe *Arthur Kaufmann*, Jura 1992, 236 u. ö.

16 Vgl. *Stegmüller*, a. a. O. (Fn. 9), S. 68

17 Vgl. vorerst nur *Hassemer*, a. a. O. (Fn. 11), S. 204.

18 Zu der inzwischen fast uferlos gewordenen Diskussion vgl. nur m. z. w. N. *Schönke/Schröder/Eser*, Strafgesetzbuch, 24. Aufl. 1991, § 24 Rn. 7 ff., 13 ff.

gung der Interpretationshypothesen erklären können. Für die dahinter sichtbare Frage, ob die juristische Hermeneutik nicht allzu bereitwillig die rundum zutreffende, in ihrem Kern freilich durchaus sprachanalytische und ideologiekritisch wie wissenssoziologisch äußerst fruchtbare Kritik an der gesetzespositivistischen Begriffsjurisprudenz[19] in das über *Gadamer* auf *Heidegger* verweisende transzendentalphilosophische Paradigma eingeordnet hat, spielt die namentlich von den Schülern *Arthur Kaufmanns* herausgearbeitete und nicht ideologiekritisch, sondern affirmativ gemeinte Unterscheidung zwischen der Herstellung und der Darstellung einer Entscheidung[20] eine zentrale Rolle. Denn indem die Auslegungsmethoden und Argumentationsregeln ausdrücklich auf die (scil. nachträgliche) *Darstellung* der Entscheidung *beschränkt* werden,[21] wird das legitime Vorgehen z. B. des Richters bei der (scil.) eigentlichen) Entscheidungs*findung* als „Konkretisierung durch Sachverhaltsbezug des Gesetzes" hingestellt, die im „szenischen Verstehen" des einzelnen Verfahrens erfolgen soll[22] und damit nicht einmal mehr an heuristische Regeln gebunden ist, sondern allein dadurch, dass die tatsächlich stattfindende *Ausfechtung* eines *Konflikts*[23] als *„Verstehen" bezeichnet* wird, wissenschaftlich ebenso überhöht wird, wie den szientistischen Elementen der Rechtsgewinnung die bloße Statistenrolle des schmückenden Beiwerks bei der Darstellung einer bereits gefundenen Entscheidung zugewiesen wird. Ich kann die damit aufgeworfene Frage, ob der „Geniestreich" der ontologischen juristischen Hermeneutik, die von der Begriffsjurisprudenz zu Unrecht geleugneten schöpferischen Elemente der Rechtsfindung genau umgekehrt zu verabsolutieren, transzendentalphilosophisch einzukleiden und in der Totalität des Verstehensbegriffs auch die dezisionistischen Elemente untertauchen zu lassen, nicht letztlich die freilich *lückenhafte Rechtswissenschaft der Begriffsjurisprudenz* durch eine *lückenlose* bloße *Rechtsheuristik* ersetzt und damit trotz des gegenteiligen Selbstverständnisses der Rechtswissenschaft stricto sensu den Garaus gemacht hat,[24] hier nicht weiter

---

19 Dieser Hintergrund der Hermeneutik-Rezeption bei *Larenz* und *Esser* wird sehr schön beleuchtet von *Frommel*, a. a. O. (Fn. 13).

20 Dazu besonders eindringlich *Hassemer*, Einführung in die Grundlagen des Strafrechts, 2. Aufl. 1990, S. 116 ff.; früher schon ders., ZStW 90 (1978), 64 ff.

21 *Hassemer*, a. a. O. (Fn. 11), S. 204

22 *Hassemer*, a. a. O. (Fn. 11), S. 205, 211 f.

23 Vgl. zur Theorie des Strafverfahrens als Wertkonflikt und zu dessen Rückverwandlung in einen Interessenkonflikt *Schünemann*, Absprachen im Strafverfahren? Grundlagen, Gegenstände und Grenzen, Gutachten B zum 58. DJT München 1990, S. 50 ff.

24 Vgl. zur prinzipiellen Kritik an der juristischen ontologischen Hermeneutik nur *Schwerdtner*, RTh 1971, 67 ff., *Haba*, ARSP 64 (1978), 163 ff.; *Koch*, RTh 1973, 183 ff.; *Rottleuthner*, in: *Koch* (Hrsg.), Juristische Methodenlehre und analytische Philosophie, 1976, S. 7 ff.; ferner zu den Versuchen, eine elastische Rangfolge der methodischen Prinzipien zu etablieren

verfolgen und möchte deshalb nur noch meinen Eindruck notieren, dass gerade der verehrte Jubilar inzwischen in eine gewisse Distanz zum Absolutheitsanspruch der ontologischen Hermeneutik getreten ist: So wenn er in seiner „Abschiedsvorlesung“, die in Wahrheit ja ein neues Kapitel im großen Buch seiner „Rechtsphilosophie im Wandel“ aufschlägt, die Verwurzelung der Rechtsinhalte in der kulturellen Erfahrung und dem Erbe von Tradition und Kultur als der ausgleichenden Mitte unterstreicht[25] und dadurch nicht nur an seine frühe Studie zu „Naturrecht und Geschichtlichkeit“[26] und an seine Beobachtung zum Mangel an kultureller Typizität als Grund von Rechtsunsicherheit[27] anknüpft, sondern auch die historische Fixierung und damit ja auch inhaltliche Festlegung des hermeneutischen Vorgehens anerkennt; oder wenn er eine Ergänzung der für sich allein „blinden Hermeneutik“ um die *Analytik* fordert,[28] was ja zumindest die Anerkennung eines *außerhalb* von Vorverständnis und hermeneutischem Zirkel stehenden „Organons der Kritik“ impliziert, so dass man dann zumindest *misslingendes* Verstehen eben doch „abmessen und nachmessen“ könnte.[29]

3. Ich lasse damit die rechtsphilosophische Fundamentalfrage endgültig beiseite und wende mich dem daraus gewonnenen, aber vielleicht auch durch andere Ableitungen gewinnbaren zentralen rechtstheoretischen Konzept der Hermeneutik zu, nämlich der *Assimilation von Norm und Sachverhalt* und der damit verbundenen Lehre vom *Typus*. Hierbei will ich die Figur des Typus etwas genauer betrachten, weil sich hier in jüngster Zeit gerade in der analytischen Philosophie eine bemerkenswerte Wende in der Einschätzung dieses zuvor von ihr vielgeschmähten Konzepts abzuzeichnen beginnt, während ich bezüglich der Assimilationsthese im Wesentlichen nur die Desiderate kennzeichnen möchte, die der im Prinzip beachtliche, aber bisher unzulänglich ausdifferenzierte Ansatz der Hermeneutik zukünftig noch einzulösen hat.

a) Dass der Anwendungsbereich und der Bedeutungsgehalt einer Rechtsnorm nicht schon durch ihre sprachliche Existenz abschließend feststehen,

---

und dadurch die Fehler der traditionellen Jurisprudenz zu korrigieren, anstatt deren Positionen gänzlich zu verwerfen: *Koch/Rüßmann*, Juristische Begründungslehre, 1982, S. 126 ff.; sowie meine eigenen Überlegungen, in: FS f. Klug, 1983, S. 169 ff., wo ich eine Zusammenfassung des Konzepts gebe, das ich in meiner Münchener Habilitationsschrift 1975 „Die vier Stufen der Rechtsgewinnung, exemplifiziert am strafprozessualen Revisionsrecht“ (oben Erster Teil, S. 1 ff.) entwickelt habe.

25 Rechtsphilosophie in der Nach-Neuzeit, 1990, S. 31, 41 f.

26 Erschienen 1957!

27 A. a. O. (Fn. 1), S. 49.

28 In: Kaufmann/Hassemer (Hrsg.) Einführung in Rechtsphilosophie und Rechtstheorie der Gegenwart, 5. Aufl. 1989, S. 122.

29 In diese Richtung weist auch *Kaufmanns* Würdigung des Kritischen Rationalismus, a. a. O. (Fn. 25), S. 33 ff.

sondern erst der „Entfaltung“ bedürfen (um zunächst ganz bewusst diesen metaphorischen Ausdruck zu benutzen), ist keine nur im Bezugsrahmen der ontologischen Hermeneutik zu gewinnende Erkenntnis, sondern heute Allgemeingut der *Semantik der Umgangssprache*. Denn die meisten umgangssprachlichen Begriffe sind in ihrer ontologischen Struktur durch die Prinzipien der *Vagheit* und *Porosität* gekennzeichnet und infolgedessen in der Weise relativ unbestimmt, dass man (mit Blick auf ihre Extension) mit einer (im Kern) auf *Jellinek* zurückgehenden und damit sogar vor-sprachanalytischen Nomenklatur zwischen *positiven, negativen* und *neutralen Kandidaten* (im Sinne der von dem Begriff erfassten Sachverhalte) sprechen kann bzw. in Übernahme eines von *Philipp Heck* ersonnenen einprägsamen Bildes zwischen dem den Bestimmtheitsbereich bildenden *Begriffskern* und dem den Unbestimmtheitsbereich bildenden *Begriffshof* (und dem schließlich wieder zum Bestimmtheitsbereich gehörenden *„Rest der Welt“*) unterscheidet.[30] Auch soweit sich die Rechtsnorm (wie in der Regel) der *Termini der Umgangssprache* bedient und keine präziseren Bedeutungszuschreibungen enthält, bedarf sie deshalb durchaus im Bereich der Begriffshöfe, *nicht* aber im Bereich der Begriffskerne weiterer Entfaltung, ohne dass die hermeneutische Assimilationsthese diese Differenzierung allerdings bisher verarbeitet oder überzeugend widerlegt hätte. Solange die Hermeneutik nur die längst verblichene Begriffsjurisprudenz als zwecks effektvoller Hinrichtung künstlich reanimierten Sparringspartner benutzt, anstatt sich mit den präziseren Konzepten der sprachanalytischen Philosophie auseinanderzusetzen, wird sie dieses *erste Desiderat* freilich nicht einzulösen vermögen.

b) Das *zweite Desiderat* betrifft das schon bei der Erörterung der Fundamentalfragen angesprochene Verhältnis zwischen einer heuristischen Methode der Hypothesenfindung und einer wissenschaftlichen Methode der Hypothesenüberprüfung. Natürlich müssen die Intension und die Extension der Norm anhand von Fällen bestimmt werden, denn die Norm setzt ja gerade auf ihrer Tatbestandsseite Einzelfälle voraus. Aber deren Funktion für die Entfaltung der Normbedeutung ist nur eine *heuristische*, denn mit der Bildung eines Falles ist ja noch nicht das Mindeste darüber ausgesagt, ob er der Extension der Norm

---

30 Grundlegend *Jellinek*, Gesetz, Gesetzesanwendung und Zweckmäßigkeitserwägung, 1913, S. 37 f.; vgl. später *Körner*, Erfahrung und Theorie, dt. 1970, S. 44, 49; *Koch/Rüßmann*, a. a. O. (Fn. 24), S. 195; *Koch*, Unbestimmte Rechtsbegriffe und Ermessensermächtigungen im Verwaltungsrecht, 1979, S. 33 ff.; zur Kern-Hof-Metapher grundlegend *Heck*, AcP 112 (1914), 1, 26, 173; als core und penumbra aufgegriffen von H. L. A. Hart, Harv.L.R. 1958, 593 ff., 607, 610 ff. Die daran von *Koch* (a. a. O.) geübte Kritik übertreibt die Unterschiede zum eigenen „Kandidatenkonzept“ und führt im Grunde nur zu Präzisierungen. Zur Kritik von *Neumann*, Rechtsontologie und juristische Argumentation, 1979, S. 74 f., vgl. *Koch/Rüßmann*, a. a. O., S. 198 f.

hinzugefügt werden soll oder nicht. Dies gilt insbesondere auch für den realen Sachverhalt bei einer richterlichen Rechtsanwendung, der ebenso gut durch *gedachte Fälle* substituiert werden kann, wie ja auch die richterliche Rechtsfindung in der dogmatischen Rechtswissenschaft beliebig simuliert werden kann. Die Richtigkeit der Norminterpretation ist deshalb auch von der Wahrheit der Sachverhaltsaussage völlig unabhängig, während freilich umgekehrt die Isolierung des rechtlich relevanten Sachverhalts aus dem amorphen Lebenskontext aufgrund einer lediglich fingierten, hic et nunc nicht geltenden Rechtsnorm zwar theoretisch vorstellbar, aber sinnlos ist, so dass zwar nicht die gerichtliche Tatsachenfeststellung im Einzelnen, wohl aber die mit einer impliziten Vollständigkeitsbehauptung versehene Feststellung des Entscheidungssachverhalts von der zutreffenden Normermittlung abhängt.[31]

c) Was schließlich die unter dem Aspekt der Extension im Unbestimmtheitsbereich siedelnden Sachverhalte anbetrifft, so ist in der Tat nicht daran vorbeizukommen, dass hier vor Beginn des konkreten Rechtsfindungsvorganges weder die konkrete Norm noch der konkrete rechtlich relevante Sachverhalt definitiv bekannt ist, so dass unter Umständen sogar eine größere Anzahl von Norm- und Sachverhaltshypothesen gebildet und wechselseitig „durchgespielt" werden müssen, bevor man über alle normativen und empirischen Prämissen für eine bestimmte Rechtsfolge abschließend entscheiden kann. Ein instruktives Beispiel bietet hierfür etwa der unlängst vom Bundesgerichtshof entschiedene Reifen-Betrugsfall, in dem der BGH selbst die Erschleichung eines Sonderrabatts nur dann für einen Betrug ausreichen ließ, wenn der Veräußerer die Ware ohne die Täuschung wahrscheinlich anderweitig ohne eine entsprechende Rabattgewährung hätte absetzen können.[32] Das Landgericht hatte diese Interpretation des Schadensbegriffs nicht vorgenommen und deshalb auch keine diesbezüglichen Feststellungen getroffen, also im Unbestimmtheitsbereich des § 263 StGB infolge einer (wenn man dem BGH folgt:) unrichtigen Normhypothese auch unzulängliche und deshalb ungeeignete Sachverhaltsfeststellungen getroffen.

Für die in Fällen dieser Art vorzunehmenden Operationen scheint mir die von *Arthur Kaufmann* gewählte Kennzeichnung als „Assimilation von Norm und Sachverhalt" treffend und auch aus analytischer Perspektive akzeptabel zu sein, sofern man sich nur dessen bewusst bleibt, dass die für die *Sachverhaltsisolierung* maßgeblichen *Selektionskriterien* der *Rechtsnorm* zu entnehmen sind, während umgekehrt der Sachverhalt für die Normkonkretisierung nur heuristi-

---

31 Dieser Unterschied wird vernachlässigt bei *Puppe*, in: Ged.schr. f. Armin Kaufmann, 1989, S. 15, 22.

32 BGH MDR 1992, 177.

sche Bedeutung besitzt, weil er nicht zugleich über seine eigene Subsumtion entscheidet; und sofern man sich ferner dessen bewusst bleibt, dass der Assimilationstest auch negativ ausgehen kann, wenn für keine der aus dem konkreten Lebensabschnitt isolierbaren Sachverhalte eine „Interpolationsstelle" in der Norminterpretation gefunden werden kann – was abermals die bloß heuristische Funktion des Sachverhalts für die Norminterpretation bestätigt.

d) Kann somit die Vorstellung der „Assimilation von Norm und Sachverhalt" unter gewissen Einschränkungen und Präzisierungen auch aus einer analytischen Perspektive akzeptiert werden, so schien das lange Zeit nicht für das hierfür zentrale Konzept vom *Typus* zu gelten, der in den bereits zitierten Worten *Kaufmanns* die Mitte zwischen Rechtsidee und Lebenssachverhalt verkörpern, nicht definierbar, sondern nur annäherungsweise beschreibbar und keine festen Grenzen haben soll. Dieses Konzept war insbesondere in seiner verwandten Ausarbeitung durch *Larenz* und *Leenen*[33] in der aus analytischer Perspektive angestellten Untersuchung von *Kuhlen* über „Typuskonzeptionen in der Rechtstheorie" einer sowohl die theoretischen Grundlagen als auch die praktischen Leistungen einbeziehenden Kritik unterzogen und insgesamt abgelehnt worden, weil es auf einer Verwechselung von klassifikatorischen und Ordnungsbegriffen beruhe, zu Unrecht die Definierbarkeit von Typusbegriffen verneine und für eine durchschaubare und kontrollierbare juristische Methode unbrauchbar sei.[34] In der analytischen Rechtstheorie war das 15 Jahr lang als endgültiges Verdikt aufgefasst worden,[35] bis unlängst niemand anders als *Kuhlen* selbst und kurz vor ihm *Puppe* eine Explikation des Typusbegriffs vorgelegt haben, die präzisen analytischen Anforderungen standhält und zugleich das klassische Typuskonzept realisiert und dadurch in seiner intuitiven Richtigkeit bestätigt.[36] *Puppe* hat vorgeschlagen, als Typusbegriffe solche Begriffe zu bezeichnen, die *mehrere Merkmale* haben, von denen mindestens eines *abstufbar* ist, und dies am Vorsatz- und am Tatherrschaftsbegriff erläutert,[37] während *Kuhlen* am Beispiel des Verwerflichkeitsbegriffs in § 240 StGB das Konzept der *„fallgebundenen Ähnlichkeitsregel"* entwickelt hat, die aus einer Anzahl von rechtlich relevanten Falldimensionen mit jeweils unterschiedlichen Ausprägun-

33 *Larenz*, Methodenlehre der Rechtswissenschaft, 6. Aufl. 1991, S. 460 ff.; *Leenen*, Typus und Rechtsfindung, 1971, passim.

34 1977, S. 87 ff., 103 ff., zusammenfassend S. 163 ff., Textzitate auf S. 168 f.

35 Vgl. etwa *Koch/Rüßmann*, a. a. O. (Fn. 24), S. 73 ff., 209 f.; *Herberger/Simon*, Wissenschaftstheorie für Juristen, 1980, S. 337

36 *Puppe*, a. a. O. (Fn. 31), S. 25 ff.; *Kuhlen*, in: *Herberger/Neumann/Rüßmann* (Hrsg.), Generalisierung und Individualisierung im Rechtsdenken, ARSP-Beiheft 45, 1992, S. 101, 119 ff.

37 A. a. O. (Fn. 31), S. 29 ff.

gen besteht und der das Merkmalsprofil des zu entscheidenden konkreten Falles aufgrund eines Ähnlichkeitsurteils zugeordnet werden muss.[38]

e) Durch die Anerkennung des Ähnlichkeitskriteriums, durch die Öffnung der Regel zum Einzelfall hin und durch die ausdrückliche *Anerkennung* der Veränderung des Gehalts einer fallgebundenen Ähnlichkeitsregel durch neu entschiedene produktive Fälle[39] hat *Kuhlen* damit nach meinem Verständnis eine vollständige *Explikation* der von *Arthur Kaufmann* in „Analogie und Natur der Sache“ skizzierten Konzeption geliefert, allerdings mit einer Abweichung in einem wichtigen Punkt: *Kuhlen* behauptet nämlich einen prinzipiellen *Unterschied* zwischen fallgebundenen und *nicht-fallgebundenen* Regeln, der nicht mit einer Differenzierung zwischen Regeln unterschiedlichen Präzisionsgrades identisch sei,[40] während die Hermeneutik diesen Unterschied bestreitet und die typologische Struktur aller Rechtsfindungsformen geltend macht.[41]

Obwohl die logischen Trümpfe in der zuvor betrachteten Auseinandersetzung von den Vertretern der analytischen Philosophie gehortet worden sind, scheinen sie in dieser letzten Frage in den Händen der Hermeneutiker zu stecken. Denn die Auflösung eines Merkmals in seine relevanten Dimensionen ist bei den meisten umgangssprachlichen Begriffen in einer lediglich *quantitativ unterschiedlichen* und insoweit wiederum von der Abstraktionshöhe abhängigen Weise möglich und geboten, wie etwa an der laut *Kuhlen* fallunabhängigen Regel des § 224 StGB unschwer zu demonstrieren ist: In Anknüpfung an *Koch* und *Rüßmann*[42] erblickt *Kuhlen* in der qualifizierten Bestrafung der zum Verlust eines wichtigen Gliedes führenden Körperverletzung sub specie der „Niere“ eine fallunabhängige Regel,[43] obwohl für die früher herrschende Definition des „wichtigen Gliedes“ als eines Körperteils, der eine in sich abgeschlossene Existenz mit besonderer Funktion im Gesamtorganismus innehat,[44] deren Auflösung in eine ganze Anzahl weiterer relevanter Dimensionen offensichtlich ist. Selbst wenn man aber die formalistische Definition des Bundesgerichtshofes zugrundelegt, wonach wichtiges Glied ein wichtiger Körperteil sein soll, der mit dem Körper durch ein Gelenk verbunden ist,[45] zeigt sich die Fallabhängigkeit

---

38 A. a. O. (Fn. 36), S. 110 ff., 121 ff.

39 A. a. O. (Fn. 36), S. 126.

40 A. a. O. (Fn. 36), S. 125 f.

41 Besonders deutlich *Hassemer*, a. a. O. (Fn. 9), S. 96 ff.

42 A. a. O. (Fn. 24), S. 14 ff.

43 A. a. O. (Fn. 36), S. 124

44 Vgl. RGSt 3, 392; RG GA 47, 168; OLG *Neustadt* NJW 1961, 2076; *Dreher/Tröndle*, Strafgesetzbuch, 45. Aufl. 1991, § 224 Rn. 4.

45 Vgl. (wenn auch letztlich nicht eindeutig) BGHSt 28, 100 ff. sowie *Hirsch*, in: *Jescheck/Ruß/Willms*, Leipziger Kommentar zum Strafgesetzbuch, 10. Aufl., § 224 Rn. 8 m. z. w. N.

der Regel jedenfalls bei der Prüfung des „Verlustes", bei dem man etwa die Dimensionen des Ausmaßes und der Intensität der Beeinträchtigung der „normalen" Gliedfunktionen unterscheiden muss.

f) Diese prinzipielle Fallabhängigkeit der Regel kommt nun allerdings – und diese Einschränkung ist sowohl im hermeneutischen als auch in *Kuhlens* analytischem Konzept zu vermissen – nur im Rahmen des *Bedeutungshofes* zum Zuge, also bei den „neutralen Kandidaten" der Begriffsextension, so dass es erstens in der Hand des Normschöpfers (namentlich also des Gesetzgebers) liegt, den Relevanzbereich der Fallabhängigkeit der Regel durch Entlehnung umgangssprachlicher Termini mit großem Bedeutungskern und kleinem Bedeutungshof gering zu halten, und so dass zweitens mit dem fortschreitenden Ausbau eines allgemein konsentierten interpretatorischen Netzes der Bereich der Fallabhängigkeit immer weiter zurückgedrängt wird – was übrigens auch *Kuhlen* einräumt.[46] Auf die genaue Struktur dieses von der analytischen Rechtstheorie bisher nur oberflächlich beschriebenen Vorganges der „*Entnormativierung*" werde ich sogleich noch bei der Erörterung des Verhältnisses von Obersatz und Untersatz näher eingehen. An dieser Stelle, im Rahmen des Verhältnisses von Norm und Sachverhalt, möchte ich die Ergebnisse der vorstehenden Überlegungen nur noch in drei Thesen zusammenfassen und mit einem terminologischen Vorschlag verknüpfen. (1) Die Differenzierung zwischen klassifikatorischen Begriffen und Typusbegriffen im Sinne einer fallunabhängigen bzw. einer fallabhängigen Regel ist selbst nicht klassifikatorisch, sondern *komparativ*. (2) Sie wird nur im Rahmen des Bedeutungs*hofes* relevant, wobei der im vorgenannten Sinne verstandene *Typus* ein *Sonderfall* des *unbestimmten* Rechtsbegriffs ist, welch letzterer wiederum den Regelfall der Rechtsbegriffe darstellt. (3) Der Fortschritt der Gesetzesinterpretation reduziert die fallabhängigen Regelungsbereiche wie auch den Unbestimmtheitsbereich überhaupt. Im Einzelnen hängt dies von dem benutzten Begriff, seinem Kontext und den empirischen Gegebenheiten ab, so dass sich das Verhältnis der „klassifikatorischen" zur „typologischen" Rechtsfindung nicht in abstracto, sondern nur unter Bezug auf den konkreten Rechtsbegriff bestimmen lässt. Ich möchte für dieses von Merkmal zu Merkmal schwankende Verhältnis des Begriffskernes zum Begriffshof die Bezeichnung „*extensionale Sättigung*" vorschlagen, deren Kehrwert den Umfang der auf der jeweiligen Interpretationsstufe noch offenen typologischen Rechtsfindung angibt.

---

46 A. a. O. (Fn. 36), S. 125.

II. Zum Verhältnis von Obersatz und Untersatz im sog. Justizsyllogismus

1. In der schon mehrfach erwähnten Studie *Winfried Hassemers* zur „Juristischen Hermeneutik" wird die Zerstörung der überkommenen „Subsumtionsideologie" durch die Hermeneutik gerühmt, wobei unter dieser Ideologie die (scil. irrige) Auffassung verstanden wird, „Gesetzesanwendung sei lediglich Subsumtion des Sachverhalts unter die Norm mithilfe deduktiven Schließens".[47] Ob *Hassemer* sich damit in Wirklichkeit nur gegen die gesetzespositivistische Begriffsjurisprudenz wenden oder auch den Subsumtionsschluss als solchen aus der Rechtsanwendung verbannen will, geht hieraus nicht deutlich hervor; vermutlich ist seine Vorstellung dahin zu explizieren, dass es auf der Herstellungsseite nur um die vom Vorverständnis geleitete und innerhalb des hermeneutischen Zirkels verbleibende, intuitive Einschätzung von Ähnlichkeiten gehe, während auf der Darstellungsseite das Ergebnis dann als eine methodische Gesetzesauslegung mit anschließender Subsumtion präsentiert werde.[48] *Kaufmann* hat sich hierzu im Nachwort zu „Analogie und Natur der Sache" vorsichtiger geäußert, indem er dem Einwand *Fikentschers*, dass die „Gleichsetzungslehre" keine syllogistischen Schlüsse ermögliche und deshalb logisch nicht darstellbar sei,[49] entgegengehalten hat, dass auch nach seiner Lehre ein *logischer Syllogismus*, eine Subsumtion stattfinde, aber eben zuvor Norm und Fall erst subsumtionsfähig gemacht werden müssten.[50] In der Tat dürfte auch der eingefleischteste Hermeneutiker um den „Justizsyllogismus" nicht herumkommen, weil ja nur auf diese Weise die ausgesprochene Rechtsfolge auf das Gesetz zurückgeführt werden kann. Andererseits kann die logische Folgerungsbeziehung, um die es hierbei, bei der sogenannten *internen Rechtfertigung* des Urteils,[51] geht, in ihrer Struktur durchaus von der für richtig gehaltenen Theorie der externen Rechtfertigung abhängen,[52] was sich schon daran zeigt, dass bei einem etwa nicht definierbaren Typusmerkmal spezifische Probleme bei der Bil-

---

47 A. a. O. (Fn. 11), S. 202 u. ö.; ebenso von einem anderen Ausgangspunkt aus *Simon*, Die Unabhängigkeit des Richters, 1975, S. 68 ff., 90 f.

48 Vgl. Hassemer, Einführung in die Grundlagen des Strafrechts (Fn. 20), S. 116 ff.; ders., a. a. O. (Fn. 11), S. 209 ff.

49 Methoden des Rechts in vergleichender Darstellung, Band III 1976, S. 751 ff.; Band IV 1977, S. 180 ff.

50 A. a. O. (Fn. 1), S. 72.

51 Vgl. dazu *Wroblewski*, RTh 1974, 39 ff.; *Alexy*, in *Hassemer/Kaufmann/Neumann* (Hrsg.), Argumentation und Recht, ARSP-Beiheft 14, 1980, S. 181, 184 f.

52 Anders anscheinend *Alexy*, a. a. O. (Fn. 51), S. 185, der aber von der internen Rechtfertigung ausgeht, die richtigerweise von der externen abhängt.

dung des Mittelbegriffs im Syllogismus auftreten müssen. Nach dem vorstehend unter I. erzielten Ergebnis, dass auch Typusbegriffe zwar nicht definitiv und im klassischen Sinne durch Angabe von genus proximum und differentia specifica, aber doch vorläufig und partiell (im Sinne hinreichender Bedingungen) durch eine fallabhängige Regel zu definieren sind, im konkreten Syllogismus dann also den klassifikatorischen Begriffen gleichgestellt werden, soll nunmehr zur Vorbereitung der als ZWEITER TEIL in Band III der *Gesammelten Werke* zu erörternden Abgrenzung von Rechts- und Tatfrage der Frage nachgegangen werden, in welcher Weise sich die im Hinblick auf den konkreten Sachverhalt gebildeten Sätze zur Erläuterung der Norm (die „Assimilation" der Norm) einerseits und die zur Isolierung des rechtlich relevanten Sachverhalts gebildeten Sätze (die „Assimilation" des Sachverhalts) andererseits in die Prämissen des konkreten rechtlichen Sollensurteils einordnen lassen. Hierbei beziehe ich mich auf den in den Formen der traditionellen Logik gebildeten Syllogismus, wie er in *Engischs* noch heute unübertroffenen „Logischen Studien zur Gesetzesanwendung" untersucht worden ist, weil darin ein präzises Konzept zum *Verhältnis von Obersatz und Untersatz* vorliegt, auf das ich das mir vorschwebende und nachfolgend zu explizierende Konzept der „Entnormativierung" beziehen kann, während die bisher vorliegenden Versuche zur Rekonstruktion des juristischen Syllogismus in der Prädikatenlogik bzw. der deontischen Logik[53] keinen ebenso geeigneten Anknüpfungspunkt zu bieten scheinen.[54]

2. Nach herkömmlicher, mindestens bis auf *Schopenhauer* zurückgehender Auffassung[55] sollte die Rechtsanwendung einen Syllogismus darstellen, dessen Obersatz das *Gesetz*, dessen Untersatz der *konkrete Sachverhalt* und dessen conclusio das richterliche Urteil ist. Seit *Engischs* „Logischen Studien" hat sich aber eine andere Auffassung durchgesetzt, weil die conclusio durch die *Subsumtion vorbereitet* werden müsse, d. h. durch die im *Untersatz* stattfindende, über die bloße Feststellung des Sachverhalts hinausgehende Unterordnung dieses Sach-

53 Etwa von *Rüßmann*, in: *Koch* (Hrsg.), Juristische Methodenlehre und analytische Philosophie, 1976, S. 242, 244 ff.; *Koch/Rüßmann*, a. a. O. (Fn. 24), S. 48 ff.; *Alexy*, a. a. O. (Fn. 51), S. 185 ff.

54 Zum Beispiel erklärt *Rüßmann* es für die logische Ableitung für unerheblich, ob die Festsetzung der semantischen Regeln in Ober- oder in Untersätzen erfolgt (a. a. O. – Fn. 53 – S. 265), obwohl die Unterscheidung zwischen den rechtlichen und den faktischen Prämissen des konkreten rechtlichen Sollensurteils von großer rechtlicher Bedeutung ist und deswegen selbst bei logischer Unerheblichkeit für das „Ob" der Rechtsfolge entsprechend differenzierte Kategorien bei der internen Rechtfertigung des Urteils erfordert.

55 Vgl. *Schopenhauer*, Die Welt als Wille und Vorstellung, Band II der Sämmtlichen Werke in 6 Bänden, Ergänzung zum 1. Buch, 2. Hälfte, Kap. 10; zu weiteren Vertretern dieser Auffassung vgl. die Nachweise bei *Engisch*, a. a. O. (Fn. 7), S. 20 f.

verhalts unter den im Obersatz die Voraussetzung der Rechtsfolge bildenden sog. Mittelbegriff. *Larenz* hat dazu folgendes Schema gebildet:[56]

1. Wenn T in irgendeinem Sachverhalt verwirklicht ist, gilt für diesen Sachverhalt die Rechtsfolge R (Obersatz).
2. Dieser Sachverhalt S verwirklicht T, d. h. er ist ein „Fall“ von T (Untersatz).
3. Für S gilt R (Schlussfolgerung).

Dieses Schema steht ganz auf dem Boden von *Engischs* Konzeption, der zwar noch im Rahmen des Obersatzes den Gesetzestatbestand durch die Auslegung in Form eines weiteren Syllogismus (Subordination) entfaltet sieht, dadurch aber nicht die Subsumtion vorwegnehmen will, die im Untersatz in Form einer „Gleichsetzung des konkreten zu beurteilenden Falles mit den durch den gesetzlichen Tatbestand zweifellos gemeinten Fällen“ erfolge.[57] Man dürfe niemals die begrifflichen Unterschiede zwischen der Auslegung in ihrer generellen Tendenz als dem logischen prius und der Subsumtion als dem logischen posterius aus dem Auge verlieren,[58] welche als die Einordnung eines konkreten Falles in den vom Gesetz gemeinten Kreis aufgrund einer Gleichsetzung mit den typischen Fällen bezeichnet werden könne[59] und damit (scil. ebenfalls) eine juristische Beurteilung darstelle, die ebenso wie die Auslegung klar zur *Rechtsfrage* gehöre.[60]

Obwohl oder gerade weil diese Aufteilung der logischen Operationen auf Ober- und Untersatz durch *Engisch* geradezu als eine Antizipation der klassischen Typuskonzeption mitsamt ihrer zentralen Undefinierbarkeitsthese angesehen werden kann, halte ich sie aus mehreren Gründen für nicht akzeptabel. Zum Einen lässt sie die *Abgrenzung* zwischen Ober- und Untersatz im Grunde genommen völlig in der *Schwebe*, weil nirgendwo festgelegt wird, wie weit die von *Engisch* „Subordination“ genannte Auslegung des Gesetzes getrieben werden muss, damit die Subsumtion im Untersatz stattfinden kann. Am Beispiel des strafrechtlichen Wegnahmebegriffs in § 242 StGB: Genügt die Definition der Wegnahme als Bruch fremden und Begründung neuen Gewahrsams, muss auch der Gewahrsam subdefiniert werden als die von einem Herrschaftswillen getragene und nach den Regeln de sozialen Lebens zu beurteilende tatsächliche Sachherrschaft, oder muss schließlich noch der Herrschaftsbegriff als Typus im Obersatz in seine Dimensionen aufgelöst und zu fallbezogenen Merkmalsprofi-

56 A. a. O. (Fn. 33), S. 271
57 A. a. O. (Fn. 7), S. 15 ff., 26, 33, 37
58 A. a. O. (Fn. 7), S. 27.
59 A.a.O (Fn. 7), S. 33, 37
60 A. a. O. (Fn. 7), S. 92, 101 f.

len (beispielsweise Pflug auf dem Felde) fortentwickelt werden? Und zum Anderen bleibt der *logische Charakter* der Subsumtion selbst bei *Engisch* im Dunkeln, weil er die hierfür entscheidende Frage der Gleichsetzung teils durch die Erfahrung, teils durch das Wertfühlen beantworten will,[61] was offenbar keine logische Schlussfolgerung, sondern ein intuitives Urteil ist, dessen logische Rekonstruktion erst noch – wenn überhaupt möglich – zu besorgen wäre.

3. Wie und an welcher Stelle des Justizsyllogismus hat man sich aber dann die Subsumtion vorzustellen? Hierzu finden wir auch in der modernen analytischen Rechtstheorie bemerkenswert karge Äußerungen. So sprechen etwa *Koch/Rüßmann* davon, dass eine semantische Intepretation des Gesetzes (nur, aber freilich im Regelfall) dann vorgenommen werden müsse, wenn eine *„Kluft"* zwischen der Formulierung des gesetzlichen Tatbestandes und der Beschreibung des Sachverhalts zu überwinden sei, was dann nicht der Fall sei, wenn die gesetzlichen Ausdrücke als *Grundbegriffe* verstanden würden, d. h. nicht durch andere Begriffe definiert seien, wie dies etwa für Farbbezeichnungen zutreffe,[62] und dies wird an dem bereits erwähnten Beispiel des „wichtigen Gliedes" in § 224 StGB dahin erläutert, dass dessen Definition als „Körperteil, der eine in sich abgeschlossene Existenz mit besonderer Funktion im Gesamtorganismus hat" eine semantische Interpretation darstelle, während es sich bei der Feststellung „Nieren sind solche Körperteile" um eine Tatsachenfeststellung handele, mit deren Hilfe die Verknüpfung zwischen der semantisch interpretierten gesetzlichen Norm und dem rechtlich zu beurteilenden Ereignis hergestellt werden könne.[63]

4. Bei diesem Konzept sticht nicht nur die Verschwommenheit des Begriffs der „Kluft" ins Auge, der in einer auf logische und sprachalalytische Exaktheit besonderen Wert legenden Darstellung einen schwer einzuordnenden Fremdkörper bedeutet, sondern auch der oberflächliche Umgang mit den im Justizsyllogismus miteinander verbundenen Sprachebenen, in deren sorgfältiger analytischer Trennung ich den Schlüssel zur Aufklärung der Struktur des Justizsyllogismus und damit zur Abgrenzung von Obersatz und Untersatz erblicke. In aller Kürze sei hierzu Folgendes ausgeführt: Der Gesetzgeber bedient sich zwar zum größten Teil der Termini der Umgangssprache, verbindet aber damit keinesfalls eo ipso auch die umgangssprachlichen Begriffe, so dass *jede* Entlehnung eines umgangssprachlichen Terminus in einem bestimmten rechtlichen Kontext einen *eigenen Rechtsbegriff* verkörpert, dessen Explikation Teil der Rechtsgewinnung ist und deshalb in der Definition und Subdefinition abermals

---

61 A. a. O. (Fn. 7), S. 30, 94 f., 102.

62 *Koch/Rüßmann*, a. a. O. (Fn. 24), S. 24 f.

63 A. a. O. (Fn. 24), S. 16, 26 f.

Rechtsbegriffe kreiert. Hierbei wird man freilich im Regelfall sagen können, dass der Begriffs*kern* des durch den identischen Terminus bezeichneten *umgangssprachlichen* Begriffs auch zum Begriffskern des *Rechts*begriffs gehört, während dies für den Begriffs*hof* gerade *nicht* gilt, weil insoweit die Ausfüllung der semantischen Spielräume bei Rechtsbegriffen nach den Regeln der Rechtsgewinnung (also etwa: teleologisch) zu erfolgen hat, die in der Umgangssprache keine Entsprechung haben. Entgegen der Auffassung von *Koch/Rüßmann* liegt deshalb nicht einmal bei der Entlehnung umgangssprachlicher *Grundbegriffe* (genauer: umgangssprachlicher Termini, die Grundbegriffe bezeichnen) eine Identität von Rechtsbegriff und Alltagsbegriff vor, und das Gleiche gilt übrigens auch für die in der aktuellen Diskussion vielbeachteten *Dispositionsbegriffe*, deren rechtliche Präformierung gerne übersehen wird.[64]

Demgegenüber werden die Feststellungen zum tatsächlichen Geschehen von vornherein und ausschließlich unter Verwendung umgangssprachlicher Begriffe getroffen (ggf. unter Einbeziehung empirisch-fachsprachlicher Begriffe, die hier beiseitegelassen werden können). Dass hierbei durchweg Begriffe verwendet werden, in deren Kernbereich die bezeichneten Gegenstände fallen, ist ein selbstverständliches Gebot einer auf direkte optimale Verständigung gerichteten Kommunikation, das etwa im Strafprozess in § 267 Abs. 1 StPO implizit enthalten ist. Da die Subsumtion eines realen Falles unter eine Norm nichts anderes heißt, als dass dieser Fall zur Klasse der im Tatbestand der Norm bezeichneten Gegenstände gehört, muss der konkrete Fall eindeutig zur Extension der Tatbestandsbeschreibung gehören, was wiederum eine Intensions-Identität mit der einzigen Maßgabe voraussetzt, dass es sich bei der Tatbestandsbeschreibung i. d. R. um einen Allsatz, bei der Beschreibung des konkreten Falles dagegen um einen singulären Satz handelt. Die Subsumtion ist infolgedessen geglückt, wenn der konkrete Fall in den *Begriffskern der Norminterpretation* fällt, was spätestens dann zutrifft, wenn der nach den Relevanzkriterien der Norm isolierte Sachverhalt mit den gleichen umgangssprachlichen Termini bezeichnet wird, die auch im Gesetzestatbestand oder seinen Definitionen bzw. Subdefinitionen verwendet werden, sei es auch im Fall von Typusbegriffen nur im Rahmen einer partiellen und nicht abschließenden Definition; im Regelfall

---

64 Vgl. dazu *Koch/Rüßmann*, a. a. O. (Fn. 24), S. 280 ff.; *Hassemer*, a. a. O. (Fn. 20), S. 183 ff. Am Beispiel des Vorsatzbegriffs: Die rechtliche Präformierung ist für die Feststellungserfordernisse von ausschlaggebender Bedeutung, beispielsweise wenn man im subjektiven Bereich entsprechend der Theorie von *Herzberg* die bloße Möglichkeitskenntnis ausreichen lässt und ergänzend nicht auf die üblichen Gesinnungsmomente sondern auf die objektive Gefahrqualität abstellt (vgl. *Herzberg*, JuS 1986, 249 ff., und die weiteren Nachweise bei *Roxin*, Strafrecht Allgemeiner Teil I, 1992, S. 287 Fn. 100).

kann der singuläre Satz der Fallbeschreibung freilich auf einer niedrigeren Abstraktionsstufe als der Obersatz formuliert werden. Die Interpretation des Gesetzes muss also nur soweit vorangetrieben werden, bis die zur Definition bzw. Subdefinition benutzten Ausdrücke in ihrem umgangssprachlichen Extensionskern den zur Entscheidung stehenden Fall erfassen (bzw. – dann ist das negative Ergebnis erzielt – im Bereich „Rest der Welt“ verzeichnen). An den beiden oben angeführten Beispielen erläutert, bedeutet dies: Sobald § 224 StGB dahin ausgelegt worden ist, dass bei inneren Organen unter einem „wichtigen Glied“ abgrenzbare (d. h. selbständig transplantierbare) Körperteile zu verstehen sind, die eine lebensnotwendige Funktion für den Gesamtorganismus erfüllen, sofern sie paarig ausgebildet sind,[65] ist die Subsumtion der in den Begriffskern dieser Definition fallenden Niere perfekt. Der Syllogismus lautet dann wie folgt:

1. Bei einer Körperverletzung, die zur Entfernung eines selbständig transplantierbaren, paarig vorhandenen inneren Körperteils führt, welches überlebensnotwendige Funktionen für den Gesamtorganismus erfüllt, beträgt der Strafrahmen ...

2.a) Die Körperverletzung des A an B hat zur Entfernung von dessen linker Niere geführt, wobei (2.b) – Subsumtion –) die Entfernung einer Niere die Entfernung eines selbständig transplantierbaren, paarig vorhandenen Körperteils ist, welches überlebensnotwendige Funktionen für den Gesamtorganismus erfüllt.

3. (conclusio) Also beträgt der Strafrahmen für A ...

Das gleiche Muster gilt für die Wegnahme des Pfluges auf dem Felde, sobald der Obersatz dahingehend subdefiniert worden ist, dass Landwirte an den auf ihren landwirtschaftlich genutzten Grundstücken abgestellten Geräten und Fahrzeugen auch bei einer vorübergehenden Abwesenheit von nicht länger als ... nach den Regeln der sozialen Zuordnung Gewahrsam behalten, wenn sie die Absicht haben, die Geräte danach wieder zu benutzen.

5. Alle rechtlich relevanten Fragen müssen also im *Obersatz* beantwortet werden, so dass im Prinzip *Schopenhauer* gegen *Engisch* Recht zu geben ist: Den Untersatz bildet die Feststellung, dass ein individueller Sachverhalt gegeben ist, der zur Klasse der im Tatbestand des Obersatzes beschriebenen Sachverhalte gehört. Der Untersatz wird also von einer singulären empirischen Aussage gebildet, und die Subsumtion ihres Gegenstandes (des Lebenssachverhalts) unter das Gesetz bedarf keiner weiteren Begründung, weil der Rechtsbegriff im Obersatz in seiner Kernbedeutung mit dem Alltagsbegriff im Untersatz identisch ist und insoweit also den Mittelbegriff des Rechtsfolgensyllogismus darstellt.

---

65 Für den Zweck der Darstellung kommt es natürlich nicht darauf an, ob § 224 StGB letztlich so ausgelegt werden sollte.

Hierbei halte ich es entgegen der Auffassung von *Koch/Rüßmann*[66] nicht für sinnvoll, im Rahmen des Untersatzes von der „Erforderlichkeit weiterer Tatsachenfeststellungen über die Erforschung des konkreten Sachverhalts hinaus" zu sprechen, im Beispielsfall also die Feststellung über den Verlust der Niere als Erforschung des konkreten Sachverhalts zu bezeichnen und die davon getrennte empirische Aussage zu verlangen, dass Nieren die in der Definition des Gesetzestatbestandes geforderten Eigenschaften besitzen. Denn auch die Klärung der Eigenschaften, die eine bestimmte Verletzung aufweist, gehört „zur Erforschung des konkreten Sachverhalts" unmittelbar dazu.

Engischs berühmtes Bild vom *Hin- und Herwandern des Blicks* sollte deshalb vielleicht durch den Vergleich mit Licht und Halbschatten bei einer Mondfinsternis ergänzt werden, wobei im Lichtkegel die positiven Kandidaten (der Bedeutungskern), im ursprünglichen Halbschatten die neutralen Kandidaten (der Bedeutungshof) liegen. Durch Definition und Subdefinition unter Benutzung von Termini, deren umgangssprachlicher Bedeutungskern größer ist als derjenige des Gesetzesausdrucks, werden nun so lange die Bereiche des Halbschattens ausgeleuchtet, bis der durch fortwährende „Interpolation" aus dem Lebensgeschehen isolierte Sachverhalt im Lichtkegel auftaucht oder definitiv in der Dunkelheit (dem „Rest der Welt") verschwindet. Diesen Vorgang der fortlaufenden Vergrößerung der umgangssprachlichen Begriffskerne möche ich die *„Entnormativierung"* nennen, entsprechend der zwar der metaethischen Nomenklatur widersprechenden, aber in der Rechtswissenschaft eingebürgerten Redeweise von einer „wertenden Ermittlung", wenn es um eine mit den Mitteln der juristischen Methodenlehre vorzunehmende Bedeutungszuschreibung an der Umgangssprache entlehnte Termini geht.

6. Auch wenn das vorstehend skizzierte Konzept des sog. Justizsyllogismus zweifellos noch weiterer Präzisierung bedarf, dürfte doch schon erkennbar geworden sein, dass es die oben unter I. entwickelte These einer bloß heuristischen Funktion des Sachverhalts bei der Norminterpretation sozusagen logisch einkleidet, indem alle Rechtsfragen in den Obersatz verwiesen werden.[67] Konsequenterweise müsste dieses Modell dann auch für die nächste Konkretisierungsstufe, nämlich die Abgrenzung von Rechtsfrage und Tatfrage im Prozessrecht, fruchtbar zu machen sein, womit ich mich in Band III, ZWEITER TEIL meiner *Gesammelten Werke* näher beschäftige.

---

66 Koch/Rüßmann, a. a. O. (Fn. 24), S. 16, 27, 50.

67 Siehe dazu auch den nachfolgenden DRITTEN TEIL des vorliegenden Bandes.

III. Schlussbemerkung

Mein bescheidener Versuch, das Verhältnis von Norm und Sachverhalt von der rechtsphilosophischen Grundlagendiskussion bis hin zum Revisionsrecht zu verfolgen, dürfte selbst dann, wenn man mir in den inhaltlichen Stellungnahmen nicht folgen wird, die Vernetzung aller Problemstellungen und Lösungsansätze demonstriert haben, die sich von der Rechtsphilosophie bis hin zur Dogmatik erstreckt. Ob es eine hermeneutische Spirale gewesen ist, auf der ich mich hierbei bewegt habe, und ob ich hierbei an der richtigen Stelle hineingekommen bin, wird niemand kompetenter beurteilen als der verehrte Jubilar, dem ich diese Zeilen als kleinen Beitrag zur Weiterbestellung der von ihm in München gestalteten, reichen rechtsphilosophischen Fluren widme.

DRITTER TEIL Spirale oder Spiegelei? Vom hermeneutischen zum sprachanalytischen Modell der Rechtsanwendung

I. Einleitung

Als ich Winfried Hassemer in der sich nur kurz überschneidenden Zeit unserer Assistententätigkeit an der Universität München kennen lernte,[1] hatte er sich bereits durch eine vom Umfang her nicht spektakuläre, aber vom Inhalt her um so gewichtigere Monographie einen Namen gemacht, die man im Rückblick von über 40 Jahren getrost als den Höhepunkt und zugleich Schwanengesang der sog. ontologischen Hermeneutik bezeichnen darf: Die von seinem akademischen Lehrer und meinem Münchener Amtsvorgänger Arthur Kaufmann betreute und 1968 publizierte rechtsphilosophische Dissertation über „Tatbestand und Typus" verknüpfte noch einmal alle Fäden jener spezifisch deutschen, von Schleiermacher über Dilthey, Heidegger und Gadamer bis zu Larenz und Arthur Kaufmann zunehmend stärker auf die Rechtswissenschaft konzentrierten Amalgamierung von Ontologie und Erkenntnistheorie, die seither einem sprachanalytischen Ansatz den Vortritt lassen musste, der zwar auch einmal in der deutschsprachigen Philosophie (vor allem als „Wiener Schule") entwickelt worden ist, seine weltweite Vorherrschaft aber erst durch die (erzwungene) Emigration in die USA und die Verbindung mit dem dort traditionellen Utilitarismus erlangt hat. Obwohl Winfried Hassemers Monographie die gesamte einschlägige rechtsphilosophische Literatur in über 400 Fußnoten sorgfältig verarbeitet hat, hat sie im Grunde als ein einziger in sich vollendeter Essay in sich selbst geruht und dadurch eine in der abendländischen Philosophie traditionelle Literaturform fortgesetzt, der unser Jubilar auch seitdem in vielen bedeutenden Abhandlungen treu geblieben ist: Was Winfried Hassemer damals als Forderung an den Interpreten formuliert hat, nämlich „sämtliche Verstehensmöglichkeiten[...] einer Prüfung zu unterwerfen ..., das Freilegen und hermeneutische Reflektieren sämtlicher im Lebensvorgang und dann im Sachverhalt involvierter Interessen und Erwartungen und ihre Beurteilung als berechtigt oder nicht berechtigt mit Hilfe sämtlicher Verstehensmöglichkeiten[...], (kurz) vollständige Reflektion (als) notwendige Bedingung der Richtigkeit" (Tatbestand und Typus, S. 136), ist auch in den anschließenden vier Jahrzehnten seines überreichen Schaffens als Rechtsphilosoph, Strafrechtsdogmatiker, Kriminalpolitiker und (hier nicht immer individuell zuschreibbar) Verfassungsrichter seine Richtschnur gewesen, die es durch-

---

1 Obwohl damals der strafrechtsphilosophischen Westseite und der strafrechtsdogmatischen Ostseite der Münchener Ludwigstraße noch nicht (wie erst durch die Organisationsreform der LMU München erzwungen) ein einheitliches institutionelles Dach verpasst worden war, gab es doch hin- und herüber verlaufende Kommunikationslinien, von denen mir die im Nachtzug von München zur Kieler Strafrechtslehrertagung 1972 geführte Diskussion in besonders lebendiger Erinnerung bleibt.

https://doi.org/10.1515/9783110648188-006

weg über den „Glücksfall der Intuition" im Radbruchschen Sinne erhoben hat. Gegenüber dieser Kunst- und Kulturform des Essays wirkt die Fußnotenhuberei einer kleinteiligen Strafrechtsdogmatik (etwa zum Begriff des gefährlichen Werkzeugs) ebenso kleinkariert wie der per definitionem zu keiner neuen Erkenntnis führende Hobel der sprachanalytischen Philosophie. Nichtsdestotrotz möchte ich nachfolgend versuchen, der Methode von Winfried Hassemers Frühwerk durch einen „analytischen Essay" meine Reverenz zu erweisen.

II. Ontologische Hermeneutik versus analytische Sprachphilosophie

1. Ontologische Hermeneutik und sprachanalytische Philosophie beziehen sich im Ausgangspunkt auf denselben Gegenstand, nämlich die Sprache. Und was die Kritik an der (die Basis der Begriffsjurisprudenz bildenden) Idee der Exaktheit der Strafe anbetrifft, so lässt sich die Hermeneutik so leicht nicht übertreffen. Anstelle von Eindeutigkeit und exakter Verifizierbarkeit (Tatbestand und Typus, S. 66) tritt eine Abhängigkeit des Wortes von der Sprechsituation (S. 67 ff.), von dem Satz, in dem es steht (S. 70 f.), von dem zugeordneten Wortfeld (S. 71 ff.) und schließlich von der mit dem Wort in Bezug genommenen Wirklichkeit (S. 74 ff.). Dabei wird die „Wirklichkeit in der Sprache nicht als fertige ‚gehabt', sondern als veränderliche ‚gesehen'" (S. 80). Das „Richtigkeitskriterium" der Sprache bestehe darin, dass sie das eigene System transzendiert und es mit der Wirklichkeit verbindet, indem sie sich vom Vorverstandenen her inhaltlich rechtfertigen muss (S. 83). Als sprachliches Gebilde unterliegt der Straftatbestand „grundsätzlich sämtlichen allgemeinen Bedingungen der Sprachlichkeit und damit auch deren mangelnder ‚Exaktheit'" (S. 95) und ist durch außertatbestandliche Faktoren bedingt, nämlich durch das vom Tatbestand Genannte (S. 98). Genau an dieser Stelle beginnt die spezifische Konzeption der ontologischen Hermeneutik, nämlich mit der sog. These der Annäherung, „dass das Problem der Tatbestandsauslegung sowohl von der Seite der Norm als auch von der Seite des Sachverhalts her angegangen werden kann", denn ob der Tatbestand eine bestimmte Sachverhaltsentscheidung enthalte, zeige sich erst nach dem Verfahren der Auslegung und sei vorher nicht gewusst (S. 99). Die Norm werde durch die Entscheidung, auf die sie sich gründe, verändert, so dass sie dadurch neu konstituiert werde (S. 100). Das führt zunächst zu einem scheinbaren Paradoxon, denn wie ein Lebensvorgang zu einem Sachverhalt wird, richte sich nur nach dem Tatbestand (S. 103), während der Tatbestand wiederum nicht ohne den Sachverhalt verstehbar sei (S. 104). Die klassischen hermeneutischen Axiome der Notwendigkeit eines Vorverständnisses und des hermeneutischen Zirkels zwischen dem Ganzen

und seinen Teilen werden also auf das Verhältnis von Sprache und Wirklichkeit, von Intension („Bedeutung") und Extension (die dem Tatbestand zuzuordnenden realen Rechtsfälle) ausgedehnt, wobei *Hassemers* Vorgänger *Engisch* mit seiner Formel vom „Hin und Herwandern des Blickes zwischen Obersatz und Lebenssachverhalt", *Larenz* mit seiner Formel von der „Fortbildung oder weiteren Gestaltung des der allgemeinen Norm immanenten Sinngehalts" und *Arthur Kaufmann* mit der Formel, „dass die Rechtsidee und die zu regelnden [...] Lebenssachverhalte zueinander durch Angleichung, Assimilation in Entsprechung gebracht werden", „knappe Andeutungen" gemacht haben, die in folgenden berühmt gewordenen Sätzen *Hassemers* zu Ende geführt worden sind:

> „Strafrechtliche Auslegung vollzieht sich also [...] nicht wie ein Kreis, sondern eher wie eine Spirale [...] Tatbestand und Sachverhalt bestimmen sich gegenseitig nicht einmal und auf derselben hermeneutischen Ebene, sondern mehrmals und jeweils auf anderen, ‚höheren' hermeneutischen Ebenen [...] Bei jedem neuen Hinsehen ist ein anderer (durch den Sachverhalt bzw. Lebensvorgang) besser verstandener Tatbestand und gleichzeitig ein anderer (durch den Tatbestand) besser verstandener Sachverhalt im Blick [...] Dieser Prozess vollzieht sich nicht eigentlich in Stufen, sondern in ‚Windungen' [...] Es ist eine Entfaltung von Tatbestand und Sachverhalt aneinander in der Kategorie der Gleichzeitigkeit." (S. 107 f.)

2. Wenn man diese klassischen Sentenzen nach über vier Jahrzehnten erneut liest, so sieht man noch deutlicher als früher, dass das Konzept der ontologischen Hermeneutik in ihnen und speziell im Bild der Spirale des Verstehens seine endgültige Ausformung erfahren hat. Infolgedessen sieht sich aber auch das Spiralmodell unausweichlich derjenigen Kritik ausgesetzt, die durch die Weiterentwicklung der sprachanalytischen Philosophie, die nachhaltige Rezeption angloamerikanischen Rechtsdenkens und einer realistischeren Sicht der politischen Elemente in der richterlichen Rechtsanwendung eine immer größere Durchschlagskraft erlangt hat. Wenn man ein ähnlich suggestives Bild verwenden möchte, wie es *Winfried Hassemer* mit der hermeneutischen Spirale gelungen ist, könnte man davon sprechen, dass sich die ontologische Hermeneutik am eigenen Schopfe aus einem kognitiven Sumpf herauszuziehen versucht, der infolge der unzulänglichen analytischen Trennung der im gesellschaftlichen Prozess der Rechtsanwendung rein tatsächlich nebeneinander und nacheinander benutzten Denk- und Entscheidungsverfahren entstanden ist.

a) Obwohl *Engisch* Formel vom „Hin- und Herwandern des Blicks" zwischen Obersatz und Untersatz weit über die Vertreter der ontologischen Hermeneutik hinaus breiteste Anerkennung genießt und seinen „Logischen Studien zur Gesetzesanwendung" entstammt, ist sie bereits in logischer Hinsicht fehlerhaft, weil sie einem lediglich heuristischen Vorgehen bei der Norminterpretation zu Unrecht einen logischen Stellenwert bei der Subsumtion zuschreibt. Der Tatbestand einer Rechtsnorm beschreibt eine Klasse von Ereignissen, die mit einer bestimmten Rechtsfolge belegt werden, und die dem Ausspruch der Rechtsfolge vorausgehende Subsumtion eines realen Ereignisses unter die Norm setzt voraus, dass die Zugehörigkeit des realen Ereignisses zu der betreffenden Klasse von Ereignissen festgestellt worden ist, mit anderen Worten, dass der reale Fall in die Extension der Tatbestandsbeschreibung fällt. Um das zu beurteilen, muss man das reale Ereignis ebenfalls sprachlich beschreiben. Nach den in der ontologischen Hermeneutik benutzten Bildern soll dabei das reale Ereignis durch Assimilation an die Norm zu einem Sachverhalt entwickelt werden, der mit der durch Assimilation an den Sachverhalt weiter entwickelten Norm aneinander entfaltet werden soll, weil ja gerade in der Dimension, die diesen Sachverhalt betreffe, die Entscheidung erst den Tatbestand konstituiere (S. 101). Aber damit bricht die Hermeneutik die Sprachanalyse, mit der sie ja eigentlich angefangen hat und auf die sie ihr ganzes Konzept gründet, zu früh ab und bleibt deshalb im rein bildhaften stecken, anstatt zwei notwendige sprachliche Unterscheidungen hinzuzufügen: zum einen die Unterscheidung von Umgangssprache und Rechtssprache und zum anderen die Unterscheidung von drei unterschiedlichen Kategorien der Extension, nämlich zwischen Bedeutungskern, Bedeutungshof und Rest der Welt.

b) Der Gesetzestatbestand ist notwendig in der Rechtssprache formuliert, d. h. dass dessen Extension und Intension nach den Regeln der juristischen Methodenlehre zu bestimmen sind. Die vom Gesetzgeber benutzten Termini sind freilich nur zum geringen Teil rechtssprachlich-technischer Provenienz, denn zum größten Teil bedient sich der Gesetzgeber umgangssprachlicher Ausdrücke. Das ist speziell im Strafrecht nicht nur nützlich, sondern fast notwendig, weil der Rechtsgüterschutz durch Generalprävention als Aufgabe des Strafrechts voraussetzt, dass der der logisch vorrangigen Verbotsnorm entsprechende Straftatbestand für den Bürger im wesentlichen aufgrund seiner umgangssprachlichen Sprachkompetenz verständlich ist. Die Bedeutung umgangssprachlicher Ausdrücke ist wiederum in dem Sinne relativ vage, dass man sowohl unter dem Aspekt der Extension als auch unter dem der Intension drei Bereiche unterscheiden kann, die bereits von *Philipp Heck* durch die Unterscheidung von Begriffskern und Begriffshof bezeichnet und später etwa von *H. L. A. Hart* als core und penumbra aufgegriffen worden sind. In den Bedeutungskern fallen danach alle diejenigen Ereignisse, die jeder Nutzer der Umgangssprache aufgrund eines spontanen Evidenzerlebnisses ohne zu zögern mit diesem Ausdruck bezeichnen würde. Umgekehrt gibt es Gegebenheiten und Ereignisse, bei denen jeder Nutzer der Umgangssprache aufgrund eines spontanen Evidenzerlebnisses die Benutzung des betreffenden Terminus als völlig falsch ansehen würde; diesen Bereich nenne ich den „Rest der Welt“. Zwischen diesen beiden durch Evidenzerlebnisse klar bezeichneten Bereichen liegt der sog. Bedeutungshof, in den diejenigen Gegebenheiten fallen, für deren Bezeichnung der betreffende Terminus nicht eindeutig falsch, aber auch nicht eindeutig zutreffend erscheint, weil es von den sprachlichen Vorlieben und Gewohnheiten abhängt, ob man die Benützung des betreffenden Terminus als passend empfindet oder nicht. Was hierbei für den einzelnen Terminus gilt, gilt mutatis mutandis auch für den Tatsachen- und Ereigniskomplex, der im Tatbestand insgesamt beschrieben wird. Wenn nun ein Ereignis im umgangssprachlichen Kernbereich des betreffenden Gesetzesterminus liegt, so fällt er damit eo ipso in die Extension (sofern sich nicht etwa ein Redaktionsversehen des Gesetzgebers zeigen lässt), ebenso wie er eo ipso herausfällt, wenn er im „Rest der Welt" der umgangssprachlichen Bedeutung angesiedelt ist. Fällt er in den Bedeutungshof, so ergibt sich vorläufig ein non liquet, welches auf der zweiten Stufe durch eine nach den Regeln der juristischen Methodenlehre durchzuführende weitere Interpretation des Gesetzes nach Möglichkeit zu einem klaren positiven oder einem klaren negativen Urteil fortzuentwickeln ist.

c) Damit bereits auf der ersten Stufe die Zuordnung geprüft werden kann, muss das Ereignis in der Umgangssprache beschrieben werden, und zwar durchweg mit Ausdrücken, in deren Bedeutungskern die das Ereignis kennzeichnenden Gegebenheiten fallen. Fällt es danach in den Bedeutungshof, so muss bei der auf der zweiten Stufe durchzuführenden weiteren Gesetzesinterpretation das rein formale Ziel verfolgt werden, die Definitionen und Subdefinitionen mit Hilfe solcher umgangssprachlicher Termini zu bewerkstelligen, bezüglich derer der zu entscheidende Fall entweder im Bedeutungskern oder im Rest der Welt liegt. Dieser Vorgang ist so lange zu wiederholen (und der Bedeutungshof auf diese Weise zu Gunsten der anderen Bereiche immer kleiner zu gestalten), bis der zu entscheidende Fall schließlich entweder vom Bedeutungskern oder vom Rest der Welt abgedeckt wird.

d) Um für dieses Modell ebenfalls ein Bild zu verwenden, möchte ich (etwas salopp, aber dafür umso plastischer) das Bild vom Spiegelei vorschlagen, in dem das Eigelb den Bedeutungskern und das Eiweiß den Bedeutungshof und der gesamte davon nicht abgedeckte Bereich den Rest der Welt darstellen.

3. Aber habe ich damit nicht doch wieder unversehens die These der objektiven Hermeneutik von der wechselseitigen Entfaltung von Norm und Sachverhalt aneinander unausgesprochen übernommen, weil im Spiegeleimodell jede Angabe darüber fehlt, wie aus dem Lebensereignis der Sachverhalt entwickelt werden soll, und weil auch nur aus dieser Entwicklung die Richtung entnommen werden könne, in die auf der zweiten Stufe und allen weiteren Stufen die Norminterpretation erfolgen soll? In der Tat muss hierbei der Blick im Sinne *Engischs* hin- und herwandern, aber das ist ein rein heuristischer Vorgang, weil das Lebensereignis nämlich allein Anregungen für alle möglichen tentativen

Interpretationsmöglichkeiten liefert, über deren endgültige Relevanz allein auf der Ebene der Norminterpretation und damit der Entfaltung des Obersatzes zu entscheiden ist. Denn nur hier befinden sich die Rechtsbegriffe, die durch Interpretation in Definitionen und Subdefinitionen aufzulösen sind,[2] während der Untersatz aus probeweise variierten, unter Nutzung umgangssprachlicher Kernbedeutungen erfolgenden Beschreibungen des Lebensvorganges besteht, die allesamt wahr, aber nur nach Maßgabe des Obersatzes relevant sind.

4. a) Dass die Ersetzung des hermeneutischen Rechtsanwendungsmodells durch das „Spiegeleimodell“ die zur juristischen Methodenlehre gehörende Frage, nach welchen Kriterien der umgangssprachliche Bedeutungshof der Gesetzestermini bei der Interpretation auszufüllen ist, offen lässt, ist keine Schwäche, sondern umgekehrt ein (notwendiger) Vorzug dieses Modells. Denn gerade daraus erwächst die Möglichkeit, hierfür ein selbständiges Strukturmodell zu entwerfen, das den Ausgangspunkt der ontologischen Hermeneutik teilt, aber die daran im hermeneutischen Paradigma geknüpften, prekären Folgerungen vermeidet. Den Ausgangspunkt bildet die in der Theorie der Umgangssprache verankerte Erkenntnis, dass der Gesetzestatbestand als Ausgangspunkt der Rechtsfindung[3] nur eine Art Halbfertigprodukt darstellt bzw. genauer gesagt eine Mischung aus Fertigprodukt (für die im Bedeutungskern oder Rest der Welt angesiedelten Ereignisse) mit einem Halbfabrikat für die auf der ersten Stufe im Bedeutungshof anzusiedelnden Ereignisse. Aus dem „Spiegeleimodell“ folgt nur, dass für diese Ereignisse auf den nächsten Stufen der Rechtsfindung Definitionen und Subdefinitionen entwickelt werden müssen, die zu einer Ausfüllung bzw., anders herum betrachtet, Einengung des Bedeutungshofes führen. Auf welchem Wege dies zu geschehen hat, muss und will das „Spiegeleimodell“ offen lassen, während das hermeneutische Paradigma in seiner trügerischen Selbstgewissheit, ein umfassendes Modell des Norm- und Sachverhaltsverstehens durch das Verfahren der Analogiebildung gefunden zu haben, sein formales Strukturmodell für die inhaltlichen Maßstäbe der Norminterpretation verwenden zu können oder gar zu müssen glaubt. Im Paradigma der Hermeneutik geht es bei der wechselseitigen Entfaltung von Norm und Sachverhalt aneinander um einen „analogischen Prozess“, dessen tertium comparationis in der Entsprechung von

2 In welcher Weise und nach welchen Regeln und Methoden dies zu geschehen hat, ist in dem ERSTER TEIL dieses Bandes im einzelnen untersucht worden.

3 Ob das am Gesetz orientierte Modell für jede denkbare Rechtsordnung gilt, weil beispielsweise ja auch eine Präjudizienrechtsordnung nicht ohne Obersätze auskommt, braucht hier nicht weiter verfolgt zu werden, weil jedenfalls das Strafrecht vermöge des Gesetzlichkeitsgrundsatzes des Art. 103 Abs. 2 GG und der einschlägigen internationalen Pakte hierauf festgelegt ist.

Norm und Wirklichkeit besteht (Tatbestand und Typus, S. 118 f.), wobei die Auffindung dieses tertium mit dem „Verstehensproblem der geisteswissenschaftlichen Hermeneutik identisch ist“ (S. 120). Daraus soll folgen, dass nicht das Ergebnis des Verfahrens, sondern das Verfahren selber als richtig dargetan werden muss (S. 135), woraus die Forderung an den Interpreten resultiert, „sämtliche Verstehensmöglichkeiten von Tatbestand und Sachverhalt einer Prüfung zu unterwerfen“ (S. 136), was zwar zur objektiven Richtigkeit, nie aber zur Allgemeingültigkeit führe und deshalb zunächst einen Rest von Unsicherheit bestehen lasse, der dann aber in der personalen Komponente des hermeneutischen Vollzugs teilweise aufgehoben werde (S. 138), und zwar in Gestalt der Dimension „des Könnens oder der Erfahrung“ (S. 140). Das „Wiedererkennen der Norm im Sachverhalt und des Sachverhalts in der Norm“ (*Arthur Kaufmann*) sei eine Sache intuitiver Erfassung (Tatbestand und Typus, S. 142) – womit freilich die letzte Möglichkeit entfallen sei, eine Bedingung für die Richtigkeit außerhalb des Entscheidungsverfahrens selbst zu behaupten (S. 144), so dass der Richter im eigentlichen Sinne Forscher sei, der Seiendes in seiner Relevanz originär erkenne und Bezüge stifte (S. 144 f.).

b) Mit diesen Sätzen hat *Winfried Hassemer* das Paradigma der ontologischen Hermeneutik abermals radikal zu Ende gedacht und dadurch zugleich dessen Schwanengesang geliefert, weil er gezeigt hat, dass eine zum Verständnis (oder vielleicht besser: zur kategorialen Rekonstruktion) des Rechtsfindungsvorganges notwendige analytische Unterscheidung im hermeneutischen Paradigma nicht untergebracht werden kann. Denn weil es im Recht um die moralische Richtigkeit und gesellschaftliche Verträglichkeit menschlicher Handlungen geht, kann es ein originäres und umfassendes „Verstehen des Rechts“ nur in einem durch und durch religiösen Kontext geben, der freilich mit der von *Arthur Kaufmann* immer wieder betonten Geschichtlichkeit des Rechts nicht verträglich wäre und damit aus den Aporien eines ausschließlich hermeneutischen Rechtsverständnisses nicht herausführen könnte. Statt dessen muss man analytisch notwendig zwischen der hermeneutischen und der politischen Dimension der Rechtsfindung unterscheiden: Insoweit sich der Richter bei der Norminterpretation auf eine methodengerechte Verdeutlichung der von einer autoritativen Instanz getroffenen Entscheidung (im Strafrecht des Gesetzgebers) beschränken und die Sachverhaltsentscheidung hierauf zurückführen kann, geht es um einen hermeneutischen Prozess. Soweit der Sachverhalt auch hiernach im Bedeutungshof der subdefinierten Gesetzestermini verbleibt, hilft weder die Idee der Assimilation und Analogiebildung weiter noch das Ziel einer ipsa res iusta (Tatbestand und Typus, S. 119) oder der Verweis auf die Erfahrung des Richters (S. 140). Denn die Analogie lässt die Frage unbeantwortet, ob die Ähnlichkeit zureichend oder ungenügend ist; die ipsa res iusta ist in einem unhintergehbar „geschichtlichen Recht“ permanenter Veränderung unterworfen; und die „Erfahrung des Richters“ kann dann eigentlich nichts anderes bedeuten, als dass er kontingente Fragen regelmäßig nach denselben von ihm bevorzugten Wertmaßstäben entschieden hat, also: dass er beim Erlass politischer Machtsprüche im Laufe seiner Karriere konsequent gewesen ist. Anders formuliert, agiert der Richter bei der Fallentscheidung immer dann, wenn ein heteronomes Verstehen der legislatorischen Entscheidung nur zu einem non liquet führt, als Ergänzungsgesetzgeber, verlässt den hermeneutischen Horizont und avanciert zum politisch agierenden Machthaber. An diesem von der demokratischen Legitimation her zweifelhaften Teil der richterlichen Tätigkeit hat bekanntlich die kritische Rechtswissenschaft der 70er Jahre des vergangenen Jahrhunderts angesetzt, die heute im Angesicht eines vorwiegend mit Machtsprüchen agierenden europäischen Gerichtshofes zum Orkan anschwellen müsste, eigenartigerweise aber in einem vermutlich aus Europatümelei genährten Kadavergehorsam erstarrt ist. Indem das „Spiegeleimodell“ Raum für ein dualistisches Konzept der praktischen Verschlingung, aber analytischen Dichotomie von heteronomem Gehorsam und autoritärem Machtspruch lässt, vermeidet es jene Überreizung der eigenen Prämissen, die *Winfried Hassemer* durch sein konsequentes und radikales Zuendedenken des Paradigmas der ontologischen Hermeneutik erkennbar gemacht hat und an der dieses Paradigma deshalb scheitern muss.

III. Zum Begriff des Typus

Es ist also gerade die von *Winfried Hassemer* in seiner Studie über „Tatbestand und Typus“ kompromisslos durchgeführte Universalität des hermeneutischen Paradigmas, die dessen Überanstrengung erkennbar macht und mit Hilfe der hier vorgeschlagenen sprachanalytischen Präzisierungen zurückgestutzt werden muss. So lässt sich auch *Hassemers* Idendifizierung der strafrechtlichen Auslegung als „typologisches Verfahren“ (S. 118 ff.) sowohl gegenüber zwischenzeitlich dominierenden Versuchen, die Denkform des Typus in eine Art juristisches Schamanenreich zu verweisen, als auch gegenüber dem von *R. Dworkin* unternommenen und von *Alexy* präzisierten Versuch, die Rechtsfindung statt dessen im Modell der Dichotomie von Regeln und Prinzipien zu begreifen, mit Hilfe einer gewissermaßen moderaten sprachanalytischen Präzisierung erfolgreich behaupten. *Hassemer* selbst hat in „Tatbestand und Typus“ bereits die Möglichkeit einer quantitativen Präzisierung des Typuskonzepts geprüft, nämlich in Gestalt der Abstufbarkeitsthese von *Hempel* und *Oppenheim*, und diese als nicht zielführend bewertet (S. 121 ff.). In jüngster Zeit haben *Kuhlen*, *Puppe* und auch *ich selbst* anhand von Beispielen zu zeigen versucht, dass der Typusbegriff von dem klassifikatorischen Begriff nicht nur durch die Abstufbarkeit, sondern auch durch eine „Merkmalskumulierung" zu unterscheiden ist, dergestalt dass der Typus auf mindestens zwei oder mehr Züge bzw. Ausprägungen verweist, die ihrerseits abstufbar sind und bei denen die stärkere Ausprägung eines Merkmals die schwächere eines anderen kompensieren kann – etwa indem der aus einer kognitiven und einer Einstellungs-Komponente zusammengesetzte Vorsatztypus bei einer starken Ausprägung der kognitiven Seite ungeachtet einer etwa nur schwachen Ausprägung der rechtsgüterfeindlichen Einstellung als dolus directus ebenso gegeben ist wie als Absicht bei einer starken Ausprägung der rechtsgüterfeindlichen Einstellung und einer etwa minimalen Ausprägung der kognitiven Dimension bei einem schwachen Fürmöglichhalten.[4] Die von *Hassemer* am Beispiel des Konzepts von *Hempel/Oppenheim* verneinte Metrisierbarkeit des Typusbegriffs erweist sich damit gerade auch nach dessen analytischer Präzisierung als unmöglich bzw. nur in dem schwachen Sinne einer „alternativen Komparativität" mit dem Ziel einer „Profilbildung" realisierbar. Zutreffend bleibt auch *Hassemers* Erkenntnis, dass es „der Auslegende (abgesehen von den systemimmanenten Verweisungsnormen) immer mit Typen zu tun haben wird" (S. 125), in denen die verschiedenen Züge die miteinander rivalisierenden Prinzipien (verstanden als Optimierungsgebote im Sinne von *Alexy*) bereits widerspiegeln, so dass deren Abwägung gegeneinander unmittelbar in die Interpretation der im Tatbestand benutzten Typenbegriffe und damit letztlich des gesamten als Supertypus begriffenen Tatbestandes eingeht.

IV. Zum Analogieverbot

Zu guter Letzt ermöglicht die hier vorgeschlagene sprachanalytische Präzisierung auch die Auflösung eines letzten Paradoxons, vor dem die ontologische Hermeneutik angesichts des strafrechtlichen Analogieverbots steht. In der Totalität der hermeneutischen Spirale kann es naturgemäß keine externe Grenze geben – das ist in Tatbestand und Typus auf S. 160 ff. mit unerbittlicher Konsequenz dargelegt worden. Anders sieht es jedoch im „Spiegeleimodell" aus, das mit zwei unterschiedlichen Sprachebenen arbeitet: einmal der Rechtssprache, die die Umgangssprache (nur) als Metasprache zur Verdeutlichung ihrer Intension und Extension benutzt, einerseits und der autonomen Umgangssprache

4 Siehe *Puppe*, GS f. Armin Kaufmann, 1989, S. 25 ff.; *Kühlen*, in; Herberger/Neumann/Rüßmann (Hrsg.), Generalisierung und Individualisierung im Rechtsdenken, ARSP-Beirheft 45, 1992, S. 101 ff., *Schünemann*, FS f. H. J. Hirsch, 1999, S. 363, 372 ff., ferner auch im ERSTEN TEIL dieses Bandes o. S. 168 ff.

andererseits (wobei die Zuordnung des betreffenden Terminus vom jeweiligen Kontext abhängt, so dass selbstverständlich ein von Haus aus umgangssprachlicher Terminus im Kontext der Rechtssprache eine spezifische, durch Interpretation festzulegende und vom umgangssprachlichen Bedeutungsgehalt her verschiedene Bedeutung besitzt). In diesem Modell kann die Explikation eines der Umgangssprache entlehnten, in der Rechtssprache verwendeten Terminus durchaus eine heteronome, d. h. außerhalb der rechtlichen Interpretation und vor ihr feststehende Begrenzung erfahren, die mit dem äußersten Rand des umgangssprachlichen Bedeutungshofes zu identifizieren ist. Allein dadurch ist auch Generalprävention möglich, weil dem Verständnis des Bürgers ja nur die Umgangssprache zugänglich ist, so dass er sich streng genommen nicht von der erst im Wege der Interpretation präzisierten rechtssprachlichen Bedeutung des Gesetzestextes, sondern von dem bis zur Grenze des Umgangssprachgebrauches reichenden „Risikobereich“ motivieren lassen muss.[5]

V. Schlussbemerkung

Wie würde sich unser Jubilar heute zu dem hier vorgeschlagenen sprachanalytischen „Spiegeleimodell“ stellen? In seiner Kommentierung des § 1 StGB in der 1. Aufl. des Nomos-Kommentars mit dem Stand vom 30. 4. 1999, die in der Überarbeitung durch *Kargl* in der 2. Aufl. 2005 im Kern beibehalten worden ist, erklärt er es für „vernünftig, den Inhalt des Analogieverbots über das Kriterium des Gesetzeswortlauts zu definieren [...], (der) das zentrale Kriterium für das richtige Verstehen eines Textes“ und „der Gesetzesauslegung gegenüber extern“ sei (Rdn. 78 f.). Freilich versteht er unter dem „Wortlaut“ (der natürlich nicht stricto sensu als phonetische Bezeichnung genommen werden darf) nicht allein die äußerste Grenze des Umgangssprachgebrauchs, sondern „die Bedeutung eines Wortes in der Umgangssprache oder auch in der juristischen Tradition“, was nach meinem Urteil immer noch auf halbem Wege stehen bleibt und nicht operationalisierbar ist. Denn mit der Anknüpfung an die „juristische Tradition“ würde sich wiederum die Rechtsprechung selbst Grenzen setzen, und das notwendige Kriterium der externen Begrenzung wäre in diesem Zirkel wieder aufgehoben. Aber sollte nicht mit der Preisgabe des Universalitätsanspruches der ontologischen Hermeneutik der Weg zu einem Konsens über die notwendigen sprachanalytischen Präzisierungen geebnet sein, womöglich im Rahmen einer erneuten gemeinsamen Anstrengung während einer nächtlichen Zugfahrt von München nach Kiel, auch wenn diese in der heutigen Rastlosigkeit nur als konkrete Utopie vorstellbar sein mag?

5 Dazu eingehend bereits *Schünemann*, nulla poena sine lege?, 1979, S. 17 ff.

VIERTER TEIL **Vagheit und Porosität der Umgangssprache als Horizont extensionaler Rechtsfortbildung durch die Strafjustiz** – ***Am Beispiel der verfassungsfeindlichen Sabotage***

I. Das Problem

Ingeborg Puppe, die verehrte Jubilarin, hat nicht nur in ihren dogmatischen Arbeiten jahrzehntelang Musterbeispiele hochgradig methodenbewusster und logisch präziser juristischer Argumentationen geschaffen, sondern auch in ihrer beileibe nicht von der Inhaltsfülle, sondern nur vom Umfang her „Kleinen Schule des juristischen Denkens" (2008) das von ihr zur Ordnung und Entscheidung so vieler Einzelprobleme benutzte rechtstheoretische Gerüst insgesamt auf- und vorgeführt. Darin hat sie den üblichen juristischen Definitionen ein vernichtendes Zeugnis ausgestellt: Sie seien „eine Aneinanderreihung von Merkmalen, deren Bedeutung weniger klar, weniger eindeutig und weniger präzis sind als die alltagssprachliche Bedeutung des zu definierenden Begriffs:"[1] „Aber", hat sie tröstend hinzugefügt, „die Juristen können nichts dafür: Juristische Begriffe sind nun einmal nicht präzise und dürfen es auch nicht sein."[2] Diese *alltagssprachliche Bedeutung* bildet dann wohl auch für sie den Ausgangspunkt der Gesetzesinterpretation[3] und zugleich deren äußerste Grenze, jenseits derer nur die (im Strafrecht in malam partem unzulässige) Analogie möglich ist.[4] Zwischen diesen beiden Polen liegt ein *strafrechtsspezifisches* Problem der Gesetzesinterpretation, mit dem sich *Ingeborg Puppe* in ihrer allgemeinen Behandlung der juristischen Methodenlehre nicht zu befassen brauchte und das sie vermutlich wegen ihrer bemerkenswerten Geringschätzung der historischen Auslegung[5] auch nicht als Sonderproblem thematisiert hat: ob die Rechtsprechung die Straftatbestände auf Konstellationen anwenden darf, die zwar noch innerhalb der „Wortlautgrenze"[6] liegen, an die der Gesetzgeber aber mit Sicherheit nicht gedacht hat, womöglich (weil sie zu seiner Zeit noch gar nicht existierten) nicht einmal denken konnte. Auch wenn es hierbei formal nicht um die

---

1 Kleine Schule, S. 48.

2 Kleine Schule, S. 49.

3 Kleine Schule, S. 64 ff. unter der Überschrift „Interpretation nach dem Wortlaut".

4 Kleine Schule, S. 93.

5 Die im Kapitel über die „klassischen Methoden der Gesetzesinterpretation" als solche nicht einmal vorkommt, s. Kleine Schule, S. 64 ff., zur Skepsis gegenüber der „subjektiv-teleologischen Auslegung" S. 78 f. und beispielhaft S. 91 ff.

6 Womit natürlich die äußerste Grenze des Umgangssprachgebrauchs gemeint ist, näher dazu im folgenden; auch die Jubilarin verwendet diesen eingebürgerten, stricto sensu falschen Ausdruck, s. Kleine Schule, S. 64, 92 f. u. ö., notabene im vorstehenden Sinn und stellt mit Recht fest, man solle statt von „grammatischer" besser von „semantischer" Auslegung sprechen (ibid. S. 64), wobei die Bezeichnung als „alltagssemantische Auslegung" noch präziser wäre (Schünemann, FS f. Klug, 1983, S. 169, 182).

https://doi.org/10.1515/9783110648188-007

von *Puppe* sog. „Argumentationsformen der Rechtsfortbildung“[7] geht (d. h. vor allem um Analogie und argumentum a fortiori), so doch um eine über die anschaulichen Vorstellungen des Gesetzgebers hinausgehende Pönalisierungsentscheidung der Rechtsprechung. Liegt darin womöglich per se eine verfassungswidrige Usurpierung legislatorischer Gewalt oder zumindest eine Missachtung von „nulla poena sine lege scripta“?

II. Was Rechtstheorie und Grundgesetz dazu sagen

1. Obwohl das von *Montesquieu* entwickelte Modell der Dreiteilung der Staatsgewalten nicht nur die Staatsphilosophie, sondern auch die Staatspraxis so weitgehend geprägt hat wie kaum eine andere politische Idee, ist man sich unter Einschluss der Jubilarin[8] darüber einig, dass *Montesquieu* sich von der dritten, der richterlichen Gewalt eine völlig falsche Vorstellung gemacht habe. Seine Auffassung, dass die richterliche Gewalt in gewisser Weise gar keine Gewalt darstelle, weil es sich bei dem Richter nur um den Mund handele, der die Worte des Gesetzes ausspreche,[9] hat zwar noch die den Kodifikationen der Aufklärungszeit beigegebenen Kommentierungsverbote beherrscht und methodologisch bis in die Ära der Begriffsjurisprudenz nachgewirkt. Die in radikalster Form von der Freirechtsschule an der Begriffsjurisprudenz geübte, in der analytischen Sprachphilosophie endgültig abgesicherte und deshalb heute nicht mehr angezweifelte Kritik hat dagegen aufgedeckt, dass die generell-abstrakte Regelung der Gesetze vermöge der „open texture“ der Umgangssprache (d. h. ihrer ontologisch unaufgebbaren Vagheit, Porosität und ggf. Doppeldeutigkeit)[10] notwendig einen bald größeren, bald geringeren Interpretationsspielraum aufweist, dessen Ausfüllung nach den Prinzipien der juristischen Methodenlehre nicht eindeutig ist, sondern dem Richter einen eigenen Gestaltungsspielraum belässt. Die ontologische Hermeneutik hat aus diesem Befund die Folgerung gezogen, dass zwischen richterlicher Rechtsfindung und richterlicher Rechtsschöpfung kein prinzipieller Unterschied bestehe, weil auch die richterliche Entscheidung eines Einzelfalles einen Prozess der Analogiebildung bedeute, bei dem die Norm am Sachverhalt

---

7 Kleine Schule, S. 95.

8 Kleine Schule, S. 118.

9 De l’esprit des lois, 1748, XI. Buch 6. Kapitel.

10 Grdl. Waismann, Verifiability, Proceedings of the Aristotelian Society, Suppl. Vol. 19 (1945), 119 ff.; aufgegriffen von H. L. A. Hart, The Concept of Law, Oxford 1961, 6. Aufl. 1972, S. 120 ff.; zur aktuellen englischsprachigen Diskussion Bix, Law and Philosophy 10 (1991), 51 ff.; Margalit, in: ders. (Hrsg.), Meaning and Use, Vol. 3 (1979), S. 141 ff.

und der Sachverhalt an der Norm entfaltet und beide zueinander in einem analogischen Prozess in Beziehung gesetzt würden; selbst das strafrechtliche Analogieverbot vermöge der sog. Wortlautgrenze, wie es einer konventionellen Interpretation des Art. 103 Abs. 2 GG entspreche, sei deshalb sprachlogisch nicht aufweisbar, und für die Richtigkeit eines im Rahmen des hermeneutischen Zirkels bzw. der hermeneutischen Spirale unternommenen Rechtsfindungsprozesses gäbe es außerhalb seiner selbst keine objektiven Kriterien.[11] Nach der gemäßigten und die Ergebnisse der analytischen Sprachphilosophie sorgfältiger notierenden Unterscheidung von Bedeutungskern, Bedeutungshof und Rest der Welt sowie von Objekt- und Metasprache existiert dagegen sowohl eine heteronome Grenze der richterlichen Gesetzesinterpretation in Gestalt der äußersten Grenze des Bedeutungshofes i. S. des („noch möglichen") Umgangssprachgebrauches als auch in Gestalt der vom Richter in jedem Fall zu respektierenden umgangssprachlichen Kernbedeutungen der Gesetzestermini, womit sich der Bereich der dem Richter notwendig anvertrauten rechtsschöpferischen Rechtsfindung auf den Bedeutungshof der Gesetzestermini reduziert.[12] Auch das Gerichtsverfassungsgesetz geht von einer eigenen Kompetenz der Rechtsprechung zur Rechtsschöpfung aus, indem es ausdrücklich eine Anrufung der jeweiligen Großen Senate in Zivilsachen oder Strafsachen durch einen beteiligten Senat des Bundesgerichtshofes für den Fall vorsieht, dass dessen Entscheidung bei einer Frage „von grundsätzlicher Bedeutung [...] zur Fortbildung des Rechts [...] erforderlich ist" (§ 132 Abs. 4 GVG). An dieser Regelung ist bemerkenswert, dass sie sowohl für Zivilsenate als auch für Strafsenate gilt, so dass der Gesetzgeber offensichtlich davon ausgegangen ist, dass eine „Fortbildung des Rechts" in Strafsachen nicht anders als in Zivilsachen durch die Rechtsprechung verfassungsrechtlich zulässig ist.

2. Diese Sicht einer ontologisch notwendigen und deshalb unbestreitbaren richterlichen Kompetenz zur schöpferischen Rechtsfindung wird auch von den

---

11 Umfassend Arth. Kaufmann, Analogie und Natur der Sache, 1965; Hassemer, Tatbestand und Typus, 1968; speziell zum Analogieverbot bereits Sax, Das strafrechtliche Analogieverbot, 1953, S. 147 f.

12 Näher Schünemann, nulla poena sine lege?, 1978, S. 18 ff.; ders. Klug-FS (Fn. 6), S. 177 ff.; ders., FS f. Arth. Kaufmann, 1993, S. 299 ff.; ders., FS f. Hassemer, 2010, S. 239 ff.; grdl. zum Kern-Hof-Ansatz Philipp Heck, Gesetzesauslegung und Interessenjurisprudenz, AcP 112 (1914), 173 u. ö.; von Hart aufgegriffen als „core" und „penumbra", Harv. L. R. 1958, 593, 607, 610 ff.; Concept (Fn. 10), S. 321 ff. Die Jubilarin (Kleine Schule, S. 64) sieht hierin eine Sprechweise von „früher" und bevorzugt die von Koch/Rüßmann, Juristische Begründungslehre, 1982, S. 195 benutzte Sprechweise von positiven, negativen und neutralen Kandidaten, die mir aber weniger glücklich erscheint, weil es primär um eine Beschreibung des Begriffsumfanges und nur indirekt um diejenige der Kandidaten geht.

einschlägigen Kompetenzzuweisungen im Grundgesetz und im Gerichtsverfassungsgesetz unterstützt. Nach Art. 20 Abs. 3 GG ist die Rechtsprechung bezeichnenderweise nicht nur an das Gesetz, sondern an „Gesetz und Recht" gebunden, was einem bloßen Positivismus im Sinne einer strikten Unterwerfung unter den Machtspruch des Gesetzesgebers eine Absage erteilt.[13] Entsprechend ist gemäß Art. 92 GG den Richtern die „rechtsprechende Gewalt" anvertraut, wodurch ebenfalls der Vorstellung eines die Worte des Gesetzes nur nachsprechenden, quasi papageienhaften Automatismus eine Absage erteilt wird.

3. Die rechtsschöpferische Aufgabe des Richters bei der Auslegung des geschriebenen Gesetzes wird auch in der Rechtsprechung des BVerfG anerkannt, welches sich (ohne sich auf rechtstheoretische Einzelheiten festzulegen) allgemein zur sog. objektiven Auslegungstheorie bekannt hat, wonach das Ziel der Auslegung von dem auch zur Anwendung auf neuartige Fragestellungen geeigneten objektiven Sinngehalt der Norm gebildet werde und nicht vom subjektiven Willen des historischen Gesetzgebers, der nur als Auslegungsmittel im Rahmen der Gesamtauslegung berücksichtigt werden könne.[14] Zwar sind danach die traditionellen sog. canones der Auslegung zu berücksichtigen, also die grammatische, systematische, historische und teleologische, doch soll es zwischen diesen Auslegungsmethoden keine allgemeingültige Rangfolge geben.[15]

4. Die eingangs aufgeworfene Frage einer *Sonderstellung der strafrechtlichen Gesetzesinterpretation* in Ergänzung des in Art. 103 Abs. 2 GG mit Verfassungskraft ausgestatteten Verbots strafbegründender Analogie durch eine Restriktion der Auslegung auf die die Anschauung des historischen Gesetzgeber ursprünglich prägenden Lebenstypen des sozialschädlichen Verhaltens wird dagegen kaum diskutiert.

a) Die vor nahezu einem halben Jahrhundert von *Naucke* aufgestellte These, aus Art. 103 Abs. 2 GG folge die „Verpflichtung, einen Straftatbestand nur in der vom Gesetzgeber wirklich (empirisch) gewollten Form anzuwenden",[16] ist selbst im Schrifttum vereinzelt geblieben und von der Rechtsprechung niemals in Erwägung gezogen worden. Paradigmatisch ist die Entscheidung BGHSt 10, 375 f., wonach die in § 3 Abs. 1 Nr. 6 des preußischen Forstdiebstahlsgesetzes von 1878 vorgesehene Qualifikation des Forstdiebstahls, wenn zu dessen Zweck ein

---

13 Vgl. dazu etwa Sachs, in: Sachs, GG, 5. Aufl. 2009, Art. 20 Rn. 103; Schmidt-Aßmann, in: Isensee/Kirchhoff, Handbuch des Staatsrechts, Bd. II, 3. Aufl. 2004 § 26 Rn. 41; Schapp, in: v. Münch/Kunig (Hrsg.), GG-Kommentar, Bd. 2, 5 Aufl. 2001, Art 20 Rn. 43.

14 Ständige Rechtsprechung, zuletzt BVerfGE 105, 135, 157; 110, 226, 248; 116, 371, 313; Sachs, in: Sachs (Fn. 13), Einführung Rdn. 37.

15 Zahlreiche Nachweise bei Sachs (Fn. 13), Einführung Rdn. 39 ff.

16 Zur Lehre vom strafbaren Betrug, 1964, S. 202.

„Fuhrwerk, ein Kahn oder ein Lasttier mitgebracht ist", auch auf das Mitbringen eines Kraftfahrzeuges anzuwenden sei. Denn weil die erste Konstruktion eines Kfz durch Carl Benz aus dem Jahr 1885 stammt, kann in der Anschauung des Gesetzgebers die Nutzung eines Kfz zum Forstdiebstahl schlechterdings nicht enthalten gewesen sein.[17]

b) Anlässlich der Mauerschützenrechtsprechung hätte auch das BVerfG zu der Frage Stellung nehmen können, ob eine Subsumtion neuer, dem Gesetzgeber nicht vorstellbarer Fallgruppen unter den (umgangssprachlich dazu tauglichen) Gesetzeswortlaut zulässig ist, denn der BGH hatte in seinen ersten einschlägigen Urteilen versucht, die Strafbarkeit des letalen Schusswaffengebrauchs zur Verhinderung einer Republikflucht direkt auf eine die bisherige Staatspraxis umstürzende Auslegung des DDR-Rechts zu stützen.[18] Das BVerfG ist aber durch den doppelten Kunstgriff einen anderen Weg gegangen, (nur) den Straftatbestand aus dem DDR-Recht zu entlehnen, die einschlägigen Rechtfertigungsgründe des DDR-Rechts wegen Verstoßes gegen überpositive Gerechtigkeitsprinzipien für unwirksam zu erklären und die Schutzwirkung von Art. 103 Abs. 2 GG auf die „besondere Vertrauensgrundlage" zu reduzieren, „welche die von einem an die Grundrechte gebundenen demokratischen Gesetzgeber erlassenen Gesetze tragen".[19] Zu der Bedeutung des Art. 103 Abs. 2 GG für die Auslegung von Strafrechtsvorschriften im Falle einer Veränderung des Sprachgebrauchs hat es dann aber in seinem Kammerbeschluss vom 4. 9. 2009 bei Beantwortung der Frage Stellung genommen, ob der Handel mit zu Rauschzwecken verwendbaren Pilzen (die biologisch seit den 80er Jahren des vergangenen Jahrhunderts als eigenes Lebewesen-Reich begriffen werden) unter das Tatbestandsmerkmal der „Pflanzen" im Sinne der bis 2005 geltenden Anlage I

---

17 Dass das prFDG ausdrücklich den Begriff des *„bespannten* Fuhrwerks" benutzte, so dass die BGH-Entscheidung die Grenze des Umgangssprachgebrauchs überschritten haben dürfte und deshalb eine unzulässige Analogie bedeutete (Schünemann, nulla poena, –Fn. 12–, S. 22; ders., Klug-FS –Fn. 12–, S. 180), steht auf einem anderen Blatt.

18 BGHSt 39, 1, 23 ff.; 39, 168, 184 mit der Formel von den „Auslegungsmethoden, die dem DDR-Recht eigentümlich waren". Der endgültige Übergang von der Interpretation zu einer überpositivistischen Argumentation findet sich in BGHSt 40, 241, 249 f., dessen Hinweis auf die begründungslose Antizipation in BGHSt 39, 30 ebenso wenig überzeugt wie die Charakterisierung „im Anschluss an BGHSt 39,1 und 39, 168" im Leitsatz.

19 BVerfGE 95, 96 ff.; scharfe Kritik zur Einschränkung des Art. 103 II GG bei Schünemann, in: Deutscher Bundestag (Hrsg.), Enquete-Kommission „Überwindung der Folgen der SED-Diktatur im Prozeß der deutschen Einheit" Band II/2, Frankfurt/M 1999, S. 1304, 1359 ff.; zum Kunstgriff der Aufspaltung in Tatbestand und Rechtfertigung ders., in: Pawlowski/Roellecke (Hrsg.), Der Universalitätsanspruch des demokratischen Rechtsstaates, ARSP Beiheft Nr. 65, 1996, S. 97, 110 f.

zum Betäubungsmittelgesetz[20] subsumiert werden könne.[21] Unter deutlicher Erweiterung der in BVerfGE 95, 96 bevorzugten Engführung entnahm es nunmehr Art. 103 Abs. 2 GG den doppelten Zweck, dass jedermann vorhersehen könne, welches Verhalten verboten und mit Strafe bedroht sei, und dass sichergestellt werden solle, dass der Gesetzgeber selbst abstrakt-generell über die Strafbarkeit entscheide, indem der strenge Gesetzesvorbehalt es der vollziehenden und der rechtsprechenden Gewalt verwehre, die normativen Voraussetzungen einer Bestrafung festzulegen (Rdn. 16). Der Normadressat müsse voraussehen können, ob ein Verhalten strafbar sei, mindestens ob das Risiko einer Bestrafung bestehe; beides sei nur möglich, wenn in erster Linie der von den Adressaten verstehbare Wortlaut des gesetzlichen Straftatbestandes maßgeblich sei. Es dürfe nicht zu Lasten des Bürgers gehen, wenn erst eine über den erkennbaren Wortsinn der Vorschrift hinausgehende Interpretation zu dem Ergebnis der Strafbarkeit eines Verhaltens führe (Rdn. 17). Wenn sich der mögliche Wortsinn des Gesetzes als äußerste Grenze zulässiger richterlicher Interpretation (Rdn. 19) im Laufe der Zeit wandele, so folge aus der Doppelfunktion des Art. 103 Abs. 2 GG, dass die Rechtsprechung einen Sachverhalt nur dann unter eine Strafnorm subsumieren dürfe, wenn dies sowohl nach dem ursprünglichen Sprachverständnis des Gesetzgebers (Gesichtspunkt der parlamentarischen Verantwortung für die Strafdrohung, Parlamentsvorbehalt) als auch nach dem aktuellen Sprachverständnis der Normadressaten (Gesichtspunkt der Erkennbarkeit der Strafdrohung) möglich sei. Weil es genüge, dass das Risiko einer Bestrafung erkennbar sei, könne allerdings nicht jede Veränderung im tatsächlichen Sprachgebrauch sogleich die Erkennbarkeit der Strafdrohung in Frage stellen; vielmehr dürfe ein nach herkömmlichem Sprachgebrauch von einer Strafnorm erfasster Sachverhalt erst dann nicht mehr unter die Vorschrift subsumiert werden, wenn sich der „neue" Sprachgebrauch soweit gefestigt und durchgesetzt habe, dass das Bewusstsein für das herkömmliche Verständnis nicht mehr als allgemein vorhanden vorausgesetzt werden könne; dabei sei zu berücksichtigen, dass Normadressaten, die den Sprachgebrauch des Gesetzes nicht mehr verstünden und deshalb ohne Unrechtbewusstsein handelten, durch die Vorschrift über den Verbotsirrtum ausreichend geschützt würden (Rdn. 21).

c) Man könnte einen Moment versucht sein, in der Wendung von dem „Parlamentsvorbehalt" eine sensationelle Wiedergeburt von *Nauckes* Position zu erblicken, aber eine genauere Analyse des Kammerbeschlusses und vor allem eine Berücksichtigung der neueren, gegenüber früher durchaus strengeren Rechtsprechung des BVerfG zum Bestimmtheitsgrundsatz ergibt dann doch ein

20 Fassung des Art. 1 der Verordnung vom 19. 6. 2001, BGB l I S. 1180.
21 StraFo 2009, 526.

anderes Bild: In dem „Rauschpilzbeschluss" wird ja zur Erfüllung des „Parlamentsvorbehalts" nur gefordert, dass die betreffende Interpretation „nach dem ursprünglichen Sprachverständnis des Gesetzgebers *möglich*[22] ist", nicht aber, dass der konkret zur Debatte stehende Verhaltenstyp bereits Teil der Anschauung des Gesetzgebers war. Sonst wäre auch die von derselben Kammer im Grundsatz erklärte Akzeptanz der Rechtsprechung zur „schadensgleichen Vermögensgefährdung" als Form des Vermögensschadens bzw. -nachteils in den §§ 263, 266 StGB[23] nicht verständlich, denn weder das dahinter stehende Konzept des wirtschaftlichen Vermögensbegriffs noch die heute dazu gehörenden Verhaltenstypen lassen sich bis zur Anschauung des historischen Gesetzgebers im 19. Jahrhundert zurückverfolgen.[24]

5. Als von der Rechtsprechung selbst akzeptierte, unübersteigbare Barriere der richterlichen „unbegrenzten Auslegung" wirkt also die sog. Wortlautgrenze, d. h. die maximale Extension der umgangssprachlichen Verwendung der vom Gesetzgeber benutzten Termini, im Sinne des klassischen Analogieverbots[25] in Form einer sowohl den Sprachgebrauch bei Gesetzes- als auch den bei Urteilserlass umfassenden *Doppelschranke*. Damit steht es dem Gesetzgeber frei, durch die Wahl von Tatbestandsmerkmalen mit bald größeren, bald kleineren Bedeutungshöfen (also größerer oder geringerer *Vagheit*) der Rechtsprechung einen bald größeren, bald kleineren Interpretationsspielraum zu übertragen, natürlich nicht zur Ausfüllung nach Willkür, sondern mit Hilfe der anerkannten, hier nicht weiter zu behandelnden Rechtsfindungsmethoden.[26] Wie steht es aber mit der *Porosität* der vom Gesetzgeber benutzten Ausdrücke, d. h. mit der (erstaunlichen) Fähigkeit der Umgangssprache, neu entstehende oder geschaffene Objekte mit alten Namen zu bezeichnen? Sie wird offensichtlich gesteuert über spontane Evidenzerlebnisse von *Analogie-* oder sogar *a-fortiori-Beziehungen* zwischen den schon vorher bekannten und den neuen Objekten unter der leitenden Perspektive der Begriffsmerkmale (sei es der differentiae specificae im Sinne der Definitionslehre des klassifikatorischen Begriffs, sei es im Sinne der

---

22 Hervorhebung vom Verf.

23 BVerfG wistra 2009, 385 ff.

24 Dazu i. e. Naucke (Fn. 16), S. 115 ff.

25 Warum das BVerfG ständig Wert auf die Feststellung legt, dass hier „Analogie" nicht im technischen Sinn zu verstehen sei (StraFo 2009, 526 Tz. 19; wistra 2009, 385, 387), wird nicht recht klar; wie denn sonst?

26 Eine weitere Einschränkung des richterlichen Auslegungsspielraumes dürfte sich aus einem nachweisbar einschränkenden Wortverständnis des Gesetzgebers ableiten lassen, woraus sich m. E. (und hier weiche ich von dem Standpunkt der Jubilarin in „Kleine Schule", S. 91 ff., ab) ein „relativer Vorrang (nicht der semantischen, sondern) der historischen Auslegung" ergibt. Aber das kann hier nicht weiter vertieft werden, s. dazu o. ERSTER TEIL, S. 51 ff., 93 ff.

graduell abstufbaren Züge des Typusbegriffs).[27] In den Kategorien der Logik und Sprachphilosophie[28] verändert sich also nur die Extension des Begriffs, während die Intension unverändert bleibt. Am Beispiel des Forstdiebstahls mittels eines Fuhrwerks: Nach dem Zweck der Qualifikation, die Taten mit quantitativ größerer Rechtsgutsbedrohung (Diebstahl größerer Mengen) und schwererer Bekämpfbarkeit wegen höherer krimineller Energie (schnellerer Abtransport) mit strengerer Strafe zu bedrohen, bestand und besteht die Intension in der Nutzung einer von Menschenhand geschaffenen (Werk!) Vorrichtung zum beschleunigten Abtransport größerer Beutemengen; dass damit zur Extension auch Kraftfahrzeuge gehören, konnte aber vor 1885 in der Anschauung des Gesetzgebers noch nicht präsent sein. Dass diese nach ihrer Erfindung von der Rechtsprechung unter den Begriff des „Fuhrwerks" subsumiert werden,[29] fällt dann in eine geradezu sachlogisch notwendige Kompetenz der Rechtsprechung, weil allein sie das sprachlich unvermeidbare Phänomen der Porosität bewältigen kann und eine Fixierung der Gesetzesanwendung auf die bei Gesetzeserlass existierende Extension geradezu zu einer Paralysierung des Rechts in der sich rasant entwickelnden postmodernen Gesellschaft und sich dadurch selbst ad absurdum führen würde.[30] Natürlich hat die Rechtsprechung dabei zu prüfen, ob die neuen Objekte von dem den Gesetzgeber leitenden und weiterhin überzeugenden telos „hinter" der Intension der Gesetzestermini gedeckt werden,[31] aber damit wird die Kompetenz der Rechtsprechung zur Bewältigung der Porosität nicht etwa beschränkt, sondern bestärkt.

---

27 Dazu Puppe, Kleine Schule, S. 38 ff.; früher bereits dies., GS für Armin Kaufmann, 1989, S. 15, 25 ff.; Kuhlen in: Herberger/Neumann/Rüßmann (Hrsg.), Generalisierung und Individualisierung im Rechtsdenken, ARSP-Beiheft Nr. 45, 1992, S. 101, 119 ff.; Schünemann, Kaufmann-FS (Fn. 12), 1993, S. 299 ff., 305 ff.; ders., FS f. Hirsch, 1999, S. 363 ff.; ders., FS f. Otto, 2007, S. 777, 796 f.; LK-Schünemann, 11. Aufl., § 266 Rdn. 19 ff. Der bisher umfassendste Versuch einer Typusentfaltung seit der Entschlüsselung von dessen logischer Struktur findet sich bei Duttge, Zur Bestimmung des Handlungsunwerts bei Fahrlässigkeitsdelikten, 2001. Avant la lettre bietet aber schon Roxins „Täterschaft und Tatherrschaft" (1. Aufl. 1963) ein Musterbeispiel; zu meinem eigenen typologischen Verständnis der Täterschaft als „Herrschaft über den Grund des Erfolges" s. LK/Schünemann, 12. Aufl. § 25 Rdn. 38 ff.

28 Zur Unterscheidung von Intension und Extension grdl. Frege, Über Sinn und Bedeutung, Ztschr. f. Phil. u. phil. Kritik, NF 100 (1892), 25 ff.; vgl. ferner etwa v. Kutschera, Sprachphilosophie, 1993, S. 66 ff.; v. d. Pfordten, Deskription, Evaluation, Präskription, 1993, S. 133 ff.

29 Wobei hier notabene das besondere Problem von BGHSt 10, 375, dass das PrFDG ein „bespanntes" Fuhrwerk verlangte, beiseite bleibt, weil es dabei nicht um die Bewältigung der Porosität, sondern um die Maßgeblichkeit einer teleologisch zu eng gezogenen Wortlautgrenze geht.

30 Man denke an den von Goethe in einer vergleichsweise idyllischen Epoche erhobenen Vorwurf „Es erben sich Gesetz und Rechte wie eine ewge Krankheit fort ..." (Faust I, 1972 ff.).

31 Beispielhaft Schünemann, nulla poena (Fn. 12), S. 22 Fn. 78; ders., Klug-FS (Fn. 12), S. 182.

III. Die Interpretation der verfassungsfeindlichen Sabotage als experimentum crucis

Es liegt auf der Hand, dass diese aus der Porosität der Umgangssprache der Rechtsprechung notwendig zuwachsende Aufgabe der „extensionalen Rechtsfortbildung“ bei Straftatbeständen, in deren Merkmalen die der Umgangssprache ebenfalls unaufhebbar anhaftende *Vagheit* einen erheblichen, aber vom BVerfG noch tolerierten[32] Grad aufweist, besonders häufig zu erfüllen und zugleich wegen ihrer reduzierten Limitierung durch den Gesetzestext besonders problematisch ist. Als experimentum crucis wähle ich den Straftatbestand der verfassungsfeindlichen Sabotage (§ 88 StGB).

1. § 88 StGB ist in der heutigen Fassung durch das 8. StrÄndG[33] geschaffen worden, geht jedoch letztlich auf § 90 StGB in der Fassung des 1. StrÄndG[34] zurück. Dieser unterschied sich von der durch das 8. StrÄndG geschaffenen Fassung des § 88 StGB im subjektiven Tatbestand vor allem dadurch, dass eine Absicht zur Beeinträchtigung des „Bestandes der Bundesrepublik Deutschland“ oder der zentralen Verfassungsgrundsätze gefordert wurde, während § 88 StGB nunmehr *zusätzlich* erfasst hat, dass sich der Täter absichtlich für Bestrebungen „gegen die Sicherheit der Bundesrepublik Deutschland einsetzt“, die wiederum in § 92 Abs. 3 Nr. 2 StGB dahin definiert worden ist, dass es um Bestrebungen gehen muss, deren Träger darauf hinarbeiten, „die äußere oder innere Sicherheit der Bundesrepublik Deutschland zu beeinträchtigen“. Die unverändert gebliebene Schutzrichtung des Straftatbestandes gegen eine Beeinträchtigung des Bestandes der Bundesrepublik und ihrer tragenden rechtsstaatlich-demokratischen Verfassungsgrundsätze, die früher in § 88 Abs. 2 StGB definiert waren und sich heute in der Formulierung nahezu und in der Sache vollständig gleichlautend in § 92 Abs. 2 StGB finden, ist heute im Unterschied zum Entstehungsjahr 1951 kriminalpolitisch weithin obsolet geworden. Denn während damals die vom sowjetrussischen Machtblock ausgehende äußere Gefahr ebenso real war wie ein kommunistischer Umsturz im Inneren unter Einführung einer mit den Verfassungsgrundsätzen der BRD nicht zu vereinbarenden Einparteienherrschaft, ist eine äußere Bedrohung der Bundesrepublik gegenwärtig nirgendwo in Sicht,[35] während eine Beeinträchtigung der deutschen Verfassungsgrundsät-

---

32 Aus der neuesten Rspr.des BVerfG instruktiv die Kammerentscheidungen wistra 2009, 269; NVwZ 2009, 239; NJW 2009, 2370 = wistra 2009, 385, alle m. w. N. der früheren Rspr.; Landau, ZStW 121 (2009), 965, 973 ff.

33 Vom 25. 6. 1968, BGBl. I S. 741.

34 Vom 30. 8. 1951, BGBl I S. 739.

35 Die Frage, ob man die halboffizielle politische Parole, die Freiheit Deutschlands werde am Hindukusch verteidigt, juristisch-dogmatisch ernst nehmen und dementsprechend eine Sabo-

ze allein von der darauf keine Rücksicht nehmenden Schaffung gubernativer Machtstrukturen im Zuge der Europäisierung droht, gegenüber der jedoch aus politisch naheliegenden Gründen nicht mit strafrechtlichen Mitteln, sondern allein mit Warnungen und verbalen Vorbehalten des Bundesverfassungsgerichts reagiert wird.[36] Die Angriffsrichtung auf die *„innere Sicherheit“*, die erst durch das 8. StrÄndG in den Straftatbestand der verfassungsfeindlichen Sabotage hineingekommen ist, ist deshalb wegen des Wandels der geopolitischen Rahmenbedingungen in den letzten 40 Jahren unversehens in das kriminalpolitische Zentrum dieser Vorschrift getreten und bildet damit den springenden Punkt ihrer „extensionalen Rechtsfortbildung“, deren Aufgabe es sein muss, die 1951

---

tage des Afghanistanfeldzuges unter § 88 StGB subsumieren müsste, soll hier nicht weiter verfolgt werden.

36 Auf die denkwürdigen großen Versuche des BVerfG in der Maastricht-Entscheidung (BVerfGE 89, 155 ff.) und der Lissabon-Entscheidung (BVerfGE 123, 267 ff.) kann im weiteren Text aus Raumgründen nur insoweit eingegangen werden, wie es um den Begriff der inneren Sicherheit geht. Zwei Feststellungen und Hinweise zu den in der Diskussion der quasi professionellen Europarechtler angelegten Scheuklappen sind allerdings auch im vorliegenden Kontext unverzichtbar: Die Rechtsprechung des EuGH zur angeblichen Rolle des Strafrechts als angeblicher Gegenstand einer europarechtlichen Annexkompetenz (Rs. C-176/03, Slg. 2005, I-7879, und C-440/05, Slg. 2007, I-9097) verstößt eindeutig gegenüber den im Maastricht-Urteil zum Angelpunkt der Entscheidung gemachten „Willen der Vertragsparteien, das Prinzip der begrenzten Einzelermächtigung vertraglich festzuschreiben und einzelne Befugnisnormen deutlich einzugrenzen“ (BVerfGE 89, 455, 195), so dass man die vom EuGH ausgesprochene Usurpation gesetzgebender Kompetenzen im Bereich des Strafrechts durch die EG, die zu einer partiellen Verlagerung strafgesetzgebender Gewalt auf die nicht vollständig demokratisch legitimierten Organe der EG führte, mit gutem Grund in Bezug auf Deutschland als einen Akt verfassungsfeindlicher Sabotage gemäß § 88 StGB qualifizieren könnte. Die von Lüderssen und mir über Jahre hinweg unablässig eingeforderte, von den quasi professionellen Europarechtlern aber mit Vorbedacht ignorierte Forderung einer ungeschmälert demokratischen Legitimation speziell des Strafrechts (vgl. Lüderssen, GA 2003, 71 ff.; Schünemann, StV 2003, 116, 120; ders., StV 2003, 531 ff.; ders., ZRP 2003, 185 ff., 472; ders., GA 2004, 193, 200; ders., in ders. [Hrsg.], Ein Gesamtkonzept für die europäische Strafrechtspflege, 2006, S. 93, 95 ff.; ders., FS Szwarc, 2009, S. 109 ff.) ist nunmehr in der Lissabon-Entscheidung vom BVerfG mit seiner Autorität unterstrichen worden (BVerfGE 123, 267). Dass diese Entscheidung nach Abschluss des Lissabon-Verhandlungsprozesses zu spät kommt und besser schon die janusköpfige Entscheidung des BVerfG zum europäischen Haftbefehl (BVerfGE 113, 273) getragen hätte, ferner dass das Schicksal der auf den demokratisch unzulänglich legitimierten und deshalb für Deutschland unwirksamen EU-Rahmenbeschlüssen beruhenden nationalen Gesetzgebung außerhalb der Perspektive des Lissabonurteils lag, tut dem Enthusiasmus über diese Entscheidung einen gewissen Abbruch, rechtfertigt aber nicht die europatümelnde Kritik, die daran von denjenigen quasi professionellen Europarechtlern geübt worden ist, die zuvor die Sonderstellung des Strafrechts unter dem Aspekt notwendiger demokratischer Legitimation nicht zu erkennen vermochten (exemplarisch etwa v. Bogdandy, NJW 2010, 1; s. ferner Classen, JZ 2009, 881; Halberstam/Möllers, German Law Journal 2009, 1241; besonders schrill Oppermann, EuZW 2009, 473).

und womöglich auch noch 1968 unbekannten, aber heute zentralen Gefahren für unsere Staats- und Gesellschaftsordnung zu erfassen und vermöge der Porosität dieses Begriffs als Tatbestandskonkretisierungen quasi einzusaugen.

2. Aufgrund der Erfahrungen mit der Verwendung des Topos der „inneren Sicherheit" in den politischen Debatten der letzten Jahrzehnte könnte man zunächst geneigt sein, die zentralen Gefahren im *Terrorismus* zu sehen – in den 70er und zu Beginn der 80er Jahre des 20. Jahrhunderts in Gestalt der RAF, seitdem vor allem islamistischer Gruppierungen. In der politischen Diskussion ist der Begriff der „inneren Sicherheit" dementsprechend mehr und mehr auf den Schutz der Gesellschaft und des Staates vor Terrorismus und Kriminalität reduziert worden.

a) Um mit der heute in der EU angesiedelten Speerspitze des Sicherheitsdenkens zu beginnen: In dem sog. Stockholmer Programm der EU[37] wird unter 4.1 als „innere Sicherheitsstrategie" hervorgehoben, dass organisierte Kriminalität, Terrorismus, Drogenhandel und Menschenhandel weiterhin die innere Sicherheit der EU herausfordern würden; das grenzüberschreitende ausgedehnte Verbrechen sei eine dringende Herausforderung geworden, die eine klare und umfassende Antwort verlange. Erheblich weiter wird der Begriff der (inneren) Sicherheit dagegen im Vertrag über die Arbeitsweise der Europäischen Union (AEUV) verstanden. Der in Art. 67 Abs. 1 AEUV proklamierte Raum der Sicherheit wird durch Abs. 3 dahin erläutert, dass durch Maßnahmen zur Verhütung und Bekämpfung von Kriminalität sowie von Rassismus und Fremdenfeindlichkeit, zur Koordinierung und Zusammenarbeit von Polizeibehörden und Organen der Strafrechtspflege und den anderen zuständigen Behörden ein hohes Maß an Sicherheit zu gewährleisten sei, zu welchem Zweck gemäß Art. 71 AEUV ein ständiger Ausschuss zur Sicherstellung der Förderung und Verstärkung der operativen Zusammenarbeit im Bereich der inneren Sicherheit eingesetzt und gemäß Art. 75 Abs. 1 AEUV vorgesehen wird, dass im Rahmen der Notwendigkeit zur Erreichung dieser Ziele in Bezug auf die Verhütung und Bekämpfung von Terrorismus und damit verbundenen Aktivitäten europäische Verordnungen für Verwaltungsmaßnahmen in Bezug auf Kapitalbewegungen und Zahlungen erlassen werden können. Hiernach geht also das Verständnis des AEUV bezüglich des Begriffs der inneren Sicherheit über die Bedrohung durch Kriminalität einschließlich des Terrorismus zumindest insoweit hinaus, als auch Rassismus und Fremdenfeindlichkeit darunter subsumiert werden, die nicht gemäß Art. 83 Abs. 1 Satz 2 AEUV der Strafgesetzgebungskompetenz der EU überantwortet

---

37 „Mehrjähriges Programm für einen Raum der Freiheit, Sicherheit und des Rechts, der dem Bürger dient – ein offenes und sicheres Europa, das den Bürgern dient", Ratsdokument 17024/09 CO EUR-PREP 3, JAI 896, POLGEN 229 v. 2. 12. 2009.

worden sind und also den Bereich des Strafrechts überschreiten,[38] ferner als auch Maßnahmen der Kapitalverkehrskontrolle ergriffen werden können. Auch wenn die vorherrschende politische und europäische Diskussion dazu tendiert, den Begriff der „inneren Sicherheit" im Kern auf die Bekämpfung der organisierten Kriminalität und hier wieder vor allem des Terrorismus zu konzentrieren, kann infolgedessen doch von einer klaren Begriffsverwendung keine Rede sein.

b) Eine Konzentration auf terroristische Bestrebungen wäre auch viel zu eng, weil die von diesem (vor 40 Jahren noch so gut wie unbekannten) Bedrohungsszenario für die Gesellschaft ausgehenden Bedrohungen quantitativ gegenüber anderen Gefahren nicht einmal besonders ins Gewicht fallen, sondern bei einer realistischen Betrachtung für die Allgemeinheit primär nur von symbolischer Bedeutung sind. Die Gefährdung der deutschen Bevölkerung durch den RAF-Terror lag unter 1:1 Mio., und selbst das in dieser Dimension kaum jemals wiederholbare Attentat „9–11" lag mit einem statistischen Risiko von unter 1:100 000 für den Durchschnittsbürger deutlich unter den Risiken beispielsweise des Straßenverkehrs. Freilich weicht die soziale Gefahrwahrnehmung deutlich von den statistischen Größen ab, und es soll deshalb auch gar nicht in Zweifel gezogen werden, dass die Bedrohung durch den Terrorismus eine ernste und für den Straftatbestand des § 88 StGB ausreichende Gefahr für die innere Sicherheit darstellt. Nur wäre eine Beschränkung darauf verfehlt, weil die Schutzbedürfnisse der Bevölkerung nicht mit dem punktuellen Bedarf des nur auf ein einziges Zugpferd angewiesenen „Governing through crime"[39] verwechselt werden dürfen.

c) Umgekehrt wäre eine Einbeziehung der gesamten Kriminalität (auch bei Beschränkung auf organisierte Formen) viel zu weit, auch wenn dies dem Verständnis der „öffentlichen Sicherheit" im Polizeirecht entspräche.[40] Der gesam-

38 Zu dem vordergründig einschlägigen Rahmenbeschluss 2008913/JI des Rates vom 28. 11. 2008 zur strafrechtlichen Bekämpfung bestimmter Formen und Ausdrucksweisen von Rassismus und Fremdenfeindlichkeit, ABl. L 328 vom 6. 12. 2008, ist zu bemerken, dass ihm nach den Grundsätzen des Lissabon-Urteils die notwendige demokratische Legitimation fehlt, so dass er für Deutschland nicht verbindlich ist (auch wenn dies von den professionellen Europarechtlern bisher nicht bemerkt worden ist).

39 Dazu Simon, Governing through Crime: How the War on Crime Transformed American Democracy and Created a Culture of Fear, 2007; Sack, Governing through Crime, in: Friedrich-Ebert-Stiftung (Hrsg.), Sicherheit vor Freiheit? Terrorismusbekämpfung und die Sorge um den freiheitlichen Rechtsstaat, 2003, S. 59 ff.; ders., Wie die Kriminalpolitik dem Staat aufhilft. Governing through Crime als neue politische Strategie, in: Lautmann/Klimke/Sack (Hrsg.), Punitivität, 8. Beiheft KrimJ 2004, 30 ff.; Hefendehl, ZStW 119 (2007), 816,830 ff.

40 S. Lisken/Denninger, Handbuch des Polizeirechts, 4. Aufl. 2007 E Rn. 16 ff., insb. 17; Gusy, Polizei- und Ordnungsrecht, 7. Aufl. 2009, Rn. 79 ff., insb. 81.

te Inhalt des § 88 StGB lässt keinen Zweifel daran, dass es hier um Angriffe auf die Fundamente der staatlich verfassten Gesellschaft gehen muss, nicht nur um einzelne (sei es auch organisierte) Rechtsgutsverletzungen.

3. Als nächstes könnte eine Identifizierung mit *Gewaltfreiheit* in Betracht gezogen werden. Im strafrechtlichen Standardschrifttum wird für die „innere Sicherheit" der im Einklang mit Gesetz und Verfassung sich vollziehende Handel und Wandel innerhalb der Staatsgrenzen reklamiert, wobei Sicherheit als die Gewähr verstanden wird, vor gewaltsamen Einwirkungen und Beeinträchtigungen aller Art durch Menschen geschützt zu sein.[41] *Steinmetz*[42] definiert die innere Sicherheit als den Zustand relativer Ungefährdetheit von Bestand und Verfassung gegenüber gewaltsamen Aktionen innerstaatlicher Kräfte, *Schroeder*[43] hebt auf die relative Ungefährdetheit gegenüber gewaltsamen Aktionen innerstaatlicher Kräfte ab. Hinter diesen Umschreibungen könnte der Gedanke stehen, die innere Sicherheit schlicht mit der Gewaltfreiheit der Beziehungen zwischen den Bürgern und dem Staat zu identifizieren. Vollends deutlich wird das aus den zitierten Wendungen zwar nicht, weil insbesondere unklar bleibt, ob die „Beeinträchtigungen aller Art" nur gewaltsame oder auch sonstige umfassen sollen. Jedenfalls wäre das Verständnis der inneren Sicherheit als Gewaltfreiheit einerseits viel zu weit und andererseits erheblich zu eng. Weil eine einzelne Gewalthandlung nicht die Fundamente des Lebens in der staatlich verfassten Gesellschaft erschüttern kann, müsste die Gewaltfreiheit als Institution verstanden, also die Unterstützung von Bestrebungen zur Wiedereinführung des Faustrechts verlangt werden, was dann aber die vom historischen Gesetzgebers gewollte Intension vollständig verfehlen und auch mit einer systematischen, die im Tatbestand beschriebenen Tathandlungen berücksichtigenden Auslegung in Widerspruch stehen würde. In dem Entwurf des 8. StrÄndG waren die Störmaßnahmen des § 88 StGB (im Entwurf als § 92 geführt) noch durch Aussperrung oder Streik exemplifiziert, also durch Maßnahmen, die selbst keinen gewaltsamen Charakter tragen, weshalb es wenig folgerichtig erschiene, dass der Tatbestand gegen die Untergrabung der Gewaltfreiheit und nur dagegen schützen sollte. Entsprechendes lässt sich auch dem schließlich verabschiedeten Text des § 88 StGB entnehmen, denn die etwa in Abs. 1 Nr. 2 ausdrücklich erfassten Störhandlungen gegen Telekommunikationsanlagen, für die im Schrifttum als Beispiel das Betreiben eines Störsenders genannt wird,[44] erfassen ebenfalls Beeinträchtigungen, die nichts mit der Gewaltfreiheit der inner-

---

41 LK/Laufhütte-Kuschel, § 92 Rdn. 9; ebenso NK-Paeffgen § 92 Rdn. 11.

42 MüKo, § 92 Rdn. 18.

43 Der Schutz von Staat und Verfassung im Strafrecht, 1970, S. 392.

44 LK/Laufhütte-Kuschel, § 88 Rdn. 11.

staatlichen Beziehungen zu tun haben. Ferner heißt es in der Begründung des 8. StÄndG ausdrücklich, dass zur Tatbestandserfüllung ein Substanzeingriff in Form der Zerstörung oder Beschädigung von Sachen nicht vorausgesetzt sei,[45] und bei der Erläuterung der Einbeziehung der inneren Sicherheit in den Definitionskatalog (im Entwurf § 97) wird eigens hervorgehoben, dass Handlungen, die Ausdruck eines bloßen Nonkonformismus oder Nörglertums seien, nicht unter die Tatbestände fielen, da sie nicht als Angriffshandlungen gewertet werden könnten.[46] Daraus geht hervor, dass bei einer nicht von Nörglertum, sondern von Verfassungsfeindlichkeit bestimmten Motivation auch bei Meinungsäußerungen und damit abseits von Gewalthandlungen eine Strafbarkeit in Betracht kommt. Dementsprechend war auch von Anfang an die Tatbestandsmäßigkeit der *gewaltlosen Sabotage* zwecks Erfassung der „kalten" oder „gewaltlosen Revolution" vom Gesetzgeber gewollt.[47] Konsequenterweise ist vom BGH die Weitergabe von geheimem Informationsmaterial an die Presse nicht schon wegen der Gewaltlosigkeit der damit intendierten Konsequenzen aus dem Tatbestand des § 88 StGB ausgeschieden worden, sondern allein mit der Begründung, vom Schutzbereich dürften nicht „auch solche Handlungen [...] erfasst werden, die im wesentlichen allein darauf abzielen, das Ansehen einer Dienststelle [...] zu schmälern" (BGHSt 27, 310).

Weil der Tatbestand des § 88 StGB somit vom Ansatz her nicht allein auf gewaltsame Aktionen, sondern eindeutig auch auf gewaltlose Angriffsformen ausgerichtet ist, wäre es nicht folgerichtig, den Begriff der inneren Sicherheit, die durch diese Aktionen gefährdet wird, auf Gewaltfreiheit als Institution einzuschränken.

4. Zu einer überzeugenden Lösung dringt man m. E. vor, wenn man entsprechend der allgemeinen Empfehlung unserer Jubilarin vom (umgangssprachlichen) Wortsinn ausgeht,[48] wegen der anderenfalls drohenden Unbestimmtheit eine strikte Begrenzung auf eine für die gesamte staatlich verfasste Gesellschaft unentbehrliche Institution vornimmt und sich sodann bezüglich der Extension von den gegenwärtigen Bedrohungen, die für die Bevölkerung durchaus mit der Furcht vor der sowjetischen Bedrohung 1951 vergleichbar sind, den Weg weisen lässt.

a) Der Begriff der Sicherheit bezeichnet nach dem üblichen sozialen Sprachgebrauch keinesfalls nur die fehlende Bedrohung durch Kriminalität (erst recht

---

45 BT-Dr V/898, S. 24.

46 BT-Dr V/898, S. 29)BT-Dr V/898, S. 29.

47 BGHSt 27, 307, 310, 312 unter Hinweis auf die Beratungen im Ausschuss für Rechtswesen pp. des Deutschen Bundestages in der 1. Wahlperiode.

48 Kleine Schule, S. 91.

nicht nur durch Gewaltkriminalität), sondern auch andere Bedrohungen des alltäglichen Lebens. So spricht man allgemein von der Sicherheit des Arbeitsplatzes, der Sicherheit der Altersversorgung, namentlich der Sicherheit der Renten, und auch der Sicherheit der Spareinlagen wie überhaupt ganz allgemein des Geldes. Dieser Sprachgebrauch wird auch nicht dadurch wesentlich eingeschränkt, dass es in § 92 Abs. 3 Nr. 2 StGB um die „innere Sicherheit" geht, denn diese grenzt die damit in Bezug genommenen Drohungen lediglich gegen die Bedrohung durch auswärtige Mächte ab, ändert aber nichts daran, dass die gesamte Spannbreite des sorgelosen bürgerlichen Lebens innerhalb der Staatsgrenzen in Bezug genommen wird.

b) Ähnlich wie bei dem Schutz vor Straf- oder Gewalttaten können aber natürlich einzelne Verunsicherungen nicht ausreichen, um die „innere Sicherheit" als solche zu beeinträchtigen, es muss um die *institutionellen Grundlagen* gehen. Die Rechtsprechung ist in einem anderen Zusammenhang durch einen Rückgriff auf den Bestimmtheitsgrundsatz zu einer vergleichbaren Einschränkung gelangt, nämlich bei der Interpretation der vom Wortlaut her weitgehend identischen Bestimmung des § 140 Abs. 2 Satz 1 Nr. 3 GVG. Weil dieser Rechtsbegriff „für sich konturenlos und wenig aussagekräftig" sei, bedürfe er „in besonderer Weise der wertenden Ausfüllung durch die Rechtsprechung und der einengenden Konkretisierung", dergestalt dass „die konkrete Tat [...] das innere Gefüge des Gesamtstaats beeinträchtigen könne".[49] Diese strikt restriktive Interpretation wegen der drohenden „Konturenlosigkeit" ist im Hinblick auf den verfassungsrechtlichen Bestimmtheitsgrundsatz des Art. 103 Abs. 2 GG und dessen Akzentuierung in der neueren Rechtsprechung des BVerfG[50] auch für die §§ 88, 92 StGB einschlägig, und der in BGHSt 46, 230 geprägte Ausdruck des „inneren Gefüges des Gesamtstaats" bietet auch hierfür einen interessanter Fingerzeig.

49 BGHSt 46, 238, 249 f.; bestätigt im Beschluss vom 24. 11. 2009, 3 StR 327/09. Weil für die Interpretation von § 120 GVG auf den Gesichtspunkt der Abgrenzung der Bundes- von der Länderkompetenz abgehoben worden ist, die für die §§ 88, 92 StGB nicht relevant ist, weil diese Delikte sowohl gemäß § 74a Abs. 1 Nr. 2 GVG bei der Staatsschutzkammer des LG als auch gemäß § 120 GVG beim Strafsenat des OLG angeklagt werden können, kann die gerichtsverfassungsrechtliche Differenzialdiagnostik, die der BGH für seine Interpretation der inneren Sicherheit in BGHSt 46, 238, 249 ff. entwickelt, logisch zwingend nicht auch für denselben Begriff im Rahmen des materiellen Strafrechts verwendet werden, wobei die Wortgleichheit vermöge des in der Rechtstheorie unstrittigen Grundsatzes der sog. Relativität der Rechtsbegriffe hieran nichts ändert. Die Quintessenz in BGHSt 46, 250 kann deshalb für die Interpretation der §§ 88, 92 StGB formal nur die Wirkung eines a fortiori-Arguments besitzen: Effekte, die das „innere Gefüge des Gesamtstaats" beeinträchtigen können, müssen erst recht als Beeinträchtigungen der inneren Sicherheit im Sinne des materiellen Strafrechts qualifiziert werden.

50 Nachw. o. Fn. 32.

Die vorstehend angesprochenen Aspekte für die Sicherheit des Lebens des einzelnen, also die Sicherheit des Arbeitsplatzes, der Renten, des Geldes etc. zeichnen sich dadurch aus, dass sie nicht auf die in § 92 Abs. 2 StGB näher spezifizierten einzelnen Verfassungsgrundsätzen des demokratischen Rechtsstaats Bezug nehmen, sondern auf die Garantie des Sozialstaats, die sich in Art. 20 und 28 GG findet.[51] Von einer Beeinträchtigung der inneren Sicherheit wird man deshalb bei der gebotenen restriktiven Interpretation im Hinblick auf diese Sicherheitsaspekte nur sprechen können, wenn es nicht um einzelne Störungen, sondern um einen *Angriff auf das grundlegende Gefüge des Sozialstaats geht, der zu dessen Erschütterung geeignet* ist.

c) Um sich einen solchen Angriff vorzustellen, der eine allgemeine Bedrohung der ehemals unangefochtenen Sicherheit der Arbeitsplätze, der Sicherheit der Altersvorsorge (insbesondere der Renten) sowie schließlich ganz allgemein der für diese Sicherheiten die Vorbedingung bildenden Sicherheit des Geldes, also der Geldwertstabilität, mit sich bringt, bedarf es auf Grund der Entwicklung der jüngsten Zeit keiner besonderen Phantasie, sondern nur einer gelegentlichen Zeitungslektüre: Es ist offenkundig, dass die Stabilität des Euro gegenwärtig bedroht ist oder jedenfalls war, weil die Missachtung der bei Gründung der Europäischen Währungsunion bedungenen Konvergenzkriterien seitens des EU-Mitgliedstaates Griechenland den Ansatzpunkt für groß angelegte Spekulationen gegen den Euro gebildet hat, wobei CDS-Papiere für Staatsrisiken den Hauptgegenstand dieser Spekulation bildeten. Ziel dieser Spekulationen war, am Ende vermöge einer Schuldenkrise, die die Europäische Währungsunion zerbrechen und die Geldwertstabilität in der Eurozone zerstören könnte, eine Dollarparität des Euro zu erreichen.[52]

Dass die Geldwertstabilität gewissermaßen den archimedischen Punkt für die Stabilität und damit für die innere Sicherheit eines nach dem Muster der Bundesrepublik Deutschland in der Verfassung verankerten und proklamierten Sozialstaates darstellt, hat das BVerfG in seinem Maastricht-Urteil in eindringli-

---

51 Hierzu näher etwa Zacher, in: Isensee/Kirchhoff (Fn. 13), § 28; Badura, Staatsrecht 3. Aufl. 2003, D Rn. 35 ff.; Jarass in: Jarass/Pieroth, GG, 9. Aufl. 2007, Art. 20 Rn. 112 ff.; Sachs in Sachs (Fn. 13) Art. 20 Rn. 46 ff.

52 „Spiel mit höchstem Risiko", Nr. 8/2010 von „Der Spiegel"; „Hedge-Fonds formieren sich gegen Europa", FAZ vom 27. 2. 2010 S. 21. Nach Mitteilung in Spiegel-online vom 25. 2. 2010 kauften internationale Geldhäuser massenhaft Kreditversicherungen und wetteten damit auf eine mögliche Staatspleite Griechenlands, was in weiterer Konsequenz dazu zu führen drohte, dass die Europäische Währungsunion zu einer „Inflationsgemeinschaft" würde („Der Spiegel" Nr. 8/2010, S. 68), ähnlich wie die „modellbildende" Spekulation von George Soros vor 20 Jahren eine Abwertung des britischen Pfundes zur Folge gehabt hatte.

chen Wendungen ausgedrückt.[53] Das beruht wiederum auf den Erfahrungen, die die deutsche Bevölkerung mit einer zweimaligen Inflation gemacht hat; und in einer Epoche, in der die Alterssicherung vor allem auf der Mitgliedschaft in der Rentenversicherung beruht, genießt die Geldwertstabilität für die Fortdauer des Sozialstaats als Voraussetzung des inneren Friedens und damit für die innere Sicherheit eine herausragende Bedeutung. Neben den in § 92 Abs. 2 StGB aufgeführten, den rechtsstaatlich-demokratischen Gehalt des Grundgesetzes auszeichnenden Verfassungsgrundsätzen stellt deshalb die Sorge für die Geldwertstabilität eine zentrale Vorbedingung für die innere Sicherheit dar. Und wie im Maastricht-Urteil des BVerfG ausgeführt worden ist, hängt diese Geldwertstabilität seit der durch den Euro gestifteten Währungsunion von dessen Stabilität ab.

53 „Die Währungsunion ist (...) als Stabilitätsgemeinschaft konzipiert, die vorrangig die Preisstabilität zu gewährleisten hat (BVerfGE 89, 200). Darüber hinaus genügt die Verpflichtung der Europäischen Zentralbank auf das vorrangige Ziel der Sicherung der Preisstabilität (...) auch einer gesonderten Verfassungspflicht der Bundesrepublik Deutschland als Mitglied der Europäischen Gemeinschaft (BVerfGE 89, 201 unten) (...) zumal sich sonst das Grundkonzept der Währungsunion als Stabilitätsgemeinschaft (...) nicht verwirklichen ließe (BVerfGE 89, 202). Der Unions-Vertrag regelt die Währungsunion als eine auf Dauer der Stabilität verpflichtete und insbesondere Geldwertstabilität gewährleistende Gemeinschaft (BVerfGE 89, 204). Der Vertrag setzt langfristige Vorgaben, die das Stabilitätsziel zum Maßstab der Währungsunion machen, die durch institutionelle Vorkehrungen die Verwirklichung dieses Ziels sicher zu stellen suchen und letztlich – als ultima ratio – beim Scheitern der Stabilitätsgemeinschaft auch eine Lösung aus der Gemeinschaft nicht entgegenstehen (BVerfGE 89, 204). Diese Konzeption der Währungsunion als Stabilitätsgemeinschaft ist Grundlage und Gegenstand des deutschen Zustimmungsgesetzes. Sollte die Währungsunion die bei Eintritt in die dritte Stufe vorhandene Stabilität nicht kontinuierlich im Sinne des vereinbarten Stabilisierungsauftrags fortentwickeln können, so würde sie die vertragliche Konzeption verlassen (BVerfGE 89, 205). Die im Blick auf die Europäische Union vorgenommene Ergänzung des Art. 88 GG gestattet eine Übertragung von Befugnissen der Bundesbank auf eine Europäische Zentralbank, wenn diese den ‚strengen Kriterien des Maastrichter Vertrages und der Satzung des Europäischen Systems der Zentralbanken hinsichtlich der Unabhängigkeit der Zentralbank und der Priorität der Geldwertstabilität' entspricht (...) Der Wille des verfassungsändernden Gesetzgebers zielt also ersichtlich darauf, für die im Unions-Vertrag vorgesehene Währungsunion eine verfassungsrechtliche Grundlage zu schaffen, die Einräumung der damit verbundenen, in der dargelegten Weise unabhängig gestellten Befugnisse und Institutionen jedoch auch auf diesen Fall zu begrenzen. Diese Modifikation des Demokratieprinzips im Dienste der Sicherung des in eine Währung gesetzten Einlösungsvertrauens ist vertretbar, weil es der – in der deutschen Rechtsordnung erprobten und, auch aus wissenschaftlicher Sicht, bewährten – Besonderheit Rechnung trägt, dass eine unabhängige Zentralbank den Geldwert und damit die allgemeine ökonomische Grundlage für die staatliche Haushaltspolitik und für private Planungen und Dispositionen bei der Wahrnehmung wirtschaftlicher Freiheitsrechte eher sichert als Hoheitsorgane" (BVerfGE 89, 208).

5. Dass die Geldwertstabilität eine Erscheinungsform der „inneren Sicherheit" bildet und ein prinzipieller Angriff darauf den Schutzbereich des § 88 StGB berührt, ist deshalb in meinen Augen eine nach den Regeln der Methodenlehre gebotene Anpassung der Extension an den Wandel der sozialen Verhältnisse, die in die Kompetenz der Rechtsprechung fällt. Auf die weiteren Fragen zum objektiven Tatbestand des § 88 StGB kann ich im vorliegenden Rahmen nicht mehr näher eingehen. Es sprechen aber jedenfalls gewichtige Gründe dafür, dass eine konzertierte Spekulation auf den Staatsbankrott Griechenlands mit einem Absturz des Euro in dessen Folge auch unter die weiteren Tatbestandsmerkmale subsumiert werden kann.

a) Die Aufzählung der Sabotageobjekte in § 88 Abs. 1 Nr. 1–4 StGB ist weitgehend mit derjenigen in §§ 316 b und 317 StGB identisch und umfasst grob gesagt die staatlichen Organisationen, die mit einem von *Forsthoff* geprägten Begriff „Daseinsvorsorge"[54] betreiben. Der Gesetzgeber hat sich offenbar bemüht, alle diejenigen staatlichen (sei es mittlerweile auch privat abgewickelten) Leistungen zu umschreiben, auf die der Bürger angewiesen ist. Die Herkunft aus dem durch das 1. StrÄndG geschaffenen § 90 StGB a. F. erklärt hierbei die spezifische Innovation, weil der Gesetzgeber damals offenbar aus Sorge vor einem zu Umsturzwecken angezettelten kommunistischen Streik gehandelt hat, so wie ja auch bis zum 8. StrÄndG die Tathandlungsform des Streiks ausdrücklich im Gesetz genannt worden war. Obwohl eine im wesentlichen stabile Währung die Voraussetzung dafür ist, dass alle die im einzelnen in § 88 StGB aufgeführten Leistungen in Anspruch genommen werden können, ist freilich die Währung nicht als solche als mögliches Tatobjekt aufgeführt worden, offenbar weil sich vor 60 Jahren niemand vorstellen konnte, dass ein Währungssystem mit Hilfe großangelegter Spekulationsgeschäfte wesentlich gestört werden könne. Infolgedessen stellt sich die Frage, ob es mit den allgemeinen Auslegungsregeln und dem speziellen strafrechtlichen Analogieverbot vereinbar wäre, die Funktionsfähigkeit des Währungssystems mittelbar unter die in § 88 StGB genannten Tatobjekte zu subsumieren. In Frage kommt hierfür zum einen das Tatbestandsmerkmal der „Einrichtungen" in § 88 Abs. 1 Nr. 4 StGB, worunter in § 316 b Abs. 1 Nr. 3 die Gesamtheit von Personen und/Sachen, die einem bestimmten Zweck zu dienen bestimmt sind, verstanden wird.[55] Die Wortgleichheit zwingt aber nicht zu einer identischen Auslegung, weil der Handlungskontext durchaus unterschiedlich ist: In § 316 b StGB wird die Anwendung von

54 Forsthoff, Die Verwaltung als Leistungsträger, 1938, S. 5 ff.; ders., Die Daseinsvorsorge und die Kommunen, 1958; ders., Rechtsfragen der leistenden Verwaltung, 1959, S. 11 ff.; ders., Lehrbuch des Verwaltungsrechts Bd. 1, 10. Aufl., 1973, S. 370.

55 Fischer, StGB, 57. Aufl., § 316 b Rdn. 4; BGHSt 31, 2.

Gewalt gegen Sachen durch Zerstörung, Beschädigung etc. als Tathandlung verlangt, während § 88 StGB auch die „gewaltlose" Sabotage umfasst. Angesichts des außerordentlich weiten Umgangssprachgebrauchs beim Begriff der „Einrichtung" würden deshalb keine grundsätzlichen Hindernisse bestehen, die Währung, konkret den Euro, als eine „Einrichtung" zu qualifizieren, die sogar nicht nur überwiegend, sondern ganz der öffentlichen Sicherheit und Ordnung dient, weil ohne eine funktionierende Währung das Zusammenleben in einer modernen Gesellschaft überhaupt nicht mehr möglich ist.[56] Diese Frage kann jedoch letztlich dahingestellt bleiben, weil es sich jedenfalls bei der Deutschen Bundesbank bzw. der Europäischen Zentralbank gemäß Art. 88 GG um „Dienststellen" handelt, die mit der Währungssicherung und der Notenausgabe zentrale Aufgaben der öffentlichen Sicherheit und Ordnung erfüllen.[57] In der Rechtsprechung ist beispielsweise anerkannt, dass es sich bei dem Bundesamt für Verfassungsschutz um eine Dienststelle in diesem Sinne handelt.[58] Dies muss für Bundesbank und Europäische Zentralbank erst recht gelten.

b) Als Tathandlung wird vorausgesetzt, dass durch eine „Störhandlung" (d. h. durch ein „regelwidriges Zugreifen auf die Tatobjekte mit Schädigungstendenz"[59]) die betreffende Dienststelle den bestimmungsmäßigen Zwecken entzogen wird. Dass dieses Merkmal restriktiv ausgelegt werden muss, ist in der schon mehrfach zitierten Entscheidung BGHSt 27, 307 mit Recht dargelegt worden. Die in einem üblichen Rahmen bleibenden und insoweit sozialadäquaten Devisenspekulationen genügen dafür sicher nicht, denn es besteht ja gerade die Aufgabe der Zentralbanken darin, auf solche Geschäfte am Devisenmarkt zweckmäßig zu reagieren und die Geldwertstabilität gleichwohl zu behaupten. Etwas anderes muss aber dann gelten, wenn die Geschäfte planmäßig ein solches Ausmaß annehmen und in einer derartigen Weise durchgeführt werden, dass die Leistungsfähigkeit der Bundesbank bzw. der Europäischen Zentralbank

---

56 Die bei NK/Paeffgen, § 88 Rdn. 4, vorgenommene Beschränkung der Angriffe auf „Sach-Objekte" ist wegen der unterschiedlichen Schutzrichtung des § 88 StGB im Vergleich zu den §§ 316 b und 317 StGB nicht zwingend, weshalb die Prüfung in BGHSt 27, 307 ff., ob die Beeinträchtigung der Arbeit des Verfassungsschutzamtes durch Indiskretionen unter § 88 StGB subsumiert werden könne, die nach Paeffgen (aaO.) „merkwürdig anmutet", ohne die Beschränkung auf Sach-Objekte durchaus konsequent erscheint.

57 Vgl. nur Sachs/Siekmann, Grundgesetz (Fn. 13), Art. 88 Rdn. 18, 20.

58 BGHSt 27, 307, 309, dagegen allerdings Paeffgen (Fn. 56).

59 NK/Paeffgen, § 88 Rdn. 6. Dem Gesetzgeber kam es hierbei vor allem darauf an, die vor der Neufassung ausdrücklich im Tatbestand aufgeführten Streikmaßnahmen nunmehr (in einer politisch gänzlich veränderten Situation) vom Tatbestand auszuschließen, jedenfalls soweit es sich um Arbeitskampfmittel handelt (BT-Dr V/2860, S. 11; zur Frage, inwieweit das gelungen ist, siehe LK/Laufhütte-Kuschel, § 88 Rdn. 4; NK/Paeffgen, § 88 Rdn. 6).

überfordert wird und entweder ein Auseinanderbrechen des Euro als Währung droht oder aber eine starke Inflation ausgelöst wird. Die gegenwärtig in der Presse beschriebenen Versuche, den „Währungscrash" auszulösen, würden deshalb, wenn sie Erfolg haben, ohne weiteres dazu führen, dass Bundesbank und Europäische Zentralbank ihre bestimmungsmäßigen Zwecke nicht erfüllen könnten. Weil § 88 Abs. 2 StGB bereits den Versuch für strafbar erklärt, können also bereits die auf einen Währungscrash abzielenden Spekulationsgeschäfte unter die Tathandlungsbeschreibung des § 88 Abs. 1 und 2 StGB subsumiert werden.

c) Damit muss ich die Erörterung des experimentum crucis aus Raumgründen abbrechen. Die nicht weniger intrikaten Probleme, die der Straftatbestand der verfassungsfeindlichen Sabotage hinsichtlich Vorsatz, Schuld (§ 17 StGB?), Beteiligung und Strafanwendungsrecht bereithält, können nicht mehr erörtert werden. Auch wenn meine bisherigen Überlegungen auf keinen Beifall stoßen sollten, dürften sie eines gezeigt haben: In der extensionalen Rechtsfortbildung durch Strafgerichte steckt mehr Sprengstoff, als unsere Schulweisheit sich bei Betrachtung eines Forstdiebstahls mittels eines Kraftfahrzeuges träumen lässt und dessen Entschärfung eine enorme Herausforderung für das juristische Denken bildet, für dessen Erlernung sich jedoch glücklicherweise das Gesamtwerk von *Ingeborg Puppe* als eine „Große Schule" anbietet.

FÜNFTER TEIL Savignys Rechtsbegriff – von ehegestern und von übermorgen?

I. Macht ein Rechtsbegriff Sinn?

1. Mit *Lothar Philipps*, dem verehrten Jubilar, habe ich mehr als ein Jahrzehnt im Münchener Institut für Rechtsphilosophie und Rechtsinformatik eng und freundschaftlich zusammengearbeitet, bis dieses Institut einer törichten sog. Universitätsreform und ihren Protagonisten zum Opfer gefallen ist (wenn auch, wie ich hoffe, nur in seiner äußeren Form und nicht in seiner idealen Existenz). Ich weiß deshalb sehr wohl, daß man sich bei einer ihm zu Ehren präsentierten Abhandlung vor methodologischer Naivität wie vor hoch aufgezäumten Philosophemen gleichermaßen hüten muß, weil das Denken von *Lothar Philipps* von Anfang an in der Rechtslogik fest verankert, aber niemals in Illusionen über deren begrenzte Fruchtbarkeit im juristischen Diskurs befangen gewesen ist, weil er stets auf begriffliche Präzision geachtet und zugleich den zirkulären Charakter jeder voreiligen Festlegung gekannt hat. Die Frage nach dem Rechtsbegriff darf deshalb nicht in der naiven Annahme gestellt werden, daß es eine Entität „Recht" als solche geben würde, für die man nur noch die adäquate Definition finden müßte. Umgekehrt kann aber auch kein einziger rechtlicher Diskurs ohne ein intuitives Vorverständnis vom Wesen des Rechts geführt werden, so daß die Frage nach „dem Recht" zutiefst fragwürdig und zugleich unentbehrlich ist. Während man nun in ruhigen Zeiten jedenfalls in der juristischen Tagesarbeit auf eine Explikation des Rechtsbegriffs verzichten kann, ist in Zeiten des politischen Umbruchs und der rapiden gesellschaftlichen Veränderung sogar die Rechtsdogmatik darauf angewiesen. Das hat sich erst kürzlich wieder bei der Aufarbeitung der SED-Untaten gezeigt und setzt sich gegenwärtig bei der Analyse der Globalisierungsphänomene fort.

2. Weil es beim Rechtsbegriff darum geht, von Menschen gestaltete, d. h. sinnhafte Entitäten unter einen nicht aus der Beobachtungssprache abgeleiteten Begriff zu fassen, will ich versuchen, nach einer adäquaten Explikation in jener spiralförmigen Bewegung zu suchen, die man früher den hermeneutischen Zirkel genannt hat,[1] um deren logische Präzisierung sich sodann die Lehre vom Typus bemüht hat,[2] während sich unabhängig davon mit einer nach meinem Eindruck noch weitaus präziseren Erfassung als juristische Fuzzy Logic unser Jubilar so ungemein verdient gemacht hat.[3] Weil das bekannte Wort

1 Die Ausdeutung des Zirkels als Spirale findet sich bereits bei Hassemer, Tatbestand und Typus, 1968, S. 104 ff.

2 Puppe, GS f. Arm. Kaufmann, 1989, S. 15, 25 ff.; Kuhlen, in: Neumann/Rüßmann, Generalisierung und Individualisierung im Rechtsdenken, ARSP-Beiheft Nr. 45, 1992, S. 101, 119 ff.; Schünemann, FS f. Art. Kaufmann, 1993, S. 299, 305 ff.

3 Vgl. nur Philipps, FS f. Arth. Kaufmann, 1993, S. 265 ff.; FS f. Jahr, 1993, S. 169 ff.; Tinnefeld/Philipps/Weis, Institutionen und Einzelne im Zeitalter der Informationstechnik, 1994, S. 219 ff.;

https://doi.org/10.1515/9783110648188-008

Heideggers, daß es darauf ankomme, an der richtigen Stelle in den Zirkel hineinzukommen,[4] ob seiner offenkundigen Zirkularität keinen erkennbaren Nutzen stiftet, soll als Ausgangspunkt – der vertrauten dogmatischen Routine entsprechend – die herrschende Meinung gewählt werden, als die man (namentlich im Angesicht der Diskussion der letzten 15 Jahre) den durch die Radbruchsche Formel aufgelockerten positivistischen Rechtsbegriff anzusehen hat.

II. Die Unzulänglichkeiten des mit der Radbruchschen Formel kombinierten positivistischen Rechtsbegriffs

1. Der von *Gustav Radbruch* nach 1945 unternommene Versuch, den positivistischen Rechtsbegriff so zu modifizieren, daß die schlimmsten Schandtaten eines inhumanen Gesetzgebers aus dem Rechtsbegriff eliminiert werden können, ist fast 50 Jahre später, in der Epoche der juristischen „Aufarbeitung" der zweiten deutschen Diktatur, von *Alexy* zu der elaborierten Definition fortentwickelt worden:

> Das Recht ist ein Normensystem, das (1) einen Anspruch auf Richtigkeit erhebt, (2) aus der Gesamtheit der Normen besteht, die zu einer im Großen und Ganzen sozial wirksamen Verfassung gehören und nicht extrem ungerecht sind, sowie aus der Gesamtheit der Normen, die gemäß dieser Verfassung gesetzt sind, ein Minimum an sozialer Wirksamkeit oder Wirksamkeitschance aufweisen und nicht extrem ungerecht sind, und zu dem (3) die Prinzipien und die sonstigen normativen Argumente gehören, auf die sich die Prozedur der Rechtsanwendung stützt und/oder stützen muß, um den Anspruch auf Richtigkeit zu erfüllen.[5]

Es handelt sich bei dieser Definition gewissermaßen um eine Kombination von *Kelsens* auf die Verfassung rückführbarer Normenpyramide mit *Dworkins* Prinzipientheorie sowie mit *Max Webers* Wirksamkeitskriterium („Eine Ordnung soll heißen ... Recht, wenn sie äußerlich garantiert ist durch die Chance [physischen oder psychischen] Zwanges durch eine auf Erzwingung der Innehaltung oder Ahndung der Verletzung gerichtetes Handeln eines eigens darauf eingestellten

---

ARSP 81 (1995), S. 405 ff.; JurPC 1995, S. 3256 ff.; Artificial Intelligence and Law 7 (1999), S. 115 ff.; FS f. Roxin, 2001, S. 365 ff. Daß es bei der Fuzzy Logic um dasselbe Ziel geht wie bei den Versuchen, Analogie und Typusdenken zu „logifizieren", bemerkt auch Arth. Kaufmann, Das Verfahren der Rechtsgewinnung, 1999, S. 64, wenn auch ohne Erwähnung der hierfür grundlegenden Arbeiten unseres Jubilars.

4 Sein und Zeit, 1927, S. 270.

5 Alexy, Begriff und Geltung des Rechts, 1992, S. 201.

Stabes von Menschen.")[6] sowie mit *Radbruchs* Geltungsvorbehalt bei schlechthin ungerechten Gesetzen. Meiner Meinung nach hat aber die Bestrafung der SED-Untaten durch „gesamtdeutsche" Gerichte nach der Wiedervereinigung gezeigt, daß weder die Radbruchsche noch die Webersche Komponente noch auch deren Verbindung zu akzeptablen Ergebnissen führt, weshalb auch der zitierte Rechtsbegriff selbst nicht überzeugt.

a) Während *Alexy* in seiner Definition die sog. Radbruchsche Formel nicht ausdrücklich wiederholt, hat diese die Diskussion zum juristischen Umgang mit den SED-Untaten nach der Wiedervereinigung vollständig beherrscht und eine fast schon nicht mehr überschaubare Fülle an Aufsätzen und Monographien ausgelöst.[7] Gleichgültig, ob man auf *Radbruchs* Formel für das „unrichtige Recht" abstellt, wonach der Widerspruch zur Gerechtigkeit „ein so (!) unerträgliches Maß erreicht" habe, oder bei der Verneinung der Rechtsnatur, „wo Gerechtigkeit nicht einmal erstrebt wird"[8] – es bleibt für beide Kategorien nicht mehr zu verbuchen als die Verweisung auf die Betrachterperspektive von dem, was gerecht und was unerträglich ungerecht sei, während die interne Perspektive der die betreffende Gesetzgebung schaffenden, die betreffende Gesellschaft beherrschenden Kreise („politische Elite") negiert wird. Die nicht überzeugenden Konsequenzen dieses Ansatzes zeigten sich in der Rechtsprechung des Bundesgerichtshofes zur strafrechtlichen Aufarbeitung der SED-Untaten, die (nachdem sie anfangs mit der hier nicht weiter zu behandelnden, m. E. ebenso wenig haltbaren „Theorie der menschenrechtsfreundlichen Auslegung" gearbeitet hatte) in der zweiten Phase mit Hilfe der Radbruchschen Formel zentralen Grundsätzen einer sozialistischen Rechtsordnung wie etwa dem Grundsatz der Parteilichkeit schlicht deshalb den Rechtscharakter absprach, weil sie sich dem eigenen Verständnis einer liberal-kapitalistischen Rechtsordnung nicht fügten[9] – was sie auch niemals gewollt hatten, da das sozialistische Recht ja ein dezidiertes Gegenmodell sein wollte. Wie stünde es danach mit dem Recht früherer Gesellschaften mit Sklavenhaltung oder fehlender Gleichberechtigung der Frauen, heutiger Gottesstaaten oder Gesellschaften mit Mädchen- oder Knabenbeschneidung? Die ganze Formel läuft deshalb auf eine Art abgemilderten

---

6 Wirtschaft und Gesellschaft, 1921, 5. Aufl. 1972, S. 17.

7 Vgl. nur H. Dreier, FS f. Robert Walter, 1991, S. 117 ff.; Wassermann, FS f. Spendel, 1992, S. 629, 634 ff.; Kaufmann, NJW 1995, 81 ff.; Saliger, Radbruchsche Formel und Rechtsstaat, 1995; Sprenger, NJ 1997, 3 ff.; Seidel, Rechtsphilosophische Aspekte der „Mauerschützen"-Prozesse, 1999, S. 153 ff.; Funke, ARSP 89 (2003), 1 ff.

8 SJZ 1946, 105, 107, jetzt in: Gesamtausgabe, Rechtsphilosophie III, 1990, S. 83, 89.

9 Nachweise bei Schünemann, in: Enquete-Kommission „Überwindung der Folgen der SED-Diktatur im Prozeß der deutschen Einheit", Bd. II/2, 1999, S. 1304, 1350.

Rechtsimperialismus hinaus und liefert auch dort, wo sie (wie bei den Massenmorden des Nationalsozialismus) im Ergebnis das Richtige trifft, nicht den richtigen Ansatz.

b) Freilich stand auch nach Anwendung der Radbruchschen Formel einer Bestrafung der im Einklang mit der DDR-Gesetzgebung begangenen Taten noch das strafrechtliche Rückwirkungsverbot entgegen, aber auch das war für die (gesamtdeutsche) Rechtsprechung kein unüberwindliches Hindernis: Die faktische Geltung im Sinne *Max Webers* als Bestandteil des Rechtsbegriffs ist nämlich in der Judikatur zur Bestrafung der SED-Untaten dadurch in besonders subtiler Weise beiseite geschoben worden, daß diese bei der Prüfung, ob die Strafbarkeit entsprechend Art. 103 Abs. 2 GG schon zur Tatzeit bestand, ein zergliedertes Rechtssystem voraussetzte, das (in den Mauerschützenfällen) aus dem allgemeinen strafrechtlichen Verbot der Tötung von Menschen sowie aus besonderen Erlaubnissätzen über die Tötung von Menschen in bestimmten Ausnahmesituationen zusammengesetzt war. Sodann wurde der Erlaubnissatz zum Schußwaffengebrauch kraft des sog. Grenzregimes der DDR unter Berufung auf die Radbruchsche Formel für unwirksam erklärt, so daß nur das strafrechtliche Verbot als bereits in der DDR geltendes Recht übrigblieb. In Wahrheit wurde aber durch diese rein rechtstechnische Zergliederung die bloße Chimäre eines im positiven Recht der DDR nun einmal nicht enthaltenen strafrechtlichen Verbots des konkreten Handlungstyps „Todesschüsse an der innerdeutschen Grenze“ erzeugt.[10] Die Normgeltung wurde deshalb in Wahrheit nur fingiert, der eigene Rechtsbegriff des Positivismus nicht ernst genommen.

2. An Stelle der Kombination von *Webers* Sanktionierungswahrscheinlichkeit als Kriterium faktischer Normgeltung mit der Radbruchschen Formel halte ich deshalb zwei andere, übrigens im Prinzip empirisch überprüfbare und deshalb weitaus verläßlicher handhabbare Kriterien für ausschlaggebend, für die ich im einzelnen auf meine früheren Arbeiten zur Verfolgung der SED-Untaten verweisen muß:[11] die öffentliche Regelkommunikation als das gerade durch das Studium akephaler Gesellschaften hervortretende Grundcharakteristikum des Rechts; und die Vereinbarkeit mit der Kultur der betreffenden Gesellschaft, für die die Rechtsnorm reklamiert wird. Bei diesen Kriterien wird das Recht weder allein auf das hohle Gerüst der gedruckten Normen oder gar der reinen Naturrechtsspekulation noch auf das im letzten ja willkürliche Verhalten einer kleinen Machtclique reduziert, sondern auf den Inbegriff der in einer bestimmten Gesellschaft anerkannten rechtlichen Werte und Verhaltensregeln gegründet.

10 BVerfG JZ 1997, 142, 145; zur Kritik Schünemann (Fn. 9), S. 1350 f. m. w. N.

11 AaO (Fn. 9), sowie in: Pawlowski/Roellecke (Hrsg.), Der Universalitätsanspruch des demokratischen Rechtsstaats, ARSP-Beiheft Nr. 65, 1996, S. 97 ff.

Und die als exemplum crucis geradezu prädestinierte These von *Jakobs*, durch den Geheimbefehl zur Ermordung der Juden seien diese aus dem Schutzbereich der Tötungsdelikte eliminiert worden, so dass ihre Ermordung dem geltenden Recht des Dritten Reiches entsprochen hätte,[12] wird gerade den von mir namhaft gemachten Grundbedingungen des Rechts nicht gerecht: So wenig die Gewaltherrschaft einer Clique die in Jahrhunderten gewachsene Kultur auslöschen kann, so wenig werden die Rechtsüberzeugungen und etablierten gesellschaftlichen Verhaltensnormen einer nach Millionen zählenden Bevölkerung durch eine solche Gewaltherrschaft von Grund auf verändert; und erst recht kann dies nicht durch einen der überwältigenden Mehrheit verborgenen Geheimbefehl geschehen, der infolge seiner Geheimhaltung nicht einmal selbst in Anspruch nimmt, die Rechtskultur der betreffenden Gesellschaft zu beeinflussen. Die Nürnberger Gesetze waren dementsprechend, so schändlich sie auch waren, als Teil der öffentlichen Regelkommunikation geltendes Recht des NS-Staates, und für das Grenzgesetz der DDR gilt das gleiche, während die heimliche Praxis des Massenmordes an Juden nicht einmal im NS-Staat als Bestandteil der Rechtsordnung erscheinen konnte, ebenso wenig wie die nicht öffentlich kommunizierte „Verhinderung des Grenzübertritts in der DDR um jeden Preis".[13]

III. Ablösung des Rechtsbegriffs von jeder Bindung an einen normerzeugenden Staat im Hinblick auf die Globalisierungsphänomene?

Während die vorgenannten Kriterien des Rechtsbegriffs, nämlich die öffentliche Regelkommunikation und die Einfügbarkeit in die Kultur der betreffenden Gesellschaft, von mir in der Diskussion zur Bestrafung der SED-Untaten als *notwendige* Bedingungen von Recht präsentiert worden sind, tendiert die sich um das Phänomen der Globalisierung rankende rechtstheoretische Diskussion[14] eindeutig dahin, gesellschaftliche Kriterien dieser Art zu *hinreichenden* Bedingungen von Recht zu erklären, d. h. den Rechtsbegriff von der Idee einer Rechtsetzung durch den Staat vollständig abzulösen.

1. Den Ausgangspunkt dürfte hierfür das Konzept einer umfassenden Weltgesellschaft bilden, das von *Luhmann* schon zu Beginn der Globalisierungsdebatte in folgender Weise formuliert worden ist:

---

12 Jakobs, in: Isensee (Hrsg.), Vergangenheitsbewältigung durch Recht, 1992, S. 37 ff.; ders., GA 1994, 1 ff.

13 Näher dazu Schünemann (Fn. 9), S. 1951 ff.

14 Dazu näher m. z. w. N. Schünemann, in: Joerden/Wittmann (Hrsg.), Recht und Politik, ARSP-Beiheft Nr. 93, 2004, S. 131 ff.

> „Auch wenn die meisten Soziologen diesem global system den Titel ‚Gesellschaft' verweigern, ist es erst recht unmöglich, nationale Systeme (wenn hier der Systembegriff überhaupt angebracht ist) als Gesellschaftssysteme zu bezeichnen. Dafür fehlt jedes Abgrenzungskriterium, wenn man einmal von den Staatsgrenzen absieht, die für diese Frage denkbar ungeeignet sind ... Weder im regionalen Rahmen noch im weltgesellschaftlichen Rahmen kann es dabei auf die Ähnlichkeit der Lebensbedingungen ankommen; denn dann wäre nicht einmal Manhattan eine Gesellschaft."[15]

Dem scheint sich tendenziell auch *Habermas* angeschlossen zu haben, indem er von einer politisch allerdings noch nicht geschlossenen Weltgesellschaft ausgeht, die zwar noch keine Weltregierung (government) besitze, wohl aber eine „global governance".[16] Es existiert inzwischen auch unter der Bezeichnung als „prozedurales Recht" ein elaboriertes Konzept, welches die Richtigkeitsfrage von der Beurteilung des Inhalts einer Regelung auf die Modalitäten ihres Zustandekommens verlagert, die Ersetzung des traditionellen regulatorischen Rechts durch eine vom sog. reflexiven Recht geleistete bloße Kontextsteuerung der sich dem direkten Zugriff entziehenden, anderen gesellschaftlichen Subsysteme propagiert und als die adäquate Erscheinungsform des heraufziehenden globalen Rechts diagnostiziert.[17]

2. Aber in dieser Ableitung aus dem vorgefaßten theoretischen Bezugsrahmen steckt nicht nur die Gefahr eines Inversionsschlusses, sondern auch sowohl (wegen der Ausblendung inhaltlicher Fragen) einer Verengung als auch (wegen der Erstreckung auf die molluskenhaften Globalisierungsphänomene, d. h. der Preisgabe jeder klaren Positivierung) einer Überdehnung des Rechtsbegriffs. Es ist deshalb durchaus zweifelhaft, ob es wirklich in nennenswertem Umfang „Global law without a State"[18] „gibt" und ob der im jüngsten Schrifttum permanent beschworene Prozeß der Entstaatlichung zu neuen Formen des nicht durch staatliche Setzung entstandenen oder darauf rückführbaren Rechts oder aber nur zu einer schlichten Privatisierung geführt hat. Naturgemäß muß man zuvor einen Begriff von Recht besitzen, bevor man diese Frage beantworten kann, so daß ein Zirkel droht, weil man entweder das Recht von vornherein auf staatliche Setzung beschränkt oder aber – umgekehrt – einen so weiten

15 Luhmann, Das Recht der Gesellschaft, 1993, S. 571 f.

16 Habermas, Die postnationale Konstellation, 1998, S. 167.

17 Calliess, Prozedurales Recht, 1999, S. 270 ff.; ders., in: Anderheiden u. a. (Hrsg.), Globalisierung als Problem von Gerechtigkeit und Steuerungsfähigkeit des Rechts, ARSP-Beiheft Nr. 79, 2001, S. 61 ff.; Calliess/Mahlmann (Hrsg.), Der Staat der Zukunft, ARSP-Beiheft Nr. 83, 2002, S. 11 ff.

18 So der programmatische Titel eines von Teubner herausgegebenen Sammelbandes, Aldershot 1997.

Rechtsbegriff prägt, daß sich schon jeder Beitrag zur Gleichförmigkeit im gesellschaftlichen Leben darunter subsumieren läßt.

IV. Rückgriff auf den Rechtsbegriff Savignys?

1. Wenn sich jedenfalls der positivistische Rechtsbegriff als unfähig erweist, die aktuellen Fragen (sei es der Bestrafung der SED-Untaten, sei es der Globalisierung) zu lösen, wenn aber auch noch kein spezifisch globalisierter Rechtsbegriff in Sicht ist, dann bietet sich ein Rückgriff auf die Rechtstheorie in der Zeit des gemeinen Rechts an, die es ja ebenfalls mit einer über die engen Grenzen der Territorialstaaten hinaus gewachsenen und in einer im wesentlichen einheitlichen Rechtskultur lebenden Gesellschaft zu tun hatte. Sollte der von *Savigny* entwickelte Rechtsbegriff der Historischen Rechtsschule weiterhelfen können, weil er – ähnlich wie das *Nietzsche* für die Musik der „Meistersinger von Nürnberg" *Richard Wagners* diagnostiziert hatte[19] – von vorgestern und von übermorgen war und deshalb, weil wir uns inzwischen womöglich bereits im Übermorgen befinden, in unserer Gegenwart sein Heute hat? Lassen wir *Savigny* selbst zu Wort kommen:

> „Die geschichtliche Schule nimmt an, der Stoff des Rechts sei durch die gesamte Vergangenheit der Nation gegeben, doch nicht durch Willkür, so daß er zufällig dieser oder ein anderer sein könnte, sondern aus dem innersten Wesen der Nation selbst und ihrer Geschichte hervorgegangen. Die besonnene Tätigkeit jedes Zeitalters aber müsse darauf gerichtet werden, diesen mit innerer Notwendigkeit gegebenen Stoff zu durchschauen, zu verjüngen und frisch zu erhalten. Die ungeschichtliche Schule dagegen nimmt an, das Recht werde in jedem Augenblick durch die mit der gesetzgebenden Gewalt versehenen Personen mit Willkür hervorgebracht, ganz unabhängig von dem Rechte der vorhergehenden Zeit, und nur nach bester Überzeugung, wie sie der gegenwärtige Augenblick gerade mit sich bringe. Daß also in irgendeinem Augenblick nicht das ganze Recht neu und von dem vorigen völlig verschieden eingerichtet wird, kann diese Schule nur daraus erklären, daß der Gesetzgeber zur rechten Ausübung seines Amtes zu träge war, er müßte denn zufälligerweise die Rechtsansichten des vorigen Augenblicks auch jetzt noch für wahr gehalten haben."[20]

Wenn ich einmal im Rahmen meines vorliegenden Gedankenganges *Savignys* an sich zentrale Trias „Volksrecht – Gesetzesrecht – Juristenrecht" überspringe und mich auf seine Vorstellungen vom Volksrecht konzentriere, so sticht es ge-

---

19 In: Jenseits von Gut und Böse, Nr. 240, hier zitiert aus: Nietzsche, Werke in 3 Bänden, 1955, Bd. 2 S. 706.

20 System des heutigen Römischen Rechts Bd. 1, 1840, S. 113.

radezu ins Auge, daß man nur einige Modernisierungen in den benutzten Termini vornehmen muß, um in der prima facie etwas verzopft wirkenden Volksgeisttheorie höchste Aktualität zu erkennen: Man braucht nur den Ausdruck des Volksgeistes durch die „Kultur" zu ersetzen und das Volk durch die „Gesellschaft", um eine Theorie der gesellschaftlichen Rechtserzeugung vor sich zu haben, wobei *Savigny* auch schon ganz klar gesehen hat, daß das zentrale Prägemedium der Kultur und damit letztlich auch des Rechts die gemeinsame Sprache darstellt:

> „In der Tat aber finden wir überall, wo Menschen zusammenzuleben, und soweit die Geschichte davon Kunde gibt, daß sie in einer geistigen Gemeinschaft stehen, die sich durch den Gebrauch derselben Sprache sowohl kundgibt als befestigt und ausbildet. In diesem Naturganzen ist der Sitz der Rechtserzeugung, denn in dem gemeinsamen, die einzelnen durchdringenden Volksgeist (i. e. Kultur!) findet sich die Kraft, das oben erkannte Bedürfnis (scil. zur Rechtserzeugung) zu berichtigen ... Je länger die Rechtsüberzeugungen in dem Volk (i. e. der Gesellschaft!) leben, desto tiefer werden sie in ihm wurzeln. Ferner wird sich das Recht durch die Übung entfalten, und was ursprünglich bloß im Keim vorhanden war, wird durch die Anwendung in bestimmter Gestalt zum Bewußtsein kommen. Aber auch Veränderung des Rechts wird auf diesem Wege erzeugt werden ... So finden wir in der Sprache stete Fortbildung und Entwicklung, und auf gleiche Weise in dem Recht."[21]

Das klingt auf den ersten Blick wie eine Vorwegnahme der Rechtstheorie *Eugen Ehrlichs* vom „lebenden Recht":

> „Man wird daher nach alledem den Anteil des Staates an der Rechtsbildung ziemlich bescheiden nennen müssen ... Die grundlegenden gesellschaftlichen Einrichtungen, die verschiedenen Rechtsverbände, zumal die Ehe, die Familie, die Sippe ..., die Herrschafts- und Besitzverhältnisse, das Erbe und die Rechtsgeschäfte entstanden ganz oder zum großen Teil unabhängig vom Staate. Der Schwerpunkt der Rechtsentwicklung lag seit jeher nicht in der Staatstätigkeit, sondern in der Gesellschaft selbst und ist auch in der Gegenwart dort zu suchen. Das gilt nicht bloß von den Rechtseinrichtungen, sondern auch von den Entscheidungsnormen. Die große Masse der Entscheidungsnormen wurde immer nur entweder durch die Wissenschaft und Rechtspflege aus den gesellschaftlichen Einrichtungen abgezogen oder von ihnen frei gefunden; und auch die staatliche Gesetzgebung vermag sie meistens nur in Anlehnung an die gesellschaftlichen Einrichtungen und in Nachahmung wissenschaftlicher und richterlicher Methoden zu finden".[22]

Aber mit einer solchen Parallelisierung würde man dem Konzept *Savignys* doch Gewalt antun, denn bei ihm sind noch Staat und Volk untrennbar miteinander verbunden:

---

21 AaO (Fn. 20), S. 19.
22 Ehrlich, Grundlegung der Soziologie des Rechts, 1913, S. 330.

> „Die leibliche Gestalt der geistigen Volksgemeinschaft ist der Staat ... Auch die Erzeugung des Staates ist eine Art der Rechtserzeugung, ja sie ist die höchste Stufe der Rechtserzeugung überhaupt."[23]

2. Für einen Augenblick könnte man deshalb in Versuchung geraten, einen kühnen Spagat zwischen *Savigny*, *Luhmann* und *Habermas* herzustellen und Savignys Rechtsbegriff schlicht auf die Weltgesellschaft zu projizieren. Die einheitliche Kultur der Weltgesellschaft wäre dann die amerikanische, die einheitliche Sprache wäre das Englische, und für die Weltgesetzgebung gäbe es schon jetzt Vorbilder bei der UNO und der WTO, Weltgerichtshöfe in Den Haag und sogar schon Weltjuristen in Gestalt der (vor allem amerikanischen und britischen) global aufgestellten law firms.

Aber diese Sicht wäre meiner Meinung nach falsch, mindestens extrem verfrüht. Entgegen *Luhmann* halte ich es nicht für eine sinnvolle Begriffsverwendung, die gesamte Bevölkerung der Erde als eine einzige Gesellschaft, ja sogar: als die einzige Gesellschaft zu bezeichnen, weil die Grenze einer gemeinsamen Kultur die äußerste Grenze der Zusammenfassung einer Anzahl von Menschen darstellen sollte. Und eine kohärente gemeinsame Weltkultur gibt es – jedenfalls bis heute – nicht, sondern lediglich sektorale Vergemeinschaftungen wie etwa das Management in multinationalen Konzernen. Wir erleben deshalb auch gegenwärtig evidentermaßen nicht das „Ende der Geschichte", sondern den „Zusammenprall der Kulturen".[24] Und Englisch spielt bisher nur eine Rolle als sektoraler Code etwa in diversen Wissenschaftsgebieten und auch auf internationalen Konferenzen, während die von *Savigny* angesprochene Rolle der Sprache als Medium und Motor der Kulturentwicklung von der im Alltag außerhalb der anglophonen Länder nur üblichen Verwendung als eine Art Pidgin-Englisch nicht geleistet werden kann.

V. Abschließende Skizze eines typologischen Rechtsbegriffs und der Aufgabe der Rechtswissenschaft als vierter Gewalt

1. Ich komme damit zu dem Ergebnis, daß keiner der in der neueren Diskussion propagierten Rechtsbegriffe in jeder Hinsicht zu überzeugen vermag. Als Ausweg aus diesem Dilemma bleibt m. E. nur übrig, die berechtigten Anliegen der verschiedenen Rechtsbegriffe als *quantitative* Anforderungen aufzugreifen und

---

23 AaO (Fn. 20), S. 29.

24 Vgl. einerseits Fukuyama, Das Ende der Geschichte, 1992; andererseits Huntington, The clash of civilisations, 1996.

dementsprechend Recht als *Typusbegriff* zu verstehen und auf die folgenden *fünf* Merkmale zu stützen (wobei ich die inzwischen geklärte Semantik des Typus, für dessen Anwendung es auf das Gesamtprofil der in unterschiedlicher Intensität ausprägbaren Merkmale ankommt,[25] hier nicht zu wiederholen brauche) :

(1) Befolgung durch die Rechtsunterworfenen mit der idealen Ausprägung der lückenlosen freiwilligen Befolgung aus Rechtsüberzeugung (lückenlose Verhaltensgeltung, Annäherungsform bei dem nicht positivierten Gewohnheitsrecht), während eine geringere Verhaltensgeltung durch eine staatlich garantierte Sanktionsgeltung kompensiert werden kann, die naturgemäß eine vorherige Positivierung (d. h. förmliche Rechtsetzung) voraussetzt und deren niedrigste Ausprägung sich etwa bei rein symbolischem Recht findet; (2) öffentliche Regelkommunikation, deren idealtypische Ausprägung in der unmittelbaren Demokratie anzutreffen ist (Annäherungsformen in den akephalen Gesellschaften einerseits, der repräsentativen Demokratie andererseits), wobei eine schwache, aber immer noch existierende Ausprägung in einer an der Normsetzung nicht beteiligten, aber darüber frei kommunizierenden Öffentlichkeit besteht (die dann aber auch auf der betreffenden Geltungsebene existieren muß, was im europäischen Maßstab oder im Weltmaßstab vielfach nur höchst rudimentär der Fall ist) – während diese Ausprägung gänzlich in Fortfall kommt bei Geheimbefehlen nach Art der Endlösung oder des Schießbefehls;[26] (3) formal gleiche Geltung (wobei dieses formale Kriterium natürlich von inhaltlichen Vorfragen abhängt, beispielsweise wurden die gigantischen Privilegien des Adels in früheren Gesellschaften inhaltlich gerechtfertigt), die im gegenwärtigen Prozeß der Globalisierung etwa beim ICC durch die Sonderrolle der USA und anderer hauptkriegführender Mächte durchkreuzt wird; (4) materielle Mindestübereinstimmung mit den moralischen Grundanschauungen der betreffendem Gesellschaft, also das, was im klassischen Sinn die Gerechtigkeitsfrage ausmacht, wobei im globalen Maßstab einerseits Rücksicht auf deren multikulturelle Vielfalt genommen werden muß, während andererseits der Aufbau von Regelwerken entsprechend den zwingenden globalen Bedürfnissen der Menschheit als Kriterium in Erscheinung tritt (mit dem einfachen Beispiel der NS-Verbrechen und dem noch auszuwertenden Befund einer Verfehlung dieser Grundsätze, wenn die Bekämpfung globaler ökologischer Bedrohungen wie der Klimakatastrophe nicht vom Fleck kommt, während die Produktion und globale Verteilung des Plunders der Industriegesellschaft, die ja mit einer radikal fortgesetzten Verelendung der Dritten Welt einhergeht, in der WTO die größte organisatorische Verfestigung erfahren hat);

---

25 S. o. Fn. 2.
26 S. o. bei Fn. 11 u. 13.

und schließlich (5) die Einhaltung von gewissen Verfahrensregeln, also eine Art Sockel-Prozeduralisierung, die das Recht phänotypisch von der bloßen Gewalt abgrenzt und deshalb als ein gesonderter Aspekt neben der formalen Gleichheit des dritten Merkmals kategorisiert werden sollte.

2. Welche Rolle kommt der *Rechtswissenschaft* in diesem komplexen Rechtsbegriff zu? Die große Aufgabe, die *Savigny* ihr bei der Schaffung des Juristenrechts zusprach, das ja die eigentliche Erscheinungsform des Volksrechts darstellen sollte, hat sie zweifellos schon seit der zweiten Kodifikationswelle Ende des 19. Jahrhunderts verloren. Auch ihr Einfluß auf die Rechtsprechung ist nach meinem Eindruck in den letzten Jahrzehnten stetig zurückgegangen, so daß das von *Savigny* konstatierte „Hauptübel unseres Rechtszustandes ..., eine stets wachsende Scheidung zwischen Theorie und Praxis",[27] für unsere Zeit in einer spezifischen neuen Form auftritt: Zumindest für den Bereich der Strafrechtswissenschaft läßt sich die von mir sog. Überfeinerung konstatieren, die dazu führt, daß die Dogmatik zu jedem Problem alle nur vorstellbaren Lösungen produziert und der Rechtsprechung anbietet, was dazu geführt hat, daß sich diese wie in einem Gemischtwarenladen in den endlosen Regalen der Strafrechtsdogmatik die ihr für das konkrete Problem jeweils passend erscheinende Lösung herausgreift, sich dadurch aber mehr und mehr in den Bahnen einer Kadijustiz bewegt und dem vor allem auf intrasystematische Folgerichtigkeit achtenden, kritischen Zugriff der Rechtswissenschaft mehr und mehr entzieht.[28] Hier bleibt es ein Desiderat der Zukunft, daß die Rechtswissenschaft die Phase der „Überfeinerung" überwindet und dadurch, daß sie ein der Idee nach lückenloses dogmatisches Netz entwickelt, eine engmaschige rechtswissenschaftliche Kontrolle der Judikatur etabliert – eine Kontrolle, die dann so etwas wie eine *vierte Gewalt* im Staate wäre, welche nur kontrolliert, aber nicht herrscht. Diese „vierte Gewalt" würde ein wichtiges, meiner Meinung nach sogar unerläßliches Korrelat zur Unabhängigkeit der dritten Gewalt bilden und die einzig mögliche Antwort auf die intrikate Frage bereithalten: „Quis custodiet ipsos custodientes?" Weil ihre Waffen ausschließlich diejenigen des Geistes sind, wäre sie auch, anders als alle übrigen Gewalten, gegen jedweden Mißbrauch gefeit. In Abwandlung eines bekannten Wortes von *Montesquieu* könnte man dann sagen, daß sie als Gewalt en quelque façon nulle wäre, aber dennoch wirksam bliebe.

3. Ob die Rechtswissenschaft diese Rolle erringen bzw. wiedererringen kann, bleibt natürlich abzuwarten. Sicher scheint mir zu sein, daß dies nur möglich ist, wenn ihre analytische Basis umfassender, sorgfältiger und solider ausgebaut wird, als das gegenwärtig auf weite Strecken der juristischen Dogma-

---

27 AaO (Fn. 20), Vorrede S. XXV.
28 Näher Schünemann, FS f. Roxin, 2001, S. 1, 6 f.

tik der Fall ist. *Lothar Philipps* hat kürzlich am strafrechtlichen Vorsatzbegriff demonstriert, welch enorme analytische Klarheit möglich, aber auch notwendig ist, wenn man präziser als mit den sonst üblichen philologischen Versatzstücken argumentieren will, die der Rechtsprechung im Einzelfall praktisch jegliche Entscheidungsfreiheit einräumen.[29] Auf diesen von ihm gewiesenen Bahnen gilt es fortzuschreiten, wenn meine Vision von der Rechtswissenschaft als vierter Gewalt einmal Wirklichkeit werden soll !

29 Festschrift für Roxin (Fn. 3).

SECHSTER TEIL **Das strafrechtliche Rückwirkungsverbot als Prüfstein des Rechtsbegriffs –** ***Von den dogmatischen Untiefen strafrechtlicher Vergangenheitsbewältigung und der Wertlosigkeit der Radbruchschen Formel***

I. Problemstellung

1. *Kristian Kühl*, der wie wenige andere im Strafrecht und der Rechtsphilosophie gleichermaßen zuhause ist und beiden Sätteln perfekt gerecht wird, hat in seiner Kommentierung des strafrechtlichen Rückwirkungsverbots[1] die strafrechtliche Verfolgung der „Mauerschützen" nach der Wiedervereinigung unter erschöpfender Berücksichtigung von Rechtsprechung und Schrifttum[2] abwägend analysiert und die Ergebnisse der Rechtsprechung letztlich als vorzugswürdig qualifiziert. In meinen Augen zeigt dieses Thema wie kein anderes ganz allgemein „die Bedeutung der Rechtsphilosophie für das Strafrecht"[3] und insbesondere, dass der Rechtsbegriff eines radikalen Gesetzespositivismus, etwa im Sinne von *Kelsens* Reiner Rechtslehre, für die Rechtspraxis kein ausreichendes Fundament liefert und also auch unter pragmatischen Aspekten unzulänglich ist.

2. Die deutsche Justiz hat sich bekanntlich zweimal bei der gerichtlichen Aufarbeitung einer totalitären Vergangenheit wegen des strafrechtlichen Rückwirkungsverbots mit der Frage auseinander zu setzen gehabt, wo die Grenzen eines positivistischen Rechtsbegriffs liegen und auf welche Weise überpositive Normen und Grundsätze Eingang in das geltende, von den Gerichten anzuwendende Recht finden. Beim ersten Mal, als es um die strafrechtliche Verurteilung der nationalsozialistischen Gewaltverbrechen ging, ist nur ganz vereinzelt die Auffassung vertreten worden, dass die Massenmorde an der jüdischen Bevölkerung auf Grund eines gesetzesgleichen Führerbefehls nach dem damals geltenden Recht erlaubt gewesen wären;[4] nach der nahezu einhelligen Meinung waren sie problemlos unter die auch während der NS-Diktatur im StGB abgedruckten Paragraphen zu subsumieren, weil den Mordbefehlen Hitlers und der SS-Führung mit der Begründung jede Relevanz abgesprochen wurde, dass diese ja nicht im Reichsgesetzblatt publiziert worden wären.[5] Die kurz nach dem Ende der NS-Diktatur von *Gustav Radbruch* untersuchte Frage der Geltungsgrenzen des positiven Rechts wurde deshalb in der Rechtsprechung zu den NS-Gewalt-

---

1 In: Lackner/Kühl, StGB, 27. Aufl. 2011, § 2 Rn. 16/16a; vgl. ferner dens., FS f. Jung, 2007, S. 433, 442 f.; in: Die Bedeutung der Rechtsphilosophie für das Strafrecht, 2001, S. 11.

2 Weshalb ich mich in dieser kleinen Studie guten Gewissens auf eine exemplarische Berücksichtigung beschränken kann.

3 So der Titel der in Fn. 1 zitierten, programmatischen Studie des Jubilars.

4 So Roesen, NJW 1964, 133 ff., 1111 f.

5 Welzel, NJW 1964, 521 ff.; w. N. b. Schünemann, FS f. Bruns, 1978, S. 223, 225 Fn. 7. Dass sich anders als bei der sog. Euthanasie-Aktion ein dezidierter „Endlösungsbefehl" Hitlers bisher nicht hat identifizieren lassen (Aly, „Endlösung", 1998; Browning, Der Weg der „Endlösung", 1998), steht auf einem anderen Blatt.

https://doi.org/10.1515/9783110648188-009

verbrechen kaum erörtert.[6] Ganz anders war es dann beim zweiten Mal, als es um die strafrechtliche Aufarbeitung der kommunistischen Diktatur in der DDR, konkret der Ahndung ihrer „Regierungskriminalität" (so die geläufige Bezeichnung) ging, deren Vereinbarkeit mit dem strafrechtlichen Rückwirkungsverbot das zentrale und bis heute umstrittene Thema gebildet hat.

II. Positivistische Lösungsversuche

Anfangs hat der Bundesgerichtshof hierbei einige positivistische Kunstgriffe verwendet, indem er mit der „Theorie der menschenrechtsfreundlichen Auslegung" den Rechtsvorschriften der DDR einen anderen als den in der DDR selbst damit verbundenen Sinn zu subintellegieren[7] sowie wegen Wahlfälschung zu Gunsten der SED ausgerechnet aus § 107a StGB als lex mitior zum Wahlfälschungstatbestand des DDR-StGB verurteilen zu können geglaubt hat.[8]

1. Die in der „Theorie der menschenrechtsfreundlichen Auslegung" zum Ausdruck kommende Idee, das Rückwirkungsverbot durch die Konstruktion einer nachträglichen Rechtsprechungsänderung ausmanövrieren zu können, hielt formal am Gesetzespositivismus fest. Obwohl ich diesen Weg vor einem Menschenalter im Hinblick auf die strafrechtliche Verfolgung nationalsozialistischer Gewaltverbrechen selbst propagiert habe,[9] halte ich ihn nach erneuter kritischer Erwägung nicht für gangbar, weil er jeden vernünftigen Begriff des Rechts und der Rechtsgeltung aufgibt. Denn es bleibt danach letztlich nur der Wortlaut des Gesetzes als eine einen äußersten Rahmen angebende Hülse übrig, die erst nachträglich mit demjenigen Inhalt gefüllt wird, der aus der ex-post-Sicht einer anderen Staats- und Gesellschaftsordnung der richtige gewesen wäre, damals aber eben von niemandem und insbesondere nicht von den zur

6 So ist etwa in dem Urteil BGHSt 2, 234, in dem es um die Deportation württembergischer Juden zum Zwecke der (den Angeklagten nach den tatrichterlichen Feststellungen unbekannten) Ermordung ging, nur ganz allgemein von einem „gewissen Kernbereich des Rechts" gesprochen worden, „der nach allgemeiner Rechtsüberzeugung von keinem Gesetz und keiner anderen obrigkeitlichen Maßnahme verletzt werden darf (und) bestimmte als unantastbar angesehene Grundsätze des menschlichen Verhaltens umfasst, die sich bei allen Kulturvölkern auf dem Boden übereinstimmender sittlicher Grundanschauungen im Laufe der Zeit herausgebildet haben und die als rechtlich verbindlich gelten" (S. 237). Und in BGHS 3, 110 sind die drakonischen Strafvorschriften der Kriegssonderstrafrechtsverordnung nicht von vornherein für rechtlich unwirksam erklärt worden.

7 BGHSt 39, 1, 25, 29; 39, 168, 184; 40, 241, 249 f.; BGH NStZ 1995, 401, 403.

8 BGHSt 39, 54; bestätigt durch die Kammerentscheidung des BVerfG NJW 1993, 2524.

9 FS f. Bruns, 1978, S. 223, 229 ff.

Rechtsdurchsetzung berufenen Instanzen benutzt worden ist. Nicht der bloße Wortlaut in seiner Offenheit und Unbestimmtheit, sondern nur der damals mit ihm zu verbindende Sinn war zur „Geltung", also zur Beachtung im Verhalten der Bürger und bei der Sanktionierungspraxis der Gerichte geeignet, während die nunmehr vorgenommene Auslegung damals faktisch nicht existiert hat und deshalb ebenfalls nicht Bezugspunkt einer Normbefolgung gewesen sein kann.[10] Die Zulässigkeit einer rückwirkenden Rechtsprechungsänderung setzt deshalb zumindest voraus, dass die jetzt vorgenommene Interpretation auch schon im damaligen historischen Kontext ernsthaft vorstellbar gewesen wäre, und kommt deshalb nur im Rahmen einer fundamentalen Rechtskontinuität in Betracht, nicht aber nach einem einem Gezeitenwandel vergleichbaren Umsturz der gesamten Rechtsordnung und ihrer weltanschaulichen Grundlagen. Die die Essenz des sozialistischen Rechts ignorierende „Theorie der menschenrechtsfreundlichen Auslegung" und ihr Versuch, dem Rückwirkungsverbot mithilfe einer scheinpositivistischen Argumentation zu entgehen, sind deshalb zum Scheitern verurteilt.

2. Ein weiterer positivistischer Lösungsversuch liegt in der Theorie von der „Kontinuität des Unrechtstyps". Die Geburtsstunde dieser Rechtsfigur ist, soweit ersichtlich, eine Entscheidung des Großen Strafsenats vom 10. 7. 1975,[11] nach der der in der Strafrechtsreform 1975 aufgehobene Qualifikationstatbestand des Straßenraubs (§ 250 Abs. 1 Nr. 3 StGB a. F.) für die vor der Aufhebung begangenen Taten weiterhin anwendbar sein sollte, wenn diese nach dem neuen Recht wegen der Benutzung einer Waffe (§ 250 Abs. 1 Nr. 2 StGB n.F.) weiterhin den Qualifikationstatbestand erfüllen würden. Während sie bis zur Wiedervereinigung eine eher bescheidene Rolle gespielt hat, hat die Verweisung in Art. 315 Abs. 1 EGStGB auf § 2 StGB – bildlich gesprochen – aus einem dogmatischen Mauerblümchen das für die Bestrafung der ebenso zahlreichen wie vielfältigen „DDR-Alttaten" vielfach ausschlaggebende Scheidewasser gemacht.[12] Die enormen Probleme dieses Kriteriums zeigen sich exemplarisch in der Fallgruppe der Wahlfälschungen im Hinblick auf § 211 DDR-StGB einerseits und § 107a StGB andererseits. Nach der Rechtsprechung der Strafgerichte, die die Billigung des BVerfG und auch des Jubilars gefunden hat, soll trotz der großen Diskrepanz zwischen den völlig verschiedenen Staats- und Wahlsystemen noch eine Kontinuität im Unrechtstyp gegeben sein, und zwar im Hinblick auf die

---

10 Vgl. im übrigen zur Kritik bereits Schünemann, in: Enquete-Kommission „Überwindung der Folgen der SED-Diktatur im Prozeß der deutschen Einheit", Bd. II/2, Frankfurt a. M. 1999, S. 1304, 1349 f.

11 BGHSt. 26, 167.

12 Dazu näher Schünemann (Fn. 10), S. 1311 ff.

den Wählern auch in der DDR „verbliebenen rudimentären Elemente freier parlamentarisch-demokratischer Wahlen".[13] Tatsächlich wird aber die Gegenmeinung, die wegen der unterschiedlichen Staats- und Wahlsysteme einen identischen Unrechtsgehalt und ein fortwirkendes Schutzinteresse verneint,[14] von der eigenen Argumentation des BGH indirekt bestätigt, die mit Recht darauf abhebt, dass

> „§ 211 aF StGB-DDR vorwiegend dem unserer Rechtsordnung fremden Interesse an der Aufrechterhaltung der sozialistischen Gewaltherrschaft durch scheinbare plebiszitäre Bestätigung der bisherigen Machtinhaber zu dienen bestimmt war ... Die Wahlen sollten also nicht, wie in der Bundesrepublik Deutschland, eine Entscheidung des Volkes darüber herbeiführen, welchen der verschiedenen miteinander konkurrierenden politischen Kräfte für eine begrenzte Zeit staatliche Macht anvertraut wird. Denn diese Entscheidung war nach der Verfassung der DDR zu Gunsten des Sozialismus und des Kommunismus unter Führung der Arbeiterklasse und ihrer marxistisch-leninistischen Partei ein für allemal gefallen ... Der Revision ist daher einzuräumen, daß die Rechtsgüter der gesetzmäßigen Durchführung sozialistischer Wahlen und der gesetzmäßigen Durchführung zweier parlamentarisch-demokratischer Wahlen, insgesamt gesehen, einander nicht entsprechen."[15]

Der Kunstgriff des BGH, sogleich anschließend darauf abzustellen, dass die Schutzfunktion des § 211 StGB-DDR

> „vielmehr auch die damals bestehende Möglichkeit erfaßt, der von der Nationalen Front aufgestellten Einheitsliste durch eine entsprechende Kennzeichnung des Stimmzettels (Gegenstimmen) oder durch Wahlenthaltung eine Absage zu erteilen,"[16]

ignoriert aber offensichtlich die kurz zuvor getroffene Feststellung, dass der Schutz „vorwiegend" dem Interesse an der Aufrechterhaltung der sozialistischen Gewaltherrschaft durch scheinbar plebiszitäre Bestätigung der bisherigen Machthaber zu dienen bestimmt war: Denn wenn letzteres das vorwiegende Schutzinteresse war, so konnte offenbar die Verletzung lediglich des nachgeordneten Schutzinteresses, die ihrerseits zur Verwirklichung des vorrangigen Schutzinteresses erfolgte, den Straftatbestand des § 211 StGB-DDR zwar vielleicht dem Wortlaut nach, nicht aber dem Sinne nach erfüllen. Offensichtlich hat der BGH sich hier in einen schon formallogisch feststellbaren Widerspruch hineinmanövriert, weil eben die „scheinbare plebiszitäre Bestätigung" ja gera-

---

13 BGHSt. 39, 54, 70; laut BVerfG NJW 1993, 2524 (Tz. 10) „naheliegend, jedenfalls gut vertretbar und keinesfalls willkürlich"; ebenso BGHSt. 40, 33; Lackner/Kühl, § 2 Rdn. 20 m. z. w. N. auch zu den kritischen Positionen; w. N. b. Schünemann (Fn. 10), S. 1317 Fn. 47.

14 Schünemann (Fn. 10), S. 1317 m. w. N.

15 BGHSt. 39, 54, 69.

16 BGHSt. 39, 54, 70.

dezu auf Wahlfälschungen angewiesen ist (sonst wäre es keine nur scheinbare plebiszitäre Bestätigung!), so dass zwischen Wahlfälschungen im SED-Interesse und dem Schutzzweck des § 211 StGB-DDR also überhaupt kein Gegensatz bestand. Und es versteht sich von selbst, dass man die Strafbarkeit nicht nur nach dem im DDR-Recht geltenden Grundsatz der sog. Parteilichkeit,[17] sondern auch nach den in der Bundesrepublik anerkannten Grundsätzen der juristischen Hermeneutik nicht auf einen Straftatbestand stützen kann, der lediglich seinem Wortlaut, nicht aber seinem Sinne nach erfüllt ist, denn in einem solchen Fall ist nach den Grundsätzen der juristischen Methodenlehre eine entsprechende teleologische Reduktion geboten.

Abseits der „ordinären" Kriminalität liefert die Formel von der „Kontinuität des Unrechtstyps" deshalb mehr Probleme als Lösungen.[18]

III. Der überpositive Lösungsversuch mithilfe der Radbruchschen Formel

Anstelle der positivistischen Lösungsversuche hat sich deshalb in der Judikatur und Literatur zur strafrechtlichen „Vergangenheitsbewältigung" ein überpositiver Ansatz durchgesetzt, für den die so genannte „*Radbruchsche Formel*" eine überragende Bedeutung erlangt hat,[19] der zufolge ein positives Gesetz als „unrichtiges Recht" der Gerechtigkeit zu weichen habe, wenn sein Widerspruch zur Gerechtigkeit ein unerträgliches Maß erreicht habe. Es kommt nicht allzu häufig vor, dass eine rechtsphilosophische Theorie die praktische Rechtsanwendung entscheidend beeinflusst. Der Siegeszug der *Radbruchschen* Formel ist eines der aufsehenerregendsten Beispiele dafür, und noch dazu eines – so lautet meine These –, dessen Siegeszug kaum zu erklären ist, jedenfalls nicht durch seine intrinsischen Qualitäten.

---

17 Auch als Prinzip der sozialistischen Gesetzlichkeit bezeichnet, vgl. Akademie für Staats- und Rechtswissenschaft der DDR (Hrsg.): Staat, Recht und Politik im Sozialismus, S. 231 ff.; dieselben: Wörterbuch des sozialistischen Staates, Stichwort sozialistische Gesetzlichkeit, S. 290 ff.; Institut für Theorie des Staates und des Rechtes (Hrsg.): Das sozialistische Recht, S. 419; Menzel, Die Bedeutung des Rechts in der DDR unter besonderer Berücksichtigung des Prinzips der sozialistischen Gesetzlichkeit in der Zeit von 1949 bis 1989, 1990, S. 56 ff.

18 Näher Schünemann (Fn. 10), S. 1311 ff., 1356 speziell zur Rechtsbeugung.

19 Daneben gibt es noch eine dritte Begründungslinie, die in einer im Einzelnen verwickelten Weise die Völkerrechtswidrigkeit des DDR-Rechts postuliert (BGHSt 39, 1, 16 ff.; 40, 241, 244 ff. u. ö.). Ich kann auf sie im vorliegenden Zusammenhang nicht weiter eingehen und beschränke mich deshalb auf den Hinweis, dass dadurch jedenfalls das Rückwirkungsverbot des Art. 103 Abs. 2 GG nicht überspielt werden kann.

1. Es ist bekannt, dass *Gustav Radbruch* die zentrale Frage der Rechtsphilosophie, nämlich das Verhältnis von Rechtsgeltung und Gerechtigkeit, innerhalb von 15 Jahren völlig unterschiedlich beantwortet hat. Die biografische Erklärung dafür liegt auf der Hand, denn die erste Antwort findet sich in der im Jahre 1932 unmittelbar vor der nationalsozialistischen Machtergreifung von ihm publizierten „Rechtsphilosophie", die zweite Antwort 14 bzw. 15 Jahre später nach dem Ende der nationalsozialistischen Gewaltherrschaft. Für einen Rechtsphilosophen ist dieser Wandel dennoch überraschend, denn die Richtigkeit philosophischer Aussagen über das Recht hängen ja, anders als rechtsoziologische Aussagen, nicht von einer empirischen Überprüfung ab und können deshalb auch nicht durch historische Ereignisse wie die Herrschaft des Nationalsozialismus falsifiziert werden. Die von *Radbruch* als Reaktion auf die Untaten des nationalsozialistischen Regimes vorgenommene Modifikation seiner Theorie der Rechtsgeltung kann zwar (ebenso wie vermutlich der heutige Siegeszug seiner Formel) damit erklärt, aber natürlich nicht begründet werden, dass sie zur Ermöglichung einer Bestrafung der nationalsozialistischen (bzw. kommunistischen) Gewalttäter erforderlich sei; denn das wäre ein klarer naturalistischer Fehlschluss. Es ist deshalb geboten, die Veränderungen in *Radbruchs* Begriff der Rechtsgeltung genauer ins Auge zu fassen.

a) In der 1932 erschienenen 3. Auflage seiner „Rechtsphilosophie" erkennt *Radbruch* zwar dem Gewissen des Einzelnen das Recht zu, gegenüber „Schandgesetzen" den Gehorsam zu verweigern. Der Richter sei aber in seiner Auslegung der positiven Rechtsordnung untertan und habe keine andere als die juristische Geltungslehre zu kennen, die den Geltungsanspruch des Gesetzes der wirklichen Geltung gleich achte, weshalb der Richter niemals zu fragen habe, ob der autoritative Rechtsbefehl auch gerecht sei; vielmehr müsse er alles gesetzte Recht als geltend betrachten.[20] Völlig anders heißt es dann in seinem Aufsatz von 1946 über „Gesetzliches Unrecht und übergesetzliches Recht", dass das positive Recht zwar auch den Vorrang habe, wenn es inhaltlich ungerecht und unzweckmäßig sei; dass dieser Vorrang aber aufhöre, wenn der Widerspruch des positiven Gesetzes zur Gerechtigkeit ein so unerträgliches Maß erreicht, dass das Gesetz als „unrichtiges Recht" der Gerechtigkeit zu weichen habe. Direkt anschließend heißt es, dass dort, wo Gerechtigkeit nicht einmal erstrebt wird und die den Kern der Gerechtigkeit ausmachende Gleichheit bei der Setzung des positiven Rechts bewusst verleugnet wurde, das betreffende Gesetz nicht etwa nur „unrichtiges Recht" sei, sondern überhaupt der Rechtsnatur entbehre.[21]

---

20 AaO. S. 82.

21 Zitiert nach Dreier/Paulson (Hrsg.), Rechtsphilosophie – Studienausgabe, 2. Aufl. 2003, S. 216.

2. Diese Ausführungen *Radbruchs* werden vielfach als eine „Dreistufentheorie" verstanden: Stufe 1 umfasse die schlicht ungerechten Gesetze, die aber dennoch Rechtsgeltung besäßen; auf der 2. Stufe ginge es um den Verlust der Rechtsgeltung wegen „unerträglicher Ungerechtigkeit"; und auf der 3. Stufe würden die Gesetze überhaupt nicht mehr den Rechtsbegriff erfüllen, wenn mit ihnen vom Gesetzgeber Gerechtigkeit (und als deren Voraussetzung Gleichheit) nicht einmal angestrebt werde.[22] Doch muss man bezweifeln, dass es sich bei der „unerträglichen Ungerechtigkeit" und dem „Nichtanstreben von Gerechtigkeit" wirklich um 2 verschiedene Stufen handelt. Vielmehr wird zum einen mit der Formel von der Unerträglichkeit ein *objektiver* Maßstab und zum anderen mit der Formel von dem fehlenden Streben nach Gerechtigkeit ein *subjektiver* Maßstab angeführt, ohne dass sich diese Maßstäbe im Endeffekt unterscheiden dürften. Bei der subjektiven Formel darf nämlich nicht übersehen werden, dass der Begriff der Gerechtigkeit selbst ganz unterschiedlich verstanden werden kann, ebenso wie das Kriterium der Gleichheit von dem Bezugsrahmen abhängt, was man als gleich und was als ungleich ansieht. So bildet für die Gegenwart die *formale* Gleichheit aller Individuen den ausschlaggebenden Bezugsrahmen, während im marxistisch-leninistischen Rechtsdenken die Benachteiligung des Klassenfeindes ebenso legitim war wie in der nationalsozialistischen Ideologie die Differenzierung nach der Rassenzugehörigkeit oder im antiken Rechtsdenken die Rechtlosigkeit der Sklaven.

3. Die „unerträgliche Ungerechtigkeit" als Geltungsgrenze des positiven, d. h. nach den Regeln der konkreten Staatsverfassung gesetzten Rechts dürfte deshalb innerhalb ein und derselben Rechtskultur niemals praktisch werden und erweist sich damit als eine ad-hoc-These zur Verfolgung von Untaten eines gestürzten Regimes. Denn dass *Radbruch* durch die von ihm 1946 aufgestellte Formel den von ihm 1932 vertretenen radikalen Gesetzespositivismus etwas eingeschränkt hat, ist innerhalb des modernen Verfassungsstaates fast irrelevant: Die Gerechtigkeitsvorstellungen einer Gesellschaft sind in ihrer Verfassung enthalten; ein Gesetz kann bereits dann vom Verfassungsgericht für nichtig erklärt werden, wenn es nur überhaupt gegen die Verfassung verstößt, und nicht etwa erst dann, wenn die Verletzung der Verfassung unerträglich erscheint. *Radbruchs* Formel erlangt deshalb von vornherein nur für den Sonderfall Bedeutung, dass es zu einem Umsturz des gesamten politischen Systems kommt und sich *danach* die Frage der rückwirkenden Beurteilung früherer Handlungen nach dem neuen Rechtssystem stellt. Speziell im Strafrecht müsste diese Bedeutung aber wiederum gleich null sein, weil das *Gesetzlichkeitsprinzip* (Art. 103 Abs. 2 GG) die rückwirkende Anwendung des neuen Rechts auf frühere Sachver-

---

22 So etwa Seelmann, Rechtsphilosophie, 5. Auflage 2010, S. 34.

halte ausschließt, so dass selbst die Nichtigkeit der früheren Rechtsnormen als bloßes Negativum das benötigte „positive“ Strafrecht nicht schaffen könnte. Eine praktische Funktion kann der *Radbruchschen* Formel deshalb nur zukommen, wenn mit ihrer Hilfe einzelnen Vorschriften der früheren Rechtsordnung die Geltung abgesprochen, anderen aber erhalten wird, um die Strafverfolgung dann allein auf den nicht als ungültig qualifizierten Teil der früheren Rechtsordnung zu gründen und dadurch das Rückwirkungsverbot zu umgehen.

4. Genau das hat der Bundesgerichtshof bei der strafrechtlichen Aufarbeitung der Handlungen des bis 1990 die Macht in der DDR ausübenden SED-Regimes getan, und zwar sowohl wegen der Erschießung von Flüchtlingen an der innerdeutschen Grenze (den „Mauerschützenfällen“ als pars pro toto) als auch bei der Verfolgung von Richtern der DDR wegen Rechtsbeugung: Die Vorschriften der DDR, die den Schusswaffengebrauch an der innerdeutschen Grenze auch gegenüber unbewaffneten Flüchtlingen unter bestimmten Voraussetzungen erlaubten (das sog. „Grenzregime“), wurden wegen „unerträglicher Ungerechtigkeit“ ebenso für von Anfang an unwirksam erklärt, wie der Rechtsgrundsatz der „sozialistischen Gerechtigkeit“, der die Gleichheit vor dem Gesetz gegenüber Klassenfeinden suspendierte, in solchen Fällen beiseite geschoben wurde, „in denen die Rechtswidrigkeit der Entscheidung so offensichtlich war und in denen insbesondere die Rechte anderer, hauptsächlich ihre Menschenrechte, derart schwerwiegend verletzt worden sind, dass sich die Entscheidung als Willkürakt darstellt“.[23] Das fand, jedenfalls im Ergebnis (zu gewissen Unterschieden komme ich noch), auch die Billigung des BVerfG, das schon früher anlässlich der Untaten des nationalsozialistischen Regimes die *Radbruchsche* Formel übernommen und einzelne Normen der NS-Zeit wegen unerträglichen Widerspruchs zur Gerechtigkeit als von Anfang an ungültig qualifiziert hatte.[24] In seinem Beschluss vom 24. 10. 1996[25] hat es dies am Beispiel der Tötungen von Flüchtlingen auch für die Vorschriften des Grenzregimes ausgesprochen, die unter bestimmten Voraussetzungen den Schusswaffeneinsatz zur Verhinderung eines nicht genehmigten Grenzübertritts erlaubten und damit an sich einen Rechtfertigungsgrund abgaben, dem aber wegen unerträglicher Missachtung der Menschenrechte die Geltung abzusprechen sei.

5. Eine Analyse und kritische Überprüfung dieser Judikatur muss deshalb auf zwei unterschiedlichen Ebenen vorgenommen werden: nämlich zum einen bezüglich der rechtsphilosophischen Überzeugungskraft des durch *Radbruchs* Formel implizierten Rechtsbegriffs; und zum anderen bezüglich der vermöge

23 BGHSt 40, 30, 41.
24 BVerfGE 23, 98, 106; 54, 53, 67 f.
25 BVerfGE 95, 96.

einer Auslegung des Gesetzlichkeitsprinzips zu beantwortenden Frage, ob die Bestrafung aus dem Straftatbestand, der nach der mit der *Radbruchschen* Formel begründeten Ungültigkeit der Rechtfertigungsgründe übrig bleibt, mit dem Rückwirkungsverbot zu vereinbaren ist oder womöglich eine unzulässige Umgehung desselben darstellt.

IV. Die Unzulänglichkeiten des mit der Radbruchschen Formel kombinierten positivistischen Rechtsbegriffs

1. Ich wende mich zunächst dem rechtsphilosophischen Rechtsbegriff zu, der in *Radbruchs* Formel angedeutet wird, aber nicht vollständig ausformuliert ist. *Radbruchs* Versuch, den positivistischen Rechtsbegriff so zu modifizieren, dass die schlimmsten Schandtaten eines inhumanen Gesetzgebers aus dem Rechtsbegriff eliminiert werden können, ist fast 50 Jahre später, in der Epoche der juristischen „Aufarbeitung" der zweiten deutschen Diktatur, von *Alexy* zu der folgenden elaborierten Definition fortentwickelt worden:

> „Das Recht ist ein Normensystem, das (1) einen Anspruch auf Richtigkeit erhebt, (2) aus der Gesamtheit der Normen besteht, die zu einer im Großen und Ganzen sozial wirksamen Verfassung gehören und nicht extrem ungerecht sind, sowie aus der Gesamtheit der Normen, die gemäß dieser Verfassung gesetzt sind, ein Minimum an sozialer Wirksamkeit oder Wirksamkeitschance aufweisen und nicht extrem ungerecht sind, und zu dem (3) die Prinzipien und die sonstigen normativen Argumente gehören, auf die sich die Prozedur der Rechtsanwendung stützt und/oder stützen muß, um den Anspruch auf Richtigkeit zu erfüllen."[26]

Es handelt sich bei dieser Definition gewissermaßen um eine Kombination der früher von *Radbruch* ebenso wie von *Kelsen* vertretenen, auf die Verfassung rückführbaren Normenpyramide mit *Dworkins* Prinzipientheorie sowie mit *Max Webers* Wirksamkeitskriterium[27] und mit *Radbruchs* Geltungsvorbehalt bei schlechthin ungerechten Gesetzen. Meiner Meinung nach kann aber am Beispiel der Bestrafung der SED-Untaten durch „gesamtdeutsche" Gerichte nach der Wiedervereinigung gezeigt werden, dass weder die *Radbruchsche* noch die *Webersche* Komponente noch auch deren Verbindung durch *Alexy* zu akzeptablen Ergebnissen führt, weshalb auch der zitierte Rechtsbegriff selbst nicht überzeugt.

---

26 Alexy, Begriff und Geltung des Rechts, 1992, S. 201.
27 „Eine Ordnung soll heißen ... Recht, wenn sie äußerlich garantiert ist durch die Chance (physischen oder psychischen) Zwanges durch eine auf Erzwingung der Innehaltung oder Ahndung der Verletzung gerichtetes Handeln eines eigens darauf eingestellten Stabes von Menschen." s. Weber, Wirtschaft und Gesellschaft (1921), 5. Aufl., 1972, S. 17.

a) In *Alexys* Geltungsgrenze der „extremen Ungerechtigkeit" wird die *Radbruchsche* Formel aufgegriffen, die nicht nur die bereits zitierte Rechtsprechung, sondern auch die rechtsphilosophische Diskussion zum juristischen Umgang mit den SED-Untaten nach der Wiedervereinigung vollständig beherrscht und eine fast schon nicht mehr überschaubare Fülle an Aufsätzen und Monographien ausgelöst hat.[28] Aber diese Formel hält meiner Meinung nach – um das Ergebnis vorwegzunehmen – bei einer kritischen Analyse keine überzeugende Lösung bereit, und ihr rechts*praktischer* Erfolg ist gerade ihrer rechts*wissenschaftlichen* Schwäche zu verdanken, nämlich ihrer semantischen Unbestimmtheit, die es jeder Epoche gestattet, ihre eigenen Gerechtigkeitsvorstellungen zum Maßstab für die strafrechtliche Aburteilung der vergangenen Epoche zu nehmen. Und zwar gleichgültig, ob man auf *Radbruchs* „objektive" Formel für das „unrichtige Recht" abstellt, wonach der Widerspruch zur Gerechtigkeit „ein unerträgliches Maß erreicht" habe, oder auf die (subjektive) Verneinung der Rechtsnatur, „wo Gerechtigkeit nicht einmal erstrebt wird"[29] – der semantische Gehalt ist gleich Null:

aa) Das „unerträgliche Ausmaß" der Ungerechtigkeit verweist darauf, dass die externe Beurteilungsinstanz, also etwa das heute entscheidende Gericht, die frühere Regelung „nicht ertragen kann" und deshalb nicht anwendet – so dass das Beurteilungskriterium mit der Rechtsfolge identisch ist, also ein logisch fehlerhafter Zirkelschluss vorliegt.

bb) Auch die subjektive Formel führt in Wahrheit nicht weiter, denn natürlich wird die Frage, ob der frühere Gesetzgeber „Gerechtigkeit nicht einmal angestrebt habe", nicht aus seiner Perspektive und nach seinen Überzeugungen, sondern aus der externen Perspektive des heutigen Beurteilers von dem, was gerecht und was unerträglich ungerecht sei, entschieden. Dadurch, dass die

---

28 Vgl. nur H. Dreier, Die Radbruchsche Formel – Erkenntnis oder Bekenntnis, FS f. Robert Walter, Wien 1991, S. 117 ff.; Wassermann, Unrecht durch DDR-Rechtssprechung, FS f. Spendel, Berlin/New York 1992, S. 629, 634 ff.; Kaufmann, Die Radbruchsche Formel vom gesetzlichen Unrecht und vom übergesetzlichen Recht in der Diskussion um das im Namen der DDR begangene Unrecht, NJW 1995, 81 ff.; Saliger, Radbruchsche Formel und Rechtsstaat, 1995; Sprenger, 50 Jahre Radbruchsche Formel oder: Von der Sprachnot der Juristen, NJ 1997, 3 ff.; Seidel, Rechtsphilosophische Aspekte der „Mauerschützen„-Prozesse, Berlin 1999, S. 153 ff.; Funke, Überlegungen zu Gustav Radbruchs "Verleugnungsformel". Ein Beitrag zur Lehre vom Rechtsbegriff, ARSP 89 (2003), 1 ff.; Forschner, Die Radbruchsche Formel in den höchstrichterlichen „Mauerschützenurteilen", Online-Dissertation, Tübingen 2003; Adachi, Die Radbruchsche Formel: eine Untersuchung der Rechtsphilosophie Gustav Radbruchs, 2006; Vest, Gerechtigkeit für Humanitätsverbrechen? Nationale Strafverfolgung von staatlichen Systemverbrechen mit Hilfe der Radbruchschen Formel, 2006.

29 Radbruch, Gesetzliches Unrecht und übergesetzliches Recht, SJZ 1946, 105, 107, jetzt in: Kaufmann (Hrsg.), Gesamtausgabe, Rechtsphilosophie III, Heidelberg 1990, S. 83, 89.

interne Gerechtigkeitsperspektive der die betreffende Gesetzgebung schaffenden und die damalige Gesellschaft beherrschenden Kreise (der „politischen Elite“) negiert wird, erweist sich das subjektive Kriterium als ein Scheinkriterium, das auf die externe heutige Bewertung weiterverweist und damit wiederum auf die objektive Diskrepanz zwischen der früheren Regelung und der heutigen Gerechtigkeitsvorstellung. Das hat sich deutlich in der Rechtsprechung des BGH gezeigt, zentrale Grundsätze einer sozialistischen Rechtsordnung wie etwa den Grundsatz der Parteilichkeit insoweit nicht anzuerkennen, als sie mit dem eigenen Rechtsverständnis einer liberal-kapitalistischen Rechtsordnung „offensichtlich“ nicht zu vereinbaren waren[30] – was der sozialistische Gesetzgeber auch niemals gewollt hatte, da das sozialistische Recht ja ein dezidiertes Gegenmodell zum kapitalistisch-liberalen Recht bilden sollte und wollte. Wie stünde es danach mit dem Recht früherer Gesellschaften mit Sklavenhaltung oder heutiger Gesellschaften mit fehlender Gleichberechtigung der Frauen, mit dem Recht heutiger Gottesstaaten oder von Gesellschaften mit Mädchenbeschneidung?[31] Nach der *Radbruchschen* Formel müsste man den Rechtsordnungen dieser Gesellschaften zum großen Teil den Rechtscharakter absprechen. Daran wird deutlich, dass die Formel auf eine Art Rechtsimperialismus hinausläuft, der die heutigen Rechtsvorstellungen der westlichen Welt zum Maß aller Dinge erklärt. Zwar trifft die *Radbruchsche* Formel bei den Massenmorden des Nationalsozialismus (für die sie ja auch entwickelt worden ist) im Ergebnis das Richtige, wie ich sogleich darlegen werde. Aber sie bildet nicht den richtigen Ansatz und hat deshalb bei der Strafverfolgung des SED-Regimes nach der Wiedervereinigung auch zu falschen Ergebnissen geführt. Beispielsweise sind DDR-Richter wegen Rechtsbeugung verurteilt worden, wenn sie in Arbeitsgerichtsprozessen anstelle der formalen Rechtsgleichheit den Grundsatz der sozialistischen Parteilichkeit anwendeten, der gerade den Kern des sozialistischen Rechts ausmachte.[32] Oder es wurde wegen Wahlfälschung verurteilt, weil das Wahlergebnis zugunsten der SED manipuliert worden war, obwohl dies genau der Aufgabe der Staatsorgane in der DDR entsprach, den Aufbau des Sozialismus voranzutreiben und deshalb bei den aus formalen Gründen abgehaltenen Wahlen den Anteil

30 BGHSt 40, 30, 41; 40, 169; 41, 157; 41, 247, 253; BGHR StGB Rechtsbeugung 12 (Gründe); weit. Nachweise bei Schünemann (Fn. 10), S. 1350.

31 Nach dem Gesetz über den Umfang der Personensorge bei einer Beschneidung des männlichen Kindes v. 20. 12. 2012 (BGBl I 2749) ist nunmehr die Knabenbeschneidung unter vollständiger Übernahme der jeweiligen Wünsche der jüdischen und partieller der islamischen Religionsgesellschaften legalisiert worden; zur (partiellen) Verletzung des Gleichheitsgrundsatzes Walter, JZ 2012, 1110; Hörnle/Huster, JZ 2013, 328.

32 BGHSt. 41, 157, 173 ff.

der konterrevolutionären und revisionistischen Stimmen nach außen nicht erkennbar zu machen.[33] Hier hat die Strafjustiz nach der Wiedervereinigung Deutschlands in Wahrheit eine Rückwirkung praktiziert, dies aber mit Hilfe der *Radbruchschen* Formel verschleiert.

b) Um mit dieser Kritik nicht missverstanden zu werden, möchte ich allerdings ausdrücklich betonen, dass man nicht etwa umgekehrt die Geltung des Rechts allein mit seiner faktischen Wirksamkeit identifizieren oder allein auf das Kriterium der faktischen Durchsetzbarkeit abstellen darf. Als Ahnherr dieser das Recht völlig mit der faktischen Wirksamkeit identifizierenden und deshalb „erzpositivistischen" Theorie, die die Rechtswidrigkeit und damit auch die Strafbarkeit der von der Herrschaftsclique in einer Diktatur begangenen Gewalttaten prinzipiell leugnet, muss wohl *Immanuel Kant* angesehen werden, der die These der Straflosigkeit „selbst des für unerträglich ausgegebenen Mißbrauchs der obersten Gewalt"[34] ausdrücklich formuliert hat. Seine Begründung lautet: „(Das Volk hat) niemals das mindeste Recht, ihn, das Oberhaupt, wegen der vorigen Verwaltung zu strafen, weil alles, was er vorher in der Qualität eines Oberhauptes tat, als äußerlich rechtmäßig angesehen werden muß und er selbst, als Quell der Gesetze betrachtet, nicht Unrecht tun kann".[35] Eine ähnliche Argumentation findet sich später bei *Hart*[36] und *Kelsen*[37] und ist in neuerer Zeit von *Jakobs* auf die Spitze getrieben worden.[38] Aber diese Konzeption widerlegt sich selbst, weil sie durch die Identifizierung des Rechts mit der reinen

33 BGHSt. 39, 54, 68 ff.; zu der zusätzlichen pseudo-positivistischen Begründung s. o. II.

34 Kant, Die Metaphysik der Sitten (1797), 2. Aufl., Königsberg 1798, S. 207.

35 A. a. O., S. 208.

36 In deutscher Übersetzung in: Hart: Recht und Moral, 1971, S. 17 ff., 44 f.

37 Kelsen, Reine Rechtslehre, 2. Aufl., Wien 1960, S. 13, 43; ders., Die Grundlage der Naturrechtslehre, in ZÖR 1964, S. 148; ders., Allgemeine Theorie der Normen, Wien 1979, S. 117. Zur seitherigen rechtsphilosophischen Diskussion instruktiv der Jubilar, „Rückblick auf die Renaissance des Naturrechts nach dem 2. Weltkrieg", in Köbler (Hrsg.), Geschichtliche Rechtswissenschaft, Freundesgabe für Alfred Söllner zum 60. Geburtstag, 1990, S. 355 ff.

38 Jakobs, Vergangenheitsbewältigung durch Strafrecht? Zur Leistungsfähigkeit des Strafrechts nach einem politischen Umbruch, in Isensee (Hrsg.), Vergangenheitsbewältigung durch Recht, 1992, S. 37 ff.; ders.: Untaten des Staates – Unrecht im Staat, Strafe für die Tötungen an der Grenze der ehemaligen DDR?, GA 1994, 1 ff. Im Ergebnis ähnlich wie Jakobs auch Grünwald, Die strafrechtliche Bewertung in der DDR begangener Handlungen, StV 1991, 31 ff.; Rittstieg, Strafrechtliche Verantwortlichkeit von Grenzsoldaten der DDR, in DuR 1991, S. 404 ff.; Roellecke, Schwierigkeiten mit der Rechtseinheit nach der deutschen Wiedervereinigung, NJW 1991, 660 f.; Pawlik, Das positive Recht und seine Grenzen. Zur rechtstheoretischen und rechtsphilosophischen Problematik der „Mauerschützenprozesse", in Gerechtigkeit, Rechtsphilosophische Hefte II, 1993, S. 95 f.; ders.: Strafrecht und Staatsunrecht, GA 1994, 472 ff.; Merkel, Politik und Kriminalität, in Unseld (Hrsg.), Politik ohne Projekt? Nachdenken über Deutschland, 1993, S. 298 ff.

Faktizität einer bestimmten Machtausübung den Staat letztlich mit einer Räuberbande im Sinne *Augustins*[39] identifiziert, womit sie aber schon nicht mehr der Situation gerecht werden kann, dass etwa auf demselben Gebiet mehrere „Räuberbanden" operieren wie früher etwa die Regierung in Rom und die Mafia in Palermo.[40]

V. Die bessere Alternative: ein kultur- und kommunikationsbezogener Rechtsbegriff

1. Um einen Begriff der Rechtsgeltung zu bilden, der weder die schlimmsten Untaten eines Terrorregimes als rechtmäßig erscheinen lässt noch nach einer Revolution eine rückwirkende Strafverfolgung des alten Regimes ins Ermessen der neuen Herren stellt, taugt somit weder die bloße faktische Normgeltung im Sinne von *Max Webers* Sanktionierungswahrscheinlichkeit noch die letztlich inhaltslose *Radbruchsche* Formel. Statt dessen halte ich zwei andere, im Prinzip empirisch überprüfbare und deshalb weitaus verlässlicher handhabbare Kriterien für ausschlaggebend:[41] die *öffentliche Regelkommunikation* als das Grundcharakteristikum des Rechts als gesellschaftlicher Wertordnung überhaupt, das wir schon in den sogenannten akephalen (d. h. nicht von einer Zentralgewalt regierten) Gesellschaften beobachten können; und die *Vereinbarkeit dieser öffentlich kommunizierten Ordnung mit der Kultur der betreffenden Gesellschaft*, für die die Rechtsnorm reklamiert wird. Bei diesen Kriterien wird das Recht weder allein auf den toten Buchstaben der gedruckten Normen noch auf das im letzten ja willkürliche Verhalten einer kleinen Machtclique reduziert, sondern auf den Inbegriff der in einer bestimmten Gesellschaft anerkannten rechtlichen Werte und Verhaltensregeln gegründet. Und die als exemplum crucis geradezu prädestinierte These von *Jakobs*, durch *Hitlers* Geheimbefehl zur Ermordung der Juden seien diese aus dem Schutzbereich der Tötungsdelikte eliminiert worden, so dass ihre Ermordung dem geltenden Recht des Dritten Reiches entsprochen hätte,[42] wird den von mir namhaft gemachten Grundbedingungen des Rechts

---

39 In: De Civitate, IV 4, dt. Paderborn/München/Wien/Zürich 1979, und dazu Ignor, in: Adomeit (Hrsg.), Rechts- und Staatsphilosophie I, 1992, S. 183 ff.

40 Zur Kritik ferner Schünemann (Fn. 10), S. 1346 ff.

41 Näher dazu meine früheren Arbeiten, in: Pawlowski/Roellecke (Hrsg.), Der Universalitätsanspruch des demokratischen Rechtsstaats, ARSP-Beiheft Nr. 65, 1996, S. 97 ff., sowie in FS f. Philipps, 2005, S. 163 ff.

42 Jakobs, Vergangenheitsbewältigung (Fn. 38), S. 37 ff.; ders., GA 1994, 1 ff. Dazu, dass diesbezüglich ein klarer „Führerbefehl" gar nicht existiert haben dürfte, s. o. Fn.5.

evidentermaßen nicht gerecht: So wenig die Gewaltherrschaft einer Clique die in Jahrhunderten gewachsene Kultur auslöschen kann, so wenig werden die Rechtsüberzeugungen und etablierten gesellschaftlichen Verhaltensnormen einer nach Millionen zählenden Bevölkerung durch eine solche Gewaltherrschaft innerhalb weniger Jahre von Grund auf verändert; und erst recht kann dies nicht durch einen der überwältigenden Mehrheit verborgenen Geheimbefehl geschehen, der infolge seiner Geheimhaltung nicht einmal selbst in Anspruch nimmt, die Rechtskultur der betreffenden Gesellschaft zu beeinflussen. Die Nürnberger Rassengesetze des NS-Staates waren dementsprechend, so unerträglich sie uns auch heute erscheinen,[43] als Teil der öffentlichen Regelkommunikation und als in die deutsche Kultur widerstandslos integrierbare Erneuerung der in früheren Jahrhunderten üblichen Ausgrenzung der jüdischen Bevölkerung geltendes Recht des NS-Staates. Und dasselbe gilt für das den Schusswaffengebrauch gegenüber Flüchtlingen unter bestimmten Voraussetzungen erlaubende, öffentlich verkündete und kommunizierte Volkspolizeigesetz der DDR, das ab 1982 vom Grenzgesetz abgelöst wurde.[44] Dagegen konnte die heimliche Praxis des Massenmordes an Juden nicht einmal im NS-Staat als Bestandteil der Rechtsordnung erscheinen, ebenso wenig wie die nicht öffentlich kommunizierte „Verhinderung des Grenzübertritts in der DDR um jeden Preis" als Geheimbefehl an die Grenztruppen.[45]

2. Leider ist diese m. E. fundamentale Unterscheidung in der Rechtsprechung zur Regierungskriminalität der DDR zunächst nicht beachtet und später durch Vermischung unkenntlich gemacht worden. Und um die Verwirrung voll zu machen, ist die angeblich schon nach DDR-Recht bestehende Strafbarkeit aus einer hierfür irrelevanten Binnensystematik des Deliktsbegriffs abgeleitet und dadurch die Bedeutung des Rückwirkungsverbots gründlich missverstanden worden.

VI. Die Missachtung des Rückwirkungsverbots durch Normenhybridisierung

1. Der BGH hat die gesetzliche Regelung des Schusswaffengebrauchs gegenüber Flüchtlingen und damit einen Rechtfertigungsgrund des DDR-Rechts mit Hilfe

---

43 Weshalb Radbruch in seinem erst posthum veröffentlichten Nachwort zu der nach dem 2. Weltkrieg geplanten Neuausgabe seiner „Rechtsphilosophie" ihnen den „Ehrennamen Recht" absprechen wollte, s. aaO. (Fn. 21), S. 194.

44 Zu den Einzelheiten s. BGHSt 39, 1, 9 f.; 40, 241, 242 f.

45 Näher dazu Schünemann (Fn. 10), S. 1351 ff.

der *Radbruchschen* Formel für unwirksam erklärt,[46] den Straftatbestand selbst aber weiterhin dem DDR-Recht entnommen.[47] Diese strafrechtssystematische Unterscheidung von Tatbestand und Rechtswidrigkeit, deren (im einzelnen durchaus umstrittene)[48] Bedeutung den Binnenraum des Deliktsaufbaus betrifft, kann aber nichts daran ändern, dass das DDR-Strafrecht in seiner Gesamtheit eben gerade keine Strafbarkeit statuierte, sofern die Vorschriften des Grenzgesetzes eingehalten worden waren. Durch die vom BGH vorgenommene Normenhybridisierung ist aber der Schutzzweck und damit der Anwendungsbereich des Art. 103 Abs. 2 GGG fundamental missverstanden worden: Die fundamentale Aufgabe des Strafrechts und damit sein zentraler Zweck besteht darin, die Rechtsgüter des einzelnen und der Allgemeinheit dadurch zu schützen, dass eine unter Umständen zu deren Verletzung bereite Person durch die Androhung der Strafe von der Straftat abgeschreckt wird. Diese von *Feuerbach* vor 200 Jahren entwickelte Theorie der Androhungsgeneralprävention[49] begründet nicht nur die Notwendigkeit der Strafe, wenn es dennoch zu einem Verbrechen gekommen ist, sondern ist auch die Quelle der gesamten, aus ihr abzuleitenden Prinzipien sowohl für die strafrechtliche Gesetzgebung als auch für die Zurechnung der einzelnen Straftat. Als erstes folgt daraus das Prinzip der Gesetzlichkeit mit (u. a.) dem Unterprinzip des Rückwirkungsverbots. Die Strafdrohung muss existieren, bevor die Straftat begangen wird, denn anderenfalls wird die logische Verbindung zwischen der Straftat und der Bestrafung unterbrochen. Eine rückwirkende Strafgesetzgebung würde deshalb nicht nur illegitim, sondern auch sinnlos sein, weil der durch die Strafandrohung ausgelöste psychische Zwang nicht mit Wirkung für die Vergangenheit hergestellt werden kann. Genau das wird aber fingiert, wenn man mithilfe der *Radbruchschen* Formel eine hybridisierte Strafrechtsnorm zu konstruieren versucht.

2. Das BVerfG hat sich in seinem Grundsatzurteil auffälligerweise auf diese Fragen nicht eingelassen, sondern darauf abgehoben, „dass die Gesetzeslage von Befehlen überlagert war, die für eine Eingrenzung des Schusswaffengebrauchs nach den Maßstäben des Verhältnismäßigkeitsgrundsatzes keinerlei Raum ließen und den Angehörigen der Grenztruppen vor Ort die Auffassung ihrer Vorgesetzten, letztlich des Nationalen Verteidigungsrates, vermittelten, Grenzverletzer seien zu ‚vernichten', wenn der Grenzübertritt mit anderen Mit-

---

46 BGHSt 40, 241, 242 ff. und in ständiger Rechtsprechung.

47 §§ 112 f. DDR-StGB, an deren Stelle dann erst als mildere leges posteriores die §§ 212 f. StGB getreten sind.

48 Vgl. etwa zur Bedeutung für die Irrtumslehre Schünemann/Greco, GA 2006, 777 ff.

49 Dazu tiefschürfend und in vieler Hinsicht abschließend Greco, Lebendiges und Totes in Feuerbachs Straftheorie, 2009.

teln nicht verhindert werden könne. Die Unterordnung des Lebensrechts des Einzelnen unter das staatliche Interesse an der Verhinderung von Grenzübertritten führte zur Hintansetzung des geschriebenen Rechts gegenüber den Erfordernissen politischer Zweckmäßigkeit."[50] Das kommt auf die im Text entwickelte Auffassung der Unwirksamkeit von Geheimbefehlen hinaus, steht dadurch aber in einem Spannungsverhältnis zu den Feststellungen des BGH, dass der Schusswaffengebrauch der damals in der DDR anerkannten Gesetzesauslegung entsprach.[51] Ähnlich hat schließlich auch der Europäische Gerichtshof für Menschenrechte in seinem Urteil vom 22. 3. 2001 die Analyse auf den kategorischen Schießbefehl beschränkt und dadurch das Problem verkürzt.[52] Entgegen der heute in der juristischen Fachwelt verbreiteten irrigen Anschauung sind die Rechtsprobleme der Bestrafung von Untaten des SED-Regimes nach der Wiedervereinigung also nicht nur durch den Siegeszug der *Radbruchschen* Formel falsch entschieden, sondern auch durch eine Art dogmatischen Eskapismus von BVerfG und EGMR letztlich unter den Teppich gekehrt worden.

VII. Ergebnis

1. Öffentliche Regelkommunikation und Kulturadäquanz sind die beiden Kriterien, die ich anstelle der (in Wahrheit auf einen retroaktiven Rechtsimperialismus des neu an die Macht gekommenen Regimes hinauslaufenden) *Radbruchschen* Formel als Grenzmarken der Geltung des positiven Rechts vorschlage. Zwar darf man sich nicht der Illusion hingeben, durch den Verweis auf die Kultur eine präzise Antwort auf jede Detailfrage nach diesen Grenzen zu besitzen, denn auch schon vor der Epoche der pluralistischen oder gar multikulturellen Gesellschaft setzt sich die Gesamtkultur einer Gesellschaft aus einer ganzen Reihe von Teil- und Subkulturen zusammen, deren Wertsysteme höchst unterschiedlich sein können. Unbeschadet dessen schält sich aber normalerweise in der Evolution eines bestimmten Kulturraumes ein Ensemble an fundamentalen Überzeugungen und Werthaltungen heraus, das allen Schichten, Teil- und Subkulturen gemeinsam ist und das durch das gelegentliche atavistische Wiederaufflackern von Unzeitgemäßem, Barbarischem so wenig in Fortfall gerät wie die in einer Gesellschaft anerkannte Rechtsgüterordnung durch das alltägliche millionenfache Verbrechen. Wenn es dementsprechend auch bei einem kulturbezogenen Begriff der Rechtsgeltung Zweifelsfälle geben wird,

---

50 BVerfGE 95, 96 Tz. 145.
51 BGHSt 40, 243 f.
52 NJW 2001, 3035, 3039 Tz. 73.

ob ein bestimmtes Verhalten aus der tradierten Rechtskultur herausfällt und deshalb ein Verbrechen ist oder aber Teil einer sich bildenden neuen, sei es auch problematischen Rechtskultur, so werden diese Zweifel doch in der Regel durch das zweite Kriterium ausgeräumt werden, wonach die öffentliche Regelkommunikation eine unverzichtbare Mindestbedingung für die Änderung der Rechtskultur darstellt. Geheimbefehle und geheime Machenschaften der Herrschaftsclique können in der Gesellschaft deshalb kein anerkanntes Recht erzeugen, denn sie klinken sich durch ihre Geheimhaltung selbst aus dem rechtlich relevanten Kommunikationsstrom aus.

2. Dieser von mir skizzierte kulturbezogene Rechtsbegriff, der die öffentliche Regelkommunikation als unerlässlichen Bestandteil enthält, liefert nach meiner Meinung eine zuverlässigere Handhabe als die *Radbruchsche* Formel zur Beantwortung der Frage, wann eine nach einem politischen Umsturz erfolgende strafrechtliche Aufarbeitung der Vergangenheit lediglich das schon zu den Zeiten der Unrechtsdiktatur geltende Recht gegenüber einer dieses Recht negierenden, gewaltsamen Praxis durchsetzt oder wann – umgekehrt – das damals geltende, aus heutiger Sicht minderwertige Recht durch richtiges Recht ersetzt und dann freilich durch die Anwendung dieses richtigen Rechts eine rückwirkende Strafrechtspflege praktiziert wird. Ob man unter gewissen Voraussetzungen eine solche Rückwirkung zulassen soll, ist keine rechtsphilosophische, sondern eine rechtsdogmatische Frage der Auslegung des verfassungsrechtlichen Gesetzlichkeitsprinzips, mit der ich mich hier nicht mehr näher beschäftigen kann. Ich möchte dazu nur ganz knapp bemerken, dass das Rückwirkungsverbot natürlich den Bürger als Rechtsunterworfenen, nicht aber den Diktator als allmächtigen Gesetzgeber schützen soll, denn es wäre widersinnig, dass sich jemand selbst von Strafe freisprechen können sollte. Die Herrschaftsspitze der DDR, die Mitglieder des Politbüros der KPD, könnte sich also nicht auf das Rückwirkungsverbot berufen, wenn sie nach dem Umsturz einer strafrechtlichen Verantwortung unterworfen werden sollte. Freilich bliebe ein dafür notwendiges Maßnahmegesetz mit dem Makel der Vermengung von Gesetzgebung und Rechtsprechung behaftet, also mit dem Geruch der Siegerjustiz. Zumindest aus diesem Grund ist es deshalb zu begrüßen, dass mit dem Statut von Rom der Versuch unternommen worden ist, ein überzeitliches und transnationales Modell für die Verfolgung der Untaten der Diktatoren und ihrer Helfershelfer zu schaffen.

3. Die strafrechtliche Verfolgung der nationalsozialistischen Massenmorde ist dementsprechend durch das Rückwirkungsverbot nicht gehindert gewesen, während die Taten des SED-Regimes durch Strafgerichte der Bundesrepublik Deutschland nur unter der Voraussetzung verfolgbar waren, dass sie entweder das geschriebene Grenzregime auf Grund von Geheimbefehlen missachteten

oder in der Schaffung des buchstäblich tödlichen Grenzregimes durch den obersten Machtzirkel der DDR selbst bestanden und eine strafrechtliche Verantwortlichkeit hierfür ausdrücklich gesetzlich angeordnet worden wäre. Dagegen hat die Strategie vom Bundesgerichtshof wie vom Bundesverfassungsgericht, sich einfach auf die *Radbruchsche* Formel zu stützen, meiner Meinung nach weder die rechtsphilosophischen noch die dogmatischen Probleme angemessen und erschöpfend behandelt. Gerade weil der Gesetzgeber hier wieder einmal der Justiz den schwarzen Peter zugeschoben hat, hätte sich diese auf das ihr diktierte Spiel nur auf dem sichersten Fundament einlassen sollen.

SIEBTER TEIL Strafrechtsdogmatik als Wissenschaft

A. Nationale oder internationale Strafrechtsdogmatik?

1. Die Beiträge zur Strafrechtsdogmatik, die *Claus Roxin* seit über vier Jahrzehnten erbracht hat, behandelten auf der „Oberflächenstruktur" fast durchweg das nationale, sprich: das deutsche Strafrecht,[1] insoweit sie nämlich die Strafrechtsvergleichung, wie sie traditionell etwa in Freiburg gepflegt wird,[2] allenfalls beiläufig in den Blick nahmen. Und sie waren doch zugleich und in einer für einen Rechtsvergleicher quasi magischen Weise „international", insoweit sie in Japan, Korea und Taiwan, Skandinavien und Polen, Italien und Griechenland, Spanien und Portugal sowie in Lateinamerika und weit darüber hinaus unmittelbar als eine Antwort auf die eigenen strafrechtsdogmatischen Fragen verstanden und verwertet werden konnten.[3]

Wenn also der überwältigend größte Teil von *Claus Roxins* dogmatischen Arbeiten dem deutschen Strafrecht gegolten hat und gilt und zugleich eine selbst den internationalen Einfluß *Franz v. Liszts* oder *Hans Welzels* in den Schatten stellende internationale Prägewirkung entfaltet hat, und wenn dies in der jüngsten Epoche einer sich Schritt für Schritt herausbildenden gemeineuropäischen Strafrechtskultur nicht nachgelassen, sondern eher noch zugenommen hat,[4] so repräsentieren sein Werk und dessen Wirkung kat' exochen den internationalen Stellenwert der deutschen Strafrechtswissenschaft – der freilich heute in einem gegenüber früheren Zeiten durchaus neuartigen Umfeld steht, weil es über die traditionell thematisierten Fähigkeiten zum fruchtbaren Austausch und zur Ausstrahlung in andere Rechtskulturen hinein nunmehr um den Anteil geht, der dem deutschen Rechtsdenken nicht nur in der gegenwärtigen Renaissance einer gemeineuropäischen Rechtskultur allgemein, sondern auch direkt und speziell bei dem Ausbau der gemeineuropäischen Rechtsordnung

---

1 S. das von *Cortes Rosa/Heinrich/Köpf* bearbeitete Schrifttumsverzeichnis, FS Roxin, 2001, S. 1553 ff.

2 Zusammenfassend *Eser* mit Unterstützung durch *Langneff* FS für Kaiser, 1998, S. 1498 ff.

3 In diesem Band repräsentiert durch die Beiträge von *Moreno Hernández, Zoll, Kim, Bunster, Dedes, Hsü, Saito, Rodríguez Montañés, Sancinetti, De Vicente Remesal, Yoshida, Asada, Figueiredo Dias, Cerezo Mir, Luzón Peña* und *Díaz y García Conlledo, Muñoz Conde, Charalambakis, Silva Sánchez, Gimbernat Ordeig, Mir Puig, Yamanaka, Mylonopoulus, v. Hirsch, Castaldo, Maier, Armenta Deu, Bacigalupo, Jareborg, Wasek, Spinellis, Moccia, Dolcini* und *Miyazawa*; vgl. ferner die Beiträge in: Schünemann/Figueiredo Dias (Hrsg.), Bausteine des europäischen Strafrechts, Coimbra-Symposium für Claus Roxin, 1995; Gimbernat/Schünemann/Wolter (Hrsg.), Internationale Dogmatik der objektiven Zurechnung und der Unterlassungsdelikte, 1995; Silva Sánchez (ed.), Política criminal y nuevo Derecho Penal, 1997.

4 Dies zeigen gerade die in den letzten Jahren publizierten, in Fn. 3 nachgewiesenen Symposien und Festschriften.

https://doi.org/10.1515/9783110648188-010

mit Fug zugesprochen werden kann und deshalb auch eingeräumt werden sollte. Weil nun aber die europäische Zukunft auch die (Über-)Lebensfrage der deutschen Strafrechtswissenschaft repräsentieren dürfte,[5] möchte ich versuchen, hierzu auch auf dem im Rahmen meiner Gesamtbetrachtung äußerst knapp bemessenen Raum wenigstens einige Stichworte zu liefern.

2. Hierbei ist der Ausgangspunkt verhältnismäßig einfach, denn daß die Leistungen der deutschen Rechtswissenschaft in der *Systematisierung des Rechtsstoffes* weltweit führend sind, wird international als solches kaum bestritten, sondern allenfalls mit der skeptischen Frage nach dem Nutzen weit getriebener Systematisierungen oder mit der These von der weitgehenden Beliebigkeit der Systematisierungsrichtung und -kriterien auf einer Metaebene kritisiert.[6] Für nicht minder wichtig halte ich ein zweites Charakteristikum der deutschen Rechtswissenschaft, das im Unterschied zum Systematisierungsdrang nicht schon im 19. Jahrhundert, sondern erst in den letzten Jahrzehnten zur vollen Entfaltung gelangt ist und in seinen Konsequenzen teils auf eine allerletzte Verfeinerung, teils aber auch schon auf eine Auflösung des Systemdenkens hinausläuft. Ich möchte es die *„Überfeinerung der Rechtsdogmatik"* nennen und darunter folgende Einzelzüge zusammenfassen:

---

5 Das betonen *Arzt* ZStW 111 (1999), 767, 769; *Burkhardt* in: Eser/Hassemer/Burkhardt (Hrsg.), Die deutsche Strafrechtswissenschaft vor der Jahrtausendwende, 2000, S. 111, 157, während *Kühl* noch in seinem Vortrag auf der Berliner Strafrechtslehrertagung 1997 die Abhängigkeit von der europäischen Entwicklung eher distanziert beurteilte, ZStW 109 (1997), 777–807, insbesondere 780–785. Vgl. im übrigen zur einschlägigen, in den letzten Jahren auf Touren gekommenen Diskussion *Tiedemann* in: Kreuzer/Scheuing/Sieber (Hrsg.), Die Europäisierung der mitgliedstaatlichen Rechtsordnungen in der Europäischen Union, 1997, S. 133 ff.; *ders.* GA 1998, 107 ff.; *ders.* FS Lenckner, 1998, S. 411 ff.; *ders.* FS Roxin, 2001, S. 1401; *Weigend* ZStW 105 (1993), 774 ff.; *Perron* ZStW 109 (1997), 281 ff.; *ders.* FS für Lenckner, S. 227 ff.; *Dannecker* FS für Hirsch, 1999, S. 141 ff.; *Sieber* JZ 1997, 369 ff.; *Neumann* in: Prittwitz/Manuletakis (Hrsg.), Strafrechtsprobleme an der Jahrtausendwende (Deutsch-Griechisches Symposium, Rostock 1999), 2000, S. 121, 127 ff. Es ist deshalb auch kein Zufall, daß fast zeitgleich mit dem 70. Geburtstag von *Claus Roxin* auf der Passauer Strafrechtslehrertagung der mit einer merkwürdigen Prätention sog. Corpus Juris auf dem Prüfstein steht, vgl. dazu nur *Delmas-Marty* (Hrsg.), Corpus Juris der strafrechtlichen Regelungen zum Schutz der finanziellen Interessen der Europäischen Union, dt. 1998; *Hassemer* KritV 1999, 133 ff.; *Huber* (Hrsg.), Das Corpus Juris als Grundlage eines europäischen Strafrechts, 2000.

6 Vgl. dazu *Hall* Comment on Justification and Excuse, American Journal of Comparative Law, Vol. XXIV (1976), S. 638 ff.; *Greenawalt* The Perplexing Borders of Justification and Excuse, Columbia Law Review 84 (1984), Heft 8, 1897–1927; auch in: Eser/Fletcher (Hrsg.), Rechtfertigung und Entschuldigung – Justification and Excuse, Bd. I, 1987, S. 264–313; *W. Hassemer* Rechtfertigung und Entschuldigung im Strafrecht, Thesen und Kommentare, Brigham Young University Law Review 1986, 573 ff.; auch in: Eser/Fletcher (aaO), S. 175 ff. Zu dem rechtstheoretisch hinter der Systemidee stehenden Konzept der Kohärenz neuestens eingehend *Pracker* Kohärenz und juristische Interpretation, 2000.

a) Dazu gehört zum ersten eine minutiöse Entfaltung der systematischen Kategorien am Rechtsstoff bis hin zu den einzelnen Lebenstypen, also eine Konkretisierung im Sinne *Karl Engischs*[7] durch eine schrittweise immer weiter vorangetriebene Entnormativierung der Rechtsbegriffe. Das geht, sprachanalytisch betrachtet, so vor sich, daß die reinen juristischen Kunstbegriffe der höchsten Abstraktionsstufe zunächst durch umgangssprachliche Begriffe definiert werden, die am Anfang einen relativ kleinen Bedeutungskern und einen relativ großen Bedeutungshof aufweisen, dessen Ausfüllung nur normativ, d. h. nach den Regeln der juristischen Methodenlehre erfolgt und dadurch manifestiert wird, daß in Subdefinition und Subsubdefinition immer konkretere umgangssprachliche Begriffe substituiert werden, die am Ende nur noch einen schmalen Bedeutungshof aufweisen und zuletzt mit der im sozialen Leben gebräuchlichen Bezeichnung der für die Subsumtion in Betracht kommenden Lebensverhältnisse identisch sind.[8] Das nach wie vor unübertroffene Musterbeispiel für die Entfaltung eines normativen Prinzips bis hin zu den einzelnen Lebenstypen findet sich in der Ausarbeitung des Tatherrschaftsgedankens durch *Claus Roxin*,[9] doch lassen sich auch noch viele weitere Beispiele dieses die deutsche Strafrechtsdogmatik insgesamt kennzeichnenden Vorgehens finden. So ist etwa zur Lösung der Gleichstellungsproblematik bei den *unechten Unterlassungsdelikten* der Kunstbegriff der Garantenstellung geprägt[10] und sodann über die Stufen beispielsweise der Herrschaft über den Grund des Erfolges, der Herr-

---

7 *Engisch* Die Idee der Konkretisierung in Recht und Rechtswissenschaft unserer Zeit, ²1968.

8 Dazu näher *Schünemann* FS für Arthur Kaufmann, 1993, S. 299 ff., 303 ff.

9 *Roxin* Täterschaft und Tatherrschaft, ¹1963, ⁷2000, S. 60–351. Nimmt man die sogleich im Text angesprochene Entfaltung der „Herrschaft über den Grund des Erfolges" als Essenz der Garantenstellung beim unechten Unterlassungsdelikt und damit als Pendant zur „aktiven" Tatherrschaft bei den Begehungsdelikten dazu, so fehlt für eine lückenlose Entfaltung aller Täterschaftsprinzipien nur noch eine entsprechend detaillierte Ausarbeitung für die von mir sog. Garantensonderdelikte (dazu LK-*Schünemann* StGB, ¹¹1993, § 14 Rn. 17 u. ö.), deren Zusammenführung mit den Herrschaftsdelikten in einer übergreifenden Tätertheorie inzwischen auch *Roxin* Sympathien entgegenbringt (Täterschaft und Tatherrschaft, ⁷2000, S. 697 f.).

10 Grundlegend *Nagler* GS 111 (1938), 1, 59, dem zwar noch keine positive Bestimmung der notwendigen Voraussetzungen einer Garantenstellung gelungen ist, dessen unauslöschliches Verdienst aber darin besteht, sowohl den im strafrechtlichen Naturalismus wurzelnden, älteren Kausaltheorien als auch der diese ablösenden formellen Rechtspflichttheorie zwar nicht in der Praxis der Judikatur und Fachliteratur, aber auf der Ebene der theoretischen Reflexion den Garaus gemacht zu haben, letzteres mit der klassischen Formulierung: „Daß die Nichterfüllung bürgerlich-, disziplinar-, völkerrechtlicher oder sonstiger Verpflichtungen an sich bloß die von jenen Rechtsgebieten selbst dargebotenen Wirkungen auslösen kann, lehrt schon die einfachste Überlegung." (GS 111 [1938], 1, 23 ff. und Forts. 122 ff.; ebenso schon *Schaffstein* FS für Graf Gleispach, 1936, S. 70 ff; *ders.* DJZ 1936, 767 ff.).

schaft über eine Gefahrenquelle oder über das schutzbedürftige Rechtsgutsobjekt, der Obhutsübernahme über Kleinkinder bis hin zum Lebenstyp des Kindermädchens konkretisiert worden, welches bei einem Spaziergang mit dem Kleinkind seelenruhig zuschaut, wie dieses in einen Fluß stürzt und ertrinkt.[11]

Während wir in der modernen *spanischen* Strafrechtswissenschaft eine ganz ähnliche Tendenz der systematischen Entfaltung bis hin zum Lebenstypus antreffen,[12] herrscht im *englischen* Strafrecht bis heute die aus der Tradition des Common Law herrührende kasuistische Methode und im *französischen* Strafrecht eine recht heterogene, systematisch nicht vernetzte Prinzipienlehre. Dementsprechend hat im Beispielsfall die englische Dogmatik der unechten Unterlassungsdelikte zwar die Rechtsprechung kritisiert, die die Gleichstellung des Unterlassens mit dem aktiven Tun von einer hierfür in Wahrheit unergiebigen grammatischen Auslegung abhängig zu machen versucht, aber zur eigenen Begründung entweder ohne weitere systematische Vermittlung auf rivalisierende sozialphilosophische Globalkonzepte wie den Individualismus oder den Ansatz der sozialen Verantwortlichkeit rekurriert oder aber auf das Kriterium der Rechtspflicht zum Tätigwerden verwiesen,[13] welches ohne die systematisch grundlegende Unterscheidung zwischen strafrechtlichen und außerstrafrechtlichen Rechtspflichten ebenfalls nicht weiterhilft.[14] Die französische Strafrechtswissenschaft wiederum sucht ihr Heil in einer Weiterverweisung auf den Fahrlässigkeitsbegriff,[15] der aber in Wahrheit die Lösung des Gleichstel-

---

11 Eingehend dazu *Schünemann* Grund und Grenzen der unechten Unterlassungsdelikte, 1971, S. 229 ff., 234 ff., 342 ff., 346; *ders.* ZStW 96 (1984), 287, 308. Während diese Aufgliederung in der formalen Form, in der sie von *Armin Kaufmann* Die Dogmatik der Unterlassungsdelikte, 1959, S. 283 mehr beiläufig formuliert worden ist, heute weitgehend anerkannt ist (neuestens etwa *Frisch* in: Eser/Hassemer/Burkhardt [Fn. 5], S. 159, 174; die gleiche kategoriale Unterscheidung in freilich noch abstrakterem Gewande auch bei *Jakobs*' Trennung von Organisations- und institutioneller Zuständigkeit, zuletzt in: 50 Jahre BGH – Festgabe, 2000, S. 29 f.), hat die h. L. den entscheidenden Schritt zur Anerkennung des Herrschaftsprinzips als der einheitsstiftenden Quelle aller Garantenstellungen bisher nicht getan und bietet deshalb an Stelle der Konkretisierung einer typologischen Gleichstellungsrichtlinie nur ein Garantensammelsurium, vgl. *Schünemann* in: Gimbernat/Schünemann/Wolter (Fn. 3), S. 49 ff.

12 Etwa für die unechten Unterlassungsdelikte greifbar bei *Gimbernat Ordeig* ZStW 111 (1999), 307 ff.; *Silva Sánchez* in diesem Band S. 641 ff.; für die Formen der Täterschaft *Luzón Peña/Díaz y García Conlledo* in diesem Band S. 575 ff.; *Cerezo Mir* in diesem Band S. 549 ff.; *Gracia Martín* El actuar en lugar de otro en Derecho penal I und II, Zaragoza 1985/86.

13 Vgl. einerseits *Ashworth* Principles of criminal Law, Oxford ²1995, S. 93 f.; andererseits *Smith/Hogan* Criminal law, London ⁷1992, S. 28 ff.

14 Denn sie führt nur zur formellen Rechtspflichttheorie zurück, dazu schon oben Fn. 10.

15 *Desportes/LeGunehec* Le nouveau droit pénal, Bd. 1 – Droit pénal général, Paris 1994, S. 317.

lungsproblems nicht liefert, sondern voraussetzt. Natürlich wird man deshalb nicht gleich *Franz v. Liszts* schroffes Urteil unterschreiben, eine französische Strafrechtsdoktrin gebe es gar nicht,[16] oder dem Strafrechtsdenken des Common Law in den Worten *Jeschecks* „Theoriefeindlichkeit" oder eine kasuistische Denkweise ohne generell anwendbare Prinzipien unterstellen wollen.[17] Aber auch bei größter Zurückhaltung in der Bewertung einer anderen Rechtskultur ist es in analytischer Hinsicht unbestreitbar, daß das die deutsche Rechtswissenschaft gegenwärtig kennzeichnende Programm, das rechtlich relevante gesellschaftliche Leben nach und nach lückenlos mit einem systematisch entwickelten rechtsdogmatischen Gespinst zu erfassen und zu überziehen, in anderen Schlüsselrechtsordnungen Europas nicht nur nicht angestrebt, sondern nicht einmal in Betracht gezogen wird.

b) Aus diesem ersten Leistungsziel der den Rechtsstoff lückenlos umfassenden dogmatischen Entfaltung ergibt sich eine zweite, ebenfalls in den letzten Jahrzehnten zu einem gewissen Höhepunkt gekommene Ausprägung der rechtsdogmatischen Überfeinerung, nämlich die Rezensierbarkeit praktisch jeder gerichtlichen Entscheidung und als Folge davon das in Deutschland traditionelle, aber quantitativ immer noch gesteigerte Bestreben der Gerichte, die Richtigkeit ihrer Entscheidungen auf rechtswissenschaftlichem Niveau auszuweisen. Als Beispiel möchte ich die berühmte Lederspray-Entscheidung des Bundesgerichtshofes anführen, in der dieser eine strafrechtlich sanktionierte Rückrufpflicht des Herstellers auch bezüglich erst nachträglich als gefährlich erkennbarer Produkte bejahte[18] und über die bisher mehr als ein Dutzend kritischer Rezensionen erschienen ist, von den Analysen in Aufsätzen mit einer allgemeineren Thematik und in Monographien sowie in der äußerst zahlreichen Lehrbuch- und Kommentarliteratur gänzlich abgesehen.[19] Daß ein vergleichbarer Kontrolldruck auf eng-

---

16 Berichtet von *Merle/Vitu* Traité de droit criminel, Bd. I, ^{7}1997, Nr. 379 (S. 499 Fn. 5).

17 *Jescheck/Weigend* Lehrbuch des Strafrechts, Allgemeiner Teil, ^{5}1996, S. 195 in Fn. 3 sowie *Schmid* Strafverfahren und Strafrecht in den Vereinigten Staaten, ^{2}1993, S. 193, 201. Vgl. auch *Ashworth* ZStW 110 (1998), 461 ff.

18 BGHSt 37, 106 ff.

19 Zur Problematik des Lederspray-Urteils namentlich *Armbrüster* JR 1993, 317; *Beulke/Bachmann* JuS 1992, 737, 739; *Bottke* Täterschaft und Gestaltungsherrschaft, 1992, S. 104 f.; *Brammsen* Jura 1991, 533 ff. und *ders.* GA 1993, 97, 102 ff., 113 f.; *Braun* KritV 1994, 179; *Deutscher/Körner* wistra 1996, 292 und 327 (Teil 2); *Göhler* wistra 1991, 207; *Haeusermann/Ringelmann* ZStW 109 (1997), 444; *Hamm* StV 1997, 159; *Hassemer* JuS 1991, 253; *Heine* Die strafrechtliche Verantwortlichkeit von Unternehmen, 1995, S. 110 f.; *ders.* ZUR 1995, 63; *Hilgendorf* NStZ 1993, 10; *ders.* Pharma Recht 1994, 303, 561; *ders.* GA 1995, 515; *Hoyer* GA 1996, 160, 173; *Jakobs* FS für Miyazawa, 1995, S. 419 ff.; *Kaiafa-Gbandi* KritV 1999, 613; *Kienle* NVwZ 1996, 871; *Kuhlen* NStZ 1990, 566, 569; *ders.* JZ 1994, 1142; *ders.* GA 1994, 347; *Kurzawa* VW 1991, 1079; *Langkeit* WiB 1995, 1016; *Meier* NJW 1992, 3193; *Molitoris* PHI 2000, 33; *Neudecker* Die strafrechtliche lischen und französischen Gerichten nicht lastet, ergibt sich schon aus der fehlenden, wenn ich so sagen darf: Netzstruktur der dortigen Strafrechtsdogmatik, und darüber hinaus haben sich die Gerichte dort durch die völlig andersartige Begründungsstruktur ihrer Entscheidungen gegen eine rechtswissenschaftliche Kritik von vornherein weitgehend immunisiert. Der Common Sense, der bis in die höchsten Instanzen hinein die Jurisdiktion zum Common Law dominiert, ist gegenüber einem juristisch-artifiziellen Zugriff in eigenartiger Weise unempfindlich, weil dogmatische Ableitungen bekanntlich nicht lückenlos logisch stringent, sondern in der Regel an verschiedenen Punkten quasi freischwebend sind und deshalb durch eine rücksichtslose Auswechselung der maßgeblichen Topoi, die sich wegen der Kürze ihrer Argumentationskette nicht selbst auf systematische Folgerichtigkeit hin kontrollieren läßt, bei dem dann nur noch stattfindenden, direkten Zusammenprall rivalisierender Topoi einen guten Teil ihrer nur innerhalb des Systems vermittelbaren Überzeugungskraft verlieren. Und die französische Rechtsprechung hat sich in einer noch radikaleren Weise durch die apodiktische Prägnanz ihrer ohne hohen oder gar systematisch-konstruktiven Begründungsaufwand arbeitenden Entscheidungen und durch die Verweisung zahlreicher klarer Rechtsfragen in die Domäne des Tatrichters[20] jeder engmaschig konzipierten Kontrolle durch die Rechtswissenschaft vollständig entzogen.

3. Zu weitgehend anderen Konsequenzen führt nun allerdings die dritte Entwicklungslinie der rechtsdogmatischen Überfeinerung, die den soeben skizzierten Traum der dogmatischen Vollkommenheit in einen Alptraum zu verwandeln droht. Es handelt sich dabei um eine ebenfalls erst in den letzten Jahrzehnten vollständig ausgeprägte, nach meiner Einschätzung in der postmodernen Gesellschaft unvermeidbare permanente Infragestellung aller nicht schlechthin trivialen Prämissen der dogmatischen Konstruktionen oder, anders ausgedrückt, um einen unablässigen neuen Strom jenes Konglomerats von Wertsetzungen und Wertpräferenzen, begrifflichen Formalisierungen und Interpretati-

---

Verantwortung der Mitglieder von Kollegialorganen, 1995; *Otto* WiB 1995, 929; *Puppe* JR 1992, 30 ff.; *dies.* JZ 1994, 1147; *dies.* Jura 1997, 408; *Ransiek* ZGR 1999, 613; *Rotsch* wistra 1999, 321; *Samson* StV 1991, 182, 184; *Schmid* FS für Max Keller, 1989, 647; *Schmidt-Salzer* NJW 1990, 2966 ff.; *Schünemann* in: Gimbernat/Schünemann/Wolter (Fn. 3), S. 68 f.; *ders.* in: Breuer/Kloepfer u. a. (Hrsg.), Umweltschutz und technische Sicherheit im Unternehmen, 1993, S. 137 ff.; *Schulz* ZUR 1994, 26; *ders.* JA 1996, 185; *Seelmann* ZStW 108 (1996), 652; SK-StGB-*Rudolphi* (September 2000), § 13 Rn. 39b; *Vieweg/Schrenk* Jura 1997, 561; *Weimar* GmbHR 1994, 82; *Wohlers* JuS 1995, 1019. Aus der Zeit vor dem Lederspray-Urteil zur gleichen Problematik *Schünemann* Unternehmenskriminalität und Strafrecht, 1979, S. 157 ff. sowie zuletzt *ders.* 50 Jahre BGH – Festgabe, 2000, S. 621, 623 ff.

20 *Vogel* GA 1998, 130.

onsmustern, das wir Juristen Theorien nennen. Natürlich ist das Ausmaß dieser permanenten Infragestellung und Neuproduktion von Problemfeld zu Problemfeld unterschiedlich und erreicht nur im Einzelfall jenes Maximum an Kontingenz, welches die Theorien zu den von mir eingangs angeführten unechten Unterlassungsdelikten auszeichnet und im Endeffekt die Kontrolle der Wissenschaft über die Tätigkeit der Rechtsprechung ganz entscheidend lockert. Wenn und weil es letztlich keine Position gibt, die nicht in der Wissenschaft irgendwo vertreten wird, so verwandelt sich die Dogmatik von einem Zuchtmeister in einen Gemischtwarenladen, in dem die Justiz in irgendeinem seiner endlosen Regale immer dasjenige findet, was zur Begründung des jeweils gewünschten Ergebnisses herhalten kann, wobei jedenfalls im Strafrecht die Methode der Rechtsprechung unverkennbar ist, immer nur ad hoc die vom Ergebnis her passenden Begründungstorsi zu übernehmen, nicht aber das sie erst gebärende systematische Gesamtkonzept, so daß sie beim nächsten Problem, gleich einem an keine logische Konsequenz gebundenen Schmetterling, auf das nächste dogmatische Gewächs hinüberflattern und sich damit dem ordnenden Zugriff der Rechtswissenschaft immer wieder entziehen kann.[21] Ein Beispiel bietet wiederum die erwähnte Entscheidung des BGH zur strafrechtlichen Rückrufpflicht des Herstellers bezüglich sich nachträglich als gefährlich herausstellender Produkte, in der der BGH, ohne es selbst mit der gebotenen Klarheit zu erkennen, einfach zur Begründung eine Garantenstellung aus jeglichem vorangegangenen gefährlichen Verhalten (d. h. ohne Rücksicht auf dessen Sorgfaltswidrigkeit) postulierte, die er seit langem verworfen hatte, die aber in dem für die Fortexistenz aparter Lebensformen günstigen Biotop rechtswissenschaftlicher Theorien noch dahinvegetierte.[22] Ob sich die Rechtsprechung in Spanien ähnlich verhält, vermag ich nicht zu beurteilen; daß sie es in England und Frankreich von vornherein nicht nötig hat, ergibt sich schon aus den zuvor angestellten Überlegungen.

4. Wenn man nunmehr den Blick von den nationalen europäischen Rechtskulturen auf die in der Europäischen Union im Entstehen begriffene und auf etlichen Feldern schon weithin ausgeprägte gemeineuropäische Rechtskultur richtet, so ist ihr nach der Natur der Sache naheliegender Kompromißcharakter

---

21 *Schünemann* GA 1995, 201, 223 f.; noch kritischer *Burkhardt* (Fn. 5), S. 152 f., der den Vorwurf nicht an die Rechtsprechung, sondern an die Dogmatik adressiert.

22 Denn in BGHSt 37, 106, 117 ff. verwechselt der BGH die objektive und die subjektive Sorgfaltswidrigkeit und verkennt dadurch die Diskrepanz zu seiner früheren Forderung einer pflichtwidrigen Vorhandlung (BGHSt 19, 152, 154; 23, 327; 25, 218, 221); zutreffende Kritik dagegen bei *Kuhlen* (Fn. 19); *Puppe* (Fn. 19); *Schünemann* in: Gimbernat/Schünemann/Wolter (Fn. 3), S. 69; *ders.* in: Breuer/Kloepfer (Fn. 19), S. 164 f.

unübersehbar, ebenso aber auch die sich dabei bemerkenswert gut behauptende Robustheit des französischen und englischen Rechtsdenkens. Das beginnt bei dem Gesetzgebungsstil, der mehr auf aufwendige lexikalische Definitionenkataloge als auf die innere Systematik vertraut.[23] Der Begründungsstil der Urteile entspricht weitestgehend französischem und kaum je deutschem Duktus, und die Inhalte sind durchweg mehr pragmatisch als systematisch.[24] Ich kann das im Detail hier nicht herausarbeiten und wage deshalb sogleich einen kühnen Sprung zu meiner Ausgangsfrage, ob sich daran nicht zeigt, daß die überfeinerte deutsche Rechtswissenschaft für einen aus unterschiedlichen Kulturen zusammenwachsenden Raum und damit für das heutige Europa keinen Modellcharakter haben kann, sondern von diesem Blickwinkel aus eine Art Sackgasse der Entwicklung darstellt, wie wir sie etwa in der natürlichen Evolution an vielen hochspezialisierten Arten beobachten können, für die es schließlich keine ökologische Nische mehr gab. Es geht mir hierbei nicht um die politische Durchsetzbarkeit der deutschen als Muster für eine europäische Rechtskultur, die aus mancherlei hier nicht zu behandelnden Gründen ohnehin außerhalb jeder Realität liegt. Vielmehr geht es mir um die Frage nach den spezifischen Leistungen, die nur ein Rechtsdenken von der Spezifität der deutschen Rechtsdogmatik in einer gemeineuropäischen Rechtskultur erbringen kann, und dementsprechend um die normative Frage der Wünschbarkeit einer wenigstens tendenziellen gemeineuropäischen Evolution in diese Richtung. Ist eine überfeinerte Rechtsdogmatik, so wie ich sie definiert habe, nützlich oder gar notwendig oder vielleicht umgekehrt nur eine Arabeske, die hohen ästhetischen Ansprüchen genügt, aber funktionslos bleibt?

Ich muß, dem Eilgalopp meiner einführenden Überlegungen entsprechend, hierauf eine Antwort in wenigen Stichworten suchen. Die überfeinerte Rechtsdogmatik repräsentiert in ihren ersten beiden Ausprägungen, nämlich einem der Idee nach lückenlosen dogmatischen Netz und der engmaschigen rechtswissenschaftlichen Kontrolle der Judikatur, so etwas wie eine *vierte Gewalt* im Staat, die nur kontrolliert, aber nicht herrscht und die ein wichtiges, meiner Meinung nach sogar unerläßliches Korrelat zur Unabhängigkeit der dritten Gewalt bildet und eine einzigartige Antwort auf die intrikate Frage bereithält: „Quis custodiet ipsos custodientes?" Sie ist auch, anders als alle übrigen Gewalten, gegen jeden Mißbrauch gefeit, weil ihre Waffen ausschließlich diejenigen des Geistes sind, weshalb sie auch, wenn mir diese Paradoxie gestattet ist, als

23 Das wird überdeutlich durch jedes einzelne Amtsblatt demonstriert, vgl. nur exemplarisch die Produkthaftungs-Richtlinie, ABl. 1985, Nr. L 210, S. 29 ff. i. d. F. ABl. 1994, Nr. L 1, S. 585.
24 Auch dies zeigt jedes einzelne Urteil des EuGH, vgl. wiederum nur exemplarisch das Produktsicherheitsurteil, EuGH Rs. C-539/92 v. 9. August 1994.

Gewalt en quelque façon nulle ist, aber dennoch wirksam bleibt. Freilich droht diese Wirksamkeit durch die dritte Ausprägung der Überfeinerung, nämlich die Verwandlung der Rechtswissenschaft in einen Gemischtwarenladen, paralysiert zu werden, und es ist außerordentlich schwer, wenn nicht gar unmöglich, in der postmodernen Gesellschaft mit ihrer prinzipiellen Kontingenz aller moralischen Positionen ein zuverlässiges Heilmittel gegen diese Gefahr zu benennen.[25] Denn man darf nicht übersehen, daß die Überproduktion an juristischen Theorien ja gesamtgesellschaftlich den Nutzen bringt, gewissermaßen einen Überschuß an Mutationen zur Bewerkstelligung der sozialethischen Evolution einer Gesellschaft hervorzubringen, also keinesfalls blockiert werden darf. Als einziges nicht kontraproduktives Steuerungsmittel könnten also Selektionsmechanismen in Betracht gezogen werden, die einen möglichst hohen Mindeststandard der Teilnehmer des rechtswissenschaftlichen Diskurses garantieren, um die unablässige Herausforderung dogmatischer Glanzleistungen durch dogmatische Mißgeburten zu beschränken. Das heißt dann praktisch: Wer das Niveau der Rechtswissenschaft so gut es geht konservieren möchte, darf hochselektive Qualifikationsmechanismen wie etwa die Habilitation nicht preisgeben, widrigenfalls – wohin im Augenblick in Deutschland die Zeichen der Zeit hindeuten – auch in der Jurisprudenz wie in den anderen hermeneutischen, über kein externes Kontrollkriterium verfügenden Wissenschaften eine Verflachung nach Art der Ersetzung der spätantiken durch die frühmittelalterliche Gesellschaft zu erwarten ist.

5. Aber es geht mir in diesen einleitenden Betrachtungen nicht um Kassandrarufe. Ich wage statt dessen ein Fazit: Die Überfeinerung der Rechtsdogmatik, wie sie uns in der Entwicklung des deutschen Rechtsdenkens paradigmatisch entgegentritt, erfüllt ungeachtet gewisser mit ihr verbundener Gefahren eine wichtige gesellschaftliche Funktion, nämlich die Kontrolle der im übrigen unabhängigen Rechtsprechung. Weil dieses Bedürfnis durch andersartige Dogmatikformen wie die französische und die englische nicht befriedigt werden kann, ist bei der Herausbildung der gemeineuropäischen Rechtskultur im Rahmen der unvermeidbaren Kompromißlösungen eine Übernahme von verfeinerten Dogmatikformen, wie sie etwa auch Spanien in seiner Strafrechtswissenschaft praktiziert, unerläßlich. Man sollte demgegenüber auch nicht der neuerdings anscheinend übermächtigen Versuchung erliegen, das Licht der deutschen Dogmatik unter den Scheffel zu stellen und in unangebrachter Übertragung des Historismus auf die dogmatische Rechtswissenschaft zu propagieren, daß alle in den

---

25 Dazu ebenso eindringlich wie tiefschürfend die überaus kritische Analyse von *Burkhardt* (Fn. 5), S. 111, 129 ff.; zur moralischen Kontingenz der postmodernen Gesellschaft *Schünemann* (Fn. 21), 201, 222.

verschiedenen Rechtskulturen vorzufindenden Strafrechtssysteme und -denkweisen „unmittelbar zu Gott sind", d. h. gleichermaßen vertretbar und nicht mit den Mitteln der deduktiven Logik als „Organon der Kritik" zu analysieren und zu kritisieren wären. Denn die historistische Perspektive ist natürlich unabweisbar, wenn man etwa das heutige Strafrecht mit demjenigen einer archaischen Hochkultur oder einer akephalen Gesellschaft vergleicht,[26] ist aber innerhalb einer im großen und ganzen einheitlichen Zivilisation deplaziert, was nun gerade für das Wirtschaftsstrafrecht als dem primären und dominierenden Feld der europäischen Harmonisierung gilt[27] und dann wegen der Einheitlichkeit der strafrechtlichen Zurechnungsregeln auf den gesamten Allgemeinen Teil zurückstrahlen muß.[28]

Um das an der Unterscheidung von *Unrecht* und *Schuld* als dem – in den Worten *Hans Welzels*[29] – „wichtigsten dogmatischen Fortschritt der letzten zwei bis drei Menschenalter" in Gegenüberstellung zu der französischen Unterscheidung zwischen élément légal, matériel, moral (théorie de l'infraction) und théorie du délinquant bzw. zu der Unterscheidung des Common Law zwischen actus reus, mens rea und defences[30] zu demonstrieren: Wie ich schon früher dargelegt habe, ist die Unterscheidung von Unrecht und Schuld in den Sprachformen aller entwickelten Gesellschaften (und nicht etwa erst der Industriegesellschaften!) fundamental angelegt und findet sich dementsprechend als

---

26 Vgl. dazu den instruktiven Überblick bei *Wesel* Frühformen des Rechts in vorstaatlichen Gesellschaften, 1985, passim.

27 Paradigmatisch der Sammelband von Schünemann/Suárez González (Hrsg.), Bausteine des europäischen Wirtschaftsstrafrechts, 1994, und dazu die Überlegungen in *meinem* Vorwort, S. V ff.

28 Wobei gerade die hierfür typische Unternehmenskriminalität permanent die elementaren Zurechnungsgrundsätze des Strafrechts reflektiert, vgl. zuletzt *meinen* Beitrag in: 50 Jahre BGH (Fn. 19), S. 621 ff. Es sind also primär die weitestgehend identischen normativen Strukturen der abendländischen, speziell der entwickelten Industrie-Gesellschaft mit Unrecht und Schuld als Basis des Strafrechts und erst darauf aufbauend, aber immerhin auch die ontologischen Strukturen, die eine „internationale Strafrechtsdogmatik" ermöglichen und verlangen (so wohl auch [„weniger"] *Roxin* Strafrecht AT I, ^{3}1997, § 7 Rn. 84 Fn. 76 gegen *H.-J. Hirsch* FS für Spendel, 1992, S. 43, 45 ff.).

29 *Welzel* JuS 1966, 421; zur jeweiligen Zweistufigkeit s. *meine* Überlegungen in: Schünemann (Hrsg.), Grundfragen des modernen Strafrechtssystems, 1984, S. 56.

30 Für das angloamerikanische Recht vgl. *Kadish/Schulhofer* Criminal Law and its processes, ^{5}1989, S. 187 ff.; *LaFave/Scott* Criminal Law, ^{2}1986, S. 302 ff.; *Perkins/Boyce* Criminal Law, ^{3}1982, S. 826 ff.; *Smith/Hogan* Criminal Law (Fn. 13), S. 187 ff.; *Greenawalt* Columbia Law Review (Fn. 6), 1897; *Fletcher* Rethinking Criminal Law, 1978, S. 856 ff.; für das französische Recht namentlich *Merle/Vitu* (Fn. 16), Nr. 379, 435 u. passim; *Robert* Revue de sciences criminelle 1977, 269 ff.; zu weiteren Nachweisen in der vorzüglich verdichteten Skizze bei *Vogel* (Fn. 20), 127, 128 ff.; ferner *Manacorda* GA 1998, 124 ff.

kategoriale Unterscheidung von justification und excuse auch in der alltagssprachlichen Vorstrukturierung der angloamerikanischen Sprachgemeinschaft wieder,[31] wobei die Unterscheidung zwischen Recht und Unrecht die Essenz jeder denkbaren Rechtsordnung darstellt, während die Schuldidee wiederum in der elementarsten Kulturschicht mindestens des Abendlandes, nämlich den Sprachstrukturen jedenfalls der indoeuropäischen Sprache verankert ist.[32] Daß nun die dogmatische Unterscheidung zwischen Unrecht und Schuld für viele Einzelfragen wie etwa die Verantwortlichkeit des Teilnehmers relevant wird, macht nicht einmal ihren entscheidenden Fortschritt aus, denn die daraus abgeleiteten Differenzierungen können (freilich nicht mit der gleichen Stringenz!) auch im französischen Strafrecht oder dem Common Law ausgebildet werden,[33] und außerdem besteht bei Deduktionen aus systematischen Basissätzen immer die Gefahr einer „Überreizung" des Grundgedankens (was ich als *„Hyper-Überkragung"* bezeichnet habe).[34] Schlechthin unersetzlich ist dagegen die für das Strafrechtssystem wie für das materielle Recht gleichermaßen fundamentale Leistung in Gestalt der Ordnung der ja phänotypisch höchst unterschiedlichen einzelnen Voraussetzungen der qualifizierten individuellen Vermeidbarkeit unter dem einheitlichen Dach der *Vorwerfbarkeit*, welches weder innerhalb der bunten französischen „Elementenlehre" noch bei der angloamerikanischen Aufspaltung in mens rea und defences als solches in den Blick kommt. Dementsprechend kann es nicht weiter überraschen, daß die zahlreichen Konstellationen einer Strafbarkeit ohne Schuld, die im angloamerikanischen wie im französischen Strafrecht teils aufgrund ausdrücklicher gesetzlicher Anordnung, teils in Gestalt einer Umkehr der Beweislast bei Rechtfertigungs- und Entschuldigungsgründen existieren, von der jeweiligen Doktrin nicht einmal als Problem empfunden werden[35] – denn ohne ein systematisches Gesamt-

---

31 *Schünemann* in: Schünemann/Figueiredo Dias (Fn. 3), S. 149, 156 ff.

32 *Schünemann* (Fn. 29), S. 153, 163 ff.; *ders.* in: Hirsch/Weigend (Hrsg.), Strafrecht und Kriminalpolitik in Japan und Deutschland, 1989, S. 147 ff.

33 Dazu mwN *Vogel* (Fn. 20), 127, 134 f., 143 f.

34 *Schünemann* in: Schünemann/Figueiredo Dias (Fn. 3), S. 161 f., 172.

35 Zu nennen sind für das angloamerikanische Strafrecht vor allem die strict liability, die vicarious liability, die strenge Haftung bei Volltrunkenheit und Geisteskrankheit, die status offences und die zahlreichen Konstellationen der Beweislastumkehr, für das französische Strafrecht die responsabilité du fait d'autrui, die infractions matérielles, die strenge Haftung bei Volltrunkenheit und die Beweislastumkehr beim Ausschluß der Verantwortlichkeit, ferner die echte Strafbarkeit juristischer Personen – um nur die wichtigsten zu nennen (dazu exemplarisch *Leigh* Strict and Vicarious Liability, 1983; *Clarkson/Keating* Criminal Law, ^{3}1994, S. 197 ff.; *Smith/Hogan* (Fn. 13), S. 45 ff., 174 ff., 210 f., 225 ff.; *Jones/Christie* Criminal Law, 1992, S. 59 f.; *LaFave/Scott* (Fn. 30), S. 200 ff.; *Merle/Vitu* (Fn. 16), Nrn. 525 ff., 592 ff.; *Stefani/Levasseur/Bouloc* Procédure pénale, ^{16}1996, Rn. 32 ff.; *dies.* Droit pénal général, ^{16}1997, Rn. 345 ff.).

konzept der Schuld kann natürlich auch kein Bruch im System erkannt werden. Mit aller Schärfe formuliert, ist es also die *partielle Ignoranz gegenüber dem Schuldprinzip*, die die tiefste Kluft der angloamerikanischen und französischen Strafrechtsdoktrin gegenüber dem deutschen (und auch südeuropäischen!)[36] Strafrechtsdenken ausmacht. Und während ein unverbindlicher Eklektizismus nach Art von *Hassemers* These, daß die strafrechtssystematische Unterscheidung von Rechtfertigung und Entschuldigung nur dann sinnvoll sei, wenn die Strafrechtsordnung mit einem ausdifferenzierten begrifflichen System praktisch arbeite, was bei einem niedrigen Professionalisierungsgrad der Juristen und bei einer hohen gesellschaftlichen Autorität ihrer Entscheidungen nicht sinnvoll sei,[37] oder nach Art der geradezu hagiographischen Würdigung von *Vogel*, der das von ihm sogenannte „gemeinwesteuropäische Straftatsystem" mit seiner positivistisch-beliebigen Praxis schuldunabhängiger Bestrafung in methodischer Hinsicht als „offen und beweglich" qualifiziert, was „auch in der deutschen Straftatlehre als Desiderat angesehen" werde,[38] in der Vergangenheit als eine politisch korrekte Courtoisie hingehen mochte, muß von einer „Strafrechtsdogmatik als Wissenschaft" heute auch aus politischen Gründen verlangt werden, daß sie das in Deutschland, aber beileibe nicht nur hier mühsam genug erreichte analytische Niveau auch für Europa einfordert und gegenüber Strafrechtssystemen verteidigt, die wie das englische noch im 18. Jahrhundert bzw. das französische noch im 19. Jahrhundert und damit in noch nicht von der restlosen Durchsetzung des Schuldprinzips geprägtem, vormodernen Gedankengut wurzeln.[39] Denn im Präventionsstrafrecht der postmodernen Gesellschaft kann allein ein kompromißlos durchgeführtes Schuldprinzip, das insbesondere auch nicht zu einem prozedural verstandenen Schulddialog postmodern verwässert

36 Vgl. für Italien Art. 27 Abs. 1 Costituzione italiana, in diesem Sinne C. cost. Nr. 364/1988 und 1085/1988; für Spanien *Bacigalupo Zapater* Principios de derecho penal, PG, Madrid [4]1997, S. 133 ff., 298 ff.; *Cerezo Mir* Derecho Penal, PG (Lecciones) 26–40, Madrid [2]2000, S. 13 ff.; *Luzón Peña* Curso de Derecho penal, PG, Bd. I, Madrid 1996, S. 50 ff.; *Mir Puig* Derecho penal, PG, Barcelona [5]1998, S. 110 ff., 539 ff. *Tiedemanns* Gegenbeispiel der überstrengen deutschen Rspr. zur Vermeidbarkeit des Verbotsirrtums (FS für Lenckner, 1998, S. 419, 430) beweist ebenfalls die Fruchtbarkeit der (dazu überaus kritischen!) deutschen Dogmatik.

37 *Hassemer* in: Eser/Fletcher (Fn. 6), S. 184 ff.

38 So *Vogel* (Fn. 20), 127, 147, nachdem er auf S. 131–145 zahllose Fälle der Mißachtung des Schuldprinzips im französischen und angloamerikanischen Strafrecht geschildert hat, ohne sie zusammenfassend auf den Begriff zu bringen.

39 Zur Verwurzelung der Straftatlehre des Common Law im 18. Jahrhundert siehe *Hall* General Principles of Criminal Law, [2]1960, S. 8 ff.; zur Herausarbeitung der französischen „Elementenlehre" im 19. Jahrhundert *J.-H. Robert* Revue de science criminelle 1977, 269 ff.

wird,[40] als Magna Charta des Bürgers sicherstellen, daß im Strafrecht niemandem widerfährt, was seine Taten nicht wert sind, d. h. was er nicht voraussehen und vermeiden konnte.[41] Unter dieses Niveau darf eine zukünftige gemeineuropäische Strafrechtsdogmatik nicht zurücksinken,[42] und ich möchte sogar die Behauptung wagen, daß die von den deutschen Gesetzgebungsorganen durch Änderung von Art. 16 Abs. 2 GG ohne viel Federlesen eingeführte Möglichkeit, Deutsche zur strafrechtlichen Aburteilung in das europäische Ausland auszuliefern,[43] nur dann ohne Verletzung der „vorbehaltenen rechtsstaatlichen Grundsätze" realisiert werden kann, wenn man die Auslieferungsmöglichkeit unter die ausdrückliche Bedingung stellt, daß nach der Auslieferung keine das Schuldprinzip verletzende Bestrafung droht.

6. Zusammenfassend lassen sich damit zwei Grundzüge der heutigen deutschen Strafrechtsdogmatik, die in *Claus Roxins* Gesamtwerk kat' exochen ausgeprägt sind, als exemplarisch auch für jede andere auf dem Niveau unserer Zeit stehende sei es nationale, sei es internationale Strafrechtsdogmatik bezeichnen: ihre von mir sogenannte Netzstruktur als Voraussetzung für eine effektive Kontrolle der Rechtsprechung durch die Rechtswissenschaft und ihre analytische Kompromißlosigkeit nicht nur, aber vor allem bei der Durchführung des Schuldprinzips als Magna Charta des Bürgers.[44]

---

40 Zur Kritik dieser Lehre, die etwa von *Haft* (Der Schulddialog, 1978) und *Neumann* (Zurechnung und Vorverschulden, 1985; *ders.* ZStW 99 [1987], 567 ff.) vertreten wird, vgl. bereits *Schünemann* in: Hirsch/Weigend (Fn. 32), S. 147, 169 ff.; *Roxin* AT I (Fn. 28), § 19 Rn. 59; *ders.* SchwZStr 104 (1987), S. 356.

41 In diesem zentralen Verständnis der Schuld als erster Stufe der strafrechtlichen Verantwortlichkeit glaube ich mit *Claus Roxin* einig zu sein, denn die Differenz zwischen meiner Bejahung der indeterministischen Prämisse und *Roxins* agnostischer Deutung der Schuld als einem Statut in bonam partem betrifft nur die theoretische Begründung des gleichermaßen für fundamental erklärten Prinzips der individuellen Vermeidbarkeit, vgl. *Roxin* AT I (Fn. 28), § 19 IV; *ders.* ZStW 96 (1984), 641, 652; *ders.* SchwZStr 104 (1987), 356, 369; *ders.* FS für Arthur Kaufmann, 1993, S. 519; ferner *meine* eigenen Überlegungen in: Grundfragen des modernen Strafrechtssystems (Fn. 29), S. 163 ff.; auch in: Hirsch/Weigend (Fn. 32), S. 147 ff.

42 Weshalb es zu begrüßen ist, daß der „Corpus Juris" (Fn. 5) vom Schuldprinzip nur ganz geringe Abstriche vornimmt, die freilich ebenfalls noch revisionsbedürftig sind, vgl. *Neumann* in: Huber (Fn. 5), S. 67, 76 ff.

43 Durch Art. 1 des Gesetzes vom 29. 11. 2000, BGBl. I 1633.

44 Auf die andere und dem Schuldprinzip sogar noch vorausliegende Magna Charta, nämlich das Rechtsgüterschutzprinzip, werde ich noch zu sprechen kommen, s. u. B III 3.

B. Ontologisierende oder normativistische Strafrechtsdogmatik?

Freilich handelt es sich bei den bisher formulierten Bedingungen für „Strafrechtsdogmatik als Wissenschaft“, nämlich ihrer Netzstruktur und ihrer analytischen Kompromißlosigkeit, nur um formale Qualitäten, nach deren Herausarbeitung ich naturgemäß noch die Beantwortung der Frage schuldig bin, in welcher Weise denn die Inhalte gefunden werden sollen. Die ebenso naheliegende wie triviale Antwort, daß diese in einem vom Nullum-crimen-Satz geprägten Strafrecht dem Gesetz zu entnehmen seien, führt in einen Zirkel hinein, denn die Aufgabe der Strafrechtsdogmatik besteht ja gerade darin, die beträchtlichen Interpretationsspielräume des Gesetzes in logisch konsistenter Form auszufüllen und womöglich auch Gesetzen, die mit den übergeordneten verfassungsrechtlichen Gewährleistungen kollidieren, die Gefolgschaft zu versagen. Und wegen der notorischen Lückenhaftigkeit insbesondere des Allgemeinen Teils, die nach traditioneller Auffassung mit dem Bestimmtheitsgrundsatz durchaus vereinbar ist, können die Regeln über die strafrechtliche Verantwortlichkeit nur in einem elaborierten Strafrechtssystem konsistent entwickelt werden, dessen Aufbau ja nun seit mehr als 200 Jahren das schlechthin zentrale Thema der deutschen Strafrechtswissenschaft darstellt. In einer früheren Betrachtung habe ich selbst die letzten 30 Jahre, nämlich die Epoche seit dem Erscheinen von *Claus Roxins* Studie „Kriminalpolitik und Strafrechtssystem“ im Jahre 1970, in das Zeichen des Zweckrationalismus oder Funktionalismus gestellt,[45] später jedoch eine „Versöhnung von normativem Denken und Sachlogik“ propagiert[46] und damit eine strafrechtsdogmatische Auseinandersetzung in ein Gerüst zu bannen versucht, die durch die Entwicklung unterschiedlich radikaler Spielarten des Funktionalismus bei gleichzeitig anhaltender Verteidigung einer sachlogisch fundierten Strafrechtsdogmatik[47] gekennzeichnet ist.

45 *Schünemann* (Fn. 29), S. 45 ff.

46 *Schünemann* (Fn. 21), 201, 203; *ders.* FS für Hirsch, 1999, S. 363 ff. am Beispiel des Vorsatzbegriffs.

47 Zu den unterschiedlich radikalen Formen des Normativismus vgl. anschließend im Text sowie die feinsinnige Untersuchung von *Keller* ZStW 107 (1995), 457 ff. Die sachlogisch fundierte Strafrechtsdogmatik ist vor allem von *Hirsch* und seinem Schüler *Küpper* verteidigt worden (*Hirsch* ZStW 93 [1981], 831 ff.; *ders.* ZStW 94 [1982], 239 ff.; *ders.* FS zur 600 Jahr-Feier der Universität zu Köln, 1988, S. 399 ff.; *ders.* in: Hirsch/Weigend [Fn. 32], S. 65 ff.; *Küpper* Grenzen der normativierenden Strafrechtsdogmatik, 1990, passim). Ich selbst habe schon 1971 die Theorie der Garantenstellung bei den unechten Unterlassungsdelikten (Grund und Grenzen der unechten Unterlassungsdelikte [Fn. 11], S. 217 ff. und passim) und später in ähnlicher Weise die Zurechnungsregeln im Bereich der Unternehmenskriminalität auf einer sachlogischen Grundlage entwickelt (Unternehmenskriminalität [Fn. 19], passim) sowie die gleiche Methode auch

Diesen Faden möchte ich hier in der Weise aufnehmen, daß ich mich durch eine Kritik der Extrempositionen zu der von mir für richtig gehaltenen Synthese von ontologischem und funktionalem Denken vorarbeite.

I. Kritik des empiriefreien Normativismus von *Jakobs*

1. Für *Jakobs* wird das Individuum erst durch die Eigenschaft, Träger von Rollen zu sein, zur Person, und nur gegenüber einer Person könne die Erwartung bestehen, sie werde sich allein wegen ihres Person-Seins in einer bestimmten Lage in bestimmter Weise verhalten, also Adressat einer Norm sein, und nur wenn Normen gelten, finde Gesellschaft statt.[48] Diese fundamentalen Definitionen von *Jakobs* lassen in ihrer einzigartigen Konzentration jenen Abgrund erkennen, der *Jakobs* heute nicht nur vom ontologischen Strafrechtsdenken *Welzel*scher Prägung, sondern auch von jenem kriminalpolitisch-teleologischen beziehungsweise zweckrationalen Funktionalismus trennt, wie er uns etwa bei *Roxin* seit seiner berühmten Kritik an der finalen Handlungslehre[49] über seine Studie „Kriminalpolitik und Strafrechtssystem"[50] bis zur Darstellung in seinem Lehrbuch gegenübertritt.[51] Nicht nur in meiner Darstellung in der „Einführung in das strafrechtliche Systemdenken",[52] sondern auch anderswo sind das System von *Jakobs* und der kriminalpolitisch-teleologische Funktionalismus als zwei miteinander eng verwandte Spielarten des Normativismus angesehen und gemeinsam einer ontologisierenden Strafrechtsdogmatik gegenübergestellt worden,[53] wie sie uns ja vor *Welzel* schon in Gestalt des strafrechtlichen Naturalismus begegnet.[54] Heute halte ich eine grundsätzlich neue Einteilung der großen

---

für die erste Stufe des strafrechtlichen Schuldbegriffs, nämlich das individuelle Andershandelnkönnen, in kritischer Auseinandersetzung mit rein normativistischen Konzepten für angebracht erklärt (vgl. die Nachweise in Fn. 41) – im Unterschied zur normativistischen Methode bei der Bestimmung der Zumutbarkeit als zweiter Stufe der Schuld oder bei der Entwicklung des Risikozusammenhanges und des Schutzzweckzusammenhanges als dritter und vierter Zurechnungsstufe (dazu bereits JA 1975, 582 ff., 647 ff., 715 ff. und zuletzt GA 1999, 207, 219 und passim).

48 *Jakobs* in: Neumann/Schulz (Hrsg.), Verantwortung in Recht und Moral, ARSP-Beiheft 74, 2000, S. 57.

49 *Roxin* ZStW 74 (1962), 515 ff. = Strafrechtliche Grundlagenprobleme, 1973, S. 72 ff.

50 *Roxin* Kriminalpolitik und Strafrechtssystem, 1970, ²1973, passim.

51 *Roxin* AT I (Fn. 28), § 7 Rn. 24 ff., 51 ff.; zur Lehre von Schuld und Verantwortlichkeit ibid., § 19 I – IV.

52 *Schünemann* (Fn. 29), S. 45 ff.

53 Etwa von *Hirsch* und *Küpper* (Fn. 47).

54 Dazu die kritische Darstellung von *Welzel* Naturalismus und Wertphilosophie im Strafrecht, 1935, hier zitiert aus: Strafrechtliche Abhandlungen, 1975, S. 29 ff.; knappe Darstellung bei *Schünemann* (Fn. 29), S. 19 ff.

strafrechtsdogmatischen Betrachtungsweisen für geboten, denn der Normativismus der *Jakobs*-Schule hat sich mittlerweile von dem teleologisch-kriminalpolitischen Normativismus weit entfernt und statt dessen dem Neo-Idealismus *E. A. Wolffs* und *Köhlers* angenähert. Ich möchte deshalb die von *Jakobs* seit 1976 entwickelte, aber seit 1992 entscheidend radikalisierte Denkweise den *empiriefreien Normativismus* nennen, im Unterschied zum *zweckrationalen Normativismus Roxin*scher Prägung.

2. *Jakobs* schlägt nämlich von seiner rechtsphilosophischen Basis aus, der von mir soeben zitierten Entstehung der menschlichen Gesellschaft durch die Geltung von Normen im Sinne von an Rollenträger adressierten Verhaltenserwartungen, eine direkte Brücke sowohl zur Begründung des Strafrechts als auch zur radikalen Ablehnung jeder auch nur partiell ontologisierenden Dogmatik, wobei ich mich nachfolgend auf die kompromißlose Fassung konzentriere, die er seinem Lehrgebäude seit 1992 gegeben hat.

a) Während *Jakobs* noch 1991 in der 2. Auflage seines Lehrbuches die Strafe und das staatliche Strafrecht in einen zweckrationalen Kontext eingestellt hat, indem er ihm als Aufgabe die sogenannte positive Generalprävention durch Einübung in Normanerkennung zuerkannt und zum Beleg auf eindeutige Vertreter utilitaristischer Rechtfertigungsmodelle sowie auf psychologische Mechanismen wie die Sozialisation durch Norminternalisierung und sogar auf tiefenpsychologische Konzepte hingewiesen hat,[55] hat er diesen zweckrationalen Rahmen in seinen neueren Arbeiten hinter sich gelassen. Er stützt sich nunmehr ausdrücklich auf *Hegels* Straftheorie,[56] lehnt einen durch die Strafe zu verfolgenden Zweck der Einwirkung auf das Verhalten irgendwelcher Individuen ausdrücklich ab[57] und legitimiert statt dessen die Strafe allein durch die Notwendigkeit, die in der Tat objektivierte Behauptung des Täters, die Norm gälte nicht, durch eine in der Strafe objektivierte Gegenbehauptung zu marginalisieren.[58]

Daß diese Straftheorie alles andere als neu und meines Erachtens nicht einmal in sich selbst folgerichtig ist, will ich nur ganz kurz anmerken, weil für das Thema des vorliegenden Beitrages die mit *Jakobs*' „anti-empirischer Kehre" verknüpften *methodologischen* Konsequenzen wichtiger sind. Deshalb sei nur kurz darauf hingewiesen, daß *Jakobs* sich damit von einer in einem zweckrational-utilitaristischen Kontext stehenden Theorie der Generalprävention endgültig verabschiedet und statt dessen vollständig auf *Hegel* zurückgezogen hat, wo-

---

55 *Jakobs* Strafrecht, Allgemeiner Teil, ¹1983 und ²1991, 1/15 mit Fn. 15 bzw. 16.
56 *Jakobs* Norm, Person, Gesellschaft – Vorüberlegungen zu einer Rechtsphilosophie, ²1999, S. 108.
57 *Jakobs* (Fn. 56), S. 106.
58 *Jakobs* (Fn. 48), S. 59.

mit er den Schulterschluß zum Neo-Idealismus *E. A. Wolffs*, *Köhlers* und ihrer Schüler findet, die die Strafe in einer völlig identischen Weise zu rechtfertigen versuchen.[59] Und ich will auch nur ebenso kurz auf den darin verborgenen und zwei Jahrhunderte lang kaum bemerkten logischen Fehler hinweisen, von einer *Normverletzung* als solcher, die ja bei jeder Rechtsnorm möglich ist und deshalb der Ebene der allgemeinen Rechtstheorie angehört, auf die spezifische Sanktion mit dem Mittel der *Strafe* zu schließen, obwohl schließlich die überwältigende Mehrzahl der Normverletzungen, beispielsweise alle zivilrechtlichen Vertragsverletzungen, straflos bleibt. Daß auch große Philosophen wie *Kant* und *Hegel* dieser Verwechselung erlegen sind, kann diesen Fehler nicht heilen, sondern beruht offenbar darauf, daß weder *Kant* noch *Hegel* Juristen waren. *Jakobs* hat dieses „Loch" in der Deduktion immerhin geahnt, denn er fügt in seinen Vorüberlegungen zur Rechtsphilosophie hinzu, daß der Normbrecher etwa bei einem Totschlag nicht nur behauptet habe, fremdes Leben sei nicht zu beachten, sondern das Leben vernichtet oder dazu angesetzt habe, weshalb auch die Reaktion auf die Tat eine endgültige Gestaltung in der äußeren Welt schaffen müsse.[60] Aber das ist eine unzulängliche Ausrede, denn erstens kann sie an der Kategorienverwechselung von allgemeiner Rechtsnorm und Strafrechtsfolge schon prinzipiell nichts ändern, und zweitens ist sie kaum mehr als die zaghafte Andeutung des Talionsprinzips, das dann etwa beim Versuch einer Straftat auf die groteske Konsequenz hinauslaufen müßte, mit der Sanktion anzusetzen, aber dann sogleich wieder aufzuhören, also etwa den Verurteilten nur bis zu den Toren des Gefängnisses zu führen, dann aber laufen zu lassen.

---

59 Grundlegend *E. A. Wolff* ZStW 97 (1985), 786 ff.; darauf aufbauend *Köhler* Strafrecht Allgemeiner Teil, 1997, S. 43; *Zaczyk* Das Unrecht der versuchten Tat, 1989, S. 130 ff.; *ders.* ARSP-Beiheft 74 (Fn. 48), S. 103, 106 ff.; *Kahlo* Das Problem des Pflichwidrigkeitszusammenhanges bei den unechten Unterlassungsdelikten, 1990, S. 167 ff. – Die weitere Aporie in der kantianischen und demgemäß auch der neokantianischen Strafrechtsbegründung, die sich daraus ergibt, daß eine normverletzende und also den kategorischen Imperativ mißachtende Handlung niemals *Kants* „intelligiblem Ich", sondern nur dem Ich als Teil der „Welt der Erscheinungen" (zu dieser Unterscheidung *Kant* Kritik der reinen Vernunft, ^{2}1787, S. 56 ff.) zugerechnet werden kann und deshalb per definitionem unfrei ist, folglich das Strafrecht gerade nicht auf die kantische Freiheitsphilosophie gegründet werden kann, müßte ohne die hier zu beachtende räumliche Begrenzung für eine methodologische Grundlegung der Strafrechtsdogmatik ebenfalls weiter ausgeführt werden, weil die *Wolff-Köhler*-Schule aus dem freiheitsphilosophischen Ansatz weitreichende Folgerungen für höchst spezielle Zurechnungsfiguren ableiten zu können prätendiert, beispielsweise für die verschiedenen Beteiligungsformen und die Abgrenzung von Täterschaft und Teilnahme (vgl. *Köhler* aaO, S. 488 ff.; mit dem gleichen Anspruch *Zaczyk* und *Kahlo*, aaO). Auf eine Auseinandersetzung mit dieser heute radikalsten Richtung einer deduktiv-axiomatischen Strafrechtsdogmatik muß hier aber leider aus Raumgründen verzichtet werden.

60 *Jakobs* (Fn. 56), S. 105.

Diese Erneuerung der auf das Strafrecht bezogenen Aporien der deutschen idealistischen Philosophie sind für mein heutiges Thema jedoch nicht einmal der zentrale Einwand gegen die von *Jakobs* seinem Strafrechtsgebäude neuerdings verliehene Gestalt, denn ich frage ja nach dem methodischen Fundament der Strafrechtsdogmatik, und dieses Fundament besteht heute bei *Jakobs* nicht mehr in einer funktionalen oder zweckrationalen Analyse, sondern in einem bloßen circulus vitiosus, der hinter einer häufig esoterischen Terminologie für den Enthusiasten unkenntlich geworden ist. Ich werde das sogleich an konkreten Beispielen belegen, möchte aber ganz deutlich auf den bereits auf der fundamentalen Ebene zirkulären Charakter des gegenwärtigen Strafrechtssystems von *Jakobs* hinweisen. Wenn die Strafe, wie *Jakobs* nunmehr sagt, nicht einen Zweck hat, sondern selbst Zweckerreichung ist,[61] dann kann man auch nicht mehr kriminalpolitisch-teleologisch mit Hilfe der Methode der sogenannten Mittel-Zweck-Reduktion aus ihrem Zweck heraus auf konkretere strafrechtsdogmatische Sätze rückschließen. Die ganze Welt der konsequentialistischen Argumentation, die die Basis jeder funktionalistischen oder zweckrationalen Betrachtung bildet, wird damit endgültig preisgegeben. Und es wird damit auch jegliche Brücke etwa zur Konzeption *Roxins* in seiner Studie „Kriminalpolitik und Strafrechtssystem" abgebrochen, denn für eine Kriminalpolitik im Sinne einer Bewährung und Kontrolle anhand empirisch überprüfbarer Zweckverfolgung ist in einer Strafrechtspflege, die ihren Zweck durch ihre bloße Existenz erreicht, kein Platz.

b) Führt so schon die erste Ableitung, die *Jakobs* aus seinen rechtsphilosophischen Axiomen in Richtung auf die Straftheorie vornimmt, zu einer vollständigen Verbannung jeder auf konkrete Zwecke gerichteten und dadurch empirisch überprüfbaren Argumentation aus der Strafrechtsdogmatik, so wird diese Konsequenz durch die zweite Ableitung wiederholt und befestigt, in der es um das Verhältnis von Person und Individuum geht. „Die Trennung der Welt des Individuums von der Welt der Person" ist nämlich in den Augen von *Jakobs* ebenso tiefgreifend wie *Immanuel Kants* Unterscheidung zwischen dem Ich als Gegenstand der Erscheinungen und dem intelligiblen Ich oder – in heutigen Worten – zwischen dem empirischen Subjekt und dem transzendentalen Subjekt.[62] Der Übergang vom Individuum zur Person ist in den Worten von *Jakobs* „der Übergang zu einer anderen Welt" und

> „bringt eine viel radikalere Neuerung, als es eine bloße Änderung innerhalb der Welt der Natur sein könnte; denn diese gibt hinfort kein Maß mehr vor ... und liegt nicht (mehr)

---

61 *Jakobs* (Fn. 56), S. 106.
62 *Kant* (Fn. 59).

im Blickwinkel der personellen Welt, die die Wahrheit (der Natur) trotz ihrer Ewigkeit deshalb nicht zur Kenntnis nimmt."[63]

Etwas schlichter, aber genauso radikal hat *Jakobs* es auch im Vorwort zur 1. Auflage seines Lehrbuchs ausgedrückt:

„Ein Subjekt ist bei dieser Sicht nicht, wer ein Ereignis bewirken oder hindern kann, sondern wer dafür zuständig sein kann. Ebenso verlieren die Begriffe Kausalität, Können, Fähigkeit und andere ihren vorrechtlichen Inhalt und werden zu Begriffen für Stufen von Zuständigkeiten. Diese Begriffe geben dem Strafrecht keine Regelungsmodelle vor, sondern entstehen erst im Zusammenhang strafrechtlicher Regelungen."[64]

Ähnliche Sätze las man zwar schon in *Roxins* Kritik an der finalen Handlungslehre, etwa in Gestalt der Behauptung, daß man mit Begriffen, die den rechtlichen Bedeutungsgehalten vorgelagert sind, um eben dieses Umstandes wegen keine rechtlichen Probleme bewältigen könne.[65] Aber die eigentliche Radikalität dieser Behauptung entsteht erst durch die Verbindung mit der Idee der Zweckerreichung der Strafe durch ihre bloße Verhängung, also mit dem Verzicht auf jegliche externe Präventionswirkung und mit der daraus folgenden Abweisung jeder zweckrationalen Betrachtung. Denn wenn die Begriffe des Rechtssystems ausschließlich im Rechtssystem selbst abgeleitet werden sollen, ohne die Wahrheiten der natürlichen Welt zur Kenntnis zu nehmen und ohne in einem funktionalen Zusammenhang mit konkreten gesellschaftlichen Zwecken zu stehen, dann können sie nur noch zirkulär gebildet werden. Selbst ein kruder Gesetzespositivismus könnte dann der Strafrechtsdogmatik nicht mehr aus diesem circulus vitiosus heraushelfen, weil der Gesetzgeber bekanntlich im Allgemeinen Teil des Strafrechts mehr Probleme offengelassen als gelöst hat.

3. Daß dementsprechend eine im Sinne von *Jakobs* rein normativistische, d. h. empiriefreie Begriffsbildung notgedrungen mit leeren Begriffen arbeiten muß, die das Rechtsproblem in Wahrheit nicht lösen, sondern nur paraphrasieren und anschließend rein dezisionistisch und deshalb letztlich beliebig mit Inhalt gefüllt werden,[66] möchte ich an seiner Reformulierung des Handlungsbe-

63 *Jakobs* (Fn. 56), S. 44–46.

64 *Jakobs* (Fn. 55), Vorwort zur 1. Aufl., S. V f. (auch in der 2. Aufl. auf S. VII).

65 *Roxin* Strafrechtliche Grundlagenprobleme (Fn. 49), S. 88.

66 Wenn *Neumann* in: Prittwitz/Manuletakis (Fn. 5), S. 122, meinen Vorwurf des Dezisionismus gegenüber *Jakobs* mit dem Argument zurückweist, daß der Strafzweck der positiven Generalprävention dem Schuldbegriff Inhalt gebe, so wird dabei außer Acht gelassen, daß der Begriff des Strafzweckes bei *Jakobs* heute überhaupt nicht mehr auf reale gesellschaftliche Effekte, sondern nur noch auf das Strafrechtssystem selbst bezogen und damit zirkulär ist.

griffs und an dem für sein ganzes System zentralen Terminus der Zuständigkeit in aller Kürze exemplifizieren.

a) Der *Handlungsbegriff* ist von *Jakobs* schon im Lehrbuch aus den Bedürfnissen der strafrechtlichen Zurechnung abgeleitet worden,[67] aber das Resultat ist immerhin dann doch ein auf Wirklichkeit verweisender und also deskriptiver Begriff gewesen, nämlich „die individuell vermeidbare Erfolgsverursachung".[68] Die vollständige Normativierung im negativen Handlungsbegriff im Sinne der von *Herzberg* geprägten Formel der „vermeidbaren Nichtvermeidung in Garantenstellung"[69] wurde im Lehrbuch noch als „terminologische Wirrnis" abqualifiziert.[70] Nur ein Jahr nach dem Erscheinen der 2. Auflage, nämlich in seiner „Kleinen Studie" über den strafrechtlichen Handlungsbegriff aus dem Jahr 1992, ist diese terminologische Wirrnis dann aber für *Jakobs* zur Methode avanciert, indem er für das aktive Tun wie für das Unterlassen gleichermaßen den jedes deskriptiven Kernes ermangelnden Handlungsbegriff „Sich-schuldhaft-zuständig-Machen für einen Normgeltungsschaden" geprägt und zwei für das Tun wie für das Unterlassen gleichermaßen geltende Zurechnungsgründe propagiert hat, nämlich aus Organisationszuständigkeit oder aus institutioneller Zuständigkeit.[71] Fast möchte ich mich anheischig machen, das Lehrbuch von *Jakobs* mit den darin enthaltenen, zahlreichen und äußerst beachtlichen Restbeständen einer die Rechtswirklichkeit höchst kreativ berücksichtigenden Dogmatik gegen seinen mit dem Jahr 1992 einsetzenden normativistischen Radikalismus in Schutz zu nehmen. Denn sein neuer Handlungsbegriff ist ein solcher Ausbund an Zirkularität, daß man ihn noch auf der Basis der im Lehrbuch vertretenen Positionen fast als das Zerrbild eines böswilligen Kritikers beargwöhnt hätte. Schauen wir uns die Glieder der Definition etwas genauer an: Die Zuständigkeit ist ja nur ein anderer Ausdruck dafür, Normadressat zu sein, kann also den Norminhalt nicht erläutern, sondern verweist auf die Norm zurück. Die Schuld hat *Jakobs* schon 1976 in seiner vielbeachteten Studie auf Generalprävention zurückgeführt.[72] Meine daran vielfach geäußerte und hier nicht zu wiederholende inhaltliche Kritik[73] erfährt nunmehr aber eine entscheidende methodische Zuspitzung, seitdem *Jakobs* den Zweck der Strafe nicht mehr in einem

67 *Jakobs* (Fn. 55), 2. Aufl., 6/21 f.
68 *Jakobs* (Fn. 55), 6/27.
69 *Herzberg* Die Unterlassung im Strafrecht und das Garantieprinzip, 1972, S. 172 ff.
70 *Jakobs* (Fn. 55), 6/33.
71 *Jakobs* Der strafrechtliche Handlungsbegriff, 1992, insbes. S. 32, 44.
72 *Jakobs* Schuld und Prävention, 1976.
73 *Schünemann* (Fn. 29), S. 48 ff., 54 ff., 168 ff., 195; *ders.* in: Hirsch/Weigend (Fn. 32), S. 150; *ders.* GA 1995, 341, 375 ff.; zur Unterlassungskonzeption von *Jakobs* in: Gimbernat/Schünemann/Wolter (Fn. 3), S. 49, 50 ff.

außerhalb ihrer Zufügung liegenden, empirisch feststellbaren Präventionseffekt, sondern im Sinne von *Hegel* in der schlichten Negation der Tat erblickt, denn dadurch ist auch der Schuldbegriff endgültig zirkulär geworden. Und nichts anderes trifft auch auf den Begriff des „Normgeltungsschadens" zu, da dieser für *Jakobs* mit der Normverletzung identisch ist. Die Handlung wird also durch die Normverletzung definiert, und weil die Normverletzung eine Handlung voraussetzt, drehen wir uns im Kreise wie bei einer Tarantella.

b) Die bereits festgestellte Zirkularität des für *Jakobs* heute zentralen Begriffs der *Zuständigkeit* wird durch die Subdefinitionen der Zuständigkeit qua Organisationskreis bzw. der institutionellen Zuständigkeit nicht beseitigt, weil es sich hier um Kunstausdrücke handelt, die nach der Intension wie nach der Extension völlig unbestimmt sind und deshalb nur als Etiketten dienen, die erst durch zusätzliche Dezisionen eine Bedeutung erlangen. Nach *Jakobs* wird „der Organisationskreis so definiert, daß er den Aufwand erfaßt, der nötig ist, um Schaden bei anderen zu vermeiden, (denn) wer Handlungsfreiheit so gebraucht, daß ohne Aufwand Schäden bei anderen nicht vermieden werden können, soll den Aufwand tragen".[74] Das ist ersichtlich nichts anderes als die Definition einer völlig unlimitierten Ingerenz-Garantenstellung und eine reine Dezision, wie sie nun einmal zur Ausfüllung von inhaltsleeren und zirkulären Formeln allein noch übrigbleibt. Und nicht besser, sondern eher noch fragwürdiger ist, was *Jakobs* als Definition für die „institutionelle Zuständigkeit" anbietet, die durch einen Status des Täters im Verhältnis zum Rechtsgut bestimmt werden soll, der an vorgeformte und allenfalls in engen Grenzen disponible Regelungskontexte wie bei Eltern, Vormündern oder Beamten und also an Institutionen gebunden sei.[75] Soweit *Jakobs* damit an außerstrafrechtliche, namentlich zivilrechtliche Rechtsregeln anknüpft, setzt er sich einer doppelten, sowohl auf der methodologischen als auch auf der inhaltlichen Ebene durchgreifenden Kritik aus. Die Heranziehung zivilrechtlicher Regelungen über die Rechte und Pflichten von Eltern oder Vormündern zeigt deutlich, daß *Jakobs* sein Heil zur Ausfüllung seiner Leerformeln im Gesetzespositivismus suchen muß, wobei er, weil das Strafrecht die Antwort schuldig bleibt, auf andere Rechtsgebiete zurückzugreifen versucht. Inhaltlich ist dieser Rückgriff aber schon deshalb unschlüssig, weil, wie wir ja seit den schon zitierten Arbeiten von *Schaffstein* und *Nagler*[76] aus den 30er Jahren wissen, zivilrechtliche Pflichten als solche keine strafrechtlichen Pflichten auslösen können – was *Jakobs* vielleicht deshalb nicht stört, weil er ja auch schon die Strafe ganz allgemein aus der bloßen Normverletzung ableiten

---

74 *Jakobs* (Fn. 55), 2. Aufl., 28/14.
75 *Jakobs* (Fn. 55), 2. Aufl., 7/70.
76 Nachweise o. in Fn. 10.

zu können vermeint. Insoweit *Jakobs* mit der „institutionellen Zuständigkeit" an außerstrafrechtliche rechtliche Institutionen anknüpfen will, ist das also nur ein Rückschritt zu der obsoleten formellen Rechtspflichttheorie. Falls *Jakobs* aber auch soziale Institutionen ausreichen lassen will, wofür seine Bemerkungen über Institutionen von elementarem Gewicht wie bei einem besonderen Vertrauen sprechen könnten,[77] würde er erstens seinem eigenen normativistischen Ansatz untreu, weil er ja auf die Beziehung von Menschen als Individuen und nicht als „Personen" abheben würde, und müßte zweitens aus soziologischen und damit empirischen Prämissen Rechtsfolgen ableiten, was auf den von ihm sonst so harsch gegeißelten naturalistischen Fehlschluß hinauslaufen würde.

c) Abschließend möchte ich noch einige Bemerkungen zu den neuesten Ausführungen von *Jakobs* zum *Vorsatzbegriff* machen, den er in seinem Lehrbuch ebenfalls noch vergleichsweise naturalistisch definiert hat,[78] für den er inzwischen aber eine Gleichstellung von Vorsatz und der von ihm so genannten „gerichteten Fahrlässigkeit" verlangt, womit er die aus Gleichgültigkeit gegenüber der Norm ausgebliebene Kenntnis der Tatbestandsverwirklichung meint.[79] Die dafür von *Jakobs* angeführte Begründung, der traditionelle, vom geltenden Recht wohl noch vorgegebene Vorsatzbegriff verfehle das eigentliche Unwertgefälle, weil der infolge von Gleichgültigkeit die Möglichkeit der Rechtsgutsverletzung verkennende Täter für die Rechtsgüterordnung genauso gefährlich sei,[80] ist zwar in der Sache selbst nicht überzeugend, in methodologischer Hinsicht aber hochinteressant, weil sie einerseits einen Bruch in dem sonst von *Jakobs* neuerdings durchgehaltenen radikalen Normativismus darstellt und andererseits gerade dadurch verdeutlicht, wie die Struktur einer nicht-zirkulären normativistischen Argumentation aussehen muß. In der Sache selbst ist das Argument von *Jakobs* deshalb unrichtig, weil dem völlig gleichgültigen und deshalb die Möglichkeit der Rechtsgutsverletzung verkennenden Täter die Steuerungskapazität und damit die Tatherrschaft abgeht, so daß seine Gefährlichkeit für die Rechtsgüterordnung nur eine zufällige und infolgedessen – so wie bei den anderen Fahrlässigkeitsdelikten – eine verminderte ist. Was freilich die methodologische Seite anbetrifft, so ist die Argumentation von *Jakobs* in ihrer Art eine strukturell richtige, nämlich mit Hilfe einer Zweck-Mittel-Reduktion aus den konkreten gesellschaftlichen Zwecken des Strafrechts (im Licht des Rechts-

---

77 *Jakobs* (Fn. 55), 2. Aufl., 29/58.

78 „Vorsatz ist das Wissen, daß die Tatbestandsverwirklichung vom gewollten(!) Handlungsvollzug abhängt, mag sie auch nicht selbst gewollt sein; kurz: *Vorsatz ist Wissen um die Handlung nebst ihren Folgen*" (Fn. 55), 2. Aufl., 8/8.

79 *Jakobs* ZStW 101 (1989), 516, 530, 531 ff.

80 *Jakobs* (Fn. 79), 529 f.

güterschutzes) abgeleitete Beweisführung. Und gerade dadurch wird die Unrichtigkeit des neuen, durch die Rückwende zu *Hegel* geprägten Strafrechtssystems von *Jakobs* deutlich, das mit der Eliminierung externer Zwecke außerhalb der Bestätigung der Normgeltung auf einen reinen circulus vitiosus zusammenschrumpft.

4. Ich fasse meine bisherigen Überlegungen dahin zusammen, daß die neueste Fassung des Strafrechtssystems von *Jakobs* nach meiner Meinung eine (hochartifizielle) Sackgasse der Strafrechtsdogmatik bildet. Und in Abwandlung des von *Jakobs* selbst über den Finalismus geprägten Verdikts[81] bedeutet das: Die radikal normativistische, empiriefreie Strafrechtsdogmatik zerbricht ebenso gründlich, wie sie bewußt etabliert worden ist.

II. Grenzen und Defizite ontologisierender Strafrechtsdogmatik

1. Freilich bedeutet dieses Zwischenergebnis natürlich keinesfalls, daß wir etwa zu einem Ontologismus im Sinne des zwischen 1870 und 1900 in Deutschland herrschenden strafrechtlichen *Naturalismus* zurückkehren sollten. Dessen Glaube, alle strafrechtlichen Zurechnungsprobleme durch den ontologischen Kausalbegriff lösen zu können, lief nicht nur auf einen kruden naturalistischen Fehlschluß hinaus, sondern hat auch eine ganze Reihe unsinniger Theorien zur Folge gehabt, die die deutsche Strafrechtswissenschaft auf viele Abwege geführt haben und teilweise noch heute schwer belasten. Denn weil der naturalistische Kausalbegriff zwangsläufig zur Äquivalenztheorie führte und damit jede Differenzierung zwischen wichtigen und weniger wichtigen Verursachungsbeiträgen scheinbar dem Verdikt der Unwissenschaftlichkeit preisgab,[82] machte die daraus folgende vollständige Verarmung des objektiven Tatbestandes scheinbar die Entwicklung subjektiver Theorien notwendig, die dann auch vor allem unter dem Einfluß *v. Buris* mit verhängnisvollen Folgen in der Rechtsprechung des Reichsgerichts etabliert wurden. Wenn ich mehr Raum zur Verfügung hätte, könnte ich den gerade wegen seiner Fehlerhaftigkeit lehrreichen, immer wieder gleich ablaufenden Vorgang im Detail beschreiben, wie für genuin objektive Zurechnungsfragen nach subjektiven Kriterien gesucht wurde, die in der Realität aber gar nicht existieren und dann schließlich fingiert wurden. Die subjektive Teilnahmetheorie mit den in Wahrheit bloße Fiktionen darstellenden, dogmati-

---

81 *Jakobs* im Vorwort zur 1. Aufl. seines Lehrbuches (Fn. 55), S. V f.

82 *Von Buri* Über Causalität und deren Verantwortung, 1873; *ders.* Die Causalität und ihre strafrechtlichen Beziehungen, 1885.

schen Monstren des animus auctoris und des animus socii[83] ist hierfür nicht einmal das traurigste Beispiel, welches von der fast schon tragikomischen Jagd nach der Kausalität bei den Unterlassungsdelikten gebildet wurde, die die einen in der Ingerenz[84] und die anderen in der innerseelischen Unterdrückung der zur Rettungshandlung drängenden Motive[85] erwischt zu haben glaubten. Auch die Strafbarkeit des absolut untauglichen Versuches, die international zu den umstrittensten Eigenheiten des deutschen Strafrechts zählt,[86] war ursprünglich eine Frucht der naturalistischen Doktrin, die die Unterscheidbarkeit von gefährlichen und ungefährlichen Versuchen auf dem Boden der Äquivalenztheorie leugnete und deshalb für den Strafgrund des Versuches notgedrungen eine subjektive Theorie entwickelte, die abermals *v. Buri* durchgesetzt hat.[87] An dieser Stelle trifft man dann freilich auf einen bemerkenswerten Schulterschluß zwischen dem strafrechtlichen Naturalismus und dem Finalismus, der infolge seiner Akzentuierung des Handlungsunwertes an der Strafbarkeit des absolut untauglichen Versuches mit nunmehr besserer Begründung festhielt.[88] Aber diese bloß äußerliche Kontinuität kann nicht darüber hinwegtäuschen, daß zwischen dem letztlich auf einen plumpen naturalistischen Fehlschluß hinauslaufenden strafrechtlichen Naturalismus und dem Finalismus ein himmelweiter Unterschied besteht. Schon von der dogmenhistorischen Entwicklung her ist das fast selbstverständlich, denn der Naturalismus wurde zunächst von dem etwa drei Jahrzehnte herrschenden *Neukantianismus* abgelöst, der eine von mir hier nicht mehr darstellbare Variante des Normativismus repräsentierte.[89] *Welzel* entwickelte dann den Finalismus in kritischer Auseinandersetzung sowohl mit dem

83 Dagegen durchschlagend *Roxin* (Fn. 9), S. 51 ff., 90 f.; mein eigenes Verdikt über die Monstrosität der Animus-Theorie fällt fast noch krasser aus, vgl. *Schünemann* GA 1986, 328 ff.

84 Zur Erfindung der Ingerenztheorie aus reinen Kausalüberlegungen *Krug* Commentar zu dem Strafgesetzbuch für das Königreich Sachsen, 1855, S. 83; *ders.* Abhandlungen aus dem Strafrecht, Bd. II, 1855, S. 34 ff.; *Glaser* Abhandlungen aus dem österreichischen Strafrecht, Bd. 1, 1858, S. 289, 303; *Merkel* Kriminalistische Abhandlungen, Bd. 1, 1867, S. 81. Zur Kritik hieran *Schünemann* GA 1974, 231, 232; *ders.* ZStW 96 (1984) 287, 290 sowie eingehend zur Dogmengeschichte *Rudolphi* Die Gleichstellungsproblematik der unechten Unterlassungsdelikte und der Gedanke der Ingerenz, 1966, S. 154 ff.

85 In Gestalt der sog. Interferenztheorie, s. dazu *v. Buri* GS 21 (1869), 199 f.; *ders.* GS 27 (1875), 26 ff.; *ders.* GS 56 (1899), 445 ff.; *ders.* ZStW 1 (1881), 400 ff.; *Hälschner* Das gemeine deutsche Strafrecht, Bd. 1, 1881, S. 241; *Binding* Die Normen und ihre Übertretung, Bd. 2, 1. Hälfte, ^{2}1914, S. 556, 588.

86 Vgl. *Jescheck/Weigend* (Fn. 17), S. 527 f.; *Naka* in: Hirsch/Weigend (Fn. 32), S. 93 ff.

87 *Von Buri* GS 19 (1867), 71 ff.; *ders.* GS 20 (1868), 325 ff.; *ders.* GS 32 (1880), 357 ff.

88 *Welzel* Das Deutsche Strafrecht, ^{11}1969, S. 192 f.

89 *Meine* eigene Beurteilung findet sich in: Grundfragen des modernen Strafrechtssystems (Fn. 29), S. 27 ff.

Naturalismus als auch mit dem Neukantianismus und hat nicht nur selbst seine Position als eine Synthese zwischen beiden aufgefaßt,[90] sondern hat auch von seinen Kritikern von *Roxin* bis *Cancio* durchaus attestiert bekommen, daß er in sein System namentlich in der Anfangsphase immer wieder auch normative Elemente integriert hat, deren spätere Verkümmerung erst die Gefahr eines partiellen Rückfalls in den Naturalismus ausgelöst hat.[91]

2. Es wäre eine reizvolle, den mir vorgegebenen Rahmen aber bei weitem sprengende Aufgabe, das Mischungsverhältnis von ontologischen und normativistischen Argumenten im gemäßigten Finalismus, für den seit dem Tode *Welzels* in erster Linie in Deutschland *H.-J. Hirsch* und in Spanien *Cerezo Mir* sowie ihre Schüler stehen, sine ira et studio zu analysieren und etwa mit der Argumentationsstruktur im Lehrbuch von *Claus Roxin* zu vergleichen, in dessen kriminalpolitisch-teleologische Begründungen nach der Logik der Zweck-Mittel-Reduktion die außerhalb des Rechts existierende Realität notwendig Eingang und damit Beachtung finden muß und auch durchweg findet, so daß der Unterschied zwischen diesen beiden Denkweisen in der Theorie der Dogmatik essentiell, in der praktischen dogmatischen Arbeit aber nur graduell ist. Als einziges Beispiel kann ich hier nur noch die entscheidend von *Roxin* ausgearbeitete normative Theorie der objektiven Zurechnung anführen, die durch das ontologische Kriterium der Vorsatzreichweite entgegen der lange Zeit verteidigten finalistischen Position gerade nicht ersetzt werden kann,[92] um mich nunmehr wenigstens skizzenhaft meiner eigenen Vorstellung vom Verhältnis zwischen Ontologismus und Normativismus zuzuwenden.

III. Die gebotene Synthese

1. Um den Schlüssel zur Bestimmung des Verhältnisses von Ontologismus und Normativismus in die Hand zu bekommen, müssen wir an den Ausgangspunkt der Strafrechtsdogmatik zurückkehren, und der lautet: In der Strafrechtsdogmatik geht es um Rechtsfindung, also um die Begründung von Sollenssätzen. Die übliche Methode der Rechtsfindung in den kontinentaleuropäischen Rechtsordnungen, deren Fundament die vom Gesetzgeber erlassenen Gesetze sind, ist die Interpretation der einzelnen Vorschriften durch Definition und Subdefinition

---

90 *Welzel* (Fn. 54).

91 *Roxin* (Fn. 49), S. 72 ff., 88, 99 (insbes. Fn. 66), 100 ff., 122, wo daraus gerade intrasystematische Widersprüche abgeleitet werden; *Cancio Meliá* GA 1995, 179 ff.

92 Das muß letzten Endes nunmehr auch *Hirsch* einräumen, in FS für Lenckner, 1998, S. 119, 123 ff., 141, und zwar entgegen seiner fortbestehenden verbalen Verwahrung, vgl. *meine* Analyse in GA 1999, 207, 227 ff.

der vom Gesetzgeber benutzten Ausdrücke (Termini). Weil die früher nur bruchstückhaft existierenden und auch heute noch stark lückenhaften Vorschriften des Allgemeinen Teils des Strafrechts vielfach mit hochgradig unbestimmten Rechtsbegriffen arbeiten, müssen hier, bevor die konventionelle Gesetzesauslegung zum Zuge kommt, zunächst verhältnismäßig wenige fundamentale Prinzipien in einer Weise, die ich sogleich noch näher betrachten werde, entfaltet und am Rechtsstoff, das heißt an den unterschiedlichen Konstellationen der Lebenswirklichkeit konkretisiert werden. Die Unterscheidung von *Normen* und *Prinzipien*, die übrigens schon der deutsche Zivilrechtler *Josef Esser* in den 50er Jahren ausgearbeitet hat,[93] für die aber erst *Dworkin*[94] berühmt geworden ist und die sodann *Alexy* für die Grundrechtstheorie übernommen hat,[95] ist also in der Strafrechtsdogmatik – wenn ich so sagen darf – fast ein alter Hut. Während nun die Grundrechtstheorie wegen der großen Zahl der hier miteinander rivalisierenden und häufig gegensätzlichen Prinzipien alles in allem nur begrenzte rein wissenschaftlich begründete Ergebnisse vorzuweisen hat, war die Ausgangssituation für die Strafrechtsdogmatik weitaus günstiger. In unserer heutigen juristischen Alltagsdiskussion wird das oft deshalb nicht richtig deutlich, weil speziell das Bundesverfassungsgericht einen Begründungsstil entwickelt hat, mit dessen Hilfe es die hochpolitische, im Kern dezisionistische Entscheidung von Gestaltungsfragen etwa auf den Gebieten des Familien-, Steuer- und Sozialrechts als eine wissenschaftliche Rechtsfindung präsentiert, während es auf dem Gebiet des Strafrechts, von wenigen offensichtlich sein politisches Interesse findenden Ausnahmefällen wie der Nötigung durch politische Sitzstreiks abgesehen,[96] größte Zurückhaltung übt und deshalb ausgerechnet hier dem Gesetzgeber einen äußerst weiten Ermessensspielraum einräumt, was umgekehrt den Raum für eine wissenschaftliche Rechtsfindung extrem einschränkt. Dadurch werden leider, wie ich schon angedeutet habe, die wirklichen Verhältnisse auf den Kopf gestellt. Denn die Möglichkeiten einer wissenschaftlichen Rechtsfindung aus Prinzipien sind im Allgemeinen Teil des Strafrechts wegen ihrer hier geringen Zahl, ihrer fundamentalen Bedeutung, ihres von Antagonismen freien Verhältnisses zueinander und schließlich auch wegen ihrer langen und festen, weit über die moderne Verfassungsdiskussion hinaus zurückrei-

93 *Esser* Grundsatz und Norm in der richterlichen Fortbildung des Privatrechts, 1956, S. 49 ff., 73 ff., 219 ff., 336 f.

94 *Dworkin* Taking Rights Seriously, ^{2}1978, S. 14 ff., 46 ff.

95 *Alexy* Theorie der Grundrechte, 1986, S. 71 ff.

96 Die Judikatur des BVerfG zur Sitzblockade hat eine inzwischen mehr als zwei Jahrzehnte währende, wechselvolle Geschichte hinter sich, vgl. BVerfGE 73, 206 und 330; 76, 211; 92, 1; BvR 1078/89 v. 5. Okt. 1989 (unveröffentlicht); StV 1990, 491; NStZ 1991, 279; NJW 1992, 2688.

chenden historischen Verankerung so reich und günstig wie nirgendwo sonst in der Rechtsordnung.

2. a) Der gesamte Allgemeine Teil des Strafrechts kann nämlich aus zwei den Begriff der Straftat bestimmenden Basisprinzipien entwickelt werden, dem Prinzip der *Sozialschädlichkeit* und dem *Schuldprinzip*. Die geschichtliche Entwicklungslinie des Schuldprinzips, dem ich mich im Anschluß an die Hervorhebung seiner fundamentalen Bedeutung (oben unter A 5.) zunächst zuwenden möchte, geht mindestens bis in das kanonische Recht des Mittelalters zurück.[97] Seine einzigartige und überragende Bedeutung für die heutige Zeit beruht aber nicht auf dieser historischen Tiefendimension als solcher, sondern auf dem Umstand, daß alle kulturellen Wandlungen der letzten 1000 Jahre die Richtigkeit und Wichtigkeit des Schuldprinzips immer deutlicher herausgestellt und immer stärker unterstrichen haben, so daß die Geschichte des Schuldprinzips die Geschichte seiner immer reineren Verwirklichung ist. Seine zentrale Funktion besteht präzise darin, die Zufügung des grausamen Strafübels gegenüber dem Betroffenen selbst zu legitimieren, und genau hierauf zielt übrigens auch die überzeugendste Stelle in *Immanuel Kants* Straftheorie, wenn er schreibt, daß der Verbrecher nicht nur als Mittel zur Erreichung anderweitiger Zwecke benutzt werden darf, wowider ihn seine angeborene Persönlichkeit schützt.[98] Inhaber dieses Schutzanspruches ist übrigens, wenn ich mich einmal der Terminologie von *Jakobs* bediene, das Individuum und nicht die Person, d. h. der reale einzelne Mensch und nicht der generalisierte Rollenträger, denn auch das Strafübel wird nicht einer abstrakten Rolle, sondern einem realen Menschen aus Fleisch und Blut zugefügt. Die von *Jakobs* propagierte Ersetzung des Individuums durch die Person als bloßem Rollenträger im Strafrecht zerstört also gerade dessen Legitimation und muß auch aus diesem Grunde abgelehnt werden.

Legitimieren gegenüber dem Betroffenen selbst läßt sich eine Übelszufügung nur, wenn er sie vermeiden sollte und auch vermeiden konnte, wenn also die die Strafe auslösende Straftat für ihn vermeidbar war und wenn ihm die Vermeidung auch zumutbar war. Der seit 100 Jahren eingebürgerte sogenannte normative Schuldbegriff[99] setzt also zweierlei voraus, die individuelle Vermeid-

---

97 Vgl. *Kuttner* Kanonistische Schuldlehre von Gratian bis auf die Dekretalen Gregors IX., 1935; *Löffler* Die Schuldformen des Strafrechts I, 1895, S. 136 ff.; *Engelmann* Die Schuldlehre der Postglossatoren, ²1965.

98 *Kant* Die Metaphysik der Sitten, 1797, S. 196.

99 Wobei der Startschuß für diese die Ersetzung des Naturalismus durch den Neukantianismus markierende Ablösung des psychologischen Schuldbegriffs durch den normativen durch einen eher beiläufigen Aufsatz von *Frank* gegeben wurde, vgl. *Frank* FS der juristischen Fakultät der Universität Gießen, 1907, S. 3 ff.; *Achenbach* Historische und dogmatische Grundlagen der strafrechtssystematischen Schuldlehre, 1974, S. 101 ff.; *Schünemann* (Fn. 29), S. 2, 32.

barkeit der Tat und die Zumutbarkeit ihrer Vermeidung.[100] Und mit dieser Erkenntnis haben wir unversehens bereits ein Exempel für das Verhältnis von Normativismus und Ontologismus in der Strafrechtsdogmatik praktiziert. Denn während die Bestimmung der Schuld als Vorwerfbarkeit noch völlig im normativen Bereich, oder sagen wir besser: im Bereich der präskriptiven Sprache, verbleibt, haben wir daraus unter Anwendung des von *Hans Albert* sogenannten *Brückenprinzips*[101] „Sollen setzt Können voraus" die dem Bereich der deskriptiven Sprache angehörende, von Haus aus empirische Prämisse der individuellen Vermeidbarkeit herausgearbeitet.

b) Ich möchte diese Konkretisierung oder Entfaltung des Schuldprinzips noch etwas genauer betrachten, denn sie ist für mein Thema von exemplarischer Bedeutung. Die logische Operation, die von dem normativen Urteil der Vorwerfbarkeit zu der partiellen empirischen Voraussetzung der Vermeidbarkeit und der anderen, weiterhin normativen Voraussetzung der Zumutbarkeit führt, ist weder eine Deduktion noch eine Induktion und könnte deshalb als ein Abduktionsschluß im Sinne von *Peirce* bezeichnet werden, auf dessen logische Feinheiten ich mich hier aber nicht einzulassen brauche.[102] Der Ausgangspunkt ist eindeutig normativ und kann auch ohne einen naturalistischen Fehlschluß durch keine dem Recht vorausgelagerte, ontologische Struktur ersetzt werden. Eine Bewertung existiert aber niemals für sich allein, sondern immer nur in bezug auf einen bewerteten Sachverhalt, und die Aufgabe des Rechtswissenschaftlers besteht nun darin, die Sachverhalte herauszufinden, auf die die betreffende Bewertung paßt. Für die Analyse der dazu notwendigen Gedankenoperationen ist wiederum die analytische Sprachphilosophie von Nutzen, weil sich ja die gesamte rechtsdogmatische Arbeit im Medium der Sprache abspielt. Hierbei müssen zwei Aspekte auseinandergehalten werden, die in der Diskussion der letzten Jahrzehnte häufig miteinander vermengt worden sind, was zu viel überflüssiger Unklarheit geführt hat. Die Unterscheidung von normativistischer oder ontologistischer Betrachtungsweise läuft in sprachphilosophisch präziser Analyse auf die Unterscheidung zwischen Sätzen der präskriptiven Sprache und Sätzen der deskriptiven Sprache hinaus. Formallogisch gibt es keinen zwingenden Schluß von einer Sprache in die andere, denn dem bisher

---

100 Entsprechend der von *Claus Roxin* nach einer anfänglichen Verabsolutierung der Strafzweckbezogenheit anerkannten Zweistufigkeit der Kategorie der Verantwortlichkeit in Gestalt der individuellen Vermeidbarkeit als erster Stufe und eines präventiven Bedürfnisses als zweiter Stufe; Nachweise oben Fn. 41.

101 Vgl. *Albert* Traktat über kritische Vernunft, ^{3}1975, S. 76.

102 Dazu ebenso subtil wie erschöpfend *L. Schulz* Das rechtliche Moment der pragmatischen Philosophie von Charles Sanders Peirce, 1988, S. 244 ff.

mehrfach angesprochenen naturalistischen Fehlschluß entspricht auf der anderen Seite der normativistische Fehlschluß, der in der Form zum Sprichwort geworden ist, daß nicht sein kann, was nicht sein darf. Es gibt jedoch die erwähnten Brückenprinzipien, die aus der impliziten Logik von Sollenssätzen resultieren und deren wichtigstes, nämlich daß Sollen ein Können voraussetzt, von mir schon genannt wurde. Ferner gibt es ein Phänomen, das ich die „umgangssprachliche Überlappung" nennen möchte und welches darin besteht, daß bei einem Werturteil häufig zahlreiche reale Fälle implizit mitgemeint sind, weil die Verwendungsregeln für ein bestimmtes Wertprädikat aufgrund der historischen Übung oder des Kontextes offensichtlich sind. Die analytisch klare Trennung zwischen präskriptiver und deskriptiver Sprache ist deshalb in der Umgangssprache, die ja auch das Medium des Rechts darstellt, höchst durchlässig, und mit Hilfe aller dieser Faktoren ist es bis zu einem gewissen Grade möglich, Wertbegriffe ohne Willkür, und das heißt also: auf wissenschaftlichem Wege, auf empirische Begriffe zurückzuführen. Freilich sind auch die empirischen Begriffe häufig noch relativ unbestimmt, das heißt sie haben oftmals nur einen kleinen Bedeutungskern, aber einen großen Bedeutungshof. Die Präzisierung innerhalb dieses Bedeutungshofes kann dann wiederum nur mit teleologischen, im Strafrecht mit kriminalpolitisch-teleologischen Argumenten erreicht werden, weshalb wir uns in der Strafrechtsdogmatik angewöhnt haben, auch derartige an sich empirische, aber immer noch unbestimmte und deshalb auf eine juristisch-teleologische Präzisierung angewiesene Begriffe als normativ zu bezeichnen. Das gilt dann letztlich auch für solche Begriffe, die an sich in ihrer Intension, also in ihrer Bedeutung präzise sind, aber bei ihrer Anwendung auf erhebliche empirische Feststellungsschwierigkeiten treffen und deshalb eine unklare Extension, also eine Unbestimmtheit bezüglich der unter sie zu subsumierenden realen Fälle aufweisen.[103]

c) Um diese drei Begriffskategorien durch Beispiele zu erläutern: Der Begriff der Zumutbarkeit als Prämisse des Schuldvorwurfes ist noch ein rein normativer Begriff, der die unter ihn fallenden empirischen Sachverhalte zunächst nicht erkennen läßt. Der Begriff der individuellen Vermeidbarkeit als weiterer Prämisse des Schuldvorwurfes ist dagegen an sich ein rein empirischer Begriff, der auch seiner Bedeutung nach bestimmt ist, der aber in der Praxis auf erhebliche Anwendungsprobleme stößt, angefangen bei der Frage der Willensfreiheit bis hin zu den Diagnoseproblemen bei geistigen oder seelischen Erkran-

103 Zu diesen grundlegenden Kategorien der Semantik vgl. *Patzig* (Hrsg.), Funktion, Begriff, Bedeutung, ^{4}1975; *ders.* Sprache und Logik, 1970, S. 77 ff.; *Carnap* Bedeutung und Notwendigkeit, dt. 1972; *Weingartner* Wissenschaftstheorie II/1, 1978, S. 104 ff.

kungen.[104] Schließlich als Beispiel der Begriff des unmittelbaren Ansetzens zur Tat, der nach § 22 StGB den Beginn des strafbaren Versuches festlegt: Dies ist an sich ein empirischer Begriff, zugleich aber auch ein äußerst unbestimmter Begriff, dessen weitere Präzisierung nur mit kriminalpolitisch-teleologischen Methoden gelingen kann.

3. Als letzter und eindeutig normativer Ankerpunkt steht hierfür jenes zweite fundamentale normative Prinzip des Strafrechts zur Verfügung, das ich bei einer systematischen Betrachtung sogar an erster Stelle hätte nennen müssen, weil es nämlich nicht nur die Basis des Straftatbegriffs schlechthin, sondern auch die unerläßliche Voraussetzung für das Schuldurteil bildet: nämlich daß es sich bei der Straftat um ein *sozialschädliches Verhalten* handeln muß. Diese Grundvoraussetzung ist in der für unser modernes Strafrecht fundamentalen Epoche der Aufklärung erarbeitet worden[105] und hat damit tiefere historische Wurzeln als alle heutigen Staatsverfassungen, und sie hat in der Metamorphose zur Theorie des *Rechtsgüterschutzes*[106] trotz mancherlei Anfechtungen und Marginalisierungen zwei Jahrhunderte überdauert. Als Angelpunkt für alle teleologischen Argumentationen im Bereich des strafrechtlichen Unrechts ist das Sozialschadensprinzips oder das Prinzip des Rechtsgüterschutzes auch unentbehrlich, weshalb ich es geradezu als eine Katastrophe für die deutsche Strafrechtswissenschaft empfinde, daß es vom Bundesverfassungsgericht in dem

104 Zu den beträchtlichen wissenschaftstheoretischen und methodologischen Problemen ansatzweise *Schünemann* in: Hirsch/Weigend (Fn. 32), S. 165 ff.; am Beispiel der forensischen Praxis der Handhabung des § 20 StGB *Verrell* ZStW 106 (1994), S. 332; *ders.* Schuldfähigkeitsbegutachtung und Strafzumessung bei Tötungsdelikten, 1995; allg. *Luthe* Die zweifelhafte Schuldfähigkeit, 1996.

105 Grundlegend die in kürzester Zeit zum Gemeingut aller Gebildeten in Europa avancierte Schrift von *Beccaria* Von Verbrechen und Strafen, 1764, zit. nach der dt. Ausgabe v. Alff, 1966, S. 53 f., 61 f., 65 ff., bes. S. 65 („nach dem der Gesellschaft zugefügten Schaden"); darauf aufbauend der „deutsche Beccaria" *Hommel* in der sog. Hommelischen Vorrede in: Des Herrn Marquis von Beccaria unsterbliches Werk von Verbrechen und Strafen, hrsg. v. Lekschas, 1966, S. 2 ff. (Orig. 1778); *ders.* Über Belohung und Strafe nach türkischen Gesetzen, Reprint von 1970, §§ 128, 133 (Orig. 1778).

106 Die bekanntlich auf zwei Aufsätze von *Birnbaum* Archiv des Criminalrechts Neue Folge 15 (1834), 149 ff.; 17 (1836), 560 f., zurückgeht, deren im Anschluß an *Amelung* Rechtsgüterschutz und Schutz der Gesellschaft, 1972, S. 45 ff., üblich gewordene Bewertung als (jedenfalls von der Tendenz her) antiliberal die historischen Zusammenhänge insoweit überzeichnet, als die von *Feuerbach* im Anschluß an *Kant* vorgenommene Reduzierung des Verbrechensbegriffs auf die Rechtsverletzung eine gegenüber der (materiellen!) Sozialschadenslehre der Aufklärung spürbare formalistische Verengung bedeutet hatte, so daß *Birnbaum* zwar nicht dem Begriff, aber der Sache nach die Kontinuität zur Aufklärung wiederherstellte, vgl. etwa bezüglich seiner von *Amelung* (S. 47) kritisierten Stellungnahme zur Religion als Rechtsgut des Volkes die gleiche Würdigung bei *Beccaria* (Fn. 104), S. 72.

Cannabis-Urteil BVerfGE 90, 145 mit einer mich teilweise fast frivol anmutenden Argumentation beiseite geschoben worden ist und daß das Schrifttum dieser De-facto-Abschaffung einer verfassungsrechtlichen Strafrechtsbegrenzung sogar zum großen Teil gefolgt ist.[107]

Hierbei möchte ich auf die interessante methodologische Bewandtnis aufmerksam machen, daß das Werturteil der Sozialschädlichkeit als Ausdruck des strafrechtsspezifischen Unrechts von Anfang an eine starke empirische Komponente besessen hat, weil man sich nämlich seit der Aufklärung darüber im klaren war, daß die bloße Moralwidrigkeit einer Handlung, namentlich im Bereich der geschlechtlichen Sitten, dieses Unwerturteil niemals zu begründen vermag, sondern daß dafür äußerlich fixierbare Beeinträchtigungen von deskriptiv faßbaren Gütern vorausgesetzt werden. Dabei versteht es sich von selbst, daß der Rechtsgutsbegriff erst nach einer langen und mit vielen Kontroversen gepflasterten dogmatischen Konkretisierungsarbeit extensional bestimmt werden kann, denn weil es sich hierbei um einen dogmatischen Fachausdruck ohne vorgängigen umgangssprachlichen Bedeutungskern handelt, gibt es keine außerhalb des Strafrechtssystems schon existierende und nur aufzufindende Bedeutung. Und die Ergebnisse dieser Konkretisierungsarbeit hängen selbstverständlich auch vom technischen und kulturellen Niveau einer Gesellschaft ab, dazu zwei triviale und zwei brisante Beispiele: Die Beweiskraft von Urkunden oder die Verfügungsmacht über EDV-gespeicherte Daten können in einer schrift- oder computerlosen Gesellschaft keine Rechtsgüter sein; die Intaktheit der Umwelt als eigentumsähnliches Rechtsgut künftiger Generationen[108] kann erst mit der Fähigkeit der Gesellschaft zu dessen Zerstörung ins Bewußtsein treten;[109] und während in einer Kultur, die geschlechtliche Vorgänge in einen quasisakralen Intimbereich verweist, die Freiheit der Öffentlichkeit von sexuellen Vorgängen ein Rechtsgut darstellt und dementsprechend die Bestrafung der öffentlichen Erregung eines geschlechtlichen Ärgernisses in § 183 (a) StGB im 19. Jahrhundert durchaus legitim war, bedeutet das gleiche Verhalten im vollständig durchsexu-

---

107 *Lagodny* Strafrecht vor den Schranken der Grundrechte, 1996, S. 64 ff., 130 ff., 247 ff., 455 ff.; *Vogel* StV 1996, 110; *Appel* Verfassung und Strafe, 1998; *Sternberg-Lieben* Die objektiven Schranken der Einwilligung im Strafrecht, 1997, S. 508 f.

108 Auf die anhaltende und vielfältig verästelte Kontroverse über das Rechtsgut der Umweltdelikte kann und will ich hier nicht weiter eingehen. Meinen eigenen Standpunkt, daß der über den Generationenanteil hinausgehende Verzehr an ökologischen Ressourcen das Urgestein des Verbrechens darstellt und unsere gegenwärtige Gesellschaft deshalb im innersten Kern kriminell ist, habe ich in FS für Triffterer, 1996, S. 437, 452 ff.; GA 1995, 201, 205 ff.; Buffalo Criminal Law Review 1 (1997), 175, 180 ff., 190 ff., entwickelt.

109 Was allerdings schon in sehr frühen Epochen der Menschheitsgeschichte der Fall gewesen sein dürfte, vgl. nur *Heine* GA 1989, 116 ff.

alisierten Alltag der Postmoderne nur noch eine je nach dem sozialen Kontext zu beurteilende Geschmacklosigkeit, die die Höhenmarke der Sozialschädlichkeit nicht erreicht und deren fortdauernde Kriminalisierung deshalb außerhalb des engeren Bereiches einer Beleidigung einzelner Personen oder eines bedrohlich wirkenden Exhibitionismus nicht mehr aufrecht erhalten werden kann. Dieses Erfordernis einer erst noch herzustellenden „normativen Verständigung" (*Hassemer*) macht den Rechtsgutsbegriff als zentralen Fluchtpunkt der dogmatischen Arbeit aber nicht etwa entbehrlich, denn erstens erfolgt diese Verständigung ja nicht nach Lust und Laune oder mit den Mitteln des politischen Aushandelns, sondern auf der Basis einer Analyse der vorhandenen Gesellschaftsstruktur und ihrer aufweisbaren Schutzbedürfnisse. Und zweitens besitzt die Notwendigkeit, ein Rechtsgut in faßbarer Weise zu beschreiben und abzugrenzen, für den dogmatischen Diskurs eine wichtige Kanalisierungs- und Disziplinierungsfunktion, wie gerade die Cannabis-Entscheidung des BVerfG drastisch vor Augen führt: Wenn die Kriminalisierung des Cannabisverkehrs an diesem (vom BVerfG offenbar gezielt nur am Rande erwähnten)[110] Maßstab geprüft wird, so ergibt sich auf der Stelle, daß das allein in Betracht kommende Rechtsgut der Volksgesundheit ja in Wahrheit kein Kollektivrechtsgut, sondern nur die durch einen Klassenbegriff zusammengefaßte Gesundheit der je einzelnen Bürger und damit ein Individualrechtsgut ist, das durch den freiverantwortlichen Cannabiskonsum des Individuums so wenig verletzt werden kann wie durch den Genuß fetten Schweinebratens oder durch Reiten als Freizeitbeschäftigung, so daß eine Kriminalisierung nur im Rahmen und unter den Notwendigkeiten des Jugendschutzes legitim sein könnte. Durch das geradezu raffinierte Manöver, das strenge Prüfungskriterium der „ultima ratio zum Rechtsgüterschutz", das noch in den Abtreibungsentscheidungen eine zentrale Rolle gespielt hat,[111] praktisch ohne Begründung fallen zu lassen, die verfassungsrechtliche Prüfung in zwei Portionen aufzuteilen und zunächst die bloße Verbotsnorm vor der schwachen Garantie des Art. 2 Abs. 1 GG zu rechtfertigen, um anschließend die hinzugefügte Strafandrohung nur an dem isoliert gesehen ebenfalls schwachen Verhältnismäßigkeitsgrundsatz zu messen,[112] hat das BVerfG in der Cannabis-Entscheidung also den Schutz des Bürgers vor dem brutalen Eingriffsmittel „Strafrecht" auf ein voraufklärerisches Niveau zurückgeschraubt und mit dieser Demontage der jeder geschriebenen Verfassung seit 250 Jahren vorausliegenden und deshalb für eine verfassungspositivistische Betrachtungsweise je-

110 BVerfGE 90, 145, 185–187, 195 (anders im Sondervotum S. 200 ff.!).
111 BVerfGE 39, 1, 47, 51; 88, 203, 257 f.
112 BVerfGE 90, 145, 171 ff.

denfalls im Rechtsstaatsprinzip verankerten Grenzen des Strafrechts nicht etwa einen Aufschrei der Strafrechtswissenschaft, sondern überwiegend Beifall geerntet.[113] *Lagodny* hat in der seither umfangreichsten Monographie zu den verfassungsrechtlichen Grenzen des Strafrechts[114] daraus sogar die Folgerung gezogen, daß der Gesetzgeber eigentlich alles bestrafen dürfe, was er bestrafen wolle, mit Ausnahme des bloßen Erbenbesitzes etwa an Betäubungsmitteln[115] – parturient montes, nascetur ridiculus mus!

Demgegenüber ist mit allem Nachdruck inhaltlich darauf zu insistieren, daß das Rechtsgüterschutzprinzip (Sozialschadensprinzip) durch seine direkte Verankerung im Gesellschaftsvertrag als Basis jeder Verfassungstheorie nicht zugunsten jener schwachen Kautelen preisgegeben werden darf, die das BVerfG etwa aus Art. 2 Abs. 1 GG gegenüber staatlichen Eingriffspetitessen entwickelt hat, und daß die Schwierigkeiten seiner Abgrenzung erstens nicht das Prinzip als solches kompromittieren können und zweitens in erster Linie eine Folge der kleinmütigen und stiefmütterlichen Behandlung sind, die die Grenzen des Strafrechts bisher in der Judikatur des BVerfG erfahren haben[116] und die dazu geführt hat, daß die Kontrolldichte ausgerechnet im Bereich der destruktivsten Eingriffe des Staates in die bürgerliche Existenz weitaus geringer ist als etwa im Bereich des Steuer- oder Familienrechts. Und in methodologischer Hinsicht würde sich die Strafrechtsdogmatik als eigenständige Wissenschaft verabschieden, wenn sie das Rechtsgüterschutzprinzip (Sozialschadensprinzip) als ihr – die gesetzgeberische Willkür limitierendes und deshalb auch bei der Interpretationsarbeit als oberste Richtlinie dienendes[117] – Fundament preisgeben würde.[118] *Claus Roxin* hat deshalb mit Recht in seinem Lehrbuch an der Formel der ultima ratio zum Rechtsgüterschutz als limitierendem Fundament des Strafrechts festgehalten,[119] und *Hefendehl* hat soeben überzeugend demonstriert, daß das jahrzehntelang über Allgemeinplätze nicht hinausge-

---

113 Vgl. die Nachweise in Fn. 106, aber auch die durchschlagende Kritik an der Cannabis-Entscheidung von *Nestler* in: Kreuzer (Hrsg.), Handbuch des Betäubungsmittelstrafrechts, 1998, S. 732 ff.

114 Während etwa *Appel* (Fn. 107) weitgehend in den Fußstapfen *Lagodnys* wandelt.

115 *Lagodny* (Fn. 107), S. 318 ff., inbes. 335.

116 Dazu die vorzügliche Übersicht von *Tiedemann* in: 40 Jahre Grundgesetz, 1990, S. 155 ff.

117 Notabene unter Beachtung der Beschränkung des Rechtsgüterschutzgedankens durch die Ultima-ratio-Klausel, siehe *Schünemann* FS für Bockelmann, S. 117, 126 (Wortlautschranke), 129 (Rechtsgüterschutz).

118 Weshalb *Kuhlen* sogar jüngst der Strafrechtswissenschaft die Kompetenz zu einer Kritik des Gesetzgebers bestritten hat, in: Eser/Hassemer/Burkhardt (Fn. 5), S. 57, 73.

119 *Roxin* AT I (Fn. 28), § 2 Rn. 38 ff.

kommene Feld der kollektiven Rechtsgüter sehr wohl einer präzisen Analyse und damit auch einer hinreichend exakten Grenzziehung zugänglich ist.[120]

4. Ich habe deutlich zu machen versucht, daß der Ausgangspunkt der dogmatischen Arbeit in normativen Prinzipien besteht, im Strafrecht in den beiden Fundamentalprinzipien der Sozialschädlichkeit und der Schuld, die für eine wissenschaftliche Entfaltung und Konkretisierung weitaus bessere Voraussetzungen liefern als etwa der bunte Grundrechtskatalog. Während dieser normative Ausgangspunkt nicht durch ontologische Aussagen ersetzt werden kann, spielen empirische Gegebenheiten bei der konkretisierenden Entfaltung der normativen Ausgangsprinzipien eine von Stufe zu Stufe zunehmend wichtigere Rolle. Das führt mich zu meinen beiden Abschlußthesen, die ich dann noch durch drei Beispiele erläutern möchte:

(1) Normativistische und ontologisierende Betrachtung stehen bei einer richtigen Handhabung der Strafrechtsdogmatik nicht in einem Ausschließlichkeits-, sondern in einem Ergänzungsverhältnis zueinander und greifen wie Zahnräder ineinander, weil der unzweifelhaft normative Ausgangspunkt zwar darüber entscheidet, welche Realitätsstrukturen rechtlich relevant sind, weil aber zugleich bei der weiteren Entfaltung und Konkretisierung der normativen Prinzipien auf die „Feinstruktur" der normativ für relevant erklärten Realitätsschicht Rücksicht genommen werden muß.

(2) Hierbei kommt es häufig deshalb von vornherein zu keinen Konflikten oder Widersprüchen, weil normative Urteile immer schon auf Wirklichkeit bezogen sind und weil sie im Medium der Umgangssprache abgegeben werden, die sich nicht willkürlich bildet, sondern immer schon Realität abbildet.

5. a) Zur Erläuterung meiner These, daß die Realität quasi von selbst durch eine List der Vernunft vermöge des benutzten Zeichensystems in den normativen Diskurs Eingang findet, greife ich auf ein berühmtes Beispiel *Wittgensteins* zurück, das dieser für seine genau entgegengesetzte These einer völligen Willkürlichkeit der Sinnzuschreibung bei Zeichensystemen angeführt hat. *Wittgenstein* fragt, wieso ein Pfeil für unser intuitives Verständnis dorthin zeigt, wo sich seine Spitze befindet, und nicht in die entgegengesetzte Richtung.[121] Die Antwort scheint mir zugleich einfach und fundamental zu sein: Das Symbol des Pfeiles ist aus der Beobachtung der Wirklichkeit entnommen worden, daß ein Pfeil nur dann eine lange Strecke und mit Zielsicherheit fliegt, wenn ich ihn mit der Spitze voran von meinem Bogen schieße. Es ist also die physikalische Struktur der Realität und die in der Morgendämmerung der Menschheit gemachte

---

120 *Hefendehl* Kollektive Rechtsgüter im Strafrecht, 2001, passim, wodurch m. E. auch die Bedenken von *Stratenwerth* FS für Lenckner, 1998, S. 377 ff. entkräftet werden.
121 *Wittgenstein* Philosophische Untersuchungen, Werkausgabe I, 1989, Nr. 454.

Erfahrung, in welcher Weise man Pfeil und Bogen zur Jagd einsetzen muß, die die ontologische Grundlage für ein den Pfeil als Symbol benutzendes Zeichensystem bilden.[122]

b) Die sozusagen darüber liegende Schicht der Relevanz empirischer Gegebenheiten für die Konkretisierung des rechtlichen Werturteils möchte ich an folgendem Beispiel erläutern: Zu den abstraktesten Prinzipien des Strafrechts überhaupt gehört die Definition des fahrlässigen Verhaltens durch die Außerachtlassung der im Verkehr erforderlichen Sorgfalt,[123] zu deren Konkretisierung vielfach auf den besonnenen Angehörigen des betreffenden Verkehrskreises verwiesen wird,[124] der aber nur eine Fiktion ist.

Um den Sorgfaltsmaßstab näher zu bestimmen, kommt man deshalb[125] nicht um einen komplizierten Abwägungsprozeß herum, in den der Nutzen der betreffenden Tätigkeit, ihr Risikograd, die Möglichkeit risikomindernder Maßnahmen und die Zumutbarkeit für Selbstschutzmaßnahmen des potentiellen Opfers Eingang finden, um nur einige der hierfür relevanten Parameter zu nennen.[126] Damit scheint die Struktur des Fahrlässigkeitsbegriffs auf den ersten Blick ein Beweis für die Lehre einer rein normativistischen Strafrechtsdogmatik zu sein. In Wahrheit läßt sich aber bei einer derartigen Suche nach dem richtigen Sorgfaltsmaßstab gar nicht isoliert von einer ontologischen oder einer normativistischen Ergebnisfindung sprechen, weil die Ermittlung der ontologischen Strukturen und deren normative Bewertung in der praktischen Tätigkeit bei der Lösung des konkreten Rechtsproblems miteinander Hand in Hand gehen und zu einem Begründungsnetz verwoben werden müssen. Selbstverständlich muß immer ein nicht-deskriptiver Zweck vom Recht vorgegeben werden, etwa daß das Ein- und Aussteigen bei Verkehrsmitteln so vor sich gehen muß, daß Körperverletzungen der Passagiere weitestgehend vermieden werden. Sobald

---

122 Diese ontologische Verankerung der Umgangssprache gibt also wegen der Umklammerung des Rechts durch die Umgangssprache die fundamentalste ontologische Basis des Rechts ab. Kein Strafrechtsdogmatiker kann ihr entfliehen, weil er auch bei noch so bewunderungswürdiger sprachlicher Artistik nur mit der Umgangssprache und mit keinem anderen Medium arbeiten kann.

123 *Jescheck/Weigend* (Fn. 17), S. 565 f., 577 ff.; Schönke/Schröder/*Cramer* StGB, ^{25}1997, § 15 Rn. 116 ff.; *Kühl* Strafrecht AT, ^{3}2000, § 17 Rn. 22 ff.

124 BGHSt 7, 307, 309 f.; 16, 145, 161; 20, 315, 321; BGH NStZ 91, 30.

125 Denn wenn man darauf abstellte, wie sich die Menschen tatsächlich benehmen, so wäre das ein unzulässiger Schluß vom Sein aufs Sollen. Außerdem könnte man auf diese Weise nicht ermitteln, ob man auch wirklich ein besonnenes Verhalten vorgefunden hat, denn es ist genausogut möglich, daß sich im sozialen Leben Mißbräuche breitgemacht haben, die eigentlich unter dem Aspekt der Gefährdung anderer inakzeptabel sind.

126 In diese Richtung gingen bereits *meine* Überlegungen in JA 1975, 435, 575 ff.

ich diese präskriptive Formel auf konkrete Sachverhalte anwende, muß ich aber deren ontologische Struktur mitberücksichtigen, wie ich an folgendem Beispiel zeigen möchte: Wenn man in einer Großstadt die üblicherweise überfüllten U-Bahnen besteigen möchte, muß man zunächst warten, bis die aussteigewilligen Passagiere den Waggon verlassen haben, weil sich auf diese Weise ein verhältnismäßig reibungsloser Austausch der Passagiere vollzieht, bei dem Körperverletzungen durch Drängeln auf ein Minimum beschränkt sind. Versetzen wir die Szenerie in das Amazonasbecken an den Landungsplatz eines die U-Bahn dort ersetzenden Passagierschiffes und stellen wir uns weiterhin vor, daß es wegen der ständigen Wasserstandschwankungen am Amazonas keinen festen Landungssteg gibt, sondern daß die Passagiere in den Fluß hineinwaten und danach das in genügender Tiefe beidrehende Schiff besteigen müssen. Wenn wir uns dann noch im Wasser des Flusses hungrige Piranhas vorstellen, so scheint mir völlig klar zu sein, daß man zunächst die im Wasser wartenden Passagiere an Bord nehmen und erst dann die aussteigenden Passagiere absetzen muß, einfach weil die bei dem dann auftretenden Gedrängel in Kauf zu nehmenden Rippenstöße per saldo weniger schwerwiegende Körperverletzungen bewirken als das Abknabbern der Unterschenkel durch die Piranhas. Die abstrakte Regel ist unverändert geblieben, das konkrete Sorgfaltsgebot hat sich aber genau umgekehrt, und der Grund dafür ist allein die ontologische Struktur des Verkehrsmittels, dem sich die Konkretisierung des Sorgfaltsmaßstabes anpassen muß.

C. Ergebnis

Damit bin ich am Ende eines Beitrages angelangt, in dem die Antwort auf die Frage, welche Anforderungen an eine als Wissenschaft betriebene Strafrechtsdogmatik zu stellen sind, bewußt nicht durch eine vorherige Definition des Wissenschaftsbegriffs gesucht worden ist, die angesichts der hochkontroversen Wahrheitsfähigkeit rechtsdogmatischer Sätze[127] in eine zirkuläre Argumentation hineingeführt hätte, sondern durch eine den Formen und Gegenständen der Strafrechtsdogmatik zugewandte und in diesem Sinne gegenstands- und problemorientierte Analyse. Der Vergleich mit der französischen und angloamerikanischen Strafrechtsdoktrin hat zwei Anforderungen ergeben, nämlich die Netzstruktur und die analytische Kompromißlosigkeit. Die Orientierung zwi-

127 Vgl. nur jüngst *Patterson* Recht und Wahrheit, 1999; zur Wissenschaftstheorie der Strafrechtswissenschaft *Hruschka* JZ 1985, 1 ff. und zur früheren Diskussion oben den ERSTEN TEIL, S. 29 ff.

schen den extremen Polen eines Naturalismus und eines empiriefreien Normativismus hat die Richtigkeit eines zweckrationalen Normativismus ergeben, bei dem normative und ontologische Argumente ständig ineinandergreifen und bei dem die Realitätsstrukturen nicht nur im Sinne der ewigen ontischen Gegebenheiten, sondern sogar im Sinne der in einer bestimmten historischen Situation existierenden gesellschaftlichen Strukturen eine unentbehrliche Rolle bei der Konkretisierung der in semantischer Hinsicht in der Regel mehr oder weniger unbestimmten normativen Ausgangsentscheidungen spielen. Diese Konkretisierung kann nur deshalb ohne naturalistische oder normativistische Fehlschlüsse vor sich gehen, weil man Brückenprinzipien zu Hilfe nehmen kann und weil bereits in der Umgangssprache eine vielfältige Überbrückung der analytisch an sich klaren Trennung zwischen Deskriptivität und Präskriptivität stattfindet. Alle diese Anforderungen könnten jedoch letztlich nichts an der Kontingenz der Strafrechtsdogmatik ändern, wenn diese nicht jenseits eines bloßen Gesetzespositivismus in der Entfaltung der beiden fundamentalen Prinzipien des Rechtsgüterschutz- (Sozialschadens-) und des Schuldprinzips bestehen würde.

Das strafrechtsdogmatische Oeuvre *Roxins* hat alle diese Bedingungen, wie ich glaube, restlos erfüllt, und darin liegt auch das Geheimnis seiner eingangs angesprochenen weltweiten Wirkung. *Nietzsche* hat *Richard Wagner* im vierten Stück seiner Unzeitgemäßen Betrachtungen gleich *Demosthenes* „den furchtbaren Ernst um die Sache“ attestiert „und die Gewalt des Griffs, so daß er jedesmal die Sache faßt ... Er verbirgt wie jener seine Kunst ..., indem er zwingt, an die Sache zu denken; seine Kunst wirkt als hergestellte, wiedergefundene Natur“. *Wagner* fragt zurück: „Wo haben Sie nur die Erfahrung von mir her?“ Bezogen auf *Claus Roxin*, kann die Antwort nicht nur derjenige leicht geben, der wie ich die juristische Karriere vor 34 Jahren als seine wissenschaftliche Hilfskraft begonnen hat, sondern jeder, der seine Werke studiert.

ACHTER TEIL Aufgabe und Grenzen der Strafrechtswissenschaft im 21. Jahrhundert

I. Gegen die Irrationalität der Postmoderne

1. „Drei berichtigende Worte des Gesetzgebers, und ganze Bibliotheken werden zu Makulatur" – mit diesen Worten wollte der preußische Staatsanwalt *Julius von Kirchmann* vor knapp 160 Jahren die „Wertlosigkeit der Jurisprudenz als Wissenschaft" begründen.[1] Wertlos in diesem Sinne sollten Erkenntnisse sein, die nicht zeitlos gültig sind und deshalb immer wieder geändert und den gesellschaftlichen Veränderungen angepasst werden müssen. 100 Jahre später hat *Theodor Viehweg* die Wissenschaftlichkeit der Rechtswissenschaft noch viel schärfer und fundamentaler bestritten, indem er in einer vom Umfang her ebenfalls kleinen Schrift mit dem Titel „Topik und Jurisprudenz" die Rechtsdogmatik als eine Unterart der Rhetorik eingeordnet hat.[2] Heute, weitere 50 Jahre später, haben sich noch viele weitere Spielarten des Skeptizismus, Agnostizismus und der Ideologiekritik in Bezug auf die Rechtswissenschaft entwickelt, die infolge der Krise des positivistischen Wissenschaftsbegriffs und der traditionellen realistischen Semantik auf einem breiten philosophischen Nährboden gedeihen.[3] Obwohl der Umfang der von den Naturwissenschaften ermittelten Erkenntnis immer gigantischer geworden und selbst mit den riesigen Mitteln der modernen Informationstechnologie nicht mehr zu überschauen ist, betont die Wissenschaftstheorie vor allem die Abhängigkeit empirischer Erkenntnisse von dem gewählten theoretischen Bezugsrahmen, dem sog. Paradigma.[4] Bei aller an Sprache gebundenen Erkenntnis und damit im gesamten Bereich der Kultur- und Sozialwissenschaften hat die analytische Sprachphilosophie, die als kritisches Instrument zur Entlarvung von Scheinproblemen zunächst einen ähnlichen Fortschritt in der Philosophie bewirkt hatte wie vor über 200 Jahren *Immanuel Kants* Kritik der reinen Vernunft, in Gestalt des Dekonstruktivismus zu einem radikalen Skeptizismus und dadurch in die Beliebigkeit der Postmoderne geführt.[5] Im Bereich der Rechtswissenschaft äußert sich das durch postmoderne Entwicklungen wie die „Critical Legal Studies"[6]

---

1 *Kirchmann*, Die Wertlosigkeit der Jurisprudenz als Wissenschaft, 1960 (zuerst 1848), insb. 25.

2 *Viehweg*, Topik und Jurisprudenz, 5. Aufl. 1974 (zuerst 1953).

3 Dazu informativ *Buckel/Christensen/Fischer-Lescano* (Hrsg.), Neue Theorien des Rechts, 2006.

4 *Kuhn*, The Structure of Scientific Revolutions, 3. Aufl. 1996 (zuerst 1962), 10 und passim.

5 Dazu *Olesen*, in: Hügli/Lübcke (Hrsg.), Philosophie im 20. Jahrhundert, Bd. I, 3. Aufl. 1998, 537 ff.; inzwischen gibt es schon neuere Modeerscheinungen, etwa *F. O. Wolf*, Radikale Philosophie, 2002, etwa 131 ff. (im Sinne einer Post-Postmoderne).

6 Etwa *Unger*, The Critical Legal Studies Movement, Harvard, 1986; die Aufsätze in *Boyle* (Hrsg.), Critical Legal Studies, Aldershot u. a., 1994; zu dieser Bewegung umfassend Frankenberg, in Buckel u. a. (Fn. 3), 97 ff.

https://doi.org/10.1515/9783110648188-011

oder das „Law and Literature Movement“,[7] das mit der Idee der beliebigen und beliebig hintereinander geschalteten Dekonstruktion der Gesetzestexte wie auch der die Gesetzestexte interpretierenden rechtsdogmatischen Sätze die von *Julius von Kirchmann* vor 160 Jahren mehr behauptete als begründete Wertlosigkeit der dogmatischen Rechtswissenschaft theoretisch beweisen zu können glaubt.

2. In meinen Augen liegt diesen gegenwärtig in den Geisteswissenschaften so einflussreichen Strömungen jedoch ein heimlicher Irrationalismus zugrunde, der die Grenzen rechtswissenschaftlicher Erkenntnis fälschlich als deren eigentliches Wesen hinstellt und dadurch ihre gesellschaftliche Aufgabe, nämlich die Kontrolle der Willkür der Machthaber durch die Vernunft, zerstört. Nirgendwo ist diese Aufgabe so unverzichtbar wie im Strafrecht, und in keinem Menschenalter seit dem grandiosen Fortschritt der strafrechtlichen Aufklärung im 18. Jahrhundert ist die Erfüllung dieser Aufgabe so radikal gefährdet wie in der gegenwärtigen Phase der Europäisierung und Globalisierung. Weil es vermessen wäre, in dem mir nur zur Verfügung stehenden knappen Raum die Möglichkeiten und Grenzen einer wissenschaftlichen Rechtsfindung im einzelnen auszumessen und zu begründen, muss ich mich zu deren radikaler Leugnung auf eine einzige Bemerkung beschränken: Der Dekonstruktivismus scheitert an einer Paradoxie, weil er die Methode der Dekonstruktion natürlich auch auf sich selbst anwenden lassen muss. Das geht sogar noch weiter als die von *Sokrates* am Ende seines Lebens ausgesprochene Paradoxie „Ich weiß, dass ich nichts weiß“,[8] denn ein konsequenter Dekonstruktivist müsste sagen: „Ich weiß gar nichts und kann überhaupt nichts Sinnvolles sagen“.

3. Anstatt mit *Goethes* Faust „Vernunft und Wissenschaft, des Menschen allerhöchste Kraft“ zu verachten, etwa zugunsten der verworrenen Dunkelheiten des radikalen Dekonstruktivismus vorwiegend französischer Provenienz,[9]

---

7 Umfassende Darstellung, Analyse und Kritik bei *Binder/Weisberg*, Literary Criticisms of Law, Princeton 2000; vgl. ferner die Aufsätze in *Rockwood* (Hrsg.), Law and Literature Perspectives, New York u.a., 1996; in Deutschland *Lüderssen*, Genesis und Geltung in der Jurisprudenz, 1996, 328 ff., 349 ff.

8 In *Platon*, Des Sokrates Verteidigung (Apologie), in: Platons Sämtliche Werke, Bd. I, hrsgg. von E. Loewenthal, Berliner Ausgabe, 8. Aufl. 1982, 5 ff. (12).

9 Erfrischend die Kritik von *Sokal/Bricmont*, Eleganter Unsinn, dt. 1999. Selbst in dem Versuch *Seiberts*, Derrida als Nachfolger Nietzsches zu stilisieren, wird es „unheimlich gefunden, in welcher Weise Derrida ... Unzusammenhängendes zur Zeichenkette erklärt oder in welcher scheinbar beliebigen Weise ... Staat und Bildung, Namen und Individualität, schließlich Macht und Rechtsetzung verknüpft werden. Die Nabelschnur, die dies alles verbindet, ist nicht reißfest. Derrida erklärt sie zum Symbol des Weiblichen, das aber nicht als Frau in die juridische Namensgebung Eingang findet, sondern als Mutter.“ (in: Buckel [Fn. 337], 52). Quod erat demonstrandum! Die Spätphilosophie *Foucaults* (Sexualität und Wahrheit, 3. Bde., 1989; ders., wollen wir es lieber mit dem Jubilar halten, dem die „solideste und überzeugendste Gesetzesauslegung stets in Gestalt solcher systematischen Argumentation begegnet, die ein nach dem Wortsinn mögliches Gesetzesverständnis prüft und gegebenenfalls falsifiziert, indem sie seine Konsequenzen mit eindeutigen Rechtsaussagen, gesicherten Grundsätzen und unzweifelhaften Fallbeurteilungen vergleicht“[10] – kritischer Rationalismus, aber keine unendliche Dekonstruktion, die per definitionem ins gedankliche Chaos führt. Freilich bergen alle rechtsdogmatischen Diskurse die Gefahr einer Vermengung von streng wissenschaftlicher Deduktion und politischer Meinungsäußerung. Dieses Verhältnis von Szientismus und Politik kann man durch das Bild einer Inselkette veranschaulichen, die in einem See liegt: die die ganze Gesellschaft und damit auch ihr Recht umfassende politische Argumentation als der See, in dem partiell stringente Ableitungsketten die szientistischen Inseln bilden; und die Arbeit der Rechtsdogmatik, die die Inseln vergrößert, miteinander verbindet und dadurch den Anteil des festen Bodens vergrößert und denjenigen des Wassers verkleinert – als „Kulturleistung wie die Trockenlegung der Zuidersee“.[11] Meine Meinung zu den hierzu tauglichen Methoden habe ich bei anderen Gelegenheiten dargelegt, z. B. in der Festschrift der spanischen UNED mit einer kleinen Studie über die netzartige Verknüpfung ontologischer und normativer Argumentation.[12] Natürlich benötigen alle Argumentationsnetze der Rechtswissenschaft, wenn sie die Explikation des Gesetzes über den in der Regel nur begrenzt elaborierten Willen des historischen Gesetzgebers hinausführen sollen,[13] einen oder mehrere feste, sozusagen archimedische Punkte, an die sie anknüpfen können. Im Strafrecht bestehen diese archimedischen Punkte seit der Epoche der Aufklärung in Bezug auf die objektive Seite im Prinzip der *Sozialschädlichkeit*, durch das das Strafrecht auf die ultima ratio zum Rechtsgüterschutz beschränkt wird.[14] Und auf der subjektiven Seite im *Schuldprinzip*, durch das die Strafe gegenüber dem Betroffenen legitimiert wird und das zugleich im Konzept der Androhungs-Generalprävention mit der Rechtsgüterschutzaufgabe des Straf-

---

Dits et Ecrits, 4. Bde., 2001 ff.; ders., Hermeneutik des Subjekts, 2004) scheint mir deutlich zu machen, dass die Sohle des Dekonstruktivismus in autotherapeutischen Diskursen besteht.

10 *Herzberg*, Die ratio legis als Schlüssel zum Gesetzesverständnis? – Eine Skizze und Kritik der überkommenen Auslegungsmethodik, JuS 2005, 1, 6.

11 *Freud*, Ges. Werke, hrsg. v. A. Freud u. a., Bd. XV, 1973, 86.

12 Universidad Nacional de Educación a Distancia (Hrsg.), Modernas Tendencias en la Ciencia del Derecho Penal y en la Criminología, Madrid 2000, 643; im Kern auch in FS Roxin, 2001, 1 (23 ff.); FS Klug, 1983, 169 ff; ferner umfassend oben im ERSTEN TEIL, S. 5 ff. und passim.

13 Dazu besonders instruktiv *Herzberg*, JuS 2005, 4 f.

14 Zur eigenen Sicht *Schünemann*, in: Hefendehl/Wohlers/v. Hirsch (Hrsg.), Die Rechtsgutstheorie, 2003, 133 ff. (142 ff.); *ders.*, in: v. Hirsch/Seelmann/Wohlers (Hrsg.), Mediating principles, 2006, 18 ff.

rechts verknüpft ist.[15] Zu diesen die objektiven und subjektiven Merkmale der Straftat und damit die inhaltliche Seite bestimmenden Fundamenten kommt als dritter archimedischer Punkt auf der Kompetenz-Seite das *Gesetzlichkeitsprinzip* hinzu, das in seinen Ausprägungen des Rückwirkungsverbots, des Analogieverbots und des Bestimmtheitsgebots direkt aus dem Schuldprinzip und der Notwendigkeit von Androhungs-Generalprävention abgeleitet werden kann, während die Beschränkung auf das Parlamentsgesetz aus der ebenfalls der Aufklärung zu verdankenden Idee der Gewaltenteilung folgt.[16]

4. Um die weitreichenden Folgerungen, die man aus den Prinzipien des Rechtsgüterschutzes durch Androhungs-Generalprävention auf wissenschaftlich stringentem Wege ziehen kann, wenigstens an zwei Beispielen zu demonstrieren: Um einen optimal dimensionierten Rechtsgüterschutz zu gewährleisten, muss sich die Strafrechtsnorm an diejenige Person oder an diejenigen Personen wenden, die die maßgebliche Entscheidung über den Eintritt der Rechtsgutsverletzung treffen, während gegenüber Randpersonen ein Unterstützungsverbot ausgesprochen werden muss. Hieraus folgt zwangsläufig das Prinzip der *Tatherrschaft* als Basis der Täterschaft bei Begehungsdelikten.[17] Ebenso

---

15 Zur eigenen Sicht der Androhungsgeneralprävention *Schünemann*, in: Schünemann/v. Hirsch/Jareborg (Hrsg.), Positive Generalprävention, 1998, 109 ff. (117 ff., 120); *ders.*, in: FS Lüderssen, 2002, 327 ff. (342); des Schuldprinzips *ders.*, in: dems. (Hrsg.), Grundfragen des modernen Strafrechtssystems, 1984, 153 ff.; *ders.*, GA 1986, 293 ff.; *ders.*, in: Hirsch (Hrsg.), Strafrecht und Kriminalpolitik in Japan und Deutschland, 1989, 147 ff.; *ders.*, in: FS Lampe, 2003, 537 ff.

16 Meine eigene Konzeption in: Nulla poena sine lege?, 1979, habe ich inzwischen in: Deutscher Bundestag (Hrsg.), Enquete-Kommission „Überwindung der Folgen der SED-Diktatur im Prozeß der deutschen Einheit" Band II/2, Verfassungsrechtliche Probleme der strafrechtlichen Aufarbeitung, Frankfurt/M 1999, 1304 ff., fortgeführt und mit dem Jubilar in: Hefendehl (Hrsg.), Empirische und dogmatische Fundamente, kriminalpolitischer Impetus. Symposium für Bernd Schünemann zum 60. Geburtstag, 2005, 31 ff., 349 ff. freundschaftlich-kritisch diskutiert.

17 Dass es sich bei der Tatherrschaftstheorie um eine finalistische Errungenschaft handelt, ist eigenartiger Weise heute weitgehend in Vergessenheit geraten. Als sich vor einigen Jahren *Hans-Joachim Hirsch* und *Claus Roxin*, also der unbestritten wichtigste Bewahrer des Welzelschen Erbes und dessen nicht schärfster, aber profundester und wichtigster Kritiker, in Form einer Bilanz über „Grundlagen, Entwicklungen und Missdeutungen des Finalismus" sowie über dessen „Vorzüge und Defizite" geäußert haben (in: Festschrift für Androulakis, Athen 2003, S. 225 ff., 573 ff., auf der Grundlage einer in Neapel/Italien 2002 über den Finalismus veranstalteten Tagung), ist die Lehre von der Tatherrschaft so gut wie gar nicht erwähnt worden. Offenbar sind beide unausgesprochen von der Prämisse ausgegangen, dass es sich bei dem Konzept der Tatherrschaft um eine selbständige Doktrin handele, die nicht bereits aus der finalen Handlungslehre abgeleitet werden könne. Und nachdem die Theorie der Tatherrschaft vor über 40 Jahren durch *Roxin* selbst und damit durch einen Anti-Finalisten in allen Details ausgearbeitet worden ist (Täterschaft und Tatherrschaft, 1. Aufl. 1963), wird sie offen-

folgt daraus aber auch für die Unterlassungsdelikte, dass derjenige, der eine Rechtsgutsverletzung geschehen lässt, obwohl er die Herrschaft über den Grund des Erfolges besitzt, weil er die Gefahrenquelle oder die Hilflosigkeit des Rechtsguts kontrolliert, für den Erfolg ebenso verantwortlich gemacht werden muss wie derjenige, der die Tatherrschaft durch aktives Tun ausübt.[18]

II. Der besondere Kontrollbedarf gegenüber Strafrecht und Strafjustiz

1. *Das Strafrecht trennt den Bürger vom Verbrecher, den freien Menschen von der wie in einem Käfig gehaltenen Kreatur.*[19] Alle Kautelen zum Schutz der bürgerlichen Freiheit gegenüber dem Zugriff der Staatsgewalt müssen hier also am stärksten ausgeprägt sein: (1) Die Beschränkung des Strafrechts auf die ultima ratio zum Rechtsgüterschutz lässt den Einsatz des Strafrechts zur Beförderung schlichter Gemeinwohlinteressen nicht zu – was leider in der Recht-

---

bar weder von den Finalisten noch von ihren Kritikern als eine zentrale Errungenschaft des Finalismus angesehen. Tatsächlich hat aber *Welzel* im Jahre 1939 als erster den Ausdruck der Tatherrschaft mit der Handlungslehre in Verbindung gebracht und den Begriff der finalen Tatherrschaft als zentrales Kriterium der Täterschaft etabliert (ZStW 58 [1939], 491 [539]), weshalb auch *Roxin* anerkannt hat, dass erst seit *Welzels* „Studien zum System des Strafrechts“ der Tatherrschaftsbegriff zum festen Bestand der strafrechtlichen Dogmatik zählt, und zwar im wesentlichen mit dem Inhalt und in der Ausgestaltung, die *Welzel* ihm verliehen hat (aaO. S. 64). Auch der Jubilar hat sich zu dieser Grundlage bekannt (*Herzberg*, Täterschaft und Teilnahme, 1977, S. 7 f.), und ich selbst halte die Geschehensbeherrschung als Zurechnungstypus quasi für den archimedischen Punkt der gesamten Zurechnungs- und Beteiligungslehre (s. *Schünemann*, in: LK-StGB 12. Aufl. 2007 § 25 Rdn. 32 ff., 39 ff.; *ders.*, Del descubrimiento de Welzel del dominio social del hecho al desarrollo del “dominio sobre el fundamento del resultado“ como principio general de la autoría, in: Moreno Hernández/Struensee/Cerezo Mir/Schöne (Coord.), Problemas capitals del moderno derecho penal, Libro homenaje a Hans Welzel con motivo de su 100 aniversario, México 2005, 231 ff.).

18 An dieser Stelle scheiden sich bekanntlich seit dreieinhalb Jahrzehnten die auf so vielen Feldern freundschaftlich verbundenen Geister des Jubilars und des Autors: Während ich die unechte Unterlassung aus der Begehung abzuleiten prätendiere (bereits *Schünemann*, Grund und Grenzen der unechten Unterlassungsdelikte, 1971, 229 ff.; zuletzt LK-StGB 12. Aufl. 2007, § 25 Rdn. 40 f.; Homenaje a Enrique Gimbernat, Madrid 2008, S. 1609), geht *Rolf Herzberg* genau umgekehrt vor, wobei sein „negativer Handlungsbegriff“ (Die Unterlassung im Strafrecht und das Garantenprinzip, 1972, 174) zwischenzeitlich von keinem Geringeren als *Günther Jakobs* auf den Schild erhoben worden war (*Jakobs*, AT 2. Aufl., 1991, § 6 Rn 20 ff.; mittlerweile wieder anders *ders.*, in: Der strafrechtliche Handlungsbegriff, 1993; dazu *Herzberg*, FS Jakobs, 2007, 147 ff.).

19 Weil es für die reiche und liebenswürdige Persönlichkeit des Jubilars bezeichnend ist, dass er auch einmal Quizkönig im Fernsehen wurde, möchte ich ihm mit der obigen Sentenz das kleine Rätsel aufgeben, welcher Werbeslogan darin travestiert worden ist.

sprechung des BVerfG vor allem in der Cannabis-Entscheidung verkannt worden ist.[20] (2) Das strafrechtliche Schuldprinzip fordert anders als das Zivilrecht individuelle Vorwerfbarkeit und ergo Vermeidbarkeit – so dass es eine echte Strafe gegen kollektive Rechtssubjekte nicht geben kann.[21] (3) Während die Idee der Gewaltenteilung nach der Rechtsprechung des BVerfG allgemein viele Ausnahmen und Überschneidungen zulassen soll,[22] ist sie für das Strafrecht durch Art. 103 Abs. 2 GG strikt durchgeführt worden.[23] Ausgerechnet in der Strafjustiz liegt nun aber auch die Achillesferse der Gewaltenteilung, weil hier die Trennung zwischen Exekutive und Judikative nicht mehr sauber durchgeführt wird, indem der Strafrichter als Exekutivorgan die Strafe verhängt und dabei zugleich die Interpretationshoheit über das von ihm anzuwendende Strafgesetz besitzt. Dadurch droht in der Rechtswirklichkeit ausgerechnet an der Stelle, wo die staatliche Machtausübung am brutalsten und für die Existenz der Bürger am zerstörerischsten ist, das Prinzip der Gewaltenteilung paralysiert und beim Strafrichter jene furchtbare Gewalt zusammengeballt zu werden, vor der schon *Montesquieu* ausdrücklich gewarnt hat:[24] In der Hauptverhandlung ermittelt der deutsche Strafrichter den Sachverhalt (und selbst der zurückhaltender agierende spanische oder italienische Richter urteilt zumindest autoritativ über das Ergebnis der von den Parteien durchgeführten Beweisaufnahme);[25] er agiert jedenfalls im kontinentaleuropäischen Verfahrensmodell als Gegenpart des Angeklagten; er nimmt den eigentlichen Eingriffsakt in Gestalt der Verurteilung zur Strafe vor und trifft auch durch die Auslegung des Gesetzes die letztverbindliche Entscheidung über die anzuwendende Norm.[26] Zwar ist auf dem europäischen Kontinent die Tendenz unverkennbar, wenigstens gewisse Elemente des angloamerikanischen Strafverfahrens einzuführen,[27] aber ohne die scharfe

20 BVerfGE 90, 145; meine Kritik findet sich in: Hefendehl/v. Hirsch/Wohlers (Fn. 14), 146 ff.

21 Näher m. z. w. N. *Schünemann*, in: LK-StGB 12. Aufl. 2007, vor § 25 Rn 21 ff.

22 BVerfGE 3, 225 (47 f); 7, 183 (188); 34, 52 (59 f.).

23 Bezüglich des Rückwirkungsverbots verkannt in der Mauerschützenrechtsprechung BVerfGE 95, 96 und BGHSt 39, 1, die der Sache nach rückwirkende richterliche Rechtsetzung bedeutete, weil aus dem bloßen DDR-Straftatbestand unter Eliminierung der Rechtfertigungsebene eine seinerzeit nicht geltende Norm synthetisiert wurde, s. *Schünemann*, in: Deutscher Bundestag (Hrsg.), Enquete-Kommission „Überwindung der Folgen der SED-Diktatur im Prozeß der deutschen Einheit“ Band II/2, 1999, 1304 ff., sowie in: FS Grünwald, 1999, 657 ff.

24 De l'esprit des lois, (zuerst 1748), Buch XI, Nr. 6.

25 Zu Spanien vgl. *Armenta Deu*, Lecciones de Derecho Procesal Penal, 2. Aufl., Madrid/Barcelona 2004, 282; zu Italien *Weichbrodt*, Das Konsensprinzip strafprozessualer Absprachen, 2006, 224 ff., 235.

26 Woran die funktionelle Aufspaltung zwischen Tat- und Revisionsinstanz prinzipiell nichts ändert.

27 Am weitesten in Italien, s. Fn. 25.

Trennung von Sachverhaltsfeststellung und Norminterpretation, wie sie nur durch das Modell des Schwurgerichts garantiert werden kann,[28] wird die Gewaltenhäufung beim Richter nicht wirklich geändert. Umgekehrt wird durch die gleichzeitig gleich einem Triumphmarsch voranschreitende Einführung des amerikanischen plea bargaining[29] sogar de facto die Aushandlung der anzuwendenden Norm (und dadurch die Eliminierung der Revisionskontrolle)[30] ermöglicht, was wiederum infolge der überlegenen Machtstellung der Justiz zumeist auf eine Unterwerfung des Angeklagten und damit auf die fallbezogene Festlegung der Strafnorm durch das erkennende Gericht selbst hinausläuft.

2. Wenn die Idee der gewaltenteilenden Demokratie nicht ausgerechnet an der empfindlichsten Stelle des Staat-Bürger-Verhältnisses scheitern soll, muss deshalb auch eine Kontrolle der Strafjustiz selbst existieren. In welchem Umfange dies durch eine Ausbalancierung innerhalb des Strafverfahrens selbst geschehen kann, ist eine Frage, die allein schon wegen ihrer enormen Komplexität die Grenzen meines heutigen Themas bei weitem überschreitet.[31] Auf jeden Fall muss daneben auch die *Gesetzesinterpretation* einer externen Kontrolle unterworfen werden, und genau hier liegt die Aufgabe der *Strafrechtsdogmatik*. Im Zivilrecht ist die Leistung der Wissenschaft, Anregungen an die Gerichte zu geben und auf Inkonsequenzen der Rechtsprechung hinzuweisen, zweifellos nützlich; im Strafrecht ist eine unbarmherzige kritische Analyse der von der Rechtsprechung vorgenommenen Gesetzesinterpretation dagegen aus verfas-

---

28 Das in den USA im 7. Amendment zur Bundesverfassung garantiert ist und in Art. 10 § 179 II der Paulskirchenverfassung garantiert war, im GVG v. 27. 1. 1877 aber in den §§ 79 ff. zur Disposition des Gesetzgebers stand und deshalb 1924 durch die schmähliche Emmingersche Notverordnung sang- und klanglos abgeschafft werden konnte (die „die Strafrechtspflege bis an die Grenzen des im Interesse der Rechtspflege noch Erträglichen vereinfachen und verbilligen sollte", s. *Eb. Schmidt*, Einführung in die Geschichte der deutschen Strafrechtspflege, 3. Aufl. 1965, 418; dazu *Vormbaum*, Die Lex Emminger von 1924, 1988).

29 Dazu in gewisser Weise prophetisch *Schünemann*, Crisis del procedimiento penal? – Marcha triunfal del procedimiento penal americano en el mundo?, in: Jornadas sobre la „Reforma del Derecho Penal en Alemania", ed. por el Consejo General del Poder Judicial, Madrid 1992, 49; auch in: Cuadernos de Doctrina y Jurisprudencia Penal, Año IV, Num. 8 A, ed. AD-HOC, Buenos Aires, 1998, 417; Revista de Derecho Penal, Num. 11, Juni 2000, Montevideo, S. 111; Schünemann, Temas actuales y permanentes del Derecho penal después del milenio, Madrid, 2002, 288.

30 Das vom Großen Strafsenat des BGH mit großem Aplomb beschlossene Verbot einer Absprache über den Rechtsmittelverzicht (BGHSt 50, 40 ff.) ist sowohl gegenüber dessen informeller Zusage als auch gegenüber dem im „Vergleichswege" vereinbarten „Geständnis" eines fraglos straftatbestandsmäßigen Sachverhalts ineffektiv und als Kautel deshalb ungefähr mit einem Abrüstungsvertrag vergleichbar, der die Zündung von Atombomben nur noch mit Glacéhandschuhen gestattet.

31 Nachw. u. Fn. 60.

sungsrechtlichen Gründen unverzichtbar. Die Strafrechtswissenschaft spielt hier gewissermaßen die Rolle einer *vierten Gewalt*, die die sonst nicht mehr kontrollierte und deshalb die Gefahr des Machtmissbrauchs bergende dritte Gewalt ausschließlich kontrolliert, ohne selbst Herrschaft auszuüben; die deshalb auch keiner besonderen demokratischen Legitimation bedarf, sondern ihre ausreichende Legitimation in der Herrschaft der Vernunft findet; und deren Beachtung durch die Justiz deshalb eine implizite Legitimationsbedingung der Justiz selbst darstellt. Daraus folgt, dass die Justiz nach den ungeschriebenen Prämissen eines auf dem Prinzip der Gewaltenteilung aufgebauten demokratischen Rechtsstaats verpflichtet ist, die Konzepte der Strafrechtsdogmatik zu berücksichtigen und sich mit ihnen bei der Gesetzesauslegung ausdrücklich auseinanderzusetzen. Der international beispiellose aufwendige Begründungsstil der BGH-Entscheidungen wird dieser Anforderung so gut wie ausnahmslos gerecht und sollte deshalb die Messlatte für die gesamte Strafjustiz in der EU bilden – ein in der Rechtswirklichkeit Europas leider noch utopisches Postulat.

III. Die akute Erosion der rechtsstaatlichen Grundprinzipien des Strafrechts

1. Die Aufgabe der Strafrechtswissenschaft bei der Entfaltung der Strafbarkeitsvoraussetzungen durch Rückbindung der Gesetzesinterpretation an die drei archimedischen Punkte des Rechtsgüterschutzprinzips, des Schuldprinzips und des Gesetzlichkeitsprinzips mitsamt der dadurch ausgeübten intellektuellen Kontrolle der Strafjustiz ist also kein „L'art pour l'art", kein sozial peripheres dogmatisches Glasperlenspiel, sondern eine verfassungsrechtlich notwendige Kontrolle der brutalsten Form staatlicher Machtausübung durch die Vernunft. Unter den Bedingungen des kontinentaleuropäischen Strafjustizsystems ist diese Aufgabe, wie ich bereits bemerkt habe, sogar noch wichtiger als im Schwurgerichtssystem des angloamerikanischen Rechtskreises. Und in der gegenwärtigen Phase der Europäisierung und Globalisierung avanciert sie geradezu zur Überlebensfrage des demokratischen Rechtsstaates. Denn heute drohen die von mir eingangs genannten archimedischen Punkte selbst aufgelöst zu werden, womit die Verwandlung des Strafrechts in ein reines Instrument der Machtausübung und damit das Ende des Rechtsstaats bevorstehen würde.

2. a) Das *Schuldprinzip* wird gegenwärtig sowohl durch globale als auch durch europäische Tendenzen in seiner Geltung bedroht. Im Rom-Statut für den internationalen Strafgerichtshof[32] ist etwa in Art. 28 vorgesehen, den Vorgesetz-

32 Vom 17. Juli 1998, deutsches Transformationsgesetz v. 10. 12. 2000. in Kraft seit 1. 7. 2002, BGBl. 2002 II, 1394. Nicht weiter verfolgt werden kann an dieser Stelle, dass das deutsche

ten wegen vorsätzlicher Straftaten seiner Untergebenen auch dann wegen eines Vorsatzdelikts zu bestrafen, wenn ihn selbst nur der Vorwurf der Fahrlässigkeit trifft. Entsprechende Tendenzen zu einer Missachtung des Schuldprinzips zeigen sich weltweit und neuerdings auch im europäischen Recht in Gestalt der Verhängung „echter" Strafen gegen Kollektive.[33] In der Rechtsprechung zeigen sich Tendenzen zur Zurückdrängung des Schuldprinzips zu Gunsten einer Haftung für bloßen Zufall oder für bestimmte Lebensformen etwa durch die Ankündigung des BGH, bei alkoholbedingter Verminderung der Schuldfähigkeit zukünftig keine Strafmilderung mehr zu konzedieren.[34] Das ist eine eindeutige Übernahme von Gedanken des Common Law, das selbst bei einer Aufhebung der Schuldfähigkeit wegen alkoholbedingter Vergiftungen eine Exkulpation im Grundsatz ablehnt,[35] obwohl in einem solchen Fall ja nicht die Tat selbst, sondern nur der Alkoholmissbrauch vorgeworfen werden kann. Die kontinentaleuropäische Strafrechtsdogmatik hat hier durch die Rechtsfigur der actio libera in causa ein viel feineres dogmatisches Instrumentarium entwickelt,[36] welches den Niveauunterschied zwischen einer von der Strafrechtsdogmatik kontrollierten Judikatur und einer bloß aus sich selbst heraus entwickelten Präjudizienkette recht deutlich anzeigt. Und zu unguter Letzt steht das Schuldstrafrecht insgesamt auf dem Spiel, sobald das Feindstrafrecht die Bühne betritt – sei es als alternatives Gesamtkonzept,[37] sei es als krebsartig wuchernde Erosionserscheinung im materiellen Recht, im Prozessrecht und bei den Sanktionen.[38]

Völkerstrafgesetzbuch v. 26. 6. 2002 in § 4 eine erheblich engere Regelung trifft, die noch international zu mancherlei Komplikationen führen könnte.

33 Aktuelle Übersicht bei *Schünemann*, in: LK-StGB, Vor § 25 Rn 20 ff.

34 BGHSt NJW 2003, 2394 ff.; zur Kritik *Hörnle*, in: Hefendehl (Fn 16), 105 ff. (130 f.).

35 Vgl. *Smith/Hogan/Ormerod*, Criminal Law, 11. Aufl., Oxford/New York 2005, 275 ff.

36 Vgl. nur aus der neuesten Zeit die Beiträge zur FS Hirsch, 1999, *von Jerouschek, Schlüchter* und *Spendel* (241, 345 und 379); zur GS Schlüchter, 2002, von *Sternberg-Lieben* (217); zur FS Gössel, 2002, von *Hruschka* (145); zur FS Lampe von *Schünemann* (537, 554); zur FS Schroeder (2006) von *Hettinger* (209); zur FS Küper (2007) von *Mitsch* (347); ferner *Hettinger*, Die „action libera in causa", 1988; *Stühler*, Die actio libera in causa de lege lata und de lege ferenda, 1999; *Sydow*, Die actio libera in causa nach dem Rechtsprechungswandel des Bundesgerichtshofs, 2002; *Otto*, Jura 1999, 217; *Freund/Renzikowski*, ZRP 1999, 497; *Streng*, JZ 2000, 20 und JuS 2001, 540; *Jerouschek/Kölbel*, JuS 2001, 417.

37 In Gestalt der von *Jakobs* entwickelten Theorie, die sich freilich bald analytisch, bald kritisch, bald affirmativ gebärdet, siehe *Jakobs*, in: Eser/Hassemer/Burkhardt (Hrsg.), Die deutsche Strafrechtswissenschaft vor der Jahrtausendwende, 2000, 47 ff (53); *ders.* HRRS 2004, 88; *ders.*, Staatliche Strafe. Bedeutung und Zweck (2004), S. 40 f; *ders.* ZStW 117 (2005) 839 ff.; und aus der inzwsichen unübersehbaren Diskussion *Schünemann*, GA 2001 211 f; *ders.* FS Nehm, 2006, 219 ff.; *Greco*, GA 2006, 96 ff.; *Hörnle*, GA 2006, 80 ff.; *Roxin* AT I 4. Aufl., 2005, § 2 Rdn. 127.

38 Dazu nur drei Beispiele: Die Ausdehnung des Vermögensstrafrechts in den Fahrlässigkeitsbereich hinein (§§ 261 Abs. 5, 264 Abs. 4) ist als solche nicht legitimierbar (zutr. *Tröndle/*

b) Das *Rechtsgüterschutzprinzip*, im Kriterium des Sozialschadens als reifste Frucht der strafrechtlichen Aufklärung den Köpfen *Beccarias* und *Hommels* (lebenskräftig wie Pallas Athene dem Haupte des Zeus) entsprungen[39] und sich danach 200 Jahre lang bald besser, bald schlechter behauptend, hatte zwar ab den Sechziger Jahren des letzten Jahrhunderts weiteste Anerkennung gefunden, ist aber gegenwärtig wieder heftig umkämpft,[40] namentlich seitdem die dadurch markierte erhöhte Eingriffsschwelle für das Strafrecht vom BVerfG in seinem schon erwähnten Cannabis-Urteil weitgehend geschleift worden ist. So ist nicht nur im Drogenstrafrecht, sondern auch in weiteren medizinisch relevanten Bereichen wie etwa der Organtransplantation ein rein paternalistisches Strafrecht etabliert worden, das nicht externe Rechtsgüter schützt, sondern den Rechtsgutsträger für seine eigene Unvernunft mit Strafe bedroht.[41] Mehr und mehr zeichnet sich hier ein bloßer Einsatz des Strafrechts zur Durchsetzung bestimmter Lebensformen ab, also die Bestrafung schlichter Unmoral, bei der lediglich die Felder ausgewechselt worden sind, auf denen bestimmte Moralvorstellungen mit den Mitteln des Strafrechts durchgesetzt werden sollen. Während der Schwerpunkt der Durchsetzung von Moral durch das Strafrecht früher im Bereich der geschlechtlichen Sitten gelegen hat, hat sich das Strafrecht von

---

Fischer, StGB 54. Aufl. 2007, §§ 261 Rn 44, 264 Rn 36) und verletzt als verkappte Beweislastumkehr (bezeichnend *Kreß*, wistra 1998, 127; die Verteidigung bei *Tiedemann*, in: LK-StGB 11. Aufl., § 264 Rn 6, verliert ihre Überzeugungskraft, wenn man sie mit seinem klaren Bekenntnis zu Verdachtstatbeständen im Gutachten C zum 49. DJT 1972, S. 49, zusammen liest) ebenso das Schuldprinzip, wie die über weite Deliktsbereiche ausgedehnte Vorbeugehaft (§ 112 a StPO), die vorläufige Fahrerlaubnisentziehung (§ 111a StPO) und die extreme Ausdehnung der Sicherungsverwahrung (durch das SexualdelBekG v. 1998 sowie die Gesetze zur Einführung der vorbehaltenen Sicherungsverwahrung von 2002 und der nachträglichen von 2004) den Verdächtigen bzw. Verurteilten buchstäblich nicht mehr wie eine „Person", sondern wie ein „wildes Tier" (*Jakobs*) behandeln – „Feindstrafrecht" nicht mehr nur ante portas, sondern bereits intra muros.

39 Denn hinter der von *Amelung*, Rechtsgüterschutz und Schutz der Gesellschaft, 1972, S. 39 ff., 49 in seiner tiefdringenden Gesamtanalyse akzentuierten Entgegensetzung von Sozialschadens- und Rechtsgutstheorie dominiert m. E. die Kontinuität, s. *Schünemann*, in: Hefendehl u. a. (Fn 14), 138 ff.

40 Vgl. außer dem in Fn 14 nachgewiesenen Sammelband aus jüngster Zeit *Hefendehl*, GA 2007, 1 ff.; *Roxin*, in: Hefendehl (Fn. 16), 135 ff.

41 Zum Drogenstrafrecht umfassende Kritik bei *Nestler*, in: Kreuzer (Hrsg.), Handbuch des Betäubungsmittelrechts, 1998, 702 ff.; *P.-A. Albrecht*, Kriminologie, 3. Aufl. 2005, 315 ff.; zum Transplantationsstrafrecht *Schroth*, in: Roxin/Schroth (Hrsg.), Medizinstrafrecht, 2. Auflage 2001, 271 ff.; *ders.*, in: FS Roxin, 2001, 869 ff.; *ders.*, FS Androulakis, Athen 2004, 671 ff.; das BVerfG (NJW 1999, 3399 [3401]) trägt dagegen keinerlei Bedenken, den Schutz des Menschen vor sich selbst zum legitimen Gemeinwohlanliegen zu erklären, das auch durch das Strafrecht bewahrt werden dürfe.

diesem Feld so gut wie vollständig abgewandt, seitdem Sex zu einem wichtigen Konsumgut und partiell sogar zur Ersatzreligion der Gesellschaft avanciert ist. Bei der Entkriminalisierung der Sittlichkeitsdelikte[42] hat der Gesetzgeber also das Rechtsgüterschutzprinzip vielleicht nur deshalb durchsetzen können, weil er zugleich dem Wandel der Moralvorstellungen Rechnung getragen hat – so dass der „alte Adam" damals nicht endgültig ersäufet wurde, sondern nunmehr statt dessen an anderen Stellen versucht, Lebensformen gegen weite Bevölkerungskreise mit dem Mittel des Strafrechts durchzusetzen Freilich wird das zumeist nicht offen eingeräumt, sondern durch die Benennung von Rechtsgütern camoufliert, die der Gesetzgeber schützen zu müssen vorgibt. Die Strafrechtsdogmatik hat hier deshalb die wichtige analytische Aufgabe, wirkliche von scheinbaren Rechtsgütern zu unterscheiden. Als Beispiel für die Erfindung scheinbarer Kollektivrechtsgüter nenne ich die Volksgesundheit, die ja nur die Klasse der Individualrechtsgüter darstellt und deshalb das heute über jedes vernünftige Ausmaß hinaus expandierte Drogenstrafrecht nicht zu legitimieren vermag. Ähnliches gilt für die Menschenwürde, die angeblich durch die Bestrafung von Experimenten mit Stammzellen geschützt werden muss,[43] während der einzelne im Mutterleib heranwachsende Embryo selbst in den meisten Ländern Europas gegenüber der Autonomie der Schwangeren jedenfalls in den ersten drei Monaten keinen durchgreifenden Schutz genießt. Weitere moderne Beispiele bieten die intensive Strafverfolgung des Doping im Sport[44] oder der Bestechung eines ausländischen Amtsträgers nach dem internationalen Bestechungsgesetz.[45] Diese Entwicklung erscheint mir deshalb besonders grotesk, weil das größte gegenwärtig global ablaufende Verbrechen, nämlich die Zerstörung des heutigen Weltklimas, von dessen Fortdauer das Überleben von vielen Millionen Menschen abhängt, für das Strafrecht bis heute nicht die geringste Rolle spielt, obwohl es sich hierbei nach meiner Überzeugung geradezu um das Urgestein des Verbrechens handelt.[46]

Es stellt deshalb gegenwärtig eine der wichtigsten Aufgaben der Strafrechtswissenschaft dar, das Rechtsgüterschutzprinzip nach beiden Richtungen hin zu verteidigen – sei es, dass Straftatbestände ohne Rechtsgüterschutz-

---

42 Durch das 4. StrRG vom. 23.November 1973 – BGBl I 1725.

43 Krit. auch *Hilgendorf*, Jahrbuch für Recht und Ethik 7 (1999), 137 ff (152); *Neumann*, ARSP 84 (1998), 152 ff. (158).

44 Dazu *Schild*, Sportstrafrecht, 2002, 133 ff.; *Ahlers*, Doping und strafrechtliche Verantwortlichkeit, 2. Aufl. 1998.

45 Dazu näher krit. *Schünemann*, GA 2003, 299 (308 f.).

46 *Schünemann*, GA 1995, 201 (206 ff.); *ders.*, in: Schünemann/Müller/Philipps (Hrsg.), Das Menschenbild im weltweiten Wandel der Grundrechte, 2002, 3 ff.

Bedürfnis geschaffen werden, sei es, dass zentrale Rechtsgüter strafrechtlich völlig ungeschützt bleiben. Und hier muss die Strafrechtsdogmatik sogar nicht nur, wie vorher erörtert, als Kontrolleur der Gerichtsbarkeit, sondern sogar der Gesetzgebung selbst fungieren.

c) Zum Schluss dieses Abschnitts möchte ich auf das *Gesetzlichkeitsprinzip* eingehen, welches in einer entfesselten Regelungspraxis der Europäischen Union geradezu mit Füßen getreten worden ist, übrigens ohne dass die Mehrheit nicht nur der deutschen, sondern aller europäischen Strafrechtslehrer davon auch nur Notiz genommen hat:

Wegen der Ausnahmestellung des Strafrechts in der gesamten Rechtsordnung muss die Strafbarkeit auf die souveräne Entscheidung des Parlaments zurückgeführt werden können – dieses Verständnis von „nullum crimen sine lege" zählt zu den unverzichtbaren Fundamenten eines liberalen Rechtsstaats.[47] Jahrzehntelang hat die Europäische Gemeinschaft das auch respektiert, wobei dafür allerdings zumeist nur die normativ blasse Begründung angeführt wird, dass die Mitgliedstaaten insoweit bisher eifersüchtig auf ihren nationalen Eigenheiten bestanden hätten, von denen das Strafrecht traditionell bestimmt sei[48] – m. E. ein totales Missverständnis der Beschränkung des legitimen Strafrechts auf Rechtsgüterschutz. In dem Vertrag von Amsterdam im Jahre 1996 ist nun aber die Institution eines *Rahmenbeschlusses der Regierungen* geschaffen worden, der die Gebiete des Strafrechts und Strafprozessrechts erfasst und die Mitgliedstaaten nach dem Wortlaut des Art. 34 Abs. 2b) EUV zum Erlass der darin vorgegebenen Gesetze verpflichtet. Zwar soll ihnen dabei die Wahl der Mittel offen gelassen werden, aber in der Praxis der bisher ergangenen, zahlreichen Rahmenbeschlüsse überwiegt immer mehr eine weitgehend detaillierte, kaum noch Ausführungsspielräume offen lassende Regelung.[49]

Aber auch unabhängig von der „normativen Dichte" eines Rahmenbeschlusses liegt es auf der Hand, dass die Institution als solche das Gesetzlich-

47 *Lüderssen*, GA 2003, 71 (82).

48 *Jung/Schroth*, GA 1983, 241 (242 f.); *Jung*, StV 1990, 509 (512); *Sieber*, ZStW 103 (1991) 957 (963); *Rüter*, ZStW 105 (1993) 30 (41); *Weigend*, ZStW 105 (1993), 774 (786 ff.); *Zieschang*, ZStW 113 (2001), 255 (265, 270).

49 Beispielhaft Rahmenbeschluss des Rates vom 29. Mai 2000 über die Verstärkung des mit strafrechtlichen und anderen Sanktionen bewehrten Schutzes gegen Geldfälschung im Hinblick auf die Einführung des Euro (ABl. L 140 vom 14. 6. 2000, S. 1–3); vom 15. März 2001 über die Stellung des Opfers im Strafverfahren (ABl. L 82 vom 22. 3. 2001, S. 1–4); vom 28. Mai 2001 zur Bekämpfung von Betrug und Fälschung im Zusammenhang mit unbaren Zahlungsmitteln (ABl. L 149 vom 2. 6. 2001, S. 1–4); vom 26. Juni 2001 über Geldwäsche sowie Ermittlung, Einfrieren, Beschlagnahme und Einziehung von Tatwerkzeugen und Erträgen aus Straftaten (ABl. L 182 vom 5. 7. 2001, S. 1–2).

keitsprinzip verletzt, denn wenn den nationalen Parlamenten die Pflicht obliegt, eine von einer Ministerversammlung als Rahmenbeschluss beschlossene Regel nachzuvollziehen und im Gesetzblatt veröffentlichen zu lassen, dann spielen sie nur noch eine Rolle als *Lakai von Brüssel*, und die inhaltliche Garantie, dass die Strafbarkeit auf einen in souveräner Freiheit vom Parlament gefassten Beschluss zurückführbar sein muss, wird damit unterlaufen.[50] Dass die Zerstörung der 250 Jahre zurückreichenden rechtsstaatlichen Fundamente des Strafrechts[51] durch eine via Brüssel betriebene, die (als political correctness camouflierte) Europatümelei missbrauchende Machtpolitik bürokratisch-lobbyistisch verfilzter Interessen geradezu die destruktive Dimension eines systemischen Lupus (LE) erreicht hat, manifestiert sich m. E. in dem deprimierenden Befund, dass die der Institution des Rahmenbeschlusses per se innewohnende Rechtsstaatswidrigkeit zunächst übersehen wurde und dass ich vor fünf Jahren, als ich mich erstmals mit der Materie beschäftigte, feststellen musste, dass in politischer Hinsicht „der Zug bereits abgefahren war", weil der von mir seitdem persönlich und in mehreren Arbeitsgruppe artikulierte scharfe Protest[52] so gut wie ungehört zu verhallen droht. Noch ungeheuerlicher ist freilich die neueste Rechtsprechung des Europäischen Gerichtshofes, der nicht nur ohne den geringsten Anhaltspunkt, sondern sogar in Widerspruch zu den Gründungsverträgen der EG eine Annex-Gesetzgebungskompetenz der EG auf dem Gebiet des Strafrechts bejaht[53] und unlängst die unüberwindlichen rechtsstaatlichen Bedenken gegen die Aufhebung des uralten Grundsatzes der beiderseitigen Strafbarkeit im Auslieferungsrechg durch den Rahmenbeschluss zum europäischen Haftbefehl mit einer rechtswissenschaftlich evident naiven Begründung beiseite

50 Dazu bereits *Schünemann*, GA 2002, 501 (504); *ders.*, StV 2003, 531 (532); *ders.*, ZRP 2003, 185 (188); ders., GA 2004, 193 (201, 205 ff.). Es ist bezeichnend, dass ich bis heute auf dieses Argument keine inhaltliche Erwiderung vernehmen konnte, alles aber so weiterläuft wie zuvor, obwohl das BVerfG ebenfalls ausgesprochen hat, dass „der deutsche Gesetzgeber in normativer Freiheit entscheiden können muss" (BVerfGE 113, 273 [315]) – ohne freilich den darin logisch zwingend angelegten Widerspruch zur Institution des Rahmenbeschlusses überhaupt zu bemerken!

51 Über die Seriosität von *Vogels* Meinung, in dem Aufbegehren gegen dieses Zurückkatapultieren in voraufklärerische Strafrechtsstrukturen seien „Nationalkonservative und Etatisten" am Werk (JZ 2005, 801 -802-), mag getrost der Leser urteilen.

52 Außer den Aufsätzen in GA 2002, 501 ff.; StV 2003, 531 ff.; ZRP 2003, 185 ff., GA 2004, 193 ff., vor allem durch die beiden Alternativ-Entwürfe, s. Schünemann (Hrsg.), Alternativentwurf Europäische Strafverfolgung, Köln u. a. 2004; Schünemann (Hrsg.), Ein Gesamtkonzept für die europäische Strafrechtspflege, Köln u. a. 2006.

53 EuGH Urteil vom 13. 09. 2005, C-176/03, ABl. C. 315 vom 10. 12. 2005, S. 2 ff., dazu durchschlagende Kritik bei *Hefendehl*, in: ZIS 2006, 161, 167.

geschoben hat.[54] Difficile est, satiram non scribere, wenn man sich vor Augen hält, dass nicht nur die im Rahmen der EG-Rechtsetzung tätigen Organe über eine für die Strafgesetzgebung unzulängliche demokratische Legitimation verfügen,[55] sondern dass diese namentlich dem Europäischen Gerichtshof selbst noch deutlicher fehlt, obwohl er in seiner Judikatur weit über die richterliche Gewalt hinausgehende Machtkompetenzen in Anspruch genommen hat:[56] Die Richter werden in einem beispielsweise in Deutschland völlig ungeregelten Verfahren von der Regierung bestimmt; ihr Amt ist, abermals wieder aus deutscher Perspektive, ein reines Ergebnis parteipolitischer Ämterpatronage.[57] Nachdem die Dogmatik des Europarechts, offensichtlich in Unkenntnis der besonderen Legitimationsbedingungen des Strafrechts, auf diesem Feld vollständig versagt hat, indem sie Legitimationsfloskeln wie die Redeweise von der Mehrebenendemokratie oder der gubernativen Rechtssetzung[58] kurzerhand auf das Strafrecht erstreckt hat, steht hier die Strafrechtswissenschaft vor der geradezu titanenhaften Aufgabe, einem bedenkenlos dahinbrausenden Zug der europäischen Strafgesetzgebung, der alle demokratischen Prinzipien mit Füßen tritt, womöglich in letzter Sekunde doch noch Einhalt zu gebieten oder sich ihm zumindest mit den Mitteln strafrechtswissenschaftlicher Argumentation in den Weg zu stellen.

---

54 Urteil vom 3. 5. 2007, C-303/05. Besonders pikant erscheint, dass der EuGH unter dem Vorsitz seines Präsidenten *Skouris* entschieden hat, dem auf der Abschlusskonferenz der von mir gegründeten, EU-finanzierten (!) Arbeitsgruppe „Ein Gesamtkonzept für die europäische Strafrechtspflege" in Thessaloniki im Mai 2006 nicht nur von deren Mitgliedern (s. *Schünemann*, in: Gesamtkonzept -Fn 52-, 61 ff.), sondern auch vom Vizepräsidenten des BVerfG *Winfried Hassemer* (s. *Hauer*, ZStW 120 [2008], 196) jene Einwände vorgestellt worden sind, von deren Gedankenblässe die dem EuGH angeborne Farbe der Entschließung aber ersichtlich nicht angekränkelt werden konnte.

55 Dazu mwN. *Streinz*, Europarecht, 7. Aufl. 2005, 111 ff.

56 *Mähner*, Der Europäische Gerichtshof als Gericht, 2005; *Balders/Hansalek*, ZRP 2006, 54.

57 Dass in dem erst jetzt (!) vorgelegten Gesetzesentwurf des Bundesrates zur Änderung des Richterwahlgesetzes vom 23. 03. 2006 (BT-Dr 16/1038) der derzeitige Zustand eines gesetzlich nicht geregelten Verfahrens für „der Bedeutung dieser Ämter nicht gerecht" erklärt wird, ist ein superber Euphemismus für die darin liegende Missachtung der unveräußerlichen Fundamente einer Demokratie.

58 Zur Mehrebenendemokratie Brunkhorst/Kettner (Hrsg.), Globalisierung und Demokratie, 2000; *Hiebaum*, Politische Vergemeinschaftung unter Globalisierungsbedingungen, 1997; *Zürn*, PVS 37 (1996), 27 ff.; *Jachtenfuchs/Kohler-Koch*, in: dies. (Hrsg.), Europäische Integration, 1996, S. 15 ff.; *Schuppert*, in: Heyde/Schaber (Hrsg.), Demokratisches Regieren in Europa?, 2000, S. 65, 75 f.; *Vogel*, ZStW 116 (2004), 400 f.; *Sander*, Repräsentation und Kompetenzverteilung, 2005; zur gubernativen Rechtssetzung programmatisch die gleichnamige Monographie von *v. Bogdandy*, 2000, in der das Strafrecht aber bezeichnenderweise überhaupt nicht vorkommt. Ohne Beachtung der demokratischen Voraussetzungen speziell der Strafgesetzgebung auch *Tiedtke*, Demokratie in der Europäischen Union, 2005.

d) Eine letzte, nicht weniger riesenhafte Aufgabe ist der Strafrechtswissenschaft gegenwärtig angesichts der in Gesetzgebung und Justiz weltweit vorherrschenden Tendenz gestellt, die aus dem 19. Jahrhundert tradierten rechtsstaatlichen Strukturen des *Strafverfahrens* zu beseitigen. Abermals fehlt mir hier der Raum, um auf die Details einer Entwicklung einzugehen, die praktisch auf die Abschaffung der öffentlichen Hauptverhandlung zu Gunsten eines auf dem Ergebnis des Ermittlungsverfahrens beruhenden Unterwerfungsverfahrens hinausläuft. Die Pflicht der Strafrechtswissenschaft besteht hier zunächst einmal darin, jene Ignoranz durch geduldige Aufklärung zu beseitigen, mit denen gegenwärtig die Richterschaft, die Justizministerien und dementsprechend auch die Parlamente der Notwendigkeit einer Ausbalancierung der Verfahrensposition von Anklage und Verteidigung und von Kautelen gegen eine einseitig voreingenommene Sachverhaltsbeurteilung durch das Gericht begegnen. Dabei lässt sich besonders eindringlich demonstrieren, dass diese Aufklärungsarbeit nur von einer gesamten Strafrechtswissenschaft geleistet werden kann, die das Strafrecht wie das Strafprozessrecht gleichermaßen überblickt und zusätzlich die empirischen Zusammenhänge erforscht. Es ist jetzt 30 Jahre her, dass ich durch eine Serie von Experimenten die praktischen Erfahrungen wissenschaftlich nachweisen konnte, wonach sich der kontinentaleuropäische Strafrichter infolge seiner Kenntnis der von der Polizei gestalteten Ermittlungsakten unbewusst auf die Marschroute der Polizei festlegt und zu einer gänzlich unbefangenen Beurteilung der in der Hauptverhandlung stattfindenden Beweisaufnahme gar nicht mehr in der Lage ist.[59] Erst recht schlägt dieses Vorurteil natürlich durch, wenn es gar nicht zu einer solchen Beweisaufnahme kommt, sondern bereits am Ende des Ermittlungsverfahrens das Urteil zwischen den Verfahrensbeteiligten abgesprochen wird. Die Ermittlungsakten gehen hier direkt in das Urteil ein; der Richter verlässt sich weitestgehend auf die Richtigkeit der polizeilichen Untersuchungen; und die aus dem 19. Jahrhundert herrührende und damals konsequente schwache Stellung der Verteidigung im Ermittlungsverfahren nimmt ihr jede Chance, dem Gericht und der Staatsanwaltschaft als gleichwertiger Partner beim plea bargaining gegenüber treten zu können. Die weitgehende Ersetzung der Hauptverhandlung durch plea bargaining ist deshalb ohne eine wesentliche Verstärkung der Verteidigung im Ermittlungsverfahren in einem Rechtsstaat nicht zu haben – dieser elementare Befund über-

---

59 *Schünemann*, GA 1978, 161, 170 ff.; *ders.*, in: Kerner/Kury/Sessar (Hrsg.), Deutsche Forschungen zur Kriminalitätsentstehung und Kriminalitätskontrolle, S. 1109 ff.; ders., FS Pfeiffer, 1988, 477; *ders.*, StV 2000, 159, 160. Dieser Befund wird von *Barton*, Einführung in die Strafverteidigung, 2007, S. 338, mit Recht als „für das Strafverfahren besonders bedeutend“ bezeichnet.

steigt aber gegenwärtig anscheinend das Einsichtsvermögen jedenfalls der in Deutschland in der Rechtspolitik einflussreichen Personen und Verbände.[60]

IV. Strafrechtswissenschaft als Eule der Minerva

Damit bin ich am Ende meiner Gedanken zu Aufgaben und Grenzen der Strafrechtswissenschaft in der gegenwärtigen Epoche angelangt. Ebenso wie *Rolf Herzberg* gehöre auch ich zur Kriegsgeneration, deren Werdegang sich noch in Ehrfurcht vor einer Strafrechtswissenschaft vollzogen hat, die der Welt in den letzten 200 Jahren so bedeutende Gelehrte wie *Anselm von Feuerbach, Franz von Liszt, Hans Welzel* und *Claus Roxin* beschert hat. Leider mehren sich in der letzten Zeit die Wetterzeichen für einen Niedergang dieser Rechtskultur, beispielsweise wenn man an die immer kümmerlicher werdenden Leistungen des deutschen Gesetzgebers,[61] an die beflissene Preisgabe rechtsstaatlich-demokratischer Grundsätze im Rahmen der Europäisierung des Strafrechts,[62] an die derzeit auf niedrigstem Niveau diskutierte Strafprozessreform[63] oder schließlich an die hierzulande kaum noch anzutreffende Fähigkeit denkt, international attraktive Konferenzen zu den heutigen Lebensfragen des Strafrechts zu organisieren.[64] Wenn diese Zeichen nicht trügen, so kann die Auf-

---

60 Näher dazu *Schünemann*, Wetterzeichen vom Untergang der deutschen Rechtskultur, 2005; *ders.*, ZRP 2006, 63; *ders.*, ZStW 120 (2007), 945 ff.

61 Der nicht einmal mehr die Kraft aufbringt, die hanebüchenen technischen Defizite des 6. StrRG nachzubessern (zutr. *Hirsch*, JZ 2007, 494, 502), oder der bei der Erneuerung des vom BVerfG für nichtig erklärten EuHbG nur den Buchstaben, nicht aber den Geist der Entscheidung respektiert (*Weigend*, FS Jung, 2007, 1069 -1083-).

62 Um dafür einen Zeugen zu zitieren, dessen dogmatisches Format und rechtsstaatlich-liberale Gesinnung an sich über jeden Zweifel erhaben sind: Wenn *Weigend*, in: FS Jung, 2007, 1069 (1073) meinen „demokratischen" Einwand gegen die Aufhebung des Erfordernisses der beiderseitigen Strafbarkeit im Auslieferungsrecht durch den RbEuHb und das EuHbG, nämlich dass der inländische Staatsbürger nicht zur Aburteilung wegen eines von ihm nicht beeinflussbaren ausländischen Strafgesetzes ausgeliefert werden dürfe (StV 2005, 681 -683-), wegen der „unbestrittenen Geltung des deutschen Strafrechts auch für Ausländer" für nicht näher erörterungsbedürftig erklären zu können vermeint, so hat er dabei unversehens die Beurteilungsobjekte verwechselt, denn es geht ja bei der Auslieferung um die Preisgabe des eigenen Staatsbürgers zur Bestrafung nach ausländischen Normen, deren inhaltliche Legitimität unter seiner demokratischen Mitwirkung im Inland gerade verneint wurde.

63 s. o. Fn 60.

64 Ein aktuelles Beispiel ist etwa darin zu sehen, dass es zum 100-jährigen Geburtstag von *Hans Welzel* nur in Mexiko und in kleinerem Zuschnitt in Italien, nicht aber in Deutschland eine Gedächtnistagung gegeben hat, s. dazu den in Mexiko erschienenen Sammelband von *Moreno/Struensee/Cerezo/Schöne* (Hrsg.), Problemas capitales del moderno derecho penal, Lo

gabe der deutschen Strafrechtswissenschaft im 21. Jahrhundert allerdings nur noch in den Grenzen der Eule der Minerva erfüllt werden, die erst mit der einbrechenden Dämmerung ihren Flug beginnt. Wie tröstlich, wenn man dabei Rechtswissenschaftler von altem Schrot und Korn wie *Rolf Herzberg* zu Fluggefährten hat!

permanente y lo transitorio del pensamiento de Hans Welzel en la política criminal y en la dogmática penal del siglo XXI, Mexiko, 2003, sowie zu der Tagung in Neapel die in Fn. 17 angeführten Beiträge von *Hirsch* und *Roxin*.

NEUNTER TEIL Vom schwindenden Beruf der Rechtswissenschaft unserer Zeit, speziell der Strafrechtswissenschaft

0. Salvatorische Vorbemerkung

Dass ich mit dem für die Publikation meines Vortrages gewählten Titel sowohl auf die berühmte Schrift *Savignys* „Vom Beruf unserer Zeit für Gesetzgebung und Rechtswissenschaft"[1] als auch auf den nicht weniger berühmten Vortrag *Max Webers* „Wissenschaft als Beruf"[2] anspiele, ist so offensichtlich, dass ich mich nur Stichworte zu liefern anheischig machen kann, um mir nicht den berechtigten Vorwurf der Hybris zuzuziehen. Ferner muss ich mich wegen der Zeit- und Umfangsbegrenzung hinsichtlich des soziologischen Verständnisses des Berufs des Rechtswissenschaftlers und damit hinsichtlich der Anlehnung an *Max Webers* Gedankengänge auch formal auf einige Stichworte beschränken, die ich an anderer Stelle näher ausgeführt habe.[3] Mit der gesellschaftlichen Aufgabe und Leistung, also der „Berufung" der Rechtswissenschaft im Sinne *Savignys*, möchte ich mich dagegen etwas ausführlicher beschäftigen.

I. Zur sozioökonomischen Oberfläche des Berufs

1. Der Beruf des Rechtswissenschaftlers, verstanden als eine akademische Profession, ist heute in Deutschland, im Unterschied zu vielen anderen Ländern,[4] eine zumeist in mittleren Jahren am Ziel angekommene Beamtenlaufbahn, die eine Pfründe verleiht. Mit der von *Max Weber* vor fast 100 Jahren[5] vorgenommenen Charakterisierung des Berufs des Universitätswissenschaftlers hat das nur noch eine geringe Ähnlichkeit. Dass das akademische Leben ein wilder Hazard sei, wie *Weber* zu behaupten nicht müde wird,[6] trifft jedenfalls für die heutige Profession des akademischen juristischen Nachwuchses nicht zu, dem pro Jahr durchschnittlich 30 vakante Professorenstellen offen stehen, von der verlässlichen Exit-Strategie eines jederzeitigen Überganges an Fachhochschulen oder in die Praxis ganz abgesehen. Das von *Weber* noch apostrophierte traurige Los des Assistenten als eines proletarischen Arbeiters[7] ist heute durch betuliche Betreu-

1 1814.

2 Erstmals publiziert 1919.

3 „Rechtswissenschaft als Beruf", Vortrag in der philosophisch-historischen Klasse der Bayerischen Akademie der Wissenschaften am 13. 12. 2013, noch unveröffentlicht.

4 Beispielsweise ist der Beruf des Universitätsprofessors in Lateinamerika in der Regel die bloße Nebentätigkeit eines praktisch tätigen Juristen, meist eines Rechtsanwalts.

5 Nämlich am 7. November 1917 und nicht, wie in der 4. Auflage seiner von Johannes Winckelmann herausgegebenen „Gesammelten Aufsätze zur Wissenschaftslehre", 1973, S. 582, fälschlich angegeben, im Wintersemester 1918/19, was sowohl wegen der 1917 noch offenen Kriegslage als auch im Hinblick auf die Biographie Webers einen erheblichen Unterschied macht.

6 aaO. (Fn. 5), S. 585, 586 unten, 588 oben.

7 aaO. (Fn. 5), S. 584.

https://doi.org/10.1515/9783110648188-012

ungsgremien für Habilitanden, in München etwa „Mentorat“ genannt, und erst recht für die die Katheder derzeit (jedenfalls im Strafrecht) stürmenden Habilitandinnen in ein Wohlfühlklima verwandelt worden. Während *Webers* Verständnis der Jurisprudenz im technischen Sinn als wertfrei wie die Naturwissenschaft,[8] eigentlich seit dem Aufkommen der Interessenjurisprudenz und der Freirechtsschule schon zu seinen Lebzeiten überholt, heute von niemandem mehr geteilt wird, trifft seine Charakterisierung des amerikanischen Professors, der den Studenten Kenntnisse wie „Kohl“ verkaufen würde,[9] mittlerweile auf die meisten Hörsäle der deutschen juristischen Fakultäten zu, wo mit den Repetitoren darum gewetteifert wird, den Geist der Jurisprudenz sozusagen auf Trinkstärke für durch dessen Genuss eigentlich überforderte Studenten zu verdünnen, indem er auf Aufbauschemata, Definitionen und Leitsätze der Rechtsprechung reduziert wird.

2. Als Reaktion auf die größere soziale Sicherheit bei gesunkenem Prestige des „juristischen Kohlverkäufers“ waren seine Dienstbezüge (jedenfalls für den Normalfall) unter diejenigen von Richtern und Staatsanwälten abgesenkt worden,[10] doch wird dieser Verlust reichlich überkompensiert durch seine in der heutigen Gesellschaft weit mehr als früher ausbeutbare Pfründe als Rechtsgutachter, für den Zivilrechtler auch als Schiedsrichter, für den Strafrechtler auch als Strafverteidiger und für den Öffentlichrechtler auch als Prozessvertreter vor dem Bundesverfassungsgericht. Dieses seltene Privileg, die Sicherheit des Berufsbeamten (man denkt unwillkürlich an Fafner in *Richard Wagners* Siegfried: „Ich lieg und besitz, lasst mich schlafen“, bzw. Alberich: „Und ruhig lebst Du lang“) mit den Verdienstmöglichkeiten der freien Wirtschaft zu kombinieren, müsste, wenn es in dieser Welt halbwegs gerecht zugehen soll, durch auf diese Weise ermöglichte oder zumindest gesteigerte besondere Leistungen für Staat und Gesellschaft legitimiert werden – die Distribution juristischen Kohls an für dessen Konsum schwach gerüstete Studierende[11] genügt dafür sicherlich nicht.

8 aaO. (Fn. 5), S. 600.

9 aaO. (Fn. 5), S. 606.

10 BVerfGE 130, 263, Rn. 168 ff., rügte die „evidente Unangemessenheit“ der W 2-Besoldung im Verhältnis zu A 13, die durch das Gesetz zur Neuregelung der Professorenbesoldung pp. v. 20. 6. 2013 (BGBl I 1514) beseitigt worden ist.

11 Diese Konzession an den feministischen Zeitgeist vermeidet die Vergewaltigung der Orthographie durch das Wort „StudentInnen“ und vergällt zugleich den historisch überständigen Studentenverbindungen einen Großteil ihres politisch verdächtigen Liedgutes (wer möchte schon singen „Studierender sein, wenn die Veilchen blühn“), ist also trotz ihrer sprachlichen Hässlichkeit kaum weniger genial als die Erfindung der „Exzellenzuniversität“, die an der Mediokrität der nicht in dieser Weise dekorierten Heimstätten von Forschung und Lehre und ihres Kümmerpersonals keinen Zweifel lässt.

Jeder Blick auf die sozioökonomische Realität des Berufs des Rechtswissenschaftlers wirft also zwangsläufig die Frage nach seiner Berufung auf und verlangt sozusagen die Volte von *Weber* zu *Savigny*.

II. Zu dem gesellschaftlichen Auftrag der (Straf)Rechtswissenschaft und ihrem Leistungsvermögen zu dessen Erfüllung

1. Als gesellschaftliche Aufgabe der Rechtswissenschaft habe ich vor mehr als einem Jahrzehnt die Bildung einer 4. Gewalt (i. w. S.) im Staate propagiert, die nicht herrscht (im Sinne von: notfalls Gewalt i. e. S. ausübt), sondern nur die (selbst herrschende) Rechtsprechung (einschließlich der Verfassungsrechtsprechung) intellektuell kontrolliert und dadurch den sonst drohenden infiniten Regress in der Gewaltenteilung als Basistheorie des Rechtsstaats (Quis custodiet ipsos custodientes?) abzubrechen vermag.[12] Die Fähigkeiten zur Erfüllung dieser Aufgabe, also die an eine in diesem Sinne elaborierte Rechtswissenschaft zu stellenden Anforderungen, scheinen mir cum grano salis und pars pro toto in der von mir im Detail überblickten und selbst betriebenen deutschen Strafrechtsdogmatik des vergangenen halben Jahrhunderts realisiert worden zu sein. Dagegen hat *Joachim Vogel* vor kurzem in einer schonungslosen, von großer Sachkenntnis der höchst unterschiedlichen nationalen Stile der Rechtswissenschaft getragenen Analyse gravierende Defizite des – wie man ihn zunächst nennen könnte – *mos teutonicus* der zeitgenössischen Strafrechtswissenschaft reklamiert und zur Vermeidung einer Marginalisierung im europäischen Rahmen zu einer Neuorientierung aufgerufen.[13] Sein kritischer Beitrag hat eine in so hohem Grade prinzipielle Bedeutung, dass ich an ihm meine persönliche rechtswissenschaftliche Selbstreflexion orientieren und entwickeln möchte.[14] *Vogel* spricht „von einem Binnenraum deutscher Strafrechts-

12 FS f. Roxin, 2001, S. 1 ff., 8.

13 JZ 2012, 25 ff.

14 Als ich meinen Vortrag für die Würzburger Tagung vorbereitete, glaubte ich noch sicher zu sein, mit *Joachim Vogel* dort zusammenzutreffen und unseren über ein Vierteljahrhundert höchst intensiven, ungeachtet unseres Altersabstandes und aller Meinungsunterschiede allezeit freundschaftlich-konstruktiven Disput an diesem Basisthema bewährt zu sehen. Nach seinem tragischen Tod habe ich gezögert, meine pointierte Antikritik zu seiner wahrhaftig tiefschürfenden Kritik des mos teutonicus zu publizieren. Aber es wäre ein Verrat an *Joachim Vogels* kompromisslosem wissenschaftlichen Ethos, die Pietät über die Wahrheitssuche zu stellen, und in diesem Sinne möchte ich sein Vorbild durch die über den Tod hinaus fortgesetzte, offene Auseinandersetzung ehren.

dogmatik", deren „Hintergrundüberzeugungen auf die internationale und europäische Wirklichkeit" träfen und eine Art „Pisa-Schock" auslösen könnten,[15] zumal deren Geltungsansprüche zu sehr an einem „Strafrechtsexport" und mangelnder „Importbereitschaft" litten,[16] was zur Kritik geführt habe, dass sich deutsche Strafrechtswissenschaftler als „Priester einer Glaubensgemeinschaft" fühlten.[17] Dieselbe Kritik findet sich auch außerhalb der Strafrechtswissenschaft und hier eher noch schärfer, sie empfindet die Rechtsdogmatik in der Wiedergabe durch *Jestaedt* als „zu deutsch, zu eigenbrötlerisch, zu vereinnahmend", kurz: einen (in internationaler Perspektive) „disziplinären Provinzialismus".[18]

2. Ich will mir nicht anmaßen, den von *Jestaedt* proklamierten „Beruf unserer Zeit zur Rechts*wissenschafts*vergleichung"[19] für den Bereich des Zivilrechts oder öffentlichen Rechts auszuüben, sondern bleibe bei meinen strafrechtlichen Leisten und verstehe unter Dogmatik alle wie auch immer begründeten Aussagen zum „geltenden Recht", also über die hic et nunc die Bürger bei Strafandrohung bindenden Verbote und Gebote und über die von den Gerichten bei deren Übertretung zu verhängenden Rechtsfolgen. Und jedenfalls auf diesem Feld läuft die Forderung, sich unter Abkehr von dem heute in Deutschland selbstverständlichen Niveau der strafrechtswissenschaftlichen Argumentation anderen Dogmatikstilen zu öffnen, auf die Proklamation einer Rückwärtsbewe-

15 JZ 2012, 25 li. u. und re. o.

16 JZ 2012, 27 re. o.

17 Unter Hinweis auf einen Ausspruch *Fletchers* in JZ 2012, 27 li. u., von *Vogel* selbst auf S. 29 re. o. durch die Wendung aufgegriffen, kein Strafrechtswissenschaftler sei darauf festgelegt, sich als „Gralshüter deutscher Strafrechtsdogmatik" zu verstehen. Weil ich das privilegium odiosum genieße, für die von ihm sonst im Anonymen gelassenen Vertreter einer von ihm offensichtlich für obsolet erachteten „Gralshüterschaft" der deutschen Strafrechtswissenschaft die alleinigen Zitate zu liefern, muss ich zu seinem mir zugeschriebenen Zitat, „Deutschland sei zum Lakaien Brüssels herabgesunken" (JZ 2012, 27 li. o.), auf das Thema meines dafür angeführten Beitrages verweisen, die Degradierung *der* (scil. aller!) *nationalen Parlamente* bei der Ausübung ihrer Gesetzgebungsgewalt zum Befehlsempfänger eines Rahmenbeschlüsse fassenden Ministergremiums als Verletzung der demokratischen Minimalia zu brandmarken (so ganz deutlich die Überschrift meines Beitrages „Die parlamentarische Gesetzgebung als Lakai von Brüssel?" StV 2003, 531) – was der Sache nach in der Lissabon-Entscheidung BVerfGE 123, 267 (wenn auch ohne explizite Erwähnung von Rahmenbeschlüssen) genauso gesehen worden ist und worin ich mich deshalb nicht dadurch beirren lasse, dass sich die Praxis der nationalen Parlamente in ihrer Lakaienrolle wohl zu fühlen schien und darin auch in der europastrafrechtlichen Standardliteratur durch Ignorierung des ganzen Problems ihre Sekundanten fand.

18 JZ 2014, 1 ff. m. z. N. und einer eingehenden eigenen Diskussion, die in die Forderung nach Dogmatizität und Interdisziplinarität mündet, allerdings als Gradmesser nur für ein germanophobes Rechtswissenschaftsverständnis taugen soll (S. 12 Fn. 78).

19 JZ 2014, 12.

gung, auf eine Absenkung des Rationalitätsniveaus und auf eine selbstverschuldete Unmündigkeit hinaus, die die Wahrnehmung der von mir als 4. Gewalt apostrophierten Kontrollaufgabe nicht nur vereitelt, sondern sogar undenkbar macht. Das möchte ich durch einen Vergleich mit den Denkformen der französischen und englischen Strafrechtsdogmatik belegen.

a) Die der zitierten Kritik zugrunde liegende Wertschätzung westeuropäischer Strafrechtspublikationen[20] ist als zwischenstaatliche Courtoisie vorbildlich, muss aber in der Sache zurecht gerückt werden. Wer einmal ein dogmatisches Problem in der vorwiegend mit allgemeinen politischen Betrachtungen gepflasterten, zeitgenössischen französischen oder englischen Strafrechtsliteratur nachzuverfolgen getrachtet hat (und das ist selbst bei Dissertationen an deutschen Jurafakultäten heute eher die Regel als die Ausnahme), wird bald feststellen, dass zu einer Frage, zu der er in der deutschen Diskussion etliche Monografien und Dutzende von Aufsätzen findet, in der französischen Strafrechtsliteratur nur wenige Aufsätze – meist nur vom Umfang einer NJW-Anmerkung – anzutreffen sind.[21] Die Arbeiten der führenden Strafrechtlerin *Delmas-Marty*[22] stellen durchweg schöngeistige, in hohen Abstraktionssphären mit dem Appell an das Gute und Edle arbeitende Betrachtungen dar, die zum großen Teil gar nicht dem Strafrecht, sondern einer vor-analytischen Rechtsphilosophie zuzuordnen sind.[23] In der anglo-amerikanischen Literatur wird man mehr finden, aber traditionell unter expliziter Beschränkung auf Common-Sense-Argumente „mittlerer Reichweite"[24] und damit unter Verzicht auf jene systematische Verknüpfung aller Argumente, die in einer hermeneutischen Disziplin allein über den Satz vom Widerspruch den Wissenschaftsanspruch zu legitimieren

20 Exemplarisch *Vogel*, JZ 2012, 27 mit Fn. 22.

21 Am Beispiel der unechten Unterlassungsdelikte s. *Schünemann*, in: Tiedemann (Hrsg.), Wirtschaftsstrafrecht in der Europäischen Union, 2002, S. 103, 17 f. m. w. N.

22 Laut *Vogel*, JZ 2012, 27 mit Fn. 22 und z. N. „wegweisend", was für die französische Strafrechtswissenschaft sicher zutrifft.

23 Paradigmatisch für den Stil der Betrachtungen ist etwa folgender Satz: „Le débat punir/pardonner prend ici un intensité dramatique. Engagées dans une véritable odyssée, les sanctions doivent traverser les divers espaces de la justice pénale, que celle-ci soit nationale, internationale ou internationalisée, articuler le temps de la justice et le temps du pardon et, finalement, prendre le double pari de restaurer le lien communautaire à l'échelle nationale et de l'instaurer à l'échelle du monde." (*Delmas-Marty*, Vers une communauté de valeurs? -Les forces imaginantes du droit, Tome IV, 2011, S. 142).

24 Vgl. zur US-amerikanischen Strafrechtsdogmatik *Dubber*, ZStW 121 (2009), 977 ff. (S. 984: „... lässt sich ein Einfluss amerikanischer Strafrechtswissenschaft ... auf die amerikanische Strafrechtspflege nicht verzeichnen, weil 1. es eine amerikanische Strafrechtswissenschaft nicht gibt; 2. die Zelebrierung leerer *common law* Floskeln keinerlei Kontrollfunktion ausüben kann"); *Stuntz*, The Collapse of American Criminal Justice, Harv Univ Pr 2011, S. 260 ff.

vermag,[25] während die elaborierte angloamerikanische Strafrechts*philosophie*[26] erst allmählich den Stil der Dogmatik zu beeinflussen beginnt.[27]

b) Dass eine genuin wissenschaftliche Strafrechtsdogmatik für alle für sie als Heuristik fruchtbaren Anregungen aus aller Welt offen sein muss und dass die in Deutschland üblichen wissenschaftlichen Diskurse dies auch tatsächlich gewesen sind und bleiben, ist jedem Teilnehmer oder auch nur Beobachter dieser Diskurse so evident, dass die von *Vogel* zitierte Polemik *Fletchers* gegen die angeblich in „selbstbewusster Provinzialität verharrenden Priester einer Glaubensgemeinschaft"[28] von diesem, einem der besten US-amerikanischen Kenner der deutschen Dogmatik, nicht ernst gemeint, sondern ein sacrificium intellectus auf dem Altar der sprachlichen Pointe gewesen sein dürfte. Beispielhaft: Allein die rechtsvergleichenden Dissertationen im deutschen Sprachraum sind Legion; *Vogels* Lehrer *Klaus Tiedemann* ist schon vor über 20 Jahren das Madrid-Symposium 1992 mit seinen „Bausteinen des europäischen Wirtschaftsstrafrechts"[29] gewidmet worden, dieser selbst hat 2002 den Sammelband „Wirtschaftsstrafrecht in der Europäischen Union" herausgegeben, und in seiner Festschrift 2008 (hrsg. u. a. von *Vogel)* finden sich unter insgesamt 98 Autoren nur 42 deutsche. Eine kritische Diskussion der durch die Europäisierung des

---

25 Dazu einstweilen nur *Schünemann*, FS Roxin, 2001, S. 1 ff.; *ders.*, FS Herzberg, 2008, S. 39 ff. *ders.*, GA 2011, 445, 447 f.; *Mastronardi*, Juristisches Denken, 2. Aufl. 2003, Rn. 101 ff.

26 Hinzuweisen ist (eine spärliche Auswahl) etwa auf das mehrbändige Werk von *Feinberg*, The Moral Limits of the Criminal Law, New York/Oxford, Bd. I: Harm to Others, 1984; Bd. II: Offense to Others, 1985; Bd. III: Harm to Self, 1986; Bd. IV: Harmless Wrongdoing, 1988; ferner *von Hirsch*, Past of Future Crimes, New Brunswick/London, 1985; *ders.* Censure and Sanctions, Oxford, 1993; *Moore*, Placing Blame, Oxford, 1997; *Duff*, Punishment, Communication, and Community, Oxford, 2001; *Deigh/Dolinko* (Hrsg.), The Oxford Handbook of Philosophy of Criminal Law, Oxford, 2011.

27 Bezeichnenderweise ist das an der deutschen Dogmatik geschulte Werk von *Fletcher*, Rethinking Criminal Law, 1978, überall hoch gelobt worden, aber ohne Nachfolger geblieben (2000 ist entgegen *Vogel*, JZ 2012, 28 keine 2. Aufl., sondern nur ein Reprint erschienen). In der englischen strafrechts*dogmatischen* Literatur verblüfft selbst die arrivierteste Darstellung von *Ashworth*, Principles of Criminal Law, 6. ed. 2009, durch ihren Fragen des AT und des BT mischenden Aufbau und (am selben Beispiel wie in Fn. 21) ihre ungefähr dem hiesigen Diskussionsstand vor 200 Jahren entsprechenden, spärlichen Bemerkungen zum „Manslaughter by omission" auf S. 275.

28 Bei *Vogel*, JZ 2012, 27 mit Fn. 18 und 20.

29 1994 auf Deutsch hrsg. von Schünemann/Suárez Gonzalez, parallel in Spanien 1995 als Boletin Oficial del Estado unter dem Titel „Hacia un Derecho Penal Económico Europeo"; nicht zu vergessen das Coimbra-Symposium für Claus Roxin 1991, von Schünemann/Figueiredo Dias 1995 hrsg. unter dem Titel „Bausteine des europäischen Strafrechts" und parallel von Silva Sánchez in Spanien unter dem Titel „Fundamentos de un Sistema Europeo del Derecho Penal".

Strafrechts entstandenen rechtsstaatlichen Probleme[30] findet sich nahezu ausschließlich in Deutschland, während der Erfolg belgisch-niederländischer Universitäten bei der Einwerbung von EU-Forschungsmitteln eng damit zusammen hängt, dass sich diese auf praktische Anwendungs- und Evaluierungsfragen konzentriert und damit freilich das Wohlwollen der Kommission erworben haben.[31] Oder was die Beschäftigung der deutschen strafrechtswissenschaftlichen Diskussion mit der den Kern der europäischen Strafprozessprobleme bildenden Judikatur des Europäischen Gerichtshofs für Menschenrechte anbetrifft, so sei auf die modellhafte Ausprägung in den Kommentierungen von *Paeffgen* im SK-StPO und von *Esser* im Löwe-Rosenberg sowie in den beiden großen Monografien von *Esser* und *Gaede* hinzuweisen,[32] denen in der englisch- und französischsprachigen Literatur wenig Vergleichbares an die Seite zu stellen ist. In der darin zu findenden, von allen Teilnehmern verlangten „Netzstruktur" der dogmatischen Arbeit[33] liegt zweifellos der Grund dafür, dass seit Jahrzehnten ein so überaus fruchtbarer strafrechtswissenschaftlicher Austausch mit den Strafrechtsdogmatikern von Portugal bis Griechenland, in Ost-Mittel-Europa, Skandinavien sowie Ostasien und Lateinamerika stattfindet, wobei die im *mos teutonicus* alltägliche Praxis, dogmatische Probleme von den obersten Prinzipien bis zu konkreten Fällen zu analysieren und in ein widerspruchsfreies System zu integrieren, für den Nachwuchs zahlreicher Länder einen mehrjährigen Forschungsaufenthalt in Deutschland attraktiv macht, der häufig bedeutende,

---

30 An dem ich mich selbst über ein Jahrzehnt beteiligt habe (jetzt kompiliert in: *Schünemann*, Die Europäisierung der Strafrechtspflege als Demontage des demokratischen Rechtsstaats, 2014), von Anfang bis Ende ebenso wie bei der zunächst mit 11 Kollegen aus 4 Länden (Schünemann –Hrsg.–, Alternativentwurf europäische Strafverfolgung, 2004, und dazu die außerordentliche Dresdner Strafrechtslehrertagung 2003, in ZStW 116 –2004–, 275 ff.) und sodann im EU-finanzierten AGIS-Programm mit 15 Kollegen aus 10 Ländern betriebenen und in 6 Sprachen publizierten (Schünemann –Hrsg. = Ed.–, Ein Gesamtkonzept für die europäische Strafrechtspflege = A Programme for European Criminal Justice, 2006, engl. S. 255 ff., slowakisch S. 527 ff., und dazu die Tagung in Thessaloniki, ibid. S. 61 ff.; Ed. italiana a cira di Militello, „Un Progetto Alternativo di Giustizia Penale Europea", 2007; auf Polnisch hrsg. v. Szwarc u. Guzik-Makaruk, 2005; spanische Übersetzung von Rey Sanfiz, 2007) Ausarbeitung eines rechtsstaatlich überzeugenderen Zukunftsentwurfs in dem *Camus'* Sisyphos entsprechenden Bewusstsein, dass in den gubernativ-bürokratischen Machtstrukturen der EU die Etablierung der Strafrechtswissenschaft als einer 4. Gewalt keine Realisierungschance besitzt.

31 Siehe *Vogel*, JZ 2012, 30 li. Sp. Die andere Ursache liegt in der Deklassierung der deutschen Sprache, die zuvor die *lingua franca* der Strafrechtsdogmatik der meisten Mitgliedstaaten gebildet hatte, in der EU.

32 *Esser*, Auf dem Weg zu einem europäischen Strafverfahrensrecht, 2003; *Gaede*, Fairness als Teilhabe, 2007.

33 Und nicht in der von *Vogel* (JZ 2012, 27 li,. Sp. Mitte) apostrophierten „gleichermaßen problematischen Vergangenheit".

die gemeinsame Diskussion wesentlich vorantreibende Abhandlungen oder gar Monografien zeitigt[34] und dadurch den traditionellen Dogmatikexport in diese Rechtsordnungen durch einen –import ergänzt.

c) Dass ein ähnlich intensiver Austausch im Verhältnis zu Großbritannien und Frankreich bis heute (noch) nicht stattfindet, beruht nicht auf einer Unzulänglichkeit der deutschen, sondern auf spezifischen Randbedingungen der dortigen Dogmatik. Wichtige Punkt sind für England auf der Ebene des Diskurs*inhalts* die immer noch starke Verankerung der Dogmatik in den vormodernen[35] (nämlich rein deskriptiv und nicht teleologisch gebildeten, materiellrechtliche und prozessuale Normebene noch nicht genügend trennenden) Kategorien des Common Law,[36] auf der Ebene der Diskurs*formen* die Schwurgerichtsverfassung und die „Massenproduktion" des plea bargaining,[37] durch die – wie letztlich auch in Frankreich – das als Stoff der strafrechtsdogmatischen Analyse dienende Rechtsprechungsmaterial stark verringert und das Schrifttum quasi auf Holz-

---

34 Exemplarisch *Morozinis*, Dogmatik der Organisationsdelikte, 2010, und *Rigopoulou*, Grenzen des Paternalismus im Strafrecht, 2013, sowie die „Auslandshefte" GA 2010/6 und 2013/11 („Spanienhefte" mit Beiträgen von *Silva Sánchez* und *Gracia Martín* bzw. *Silva Sánchez, Robles Planas, Montaner Fernández/Ortíz de Urbina Gimeno* und *Sánchez Lázaro*), 2011/5 („Roxin-Spanienheft" mit Beiträgen von *Díaz y García Conlledo, Gimbernat Ordeig, Luzón Peña* und *Silva Sánchez),* 2011/8 („Griechenlandheft" mit Beiträgen von *Mylonopoulos* und *Morozinis*) und 2011/10 und 2014/4 („Portugal-Brasilienhefte" mit Beiträgen von *Sousa Mendes* und *D'Avila* bzw. *de Figueiredo Dias* und *Leite*) sowie 2013/8 („Argentinienheft" mit Beiträgen von *Pérez-Barberá* und *Béguelin*), die den Auslandsteil der ZStW mit seiner Rechts- und Dogmatik*vergleichung* durch einen Dialog über die aus sachlogischen Gründen international *identischen* dogmatischen Fragen ergänzen; und seit einem knappen Jahrzehnt die von *Rotsch* gegründete (Internet-) Zeitschrift für Internationale Strafrechtsdogmatik, die sich inzwischen zu einer globalen Plattform der Strafrechtsdogmatik entwickelt hat, zuletzt die „Brasilien-Ausgabe" 2014/6. Entsprechende Beispiele könnten im Verhältnis zu Polen, Skandinavien oder Italien, Japan, Südkorea oder Taiwan gegeben werden, Zur Volksrepublik China siehe neuerdings *Hilgendorf* (Hrsg.), Das Gesetzlichkeitsprinzip im Strafrecht, 2013.

35 Natürlich war die latinisierte Formel *„actus non facit reum nisi mens sit* (egtl. fit) *rea*", als sie von *Edward Coke*, Institutes, Part III Cap. I Regula 57, 1606, aufgestellt und in *Fowler v. Padget*, 101 ER 1103, 1798, anerkannt wurde, ein (auch heute noch bedeutsamer) Meilenstein des Strafrechtsdenkens, der aber in einem teleologischen System zu der zentralen Systembildung „Unrecht und Schuld" fortentwickelt werden muss (zu deren Notwendigkeit und ihren Konsequenzen in einem funktionalen System *Schünemann*, Coimbra-Symposium [Fn. 29, S. 149; *Greco*, S. 636), was aber wiederum nicht gelingen kann, solange an der prozessual motivierten Kategorie der affirmative defences festgehalten wird (dazu *Dubber*, Einführung in das US-amerikanische Strafrecht, 2005, S. 139 ff.; *ders.*, Model Penal Code, New York 2002, S. 186 ff.).

36 Nämlich actus reus, mens rea und defences, näher *Dubber*, Einführung (Fn. 35), S. 42, 55, 139; *Ormerod*, Smith & Hogan's Criminal Law, 13. Aufl. Oxford 2011, Part I 4, 5, 12.

37 Dazu näher *Salditt*, FS Mehle, 2009, S. 581 ff.

schnittniveau fixiert wird, mit dem verglichen das Schrifttum in den Ländern des mos teutonicus dem Pointillismus entspricht.[38] Einen ähnlichen Begriffs-

38 Als Beispiel nenne ich die strafrechtliche Produkthaftung, die natürlich in allen Industriestaaten dieselben Sachprobleme aufwirft. Die *deutsche* Diskussion wird – unter Außerachtlassung aller Kommentare, Lehr- und Handbücher und „Kleinbeiträgen" – von folgenden Monographien und Abhandlungen gebildet: *Bloy*, FS Maiwald, 2010, S. 35; *Heine*, Die strafrechtliche Verantwortlichkeit von Unternehmen, 1995, S. 110 ff.; *Hilgendorf*, GA 1995, 522; *ders.*, Weber-FS, 2004, S. 33; *Holtermann*, Neue Lösungsansätze zur strafrechtlichen Produkthaftung, 2007; *Kuhlen*, in Achenbach/Ransiek (Hrsg.), Handbuch Wirtschaftsstrafrecht, 3. Aufl. 2011, S. 79 ff.; *Schmucker*, Die „Dogmatik" der strafrechtlichen Produktverantwortung, 2001; *Schünemann*, Unternehmenskriminalität und Strafrecht, 1979; *ders.*, in: Gimbernat/Schünemann/Wolter, Internationale Dogmatik der objektiven Zurechnung und der Unterlassungsdelikte, 1995, S. 68 f.; *ders.*, FG-Wiss. BGH, 2000, S. 621; *ders.*, in Tiedemann (Hrsg.), Wirtschaftsstrafrecht in der Europäischen Union, 2002, S. 121 f. – In *Frankreich* gibt es einen allgemeinen Personengefährdungstatbestand, Art. 223-1 Code Pénal, dazu näher *Pradel/Danti-Juan*, Droit pénal spécial, 4. Aufl. Paris, 2007, Rn. 129 ff.; zur Haftung aus dem Verletzungsdelikt ebda. Rn. 78; es gibt ferner ein umfassendes Verbraucherschutzstrafrecht, das auch abstrakte Gefährdungsdelikte durch fehlerhafte Produkte miterfasst, dazu *Stasiak*, Droit pénal des affaires, 2. Aufl. Paris, 2009, S. 509 ff.; *Jeandidier*, Droit pénal des affaires, 6. Aufl. Paris, 2005, S. 595 ff. Dass eine Spezialliteratur hierzu, die mit der deutschen qualitativ oder quantitativ auch nur annähernd verglichen werden könnte, weder existiert noch auch nur entfernt in Sicht wäre, erklärt vielleicht die französische (wie übrigens auch englische) Übung, in Gesamtdarstellungen im Unterschied zur deutschen Übung so gut wie keine Aufsätze oder Monographien zu zitieren. – Noch krasser ist die Situation im Bereich des *common law*. In den *USA* wird die Produkthaftung ausschließlich als ein zivilrechtliches Problem angesehen, weshalb der Vorstoß des Senators *Arlen Specter*, einen bundesrechtlichen Spezial-Straftatbestand zu schaffen, auf heftige und bis heute erfolgreiche Kritik stieß (s. *Vandall*, Catholic Univ. L. R., Vol. 57 No 1, 2008; *Schwartz/Silverman*, Criminalizing Product Liability Law: Putting to Rest a Bad Idea, U. S. Chamber Institute for Legal Reform, 2006). In *England* gibt es mit demselben praktischen Effekt den eigenständigen Tatbestand einer fahrlässigen Tötung durch Unternehmen („corporate manslaughter", in Schottland „corporate homicide") auf Grund des Corporate Manslaughter and Corporate Homicide Act 2007 (dazu näher *Ashworth* [Fn. 27], S. 279 ff.), neben dem zwar eine strafrechtliche Verfolgung der individuell Verantwortlichen wegen manslaughter und gross negligence nach dem Health and Safety at Work etc Act 1974 nicht ausgeschlossen ist, aber in der Dogmatik doch nur eine geringe Rolle spielt, weshalb das Standardwerk von *Whittaker*, The Development of Product Liability, Cambridge 20120, unter „criminal liability" zwar Regelungen in Frankreich, Italien und Spanien erwähnt (S. 93 f., 223 f. und 253 f.), nicht aber im Vereinigten Königreich. Dagegen lässt sich auch nicht einwenden, es fehle eben hier an vergleichbaren Skandalen wie *Contergan* und *Lederspray* in Deutschland oder *Colza Öl* in Spanien, denn in England findet sich der leading case *Donoghue v. Stevenson* bereits im Jahre 1932 (dazu *Whittaker*, S. 19 f., 32 f., 52 ff.), und in den USA gab es schon in den 70er Jahren des vorigen Jahrhunderts den *Ford Pinto Skandal*. Außerdem lässt sich der Quantensprung in der Quantität, Intensität und Subtilität der Problembearbeitung zwischen dem mos teutonicus einerseits, der französischen und angloamerikanischen Strafrechtsdogmatik andererseits an jedem beliebigen Beispiel demonstrieren, seien es die schon erwähnten unechten Unterlaskäfig wie das common law für die englische bildet die sog. Elementenlehre für die französische Strafrechtsdogmatik,[39] die in Gestalt der drei unbestrittenen Elemente „légal, matériel, moral" auf einen ähnlichen Kategorienfehler hinausläuft wie der tradierte dreistufige Aufbau der deutschen Dogmatik,[40] in der Abgrenzung aber bei weitem größere Unklarheiten schafft. Und schließlich hat die von *Vogel* hervorgehobene[41] Zuordnung des Strafrechts zum Bereich des Sicherheitsrechts, über eine bloße Rubrizierung weit hinausgehend, England und Frankreich als die von *Vogel* mit Recht apostrophierten *historischen* Mutterländer von Demokratie und Rechtsstaatlichkeit[42] auf dem Gebiet der *heutigen* Strafrechtspflege in *Stiefmütter* des liberalen Rechtsstaats verwandelt[43] und dadurch der wechselseitigen Verständigung sogar stofflich (d. h. im Gegenstand der Dogmatik) verankerte Hürden bereitet.

3. a) Die Differenz zwischen der Strafrechtswissenschaft in den vom mos teutonicus geprägten Ländern und derjenigen Frankreichs/Englands[44] könnte man danach durch einen dreifachen Graben zu beschreiben versuchen: zwischen einem tendenziell liberalen bzw. einem tendenziell polizeilichen Denken einerseits, zwischen einer tendenziell bis zum Einzelfall hin konkretisierten und einer sich tendenziell auf allgemeine Regeln beschränkenden Dogmatik andererseits und schließlich zwischen einer in den letzten 150 Jahren permanenten Weiterentwicklung und Modernisierung der zentralen Kategorien einerseits und einem Verharren auf dem im 19. Jahrhundert erreichten System andererseits. Aber damit wäre noch nicht einmal das *proprium* bezeichnet, das in meinen Augen in der Verschmelzung von Rechtsphilosophie und Gesetzesinterpretation anstelle

---

sungsdelikte, die sachlogischen Grundlagen der Täterschaft (deren Analyse nicht einmal durch das epochale Werk *Roxins* über „Täterschaft und Tatherrschaft" [1. Aufl. 1963] zur Ruhe gekommen ist, s. zur erneut aufflammenden Diskussion *Schünemann*, FS Roxin II, 2011, S. 799 ff.) oder die objektive Zurechnung, deren kontroverse Behandlung in Deutschland mittlerweile Regale füllt, während (als Beispiel) in England die in der Entscheidung R v Blaue ([1975] 61 Cr App R 271) formulierte „thin skull rule", derzufolge der Täter auch für unvorhersehbare Anfälligkeiten des Opfers und damit also unsinniger Weise für Zufall haftet, immer noch das Maß aller Dinge ist (s. *Glanville Williams*, Law Quarterly Review 77 [1961], 179, 195; *Moore*, Causation and responsibility, Oxford 2009, S. 221 ff.; *Loveless*, Complete Criminal Law: Text, Cases, and Materials, Oxford 2012, S. 94 ff.).

39 Eingehende deutsche Darstellung bei *Vogel*, GA 1998, 127, 128 ff.

40 Denn die Tatbestandsmäßigkeit ist eine bloß formale Kategorie und betrifft wie die Rechtswidrigkeit das Unrecht, genauso gut könnte man auch bei der Schuld zwischen einem Indiztatbestand und Schuldausschließungsgründen unterscheiden.

41 JZ 2012, 31 re. o.

42 JZ 2012, 27 li. Sp. Mi.

43 Zu Beispielen der illiberalen Entwicklung s. u. III. 1. b).

44 Auf die Sonderentwicklung Schottlands kann hier nicht eingegangen werden.

eines reinen Gesetzespositivismus besteht, durch die erst der Anspruch auf eine intellektuelle Kontrolle der Machthaber vorstellbar und erfüllbar wird, die auch im internationalen Diskurs eingefordert werden muss und die nicht durch die weitgehend deskriptive und damit vor-dogmatische Darstellung der sprachlichen Oberflächenstruktur ausländischer Strafgesetze ersetzt werden kann.[45]

b) Jede elaborierte Strafrechtsdogmatik besteht in der nicht positivistischen, sondern philosophischen Entfaltung der allgemeinen Zurechnungsprinzipien auf Basis der seit *Beccaria* und *Feuerbach* vorauszusetzenden Aufgabe des Strafrechts *zum Rechtsgüterschutz durch Androhungsgeneralprävention*, was bereits auf der Zweckebene die individuelle Vermeidbarkeit und damit das auf der Legitimationsebene erneut relevante *Schuldprinzip* einschließt. Strafrechtsdogmatik heißt deshalb die (jeden Terminus auf die darin vorausgesetzte Bedeutung befragende und damit) analytische, (alle einzelnen Aussagen in einen dem Satz vom Widerspruch genügenden Ableitungszusammenhang bringende und damit) systematische sowie (mittels der Verwertung gesicherter empirischer Erkenntnis auch) synthetische Entfaltung der (nicht willkürlich gesetzten, sondern aus dem Denkmodell des Gesellschaftsvertrages abgeleiteten) Grundaxiome des Strafrechts als *der durch das Schuldprinzip legitimierten ultima ratio zum Rechtsgüterschutz durch Androhungsgeneralprävention*, und ihre gesellschaftlich wichtigste, unersetzliche Aufgabe ist der *Schutz der Freiheit des Bürgers vor nicht legitimierbarer staatlicher Gewalt*.

c) Ohne diesen archimedischen Punkt, das räume ich gerne ein, ist deshalb eine Strafrechtsdogmatik als 4. Gewalt nicht vorstellbar. Deshalb ist es auch konsequent, dass *Joachim Vogels* Grundposition und die meine in dieser materiellen Standortbestimmung ebenfalls differieren. *Vogel* hält gerade den Rechtsgüterschutzansatz für eine Sackgasse der deutschen Strafrechtsdogmatik und hat sich hierfür zuletzt auf *Stuckenberg* berufen.[46] Aber dass er wirklich dessen das Strafrecht hinter *Beccaria* und damit um 250 Jahre zurück katapultierender These der Pönalisierbarkeit auch bloßer Unmoral[47] das Wort reden will, kann ich mir schwerlich vorstellen. Und abgesehen davon, dass die Ablehnung des Rechtsgüterschutzprinzips im Inzesturteil des BVerfG[48] selbst eine protestatio facto contraria darstellt, weil dieses dann doch wieder ein dem Inzestverbrechen zugrunde liegendes Rechtsgut darzutun versucht[49] und mit seiner im spä-

45 Anders *Vogels* (JZ 2012, 29 Fn. 35) Wertschätzung komparativer Projekte.

46 JZ 2012, 25 Fn. 3, bemerkenswerter Weise ohne hierbei das Inzesturteil des BVerfG (E 120, 224) als Eideshelfer zu bemühen.

47 *Stuckenberg*, GA 2011, 653, 659.

48 BVerfGE 120, 224, 241 ff.

49 BVerfGE 120, 224, 243 ff.; mit Recht betont von *Roxin*, StV 2009, 545 f.; *Kühl*, FS Stöckel, 2010, S. 117, 129; s. auch *Schünemann*, FS Amelung, 2009, S. 303, 304 Fn. 3.

teren Untreueurteil noch unterstrichenen ultima-ratio-Formel[50] ja ohne einen hinzugefügten Gegenstand schon logisch nicht auskommt (ultima ratio wozu?), wurzelt die Rechtsgüterschutzdoktrin als bloße Umformulierung des von *Beccaria* aus dem Modell des Gesellschaftsvertrages abgeleiteten Sozialschadensprinzips[51] in den *Grundvoraussetzungen jeglicher Staatsgewalt* und kann deshalb nicht mit *Stuckenberg* durch ein angeblich vorrangiges Demokratieprinzip überspielt werden, weil dieses erst die Organisation einer bereits rechtlich begründeten Staatsgewalt regelt. Anders formuliert: Die Theorie vom Sozialschaden (= Rechtsgutsverletzung) als Legitimationsschwelle für die staatliche Strafe ist inhaltlich aus der fundamentalen Legitimationsfigur des Gesellschaftsvertrages abgeleitet und historisch älter als die Grundrechtstheorie und darf deshalb nicht kleingeraspelt werden, indem man die weitaus laxere Schwelle für Grundrechtseinschränkungen nimmt und nur noch eine schlaffe Verhältnismäßigkeitsprüfung anschließt. Denn das staatliche Reaktionsmittel der Strafe ist im Kern unverhältnismäßig, wie gerade der Vergleich mit dem als archaisch-streng verrufenen Vergeltungsprinzip zeigt. Wie *Immanuel Kant* zu Recht ausgesprochen hat,[52] wird eine Vergeltung durch das Talionsprinzip beschränkt, denn wenn dem Übeltäter etwas Schlimmeres zugefügt wird, als er selbst zu verantworten hat, dann findet gerade keine Vergeltung, sondern nur noch Rache statt. Die Wirklichkeit des Strafrechts bleibt aber nur bei der Bestrafung von Tötungsdelikten und schweren Körperverletzungsdelikten hinter der Talion zurück, während sie im Regelfall weit darüber hinausgeht: Wer ein Vermögensdelikt begeht, erst recht im Rückfall, wird unter Umständen über Jahre hinweg wie ein wildes Tier in einen Käfig gesperrt. Und dasselbe passiert einem Sexualtäter, der Leib und Seele seines Opfers zweifellos übel mitgespielt hat, aber nur über eine ganz kurze Zeitspanne. Dieses fast permanente Übermaß der strafrechtlichen Sanktion, dieser strukturelle *overkill*, gebiert für den Anwendungsbereich des Strafrechts die heute allgemein anerkannte *Ultima-Ratio-Formel*: Strafen dürfen gerade wegen ihres Overkill-Effekts nur verhängt werden, wenn es um die Gewährleistung der unentbehrlichen Güter des Einzelnen und der Gesellschaft geht und wenn alle anderen Mittel fruchtlos sind, und bei geringfügigen Verletzungen muss ganz auf sie verzichtet werden.

d) Natürlich ist es ausgeschlossen, an dieser Stelle in die fast uferlos gewordene Kontroverse um die Rechtsgutstheorie abermals vertieft einzusteigen.[53]

---

50 BVerfGE 120, 224, 240; 126, 170, 195, 197.

51 Zu dieser freilich umstr. Sicht näher *Schünemann*, in: Hefendehl u. a. (Hrsg.), Die Rechtsgutstheorie, 2003, S. 133, 138 ff.

52 *Kant*, Metaphysik der Sitten, 2. Auflage 1798, S. 227 ff.

53 Vgl. schon früher *Vogel*, StV 1996, 110 einerseits, *Schünemann*, in: Hefendehl/Wohlers/v. Hirsch (Hrsg.), Die Rechtsgutstheorie, 2003, S. 133 andererseits sowie *Roxin* in: Hefendehl

Es genügt die Feststellung, dass weder die *strafrechtskritische* Ausprägung in Frankreich oder Angloamerika (wo aber bemerkenswerter Weise in der Strafrechts*philosophie* in Gestalt des *harm principle* von *Feinberg* ein Pendant entwickelt worden ist)[54] ein Äquivalent findet (sei es auch nur in funktionaler Form oder wenigstens einer elaborierten Ablehnung) noch die *strafrechtsimmanente*,[55] deren zentrale methodologische Bedeutung für die gesamte Interpretation des Besonderen Teils selbst von dem im Europastrafrecht modischen Neopositivismus nicht bestritten werden kann.

4. Unabhängig von der Rechtsgutskontroverse und der Frage einer wie auch immer gearteten Begrenzung der legislatorischen Strafgewalt sind jedenfalls die allgemeinen Regeln der strafrechtlichen objektiven und individuellen *Zurechnung* eine philosophische und keine gesetzespositivistische Frage. In der logisch-systematischen Entfaltung der *Prinzipien genereller und individueller Vermeidbarkeit* besteht deshalb der Kern der Strafrechtsdogmatik, und allein um dessentwillen ist sie eine Wissenschaft, deren Charakter man verfehlt, wenn man ihre wissenschaftstheoretische Struktur mit *Stuckenberg* für ein „Misstrauen seit vorkonstitutioneller Zeit" hält.[56] Dagegen hilft es auch nichts, nach der „Kraft des besseren Arguments" unter Kombination „aller methodischen Positionen" zu suchen und hierfür auf die ökonomische Analyse (über die es zahlreiche kritische, ihre engen Grenzen aufzeigende Untersuchungen nicht nur in der deutschen Strafrechtswissenschaft gibt),[57] „Strafrecht und Literatur" und die Critical Legal Studies[58] und

---

(Hrsg.), Empirische und dogmatische Fundamente, kriminalpolitischer Impetus, 2005, S. 135; *ders.*, FS Hassemer, 2010, S. 573; *ders.*, GA 2013, 433; *Greco*, ZIS 2008, 234; *ders.*, Lebendiges und Totes in Feuerbachs Straftheorie, 2009, S. 303 ff.; und die Sammelbände *Hefendehl/Wohlers/v. Hirsch* (Hrsg.), Die Rechtsgutstheorie, 2003; *von Hirsch/Seelmann/Wohlers* (Hrsg.), Mediating Principles, 2006.

54 *Feinberg* Harm to Others, New York/Oxford, 1984; dazu *Seher*, Liberalismus und Strafrecht, 2000, S. 53 ff.; *v. Hirsch* GA 2002, 2 (erweitert in: Hefendehl/v. Hirsch/Wohlers – Fn. 53–, S. 13); *ders.*, FS Herzberg, 2008, S. 915; *Simester/v. Hirsch*, Crimes, Harms and Wrongs, 2011, S. 35 ff.

55 Zu dieser Unterscheidung *Hassemer*, Theorie und Soziologie des Verbrechens, 1980, S. 19; Roxin, Strafrecht AT I 4. Aufl. 2006 § 2 Rn. 4 f.

56 GA 2011, 659 mit der das bisher Erreichte preisgebenden Forderung, durch eine strafrechtsspezifische Grundrechtsdogmatik die verfassungsrechtlichen Grenzen der Strafgesetzgebung schärfer zu konturieren, ibid. S. 661.

57 *Eidenmüller*, Effizienz als Rechtsprinzip, 3. Aufl. 2005; *Fezer*, JZ 1988, 223 ff.; *Lepsius*, ZVglRWiss 109 (2010), S. 327 ff.; *Mestmäcker*, A Legal Theory without Law, 2007; *Wittig*, Der rationale Verbrecher, 1993.

58 Zu ersterem immer noch grdl. *Binder/Weisberg*, Literary Criticisms of Law, Princeton 2000, und *Lüderssen*, Produktive Spiegelungen, Bd. 1, 2. Aufl., 2002, Bd. 2, 2007; zu letzterem grdl. *Unger*, Knowledge and Politics, New York, 1975; die Aufsatzsammlung Boyle (Hrsg.), Critical Legal Studies, Aldershot u. a., 1994; zusammenfassend und eher krit. *Altman*, Critical Legal Studies, New Jersey, 1990.

damit auf Strömungen zu verweisen,[59] die in den USA ein Gedankengut nachholen, das als Relativierung der dort lange Zeit die Praxis beherrschenden lexikalischen Wortlautauslegung Konjunktur hat, für Deutschland aber seit Freirechtsschule und ontologischer Hermeneutik wenig Neues bringt.

5. Gewissermaßen den Lackmustest für die Überlegenheit einer elaborierten systematischen Zurechnungsdogmatik über eine bloße positivistische Gesetzeskunde bildet die Durchsetzung des Schuldprinzips, ohne deren Beachtung der strafrechtliche Overkill nichts anderes ist als eine sinnlose Gewaltorgie. Es ist deshalb kein Zufall, dass die angloamerikanische Strafrechtswissenschaft in dieser Hinsicht bis heute blind ist. Das erste Beispiel bildet die Bestrafung juristischer Personen und damit eines systemischen Vorganges, in der sich der geistige Habitus des persischen Großkönigs *Xerxes* manifestiert, der nach *Herodot* bei einem Unwetter die hochgehenden Wellen des Hellespont zur Strafe mit 300 Rutenschlägen züchtigen ließ. Dass es bei systemischen Prozessen nicht um ein allein wegen eines vergangenen Ereignisses zugefügtes Übel, sondern nur um das System optimierende prospektive Maßnahmen gehen kann, bewegt sich außerhalb des im Common Law entwickelten Begriffsinstrumentariums.[60] Das zweite, auch von *Vogel* angeführte Beispiel wird durch das Erstaunen ausländischer Kollegen illustriert, dass im StGB eine Regelung zu rauschbedingten Irrtümern und rauschbedingter fehlender Schuldfähigkeit fehle.[61] Denn diese Regelung findet sich ja implizit bereits im Schuldprinzip, in der Regelung der mittelbaren Täterschaft als dogmatisch allein tragfähiger Basis der actio libera in causa und im Analogieverbot des Art. 103 Abs. 2 GG, braucht also nur durch die Strafrechtswissenschaft explizit gemacht zu werden. Deshalb erklärt sich die Verwunderung der ausländischen Kollegen aus ihrer Verwurzelung in Rechtsordnungen, die den rauschbedingten Schuldausschluss auch außerhalb der actio libera in causa verweigern und dadurch das Schuldprinzip verletzen, also sich anstatt logisch-systematischer Erörterung einer kruden Sündenbockprojektion überantworten.[62]

---

59 *Vogel*, JZ 2012, 30 re. Sp., 31 re. Sp.

60 Das kann ich hier natürlich nicht weiter ausführen, weshalb ich vollständig auf meine m. z. w. N. versehenen Überlegungen in ZIS 2014, 1 ff. verweisen muss.

61 JZ 2012, 26 li. o.

62 Im common law ist die Begehung einer Tat im Rausch Jahrhunderte lang nicht etwa als eine Verteidigungseinrede, sondern genau umgekehrt als ein Strafschärfungsgrund angesehen worden, was nach der Majewski-Regel im Grundsatz auch noch heute gilt, s. *Helmert*, Der Straftatbegriff in Europa, 2011, S. 124 f.; ferner *Safferling*, Vorsatz und Schuld, 2008, S. 460 ff.; *Smith/Hogan/Ormerod*, Criminal Law, 11. Aufl. Oxford 2005, S. 273 ff. Zu der dogmatischen Figur der actio libera in causa, die gegenwärtig in Deutschland heillos umstritten ist, nach dem Modell der mittelbaren Täterschaft aber ohne Verletzung des Analogieverbots und auch in der Sache überzeugend begründet werden kann, s. nur *Roxin*, FS Lackner, 1987, S. 307 ff., 314 ff.;

6. Mit wissenschaftlichen Diskursarenen, die sich dem vorstehend beschriebenen Strafrechtsparadigma nicht nur im Ergebnis, sondern auch in der Bereitschaft zu einer Diskussion darüber verweigern, besteht deshalb keine hinreichende gemeinsame Basis, so wenig, wie etwa ein heutiger Naturwissenschaftler mit einem Anhänger des Hexenglaubens auf einen gemeinsamen Nenner kommen könnte. Es braucht deshalb nur an die klaren Worte von *Hirsch* erinnert zu werden, dass es keine nationale deutsche, französische usw., sondern nur eine richtige oder eine falsche Strafrechtsdogmatik gibt[63] (von den trivialen Fällen der Interpretation unterschiedlicher sprachlicher Semantiken natürlich abgesehen). Für eine rechtsphilosophisch fundierte Strafrechtswissenschaft gibt es von Haus aus „keine Integrationsschranken",[64] sie braucht deshalb auch mitnichten eine „europäische Öffnung", so als ob es dann doch wieder eine abgekapselte „europäische" Strafrechtswissenschaft gäbe, denn sie ist ab ovo so global wie der menschliche Geist. Einer um vorpositivistische Erkenntnis bemühten Strafrechtswissenschaft, an der vor allem, aber nicht nur in Deutschland seit rund 200 Jahren und in einer verfeinerten, die Prämissen des liberalen Rechtsstaats mitreflektierenden Weise seit rund 60 Jahren gearbeitet wird, eine nationale Sackgasse zu attestieren, stellt die Dinge deshalb ebenso auf den Kopf wie wenn ich als Vertreter einer gegenteiligen, das Strafrecht in nationaler Identität und Kultur (= positivistisch!) verankernden Auffassung angeführt werde:[65] Ich habe (speziell in der Auseinandersetzung mit „Europastrafrechtlern") immer darauf insistiert, dass man einer Strafrechtsangleichungstätigkeit der EU keinesfalls eine nationale „Kultur" der Mitgliedstaaten entgegenhalten könne, weil hierfür in einem auf den Rechtsgüterschutz beschränkten Strafrecht angesichts der insoweit einheitlichen europäischen Kultur kein Raum sei[66] – während umgekehrt gerade die „Verfassungspositivisten" den von *Vogel* eigentlich und mit Recht abgelehnten *nationalen* Standpunkt vertreten müssten, weil dann eben je nach der einzelnen Verfassung jedes Mitgliedstaates unterschiedliche Strafrechtsordnungen konsequent wären, etwa wenn man in Irland die Abtreibung strafwürdig findet, in Deutschland die Präimplantationsdiagnostik oder von mir aus in einem künftigen muslimischen Mitgliedstaat die Kritik am Propheten.

Jakobs, FS Nishihara, 1998, S. 105 ff.; *Dold*, GA 2008, 427 ff.; *Schünemann*, FS Lampe, 2003, S. 537, 554 ff.

63 *Hirsch*, FS Spendel, 1992, S. 43, 58.

64 *Vogel*, JZ 2012, 29 re. o.

65 So *Vogel*, JZ 2012, 28 mit Fn. 29.

66 *Schünemann*, GA 2004, 193, 197; ZStW 116 (2004), 376, 382; ZIS 2007, 535; KritV 2008, 6, 15 f.

III. Zu den Ursachen ihrer schwindenden Beachtung

Wenn die Verbindung analytisch-systematischer Präzision mit rechtsphilosophischer Reflexion und dezidiert rechtsstaatlich-liberalen Axiomen, kurz: der *mos teutonicus* oder (inhaltlich und wegen seiner Verbreitung weit über Deutschland hinaus ab jetzt präziser:) *mos analytico-philosophicus civitatis iuris (= mapci)*, wie er nicht nur in der deutschen Nachkriegsdogmatik, sondern auch bei der Mehrzahl der europäischen Strafrechtswissenschaftler heute als *pantón chrématón metron* gilt,[67] in den *Institutionen* der EU und anderen von der englischen Sprache dominierten Milieus aber ins Hintertreffen geraten ist – und das ist der auch nach meiner Meinung rechtssoziologisch unleugbare Befund von *Vogels* Analyse! –, so bedroht das nicht nur den Elfenbeinturm der Wissenschaft, sondern die Freiheit aller Bürger. Es kömmt deshalb drauf an, falls diese schöne neue Welt schon nicht (mehr) verändert werden kann, sie wenigstens zutreffend zu interpretieren.[68]

1. a) Der von *Vogel* geübten Kritik an der internationalen Rolle der neueren deutschen *Strafgesetzgebung*[69] pflichte ich ohne Umschweife bei[70] und möchte

---

67 „Das Maß aller Dinge" (das nach *Protagoras*, zit. nach Diog. Laërt. IX, 51; Plato, Theaet. 152, der Mensch [anthrópos] ist). Mit dem griechischen Zitat erweise ich zwei Befunden meine Reverenz, nämlich, dass die für den heutigen gesellschaftlichen Erfolg der Strafrechtswissenschaft immer wichtiger werdende EU von den Fundamenten der griechischen Philosophie niemals loskommen darf und dass gerade auch die heutigen griechischen Strafrechtswissenschaftler die im Text genannte Verbindung praktizieren und die deutschsprachige Diskussion als deren Teil (!) laufend bereichern, exemplarisch o. Fn. 34.

68 In Umkehrung des berühmten Dictums von *Karl Marx* über die Philosophen in seiner 11. These über (Ludwig) Feuerbach.

69 JZ 2012, 25 re. u.

70 Dabei darf aber nicht übersehen werden, dass die von *Vogel* angeführten Beispiele des 6. Strafrechtsreformgesetzes und der (in Deutschland durch das Verständigungsgesetz partiell erfolgten) Übernahme des amerikanischen Prozessmodells (JZ 2012, 26 li. u. und Mitte) durch die deutsche Strafrechts- bzw. Strafprozessrechtswissenschaft eine so umfassende, detaillierte und vernichtende Kritik erfahren haben, wie sie in der sei es anglo-amerikanischen, sei es französischen Strafrechtsliteratur nicht einmal vorstellbar wäre, geschweige denn jemals anzutreffen gewesen ist. Für Ersteres exemplarisch *Schroeder*, GA 1998, 571; *Lesch*, GA 1999, 365; *Rengier, Küper, Mitsch*, ZStW 111 (1999), 1, 30, 65; für Letzteres exemplarisch *Altenhain/Haimerl*, JZ 2010, 327; *Backes*, FS Hassemer, 2010, S. 085; *Fezer*, NStZ 20120, 177; *Fischer*, StraFo 2009, 177; *ders.*, ZRP 2010, 249; *Hauer*, NJ 2010, 10; *Murmann*, FS Roxin II, 2011, S. 1385; *Schünemann*, ZRP 2009, 104; *ders.*, StraFo 2010, 90; *ders.*, ZIS 2009, S. 484; *ders.*,in: Posch u. a. (Hrsg.), Konfliktlösung im Konsens, Graz 2010, S. 51 (beides in überarbeiteter Form auch in: Schünemann –Hrsg.–, Risse im Fundament, Flammen im Gebälk: Zum Zustand des kontinentaleuropäischen Strafverfahrens, 2010, S. 71, 93); *Roxin/Schünemann*, Strafverfahrensrecht, § 44 Rdn. 59 ff. Dass der weltweite Siegeszug des amerikanischen Strafverfahrens (von mir bereits vor 20 Jahren prophezeit in: Jornadas sobre la „Reforma del Derecho Penal en Alemania", sie sogar noch verschärfen. So wenig, wie das gegenwärtige deutsche Straf- und Strafprozess*recht* als „weltweit führend" angesehen werden kann und dies auch von niemandem, erst recht nicht von mir proklamiert wird,[71] so gründlich (aber wohl unbewusst) arbeitet die Bundesregierung umgekehrt daran, den deutschen Einfluss auf die internationale Strafrechtssetzung und Strafjustiz (weiter) zu schwächen. Wie *Vogel* zutreffend herausgestellt hat, verfolgt sie die Linie, auf supranationaler und europäischer Ebene eher nicht initiativ zu werden, sich aber andererseits auch solchen Vorstößen nicht zu verweigern, die das in der Bundesrepublik selbstverständliche Rechtsstaatsniveau preisgeben.[72] Als besonders betrübliches Beispiel hinzuzufügen ist die deutsche Zustimmung zunächst zu Art. 5 RbEuHb und sodann zu dem EU-Rahmenbeschluss 2009/299 JI zu Abwesenheitsverurteilungen vom 26. 02. 2009,[73] durch den die Auslieferung auch von deutschen Staatsangehörigen zur Vollstreckung ausländischer Abwesenheitsurteile festgeschrieben worden ist,[74] anstatt auf der deutschen Regelung der prinzipiellen Unzulässigkeit von Abwesenheitsverfahren zu insistieren. Die deutsche Politik – national mit einer die Wissenschaft mittlerweile weitestgehend ignorierenden, inhaltlich perspektivenlosenlosen Straf- und Strafprozessgesetzgebung, international mit der Dynamik eines aggregatlosen Schleppkahns – trägt deshalb eine zentrale Verantwortung dafür, dass der in den meisten Mitgliedstaaten der EU praktizierte strafrechtswissenschaftliche *mapci* auf der europäischen Ebene in ein schwarzes Loch fällt.

b) Was dieses Loch dann ausfüllen wird, sollte man nicht dadurch beschönigen, dass von dem *mapci* ein Zerrbild gezeichnet und diesem das Traum- und Trugbild einer alltagstheoretischen, bevorzugt französisch-angelsächsischen Dogmatik gegenüber gestellt wird, deren internationale „Erfolge" deskriptiv re-

---

Consejo General del Poder Judicial [comp.], Madrid 1992, S. 49 ff.) nichts anderes als die den politischen Machthabern opportun erscheinende Übernahme einer Mogelpackung („außen Jury Trial, innen plea bargaining") bedeutet (näher *Schünemann*, ZStW 119 [2007], S. 945; *ders.*, FS Fezer, 2008, S. 555), hinter der sich der „Kollaps der amerikanischen Strafjustiz" verbirgt, wird mittlerweile auch in den USA gesehen, s. *Stuntz*, The Collapse of American Criminal Justice, Harv Univ Pr 2011.

71 Denn ich habe in GA 2002, 511 bewusst nur von der Strafrechts*wissenschaft* gesprochen, während *Vogel* mich in JZ 2012, 25 li. Sp. m. Fn. 2 auch für das Straf*recht* anführen zu können vermeint.

72 *Vogel* JZ 2012, 26 re. u. Eine Ausnahme bildet der nur die Geburt einer lächerlichen Maus zeitigende Versuch, während der deutschen Ratspräsidentschaft wenigstens Mindestrechte (s. *Schünemann*, StV 2006, 361) im Strafverfahren durchzusetzen, Kommissionsvorschlag COM (2004) 328 endg. sowie abschließend Ratsdokument 10267/07, S. 37.

73 ABl. L 81/24.

74 Zur Kritik *Roxin/Schünemann*, Strafverfahrensrecht, 27. Aufl. 2012, § 62 Rn. 2; *Esser*, in: Sieber u. a. (Hrsg.), Europäisches Strafrecht, 2011, § 53 Rn. 46 f.

gistriert und deren aktuelle rechtlich-normative Bewertung durch die Erwähnung lange zurück liegender Verdienste ersetzt wird. Exemplarisch: In der Tat haben die USA als eines der „Mutterländer von Demokratie und Rechtsstaatlichkeit [...] den von ihnen ausgerufenen War on Drugs auch mit strafrechtlichen Mitteln erfolgreich internationalisiert“,[75] aber die amerikanische Drogenpolitik ist ja in verheerender Weise gescheitert und für den politischen Ruin zahlreicher Produktions- und Durchlieferungsländer hauptverantwortlich;[76] dasselbe rechtsstaatliche Mutterland hat die systematische Folter in Gestalt von Waterboarding u. ä. zu einem Eckpfeiler seines Vorgehens gegen wirkliche oder vermeintliche Terroristen gemacht;[77] und hier wie in dem anderen „Rechtsstaats-Mutterland“ Großbritannien war die längerfristige Inhaftierung ohne Gerichtsverhandlung als Standardmaßnahme eingeführt worden,[78] bis zu einer Grenze von sechs Tagen auch im dritten „Mutterland“ Frankreich.[79]

---

75 *Vogel* JZ 2012, 27 li. Sp. und 26 re. Sp.

76 Vgl. etwa *Davenport-Hines/Treadwell*, The Pursuit of Oblivion. A Global History of Narcotics, 2002; *Fish* (Ed.), Drugs and Society. U. S. Public Policy, 2006; *Garland*, The Culture of Control, 2001, S. 132 f.; *Keefer/Loyaza* (Ed.), Innocent Bystanders: Developing Countries and the War on Drugs, 2010.

77 Vgl. in erster Linie die ausf. Dokumentensammlung in *Greenberg/Dratel* (Hrsg.), The Torture Papers: The Road to Abu Ghraib, Cambridge, 2005; und *Danner*, Torture and Truth. America, Abu Ghraib and the War on Terror, 2004, mit Dokumentation ab S. 75 ff. Zur Absicherung der Straflosigkeit derartiger Folterpraktiken s. den American Servicemembers' Protection Act, näher dazu *Werle*, Völkerstrafrecht 3. Aufl. 2012, Rn. 70. Zur rechtlich problematischen Tötung *Osama bin Ladens* s. *Ambos/Alkatout*, JZ 2011, 758.

78 Der „Terrorism Act 2000“ des Vereinigten Königreichs erlaubte eine Inhaftierung ohne Haftbefehl (section 41), die bis zu 14 (bis 2011: 28) Tage verlängert werden konnte (schedule 8, paragraph 36). Der „Anti-terrorism, Crime and Security Act 2001“ sah ferner die zeitlich unbegrenzte Inhaftierung von „Gefährdern“ vor, die nicht angeklagt, zugleich aber aus humanitären Gründen nicht wie geplant abgeschoben werden konnten, bis das House of Lords dieses Regime 2004 in der Entscheidung A and others v Secretary of State for the Home Department [2004] UKHL 56 als EMRK-widrig verwarf. Kaum besser wurde die Lage dann unter dem „Prevention of Terrorism Act 2005“, der immerhin 2011 aufgehoben wurde, womit insbesondere die „control orders“ der Exekutive (dazu *Bonner*, European Public Law 12 [2006], 45; *Kavanagh*, The Modern Law Review 73 [2010], 836) als rechtsstaatliches Skandalon beseitigt wurden. Übrig bleiben verschiedene „Terrorism prevention and investigation measures“, insb. Hausarrest oder Meldeauflagen, i. d. R. mit vorheriger gerichtlicher Kontrolle, die aber eine Anhörung des Betroffenen nicht voraussetzt (http://www.legislation.gov.uk/ukpga/2011/23/contents, abgerufen am 26. 6. 2014).

79 Nach Art. 63 II, 706-88, 706-88-1 Code de procédure pénale (CPP) über den Polizeigewahrsam (garde à vue), kann die reguläre Frist von 24 Stunden einmal auf 48 Stunden auf Anordnung der Polizei bzw. der Staatsanwaltschaft verlängert werden. Die Frist kann nach Art. 706-88 für bestimmte Delikte um insgesamt 48 Stunden verlängert werden; Art. 706-88-1 1. Abs. erlaubt wiederum eine Verlängerung von insgesamt 48 Stunden bei Terrorgefahr oder „zwin-

2. Wenn der *mapci* in der deutschen Gesetzgebung und Regierung keinen Rückhalt findet, bleibt als letzter Transmissionsriemen, wie dessen reine Vernunft praktisch werden kann, die Straf*rechtsprechung* übrig.

a) So wie der von mir apostrophierte Beruf der (Strafrechts)Dogmatik als einer *vierten Gewalt*, die die sonst nicht mehr kontrollierte und deshalb die Gefahr des Machtmissbrauchs bergende dritte Gewalt ausschließlich kontrolliert, ohne selbst Herrschaft auszuüben, die deshalb auch keiner besonderen demokratischen Legitimation bedarf, sondern ihre ausreichende Legitimation in der Herrschaft der Vernunft findet, stellt deren Beachtung durch die Justiz eine implizite Legitimationsbedingung ihrer selbst dar. Daraus folgt, dass die Justiz nach den ungeschriebenen Prämissen eines auf dem Prinzip der Gewaltenteilung aufgebauten demokratischen Rechtsstaats verpflichtet ist, die Konzepte der Strafrechtsdogmatik zu berücksichtigen und sich mit ihnen bei der Gesetzesauslegung ausdrücklich auseinanderzusetzen. Der international beispiellose aufwendige Begründungsstil der BGH-Entscheidungen wird – ungeachtet seiner verbleibenden erheblichen Defizite[80] – dieser Anforderung so gut wie nirgendwo sonst gerecht und sollte deshalb die unterste Messlatte für alle rechtsstaatlich verfassten Gemeinwesen und damit auch für die gesamte Strafjustiz in der EU bilden.[81]

b) Dass die deutsche Strafrechtsprechung auf internationaler und europäischer Ebene „nicht sehr präsent" ist,[82] verstopft deshalb indirekt auch die Ausbreitungschancen des *mapci*, von dem sich in dem spezifischen, eher autoritär-legislatorischen als interpretativ-analytischen Begründungsstil der EuGH-Entscheidungen nicht einmal Rudimente finden lassen. Natürlich muss man fragen, woher der EuGH die Legitimation für seine vielfach vom Primärrecht nicht gedeckte Judikatur nehmen will[83] und warum die Bundesregierung durch

gender Notwendigkeit internationaler Zusammenarbeit": Im Ergebnis summieren sich diese drei 48-Stunden-Fristen zu 144 Stunden oder sechs Tagen. Darüber hinaus kann der Staatsanwalt die Anwesenheit eines Verteidigers „ausnahmsweise" für bis zu zwölf Stunden ausschließen (Art. 63-4-2 Abs. 4 CPP), in bestimmten Fällen (namentlich bei schwerer oder organisierter Kriminalität, BtM und Terrorismus, näher Art. 706-73 CPP) für 24 Stunden (Art. 706-88 Abs. 6 CPP), der Richter auch in weiterem Umfang.

80 Dazu näher *Schünemann*, GA 2011, 445 ff.

81 Zu der dadurch überhaupt erst ermöglichten Kontrolle durch die Strafrechtswissenschaft schon früher *Schünemann*, FS Roxin, 2001, S. 1, 8; *ders.*, FS Herzberg, 2008, S. 39, 44; *ders.*, in: Strafrechtswissenschaft in einem zusammenwachsenden Europa, FS der Strafrechtslehrertagung Georgien 2011, Tbilisi/Georgien 2013, S. 435.

82 *Vogel* JZ 2012, 26.

83 Ein Beispiel bietet etwa die sog. Pupino-Entscheidung (Urteil vom 16. 06. 2005, Rs. C-105/03 – *Pupino*; zur Kritik *Hillgruber*, JZ 2005, 841, 844; *Rackow*, ZIS 2008, 526, 529 f.), in der eine Pflicht zur rahmenbeschlusskonformen Auslegung des nationalen Strafverfahrensrechts die Aufnahme des deutschen EuGH-Richters in den Parteienproporz den deutschen Einfluss in Luxemburg ab ovo selbst marginalisiert hat.[84] Soweit sich diese Fragen nicht von selbst beantworten, hat die Erklärung nichts mit einer besonderen Unbehelflichkeit der deutschen Strafjustiz zu tun, aber viel mit den von der political correctness gewöhnlich verschwiegenen Konstruktionsproblemen des EuGH, die der deutsche Richter *von Danwitz* dahin charakterisiert hat, dass die „Ernennung eines Richters aus jedem Mitgliedstaat [...] 27 Richter aus unterschiedlichen Rechtskreisen" (ergibt, ohne Blick) „auf das Verhältnis von kleinen zu großen Mitgliedstaaten",[85] aber durch die interne Organisation in Dreier-, Fünfer- und Große Kammer zu einer „internen Zentralisierung und Hierarchisierung des Gerichtshofs" führt, wobei sich durch „das Französische als (alleinige) Beratungssprache [...] die Dogmatik gleichsam natürlich an Begriffskategorien oder Leitvorstellungen orientiert, die in den französischsprachigen Rechtsordnungen der Union [...] Vorbilder finden", während „es oftmals an der

---

proklamiert wird, die sich völlig unabhängig davon dogmatisch nicht begründen lässt, dass der Gesetzgeber durch die Rahmenbeschlüsse eines Regierungsgremiums im Strafrecht ohnehin nicht gebunden werden kann, wie seit dem Lissabon-Urteil des BVerfG (E 123, 267, 410, 413 f. und dazu *Schünemann*, ZIS 2009, 393; *ders./Roger*, ZIS 2010, 515, 516 f.) eigentlich außer Streit stehen sollte, in der Standardliteratur aber meist ignoriert wurde, s. etwa *Ambos*, Internationales Strafrecht, 2. Aufl. 2008, § 11 Rn. 4; *Hecker*, Europäisches Strafrecht, 3. Aufl. 2010, § 10 Rn. 77 ff.; *Satzger*, Internationales und Europäisches Strafrecht, 5. Aufl. 2011, § 7 Rn. 6, § 9 Rn. 33 (deutlicher noch *ders.*, NStZ 2009, 297 [305]: „Zweifellos sind Rahmenbeschlüsse rechtlich verbindlich"); *Suhr*, in: Calliess/Ruffert (Hrsg.), EUV/AUV, 4. Aufl. 2011, Art. 67 AEUV Rn. 13; *Vogel*, in: Grabitz/Hilf/Nettesheim, Das Recht der Europäischen Union, Art. 82 AEUV Rn. 58; *Dannecker*, Jura 2006, 95, 173. Zur „Überreizung" der vom EuGH usurpierten Rolle als „Motor der Europäisierung" angesichts seiner schmalen Legitimationsbasis s. *Mähner*, Der europäische Gerichtshof als Gericht, 2005; *Balders/Hansalek*, ZRP 2006, 54; *Siebert*, Die Auswahl der Richter am Gerichtshof der Europäischen Gemeinschaften, 1997, S. 97 f.; *Pieper*, Verfassungsrichterwahlen, 1999, 64; *Schubarth*, FS Drexl, 2002, S. 102; *P.-A. Albrecht*, KritV 2008, 39, 51 f.

84 Nach Art. 253 AEUV werden die Richter auf sechs Jahre bestimmt. Die Wiederwahl ist zulässig, wovon viele Mitgliedstaaten unter Steigerung ihres Einflusses im EuGH Gebrauch gemacht haben. Die deutschen Richter waren 1988–1994 *Manfred Zuleeg*, damals SPD-Wunschkandidat, 1994–2000 *Günter Hirsch*, von der CSU benannt, 2000–2006 die SPD-nahe *Ninon Colneric*, seit 2006 *Thomas von Danwitz* mit Rücksicht auf die Union. Eine gesetzliche Regelung findet sich, nachdem ein Gesetzesantrag des Landes Baden-Württemberg vom 23. 12. 2005 (BR-Dr 915/05) der Diskontinuität zum Opfer fiel, erst aufgrund des Gesetzes über die Ausweitung und Stärkung der Rechte des Bundestages des Bundesrates in Angelegenheiten der Europäischen Union Union vom 22. 9. 2009 (BGBl. I 3022, Art. 2 Nr. 1) in § 1 Abs. 3 Richterwahlgesetzes und dürfte nach allen Erfahrungen an dem Parteienproporz als trüber Quelle der Nominierung nichts ändern.

85 Wobei es eigentlich nicht auf die Größe des Mitgliedstaates, sondern auf Tradition und Eigenständigkeit seiner Rechtskultur ankommt.

wirksamen Möglichkeit der fachwissenschaftlichen Auseinandersetzung fehlt, sodass die Rationalitätsgarantie, die eine diskursive Dogmatik verbürgt, im Gemeinschaftsrecht bisher kein [...] vergleichbares Niveau erreicht hat".[86] Dass das speziell im Strafrecht einen auf dem Niveau des *mapci* geführten Diskurs ausschließt, liegt auf der Hand.

c) Und das Verhältnis zum EGMR? Dass die unsägliche deutsche Praxis des Brechmitteleinsatzes gegenüber mutmaßlichen Drogenkurieren vom EGMR mit Recht unterbunden worden ist,[87] steht für mich mit *Vogel*[88] außer Frage, doch zeigt (auch) dieser Fall die Fruchtbarkeit des *mapci*: Weil es hier wie im Fall *Gäfgen* nach der Rechtsauffassung des EGMR nicht um Folter, sondern um unmenschliche Behandlung ging,[89] stand die in Deutschland von einer Mindermeinung befürwortete Rettungsfolter streng genommen gar nicht zur Debatte, während genau umgekehrt das vom EGMR implizit formulierte Verbot, zur Rettung des Lebens eines Kindes wenigstens einen „Hartnäckigkeitstest" gegenüber dem Verantwortlichen für dessen mutmaßlich drohende Tötung zu versuchen, in Wahrheit selbst die unmenschliche Behandlung des Kindes darstellen könnte.[90] Die Judikatur des EGMR kann deshalb erst dann einen Grund für die Kritik der deutschen Wissenschaft ergeben, wenn man sie methodisch und inhaltlich prüft und den bei uns vertretenen Positionen für überlegen hält. Tatsächlich zeichnen sich nun aber sowohl das (die Judikatur von BGH und BVerfG billigende) Schießbefehlsurteil[91] als auch das (die deutsche Praxis missbilligende) Urteil zur Sicherungsverwahrung[92] durch eine ziemlich oberflächliche Analyse der entscheidungsrelevanten Kategorien von Strafe und Strafgesetz aus, weil nicht auf die Wurzel des Gesetzlichkeitsprinzips und des Rückwirkungsverbots und deren daraus abzuleitendes Telos zurückgegangen, sondern auf einem

---

86 EuR 2008, 769, 776–780.

87 Wenn auch nur mit der verhältnismäßig knappen Mehrheit von 10:7, siehe EGMR StV 2006, 617, 624.

88 JZ 2012, 25 re. Sp.

89 EGMR NJW 2006, 3117 (3121, Rn. 82); NJW 2010, 3145 (3146, Rn. 120 ff.).

90 Zur Kritik, dass die überwiegende Auffassung (etwa *Saliger*, ZStW 116 [2004], 35, 40 ff.; *Roxin*, FS Eser, 2005, S. 461 ff.; *Greco*, GA 2006, 628) meist mit einem vorgefassten Begriff der Menschenwürde und deshalb zirkelschlüssig argumentieren würde, u. a. *Brugger* JZ 2000, 165; *ders*. Freiheit und Sicherheit, 2004, S. 56 ff.; *Herzberg*, JZ 2005, 321; *Erb*, NStZ 2005, 593; *ders*., Jura 2005, 24; *Schünemann*, GA 2006, 644. Das weitere Argument, eine (evtl.) rechtlich nicht realisierbare Drohung könne nicht effizient sein *(Roxin*, FS Eser, 2005, S. 461, 464), wird m. E. den psychologischen Gegebenheiten einer Entscheidung unter Unsicherheit nicht gerecht.

91 EGMR NJW 2001, 3035; zur Kritik vgl. nur *Schünemann*, FS Zoll, Krakau 2012, Band 2 S. 251, 261.

92 EGMR NStZ 2010, 263; Zur Kritik vgl. nur *Hörnle*, FS Rissing-van Saan, 2011, S. 239; *Renzikowski*, ZIS 2011, 531; *Frisch*, FS Zoll, Krakau 2012, Band 2 S. 943, 953 ff.

unzulänglichen Differenzierungsniveau ein bloßes common-sense-Urteil gefällt wird. Es stellt deshalb abermals die Dinge auf den Kopf, wenn die inhaltlich wie methodisch höchst angreifbaren Richtersprüche des EGMR nicht hinterfragt und dadurch wie Glaubensartikel behandelt, ausgerechnet aber die auch auf diesem Feld extrem kritischen deutschen Strafrechtswissenschaftler als „Priester einer Glaubensgemeinschaft" hingestellt werden.

IV. Auslaufmodell trotz kultureller Überlegenheit?

Dieses Resultat – kultureller Höhenflug, politisch-praktischer Niedergang des *mos analytico-philosophicus civitatis iuris* im Strafrecht – müsste widersinnig erscheinen, wenn die Geschichte der zivilisierten Menschheit nicht so übervoll von ähnlichen Entwicklungen wäre. Nehme man den Untergang der antiken Kultur notabene nicht erst infolge der Völkerwanderung, sondern bereits der Schließung der Schulen und Akademien nach der Christianisierung des römischen Reiches, den vor 100 Jahren begonnenen Rückfall Europas in die Barbarei und später Deutschlands in die moralische Kloake, die Fundamentalisierung des Islam oder den oben schon angesprochenen, im militärischen Bereich noch weiter fortgeschrittenen moralischen Abstieg der USA, damit verglichen ist die Schwächung der demokratischen und rechtsstaatlichen Strukturen in dem gubernativ-bürokratischen Machtkonglomerat der EU sogar bisher bescheiden ausgefallen. Dass der *mapci* darin keinen Platz mehr findet, liegt eigentlich auf der Hand, denn weil ja an dessen Diskurs prinzipiell jedermann teilnehmen kann, sofern er nur Verstand hat, wohnt ihm ein subversiver, basisdemokratischer Zug inne. Mit der Eliminierung dieser Vorbedingung für die Rolle der Rechtswissenschaft als intellektuelle Kontrollgewalt wird sich, wenn auch deren nationale Biotope durch die fortschreitende Europäisierung der Strafrechtspflege ausgetrocknet sein werden, der Ring zu der eingangs skizzierten Berufssoziologie des Juraprofessors schließen. Wenn diesem nur noch der Verkauf juristischen Kohls als Aufgabe bleibt, die ein Repetitor zugegebenermaßen kosteneffizienter erfüllen kann, könnte man ihn füglich auf eine Fachhochschule zurück versetzen. Mindestens wird man ihm die doppelte Pfründe von Beamtenstatus und faktisch unbegrenzter Nebentätigkeit nehmen müssen, die für einen Beruf ohne höhere Berufung fehl am Platze wäre.

ZEHNTER TEIL Über Strafrecht im demokratischen Rechtsstaat, das unverzichtbare Rationalitätsniveau seiner Dogmatik und die vorgeblich progressive Rückschrittspropaganda

I. Prolog

1. Des zehnjährigen Jubiläums der Zeitschrift für Internationale Strafrechtsdogmatik in diesem Jahr eigens zu gedenken, könnte auf den ersten Blick angesichts einer ungefähr 5.000-jährigen Geschichte des *staatlichen* Strafrechts[1] übertrieben erscheinen. Aber angesichts einer erst 250-jährigen Geschichte des *modernen* Strafrechts, dessen Geburtsstunde auf die Publikation von *Cesare Beccarias* „Dei delitti e delle pene" im Jahr 1764 zu datieren ist, sieht die Relation schon etwas anders aus. Und wenn man auf den Beginn der Europäisierung des Strafrechts mit dem Inkrafttreten des Vertrages von Amsterdam 1999 oder auf die Wirksamkeit des Statuts von Rom über das Völkerstrafrecht 2002 abhebt, dann füllt das ZIS-Jubiläum sogar den größeren Teil dieser spektakulären Internationalisierung der Strafgewalt aus. Diese zeitliche Parallelität korrespondiert dem von meinem Mitherausgeber *Thomas Rotsch*, dem Herz und Hirn des gesamten Projekts, beschriebenen ZIS-Konzept, „die Herausforderungen anzunehmen, die in einer durch die fortschreitende Globalisierung [...] gekennzeichneten Welt an das Strafrechts herangetragen werden," und dabei „insbesondere die Europäisierung und Internationalisierung" in den Blick zu nehmen, „die nationale Strafrechtsdogmatik aber keineswegs" auszublenden.[2]

2. Freilich wäre diese Zielvorstellung von einem wenig brauchbaren Ausgangspunkt aus formuliert worden, wenn man neueren Stimmen Glauben schenken dürfte, die die kritischen Töne, die bei einer vor der Jahrtausendwende in Berlin großartig inszenierten Nabelschau der Strafrechtswissenschaft[3] zu hören waren, schon einige Jahre später wiederholt und zugespitzt haben. Nachdem *Joachim Vogel* 2012 sich denen angeschlossen hatte, die der deutschen Strafrechtswissenschaft „selbstbewusste Provinzialität" und die Mentalität von „Priestern einer Glaubensgemeinschaft" sowie eine „verstörende Demokratie-

1 Natürlich darf der heutige Begriff des Staates wie des Strafrechts nicht unbesehen für andere Kulturen und Epochen verwendet werden, doch dürfte eine hinreichende „Familienähnlichkeit" jedenfalls bei sämtlichen Übelszufügungen durch die Obrigkeit in einer kephalen Gesellschaft allein wegen eines vergangenen Frevels bestehen. Dann besteht an der Existenz des Strafrechts im Gottkönigtum der altorientalischen Kulturen kein Zweifel, wobei die geschriebenen Strafrechtsnormen, die wir etwa im Codex Hammurabi (1754 vor unserer Zeit) finden, mit großer Wahrscheinlichkeit den Schlusspunkt einer langen Praxis bilden, ähnlich wie im pharaonischen Ägypten und der chinesischen Xia-Dynastie.

2 *Rotsch*, ZIS 2011, 285.

3 Siehe Eser/Hassemer/Burkhardt (Hrsg.), Die deutsche Strafrechtswissenschaft vor der Jahrtausendwende – Rückbesinnung und Ausblick, 2000, und dazu *meine* Rezension in GA 2001, 205.

https://doi.org/10.1515/9783110648188-013

ferne" nachsagten,[4] hat *Kai Ambos* dies vor kurzem abermals wiederholt, für die Zukunft eine von ihm anscheinend bisher vermisste „Offenheit und diskursive Methodik" eingefordert[5] und die globale Bedeutung seiner Diatribe durch eine doppelte Publikation in Deutschland und weitere Publikationen in spanischer und portugiesischer Sprache zu unterstreichen unternommen.[6]

3. Weil *Ambos*, wie schon vor ihm *Vogel*, sich hierfür nicht auf inhaltliche Fehler der deutschen strafrechtsdogmatischen Doktrinen, sondern auf deren Resonanzdefizite in internationalen Organisationen und Diskussionsforen beruft, also auf einer pragmatischen Metaebene argumentiert, könnte man geneigt sein, schlicht auf derselben pragmatischen Ebene zurückzufragen, wie er sich denn dann beispielsweise die große Resonanz der von ihm jährlich in Göttingen veranstalteten Sommerschule für lateinamerikanische Nachwuchswissenschaftler im Straf- und Strafprozessrecht erklärt, die den stattlichen Kursbeitrag[7] und die erheblichen Reise- und Aufenthaltskosten aufzubringen bereit sind, um u. a. und vor allem mit *Claus Roxin* den (so *Ambos* selbst) „Star unter den in Lateinamerika aktiven deutschen Strafrechtslehrern"[8] zu hören – also eben den, der unbestritten das Niveau einer elaborierten Strafrechtsdogmatik mit ihrer systematischen Entfaltung von am Regelungsproblem selbst entwickelten Lösungen repräsentiert, wie sie nun einmal im deutschsprachigen Diskussionsraum die akademische Messlatte bildet.[9] Aber um das von *Ambos* gezeichnete und durch seinen trilingualen Beitrag auf weite Verbreitung berechnete Zerrbild auch auf der Objektebene richtig zu stellen, ist es als erstes und vor allem geboten, den Gegenstandsbereich (das Strafrecht) und die Wissenschaftslogik (konventionell

---

4 *Vogel*, JZ 2012, 25 mit Zitaten von *Fletcher*, *Donini* und *Stuckenberg* und dazu bereits meine Entgegnung: *Schünemann*, in: Hilgendorf/Schulze-Fielitz (Hrsg.), Selbstreflexion der Rechtswissenschaft, 2015, S. 223.

5 *Ambos*, GA 2016, 177.

6 Der Beitrag erscheint ausweislich *Ambos*, GA 2016, 177 (Sternchenfußnote) auch in: Tiedemann/Sieber/Satzger/Burchard/Brodowski (Hrsg.), Die Verfassung moderner Strafrechtspflege, 2016, Revista Penal und Revista Brasileira de Ciências Criminais.

7 2015 für die 2-wöchige Sommerschule 1.500 € p. P. (cedpal@uni-goettingen.de)

8 *Ambos/Malarino*, GA 2016, 336.

9 Aber beileibe nicht nur hier und schon gar nicht unter Inanspruchnahme eines spezifischen Deutschtums, weshalb ja gerade *Roxin* hierfür und als Bezeichnung der von seinem Lehrstuhl an der Ludwig-Maximilians-Universität München vertretenen Forschungsrichtung den später auch für die ZIS namensgebenden Begriff der (nicht mit dem innerstaatlichen Strafanwendungsrecht der §§ 3 ff. StGB zu verwechselnden) „internationalen Strafrechtsdogmatik" geprägt hat, pikanterweise zu einer Zeit, da *Ambos* als Münchener Habilitand und in diesem Geiste seine „Ansätze zu einer Dogmatisierung des Völkerstrafrechts" ausarbeitete (Der Allgemeine Teil des Völkerstrafrechts, 2002, bes. S. 517 ff.).

formuliert: das Wesen) der Strafrechtsdogmatik sowie ihre gesellschaftliche Aufgabe zu rekapitulieren.

II. Der Begriff des Strafrechts und seiner Dogmatik

1. In der (Straf-)Rechtsdogmatik geht es um mit einem intersubjektiven Richtigkeitsanspruch[10] auftretende Aussagen über das geltende Recht. Damit dieser Anspruch erhoben werden kann, muss zunächst einmal als Minimalvoraussetzung das Widerspruchsverbot beachtet werden, woraus sich wiederum die Notwendigkeit ergibt, sämtliche einzelnen Aussagen in ein widerspruchsfreies Gesamtsystem zu fügen.[11] Dessen zentrale Begriffe müssen, weil es um Sollenssätze geht, aus normativen Prinzipien bestehen,[12] die wegen der existenziellen Bedeutung des Strafrechts für das rechtsunterworfene Individuum wie für die Gesamtheit der Bevölkerung Teil der (geschriebenen oder ungeschriebenen) Verfassung sein müssen, also der fundamentalen Grundsätze einer (zumindest auch) rechtlich verfassten Gesellschaft. Daraus ergeben sich zugleich die beiden zentralen Fragen, die die Strafrechtsdogmatik beantworten muss: Warum und wozu überhaupt Strafrecht, und wonach soll sich die Strafe richten? Für

---

10 D. h. Wahrheitsanspruch, wenn man den Wahrheitsbegriff nicht durch das empiristische Sinnkriterium von vornherein auf deskriptive Aussagen beschränkt. Dazu umfassend in rechtshistorischer Perspektive *J. Schröder*, Recht als Wissenschaft: Geschichte der Methodenlehre in der Neuzeit (1500–1933), 2012; ferner *Neumann*, in: Kaufmann/Hassemer/ Neumann (Hrsg.), Einführung in Rechtsphilosophie und Rechtstheorie der Gegenwart, 8. Aufl. 2011, S. 385 ff.; Jestaedt/Lepsius (Hrsg.), Rechtswissenschaftstheorie, 2008.

11 Zu den Konsequenzen von *Kants* von einem System abhängig gemachten Wissenschaftsbegriff (Vorrede zu Metaphysische Anfangsgründe der Naturwissenschaft, 1786: „Eine jede Lehre, wenn sie ein System, das heißt ein nach Prinzipien geordnetes Ganze der Erkenntnis sein soll, heißt Wissenschaft [...] [wobei die] Prinzipien [...] [solche] der rationalen Verknüpfung der Erkenntnisse in einem Ganzen sein können") für die Jurisprudenz vor allem aus zivilrechtlicher Perspektive instruktiv *Rückert*, in: Hilgendorf/Schulze-Fielitz (Hrsg.), Selbstreflexion der Rechtswissenschaft, 2015, S. 13 (41 ff.). Selbstverständlich ist mit der Notwendigkeit eines dogmatischen Systems nicht eine irrig für semantisch geschlossen gehaltene Begriffspyramide gemeint, die für bei ihrem Bau noch nicht bedachte Konstellationen vermöge der „Genealogie der Begriffe" zu synthetischen Aussagen führende Deduktionen ermöglichen würde.

12 Zur Unterscheidung von *Normen* und *Prinzipien* allgemein *Esser*, Grundsatz und Norm in der richterlichen Fortbildung des Privatrechts, 1956, S. 49 ff. (73 ff., 219 ff., 336 f.); *Dworkin*, Taking Rights Seriously, 1978, S. 14 ff. (46 ff.); *Alexy*, Theorie der Grundrechte, 1986, S. 71 ff.; die im Text angesprochenen zentralen Prinzipien rangieren noch eine Abstraktionsstufe höher, sie bilden sozusagen die axiologische Ursuppe eines ganzen Rechtsgebiets wie die Prinzipien der Demokratie und des Rechtsstaats im öffentlichen Recht oder der Privatautonomie im Privatrecht.

die Antwort benötigen wir natürlich, um nicht zirkulär zu argumentieren, ein nicht zu enges und für das weitere Abschreiten der hermeneutischen Spirale[13] hinreichend elastisches Vorverständnis. Als Strafrecht in einem weiteren Sinn möchte ich denjenigen Teil des Rechtssystems bezeichnen, der die Verhängung von negativen Sanktionen aus Anlass eines unangenehmen Ereignisses gegen Menschen oder Menschengruppen regelt.[14]

III. Magisch- und archaisch-primitives Strafrecht

1. In magisch-primitiven Gesellschaften genügt dabei ein magischer Zusammenhang zwischen der Person und dem Ereignis.[15] Auf der nächsten Stufe der Entwicklung muss zwischen der zu bestrafenden Person und dem unangenehmen Ereignis ein spezifischer Zusammenhang bestehen, entweder in Gestalt der Kausalität des Verhaltens der Person für das Ereignis oder in Gestalt eines sozialen Status, kraft dessen das für das Ereignis kausale Verhalten eines anderen auch der Person selbst zugerechnet wird. Diese Zurechnungsform herrscht typischerweise in archaisch-primitiven Gesellschaften, die die Haftung an die bloße Kausalität oder an die bloße Zugehörigkeit zu einer Sippe knüpfen. Reste einer derartigen Strafrechtskonzeption haben bis heute in vielen Rechtsordnungen überlebt, etwa in den zahlreichen Beispielen einer strafrechtlichen Kausalhaftung im Rechtskreis des Common Law.[16] Daneben wird auch die Sippenhaftung

---

13 So die *Winfried Hassemer* zu verdankende Reformulierung des „hermeneutischen Zirkels" (Tatbestand und Typus, 1968, S. 107 f., und dazu *Schünemann*, in: Neumann/Herzog [Hrsg.], Festschrift für Winfried Hassemer zum 70. Geburtstag, 2010, S. 239).

14 Für speziellere Fragestellungen wie etwa nach der Realisierbarkeit eines genuinen Strafrechts gegen juristische Personen müsste natürlich ein spezifischerer Begriff der Strafe entwickelt werden, sei es entsprechend dem Vorschlag von *Greco* durch den Eingriff in angeborene Rechte (Strafprozesstheorie und materielle Rechtskraft, 2015, S. 653 ff.; *ders.*, GA 2015, 503 [512 f.], was die eine Ersatzfreiheitsstrafe kennende Geldstrafe ein-, die Geldbuße nach OWiG aber ausschließt!), sei es in der von mir bisher bevorzugten Weise durch die reine Repressivität (*Schünemann*, ZIS 2014, 1; *ders.*, GA 2015, 274 [279 ff.], was eine Verhängung allein wegen des vergangenen Ereignisses bedeutet und deshalb allein durch das Schuldprinzip legitimiert werden kann), sei es durch eine Kombination von beidem.

15 Wobei auch die Reihenfolge zwischen Ereignis und Sanktion umgekehrt werden kann, beispielsweise, wenn Menschen der Gottheit geopfert werden, damit es zukünftig regnet. Ob man auch derartige Phänomene unter einen tentativen Begriff des Strafrechts fassen sollte, kann hier offen bleiben.

16 Dazu z. B. *Leigh*, Strict and vicarious liability, 1983; *Clarkson/Keating*, Criminal Law, 3. Aufl. 1994, S. 197 ff.; *Smith/Hogan/Ormerod*, Criminal Law, 13. Aufl. 2011, S. 155 ff.; *Jones/Christie*, Criminal Law, 1992, S. 59 ff. Zur aktuellen Diskussion unter besonderer Berücksichtigung der strict liability bei sexuellem Mißbrauch *Leonard*, Buffalo Criminal Law Review 6 (2003), 691.

immer noch in totalitären Systemen praktiziert. Und auch die Anknüpfung an andere Formen des gesellschaftlichen Status kommt bis heute vor und ist sogar wieder auf dem Vormarsch, so etwa in Gestalt der Verantwortlichkeit des militärischen Befehlshabers gemäß Art. 28 des Rom-Statuts über den Internationalen Strafgerichtshof[17] oder auch tendenziell in der neueren Rechtsprechung des Bundesgerichtshofs, die die Handlungen, die aus einer hierarchisch aufgebauten Organisation heraus begangen werden, direkt dem Anführer dieser Organisation zurechnet, in einem Wirtschaftsunternehmen also dem Vorstand.[18] Ob es sich dabei um ein Relikt oder gar einen Rückfall in primitive Strafrechtsformen oder um moderne Einsichten in legitime Bedürfnisse des Strafrechts handelt, bildet das selbstverständliche Thema einer analytisch-kritischen Strafrechtswissenschaft.

2. In den auf religiösen Wahn gegründeten Gottesstaaten sollte das Strafrecht mehr oder weniger die Hölle schon auf Erden vorwegnehmen, weshalb die als Vergeltung präsentierte Strafe in Wahrheit bei den meisten Delikten in einem sich bis zum Sadismus steigernden Übermaß („Overkill") bestand.[19] Da

---

Die historische Analyse von *Leonard* zeigt dabei sehr schön, dass die zuletzt in Guantanamo (dazu *Schünemann*, GA 2003, 299 [312 f.]; *ders.*, in: Moreno Hernández [Hrsg.], Globalización e internacionalización del derecho penal, 2003, S. 115) kulminierende Neigung, das Strafrecht als eine Art staatsterroristisches Instrument einzusetzen, auf dem Sonderweg des Common Law beruht, dessen Strafrechtsdenken nicht auf der Aufklärung und der idealistischen Philosophie, sondern auf dem Puritanismus und Utilitarismus beruht.

17 Denn weil Art. 28 den Vorgesetzten aus einem Vorsatzdelikt bestraft, wenn er sich fahrlässig verhalten hat, ist es offenbar im Grunde genommen sein Status, der seine Verantwortung begründet, und nicht seine persönliche Schuld. Darin liegt zwar nicht die Legitimation, aber die logische Auflösung des von *Weigend* und *Ambos* registrierten Widerspruchs (*Weigend*, in: Schünemann/Achenbach/Bottke/Haffke/Rudolphi [Hrsg.], Festschrift für Claus Roxin zum 70. Geburtstag am 15. Mai 2001, 2001, S. 1397; *Ambos*, Der Allgemeine Teil des Völkerstrafrechts, 2002, S. 705); in der Kommentierung von *Fenrick*, in: Triffterer/Ambos (Hrsg.), Commentary on the Rome statute of the international criminal court, 3. Aufl. 2016, Art. 28 Rn. 11, wird freilich nicht einmal dieser Widerspruch anerkannt, was für einen Autor aus dem Bereich des Common Law bezeichnend ist.

18 Dazu mit zahlreichen Nachweisen *Schünemann*, in: Roxin/Widmaier (Hrsg.), 50 Jahre Bundesgerichtshof, Festgabe aus der Wissenschaft, Bd. 4, 2000, S. 621 (623 ff.).

19 Eindrucksvoll die „Fünf (Körper-)Strafen" für 3.000 Delikte im alten China (dazu *Nienhauser* [Hrsg.], The Grand Scribe's Records, 1994, S. 69), von denen etwa die Todesstrafe des langsamen Zerstückelns (Lingchi) mit einem Zerstückelungsrekord von 500 Teilen bis 1905 oder 1908 praktiziert wurde (*Brook/Bourgon/Blue*, Death by a Thousand Cuts, 2008), oder die europäischen Leibes- und Lebensstrafen des späten Mittelalters und der frühen Neuzeit (anschaulich *Heinemann*, Der Richter und die Rechtsgelehrten, Neudruck 1969, Abb. 101 ff.; *Schmidhäuser*, Vom Sinn der Strafe, 1963, S. 6 ff.); auf Einbruchsdiebstahl stand nach Art. 185 der Bambergensis bei Männern Erhängen, bei Frauen Ertränken, dieselbe Rechtsfolge auch auf die grauenhaften Höllenstrafen nach dem überwiegend, vor allem von der katholischen Kirche und auch in der protestantischen Confessio Augustana von 1530 anerkannten christlichen Dogma im Jenseits sogar ewig währen würden, war das normative Strafrechtsprinzip der „Übervergeltung" also in der damaligen ungeschriebenen Verfassung der auf Gottesgnadentum gegründeten christlichen Gemeinwesen implizit enthalten.[20] Und auch der Begriff der Straftat ergab sich zum großen Teil aus göttlicher Offenbarung, weshalb etwa *Benedikt Carpzov* noch im 17. Jahrhundert die Bibel wie eine Rechtsquelle behandelt hat[21] und im Islam die hadd-Vergehen das Recht Gottes verletzen.

IV. Dessen Überwindung in der Aufklärung und die Geburt des modernen rechtsstaatlichen Strafrechts

1. Erst die Aufklärung, laut *Immanuel Kant* die Befreiung des Menschen aus seiner selbstverschuldeten Unmündigkeit,[22] hat, vor allem in Gestalt von *Beccaria* und *Hommel*, das Strafrecht aus der intellektuellen und moralischen Dunkelheit der christlichen Überlieferung in die Helligkeit der Vernunft und Humanität transponiert, und zwar durch die Doktrin vom Sozialschaden als seinem einzigen legitimen Zweck.

Beccaria schrieb wörtlich:

> „Die Vermehrung des Menschengeschlechts [...] vereinigte die ersten Wilden. Die ersten Zusammenschlüsse zogen notwendigerweise die der anderen nach sich, um gegen erstere sich zu behaupten. [...] Es war somit die Notwendigkeit, welche die Menschen zur Dahin-

---

den einfachen Diebstahl im 2. Rückfall (Art. 188), während beim 1. Rückfall nur die Ohren abgeschnitten wurden (Art. 187).

20 Es ist deshalb leicht zu sehen, dass der Unterschied zwischen dem Strafrecht der Scharia (siehe nur Zehetgruber, Islamisches Strafrecht versus europäische Werteordnung, 2010) und dem christlichen Strafrecht vor der Aufklärung weit geringer ist als zwischen diesen beiden und dem säkularisierten Strafrecht nach der Aufklärung, von der Vergleichbarkeit des Wütens des IS mit der jahrhundertelangen Ketzerverfolgung durch die katholische Kirche ganz abgesehen. Zur zentralen Rolle des Teufels und der Hölle für die christliche Gesellschaft und damit auch das Strafrecht vor der Aufklärung instruktiv Flasch, Der Teufel und seine Engel, 2015.

21 Vgl. *Carpzov*, Practica Nova Imperialis Saxonica Rerum Criminalium, Bd. 1, 2. Aufl. 1646, Quaestio 44 Nr. 32, 40, 41, 50, 52, 66 ff. Die Todesstrafe gegen Hexen und Zauberer wird als unmittelbares Gebot Gottes gerechtfertigt (Nr. 50: „Quis tuto negare poterit, revera sortiarios & sortilegos in rerum natura existere, convictus sacrarum literarum auctoritate, quae non modo veneficos & magos existere & suisse, veluti Numer. 33 Hierem. 27 Dan. 2. Psalm 578, sed & eosdem mortis poena affici debere restandur ex. Dei mandato").

22 *Kant*, Was ist Aufklärung?, herausgegeben von Brandt, 1999 (zuerst 1784), S. 20.

gabe eines Teils der eigenen Freiheit zwang; demnach ist es gewiß, daß ein jeder nur den geringst möglichen Teil seiner Freiheit in das öffentliche Verwahrnis einbringen will, nur soviel, wie ihm reicht, um die anderen dazu zu bringen, auch ihn zu schützen. Die Gesamtheit dieser geringst möglichen Teile macht das Recht zum Strafen aus; alles darüber hinaus ist Missbrauch und nicht Gerechtigkeit.[23] [...] Wir haben gesehen, wonach die Verbrechen bemessen werden sollen, nämlich nach dem der Gesellschaft zugefügten Schaden" (ibid. Teil VIII).

Und *Hommel* in seiner berühmten *Hommelischen* Vorrede zu der deutschen Ausgabe von *Beccarias* Werk:

„Der selbstdenkende Jurist muß durchaus durch moralische Plauderei und betäubende Wörter sich nicht irre machen lassen, die Größe des Verbrechens in etwas anderem als einzig und allein in dem Schaden zu suchen, welcher daraus der Gesellschaft erwächst. Es sei die begangene Tat [...] immerhin ein [...] moralisches oder theologisches Verbrechen, das geht uns nichts an, die wir uns bloß mit bürgerlichem Unheile beschäftigen. Unsere Regel ist diese: Je trauriger der Erfolg ist, den eine Tat dem gemeinen Wesen verursacht, desto straffälliger ist sie. Hat sie aber keinen nachteiligen Erfolg im gemeinen Wesen, so ist sie gleichgültig, allerwenigstens kein Gegenstand der [...] Strafgesetze."[24]

Beccaria hat daraus beispielsweise die Straflosigkeit des Selbstmordes gefolgert (Teil XXXII), und *Hommel* sagt noch schärfer:

„Man muß Sünde, Verbrechen und verächtliche Handlungen nicht untereinander werfen. Ein Loch im Strumpfe zu haben, ist weder Sünde noch Verbrechen, sondern Schande; seine Schwester zu heiraten, ist bei den Christen Sünde, aber kein bürgerliches Unrecht. Denn Verbrechen oder Unrecht heißt nur dasjenige, wodurch ich jemanden beleidige. Bloß dieses ist Gegenstand bürgerlicher Strafgesetze. Es kann etwas schändlich, es kann etwas sündlich und doch bürgerlich kein Verbrechen sein. Mensch, Bürger und Christ sind drei unterschiedene Begriffe."[25]

2. Von besonderer und bis heute ungebrochener Bedeutung ist, dass die göttliche Offenbarung als Grund des Strafrechts in der Geburtsstunde des modernen Strafrechts nicht durch eine logische Deduktion aus einem formalen Rechts- und Pflichtbegriff, sondern durch die Idee des Gesellschaftsvertrages und damit durch das normative Prinzip des Konsenses ersetzt worden ist. Über das damit janusköpfig verbundene Prinzip der Volkssouveränität ist also die Beschränkung des Strafrechts auf den alleinigen Zweck der Verhütung von Sozialschäden in den Prämissen jeder demokratischen Staatsverfassung verankert und

---

23 *Beccaria*, Dei delitti e delle pene (dt. Von Verbrechen und Strafen), 1764, Abschnitt II.

24 Sog. Hommelische Vorrede, in: Hommel (Hrsg.), Des Herrn Marquis von Beccaria unsterbliches Werk von Verbrechen und Strafen, 1786, S. III ff. (XXIII).

25 *Hommel* (Fn. 24), S. IV f.

liegt damit allen positiven Verfassungen demokratischer Staaten als impliziter Bestandteil notwendig voraus.

3. Inhaltlich geht es bei diesem Begrenzungsprinzip also um den Schutz des Individuums vor der Willkür der Machthaber, zu denen in einer parlamentarischen Demokratie selbstverständlich auch die Abgeordneten des Parlaments als Inhaber der gesetzgebenden Gewalt gehören. Dass und wie das normative Prinzip der Sozialschadensverhütung als Zweck des Strafrechts ohne wesentliche inhaltliche Veränderung die Metamorphose in die heute übliche Formel der „ultima ratio zum Rechtsgüterschutz" erlebt hat, habe ich an anderer Stelle dargelegt[26] und will ich hier nicht wiederholen. Immerhin möchte ich eine Station genauer betrachten, die durch ihren doppelten Gegenpol die entscheidenden Züge des modernen Strafrechts besonders prägnant hervortreten lässt, nämlich die Strafrechtsphilosophie *Immanuel Kants*.

a) *Kants* berühmte Definition des Rechts als des Inbegriffs der Bedingungen, unter denen die Willkür des einen mit der Willkür des anderen nach einem allgemeinen Gesetz der Freiheit zusammen vereinigt werden kann,[27] wird in *Kants* Einleitung in die Rechtslehre zwar auf der Oberflächenstruktur nicht aus einem emphatischen und substantiellen Freiheitsbegriff für das Leben des Menschen in der Gesellschaft, sondern aus verschiedenen formalen Definitionen der von *Kant* gebildeten transzendentalen Grundbegriffe (Pflicht und Verbindlichkeit, Gesetz und Maxime, Wille und Willkür) abgeleitet, hängt aber doch über den für Recht und Moral gleichermaßen geltenden kategorischen Imperativ mit der Würde des Menschen als einem sich seine eigenen Gesetze gebenden Vernunftwesen zusammen. Es wäre deshalb keine Verfälschung dieser deontologischen Basis, wenn man mit dem gleichen Effekt wie bei *Beccaria* und *Hommel* aus *Kants* Rechtsdefinition für das Strafrecht die Folgerung ableiten würde, dass nur Freiheitsverletzungen bestraft werden dürfen und dass deshalb eine positive Rechtsvorschrift, die eine innerhalb der eigenen Freiheitssphäre verbleibende und nicht in fremde Freiheits- und damit Rechtssphären übergreifende Handlung unter Strafe stellt, nicht Recht, sondern Unrecht wäre.[28] *Immanuel*

---

26 *Schünemann*, in: Hefendehl/v. Hirsch/Wohlers (Hrsg.), Die Rechtsgutstheorie, 2003, S. 133 (138 ff.).

27 *Kant*, Die Metaphysik der Sitten, in: Weischedel (Hrsg.), Werksausgabe, Bd. 8, 1993, S. 337 (A 33/B 33).

28 In diesem Sinne wird *Kants* Strafrechtstheorie gegenwärtig von der *Wolff-Köhler*-Schule rekonstruiert, etwa *Wolff*, in: Hassemer (Hrsg.), Strafrechtspolitik, 1987, S. 137 ff. (211 ff.); *Köhler*, Strafrecht, Allgemeiner Teil, 1997, S. 22 ff., was aber speziell im Strafrecht die tatsächliche Philosophie Immanuel *Kants* nur selektiv wiedergeben dürfte. Zur Entwicklung der Rechtsverletzungstheorie durch den Kantianer *Feuerbach* siehe umfassend *Greco*, Lebendiges und Totes in Feuerbachs Straftheorie, 2009, S. 303 ff.

Kant selbst hat diese Folgerung für das Strafrecht aber bedauerlicherweise nicht gezogen, sondern hat sich aufgrund einer Verwechslung von notwendiger und hinreichender Bedingung in eine unglückliche Polemik gegen *Beccaria* verstrickt und bei einer bloßen Verletzung der moralischen Pflichten gegen sich selbst, deren Anerkennung in der Ethik diskutabel, im Strafrecht aber unerträglich und in *Kants* eigenem Rechtssystem absurd ist, zur Propagierung von Straftatbeständen verstiegen, deren Erfüllung lediglich Moralnormen verletzt, aber keinen Sozialschaden begründet.[29] Die zusätzlichen (!) utilitaristischen Argumente, die *Beccaria* gegen die Todesstrafe vorgebracht hatte,[30] sind von *Kant* prompt verabsolutiert und mit dem deontologischen Einwand konterkariert worden, bevor man über den möglichen Nutzen einer Strafe nachdenken könne, müsse die Strafbarkeit des Täters unabhängig von ihren Folgen begründet werden.[31] Aber dabei hat *Kant* übersehen, dass *Beccaria* ja den Gesellschaftsvertrag und damit ebenfalls die Autonomie des Individuums als deontologische Basis für das Strafrecht benutzt hat. Und *Kant* hat zum zweiten die Schuld des Täters als notwendige Bedingung für die Legitimation der Strafe (dazu sogleich näher) ohne Begründung in eine hinreichende Bedingung verwandelt und damit die in seinem Sittlichkeitskonzept überhaupt nicht ableitbare Vergeltungstheorie der Strafe axiomatisch vorausgesetzt.[32]

b) Damit zeigt sich in *Kants* Straftheorie in exemplarischer Weise die Gefahr eines Übergriffs der Moral auf das Strafrecht, indem dem moralischen Vorwurf (dem „Tadel“) neben dem Zweck des Strafrechts, Sozialschäden zu verhüten, und der Schuldidee als reinem Legitimationsprinzip (wegen der Möglichkeit des Täters, die Straftat zu vermeiden) eine selbständig strafbegründende Funktion zuerkannt wird.[33] Nach 200 Jahren die Behauptung zu wiederholen, dass auf

---

29 Ein Beispiel: In den erläuternden Bemerkungen zur 2. Auflage der Metaphysik der Sitten hat *Kant* ausdrücklich die von ihm sogenannte Bestialität (Geschlechtsverkehr mit Tieren) ins Strafrecht eingeordnet und als „ein strafbares Verbrechen an der Menschheit überhaupt“ qualifiziert, wobei als Strafe die „Ausstoßung aus der bürgerlichen Gesellschaft auf immer“ für angebracht erklärt wird, weil der Täter „sich selbst der menschlichen unwürdig gemacht“ habe (*Kant* [Fn. 27], S. 488, B 171 f.).

30 *Beccaria* (Fn. 23), Abschnitt XXVIII.

31 *Kant* (Fn. 27), S. 453, A 196/B 226.

32 Greifbar in seinem berühmten „Inselbeispiel“, siehe (Fn. 27), S. 455, A 199/B 229. Im Anhang zur 2. Aufl. der „Metaphysik der Sitten“ hat Kant interessanter Weise in der Fußnote auf S. 171 die Unterscheidung zwischen der Strafbarkeit, welche moralisch sei, und der Strafklugheit, welche pragmatisch sei und von ihm als Prävention verstanden wird, ausdrücklich getroffen, ohne aber auch hier auf die notwendige Kombination von beidem als Voraussetzung der tatsächlichen Bestrafung einzugehen.

33 Zur Kritik an der modernen Konzeption *Andreas v. Hirschs*, das Strafrecht neben seiner Verhütungsaufgabe auf den moralischen Tadel zu stützen, siehe *meine* Kritik in: Schünemann/

Unrecht (gemeint wohl: verschuldetes Unrecht) Strafe zu folgen habe, sei eine „Vernunftnotwendigkeit, und zwar im gedanklich ersten Schritt auch unabhängig von jeglicher staatlichen Verfestigung der Rechtsverhältnisse“,[34] bedeutet (kantianisch gesprochen) einen Rückfall in die selbstverschuldete Unmündigkeit. Denn aus einem Verbot lässt sich im Falle seiner Verletzung maximal die Pflicht zur Wiedergutmachung ableiten, nicht aber die Pflicht zur Bestrafung des Verletzers: Hat dieser jemandem rechtswidrig ein Auge ausgeschlagen und wird daraufhin ihm eines ausgeschlagen, so ist der Schaden nicht ausgeglichen, sondern verdoppelt worden, so dass der Glaube, dadurch sei das Recht wiederhergestellt worden, zwar nicht so weit geht wie die in vielen Religionen ubiquitäre Erfindung beliebiger übersinnlicher Entitäten,[35] aber doch nicht mehr ist als eine petitio principii und eine Verwechselung von notwendiger und hinreichender Bedingung, die zwar öfter vorkommt und deshalb eine lässliche Sünde ist, aber wenn ihretwegen Menschen früher ihres Lebens und heute ihrer Freiheit beraubt werden, so hört der Spaß auf.

V. Der Overkill-Charakter auch des modernen Strafrechts und seine daraus für jeden demokratischen Rechtsstaat folgende Begrenzung

1. Andererseits hat *Kants* Insistieren auf einem strikten Vergeltungsprinzip deutlich gemacht, dass sich in Wahrheit weder das frühere noch das moderne Strafrecht in ihrer realen Gestalt hierdurch legitimieren lassen (was nicht nur den Rechtsgüterschutz als alleinigen Zweck des Strafrechts, sondern auch dessen Rolle als ultima ratio unabweisbar macht): Wie *Immanuel Kant* zu Recht ausgesprochen hat, wird eine Vergeltung durch das Talionsprinzip beschränkt,[36] denn wenn dem Übeltäter etwas Schlimmeres zugefügt wird, als er selbst zu

---

v. Hirsch/Jareborg (Hrsg.), Positive Generalprävention, 1998, S. 109 (111 ff.); dazu, dass eine Entscheidung zur Normverletzung, also gegen den kategorischen Imperativ, nicht durch die transzendentale Freiheitsidee *Kants* erklärt werden kann, siehe *meinen* Beitrag in: Prittwitz Baurmann/Günther (Hrsg.), Festschrift für Klaus Lüderssen zum 70. Geburtstag am 2. Mai 2002, 2002, S. 327 (332 ff.).

34 *Gierhake*, Begründung des Völkerstrafrechts auf der Grundlage der Kantischen Rechtslehre, 2005, S. 157.

35 Um ein vom Range her mediokres, in seiner Absurdität aber prägnantes Beispiel anzuführen, sei auf die Engelslehre des (angeblichen) Dionysius Areopagita hingewiesen, die durch die erdichtete Entführung seiner angeblichen Reliquien nach Regensburg zu einem dreifachen Veitstanz des Irrsinns gesteigert worden ist (dazu *Wesche*, Akademie Aktuell 4/2015, 42 ff.).

36 *Kant* (Fn. 27), II. Teil S. 227.

verantworten hat, dann findet gerade keine Vergeltung, sondern nur noch Rache statt. Die Wirklichkeit des Strafrechts bleibt aber auch heute noch nur bei der Bestrafung von Tötungsdelikten und schweren Körperverletzungsdelikten hinter der Talion zurück, während sie im Regelfall weit darüber hinausgeht: Wer ein Vermögensdelikt begeht, erst recht im Rückfall, wird unter Umständen über Jahre hinweg wie ein wildes Tier in einen Käfig gesperrt. Und dasselbe passiert einem Sexualtäter, der Leib und Seele seines Opfers zweifellos übel mitgespielt hat, aber nur über eine ganz kurze Zeitspanne. Dieses fast permanente Übermaß der strafrechtlichen Sanktion, dieser strukturelle Overkill, schließt eine Rechtfertigung durch den Vergeltungsgedanken kategorisch aus, lässt also nur noch den Zweck des Rechtsgüterschutzes übrig und gebiert für den Anwendungsbereich des Strafrechts die heute allgemein anerkannte Ultima-Ratio-Formel: Strafen dürfen gerade wegen ihres Overkill-Effekts nur verhängt werden, wenn es um die Gewährleistung der unentbehrlichen Güter des Einzelnen und der Gesellschaft geht und alle anderen Mittel fruchtlos sind; und bei geringfügigen Verletzungen muss ganz auf sie verzichtet werden.

2. Mit dieser Ermittlung des Zwecks der Strafe als des ersten für jedes Strafrecht in einem demokratischen Staat verbindlichen Grundprinzips ist das strafrechtsdogmatische Räsonnement freilich noch nicht am Ende. Denn jede utilitaristische (= konsequentialistische) Begründung eines einem Menschen zugefügten Übels, als welches sich der Overkill der Strafe darstellt, verlangt eine Ergänzung durch ein (deontologisches) Legitimationsprinzip gegenüber dem es Erleidenden. Und an diesem Punkt trifft man auf eine überraschende „prästabilierte Harmonie" von Deontologie und Konsequentialismus. Denn das Strafrecht als Verbot und Sanktionsandrohung kann ja nur über die Motivation des potentiellen Rechtsgutsverletzers wirken, also nur dann, wenn dieser zur Normbefolgung in der Lage war. Die Möglichkeit des Andershandelns bildet deshalb eine implizite Voraussetzung dafür, dass die Strafrechtsnorm eine (androhungsgeneralpräventive) Wirkung entfalten kann und deshalb für den Fall, dass diese Wirkung ignoriert wird, die angedrohte Sanktion allein wegen der Rechtsverletzung verhängt wird. Zugleich kann aber (nur) in diesem Fall gegenüber dem Normverletzer der persönliche Vorwurf erhoben werden, dass er die Norm nicht befolgt hat, obwohl er dazu in der Lage war. Darin liegt seine Schuld als Legitimationsgrund für die Straftat als Overkill. Und auch diese Anforderung liegt wiederum jeder demokratischen Staatsverfassung notwendig voraus. Denn aus der Idee des Gesellschaftsvertrages als allein möglicher Legitimation von Staatsgewalt folgt die Anerkennung der Autonomie und dadurch Würde des Menschen, die unabhängig von einer Positivierung wie in Art 1 GG zu den impliziten Fundamenten jeder demokratischen Staatsverfassung zählt.

3. a) Die Zweckrationalität in Gestalt der ultima ratio zum Rechtsgüterschutz durch Androhungsgeneralprävention und die Legitimation durch das

Schuldprinzip bilden deshalb die beiden strafrechtlichen Fundamentalprinzipien jedes demokratischen Rechtsstaates. Und es ist deshalb auch kein Zufall, dass es in der Erklärung der Menschen- und Bürgerrechte von 1789 und in der ersten rechtsstaatlichen Verfassung Europas, der französischen Verfassung von 1791, im ersten Titel als Teil der Natur- und Bürgerrechte heißt:

> Art. 5. La Loi n'a le droit de défendre que les actions nuisibles à la Société.
>
> Comme la liberté ne consiste qu'à pouvoir faire tout ce qui ne nuit ni aux droits d'autrui, ni à la sûreté publique, la loi peut établir des peines contre les actes qui, attaquant ou la sûreté publique ou les droits d'autrui, seraient nuisibles à la société.[37]

– womit *Beccarias* Sozialschadensprinzip als dem positiven Recht vorausliegende und von diesem anzuerkennende Bedingung des Strafrechts eine Formulierung gefunden hat, deren epochale Geltung nicht durch eine Buchstabenjurisprudenz verkümmert werden kann, die bei der Lektüre des zweifellos nicht weniger rechtsstaatlich gemeinten Grundgesetzes ein bestimmtes Wort vermisst. Dass im Wortlaut des Grundgesetzes weder der Begriff des Rechtsgutes noch derjenige des Sozialschadens auftaucht, verschlägt wenig, denn auch vom Embryo liest man dort nichts, und doch hat das BVerfG hierfür wichtige Sätze aus dem GG entwickelt.[38] Und wenn im Rechtsstaatsprinzip implizit die Garantie einer „funktionstüchtigen Strafrechtspflege" für enthalten erklärt wird,[39] so wäre es sonderbar, wenn darin nicht auch ebenso implizit der legitime Zweck dieses Instrumentes und damit dessen Begrenzung geregelt wäre, denn man kann schwerlich die Effizienz eines Mittels für notwendig erklären, ohne zuvor dessen Zweck geklärt zu haben. Man kann es deshalb nur mit Ignoranz oder Unredlichkeit oder beidem erklären, wenn der Gründung und Begrenzung des Strafrechts auf die und durch die Formel der Ultima Ratio zum Rechtsgüterschutz als Umformulierung des gemeineuropäischen und im Anspruch globalen, erstmals von einem Italiener ausgesprochenen und von der Französischen Nationalversammlung proklamierten Sozialschadensprinzips der Vorwurf engstirniger Provinzialität gemacht wird.

---

37 Die Französische Nationalversammlung war sich auch vollauf bewusst, dass sie hier in der „Verpflichtung, die sie im Angesicht ganz Europas übernommen" hatte, „nicht davor zurückschrecken" durfte, „Wahrheiten für alle Zeiten und für alle Länder auszusprechen", und damit „eine Erklärung gewollt für alle Menschen, für alle Nationen" (so der Abgeordnete *Duport*, siehe *Dreier*, Gilt das Grundgesetz ewig?, 2009, S. 7).

38 Beginnend mit BVerfGE 39, 1, dessen weitestgehende Preisgabe durch die aktuelle Rechtsprechung (BVerfGE 88, 203; 98, 265) zwar vom BVerfG selbst nach Kräften verschleiert worden ist, aber ohne dass es im vorliegenden Zusammenhang darauf ankommt.

39 Zahlr. Nachw. bei *Roxin/Schünemann*, Strafverfahrensrecht, 28. Aufl. 2014, § 1 Rn. 7.

b) Wenn darin eine Verletzung des angeblich vorrangigen Demokratieprinzips gesehen wird,[40] so ist das nahezu abwegig: Die in dieser Kritik steckende Verwechselung von Demokratie (= Herrschaft des Volkes = Respektierung der Menschenrechte und der aus der Idee des Gesellschaftsvertrages abzuleitenden Begründung und Begrenzung der Staatsgewalt) mit der Macht der Parlamente (= eines bloßen Herrschaftsaggregats) wäre selbst dann für einen Staatsrechtslehrer peinlich, wenn nicht gerade die manifeste Krise des parlamentarischen Systems (das in den oligarchischen Cliquen der von *Ambos* u. a. zum Angelpunkt erklärten internationalen Machtzirkel ohnehin nichts mehr zu melden hat) inzwischen sogar die These der „Postdemokratie" erzeugt hätte[41] und wenn nicht gerade das zur Rettung der demokratischen Idee entwickelte Konzept der „deliberativen Demokratie"[42] im Strafrecht auf eine elaborierte und selbstbewusste Strafrechtswissenschaft als Avantgarde der öffentlichen Meinung angewiesen wäre.

VI. Vorschlag für eine Neuinterpretation der BVerfG-Rechtsprechung

1. Zwar hat das Bundesverfassungsgericht in seiner Cannabis-Entscheidung weder den Sozialschaden noch das in der deutschen Diskussion an dessen Stelle getretene Rechtsgüterschutzprinzip als Limitationsprinzip des Strafrechts anerkannt, sondern die darin liegende Hürde gewissermaßen kleingeraspelt, indem zunächst nur die allgemeine Handlungsfreiheit des Art. 2 Abs. 1 GG für einschlägig und durch jeden beliebigen Grund des Gemeinwohls für einschränkbar er-

---

40 So aber der Staatsrechtslehrer *Gärditz* (Der Staat 49 [2010], 331 [mit zutr. Kritik von *Zaczyk*, Der Staat 50 [2011], 295]); ebenso *Stuckenberg*, GA 2011, 653 (658), der in methodologischer Hinsicht ebenso fehlerhaft argumentiert, wenn er meint, es gehe der Doktrin des Rechtsgüterschutzprinzips darum, die Rechtsgüter durch „Zugrundelegung ontologischer Kriterien vom demokratischen Substrat des Normativen abzukoppeln". Denn (von der semantischen Konfusion des Begriffs „demokratisches Substrat des Normativen" ganz abgesehen; noch kapriziöser *Gärditz*' neuester Begriff der „Demokratizität" in JZ 2016, 641) zählt das Rechtsgüterschutzprinzip, wie dargelegt, zu den beiden normativen Grundprinzipien des Strafrechts in jeder Demokratie.

41 Dazu grundlegend *Colin Crouch*, Post-democracy, 2005; ferner die die EU wie die USA treffende, tiefdringende Analyse von *Streeck*, Gekaufte Zeit, 2013, S. 28 und passim, mit den speziell die EU betreffenden Diagnosen der „Entpolitisierung der Wirtschaft bei gleichzeitiger Entdemokratisierung der Politik" (S. 164) und der „Institutionalisierung von Oligarchie und Expertokratie" (S. 214); vgl. auch allgemein *Blühdorn*, Simulative Demokratie, 2013.

42 Statt aller *Kasiske*, Rechts- und Demokratietheorie im amerikanischen Pragmatismus, 2009, S. 162 ff.

klärt und sodann die Strafbewehrung nur noch am Verhältnismäßigkeitsgrundsatz gemessen wurde.[43] Aber eine einzige Entscheidung in dem politisch extrem verminten BtM-Gelände kann unmöglich eine 250-jährige Geschichte des Strafrechts im demokratischen Rechtsstaat zu Makulatur stempeln. So spricht denn auch das gewöhnlich ebenfalls als Ablehnung des Rechtsgüterschutzprinzips verstandene Inzesturteil genau genommen eine andere Sprache, weil das BVerfG dann doch wieder ein dem Inzestverbrechen zugrunde liegendes Rechtsgut darzutun versucht und mit der von ihm verwendeten ultima-ratio-Formel ja ohne einen hinzugefügten Gegenstand schon logisch nicht auskommt (ultima ratio wozu?).[44] Die beharrliche Betonung des Ultima-Ratio-Prinzips in der neueren Rechtsprechung des Bundesverfassungsgerichts[45] wirkt deshalb wie der Aufbau eines Spannungsbogens, der nach dem erlösenden Wort „Rechtsgut" hungert, bemerkenswerter Weise sogar zweimal in der Inzest-Entscheidung selbst (BVerfGE 120, 224 Rn. 77):

> „Strafrecht ist ultima ratio, ist das letzte verfügbare Mittel, um einen Belang der Allgemeinheit zu schützen, und kommt deshalb nur in Betracht, wenn das inkriminierte Verhalten über sein Verbotensein hinaus in besonderer Weise sozialschädlich [sic!] und für das Zusammenleben der Menschen unerträglich, wenn seine Verhinderung besonders dringlich ist."

43 BVerfGE 90, 145; vgl. dazu nur die Kritik bei *Schünemann*, in: v. Hirsch/Neumann/Seelmann (Hrsg.), Paternalismus im Strafrecht, 2010, S. 221 (233 ff.).

44 Zwar hat BVerfGE 120, 224 (241 f.) die Rechtsgutsdoktrin ausdrücklich verworfen und dabei einige spärliche Zitate vorwiegend Freiburger Autoren angeboten, ohne die daran seit langem ausgearbeitete Antikritik (*Schünemann* [Fn. 26], S. 147 ff.; *Hefendehl*, Kollektive Rechtsgüter im Strafrecht, 2002, S. 92 ff.; *ders.*, GA 2002, 21; *ders.*, GA 2007, 2; *ders.*, ZIS 2009, 506; *Neumann*, GA 1999, 35 [39]) oder auch nur die für die moderne Strafrechtsdogmatik repräsentativen Ausformungen der Doktrin (siehe nur *Roxin*, Strafrecht, Allgemeiner Teil, Bd. 1, 4. Aufl. 2006, § 2 Rn. 2 ff.) angemessen zu berücksichtigen, anschließend aber in seinen konkreten Überlegungen zur Strafwürdigkeit des Inzests durchweg Argumente angeführt, die (freilich mit zweifelhaftem Ergebnis, siehe das Sondervotum von *Hassemer*, BVerfGE 120, 224 Rn. 73 ff., sowie *Duttge*, in: Heinrich/Jäger/Achenbach/Amelung/Bottke/Haffke/Schünemann/ Wolter [Hrsg.], Strafrecht als Scientia Universalis, Festschrift für Claus Roxin zum 80. Geburtstag am 15. Mai 2011, Bd. 1, 2011, S. 227) ohne Schwierigkeiten in die Rechtsgutstheorie integriert werden können; siehe die Kritik von *Greco*, ZIS 2008, 234; *Hörnle*, NJW 2008, 2085; *Zabel*, JR 2008, 453; *Bottke*, in: Hassemer/Kempf/Moccia (Hrsg.), Festschrift für Klaus Volk zum 65. Geburtstag am 20. Mai 2009, 2009, S. 93; *Roxin*, StV 2009, 545; *ders.*, in: Neumann/Herzog (Fn. 13), S. 573; *ders.*, GA 2013, 433; *Kühl*, JA 2009, 833; *Swoboda*, ZStW 122 (2010), 24; eingehend *Schünemann*, El derecho penal es la ultima ratio para la protección de bienes jurídicos!, 2007. Auf die insgesamt eher kritische Monographie von *Fiolka*, Das Rechtsgut, 2006, kann vorliegend nicht näher eingegangen werden; insgesamt scheint mir ihre Position mit dem Inzesturteil vergleichbar zu sein.

45 BVerfGE 90, 145 Rn. 198; 96, 10 Rn. 65; 96, 245 Rn. 10; BVerfG, Beschl. v. 6. 7. 2007 – 2 BvR 1226/07, Rn. 3; 120, 224 Rn. 35.

Und noch deutlicher in Rn. 35:

> „Das Strafrecht wird als ‚ultima ratio' des Rechtsgüterschutzes eingesetzt, wenn ein bestimmtes Verhalten über sein Verbotensein hinaus in besonderer Weise sozialschädlich und für das geordnete Zusammenleben der Menschen unerträglich, seine Verhinderung daher besonders dringlich ist."

Zwar sei es

> „grundsätzlich Sache des Gesetzgebers, den Bereich strafbaren Handelns verbindlich festzulegen. Er ist bei der Entscheidung, ob er ein bestimmtes Rechtsgut [sic!], dessen Schutz ihm wesentlich erscheint, gerade mit den Mitteln des Strafrechts verteidigen und wie er dies gegebenenfalls tun will, grundsätzlich frei."

Aber diese Freiheit wird hier in sprachlich eindeutiger Weise an das Vorhandensein eines Rechtsguts geknüpft und nicht etwa schon an jeden schlichten öffentlichen Belang, wie es der „Raspelmethode" der Cannabis-Entscheidung entsprochen hatte.[46] In Verbindung mit den weiteren neueren Entscheidungen, in

---

46 In der Cannabis-Entscheidung vom 9. 3. 1994 findet man erst in den Sondervoten die Sätze: „Ein Unrecht, das sich in einem formalen Verstoß gegen ein gesetzliches Verbot erschöpft, ist nicht strafwürdig und Strafe schon darum nicht erforderlich. Hinzukommen muß, daß das Verbot der Verwirklichung des Schutzes von Rechtsgütern dient, deren Gewicht es aufwiegen kann, daß zu seinem Schutz das sozialethische Unwerturteil einer Bestrafung über denjenigen ausgesprochen wird, der dieses Rechtsgut durch eine schuldhafte Handlung bedroht [...] Bei der Bestimmung dessen, was in diesem Sinn als strafwürdiges Verhalten anzusehen ist, kommt dem Gesetzgeber ein – beschränkter – Entscheidungsspielraum zu. Zwar läßt sich anhand der grundgesetzlichen Wertordnung mit hinreichender Bestimmtheit ermitteln, was zweifellos in den Kernbereich des Strafrechts gehört; mit gleicher Sicherheit läßt sich sagen, daß gewisse mindergewichtige Tatbestände aus diesem Kernbereich herausfallen." (Rn. 198). „Das Strafrecht soll die Grundlagen eines geordneten Gemeinschaftslebens schützen. Es wird als ‚ultima ratio' dieses Schutzes eingesetzt, wenn ein bestimmtes Verhalten über sein Verbotensein hinaus in besonderer Weise sozialschädlich und für das geordnete Zusammenleben der Menschen unerträglich, seine Verhinderung daher besonders dringlich ist." (Rn. 225). Bereits im Jahr 1997 heißt es dann aber mehrmals in der Entscheidungsbegründung selbst: „Das Strafrecht wird als ‚ultima ratio' des Rechtsgüterschutzes eingesetzt, wenn ein bestimmtes Verhalten über sein Verbotensein hinaus in besonderer Weise sozialschädlich und für das geordnete Zusammenleben der Menschen unerträglich, seine Verhinderung daher besonders dringlich ist." (BVerfGE 96, 10 Rn. 65 sowie 96, 245 Rn. 10); und: „Dies folgt aus dem Umstand, dass Kriminalstrafe die am stärksten eingreifende staatliche Sanktion für begangenes Unrecht darstellt und Strafrecht daher nur als ‚ultima ratio' des Rechtsgüterschutzes eingesetzt werden darf." (BVerfG, Beschl. v. 6. 7. 2007 – 2 BvR 1226/07, Rn. 3). Auch die Betonung der Freiheit des Gesetzgebers, „ob er ein bestimmtes Rechtsgut, dessen Schutz ihm wesentlich erscheint, gerade mit den Mitteln des Strafrechts verteidigen und wie er dies gegebenenfalls tun will", in der Lissabon-Entscheidung BVerfGE 123, 267 Rn. 356 ist dann eher als eine Abgrenzung zur Strafpflicht der Abtreibungsentscheidung BVerfGE 39, 1 zu sehen und hält an der Notwendig-

denen diese oder eine ähnliche Formel verwendet wird, scheint mir (unter Abänderung meiner früheren Einschätzung) eine diskrete Distanzierung des BVerfG von der Nonchalance der Cannabis-Entscheidung unleugbar und dementsprechend eine Neuinterpretation seiner Rechtsprechung geboten zu sein.

2. Besonders begrüßenswert ist dabei in meinen Augen die vom BVerfG vorgenommene Kombination der Sozialschädlichkeit (negativ) mit dem Rechtsgüterschutz (positiv) und deren Verwendung als austauschbare Formeln. Denn indem *Birnbaum* das von *Feuerbach* verwendete Deliktskriterium der Rechtsverletzung durch die „Gutsverletzung" ersetzt hat,[47] hat er inhaltlich eine weitgehende Übereinstimmung mit *Beccarias* „Sozialschaden" hergestellt.[48] Über *Bindings* Normen,[49] in denen der Begriff der „Rechtsgüter" geprägt wird, und *v. Liszts* Lehrbuch[50] avancierte der Rechtsgutsbegriff zum Grundbegriff des Strafrechts, damals naturgemäß in den Fesseln des Gesetzespositivismus.[51] Nach dem Ende des die Rechtsgutsdoktrin limitierenden Gesetzespositivismus und der sie anschließend quasi unterpflügenden NS-Diktatur hat es eigentlich auf der Hand gelegen, vier sie tragende Begründungsstränge zu einer Deduktion von überwältigender Überzeugungskraft zu verknüpfen: Zum ersten ließ sich dieser Ansatz, wie soeben dargelegt, in der von jeder Verfassung und damit auch vom Grundgesetz vorauszusetzenden konzeptionellen Basis des Gesellschaftsvertrages und dessen fast 200 Jahre vor Erlass des Grundgesetzes einset-

---

keit eines Rechtsguts als Voraussetzung der Bestrafung fest, was e contrario auch durch die Untreueentscheidung BVerfGE 126, 170 bestätigt wird, denn die Feststellung eines schutzwürdigen Rechtsguts (Rn. 84 f.) dient darin gerade zur Begründung der Verfassungsmäßigkeit.

47 *Birnbaum*, Archiv für Kriminologie 13 (1834) 149, 172 ff.

48 So meine Interpretation (Fn. 26), S. 138 ff.; ähnlich *Hefendehl* (Fn. 44, Kollektive Rechtsgüter), S. 15 ff.; kritischer das Urteil von *Amelung*, Rechtsgüterschutz oder Schutz der Gesellschaft, 1972, S. 37 (aber differenzierend, S. 39 ff. [45 ff.]).

49 *Binding*, Die Normen und ihre Übertretung, 1872, S. 179 ff.

50 *v. Liszt*, Das Deutsche Reichsstrafrecht auf Grund des Reichsstrafgesetzbuchs und der übrigen strafrechtlichen Reichsgesetze unter Berücksichtigung der Rechtsprechung des Reichsgerichts systematisch dargestellt, 1881: „Die Strafe hat ihren Zweck in dem Schutz der Rechtsgüter, der durch die Androhung der Strafe als Mittel erreicht wird (S. 3). Der Gesetzgeber stellt ein bestimmtes Interesse unter seinen Rechtsschutz, indem er es zu einem Rechtsgut erklärt" (S. 12).

51 Vgl. *v. Liszt*, der Rechtsgüter als die „Lebensinteressen des einzelnen oder der Gemeinschaft" bezeichnete, die von der Rechtsordnung nicht erzeugt, sondern zum Rechtsgut erhoben würden, der aber den Richter selbst dann nicht zur Korrektur des Gesetzgebers für befugt erklärte, wenn dieser sich getäuscht und eine materiell rechtmäßige Handlung unter Strafe gestellt hat (Lehrbuch des deutschen Strafrechts, 14. und 15. Aufl. 1905, S. 65 [140], und dazu *Amelung* [Fn. 48], S. 84 f., zur Kritik S. 87 ff.). Ein instruktives Beispiel bietet *v. Liszts* Stellungnahme zur Homosexualität, deren Straflosigkeit er ausdrücklich für geboten erklärte, ohne aber die Gültigkeit der Strafvorschrift zu verneinen (S. 385 f.).

zender Entfaltung für das Strafrecht durch *Beccaria* und Fortentwicklung durch *Hommel* und *Birnbaum* und damit in einer fundamentalen Reflexionsschicht verankern, die jeder Verfassungsgebung in Deutschland vorausging und deren historische Grundlage bildete. Zum zweiten mussten gerade die Missachtung des Rechtsgüterschutzprinzips und der Einsatz des Strafrechts zu beliebigen politischen Zwecken im Dritten Reich die Notwendigkeit einer Begrenzung für den Einsatz dieses Instrumentes evident machen.[52] Zum dritten wurde der Gesetzgeber durch das Grundgesetz an die Grundrechte und das Rechtsstaatsprinzip gebunden, womit die im Gesetzespositivismus noch geltende Ohnmacht gegenüber der Willkür des Gesetzgebers obsolet war. Und zum vierten musste, in einer selbst wieder vierfach verflochtenen Argumentation, der Einsatz des Instrumentes „Strafrecht" im Vergleich zu schlichten Grundrechtseinschränkungen deshalb von einem qualitativen Sprung in der Dringlichkeit und *materiellen* Legitimation abhängig gemacht werden, weil 1. das Grundgesetz bei der an sich weniger wichtigen *formalen* Rechtfertigung strafrechtlicher Maßnahmen ausdrücklich einen solchen Legitimationssprung statuiert (arg. Art. 103 Abs. 2, 104 GG), weil 2. die mit der Strafe tendenziell verknüpfte schwere Beschädigung oder gar Zerstörung der sozialen Existenz selbst einen nicht nur quantitativen, sondern qualitativen Sprung zu schlichten Grundrechtseinschränkungen bedeutet, weil 3. der gerade vom BVerfG betonte sozialethische Vorwurf, der mit der Kriminalstrafe verbunden sei,[53] über die Eingriffe in Freiheit oder Vermögen hinaus den Vorwurf einer Selbstentwürdigung bedeutet, der schon objektiv ein gravierendes Fehlverhalten zur Voraussetzung hat, und weil schließlich 4. der schon dargelegte Charakter des Strafrechts als Overkill, also als au fond unverhältnismäßige Übelszufügung, eine Domestizierung allein durch den Verhältnismäßigkeitsgrundsatz ausschließt[54] und deshalb ohne eine drastische

---

52 Denn gerade das Rechtsgüterschutzprinzip ist von der nationalsozialistischen Strafrechtstheorie am erbittertsten attackiert worden, siehe *Schaffstein*, DStrR 1935, 95; *ders.*, DStrR 1937, 335; *ders.*, in: Dahm/Huber/Larenz/Michaelis/Schaffstein/Siebert (Hrsg.), Grundfragen der neuen Rechtswissenschaft, 1935, S. 108 ff.; weitere Nachweise bei *Amelung* (Fn. 48), S. 228 ff.; *Marxen*, Der Kampf gegen das liberale Strafrecht, 1975, S. 177 ff., und kaum ein anderes Rechtsgebiet ist von der NS-Diktatur in so brutaler Weise für ihre die Werte des liberalen Rechtsstaates auf den Kopf stellenden Zwecke missbraucht worden wie das Strafrecht; auf der anderen Seite hat gerade die notorische Frontstellung des Grundgesetzes gegen die Rechtspraxis der Nazidiktatur in der Rechtsprechung des BVerfG einen zentralen Interpretationstopos gebildet, siehe dazu allgemein BVerfGE 6, 32 (37); 18, 112 (117); 30, 173 (192), und speziell im Strafrecht BVerfGE 39, 1 (36).

53 BVerfGE 9, 167 (171); 22, 49 (79); 96, 245 (249).

54 In diesem Punkt stimmt auch die an sich rechtsgutskritische Arbeit von *Hörnle* (Grob anstößiges Verhalten, 2005) zu (S. 35 ff.).

Einschränkung in den Anordnungsvoraussetzungen kein Recht, sondern staatlicher Terror wäre. Wenn man sich all dies vor Augen hält, so kann ich mich nach wie vor[55] nicht der Vision erwehren, dass dem BVerfG die strafrechtliche Rechtsgutstheorie vom Grundgesetz auf einer Silberplatte angedient wird wie weiland das Haupt des Jochanaan der Salome und von ihm deshalb auf die Dauer nicht verleugnet werden wird.

3. Zwar hat *Engländer* der vorstehend skizzierten Ableitung des Rechtsgüterschutzprinzips dreifach entgegengehalten, dass es von der Theorie des Gesellschaftsvertrages zu viele Spielarten gäbe, als dass man an irgendeine bestimmte anknüpfen könne; dass es insbesondere keinen Nachweis gebe, dass der Parlamentarische Rat das Grundgesetz an irgendeine bestimmte aufklärerische Vorstellung habe anschließen wollen; und dass die Positionen der Aufklärung auch viel zu sehr durch spezielle religiöse Vorstellungen wie bei *Locke* oder metaphysische Positionen wie bei *Kant* geprägt gewesen seien, als dass sie dem weltanschaulich neutralen Grundgesetz unterlegt werden dürften.[56] Aber das geht meines Erachtens an den eigentlichen Fundamenten des Rechtsgüterschutzprinzips dreifach vorbei. Die philosophischen Feinheiten in den unterschiedlichen Spielarten des Kontraktualismus der Aufklärungszeit haben für die Forderung des gesellschaftlichen Schadens als Bedingung der staatlichen Strafgewalt weder bei *Beccaria* noch in den französischen Revolutionsverfassungen eine Rolle gespielt, geschweige denn religiöse oder metaphysische Spekulationen. Das den Sozialschadensgedanken umformulierende Rechtsgutsdogma wird man in Kaiserreich und Weimarer Republik als herrschend bezeichnen dürfen, wenn auch natürlich in den Grenzen des damaligen Gesetzespositivismus. Indem es im Nationalsozialismus verworfen wurde, war es für eine Wiederaufrichtung unter dem Grundgesetz geradezu prädestiniert, und jetzt nicht nur innerhalb des einfachen Gesetzes, sondern innerhalb der freiheitlichen Verfassung und ihren Gewährleistungen. Dass der Overkill des Strafrechts wegen seiner einzigartigen Brutalität nach einer ebenso exzeptionellen Eingriffshürde verlangt, drängt sich selbst dem Alltagsverstand auf. Und dass die in der aufgeklärten Vernunft ebenso wie in der Tradition der Strafrechtswissenschaft zu findende Hürde des Rechtsgüterschutzprinzips im Wortlaut des Grundgesetzes keinen Ausdruck gefunden hat, gilt ja ganz genauso für das Schuldprinzip oder das Prinzip der materiellen Wahrheit und steht deshalb wie diese einer Verankerung im Rechtsstaatsprinzip nicht im mindesten im Wege.

55 Vgl. bereits *Schünemann* (Fn. 26), S. 144.
56 *Engländer*, ZStW 127 (2015), 616, 627 ff.

VII. Zur methodologischen Struktur des Rechtsgutsbegriffs

1. Dann bleibt freilich die methodologische Kritik an der Rechtsgutsformel übrig, dass sie wegen ihrer semantischen Unbestimmtheit letzten Endes doch nur ein Passe-partout für jede politische Entscheidung und damit wertlos sei.[57] Aber hoch abstrakte Begriffe wie das „Rechtsgut" sind nicht nur in einer systematischen Rechtswissenschaft unverzichtbar, sondern auch trotz ihrer relativen Unbestimmtheit konkretisierungsfähig, sofern sie einen von der Extension her deutlichen und allgemein akzeptierten Kern haben, d. h. sofern evidente Beispielsfälle („Archetypen") benannt werden können – bei den Rechtsgütern die angeborenen Rechte Leben, Leib und Freiheit sowie für alle entwickelten Gesellschaften das Eigentum. Dieser Kern kann dann durch Analogiebildung Schritt für Schritt erweitert werden, wobei es – wie bei jeder Typus-Konkretisierung – wichtig ist, einen Gegenbegriff zu bilden, der ebenfalls einen von der Extension her deutlichen und allgemein akzeptierten Kern an „Archetypen" besitzt, wobei dann – wie bei jedem Typusbegriff – die charakteristischen Züge des Typus herauszuarbeiten und in ihrer quantitativen Ausprägung zu einem Gesamtprofil zu addieren sind.[58]

2. Der Gegenbegriff zum Rechtsgut ist die „Lebensform", die in einem demokratischen Rechtsstaat nicht mit den Mitteln des Strafrechts erzwungen werden darf. Dass diese wechselseitige Konkretisierung der durch das Strafrecht schützbaren Rechtsgüter einerseits, der strafrechtsfesten Lebensformen andererseits natürlich nicht mit der im Recht niemals erreichbaren mathematischen oder empirischen Sicherheit, aber mit hoher argumentatorischer Plausibilität erreichbar ist, habe ich an einzelnen konkreten Beispielen bei anderen Gelegenheiten mehrfach demonstriert.[59] Das soll und kann hier nicht wiederholt wer-

---

57 Siehe etwa *Stuckenberg*, GA 2011, 653 (656 f.) in Wiederholung alter Einwände (z. B. von *Stratenwerth*, Strafrecht, Allgemeiner Teil, Bd. 1, 4. Aufl. 2000, § 2 Rn. 7). Dazu die grds. Kritik bei *Roxin*, in: Neumann/Herzog [Fn. 44], S. 579.

58 Dies habe ich für die Bestechungstatbestände durch die Entgegensetzung von Unrechtsvereinbarung und Repräsentationsakt und durch die Herausarbeitung von sechs verschiedenen Zügen demonstriert (*Schünemann*, in: Dannecker [Hrsg.], Festschrift für Harro Otto zum 70. Geburtstag am 1. April 2007, 2007, S. 777 [791 ff. 795 ff.]), die vom BGH (notabene ohne Zitat) weitgehend übernommen, aber als „Indizien einer wertenden Beurteilung des Tatrichters" missverstanden worden sind (BGHSt 53, 6 [16 f.]). Zum Straftatbegriff als Typus knapp und treffend bereits *Hefendehl* (Fn. 44 – Kollektive Rechtsgüter), S. 107 ff.

59 *Schünemann* (Fn. 26), S. 149 ff.; *ders.*, in: Schünemann (Hrsg.), Strafrechtssystem und Betrug, 2002, S. 51 ff.; *ders.*, in: v. Hirsch/Seelmann/Wohlers (Hrsg.), Mediating Principles, 2006, S. 18 ff.; *ders.*, El derecho penal es la ultima ratio para la protección de bienes jurídicos, 2007; in dieselbe Richtung *Roxin*, in: Hefendehl (Hrsg.), Empirische und dogmatische Fundamente, kriminalpolitischer Impetus, 2005, S. 135; *ders.* (Fn. 44 – AT), § 2 und Rn 12 ff.; *ders.* (Fn. 57),

den. Stattdessen beschränke ich mich auf den Hinweis, dass es sich hierbei auch nicht um eine Art juristischen Schleichweg, sondern um einen besonders instruktiven Anwendungsfall methodologischer Erkenntnisse handelt. Denn in der modernen Sprachphilosophie ist längst anerkannt, dass die klassische Definition durch genus proximum und differentia specifica ein extremer Sonderfall ist, an dessen Stelle (um nur die wichtigsten sonstigen Kategorien sprachlicher Repräsentation herauszugreifen) der *Typus*,[60] die *Familienähnlichkeit* im Sinne *Wittgensteins*[61] oder die Exemplifizierung einer nur verschwommen erfassten Intension durch einige Fälle der Extension[62] tritt, deren weitere Explikation durch ein analogisches Verfahren zu erfolgen hat, das in der ontologischen Hermeneutik immer schon als Normalfall der juristischen Methode angesehen worden ist.[63]

S. 573; *ders.*, GA 2013, 433; *Greco*, ZIS 2008, 234; *ders.*, Lebendiges und Totes in Feuerbachs Straftheorie, 2009, S. 303 ff.; *Hefendehl* (Fn. 44 – Kollektive Rechtsgüter), S. 18 ff.

60 Wobei die Karriere der Konzeption vom Typus in der Rechtstheorie besonders aufschlussreich ist: Während dessen ursprüngliche hermeneutische Beschreibung durch *Arthur Kaufmann*, Analogie und „Natur der Sache", 1965; *Hassemer*, Tatbestand und Typus, 1968; *Leenen*, Typus und Rechtsfindung, 1971; *Larenz*, Methodenlehre der Rechtswissenschaft, 6. Aufl. 1991, S. 460 f., zunächst von *Kuhlen*, Typuskonzeptionen in der Rechtstheorie, 1977, S. 163 ff., und von *Koch/Rüßmann*, Juristische Begründungslehre, 1982, S. 73 ff. scharf kritisiert worden war, ist diese inzwischen von *Kuhlen* selbst (*Kuhlen*, in: Herberger/Neumann/Rüßmann [Hrsg.], Generalisierung und Individualisierung im Rechtsdenken, ARSP-Beiheft 45, 1992, S. 101 [119 ff.]); *Puppe*, in: Dornseifer/Horn/Schilling/Schöne/Struensee/Zielinski (Hrsg.), Gedächtnisschrift für Armin Kaufmann, 1989, S. 15 (25 ff.), logisch präzisiert und rehabilitiert worden (*Schünemann*, in: Haft/Hassemer/Neumann/Schild/Schroth [Hrsg.] Festschrift für Arthur Kaufmann zum 70. Geburtstag, 1993, S. 299 (304 ff.); zur Anwendung auf den Vorsatzbegriff *Schünemann*, in: Weigend/Küpper [Hrsg.] Festschrift für Hans Joachim Hirsch zum 70. Geburtstag 11. April 1999, 1999, S. 363 [370 ff.]; schließlich zur Anwendung auf den Rechtsbegriff selbst *Schünemann*, in: Joerden/Wittmann [Hrsg.], Recht und Politik, ARSP-Beiheft 93, 2004, S. 133 ff. [142]).

61 *Wittgenstein*, Philosophische Untersuchungen, 1953, S. 65 ff.; dazu *v. d. Pfordten*, in: Joerden/Wittmann (Fn. 60), S. 51 ff. (55).

62 Zur semantischen Unterscheidung zwischen Extension und Intension vgl. nur *Stegmüller*, Erklärung, Begründung, Kausalität (Probleme und Resultate der Wissenschaftstheorie und analytischen Philosophie I), 2. Aufl. 1983, S. 94 ff.; *v. d. Pfordten*, Deskription, Evaluation, Präskription, 1993, S. 133 ff.

63 *Arthur Kaufmann* (Fn. 60), passim; *ders.*, Das Verfahren der Rechtsgewinnung, 1999, S. 59 ff.

VIII. Die Aufgabe der (Straf-)Rechtsdogmatik als vierte Gewalt

1. Was ich vorstehend am sog. systemkritischen, d. h. strafrechtsbegrenzenden Rechtsgutsbegriff zu zeigen versucht habe, gilt pars pro toto für alle Strafrechtsprobleme und ihre rechtswissenschaftliche Behandlung: Die rechtsstaatliche Begrenzung der Strafgewalt durch das Rechtsgüterschutz- und das Schuldprinzip muss in der Weise bei allen Anwendungsfragen berücksichtigt werden, dass die Zwischenschritte und die konkreten Ergebnisse in ein Gesamtsystem eingeordnet und an ihm kontrolliert werden, um vermöge des Gebots der Widerspruchsfreiheit die Beachtung des Gleichheitsgrundsatzes und damit die Gerechtigkeit bei allen einzelnen dogmatischen Figuren zu gewährleisten. Der jeweilige Machthaber (im einzelnen Strafverfahren der Richter) kann deshalb nicht nach Willkür entscheiden, sondern muss bald abstraktere, bald konkretere Regeln und Prinzipien respektieren.

2. Das gilt selbst bei seiner vergleichsweise einfachsten dogmatischen Tätigkeit, der Auslegung der Tatbestände des Besonderen Teils. Hier gibt der sog. systemimmanente[64] Rechtsgutsbegriff der teleologischen Auslegung Halt und Ziel. Ungleich bedeutender ist die dogmatische Arbeit bei der Analyse der allgemeinen, für alle oder jedenfalls viele Straftatbestände übereinstimmend gültigen Strafbarkeitsvoraussetzungen. Aus dem Zweck des Rechtsgüterschutzes und der Legitimation durch das Schuldprinzip, das die individuelle Vermeidbarkeit der Tat voraussetzt und sich dadurch mit dem Schutzmechanismus der Androhungs-Generalprävention deckt, lassen sich auf deduktivem Wege erstaunlich viele spezielle Strafbarkeitsvoraussetzungen ableiten. Dabei geht es vor allem und in vielen Fällen darum, die Bestrafung wegen bloßen Zufalls auszuschließen. Durch die Entwicklung einer Doktrin der objektiven Zurechnung soll sichergestellt werden, dass der Sozialschaden auf der Normverletzung beruht, weil er bei Beachtung des strafrechtlichen Verbots ausgeblieben wäre, dass also nicht nur ein äußerlicher, sondern ein funktionaler Zusammenhang zwischen der verbotenen Handlung und dem Schadenseintritt existiert.[65] Die Irrtumslehre sorgt dafür, dass der Täter nur für diejenigen Umstände verantwortlich gemacht wird, die er kannte oder hätte erkennen können, ist also eine Verfeinerung des Schuldprinzips.[66] Indem der Begriff der Täterschaft durch die

---

64 Diese Terminologie geht zurück auf *Hassemer,* Theorie und Soziologie des Verbrechens, 1973, S.19.

65 Dazu statt aller: *Roxin* (Fn. 44 – AT), § 11 Rn. 44 ff.; *Schünemann,* GA 1999, 207 ff.

66 Dazu statt aller: *Roxin* (Fn. 44 – AT), § 21 Rn. 1 ff.; zum typologischen Vorsatzbegriff *Schünemann* (Fn. 60 – FS Hirsch), S. 363; zum Zusammenhang von Wertung und System beim Erlaubnistatbestandsirrtum zuletzt *Schünemann/Greco,* GA 2006, 27.

Tatherrschaft ausgeführt wird, wird der Schwerpunkt der strafrechtlichen Verantwortlichkeit auf diejenigen Personen gelegt, die in der konkreten Situation die maßgebliche Entscheidung über das Wohl und Wehe des Rechtsgutsobjekts treffen.[67] Das gilt auch für die Garantenstellung beim unechten Unterlassungsdelikt, die als Herrschaft über den Grund des Erfolges in den beiden Formen der Herrschaft über eine Gefahrenquelle oder über die Hilflosigkeit des Rechtsgutsobjekts die strafrechtliche Verantwortlichkeit derjenigen Personen sicherstellt, deren Position mit der Herrschaftsgewalt eines Begehungstäters vergleichbar ist.[68]

3. Wegen dieser Aufgabe der von Wissenschaftlern betriebenen Dogmatik zur intellektuellen Kontrolle der von Richtern gefällten Entscheidungen habe ich die Rechtswissenschaft[69] als eine Art Vierte Gewalt apostrophiert.[70] Zwar werden in der politischen und sogar staatsrechtlichen Diskussion gewöhnlich die Massenmedien als vierte Gewalt bezeichnet,[71] was in einem soziologischen Sinne zweifellos zutrifft. Dass die von diesen ausgeübte Herrschaft, die in der nach Infotainment hungernden Freizeitgesellschaft gigantisch gewachsen ist, seit dem Verlust interner „checks and balances" infolge der (beim ersten Auftreten vor 50 Jahren eine heftige Gegenbewegung in der Gesellschaft auslösenden, heute alltäglich erscheinenden) Großen Koalition mit ihrer weitgehenden Gleichschaltung der sog. Leitmedien als Folge außer Kontrolle geraten ist (worin eine gewichtige Ursache der in den Medien verwundert berichteten „Politikverdrossenheit" der Bevölkerung und der Demokratiekrise liegt), zeigt sich im Recht beispielsweise in der immer ungenierteren Einmischung in laufende Gerichtsverfahren, etwa durch Pseudo-Dokumentarfilme über den NSU-Komplex bei laufender Hauptverhandlung, noch dazu im öffentlich-rechtlichen Fernsehen, oder durch den erbärmlich voyeuristischen Medienhype um Kachelmann und Lohfink. Im Gegensatz dazu steht die intellektuelle Kontrolle aller drei

---

67 Nach wie vor grundlegend: *Roxin*, Täterschaft und Tatherrschaft, 9. Aufl. 2015; zur Erweiterung des Herrschaftsprinzips als allgemeine Täterschaftsstruktur *Schünemann*, in: Laufhütte/Rissing-van Saan/Tiedemann (Hrsg.), Strafgesetzbuch, Leipziger Kommentar, Bd. 1, 12. Aufl. 2007, § 25 Rn. 16, 39 ff.

68 Dazu zuletzt *Schünemann*, GA 2016, 301.

69 Wobei diese natürlich von jedem betrieben wird, der Rechtsfolgen nicht kraft eigener Machtvollkommenheit anordnet (wie die Exekutive und Judikative), sondern anhand vernünftiger Argumentation für unser Rechtssystem postuliert.

70 *Schünemann*, in: Schünemann/Achenbach/Bottke/Haffke/Rudolphi (Fn. 17), S. 1 (8); *Schünemann*, in: Putzke/Hardtung/Hörnle/Merkel/Scheinfeld/Schlehofer/Seier (Hrsg.) Strafrecht zwischen System und Telos, Festschrift für Rolf Dietrich Herzberg zum siebzigsten Geburtstag am 14. Februar 2008, 2008, S. 39.

71 Vgl. nur von Graevenitz (Hrsg.), Vierte Gewalt?, 1999.

Staatsgewalten durch die dogmatische Rechtswissenschaft, die keinerlei Macht besitzt (also nicht herrscht) und gerade deshalb die sonst unlösbare Frage beantworten kann „quis custodiet ipsos custodientes?“. Allein dadurch wird also ein legitimer Abbruch des in einem gewaltenteilenden Rechtsstaat sonst unendlichen Kontrollregresses möglich. Auch wer hierin eine unstatthafte Apotheose der Rechtsdogmatik erblickt,[72] wird nicht leugnen können, dass eine Rechtsprechung, die sich der rechtswissenschaftlichen Kritik nicht stellt, nicht mehr als eine Kadijustiz ist, die es in einem Rechtsstaat nicht geben darf: Allein durch diese Kontrolle kann deshalb die demokratisch nicht ausreichend legitimierte Gewalt der Rechtsprechung gerechtfertigt und erträglich gemacht werden. Und daraus folgt zwingend die Notwendigkeit einer Öffnung der Rechtsprechung zum dogmatischen Diskurs mit der Rechtswissenschaft.

IX. Schaf im modischen Wolfspelz: die Rückschrittspropaganda

Eine ernstzunehmende Kritik an diesem Konzept der dogmatischen Strafrechtswissenschaft muss selbstverständlich an dessen inhaltlichen Positionen ansetzen. Das wird immerhin mit der Behauptung ihres Widerspruchs zum Demokratieprinzip wenigstens versucht – auch wenn diese Kritik in der Sache irrig ist, wie oben gezeigt wurde. Davon abgesehen, kann ich in *Ambos*’ Wiederholung älterer Vorwürfe nur Missverständnisse, Zerrbilder und Allerweltsweisheiten entdecken, auf die ich mich gleichwohl nachfolgend aus zwei Gründen etwas näher einlassen möchte: einmal, weil *Ambos* selbst „auf Gegenrede hofft“ (177[73]) und ich ihm dadurch meine Reverenz erweisen möchte; und zum anderen, weil seine Thesen durch ihre vierfache Publikation,[74] durch den hohen Bekanntheitsgrad ihres *Autors* in Lateinamerika und vor allem deshalb eine weite Verbreitung erwarten lassen, weil sie die aktuelle Speerspitze eines sich in den letzten Jahren fast zu einer „Schule“ entwickelnden Revisionismus bilden.

---

72 Die umgekehrte Antikritik *Pawliks*, auch die Rechtswissenschaft übe durch ihren Einfluss auf die Gerichte Herrschaft aus, was ich angeblich verkannt hätte (*Pawlik*, Das Unrecht des Bürgers, 2012, S. 44 Fn. 143), verkennt in Wahrheit selbst das beim Vergleich mit den Staats-„Gewalten“ allein sinnvolle Verständnis von „Herrschaft = Befehlsgewalt = gewaltsam durchsetzbar“ und erliegt deshalb einer quaternio terminorum.

73 In Klammern gesetzte Zahlen bezeichnen nachfolgend die Seitenzahlen der Publikation in *Ambos*, GA 2016, 177.

74 Wobei es sich für die noch ausstehenden Publikationen empfehlen dürfte, die offensichtlichen Zitatfehler in den Fn. 33, 34, 85, 118, 129, 130 und 133 zu korrigieren.

1. a) *Ambos* meint, von ihm als Bekräftigung und Weiterentwicklung der Gedanken *Joachim Vogels* verstanden, „dass sich die deutsche Strafrechtswissenschaft an einem Scheideweg befindet: Entweder sie öffnet sich tatsächlich der Internationalisierung und Europäisierung oder sie verharrt weiterhin in selbstbewusster Provinzialität" (177 unter Hinweis auf *Fletcher* und auf *Doninis* Rüge eines „nationalistischen Provinzialismus"). Den *pragmatischen* Grund für die notwendige „Öffnung" sieht er „in einem internationalen Bedeutungsverlust der deutschen Strafrechtswissenschaft auf praktisch allen Ebenen", freilich abgesehen „von zahlreichen Staaten des sog. Civil Law Rechtskreises"; den *theoretischen* in der Fehlerhaftigkeit ihres „demokratiefernen, abgehoben-theoretischen, mitunter sogar autoritären Diskurses" (177, 178).

b) So wie in diesen Thesen der Inhalt der ganzen Abhandlung konzentriert ist, so auch ihre unklare Semantik, ihre verzerrte Wirklichkeitswahrnehmung und ihre Ausklammerung der wissenschaftstheoretischen und -soziologischen Zusammenhänge.

aa) Die Anerkennung des in der deutschsprachigen strafrechtsdogmatischen Literatur von allen Teilnehmern verlangten Rationalitätsniveaus (der von mir sog. mos analytico-philosophicus civitatis iuris – „mapci")[75] als maßstabbildend beschränkte sich immer schon auf den „sog. Civil Law Rechtskreis" außerhalb der frankophonen Staaten, weil das englische Common Law und demzufolge alle ehemaligen Kolonien Großbritanniens (einschließlich den erst 1783 ausgescherten USA) ebenso wenig an einem konstruktiven Dialog und Austausch mit dem Rest der Welt interessiert waren wie die um das Jahr 1800 weltweit führende, aber die „rechtsphilosophische Wende" der Strafrechtswissenschaft im 19. Jahrhundert nicht mehr nachvollziehende französische Strafrechtsdogmatik einschließlich der von ihr geprägten ehemaligen französischen Kolonien. Die Grenzlinien des Strafrechts wie auch der zugehörigen Dogmatik sind also damals wie heute im Ausgangspunkt identisch mit den machtpolitischen Grenzen, so dass die außerhalb des angloamerikanischen und des frankophonen Machtbereichs verbreitete und allein mit der Kraft des besseren Arguments erreichte Anerkennung des mapci einen starken Beweis für dessen „machtungeschützte Richtigkeit" ergibt. Und das auch weiterhin, denn der von *Ambos* behauptete „Bedeutungsverlust" erfasst ja mitnichten die deutsche Strafrechtswissenschaft und den von ihr verbreiteten mapci, sondern die Stellung und den Einfluss der deutschen Regierung bei der Ausarbeitung strafrechtlicher Konventionen, bei deren laut *Ambos* teils unbefriedigender Umsetzung

75 Dessen Explikation sich in *Schünemann* (Fn. 4), besonders S. 236, und auch oben im Text unter II.-VII. findet und jedem Teilnehmer an dieser Diskussion implizit geläufig ist.

und bei der Besetzung und Arbeitsweise der dabei geschaffenen Institutionen.[76] Für diese notorische Schwäche gibt es genügend andere Beispiele außerhalb des Strafrechts, man denke nur daran, dass die Bundesrepublik Deutschland mit einer Beteiligungsquote von über 25 % am Euro im EZB-Rat nur halb so stark (!) vertreten ist wie Malta und Zypern mit zusammen kaum mehr als dem hundertsten Teil (0,27 %). Den Unwillen oder die Unfähigkeit der deutschen Regierung bei der internationalen Wahrnehmung nationaler Interessen als einen Beleg für die Fehlerhaftigkeit des (nicht nur) in Deutschland anerkannten Rationalitätsniveaus der Strafrechtswissenschaft auszugeben, ist deshalb abwegig.

bb) Schon der Jurastudent muss (häufig zu seinem Leidwesen) die Erfahrung machen, dass im deutschen Strafrecht praktisch alles intensiv und kontrovers diskutiert wird, von den obersten Prinzipien bis zu einer einzelnen Gerichtsentscheidung u. U. sogar von Instanzgerichten. Die Abhandlungen zu einzelnen Tatbestandsmerkmalen des Besonderen Teils sind oft kaum noch zu zählen bis hin zur permanenten Behandlung kleinteiliger Auslegungsfragen wie etwa des Begriffs der Waffe oder des gefährlichen Werkzeugs;[77] und wo Grundsatzfragen wie die richtigen Begriffe von Schuld oder Fahrlässigkeit oder der Aufbau des Strafrechtssystems erörtert werden, wird das vom „goldenen Überfluss der Welt“ genommen und schmälert den Strom praxisnaher Literatur nicht im mindesten.[78] Als weiteres Beispiel nenne ich die strafrechtliche Produkthaftung, die natürlich in allen Industriestaaten dieselben Sachprobleme aufwirft, aber nur in den den mapci verwendenden Strafrechtskulturen unablässig weiter

76 Dazu in deskriptiver Hinsicht zutr. *Vogel*, JZ 2012, 26, zur Bewertung *Schünemann* (Fn. 4), S. 237. *Ambos* kritisiert die seines Erachtens unzulängliche Umsetzung der Folterkonvention (S. 179, 181), rühmt im Übrigen das instrumentelle Strafrechtsverständnis der internationalen Gebilde (180 u. ö.) und verbucht namentlich die unter seiner wissenschaftlichen Beratung erzielten Erfolge im Völkerstrafrecht (183, 184).

77 Die Zahl der Veröffentlichungen zu diesem Tatbestandsmerkmal der § 244 und 250 StGB geht in die Dutzende, vgl. nur *Becker*, Waffe und Werkzeug als Tatmittel im Strafrecht, 2003; *Fischer*, NStZ 2003, 569; *Geppert*, Jura 1999, 599; *Giesen*, Die Tatmittel in der Diebstahls- und Raubqualifikation gemäß §§ 244, 250 StGB, 2002; *Küper*, JZ 1999, 187; *Leißner*, Der Begriff des gefährlichen Werkzeugs im StGB, 2002; *Lesch*, JA 1999, 30; *Schmid*, Das gefährliche Werkzeug, 2003; *Schroth*, NJW 1998, 2861 (2863 ff.); *Streng*, GA 2001, 359.

78 Um dafür ein nicht bloß aperçuhaftes, sondern quantitativ aussagekräftiges Beispiel anzuführen: Das Verzeichnis der Literatur zwischen 1950 und 1995, die ich in der 11. Aufl. meiner Kommentierung des § 266 StGB im Leipziger Kommentar nachwies, umfasste zwei Seiten, das sodann in der 12. Aufl. für die in 15 Jahren hinzugekommene Literatur hinzugefügte Verzeichnis dagegen über acht Seiten, wobei die Beiträge durchweg ganz konkrete Fälle aus der Rechtsprechung auf- und damit ins volle Leben hineingreifen, und seitdem sind abermals viele Dutzende Dissertationen und Aufsätze hinzugekommen.

diskutiert wird.[79] Weil sich daran mittlerweile auch Jurastudenten mit eigenen Publikationen beteiligen und überdies eine Art permanenter Schlagabtausch zwischen kritischen Rezensionen aller irgendwie bedeutenden Gerichtsent-

---

79 Die deutsche Diskussion wird unablässig fortgebildet, siehe nur *Bloy*, in: Böse/Bloy/Hillenkamp/Momsen/Rackow (Hrsg.), Gerechte Strafe und legitimes Strafrecht, Festschrift für Manfred Maiwald zum 75. Geburtstag, 2010, S. 35; *Heine*, Die strafrechtliche Verantwortlichkeit von Unternehmen, 1995, S. 110 ff.; *Hilgendorf*, GA 1995, 522; *ders*., in: Heinrich/Hilgendorf/Mitsch/Sternberg-Lieben (Hrsg.), Festschrift für Ulrich Weber zum 70. Geburtstag, 18. September 2004, 2004, S. 33; *Holtermann*, Neue Lösungsansätze zur strafrechtlichen Produkthaftung, 2007; *Kuhlen*, in Achenbach/Ransiek (Hrsg.), Handbuch Wirtschaftsstrafrecht, 3. Aufl. 2011, S. 79 ff.; *Schmucker*, Die „Dogmatik" der strafrechtlichen Produktverantwortung, 2001. Gerade weil niemandes Meinung dabei sakrosankt ist, habe ich immer wieder um meinen Standpunkt mit Argumenten kämpfen müssen, siehe *Schünemann*, Unternehmenskriminalität und Strafrecht, 1979; *ders*., in: Gimbernat/Schünemann/Wolter (Hrsg.), Internationale Dogmatik der objektiven Zurechnung und der Unterlassungsdelikte, 1995, S. 68 f.; *ders*. (Fn. 18), S. 621; *ders*., in: Tiedemann (Hrsg.), Wirtschaftsstrafrecht in der Europäischen Union, 2002, S. 121 f. In Frankreich gibt es einen allgemeinen Personengefährdungstatbestand, Art. 223–1 Code Pénal, dazu näher *Pradel/Danti-Juan*, Droit pénal spécial, 4. Aufl. 2007, Rn. 129 ff.; zur Haftung aus dem Verletzungsdelikt Rn. 78; es gibt ferner ein umfassendes Verbraucherschutzstrafrecht, das auch abstrakte Gefährdungsdelikte durch fehlerhafte Produkte miterfasst, dazu *Stasiak*, Droit pénal des affaires, 2. Aufl. 2009, S. 509 ff.; *Jeandidier*, Droit pénal des affaires, 6. Aufl. 2005, S. 595 ff. Aber eine Spezialliteratur hierzu, die mit der deutschen qualitativ oder quantitativ auch nur annähernd verglichen werden könnte, ist weder existent noch auch nur in Sicht, deshalb offenbar die französische (wie übrigens auch englische) Übung, in Gesamtdarstellungen im Unterschied zur deutschen Übung so gut wie keine Aufsätze oder Monographien zu zitieren. Noch krasser ist die Situation im Bereich des common law. In den USA wird die Produkthaftung ausschließlich als ein zivilrechtliches Problem angesehen, weshalb der Vorstoß des Senators Arlen Specter, einen bundesrechtlichen Spezial-Straftatbestand zu schaffen, auf heftige und bis heute erfolgreiche Kritik stieß (siehe *Vandall*, Catholic University Law Review 57 (2008), S. 341; *Schwartz/Silverman*, Criminalizing Product Liability Law: Putting to Rest a Bad Idea, U. S. Chamber Institute for Legal Reform, 2006). In England gibt es mit demselben praktischen Effekt den eigenständigen Tatbestand einer fahrlässigen Tötung durch Unternehmen („corporate manslaughter", in Schottland „corporate homicide") auf Grund des Corporate Manslaughter and Corporate Homicide Act 2007 (dazu näher *Ashworth/Horder*, Principles of Criminal Law, 8. Aufl. 2016, S. 172 f., 303 f.), neben dem zwar eine strafrechtliche Verfolgung der individuell Verantwortlichen wegen manslaughter und gross negligence nach dem Health and Safety at Work etc Act 1974 nicht ausgeschlossen ist, aber in der Dogmatik doch nur eine geringe Rolle spielt, weshalb das Standardwerk von *Whittaker*, The Development of Product Liability, 2012, unter „criminal liability" zwar Regelungen in Frankreich, Italien und Spanien erwähnt (S. 93 f., 223 f. und 253 f.), nicht aber im Vereinigten Königreich. Dagegen lässt sich auch nicht einwenden, es fehle eben hier an vergleichbaren Skandalen wie Contergan und Lederspray in Deutschland und Colza Öl in Spanien, denn in England findet sich der leading case Donoghue v. Stevenson bereits im Jahre 1932 (dazu *Whittaker*, aaO., S. 19 f. [32 f. 52 ff.], und in den USA gab es schon in den 70er Jahren des vorigen Jahrhunderts den Ford Pinto Skandal. Außerdem lässt sich der Quantensprung in der Quantität, Intensität und Subtilität

scheidungen einerseits und der Berücksichtigung der dogmatischen Literatur in diesen Entscheidungen andererseits zum mapci-Standard gehört,[80] ist die Meinung von *Ambos*, hier finde ein „demokratieferner, abgehoben-theoretischer, mitunter sogar autoritärer Diskurs" statt, nur für jemanden nachvollziehbar, der noch niemals eine deutsche strafrechtliche Fachzeitschrift gelesen hat. Von „Demokratieferne" zu sprechen, ist überdies ohne Begriffsverwirrung nur beim systemkritischen Rechtsgüterschutzprinzip möglich (und auch dort, wie oben dargelegt, verfehlt), erliegt dagegen – als von *Ambos* gegenüber dem mapci insgesamt erhobener Vorwurf – entweder bereits auf der semantischen Ebene einer quaternio terminorum des Demokratiebegriffs oder verweigert sich diesem geradezu. Demokratie bedeutet nach der formalen Theorie der Repräsentativität, dass die Ausübung von Staatsgewalt, also politische Entscheidungen des Gesetzgebers und dadurch mittelbar die Gesetzesanwendung durch die (über

---

der Problembearbeitung zwischen dem mapci einerseits, der französischen und angloamerikanischen Strafrechtsdogmatik andererseits an jedem beliebigen Beispiel demonstrieren, seien es die schon erwähnten unechten Unterlassungsdelikte, die sachlogischen Grundlagen der Täterschaft (deren Analyse nicht einmal durch das epochale Werk *Roxins* über „Täterschaft und Tatherrschaft" [1963] zur Ruhe gekommen ist, siehe nur zur erneut aufflammenden Diskussion *Schünemann*, in: Heinrich/Jäger/Achenbach/Amelung/Bottke/Haffke/Schünemann/Wolter [Fn. 44], S. 799; *Rotsch*, in Gropp/Hecker/Kreuzer/Ringelmann/Witteck/Wolfslast [Hrsg.], Strafrecht als ultima ratio, Gießener Gedächtnisschrift für Günter Heine, 2016, S. 309) oder die objektive Zurechnung, deren kontroverse Behandlung in Deutschland mittlerweile Regale füllt, während (als Beispiel) in England die in der Entscheidung R. v. Blaue ([1975] 61 Cr App R 271) formulierte „thin skull rule", derzufolge der Täter auch für unvorhersehbare Anfälligkeiten des Opfers und damit also unsinniger Weise für Zufall haftet, immer noch das Maß aller Dinge ist (siehe *Glanville Williams*, Law Quarterly Review 77 [1961], 179 [195]; *Moore*, Causation and responsibility, 2009, S. 221 ff.; *Loveless*, Complete Criminal Law: Text, Cases, and Materials, 2012, S. 94 ff.).

80 Genau das hat schon *v. Liszt* im Vorwort seines Lehrbuchs des deutschen Strafrechts am Reichsgericht gerühmt („Das Deutsche Reichsstrafrecht auf Grund des Reichsstrafgesetzbuchs und der übrigen strafrechtlichen Reichsgesetze unter Berücksichtigung der Rechtsprechung des Reichsgerichts systematisch dargestellt"), und der nach wie vor international beispiellos aufwändige Begründungsstil der BGH-Entscheidungen wird dieser Anforderung im Grundsatz gerecht. Freilich nur im Grundsatz, denn zum einen ist namentlich bei den Strafsenaten des BGH eine Tendenz feststellbar, „immer nur ad hoc die vom Ergebnis her passenden Begründungstorsi zu übernehmen, nicht aber das sie erst gebärende systematische Gesamtkonzept, so daß sie beim nächsten Problem, gleich einem an keine logische Konsequenz gebundenen Schmetterling, auf das nächste dogmatische Gewächs hinüberflattern und sich damit dem ordnenden Zugriff der Rechtswissenschaft immer wieder entziehen" können (*Schünemann*, in: Schünemann/Achenbach/Bottke/Haffke/Rudolphi [Fn. 17], S. 6). Und zum anderen trifft man, wohl wegen der ungenügenden Ausstattung der Senate mit wissenschaftlichen Mitarbeitern, immer wieder auch auf fehlerhafte Verarbeitungen des dogmatischen Diskussionsstandes (exemplarisch *Schünemann*, GA 2011, 445).

die Regierung parlamentarisch verantwortliche) Exekutive und durch die Justiz letztlich auf einen Wahlakt des Demos, der Aktivbevölkerung, zurückgeführt werden können; genuin rechtswissenschaftliche Aussagen werden davon so wenig betroffen wie alle anderen wissenschaftlichen Aussagen oder Meinungsäußerungen, hinter denen keine Staatsgewalt steht. Umgekehrt besagt die materielle Legitimationstheorie der deliberativen Demokratie, dass Entscheidungen auf der Basis eines möglichst umfassenden Diskurses argumentativer Abwägung getroffen werden sollen,[81] was durch die von mir beschriebene intellektuelle Kontrolle der rechtsprechenden Gewalt durch den mapci in idealer Weise realisiert wird.[82] Dagegen plötzlich als vorgebliche Neuerung die „Bereitschaft zu einem ergebnisoffenen Diskurs [...]" zu fordern, „bei dem es auf die Bedeutung der Sachargumente statt auf überkommene dogmatische Kategorien ankommt" (189), verwechselt offensichtlich den bei uns seit langem stattfindenden strafrechtlichen Diskurs mit der Situation in der katholischen Kirche.

cc) Eine vergleichbare Kategorienverwechselung auf der methodologischen Ebene unterläuft *Ambos* bei seiner Auffassung, dass sich bei der konkreten Falllösung „letztlich die induktive Fallmethode" durchsetze (189). Weil die Fälle sich ja nicht von selbst entscheiden, muss man selbstverständlich einen Obersatz finden, wobei es abermals selbstverständlich ist, dass dieser Obersatz bei neuen Fällen daraufhin überprüft werden muss, ob er womöglich zu allgemein formuliert wurde oder im Hinblick auf weitere Eigenheiten der unterschiedlichen Fälle weiterer Ausdifferenzierung bedarf. In diesem Punkt besteht zwischen der sich immer weiter konkretisierenden und ausdifferenzierenden teleologischen Auslegung des Gesetzes und dem mit ratio decidendi und distinguishing arbeitenden case law gar kein Unterschied. Selbstverständlich müssen aber alle einzelnen Fallregeln nach dem Gesetz des Widerspruchs in ein Gesamtsystem zusammengefasst werden, weil sonst der Gleichheitsgrundsatz verletzt wird. Und man muss die Fälle natürlich nicht plakativ nach ihrem äußeren Erscheinungsbild ordnen, sondern nach eben dieser aus ihren charakteristischen Zügen entwickelten Ratio Decidendi. So etwa in der erwähnten „Thin Skull Rule", bei der der dünne Schädel nicht als solcher eine Rolle spielt, sondern nur als Beispiel dient, aus dem nach den Regeln der objektiven Zurechnung eine sinnvoll rechtsgüterschützende Norm entwickelt werden muss. Ein besonders instruktives Beispiel,

---

81 Instruktiv zusammenfassend *Kasiske* (Fn. 42).

82 Wenn man sich an dessen Stelle mit dem Austausch von „tweets" auf der weder Ernsthaftigkeit noch eine rudimentäre Sachkunde verlangenden Internetplattform „Twitter" begnügen wollte, so wäre das ein plattes Missverständnis der Idee der deliberativen Demokratie, auch wenn diese erzpopulistische Methode gegenwärtig ein bevorzugtes Instrument zur Meinungsbeeinflussung und Popularitätssteigerung ausgerechnet des Bundesjustizministers darstellt.

wie man durch „induktive Falllösung" ohne systematische Richtigkeitskontrolle zu grotesk falschen Folgerungen gelangt, hätte *Ambos* in dem auf der Berliner Tagung von *Fletcher* unternommenen Versuch finden können, die fahrlässige Vergewaltigung wegen der Leiden des Opfers aus dem Vorsatztatbestand zu bestrafen.[83] Dann wäre ihm rasch klar geworden, dass gerade die sog. „induktive Methode" die vom Gesetzgeber aufgestellte Regel hinter das Rechtsgefühl des Richters zurückstellt und damit ein Musterbeispiel jener „Demokratieferne" bildet, die *Ambos* fälschlich der systematisch verfahrenden Strafrechtsdogmatik vorzuwerfen versucht.

dd) In ähnlicher Weise ist auch die von *Ambos* geforderte „empirische Überprüfbarkeit" (190) eine nicht zu Ende gedachte Floskel: Normen sind in logisch-formaler Hinsicht nicht empirisch überprüfbar, weil es sich um Sollenssätze und nicht um Seinsbehauptungen handelt, so dass der Versuch, sie empirisch zu bestätigen oder zu widerlegen, einen naturalistischen Fehlschluss bedeutet. Doch können in einem Begründungsnetz, wie es für die im mapci für erforderlich gehaltene Strafrechtsdogmatik typisch ist, auch konsequentialistische Aussagen enthalten sein, und in diesem Umfang ist es selbstverständlich geboten und geschieht auch, die Existenz bzw. Erreichbarkeit einer als für die Entscheidung wichtig angesehenen kausalen Prämisse oder Folge zu überprüfen.

2. Wenn man die vorstehend skizzierten Rationalitätsbedingungen des juristischen Diskurses ignoriert, kann man für die eigene Kritik eo ipso nur noch das Niveau von baby talk reklamieren.[84] *Ambos*' Forderung nach „[größerer] Verständlichkeit" und „möglichst einfachen Strukturen und Kategorien" (190) weist bedenklich in diese Richtung und beruft sich übrigens zu Unrecht auf *Jareborg*, der ausdrücklich gefordert hat, dass die Kategorien „konzeptuell reich genug sein müssen, um einem Richter alle diejenigen Unterscheidungen zu ermöglichen, die bei der Rechtsanwendung eine Rolle spielen müssen" (Übersetzung aus *Ambos*' Fn. 105). Kategorien zu erfinden, die hierfür nicht nötig sind, ist selbstverständlich ein Unding[85] (das ist unter der Bezeichnung als „Ockhams

---

83 Dazu genauer meine Kritik in *Schünemann*, GA 2001, 219.

84 Dazu auf der Berliner Tagung treffend *Lüderssen*, in: Eser/Hassemer/Burkhardt (Fn. 3), S. 360.

85 Zwar glaubt *Ambos* entdeckt zu haben, dass die deutsche Dogmatik überall dort inhaltlich falsch liege, wo sich ihre Begriffe nicht ins Englische übersetzen lassen (190). Aber dahinter steckt ein fundamentales Missverständnis des Verhältnisses von Sprache und Sachgedanken. Beispielsweise hat die Entwicklung der modernen Naturwissenschaft eine Reihe von Phänomenen und Erkenntnissen zu Tage gefördert, für die es in der bis dahin entwickelten Sprache keine Ausdrücke gab. Diese Ausdrücke mussten dann selbstverständlich gebildet werden, wenn sie zur Beschreibung und Erklärung von Naturphänomenen benötigt wurden, was übrigens bis heute in vollem Weitergang begriffen ist, in der Regel werden Akronyme gebaut. Die Logik von *Ambos* würde darauf hinauslaufen, die gesamte Entwicklung der modernen Natur-

Rasiermesser" Allgemeingut der Philosophie), aber das gilt umgekehrt auch für das in ungenügend entwickelten Rechtskulturen typische Fehlen der erforderlichen Differenzierungen (beispielhaft die strafrechtliche Erfolgshaftung, die in Form der strict liability noch heute im angloamerikanischen Strafrecht vorkommt). Beides wird (nur) vom mapci erkennbar und kritisierbar gemacht, weshalb auch ohne weiteres einzuräumen ist, dass die Auseinandersetzungen um das richtige Strafrechtssystem wie jeder sich in hintereinander geschaltete Abstraktionsebenen vorwagende Diskurs immer wieder in die Gefahr gerät, begriffliche Metaebenen mit der Objektebene zu verwechseln und dadurch scholastische Gedankengebäude zu errichten, die Ockhams Rasiermesser nicht standhalten können. Als Beispiel nenne ich die Konzeption von *Jakobs*, die Rechtsgutsverletzung als Inbegriff der Straftat durch die von ihm dem meist wortlosen Handeln des Täters subintellegierte Erklärung zu ersetzen, die Gültigkeit der betreffenden Verbotsnorm zu leugnen, worauf der Staat gut hegelianisch mit der durch Strafe kommunizierten Leugnung der Leugnung reagiere.[86] Ob das richtig oder – wie ich meine – falsch ist, kann im vorliegenden Zusammenhang vollständig dahingestellt bleiben, denn für diesen kommt es allein darauf an, dass sich derartige wie alle anderen Positionen im mapci einer kritischen argumentativen Auseinandersetzung stellen können und müssen,[87] also gerade nicht autoritativ gesetzt werden können. Eine Gefahr für die soziale Relevanz der Strafrechtsdogmatik könnte aus solchen hochabstrakten Diskursen deshalb erst erwachsen, wenn die Bearbeitung der Interpretations- und Subsumtionsprobleme auf den konkreteren

wissenschaften zu verwerfen und bei *Aristoteles* stehenzubleiben, weil das Fehlen entsprechender Bezeichnungen die sachliche Richtigkeit widerlegen würde.

86 Alle früheren Ansätze zusammenfassend in *Jakobs*, System der strafrechtlichen Zurechnung, 2012, S. 13 ff.: Nach seiner „kommunikativen" Straftheorie „[dient] der Schmerz der Strafe der *kognitiven* Sicherung der Normgeltung" – darin sieht *Jakobs* ihren Zweck –, während „der Widerspruch gegen die Geltungsverneinung durch den Verbrecher ihre Bedeutung ist". Es geht *Jakobs* also nicht (mehr) um einen auf Realfolgen bezogenen Konsequentialismus, sondern um einen sich per definitionem selbst erfüllenden Zweck (die „kognitive Sicherung der Normgeltung" träte durch die Strafe eo ipso ein, ist also Zweck und Effekt zugleich), der mit der zugeschriebenen, ja nicht zufällig an *Hegel* erinnernden Bedeutung des „Widerspruchs gegen die Geltungsverneinung" bereits identisch ist. Dementsprechend soll auch die Straftat eine „Rede" sein, auf die die Bestrafung die „Antwort" gebe (S. 14); beispielhaft behaupte der Täter eines Totschlages, „er habe das Lebensrecht des Opfers nicht zu achten" (S. 13). Durch Abstraktion und Transponierung auf die Ebene der Metasprache wird also ein aus Gewalt (der Tat und der Strafe), Blut (des Ermordeten) und Tränen (des zu lebenslanger Freiheitsstrafe verurteilten Mörders) bestehendes reales Geschehen in eine doppelte Kommunikation verwandelt, und zwar mit dem Anspruch, aus einem in Form der symbolischen Deutung erfolgenden sprachlichen Zuschreibungsakt Rechtsfolgen ableiten zu können.

87 Siehe *meine* Kritik in *Schünemann*, ZStW 126 (2014), 1.

Ebenen (namentlich des Besonderen Teils) darunter leiden würde. Aber solange beispielsweise die Frage, ob eine in den Rücken des Gewahrsamsinhabers gedrückte Seife in Form einer Pistole ein anderes gefährliches Werkzeug ist und deshalb die Qualifikationsmerkmale eines schweren Raubes erfüllt, in Lehrbüchern und Kommentaren, Aufsätzen und Urteilsbesprechungen eine Resonanz wie Donnerhall auslöst, braucht niemandem darob bange zu sein.

3. Noch gravierender als die bisher betrachteten semantischen und methodologischen Defizite der „Rückschrittspropaganda" ist in meinen Augen allerdings die durch sie drohende Auslieferung des Strafrechts an die Willkür der jeweiligen Machthaber, die bei *Ambos* aus seinem Verständnis einer instrumentellen Beliebigkeit von „Kriminalpolitik" folgt.

a) Laut *Ambos* wird die Pönalisierung bestimmter Verhaltensweisen auf dem Gebiet des Besonderen Teils international nach vermeintlichen (sic!) kriminalpolitischen Bedürfnissen vorgenommen; es komme entscheidend darauf an, ob aus kriminalpolitischer Sicht die Qualifizierung bestimmter Kriminalitätsbereiche für erforderlich gehalten werde (179), entsprechend dem „international verbreiteten instrumentellen Strafrechtsverständnis" (180). Dagegen werde die Kriminalpolitik im Rahmen der (scil. deutschen) Strafrechtswissenschaft „eher stiefmütterlich, fast schon verschämt behandelt", offenbar weil „dem strafrechtsaristokratischen Diskurs die Überzeugung der Autonomie oder gar Überlegenheit der Strafrechtsdogmatik gegenüber der Kriminalpolitik immanent" sei (181). Weitgehend[88] mustergültig sind dagegen in seinen Augen die Ausübung der EU-Kompetenz zur Bekämpfung „besonders schwerer Kriminalität" mit ihrer „vor allem polizeilich prozessualen" Wirkung und der „engen Zusammenarbeit auf europäischer Ebene (Europol, Eurojust, zukünftige europäische

88 Auf S. 186 unten äußert *Ambos* rechtsstaatliche Bedenken und Zweifel, ohne diese aber in einen allgemeinen Zusammenhang einzuordnen oder deshalb sein negatives Urteil über die von ihm sonst durchgehend als Popanz aufgebaute deutsche Strafrechtswissenschaft zu hinterfragen. Zu diesem Popanz nur ein einziges weiteres Beispiel: Auf S. 182 oben wird der Popanz eines „ontologisierenden Generalverweises auf vorgebliche sachlogische Strukturen, die die deutsche Strafrechtsdogmatik zum Maß aller Dinge machen", aufgebaut und in Fn. 39 zur Kritik einer ontologisierenden Betrachtungsweise *Roxin* zitiert, der ja auch ein deutscher Strafrechtswissenschaftler ist. Einen solchen angeblichen Generalverweis gab es nicht einmal bei *Welzel*, während die moderne deutsche Strafrechtsdogmatik durchgehend teleologisch strukturiert ist. Hingegen trifft auf das Common Law das exakte Gegenteil zu, dessen Grundbegriffe „actus reus und mens rea" aus dem Jahre 1606 stammen (aufgestellt von *Edward Coke*, so dass dessen Qualifikation als „vormodern" entgegen *Ambos* bei Fn. 40 auf S. 182 eine Feststellung und keine Abkanzelung ist). Genau diese äußerliche Unterscheidung ist nämlich in einem äußerst trivialen Sinn „ontologisierend", während die deutsche Strafrechtsdogmatik durch die Unterscheidung von Unrecht und Schuld umfassend auf zwei unterschiedliche Wertungen gegründet und damit im Kern normativ ist.

Staatsanwaltschaft)“, das vom Sicherheitsrat und der EU ausgehende Anti-Terrorismus-Strafrecht und überhaupt das auf den Schutz der Menschenrechte gegründete Völkerstrafrecht (186) – dies vor dem Hintergrund seiner breiten Zurückweisung des „Cultural Defence-Arguments“, wonach es beim Strafrecht wesentlich um kulturelle, historisch gewachsene, auch sprachlich geprägte Vorverständnisse gehen solle (184–187).

b) Wenn man einmal davon absieht, dass hiermit Theorie und (Völkervertrags-, Gesetzgebungs- sowie Justiz-)Praxis schlicht ineinander gemengt werden, hat *Ambos* mit seiner Kritik der angeblichen Kulturgebundenheit des (scil. modernen) Strafrechts das Richtige getroffen, steht dabei aber in Wahrheit auf den Schultern des von ihm nirgendwo erwähnten *Beccaria* und der auf diesen zurückgehenden Begrenzung des Strafrechts auf die Verhütung von Sozialschäden = den Schutz von Rechtsgütern; die These vom kriminalpolitischen Defizit in der deutschen Strafrechtswissenschaft zeugt nicht nur von einer geringen Beachtung der deutschen Literatur, die ja von Reformdiskussionen nur so wimmelt, sondern auch von völligem Unverständnis für die Verklammerung von Strafrechtsdogmatik und Kriminalpolitik durch die Rechtsgüterschutzdoktrin; und die Lobpreisung der internationalen Aktivitäten verschließt die Augen vor der hier obwaltenden Dominanz rein polizeilicher, vielfach sogar polizeistaatlicher Interessen.

aa) Die Kulturgebundenheit des Strafrechts ist bei historischer Betrachtung ein Faktum (= Sein), dem aber mit dessen Beschränkung auf den Rechtsgüterschutz die Legitimation (= Sollen) weitgehend verloren gegangen ist. Zwar hat das BVerfG in seiner Lissabon-Entscheidung, wie *Ambos* zutreffend registriert (184), die im deutschen Schrifttum von unterschiedlichen Autoren vertretene[89] These von der Abhängigkeit des Strafrechts von kulturellen Vorverständnissen aufgegriffen,[90] aber diese These ist weder in dieser Allgemeinheit überzeugend[91] noch zur Begründung der strengen demokratischen Legitimationsanforderungen des Strafrechts überhaupt notwendig.[92] Wenn *Ambos* stattdessen den Schutz der Menschenrechte als Basis des Strafrechts nennt (185 f.), so ist das in gewisser Weise nur eine verkleinerte Version der Rechtsgüterschutzdoktrin und deshalb ab ovo ungeeignet, eine auf letzterer basierte Strafrechtskonzeption als provinziell zu denunzieren.

---

89 Nachw. bei *Ambos*, GA 2016, 184 f.; *Schünemann*, Die Europäisierung der Strafrechtspflege als Demontage des demokratischen Rechtsstaats, 2014, S. 88 Fn. 24.

90 BVerfGE 123, 267 (359).

91 Eingehende Analyse bei *Hörnle* (Fn. 54), passim; siehe auch bereits *Schünemann* (Fn. 89), S. 88 f. = *ders.*, GA 2004, 193 (197 f.); *ders.*, ZStW 116 (2004), 376 (382); *ders.*, ZIS 2007, 535; *ders.*, KritV 2008, 6 (15 f.); *ders.*, GA 2001, 205 (236).

92 *Schünemann* (Fn. 89), S. 60 f. (110 f. 130 f. 214 f.) und passim.

bb) Es hieße Eulen nach Athen tragen, wenn ich die (Un-)Zahl der deutschen Alternativ-Entwürfe, Gesetzgebungsvorschläge, Stellungnahmen zu Gesetzesentwürfen und Gesetzesschelten auch nur an einzelnen Beispielen vorführen wollte. Wie *Ambos* diesen Sachverhalt auf den Kopf stellen kann, ist mir nicht nachvollziehbar.

cc) Gänzlich unabhängig davon folgt aus dem Rechtsgüterschutzprinzip als Basiszweck eines freiheitlichen rechtsstaatlichen Strafrechts, dass legitime kriminalpolitische Überlegungen eo ipso Teil der Strafrechtswissenschaft sind. Diese enge Verbindung von Strafrechtsdogmatik und Kriminalpolitik beruht entgegen *Ambos* (181) auch nicht erst auf den von *Roxin* „1973 gesetzten Maßstäben", sondern findet sich schon in der 1. Auflage des Strafrechtslehrbuches von *von Liszt*.[93]

dd) Dass *Ambos* an der Europäisierung der Strafrechtspflege die polizeiliche Dimension und die Zusammenarbeit europäischer Verfolgungsbehörden rühmt, bedeutet aus der Perspektive eines kundigen deutschen Lesers wahrlich ein privilegium odiosum, was aber für seine lateinamerikanischen Leser schwer erkennbar ist; weshalb er diese, auch wenn er die (beileibe nicht nur) von mir über mehr als ein Jahrzehnt unverdrossen vorgetragene Kritik an der in der Strafrechtseuropäisierung steckenden „Demontage des demokratischen Rechtsstaats"[94] für überzogen halten mag, wenigstens hätte darauf hinweisen sollen, dass es in der von ihm so geschmähten Provinzialität der deutschen Strafrechtswissenschaft noch Autoren gibt, die sich mit dem polizeilich-instrumentellen Strafrechtsverständnis der EU nicht abfinden und noch an der traditionellen Aufgabe der Strafrechtsdogmatik als Wächter über die bürgerliche Freiheit festhalten wollen. Aber wenn das (nota bene nicht der deutschen Strafrechtswissenschaft, sondern allenfalls der Gesetzgebung anzulastende) Fehlen eines Spezialtatbestandes der Folter im deutschen Recht gerügt (179), zur gewohnheitsmäßigen Anwendung der Folter im weltweiten „war on terrorism" durch die USA dagegen geschwiegen wird; die „zunehmende Erweiterung und Vertiefung von Zwangsmaßnahmen entsprechend dem international verbreiteten instrumentellen Strafrechtsverständnis" hervorgehoben (180), aber von notwendigen Kompensationen auf der Seite der Verteidigung kein Wort gesagt wird; oder schließlich wenn die „weltweite Durchsetzung des adversatorischen Verfah-

---

93 *Schünemann*, GA 2016, 506 (509 f.).

94 *Schünemann* (Fn. 89) mit Wiederabdruck zahlreicher Beiträge aus den Jahren 2002–2011; fortgesetzt in *ders.*, StV 2016, 178 ff.; siehe auch die im Rahmen europäischer kriminalpolitischer Arbeitsgruppen erstellten und entgegen *Ambos* alles andere als „verschämten" Alternativentwürfe in Schünemann (Hrsg.), Alternativ-Entwurf Europäische Strafverfolgung, 2004; ders. (Hrsg.), Ein Gesamtkonzept für die europäische Strafrechtspflege, 2006.

rens“ konstatiert (180), aber weder dessen längst eingetretene Agonie und Metamorphose in ein polizeiliches Verfahren mit anschließend praktisch abgenötigtem plea agreement[95] noch dessen völlige Paralyse in den ausgepowerten Gesellschaften der dritten Welt[96] noch schließlich der schon vor 140 Jahren erfolgte Einbau seiner Errungenschaften in den deutschen reformierten Strafprozess[97] erwähnt wird, entzieht sich eine solche, Objektivität nicht einmal intendierende Darstellung jeder Kritik.

3. a) Dasselbe gilt für die Behauptung einer vergleichsweise unzulänglichen Rechtsvergleichung seitens der deutschen Strafrechtswissenschaft (191–193), die so schmerzhaft falsch ist, dass ich nicht umhin kann, einige schon an anderer, aber entlegener Stelle[98] antizipierten Richtigstellungen ergänzend zu wiederholen: Allein die rechtsvergleichenden Dissertationen im deutschen Sprachraum sind Legion, und auch in dogmatischen Monographien gehört ein rechtsvergleichendes Kapitel heute zum Standard; *Vogels* Lehrer *Klaus Tiedemann* ist schon vor über 20 Jahren das Madrid-Symposium 1992 mit seinen „Bausteinen des europäischen Wirtschaftsstrafrechts“[99] gewidmet worden, dieser selbst hat 2002 den Sammelband „Wirtschaftsstrafrecht in der Europäischen Union“ herausgegeben, und in seiner Festschrift 2008 finden sich unter insgesamt 98 Autoren nur 42 deutsche. Eine kritische Diskussion der durch die Europäisierung des Strafrechts entstandenen rechtsstaatlichen Probleme[100] findet sich nahezu aus-

95 Dazu *Schünemann*, in: Weßlau (Hrsg.), Festschrift für Gerhard Fezer zum 70. Geburtstag am 29. Oktober 2008, 2008, S. 555.

96 Dazu *Schünemann*, in: Reyna Alfaro (Hrsg.), Colección „Justicia y Proceso“, La prueba, reforma del proceso penal y derechos fundamentales, 2007, S. 193; *ders.*, in: Derecho Penal y Criminología, Revista del Instituto de Ciencias Penales y Criminología, 25. Aufl. 2004, S. 175. Auf den von *Ambos* an anderer Stelle (188) lediglich angedeuteten enormen politischen Druck, mit dem die USA das adversatorische Modell beispielsweise in Mexiko und Kolumbien durchgesetzt haben, kann hier nicht weiter eingegangen werden, doch wird natürlich auch dadurch *Ambos*' Behauptung von der sozusagen intrinsischen Unterlegenheit des kontinentaleuropäischen reformierten Strafverfahrens widerlegt.

97 Dazu *Schünemann*, ZStW 114 (2002), 1.

98 *Schünemann*, GA 2001, 205 (228 f.).

99 1994 auf Deutsch herausgegeben von Schünemann/Suárez Gonzalez, parallel in Spanien 1995 als Boletin Oficial del Estado unter dem Titel „Hacia un Derecho Penal Económico Europeo“; nicht zu vergessen das Coimbra-Symposium für Claus Roxin 1991, von Schünemann/Figueiredo Dias 1995 herausgegeben unter dem Titel „Bausteine des europäischen Strafrechts“ und parallel von Silva Sánchez in Spanien unter dem Titel „Fundamentos de un Sistema Europeo del Derecho Penal“.

100 An dem ich mich selbst über ein Jahrzehnt beteiligt habe (jetzt kompiliert in: *Schünemann*, Die Europäisierung der Strafrechtspflege als Demontage des demokratischen Rechtsstaats, 2014), von Anfang bis Ende ebenso wie bei der zunächst mit elf Kollegen aus vier Ländern (Schünemann [Hrsg.], Alternativentwurf europäische Strafverfolgung, 2004, und dazu die schließlich in Deutschland, während der Erfolg belgisch-niederländischer Universitäten bei der Einwerbung von EU-Forschungsmitteln eng damit zusammen hängt, dass sich diese auf praktische Anwendungs- und Evaluierungsfragen konzentriert und damit freilich das Wohlwollen der Kommission erworben haben.[101] Oder was die Beschäftigung der deutschen strafrechtswissenschaftlichen Diskussion mit der den Kern der europäischen Strafprozessprobleme bildenden Judikatur des Europäischen Gerichtshofs für Menschenrechte anbetrifft, so sei auf die modellhafte Ausprägung in den Kommentierungen von *Paeffgen* im Systematischen Kommentar zur Strafprozessordnung und von *Esser* im Löwe-Rosenberg sowie in den beiden großen Monografien von *Esser* und *Gaede* hingewiesen,[102] denen in der englisch- und französischsprachigen Literatur wenig Vergleichbares an die Seite zu stellen ist. Und in der aus der Perspektive des Tatbegriffs eine ganze Prozesstheorie entwickelnden Monographie von *Greco*[103] sind nicht nur die europäischen und amerikanischen Rechtsordnungen, sondern auch die wichtigen dogmatischen Beiträge dazu umfassend berücksichtigt und verarbeitet worden.

In der darin zu findenden, von allen Teilnehmern verlangten „Netzstruktur" der dogmatischen Arbeit[104] liegt zweifellos der Grund dafür, dass seit Jahrzehnten ein so überaus fruchtbarer strafrechtswissenschaftlicher Austausch mit den Strafrechtsdogmatikern von Portugal bis Griechenland, in Ost-Mittel-Europa, Skandinavien sowie Ostasien und Lateinamerika stattfindet, wobei die im mapci alltägliche Praxis, dogmatische Probleme von den obersten Prinzipien bis zu konkreten Fällen zu analysieren und in ein widerspruchsfreies System zu inte-

---

außerordentliche Dresdner Strafrechtslehrertagung 2003, *Weigend*, ZStW 116 [2004], 275) und sodann im EU-finanzierten AGIS-Programm mit 15 Kollegen aus zehn Ländern betriebenen und in sechs Sprachen publizierten (Schünemann [Hrsg.], Ein Gesamtkonzept für die europäische Strafrechtspflege = A Programme for European Criminal Justice, 2006, S. 255, slowakisch S. 527, und dazu die Tagung in Thessaloniki, S. 61; Hrsg. italiana a cira di Militello, „Un Progetto Alternativo di Giustizia Penale Europea", 2007; auf Polnisch herausgegeben von Szwarc und Guzik-Makaruk, 2005; spanische Übersetzung von Rey Sanfiz, 2007) Ausarbeitung eines rechtsstaatlich überzeugenderen Zukunftsentwurfs in dem *Camus*' Sisyphos entsprechenden Bewusstsein, dass in den gubernativ-bürokratischen Machtstrukturen der EU die Etablierung der Strafrechtswissenschaft als einer vierten Gewalt keine Realisierungschance besitzt.

101 Siehe *Vogel*, JZ 2012, 30 li. Sp. Die andere Ursache liegt in der Deklassierung der deutschen Sprache, die zuvor die lingua franca der Strafrechtsdogmatik der meisten Mitgliedstaaten gebildet hatte, in der EU.

102 *Esser*, Auf dem Weg zu einem europäischen Strafverfahrensrecht, 2003; *Gaede*, Fairness als Teilhabe, 2007.

103 *Greco* (Fn. 14), mit Literaturverzeichnis auf S. 1018–1141.

104 Und nicht in der von *Vogel* (JZ 2012, 27 li. Sp.) apostrophierten „gleichermaßen problematischen Vergangenheit".

grieren, für den Nachwuchs zahlreicher Länder einen mehrjährigen Forschungsaufenthalt in Deutschland attraktiv macht, der häufig bedeutende, die gemeinsame Diskussion wesentlich vorantreibende Abhandlungen oder gar Monografien zeitigt[105] und dadurch den traditionellen Dogmatikexport in diese Rechtsordnungen durch einen -import ergänzt. Und alle diese Bemühungen sind keine kurzatmigen Aktivitäten, sondern bauen auf einer beeindruckenden Tradition auf, im Strafverfahren auf den intensiven rechtsvergleichenden Forschungen im 19. Jahrhundert[106] und im materiellen Strafrecht auf der monumentalen „Vergleichenden Darstellung des deutschen und ausländischen Strafrechts".[107]

b) All das findet bei *Ambos* keinerlei Erwähnung. Stattdessen äußert er sich anerkennend zu den rechtsvergleichenden Leistungen des Freiburger Max-Planck-Instituts (192, 193), die sich freilich trotz der konkurrenzlos umfangreichen Mittel zum großen Teil auf Normtextvergleiche beschränken anstatt der von *Ambos* geforderten funktionalen Vergleichung (191). Aber wie dem auch sei, eine Strafrechtsvergleichung von ähnlicher Intensität ist weder im angloamerikanischen noch im frankophonen Rechtskreis vorzufinden, was *Ambos* halb unfreiwillig auch an anderer Stelle einräumen muss, wenn er für die „angloamerikanische Rechtswelt" feststellt, dass „man nahezu sicher davon ausgehen kann, dass strafrechtliche Veröffentlichungen in deutscher – oder einer anderen

---

105 Exemplarisch *Morozinis*, Dogmatik der Organisationsdelikte, 2010, und *Rigopoulou*, Grenzen des Paternalismus im Strafrecht, 2013, sowie die „Auslandshefte" GA 2010/6 und 2013/11 („Spanienhefte" mit Beiträgen von *Silva Sánchez* und *Gracia Martín* bzw. *Silva Sánchez, Robles Planas, Montaner Fernández/Ortíz de Urbina Gimeno* und *Sánchez Lázaro*), 2011/5 („Roxin-Spanienheft" mit Beiträgen von *Díaz y García Conlledo, Gimbernat Ordeig, Luzón Peña* und *Silva Sánchez)*, 2011/8 („Griechenlandheft" mit Beiträgen von *Mylonopoulos* und *Morozinis*) und 2011/10 und 2014/4 („Portugal-Brasilienhefte" mit Beiträgen von *Sousa Mendes* und *D'Avila* bzw. *de Figueiredo Dias* und *Leite*) sowie 2013/8 („Argentinienheft" mit Beiträgen von *Pérez-Barberá* und *Béguelin*), die den Auslandsteil der ZStW mit seiner Rechts- und Dogmatikvergleichung durch einen Dialog über die aus sachlogischen Gründen international identischen dogmatischen Fragen ergänzen; und seit einem Jahrzehnt die ZIS, die sich inzwischen zu einer globalen Plattform der Strafrechtsdogmatik entwickelt hat, zuletzt die „Brasilien-Ausgabe" 2014/6. Entsprechende Beispiele könnten im Verhältnis zu Polen, Skandinavien oder Italien, Japan, Südkorea oder Taiwan gegeben werden. Zur Volksrepublik China siehe Hilgendorf (Hrsg.), Das Gesetzlichkeitsprinzip im Strafrecht, 2013.

106 Vgl. nur *Mittermaier*, Die Mündlichkeit, das Anklageprinzip, die Öffentlichkeit und das Geschworenengericht in ihrer Durchführung in den verschiedenen Gesetzgebungen dargestellt und nach den Forderungen des Rechts und der Zweckmäßigkeit mit Rücksicht auf die Erfahrungen der verschiedenen Länder, 1845; *ders.*, Das englische, schottische und nordamerikanische Strafverfahren, 1851.

107 *Mittermaier*, Vergleichende Darstellung des deutschen und ausländischen Strafrechts, in 9 Bänden, 1909.

fremden – Sprache nicht zur Kenntnis genommen werden (sic!) und eben auch kaum Übersetzungen existieren“ (188).

4. Angesichts dessen möchte ich mit der nur noch rhetorischen Frage schließen, wo denn nun wohl die von *Ambos* apostrophierte „selbstbewusste Provinzialität“ wirklich zuhause ist. Und was man sich als im mapci sozialisierter Strafrechtslehrer davon versprechen mag, hierüber so irreführende Thesen zu verbreiten.

ELFTER TEIL Schriftenverzeichnis von Bernd Schünemann

Schriftenverzeichnis von Bernd Schünemann

Stand: 1. November 2019

I. Lehrbücher, Sammelbände, Monographien und sonstige selbständige Publikationen

1. Grund und Grenzen der unechten Unterlassungsdelikte – Zugleich ein Beitrag zur strafrechtlichen Methodenlehre, Göttingen 1971, XII und 407 S. (zugleich jur. Diss. Göttingen 1970).
2. Strafrechtliche Klausurenlehre mit Fallrepetitorium, 1. Aufl., Köln-Berlin-Bonn-München 1973, XIV und 400 S.; 2. Aufl. 1975, XIV und 415 S.; 3. Aufl. 1977, XIV und 408 S., 4. Aufl. 1982, XIV und 416 S. (1.–3. Aufl. gemeinsam mit Claus Roxin und Bernhard Haffke, ab 4. Aufl. allein bearbeitet).
3. Die vier Stufen der Rechtsgewinnung, exemplifiziert am strafprozessualen Revisionsrecht, Münchner jur. Habilitationsschrift 1975, im Manuskript 630 S.
4. Nulla poena sine lege? (Rechtstheoretische und verfassungsrechtliche Implikationen der Rechtsgewinnung im Strafrecht), Berlin-New York 1978, 39 S.
5. Probleme des Binnenschiffahrtsrechts II (gemeinsam mit Rolf Herber u. a.), Duisburg 1979, 138 S.
6. Unternehmenskriminalität und Strafrecht – Eine Untersuchung der Haftung der Wirtschaftsunternehmen und ihrer Führungskräfte nach geltendem und geplantem Straf- und Ordnungswidrigkeitenrecht, 1. Aufl., Köln-Berlin-Bonn-München 1979, XXXVII und 275 S.
7. Die Durchsetzung des Rechts (gemeinsam mit Martin Irle u. a.), Gesellschaft – Recht – Wirtschaft Band 12, Mannheim-Wien-Zürich 1984, 101 S.
8. Grundfragen des modernen Strafrechtssystems (mit Beiträgen von Hans Achenbach u. a.), Berlin-New York 1984, 219 S.
9. Parteispendenproblematik (gemeinsam hrsg. mit Wolfgang de Boor und Gerd Pfeiffer), Strafrecht und Gesellschaft 11, Köln 1986, 201 S.
10. Die Rechtsprobleme von AIDS (gemeinsam hrsg. mit Gerd Pfeiffer), Baden-Baden 1988, 557 S.
11. Absprachen im Strafverfahren? Grundlagen, Gegenstände und Grenzen. Gutachten B zum 58. Deutschen Juristentag, München 1990, 178 S.
12. Die Verwirrung zwischen dem Subjektiven und dem Objektiven – Ein gordischer Knoten in der Strafrechtsdogmatik (gemeinsam hrsg. mit Yü-hsiu Hsü), Taipei 1994, 424 S.
13. Bausteine des europäischen Wirtschaftsstrafrechts. Madrid-Symposium für Klaus Tiedemann (gemeinsam hrsg. mit Carlos Suarez Gonzalez), Köln, Berlin, Bonn, München 1995, 468 S.
14. Bausteine des europäischen Strafrechts. Coimbra-Symposium für Claus Roxin (gemeinsam hrsg. mit Jorge de Figueiredo Dias), Köln, Berlin, Bonn, München 1995, 387 S.
15. Internationale Dogmatik der objektiven Zurechnung und der Unterlassungsdelikte. Ein spanisch-deutsches Symposium zu Ehren von Claus Roxin (gemeinsam hrsg. mit Enrique Gimbernat und Jürgen Wolter), Heidelberg 1995, 115 S.
16. Deutsche Wiedervereinigung. Die Rechtseinheit – Arbeitskreis Strafrecht, Band III: Unternehmenskriminalität, Köln, Berlin, Bonn, München 1996, 213 S.

https://doi.org/10.1515/9783110648188-014

17. Consideraciones criticas sobre la situación espiritual de la cienca juridico-penal alemana, Bogota 1996, 62 S.
18. Positive Generalprävention. Kritische Analysen im deutsch-englischen Dialog. Uppsala Symposium 1996 (gemeinsam hrsg. mit Andrew von Hirsch und Nils Jareborg), Heidelberg 1998, 220 S.
19. Die Stellung des Opfers im Strafrechtssystem – Neue Entwicklungen in Deutschland und in den USA, Köln, Berlin, Bonn, München 2000 (gemeinsam hrsg. mit Markus Dubber), 241 S.
20. Symposium Victims and the Criminal Law: American and German Perspectives, Buffalo 1999 (gemeinsam hrsg. mit Markus Dubber), 315 S.
21. Festschrift für Claus Roxin zum 70. Geburtstag, Berlin, New York 2001 (gemeinsam hrsg. mit Hans Achenbach, Wilfried Bottke, Bernhard Haffke und Hans-Joachim Rudolphi), 1579 S.
22. Temas actuales y permanentes del Derecho penal después milenio, Madrid 2002, 305 S.
23. Das Menschenbild im weltweiten Wandel der Grundrechte, Berlin 2002 (gemeinsam hrsg. mit Jörg Paul Müller und Lothar Philipps), 328 S.
24. Strafrechtssystem und Betrug, Herbolzheim 2002, 249 S.
25. Fundamentos de la dogmática penal y de la política criminal (Ontologismo y Normativismo), Mexico 2002 (gemeinsam hrsg. mit Jakobs/Moreno/Zaffaroni), 162 S. (ISBN 968-5456-02-X) (in spanischer Sprache).
26. Claus Roxin, Person – Werk – Epoche, Herbolzheim 2003, 75 S. (auch in japanischer Übersetzung 2005).
27. Organuntreue – Der Mannesmann-Fall als Exempel?, Berlin 2004, 70 S. (ISBN 3-8305-0817-4).
28. Alternativ-Entwurf Europäische Strafverfolgung, Berlin 2004, 112 S.
29. Delincuencia empresarial: Cuestiones dogmaticas y de politica criminal, Buenos Aires 2004, 125 S. (ISBN 987-9382-36-6).
30. Strafprozessuale Absprachen in Deutschland – Der Rechtsstaat auf dem Weg in die „Bananenrepublik"?, in: Schriften der Juristischen Gesellschaft Mittelfranken zu Nürnberg e. V. Heft 19, Regensburg 2005, 17 S.
31. Gerechtigkeitswissenschaft – Kolloquium aus Anlaß des 70. Geburtstages von Lothar Philipps (gemeinsam hrsg. mit Marie-Theres Tinnefeld, Roland Wittmann), Berlin 2005, 490 S. (ISBN 3-8305-0932-4).
32. Wetterzeichen vom Untergang der deutschen Rechtskultur – Die Urteilsabsprachen als Abgesang auf die Gesetzesbindung der Justiz und den Beruf unserer Zeit zur Gesetzgebung, Berlin 2005, 38 S. (ISBN 3-8305-1031-4).
33. La reforma del Proceso Penal, Madrid 2005, 112 S. (ISBN 84-9772-677-4).
34. Cuestiones básicas del derecho penal en los umbrales del tercer milenio, Lima 2006, 358 S. (ISBN 9972-2647-8-5).
35. La víctima en el sistema penal (zusammen mit Peter-Alexis Albrecht/Cornelius Prittwitz/George Fletcher), Lima 2006, 188 S. (ISBN 9972-04-086-0).
36. Unbestechlich und unbeirrbar im Dienst von Recht und Gerechtigkeit – Abhandlungen zur gesamten Strafrechtswissenschaft von Bernd Schünemann, zu seinem 60. Geburtstag zusammengestellt von Yü-hsiu Hsü/Jyh-Huei Chen, Taipei 2006, 775 S. (ISBN 986-80676-0-X) (in chinesischer Sprache).
37. Ein Gesamtkonzept für die europäische Strafrechtspflege, Köln, Berlin, München 2006, 555 S. (ISBN 978-3-452-26583-8).

38. El derecho penal es la ultima ratio para la protección de bienes jurídicos!, Universidad Externado de Colombia (Hrsg.), Bogota 2007, 74 S. (in spanischer Sprache) (ISBN 958-710-186-7).
39. Aspectos puntuales de la dogmática jurídico-penal, Bogota 2007, 370 S. (in spanischer Sprache) (ISBN 978-958-8297-77-4).
40. La administración desleal de los órganos societarios, zus. m. C. Gómez-Jara Díez (Hrsg.) u. G. Jakobs, Barcelona 2008, 201 S. (ISBN 978-84-96758-77-3) (in spanischer Sprache).
41. Strafverfahrensrecht, 26. Aufl. des bis zur 25. Aufl. 1998 von C. Roxin bearb. Lehrbuches, 2009, 519 S. (ISBN 978-3-406-55222-9).
42. Obras, Tomo I, Colección autores de derecho penal, dirigida por Edgardo Alberto Donna, Santa Fe 2009, 570 S. (ISBN 978-950-727-995-9) (in spanischer Sprache).
43. Obras, Tomo II, Colección autores de derecho penal, dirigida por Edgardo Alberto Donna, Santa Fe 2009, 511 S. (ISBN 978-987-0-0015-7) (in spanischer Sprache).
44. Fundamento y Límites de los Delitos de Omisión Impropia, Madrid, Barcelona, Buenos Aires 2009, 444 S. (ISBN 978-84-9768-634-1) (in spanischer Sprache).
45. Die sogenannte Finanzkrise – Systemversagen oder global organisierte Kriminalität?, Berlin 2010, 109 S. (ISBN 978-3-8305-1771-9).
46. Derecho penal contemporáneo – Sistema y desarrollo. Peligro y límites, Buenos Aires 2010, 191 S. (ISBN 978-950-741-519-7) (in spanischer Sprache).
47. Risse im Fundament, Flammen im Gebälk: Zum Zustand des kontinentaleuropäischen Strafverfahrens (Hrsg.), Berlin 2010, 110 S. (ISBN 978-3-8305-1864-8).
48. Strafrecht als Scientia Universalis – FS für Claus Roxin zum 80. Geburtstag, herausgegeben zusammen mit Heinrich/Jäger/Achenbach/Amelung/Bottke/Haffke/Wolter, Berlin, New York 2011, S. 799–817 (ISBN 978-3-11-024010-8).
49. Unverzichtbare Gesetzgebungsmaßnahmen zur Bekämpfung der Haushaltsuntreue und der Verschwendung öffentlicher Mittel, Bonn 2012, 96 S. (ISBN 978-3-00-037277-3).
50. Strafverfahrensrecht, 27. Aufl., München 2012, 568 S. (ISBN 978-3-406-62597-8).
51. Lebensschutz im Strafrecht (gemeinsam hrsg. mit Il-su Kim), 351 S., Seoul/Korea 2013 (ISBN 978-89-7366-996-7).
52. Vom Tempel zum Marktplatz, 37 S., München 2013, (ISBN 978-3-7696-1664-4).
53. Estudos de direito penal, direito processual penal e filosofia do direito, 331 S., Sao Paulo/Brasilien 2013, (ISBN 978-85-6672-2055) (in portugiesischer Sprache).
54. Zur Frage der Verfassungswidrigkeit und der Folgen eines Strafrechts für Unternehmen, 2013, 35 S. (ISBN 978-3-942467-25-4).
55. Die Europäisierung der Strafrechtspflege als Demontage des demokratischen Rechtsstaats, 2014, 340 S. (ISBN 978-3-8305-3185-2).
56. Strafverfahrensrecht, 28. Aufl., München 2014, XXVI u. 564 S.
57. Strafverfahrensrecht, 29. Aufl., München 2017, XXV u. 576 S.
58. Leipziger Praxiskommentar Untreue – § 266 StGB, 2017, XXXIII und 215 S., (ISBN 978-3-11-030670-5).
59. Direito penal, Racionalidade e Dogmatica, Sao Paulo 2018, 93 S.
60. Verwirklichung und Bewahrung des Rechtsstaats (gem. hrsg. mit Eric Hilgendorf u. Frank Peter Schuster), 2019. VIII u. 323 S. (ISBN 978-3-16-156640-0).
61. El Derecho Penal en el Estado Democrático y el irrenunciable nivel de racionalidad de su dogmática, Madrid-Buenos-Aires-Montevideo 2019, 107 S.

II. Kommentare

1. Kommentierung von § 14 StGB („Handeln für einen anderen"), in: Jähnke/Laufhütte/Odersky (Hrsg.), Leipziger Kommentar zum StGB, Berlin, New York, 11. Aufl. 1993, 77 S.
2. Kommentierung von §§ 201–205 StGB („Verletzung des persönlichen Lebens- und Geheimbereichs"), in: Jähnke/Laufhütte/Odersky (Hrsg.), Leipziger Kommentar zum StGB, Berlin, New York, 11. Aufl. 2001, 176 S.
3. Kommentierung von § 266 StGB („Untreue"), in: Jähnke/Laufhütte/Odersky (Hrsg.), Leipziger Kommentar zum StGB, Berlin, New York, 11. Aufl. 1998, 154 S.
4. Kommentierung von §§ 288–297 StGB („Strafbarer Eigennutz"), in: Jähnke/Laufhütte/Odersky (Hrsg.), Leipziger Kommentar zum StGB, Berlin, New York, 11. Aufl. 2002, 112 S.
5. Kommentierung von § 14 StGB („Handeln für einen anderen"), in: Laufhütte/Rissing-van Saan/Tiedemann (Hrsg.), Leipziger Kommentar zum StGB, Berlin 12. Aufl. 2007, S. 874–940 (ISBN 978-3-89949-231-6).
6. Kommentierung von § 25–31 StGB („Täterschaft und Teilnahme"), in: Laufhütte/Rissing-van Saan/Tiedemann (Hrsg.), Leipziger Kommentar zum StGB, Berlin 12. Aufl. 2007, S. 1813–2169 (ISBN 978-3-89949-231-6).
7. Kommentierung von §§ 201, 202, 203–205 StGB („Verletzung des persönlichen Lebens- und Geheimbereichs"), in: Laufhütte/Rissing-van Saan/Tiedemann (Hrsg.), Leipziger Kommentar zum StGB, Berlin 12. Aufl. 2009, S. 1349–1391, 1415–1435, 1469–1580 (ISBN 978-3-89949-231-6).
8. Kommentierung von §§ 288–290 StGB („Strafbarer Eigennutz"), in: Laufhütte/Rissing-van Saan/Tiedemann (Hrsg.), Leipziger Kommentar zum StGB, Berlin 12. Aufl. 2008, S. 104–147 (ISBN 978-3-89949-529-4).
9. Kommentierung von §§ 292–297 StGB („Strafbarer Eigennutz"), in: Laufhütte/Rissing-van Saan/Tiedemann (Hrsg.), Leipziger Kommentar zum StGB, Berlin 12. Aufl. 2008, S. 186–260 (ISBN 978-3-89949-529-4).
10. Kommentierung von § 266 StGB („Untreue"), in: Laufhütte/Rissing-van Saan/Tiedemann (Hrsg.), Leipziger Kommentar zum StGB, Berlin 12. Aufl. 2012, Bd. 9/1, S. 653–880, (ISBN 978-3-89949-786-1).
11. Leipziger Praxiskommentar Untreue, 2017 [s. o. I, 58).
12. Kommentierung von § 14 StGB („Handeln für einen anderen"), in: Cirener/Radtke/Rissing-van Saan/Rönnau/Schluckebier (Hrsg.), Leipziger Kommentar zum StGB, Berlin 13. Aufl. 2020, 68 S.

III. Aufsätze in Zeitschriften und Sammelwerken

1. Die Stellung der Unterschlagungstatbestände im System der Vermögensdelikte, in: JuS 1968, S. 114–120.
2. Das beschleunigte Verfahren im Zwiespalt von Gerechtigkeit und Politik, in: NJW 1968, S. 975–976.
3. Methodenprobleme bei der Abgrenzung von Betrug und Diebstahl in mittelbarer Täterschaft, in: GA 1969, S. 46–56.
4. Der praktische Fall (Strafrecht: Der falsche Kommilitone), in: JuS 1969, S. 372–378 (gemeinsam mit Claus Roxin).

5. Die Belehrungspflichten der §§ 243 IV, 136 n.F. StPO und der BGH, in: MDR 1969, S. 101–103.
6. Die Freiheitsdelikte im künftigen Strafrecht, in: MSchrKrim 1970, S. 250–266.
7. Artikel „Ordnungswidrigkeitenrecht", in: Fischer-Lexikon „Recht" (hrsg. von Badura, Deutsch und Roxin), Frankfurt 1971, S. 101–105; Neuausgabe 1987, S. 110–114.
8. Der besondere Beitrag – Rundum betrachtet, in: JA 1972, S. 633–640, 775–786.
9. Das strafprozessuale Wiederaufnahmeverfahren propter nova und der Grundsatz „In dubio pro reo", in: ZStW 84 (1972), S. 870–908; ins Japanische übersetzt von Y. Ode, in: Hanrei Taimuzu – Monatsschrift für Rechtsprechung 1976, Nr. 328, S. 74–82, Nr. 329, S. 40–52.
10. Die Geschäftsverteilung in Schwurgerichtssachen und das Prinzip des gesetzlichen Richters, in: NJW 1974, S. 295–299.
11. Zur Kritik der Ingerenz-Garantenstellung, in: GA 1974, S. 231–242.
12. Neue Horizonte der Fahrlässigkeitsdogmatik?, in: Festschrift für Friedrich Schaffstein, Göttingen 1975, S. 159–176.
13. Moderne Tendenzen in der Dogmatik der Fahrlässigkeits- und Gefährdungsdelikte, in: JA 1975, S. 435–444, 511–516, 575–584, 647–656, 715–724, 787–798.
14. Summum ius = summa iniuria bei der Strafzumessung, in: Pönometrie, Heft 3 der Schriftenreihe des Instituts für Konfliktforschung (hrsg. von de Boor), Köln 1977, S. 73–78.
15. Politisch motivierte Kriminalität, in: Politisch motivierte Kriminalität – echte Kriminalität?, Heft 4 der Schriftenreihe des Instituts für Konfliktforschung (hrsg. von de Boor), München-Basel 1978, S. 49–116.
16. Ungelöste Rechtsprobleme bei der Ahndung nationalsozialistischer Gewalttaten, in: Festschrift für Hans-Jürgen Bruns, Köln-Berlin-München 1978, S. 223–247.
17. Der strafrechtliche Schutz von Privatgeheimnissen, in: ZStW 90 (1978), S. 11–63.
18. Zur Reform der Hauptverhandlung im Strafprozeß, in: GA 1978, S. 161–185.
19. Besondere persönliche Verhältnisse und Vertreterhaftung im Strafrecht, in: Zeitschrift für Schweizer Recht 1978, I, S. 131–158.
20. Methodologische Prolegomena zur Rechtsfindung im Besonderen Teil des Strafrechts, in: Festschrift für Paul Bockelmann, München 1979, S. 117–132.
21. Zur strafrechtlichen Würdigung der Verkehrsunfallflucht auf Binnenwasserstraßen, in: Zeitschrift für Binnenschiffahrt und Wasserstraßen 1979, S. 91–102; auch veröffentlicht in: Herber/König/Mußgnug/Schünemann, Probleme des Binnenschiffahrtsrechts II, Duisburg 1979, S. 49–75.
22. Der praktische Fall (Strafrecht: Liebhaber und Teilhaber), in: JuS 1979, S. 275–280.
23. 17 Thesen zum Problem der Mordverjährung, in: JR 1979, S. 177–182.
24. Grundfragen der strafrechtlichen Zurechnung im Tatbestand der Baugefährdung, in: ZfBR 1980, S. 4–9, 113–119, 159–165.
25. Raub und Erpressung, in: JA 1980, S. 349–357, 393–400, 486–493.
26. Die Bedeutung der „Besonderen persönlichen Merkmale" für die strafrechtliche Teilnehmer- und Vertreterhaftung, in: Jura 1980, S. 354–367, 568–583.
27. Einige vorläufige Bemerkungen zur Bedeutung des viktimologischen Ansatzes in der Strafrechtsdogmatik, in: Schneider (Hrsg.), Das Verbrechensopfer in der Strafrechtspflege, Berlin-New York 1982, S. 407–421.
28. Fahrlässige Tötung durch Abgabe von Rauschmitteln?, in: NStZ 1982, S. 60–63.
29. Strafrechtsdogmatische und kriminalpolitische Grundfragen der Unternehmenskriminalität, in: wistra 1982, S. 41–50.
30. Grundfragen der Revision im Strafprozeß, in: JA 1982, S. 71–77, 123–131.

31. Die Funktion des Schuldbegriffs in einem modernen Präventionsstrafrecht, in: Seikei Hogaku (The Journal of Legal, Political and Social Sciences) 1983, S. 76–90.
32. Umsturzversuche deutscher Studenten einst und jetzt. Ein strafrechtsgeschichtlicher Vergleich der Deutschen Burschenschaft und der Unbedingten mit der APO und der RAF, in: Festschrift für Heinz Leferenz, Heidelberg 1983, S. 279–299.
33. Die Gesetzesinterpretation im Schnittfeld von Sprachphilosophie, Staatsverfassung und juristischer Methodenlehre, in: Festschrift für Ulrich Klug, Köln 1983, S. 169–186.
34. Experimentelle Untersuchungen zur Reform der Hauptverhandlung in Strafsachen, in: Kerner/Kury/Sessar (Hrsg.), Deutsche Forschungen zur Kriminalitätsentstehung und Kriminalitätskontrolle, Köln 1983, Teilband 2, S. 1109–1151.
35. Der Grundsatz „Nulla poena sine lege" im Lichte der modernen Rechtstheorie, ins Japanische übersetzt von S. Nakagawa, in: Ryukoku Hogaku 1983, S. 415–429.
36. Die Zukunft der Viktimo-Dogmatik: Die viktimologische Maxime als regulatives Prinzip zur Tatbestandseinschränkung im Strafrecht, in: Festschrift für Hans Faller, München 1984, S. 357–372.
37. Die Unterlassungsdelikte und die strafrechtliche Verantwortlichkeit für Unterlassungen, in: ZStW 96 (1984), S. 287–320.
38. Grundfragen der Reform des Strafverfahrens in rechtsvergleichender Sicht, ins Japanische übersetzt von S. Saito, in: Keiho Zashi (The Journal of Criminal Law) 1984 (Vol. 26), S. 177–192.
39. Einführung in das strafrechtliche Systemdenken, in: B. Schünemann (Hrsg.), Grundfragen des modernen Strafrechtssystems, Berlin-New York 1984, S. 1–68.
40. Die Funktion des Schuldprinzips im Präventionsstrafrecht, in: B. Schünemann (Hrsg.), Grundfragen des modernen Strafrechtssystems, Berlin-New York 1984, S. 153–195.
41. Das strafrechtliche Dunkelfeld – Stabilisator der Rechtstreue?, in: Die Durchsetzung des Rechts, Mannheim-Wien-Zürich 1984, S. 39–58.
42. Aktuelle strafprozessuale Probleme des Schriftgutachtens, in: MHfS (Mannheimer Heft für Schriftvergleichung) 1984, S. 3–21.
43. Amnestie und Grundgesetz. Zur Verfassungswidrigkeit einer Amnestie in der Parteispendenaffäre, ZRP 1984, S. 137–144.
44. Kognition, Einstellung und Vorurteil bei der Rechtsfindung, in: E.-J. Lampe (Hrsg.), Beiträge zur Rechtsanthropologie (Beiheft 22 zur ARSP), 1985, S. 68–84.
45. Die deutschsprachige Strafrechtswissenschaft nach der Strafrechtsreform im Spiegel des Leipziger Kommentars und des Wiener Kommentars, 1. Teil: Tatbestands- und Unrechtslehre, in: GA 1985, S. 341–380.
46. Anmerkung zum Urteil des BGH v. 3. 5. 1984 (4 StR 266/84), in: StrV 1985, S. 229–233.
47. Der polizeiliche Lockspitzel – Kontroverse ohne Ende?, in: StrV 1985, S. 424–431.
48. Grundbedingungen für ein funktionsfähiges normatives Programm der Rechtsprechung, in: N. Achterberg (Hrsg.), Rechtsprechungslehre, Berlin-New-York-Bonn-München 1986, S. 461–489.
49. Fehlerreduktion im richterlichen Handeln durch „Programmierte Unterweisung?", in: Zeitschrift für Sozialpsychologie 1986, S. 50–54.
50. Die deutschsprachige Strafrechtswissenschaft nach der Strafrechtsreform im Spiegel des Leipziger Kommentars und des Wiener Kommentars, 2. Teil: Schuld und Kriminalpolitik, in: GA 1986, S. 293–352.
51. Zur Stellung des Opfers im System der Strafrechtspflege, Teil I und II, in: NStZ 1986, S. 193–200, 439–443.

52. Die strafrechtlichen Aspekte der Parteispendenaffäre – Eine (Zwischen-?)Bilanz, in: W. de Boor, G. Pfeiffer und B. Schünemann (Hrsg.), Parteispendenproblematik, Strafrecht und Gesellschaft 11, Köln 1986, S. 35–67.
53. Kritische Bemerkungen zur These von der strafrechtlichen Rückwirkung des Parteienfinanzierungsgesetzes 1984, in: W. de Boor, G. Pfeiffer und B. Schünemann (Hrsg.), Parteispendenproblematik, Strafrecht und Gesellschaft 11, Köln 1986, S. 119–126.
54. Ergebnisse und Diskussion über die Parteispendenproblematik auf dem Symposium am 25./26. Oktober 1985, in: W. de Boor, G. Pfeiffer und B. Schünemann (Hrsg.), Parteispendenproblematik, Strafrecht und Gesellschaft 11, Köln 1986, S. 169–183.
55. Bibliographie zur Parteispendenproblematik, in: W. de Boor, G. Pfeiffer und B. Schünemann (Hrsg.), Parteispendenproblematik, Strafrecht und Gesellschaft 11, Köln 1986, S. 185–201.
56. Die Strafbarkeit von Amtsträgern im Gewässerstrafrecht, in: wistra 1986, S. 235–246.
57. Die Regeln der Technik im Strafrecht, in: Festschrift für Karl Lackner, Berlin-New York 1987, S. 367–397.
58. Prozeßrechtliche Vorgaben für die Kommunikation im Strafprozeß, in: Ministerium für Justiz, Bundes- und Europaangelegenheiten Baden-Württemberg (Hrsg.), Absprachen im Strafprozeß – ein Handel mit der Gerechtigkeit?, Bericht über das Symposium am 20. und 21. November 1986 in Triberg, Stuttgart 1987, S. 24–49.
59. Plädoyer für eine neue Theorie der Strafzumessung, in: A. Eser und K. Cornils (Hrsg.), Neuere Tendenzen der Kriminalpolitik – Beiträge zu einem deutsch-skandinavischen Strafrechtskolloquium, Freiburg i. Br. 1987, S. 209–238.
60. Reflexionen über die Zukunft des deutschen Strafverfahrens, in: Festschrift für Gerd Pfeiffer, Köln-Berlin-Bonn-München 1988, S. 461–484.
61. Die Rechtsprobleme der AIDS-Eindämmung – Eine Zwischenbilanz, in: Die Rechtsprobleme von AIDS, Baden-Baden 1988, S. 373–509.
62. Daten und Hypothesen zum Rollenspiel zwischen Richter und Staatsanwalt bei der Strafzumessung, in: Kaiser/Kury/Albrecht (Hrsg.), Kriminologische Forschung in den 80er Jahren – Projektberichte aus der Bundesrepublik Deutschland, Kriminologische Forschungsberichte aus dem Max-Planck-Institut für ausländisches und internationales Strafrecht, Freiburg i. Br. 1988, Band 35/I, S. 265–280.
63. Die Zinssteueramnestie – Totgeburt oder Schlußstein der Steuerreform?, in: StV 1989, S. 3–40.
64. Riskanter Geschlechtsverkehr eines HIV-Infizierten als Tötung, Körperverletzung oder Vergiftung?, in: JR 1989, S. 89–95.
65. Perseverance in Courtroom Decisions, (zusammen mit Wolfgang Bandilla), in: Wegener/Lösel/Haisch (Hrsg.), Criminal Behavior and the Justice System. Psychological Perspectives, New York-Berlin-Heidelberg-London-Paris-Tokyo 1989, S. 181–192.
66. Die Verständigung im Strafprozeß – Wunderwaffe oder Bankrotterklärung der Verteidigung?, in: NJW 1989, S. 1895–1903; zugleich in: Anwaltsblatt 1989, S. 494–502.
67. Alternative Kontrolle der Wirtschaftskriminalität, in: Gedächtnisschrift für Armin Kaufmann, Köln-Berlin-Bonn-München, 1989, S. 629–649.
68. Informelle Absprachen und Vertrauensschutz im Strafverfahren, in: JZ 1989, 984–990.
69. Die Entwicklung der Schuldlehre in der Bundesrepublik Deutschland, in: Strafrecht und Kriminalpolitik in Japan und Deutschland, hrsg. von Hans-Joachim Hirsch und Thomas Weigend, Berlin 1989, S. 147–176.
70. Alternative Control of Economic Crime, in: Eser/Thormundsson (Hrsg.), Old Ways and New Needs in Criminal Legislation – Documentation of a German-Icelandic Colloquium

on the Development of Penal Law in General and Economic Crime in Particular, Beiträge und Materialien aus dem Max-Planck-Institut für ausländisches und internationales Strafrecht Freiburg, Bd. S 16, 1989, S. 287–297.

71. Strafrechtliche Probleme im Zusammenhang mit AIDS, in: Ministerium für Justiz, Bundes- und Europaangelegenheiten Baden-Württemberg (Hrsg.), AIDS als Herausforderung an das Recht, 1989, S. 141–209.
72. Der Lügendetektor auf dem Vormarsch?, (redaktioneller Titel: Entformalisierung des Ermittlungsverfahrens. Plädoyer für eine Entkoppelung des Vorverfahrens von der Rigorosität des Hauptverfahrens.), Kriminalistik 1990, S. 131–132, 149–152.
73. Quo vadis § 218?, in: Zeitschrift für Rechtspolitik 1991, S. 379–392.
74. Die strafrechtlichen Probleme des AIDS-Komplexes, in: Busch, Max/Heckmann, Wolfgang/Marks, Erich (Hrsg.): HIV/AIDS und Straffälligkeit. Eine Herausforderung für Strafrechtspflege und Straffälligenhilfe, Bonn 1991, S. 93–168.
75. Strafrechtssystem und Kriminalpolitik, in: Festschrift für Rudolf Schmitt zum 70. Geburtstag, Tübingen 1992, S. 117–138.
76. Die informellen Absprachen als Überlebenskrise des deutschen Strafverfahrens, in: Festschrift für Jürgen Baumann zum 70. Geburtstag, Bielefeld 1992, S. 361–382.
77. Die Kriminalpolitik und das Strafrechtssystem, in: Lahti, Raimo/Nuotio, Kimmo (Hrsg.): Criminal Law Theory in Transition – Finnish and Comparative Perspectives / Strafrechtstheorie im Umbruch – Finnische und vergleichende Perspektiven, Helsinki 1992, S. 157–174.
78. Die Typisierung umweltschädlichen Verhaltens im internationalen Vergleich; ferner: Ist eine direkte strafrechtliche Haftung von Wirtschaftsunternehmen zulässig und erforderlich?, in: The Taiwan/ROC Chapter, International Association of Penal Law (AIDP) – Hrsg. – International Conference on Environmental Criminal Law, Taipei 1992, S. 395–407, 433–473.
79. Zum Verhältnis von Norm und Sachverhalt bei der Rechtsanwendung, von Ober- und Untersatz im Justizsyllogismus und von Rechts- und Tatfrage im Prozeßrecht, in: Festschrift für Arthur Kaufmann, 1993, S. 299–320.
80. Materielle Tatverdachtsprüfung und völkerrechtswidrige Entführung als nationalstaatliche Sprengsätze im internationalen Auslieferungsverkehr, in: Wolter (Hrsg.), 140 Jahre GA, Heidelberg 1993, S. 215–240.
81. Hände weg von der kontradiktorischen Struktur der Hauptverhandlung, in: Strafverteidiger 1993, S. 607–609.
82. Wetterzeichen einer untergehenden Strafprozeßkultur? Wider die falsche Prophetie des Absprachenelysiums, in: Strafverteidiger 1993, S. 657–663.
83. Narkomanie und AIDS, in: Wasik/Staniaszek (Hrsg.), Drogenbekämpfung in Polen und in der Welt, Wroclaw 1993, S. 151–176.
84. Entwurf eines Änderungsgesetzes zur Strafprozeßordnung, zum Bundeszentralregistergesetz und zum Gesetz über die Schiedsstellen in den Gemeinden mitsamt Begründung (gemeinsam mit A.-M. Arnold), in: Lampe (Hrsg.), Vorschläge zur prozessualen Behandlung der Kleinkriminalität, Deutsche Wiedervereinigung Bd. I, Köln, Berlin, Bonn, München 1993, S. 103–160.
85. Strafrechtliche Verantwortlichkeit für die DDR-Spionage gegen die Bundesrepublik Deutschland nach der Wiedervereinigung, in: Lampe, E.-J. (Hrsg.), Die Verfolgung von Regierungskriminalität der DDR nach der Wiedervereinigung; Deutsche Wiedervereinigung Bd. II, Köln, Berlin, Bonn, München, 1993, S. 173–191.

86. Die strafrechtliche Verantwortung der Unternehmensleitung im Bereich von Umweltschutz und technischer Sicherheit, in: Breuer, Rüdiger/Kloepfer, Michael/Marburger, Peter/Schröder, Meinhard (Hrsg.), Umweltschutz und technische Sicherheit im Unternehmen, Heidelberg 1994, S. 137–177.
87. Die Objektivierung von Vorsatz und Schuld im Strafrecht, in: Chengchi Law Review Vol. 50 (1994), S. 259–299.
88. Kritische Anmerkungen zur geistigen Situation der deutschen Strafrechtswissenschaft, in: GA 1995, 201–229.
89. Die Strafbarkeit der juristischen Person aus deutscher und europäischer Sicht, in: Bernd Schünemann/Carlos Suarez Gonzalez (Hrsg.), Bausteine des europäischen Wirtschaftsstrafrechts. Madrid-Symposium für Klaus Tiedemann, Köln, Berlin, Bonn, München 1994, S. 265–295.
90. Die Funktion der Abgrenzung von Unrecht und Schuld, in: Bernd Schünemann/Jorge de Figueiredo Dias (Hrsg.), Bausteine des europäischen Strafrechts. Coimbra-Symposium für Claus Roxin, Köln, Berlin, Bonn, München 1995, S. 149–182.
91. Zum gegenwärtigen Stand der Dogmatik der Unterlassungsdelikte in Deutschland, in: Gimbernat/Schünemann/Wolter (Hrsg.), Internationale Dogmatik der objektiven Zurechnung und der Unterlassungsdelikte. Ein spanisch-deutsches Symposium zu Ehren von Claus Roxin, Heidelberg 1995, S. 49–82.
92. Der Richter im Strafverfahren als manipulierter Dritter? – Zur empirischen Bestätigung von Perseveranz- und Schulterschlußeffekt, in: Bierbrauer/Gottwald/Birnbreier-Stahlberger (Hrsg.), Verfahrensgerechtigkeit – Rechtspsychologische Forschungsbeiträge für die Justizpraxis, Köln 1995, S. 215–232.
93. Zur Dogmatik und Kriminalpolitik des Umweltstrafrechts, in: Festschrift für Otto Triffterer, Wien-New York 1996, S. 437–456.
94. Aufarbeitung von Unrecht aus totalitärer Zeit, in: Pawlowski/Roellecke (Hrsg.), Der Universalitätsanspruch des demokratischen Rechtsstaates, ARSP Beiheft Nr. 65, 1996, S. 97–116.
95. AIDS und Strafrecht, in: Szwarc (Hrsg.), Strafrechtliche Probleme von AIDS im internationalen Vergleich, 1996, S. 9–60.
96. Die Mißachtung der sexuellen Selbstbestimmung des Ehepartners als kriminalpolitisches Problem, in: GA 1996, S. 307–329.
97. Begründung und Entwurf eines Gesetzes zur Bekämpfung der Unternehmenskriminalität, in: Schünemann, B. (Hrsg.), Unternehmenskriminalität; Deutsche Wiedervereinigung Band III, Köln, Berlin, Bonn, München 1996, S. 153–187.
98. Plädoyer zur Einführung einer Unternehmenskuratel, in: Schünemann, B. (Hrsg.), Unternehmenskriminalität; Deutsche Wiedervereinigung Band III, Köln, Berlin, Bonn, München 1996, S. 129–142.
99. Zum Schutz von Ehe und Familie durch das Strafrecht und vor dem Strafrecht, in: Festschrift für Hans-Martin Pawlowski zum 65. Geburtstag, Berlin 1996, S. 275–314.
100. Der deutsche Strafprozeß im Spannungsfeld von Zeugenschutz und materieller Wahrheit. Kritische Anmerkungen zum Thema des 62. Deutschen Juristentages 1998, in: Strafverteidiger 1998, S. 391–401.
101. Überkriminalisierung und Perfektionismus als Krebsschaden des Verkehrsstrafrechts oder: Deutschland – ein Land der kriminellen Autofahrer?, in: Deutsches Autorecht 1998, S. 424–433.
102. Zum Stellenwert der positiven Generalprävention in einer dualistischen Straftheorie, in: Schünemann/von Hirsch/Jareborg (Hrsg.), Positive Generalprävention. Kritische Analy-

sen im deutsch-englischen Dialog. Uppsala Symposium 1996, Heidelberg 1998, S. 109–123.

103. Polizei und Staatsanwaltschaft
   –. Teil 1, in: Kriminalistik 1999, S. 74–79.
   –. Teil 2, in: Kriminalistik 1999, S. 146–152.

104. Vom philologischen zum typologischen Vorsatzbegriff, in: Festschrift für Joachim Hirsch zum 70. Geburtstag, Berlin, New York 1999, S. 363–378.

105. Über die objektive Zurechnung, in: GA 1999, S. 207–229.

106. Criticising the Notion of a Genuine Criminal Law Against Legal Entities, in: Eser/Heine/Huber (Hrsg.), Criminal Responsibility of Legal and Collective Entities, International Colloquium Berlin 1998, Freiburg i. Br. 1999, S. 225–233.

107. Placing the Enterprise Under Supervision („Guardianship") as a Model Sanction Against Legal and Collective Entities, in: Eser/Heine/Huber (Hrsg.), Criminal Responsibility of Legal and Collective Entities, International Colloquium Berlin 1998, Freiburg i. Br. 1999, S. 293–299.

108. Vom Unterschichts- zum Oberschichtsstrafrecht. Ein Paradigmawechsel im moralischen Anspruch? in: Kühne/Miyazawa (Hrsg.), Alte Strafrechtsstrukturen und neue gesellschaftliche Herausforderungen in Japan und Deutschland, Berlin 2000, S. 17–36.

109. Verfassungsrechtliche Probleme der strafrechtlichen Aufarbeitung, in: Deutscher Bundestag (Hrsg.), Enquete-Kommission „Überwindung der Folgen der SED-Diktatur im Prozeß der deutschen Einheit" Band II/2, Frankfurt/M 1999, S. 1304–1380.

110. Dogmatische Sackgassen bei der Strafverfolgung der vom SED-Regime zu verantwortenden Untaten, in: Festschrift für Gerald Grünwald, Baden-Baden 1999, S. 657–684.

111. Die Stellung des Opfers im System der Strafrechtspflege: Ein Drei-Säulen-Modell, in: Schünemann/Dubber (Hrsg.), Die Stellung des Opfers im Strafrechtssystem – Neue Entwicklungen in Deutschland und in den USA, Köln, Berlin, Bonn, München 2000, S. 1–13.

112. Der Richter im Strafverfahren als manipulierter Dritter? Zur empirischen Bestätigung von Perseveranz- und Schulterschlußeffekt, in: StV 2000, S. 159–165.

113. Unternehmenskriminalität, in: Canaris/Heldrich/Hopt/Roxin/K. Schmidt/Widmaier (Hrsg.), 50 Jahre Bundesgerichtshof – Festgabe aus der Wissenschaft, 2000, Band IV, S. 621–646.

114. Strafrechtsdogmatik als Wissenschaft, in: Festschrift für Claus Roxin, Berlin, New York 2001, S. 1–32.

115. Die deutsche Strafrechtswissenschaft nach der Jahrtausendwende, in: GA 2001, S. 205–225.

116. Zeugenbeweis auf dünnem Eis – Von seinen tatsächlichen Schwächen, seinen rechtlichen Gebrechen und seiner notwendigen Reform –, in: Festschrift für Lutz Meyer-Goßner zum 65. Geburtstag, München 2001, S. 385–407.

117. Die Leistungsgrenze strafgerichtlicher Entscheidungen – eher Predigertum als social engineering?, in: Hof/Schulte (Hrsg.), Wirkungsforschung zum Recht III – Folgen von Gerichtsentscheidungen, Baden-Baden 2001, S. 167–175.

118. Tatsächliche Strafzumessung, gesetzliche Strafdrohungen und Gerechtigkeits- und Präventionserwartungen der Öffentlichkeit aus deutscher Sicht, in: H. J. Hirsch (Hrsg.), Krise des Strafrechts und der Kriminalwissenschaften?, Berlin 2001, S. 338–345.

119. Zur Regelung der unechten Unterlassung in den Europa-Delikten, in: Klaus Tiedemann (Hrsg.), Wirtschaftsstrafrecht in der Europäischen Union, Köln, Berlin, Bonn, München 2002, S. 103–123.

120. Wohin treibt der deutsche Strafprozeß?, in: ZStW 114 (2002), S. 1–62.

121. Aporien der Straftheorie in Philosophie und Literatur – Gedanken zu Immanuel Kant und Heinrich von Kleist –, in: Prittwitz/Baurmann/Günther/Kuhlen/Merkel/Nestler/Schulz (Hrsg.), Festschrift für Klaus Lüdersen, Baden-Baden 2002, S. 327–343.
122. Die Absprachen im Strafverfahren: Von ihrer Gesetz- und Verfassungswidrigkeit, von der ihren Versuchungen erliegenden Praxis und vom dogmatisch gescheiterten Versuch des 4. Strafsenats des BGH, sie im geltenden Strafprozeßrecht zu verankern, in: Hanack/Hilger/Mehle/Widmaier (Hrsg.), Festschrift für Peter Rieß, Berlin 2002, S. 525–546.
123. Das „Menschenbild des Grundgesetzes" in der Falle der Postmoderne und seine überfällige Ersetzung durch den „homo oecologicus", in: Schünemann/J. P. Müller/Philipps (Hrsg.), Das Menschenbild im weltweiten Wandel der Grundrechte, Berlin 2002, S. 3–21.
124. Unzulänglichkeiten des Fahrlässigkeitsdelikts in der modernen Industriegesellschaft – Eine Bestandsaufnahme, in: Gedächtnisschrift für Dieter Meurer, 2002, S. 37–63.
125. Das System des strafrechtlichen Unrechts: Rechtsgutsbegriff und Viktimodogmatik als Brücke zwischen dem System des Allgemeinen Teils und dem Besonderen Teil, in: Schünemann (Hrsg.), Strafrechtssystem und Betrug, 2002, S. 51–87.
126. Ein Gespenst geht um in Europa – Brüsseler „Strafrechtspflege" intra muros –, GA 2002, S. 501–516.
127. Bürgerrechte ernst nehmen bei der Europäisierung des Strafverfahrens!, StV 2003, S. 116–122. Nachdruck in: Jusletter vom 02. 08. 2004.
128. Warnung vor Holzwegen der Strafprozeßreform, in: Strafverteidigervereinigungen (Hrsg.), Sicherheit durch Strafe? Öffentlicher Strafanspruch zwischen Legalitätsprinzip und Opferinteresse. 26. Strafverteidigertag Mainz, 8.–10. März 2002, Berlin 2003, S. 267–280.
129. Claus Roxin in seiner Epoche, in: Bernd Schünemann (Hrsg.), Claus Roxin, Person – Werk – Epoche, Herbolzheim 2003, S. 53–69.
130. Historie der mißglückten Reformversuche des § 142 StGB, DAR 2003, S. 207–212.
131. Das Strafrecht im Zeichen der Globalisierung, GA 2003, 299–313. Nachdruck in: Jusletter vom 26. 05. 2003.
132. Haushaltsuntreue als dogmatisches und kriminalpolitisches Problem, StV 2003, S. 463–471.
133. Die parlamentarische Gesetzgebung als Lakai von Brüssel? Zum Entwurf des Europäischen Haftbefehlsgesetzes, StV 2003, S. 531–533.
134. Der Europäische Haftbefehl und der EU-Verfassungsentwurf auf schiefer Ebene – Schranken des Grundgesetzes, ZRP 2003, S. 185–189.
135. Das Rechtsgüterschutzprinzip als Fluchtpunkt der verfassungsrechtlichen Grenzen der Stratatbestände und ihrer Interpretation, in: Hefendehl/v. Hirsch/Wohlers (Hrsg.), Die Rechtsgutstheorie – Legitimationsbasis des Strafrechts oder dogmatisches Glasperlenspiel?, 2003, S. 133–154.
136. Die Akzeptanz von Normen und Sanktionen aus der Perspektive der Tatproportionalität, in: Frisch/von Hirsch/Albrecht (Hrsg.), Tatproportionalität, Heidelberg 2003, S. 185–197.
137. Zum gegenwärtigen Stand der Lehre von der Strafrechtsschuld, in: Festschrift für Ernst-Joachim Lampe, 2003, S. 537–559.
138. Zum gegenwärtigen Stand der Lehre von der Strafrechtsschuld, in: Shinzansha Verlag (Hrsg.), Aktualität und Entwicklung der Strafrechtswissenschaft – Festschrift für Seiji Saito zum 70. Geburtstag, 2003, S. 39–65.
139. Die Rechte des Beschuldigten im internationalisierten Ermittlungsverfahren, StraFo 2003, S. 344–351.

140. Wissenschaftlicher Kommentar zur Strafprozeßordnung der Mongolei vom 10. Januar 2002, in: Ts. Sarantuya (Hrsg.), Wissenschaftlicher Kommentar zur Strafprozeßordnung der Mongolei, Ulan Bator 2003, S. 1–29.
141. Förderung der Steuerehrlichkeit durch Amnestierung der Steuerhinterziehung?, ZRP 2003, S. 433–439.
142. Europäischer Haftbefehl und gegenseitige Anerkennung in Strafsachen, ZRP 2003, S. 472.
143. Die strafrechtliche Regelung des Schwangerschaftsabbruchs in der postmodernen Gesellschaft, in: Karras/Courakis/Mylonopoulos/Kotsalis/Giannidis (Hrsg.), Festschrift für Nikolaos K. Androulakis, Athen 2003, S. 683–707.
144. Globalisierung als Metamorphose oder Apokalypse des Rechts ?, in: Joerden/Wittmann (Hrsg.), Recht und Politik, ARSP-Beiheft Nr. 93 (2004), S. 133–156.
145. Fortschritte und Fehltritte in der Europäisierung der Strafrechtspflege, GA 2004, S. 193–209.
146. Mindestnormen oder sektorales Europastrafrecht?, in: Schünemann (Hrsg.), Alternativentwurf Europäische Strafverfolgung, 2004, S. 75–81.
147. Die kriminalpolitischen und dogmatischen Grundfragen der Unternehmenskriminalität, in: FS für Hans-Joachim Rudolphi, 2004, S. 295–312.
148. Grundzüge eines Alternativ-Entwurfs zur europäischen Strafverfolgung, ZStW 116 (2004), 376–399.
149. Zur Reform des strafprozessualen Ermittlungsverfahrens in Europa, in: GS für Theo Vogler, 2004, S. 81–92.
150. Rechtsfreier Raum und eigenverantwortliche Entscheidung, in: Hassemer/Neumann/Schroth (Hrsg.), Verantwortetes Recht – Gedächtnisschrift für Arthur Kaufmann, ARSP Beiheft 100, 2004, S. 145–156 (auch in chinesischer Sprache, Stuttgart 2005, S. 323–353, ISBN 978-957-11-6047-4).
151. Ein Linsengericht zum Tausch für den Strafprozeß von 1877?, in: StraFo 2004, S. 293–295 (ISSN 0947-9252).
152. Die Rechtsprobleme von AIDS – Ein Nachruf? –, in: Arnold/Burkhardt/Gropp/Heine/Koch/Lagodny/Perron/Walther (Hrsg.), Menschengerechtes Strafrecht – Festschrift für Albin Eser zum 70. Geburtstag, München 2005, S. 1141–1154.
153. Gefahren für den Rechtsstaat durch die Europäisierung der Strafrechtspflege?, in: Emil W. Plywaczewski (Hrsg.), Aktuelle Probleme des Strafrechts und der Kriminologie, Bialystok 2005, S. 359–380 (ISBN 83-89620-08-1).
154. Savignys Rechtsbegriff – von ehegestern und von übermorgen?, in: Bernd Schünemann, Marie-Theres Tinnefeld, Roland Wittmann (Hrsg.), Gerechtigkeitswissenschaft – Kolloquium aus Anlaß des 70. Geburtstages von Lothar Philipps, Berlin 2005, S. 163–176 (ISBN 3-8305-0932-4).
155. Vom Einfluss der Strafverteidigung auf die Rechtsentwicklung – Vortrag auf dem Strafverteidiger-Kolloquium 2004, in: StraFo 2005, S. 177–184.
156. Ein Alternativ-Entwurf zur Regelung der europäischen Strafverfolgung im Verfassungsvertrag der EU, in: Eckhard Pache (Hrsg.), Die Europäische Union – Ein Raum der Freiheit, der Sicherheit und des Rechts?, Baden-Baden 2005, S. 81–100 (ISBN 3-8329-1429-3).
157. Zur Entstehung des deutschen „plea bargaining“, in: Lorenz/Trunk/Eidenmüller/Wendehorst/Adolff (Hrsg.), FS für Andreas Heldrich, München 2005, S. 1177–1195.
158. Die „gravierende Pflichtverletzung“ bei der Untreue: dogmatischer Zauberhut oder taube Nuss?, in: NStZ 2005, S. 473–482.

159. Die Entscheidung des Bundesverfassungsgerichtes zum Europäischen Haftbefehl: markiges Ergebnis, enttäuschende Begründung, in: StV 2005, 681–685 (ISSN 0720-1605).
160. Brennpunkte des Strafrechts in der entwickelten Industriegesellschaft – Reflexionen zu den Beiträgen des Symposiums –, in: Hefendehl (Hrsg.), Empirische und dogmatische Fundamente, kriminalpolitischer Impetus. Symposium für Bernd Schünemann zum 60. Geburtstag, Köln, Berlin, Bonn, München 2005, S. 349–377 (ISBN 3-452-26123-9).
161. Europäischer Sicherheitsstaat – Europäischer Polizeistaat?, in: Strafverteidigervereinigungen (Hrsg.), Wen schützt das Strafrecht? 29. Strafverteidigertag Aachen, 4.–6. März 2005, Berlin 2006, S. 237–250 (ISBN 3-9808275-5-0).
162. Bundesrechtsanwaltskammer auf Abwegen, in: ZRP 2006, S. 63–64.
163. Der Bundesgerichtshof im Gestrüpp des Untreuetatbestandes, in: NStZ 2006, S. 196–203.
164. Rechtsgüterschutz, ultima ratio und Viktimodogmatik – von den unverrückbaren Grenzen des Strafrechts in einem liberalen Rechtsstaat, in: von Hirsch/Seelmann/Wohlers (Hrsg.), Mediating Principles – Begrenzungsprinzipien bei der Strafbegründung, Baden-Baden 2006, S. 18–35 (ISBN 3-8329-1933-3).
165. Strafrechtssystematisches Manifest, GA 2006, S. 378–382.
166. Verteidigung in Europa, StV 2006, S. 361–368 (ISSN 0720-1605).
167. Feindstrafrecht ist kein Strafrecht, in: Festschrift für Kay Nehm, 2006, S. 175–183 (auch in: Vormbaum (Hrsg.), Kritik des Feindstrafrechts, Berlin 2010, S. 11–20 (ISBN 978-3-643104380).
168. Die Rechtsfigur des „Täters hinter dem Täter“ und das Prinzip der Tatherrschaftsstufen, in: Festschrift für Friedrich-Christian Schroeder, 2006, S. 399–411.
169. Absprachen im Strafverfahren – Zentrale Probleme einer künftigen gesetzlichen Regelung, AnwBl. 2006, S. 439–445 (gemeinsam mit J. Hauer).
170. Der Stand des Strafrechts in Deutschland, in: Andrzej J. Swarc (Hrsg.), Das dritte deutsch-japanisch-polnische Strafrechtskolloquium der Stipendiaten der Alexander von Humboldt-Stiftung – Aktuelle Probleme des deutschen, japanischen und polnischen Strafrechts, Poznan 2006, S. 17–35 (ISBN 83-7177-426-5).
171. Ein Gesamtkonzept für die europäische Strafrechtspflege, in: Bernd Schünemann (Hrsg.), Ein Gesamtkonzept für die europäische Strafrechtspflege, Köln, Berlin, München 2006, S. 61–64 (ISBN 978-3-452-26583-8).
172. Die Grundlagen eines transnationalen Strafrechts, in: Bernd Schünemann (Hrsg.), Ein Gesamtkonzept für die europäische Strafrechtspflege, Köln, Berlin, München 2006, S. 93–111 (ISBN 978-3-452-26583-8).
173. Der Erlaubnistatbestandsirrtum und das Strafrechtssystem – Oder: Das Peter-Prinzip in der Strafrechtsdogmatik?, in: GA 2006, S. 777–792 (gemeinsam mit L. Greco).
174. Die Unrechtsvereinbarung als Kern der Bestechungsdelikte nach dem KorrBekG, in: Festschrift für Harro Otto, 2007, S. 777–798.
175. Vom kriminalpolitischen Nutzen und Nachteil eigenhändiger Delikte, in: Festschrift für Heike Jung, 2007, S. 881–891.
176. Deutsche Bekämpfung des „Führerscheintourismus“ scheitert am europäischen Prinzip der gegenseitigen Anerkennung, in: DAR 2007, S. 382–385 (gemeinsam mit S. Schünemann).
177. Die Implementation des europäischen Haftbefehls in Polen und Deutschland im Vergleich – Eine kritische Skizze aus deutscher Sicht, in: Joerden/Szwarc (Hrsg.), Europäisierung des Strafrechts in Polen und Deutschland – rechtsstaatliche Grundlagen, Berlin 2007, S. 265–277.

178. Kommentar zur Abhandlung von Luís Greco, in: GA 2007, S. 644–647 (ISSN 0017-1956).
179. Die Zukunft des Strafverfahrens – Abschied vom Rechtsstaat?, in: ZStW 119 (2007), S. 945–958.
180. Europäischer Sicherheitsstaat = europäischer Polizeistaat?, in: ZIS 2007, S. 528–534.
181. Europas verschmitzte Usurpierung einer furchtbaren Gewalt, in: ZIS 2007, S. 535–536.
182. Die „besonderen persönlichen Merkmale" des § 28 StGB, in: Michael Hettinger, Jan Zopfs, Thomas Hillenkamp, Michael Köhler, Jürgen Rath, Franz Streng, Jürgen Wolter (Hrsg.), Festschrift für Wilfried Küper, Heidelberg 2007, S. 561–576.
183. Der Ausbau der Opferstellung im Strafprozess – Fluch oder Segen?, in: Michalke/Köberer/Pauly/Kirsch (Hrsg.), Festschrift für Rainer Hamm, Berlin 2008, S. 687–700.
184. Nochmals: Die Bekämpfung des Führerscheintourismus in Deutschland – Replik auf die Entgegnung von Geiger, DAR 2007, 540, in: DAR 2008, S. 109.
185. Aufgabe und Grenzen der Strafrechtswissenschaft im 21. Jahrhundert, in: Putzke/Hardtung/Hörnle/Merkel/ Scheinfeld/Schlehofer/Seier (Hrsg.), Strafrecht zwischen System und Telos – Festschrift für Rolf Dietrich Herzberg, Tübingen 2008, S. 39–53 (ISBN 978-3161495700).
186. Strafrechtliche Sanktionen gegen Wirtschaftsunternehmen?, in: Sieber/Dannecker/Kindhäuser/Vogel/Walter (Hrsg.), Strafrecht und Wirtschaftsstrafrecht – Festschrift für Tiedemann, Carl Heymanns Verlag 2008, S. 429–447 (ISBN 978-3-452-26628-6).
187. Der deutsche Strafprozess – krank an Haupt und Gliedern, in: Schüler-Springorum/Nedopil (Hrsg.), Blick über den Tellerrand. Dialog zwischen Recht und Empirie. Festschrift für Hisao Katoh, Lengerich 2008, S. 49–60 (ISBN 978-3-89967-439-2).
188. Ewigkeitsgarantien im europäischen Strafrecht – ein Appell an die deutsche Volksvertretung, in: KritV 2008, S. 6–16 (ISSN 0179-2830).
189. Prolegomena zu einer jeden künftigen Verteidigung, die in einem geheimdienstähnlichen Strafverfahren wird auftreten können, in: GA 2008, S. 314–334 (ISSN 0017-1956).
190. Die Liechtensteiner Steueraffäre als Menetekel des Rechtsstaats, in: NStZ 2008, S. 305–310.
191. Zur Quadratur des Kreises in der Dogmatik des Gefährdungsschadens, NStZ 2008, S. 430–434.
192. Zur Kritik des amerikanischen Strafprozessmodells, in: Edda Weßlau/Wolfgang Wohlers (Hrsg.), Festschrift für Fezer, Berlin 2008, S. 555–575 (ISBN 978-3-89949-439-6).
193. Sind wir auf dem Weg zu einem europäischen Sicherheitsstaat?, in: Aneta Petrova (Hrsg.), Festschrift für Hans-Gert Pöttering, Plodiv 2008, S. 83–101 (ISBN 978-954-423-441-6).
194. Zur Garantenstellung beim unechten Unterlassungsdelikt, in: Martin Böse/Detlev Sternberg-Lieben (Hrsg.). Festschrift für Amelung, Berlin 2009, S. 303–323 (ISBN 978-3-428-12387-2).
195. Rechtsstaatliche Probleme der Europäisierung des Verkehrsstrafrechts, in: In dubio pro libertate, Festschrift für Klaus Volk, München 2009, S. 743–754 (ISBN 978-3-406-586-50-7).
196. Von den unverrückbaren Grenzen des Strafrechts in einem liberalen Rechtsstaat, in: Emil W. Plywaczewski (Hrsg.), Current Problems of the Penal Law and the Criminology – Aktuelle Probleme des Strafrechts und der Kriminologie, Bialystok 2009, S. 575–620 (ISBN 987-83-89620-68-2).
197. Verfassungsrechtliche Vorgaben für die Struktur des Strafverfahrens, in: Arbeitsgemeinschaft Strafrecht des Deutschen Anwaltsvereins (Hrsg.), Strafverteidigung im Rechts-

staat – 25 Jahre Arbeitsgemeinschaft Strafrecht des Deutschen Anwaltsvereins, Baden Baden 2009, S. 827–845 (ISBN 978-3-8329-4283-0).

198. Die strafrechtliche Beurteilung der Beeinflussung von Betriebsratswahlen durch verdecktes Sponsoring, in: Bub/Mehle/Schumann (Hrsg.), Festschrift für Peter Gauweiler zum 60. Geburtstag, München 2009, S. 515–531 (ISBN 978-3-472-07580-6).

199. Ein deutsches Requiem auf den Strafprozess des liberalen Rechtsstaats, in: ZRP 2009, 104–107 (ISSN 0514-6496).

200. Ein Kampf ums europäische Strafrecht – Rückblick und Ausblick, in: Joerden/Scheffler/Sinn/Wolf (Hrsg.), Vergleichende Strafrechtswissenschaft – Frankfurter Festschrift für Andrzej J. Swarc zum 70. Geburtstag, Berlin 2009, S. 109–123 (ISBN 978-3-428-12705-4).

201. Spät kommt ihr, doch ihr kommt: Glosse eines Strafrechtlers zur Lissabon-Entscheidung des BVerfG, in: ZIS 2009, S. 393–396.

202. Risse im Fundament, Flammen im Gebälk: Die Strafprozessordnung nach 130 Jahren, in: ZIS 2009, S. 484–494.

203. Richterbezogene Attidüdenforschung und der Indikator des „qualifizierten Begründungsfehlers“, in: Hiebl/Kassebohm/Lilie (Hrsg.), Festschrift für Volkmar Mehle, Baden-Baden 2009, S. 613–624 (ISBN 978-3-8329-3913-7).

204. Spirale oder Spiegelei? Vom hermeneutischen zum sprachanalytischen Modell der Rechtsanwendung, in: Herzog, Felix/Neumann, Ulfrid (Hrsg.), Festschrift für Winfried Hassemer, Heidelberg 2010, S. 239–247.

205. Der Begriff des Vermögensschadens als archimedischer Punkt des Untreuetatbestandes (Teil 1), in: StraFo 2010, S. 1–10.

206. Die sog. Finanzkrise – Systemversagen oder global organisierte Kriminalität?, in: Bernd Schünemann (Hrsg.), Die sogenannte Finanzkrise – Systemversagen oder global organisierte Kriminalität?, Berlin 2010, S. 71–105 (ISBN 978-3-8305-1771-9).

207. Der deutsch-spanische Strafrechtsdialog im Zeitalter der autoritär-dilettantischen Gesetzgebung, in: GA 2010, S. 353–360 (ISSN 0017-1956).

208. Stellungnahme zum Grünbuch der EU-Kommission „Erlangung verwertbarer Beweise in Strafsachen aus einem anderen Mitgliedsstaat“ (KOM [2009] 624 endg.), in: ZIS 2010, 92–99.

209. Die Kritik am strafrechtlichen Paternalismus – Eine Sisyphus-Arbeit?, in: Andreas von Hirsch/Ulfrid Neumann/Kurt Seelmann (Hrsg.), Paternalismus im Strafrecht, 2010, S. 221–240 (ISBN 978-3-8329-5518-2).

210. Die Hauptverhandlung im Strafverfahren – Was sie leistet, wo sie versagt und in welcher Form sie bewahrt werden muss, in: StraFo 2010, 90–96.

211. Risse im Fundament, Flammen im Gebälk: Die Strafprozessordnung nach 130 Jahren, in: Schünemann, Bernd (Hrsg.), Risse im Fundament, Flammen im Gebälk: Zum Zustand des kontinentaleuropäischen Strafverfahrens (Hrsg.), Berlin 2010, S. 71–91 (ISBN 978-3-8305-1864-8).

212. Konsens im Strafverfahren – Performativer Selbstwiderspruch, Chimäre oder konkrete Utopie?, in: Schünemann, Bernd (Hrsg.), Risse im Fundament, Flammen im Gebälk: Zum Zustand des kontinentaleuropäischen Strafverfahrens (Hrsg.), Berlin 2010, S. 93–104 (ISBN 978-3-8305-1864-8).

213. Konsens im Strafverfahren – Performativer Selbstwiderspruch, Chimäre oder konkrete Utopie?, in: Posch/Schleifer/Ferz (Hrsg.), Konfliktlösung im Konsens – Schiedsgerichtsbarkeit, Diversion, Mediation – 7. Fakultätstag der Rechtswissenschaftlichen Fakultät der Karl-Franzens-Universität Graz, Graz 2010, S. 51–62 (ISBN 978-3-7011-0191-7).

214. Der Begriff des Vermögensschadens als archimedischer Punkt des Untreuetabestandes (Teil 2), in: StraFo 2010, S. 477–483.
215. Die Karawane zur Europäisierung des Strafrechts zieht weiter. Zur demokratischen und rechtsstaatlichen Bresthaftigkeit des EU-Geldsanktionengesetzes, in: ZIS 2010, S. 515–523 (zusammen mit Benjamin Roger).
216. Noch einmal: Zur Kritik der rechtsstaatlichen Bresthaftigkeit des EU-Geldsanktionengesetzes, des europatümelnden strafrechtlichen Neopositivismus und seiner Apologie durch Böse, in: ZIS 2010, S. 759–762.
217. Vagheit und Porosität der Umgangssprache als Horizont extensionaler Rechtsfortbildung durch die Strafjustiz, in: Paeffgen/Böse/Kindhäuser/Stübinger/Verrel/Zaczyk (Hrsg.), Strafrechtswissenschaft als Analyse und Konstruktion – Festschrift für Ingeborg Puppe zum 70. Geburtstag, Berlin 2011, S. 243–261 (ISBN 978-3-428-13211-9).
218. Gedanken zur 2. Instanz in Strafsachen, in: Geisler/Kraatz/Kretschmer/Schneider/Sowada (Hrsg.), Festschrift für Klaus Geppert, Berlin 2011, S. 649 ff (ISBN 978-3-89949-728-1).
219. Reformaspekte des strafrechtlichen Haupt- und Rechtsmittelverfahrens, in: Bundesministerium für Justiz (Hrsg.), Die Reform des Haupt- und Rechtsmittelverfahrens – RichterInnenwoche 2010 in Geinsberg 17.–21. Mai 2010, Wien, Graz 2011, S. 9–23 (ISBN 978-3-7083-0718-3).
220. Von Lissabon über Karlsruhe nach Stockholm – Demokratisches Defizit, mangelnder Mindeststandard, Verlustliste der Verteidigung, in: StRR 2011, S. 130–135 (ISSN 1864-7200).
221. Schrumpfende Basis, wuchernder Überbau? Zum Schicksal der Tatherrschaftsdoktrin nach 50 Jahren, in: Heinrich/Jäger/Achenbach/Amelung/Bottke/Haffke/Schünemann/Wolter (Hrsg.), Strafrecht als Scientia Universalis – FS für Claus Roxin zum 80. Geburtstag, Berlin, New York 2011, S. 799–817 (ISBN 978-3-11-024010-8).
222. Strafrecht und Strafprozess im Rechtsstaat, in: Heinrich Scholler (Hrsg.), Die Sicherung des Rechtsstaatsgebotes im modernen europäischen Recht – anhand von Garantien im Recht der Europäischen Union sowie in Russland und Deutschland, Berlin 2011, S. 48–69.
223. Was heißt und zu welchem Ende betreibt man Strafrechtsdogmatik? Zu Fischers These der „fremden seltsamen Welten“ anhand aktueller BGH-Urteile zu Begriff und Funktion der „besonderen persönlichen Merkmale“ im Strafrecht, in: GA 2011, 445–461 (ISSN 0017-1956).
224. Die Vorschläge der Europäischen Kommission für eine Opferschutzrichtlinie, in ERA Forum (2011) Bd. 12, 445–463.
225. Einleitende Bemerkungen zum Thema der Abschlussdiskussion „Die strafrechtliche Bewältigung der Finanzkrise am Beispiel der Untreue“, in: ZStW 123 (2011), 767–770 (ISSN 0084-5310).
226. Die Vorsitzendenkrise im 2. und 4. Strafsenat des BGH im Lichte der Verfassungsgarantie des gesetzlichen Richters, in: ZIS 2012, 1–10.
227. Die Target 2-Salden der Deutschen Bundesbank in der Perspektive des Untreuetatbestandes, in: ZIS 2012, 84–106.
228. Wider verbreitete Irrlehren zum Untreuetatbestand, in: Schulz/Reinhart/Sahan (Hrsg.), Festschrift für Imme Roxin, 2012, S. 341–358, auch in: ZIS 2012, 183–194.
229. Standpunkte der deutschen Strafrechtslehrer zu den Zukunftsperspektiven der Rechtswissenschaft und der akademischen juristischen Ausbildung in Deutschland, in: ZIS 2012, 302–311.

230. Zur Kritik der sogenannten Radbruchschen Formel – Notizen zu einem kultur- und kommunikationsbezogenen Rechtsbegriff, in: Panstwo Prawa i Prawo Karne, Jubiläumsschrift für Professor Andrzej Zoll, Warschau/Polen 2012, Band II S. 251–263, (ISBN 978-83-264-3932-0).
231. Der strafrechtliche Schutz des geistigen Eigentums, in: Plywaczewski (Hrsg.), Aktuelle Probleme des Strafrechts und der Kriminologie, Warschau 2012, S. 673–686 (ISBN 978-83-264-1675-0).
232. Strafrechtswissenschaft in einem zusammenwachsenden Europa, in: Strafrechtswissenschaft in einem zusammenwachsenden Europa, Festschrift der Strafrechtslehrertagung Georgien 2011, Tbilisi/Georgien 2013, S. 435–449 (ISBN 978-9941-10-713.9).
233. Die großen wirtschaftsstrafrechtlichen Fragen der Zeit, GA 2013, 193–205 (ISSN 0017-1956).
234. Der Straftatbestand der Untreue als zentrales Wirtschaftsdelikt der entwickelten Industriegesellschaft, in: Grundlagen und Dogmatik des gesamten Strafrechtssystems, Festschrift für Wolfgang Frisch, 2013, S. 837–856 (ISBN 978-3-428-13948-4).
235. Einführung in die deutsch-chinesische Strafrechtslehrertagung über das „Gesetzlichkeitsprinzip im Kontext der Strafrechtsauslegung in China und Deutschland", in: Hilgendorf (Hrsg.), Das Gesetzlichkeitsprinzip im Strafrecht, 2013, S. 1–8 (ISBN 978-3-16-152238-3).
236. Die Urteilsabsprachen im Strafprozess – ewige Wiederkunft des Gleichen?, in: Gesamte Strafrechtswissenschaft in internationaler Dimension, Festschrift für Jürgen Wolter, 2013, S. 1107–1129 (ISBN 978-3-428-13841-8).
237. Die Allmacht des Tatrichters und die Einseitigkeit der Wahrheitsfindung – Erläutert am Beispiel eines Verbrechens am Seelenleben der Menschheit, in: Festschrift für Hans-Heiner Kühne, 2013, S. 361–377 (ISBN 978-3-8114-3927-6).
238. Schwangerschaftsabbruch, in: Schünemann/Kim, Lebensschutz im Strafrecht, Seoul/Korea 2013 (ISBN 978-89-7366-996-7), S. 287–304.
239. The European Investigation Order: A Rush into the wrong Direction, in: Ruggeri (ed.), Transnational Evidence and Multicultural Inquiries in Europe, Heidelberg u. a. 2014, S. 28–35 (ISBN 978-3-319-02568-8).
240. Solution Models and Principles Governing the Transnational Evidence-gathering in the EU, in: Ruggeri (ed.), Transnational Evidence and Multicultural Inquiries in Europe, Heidelberg u. a. 2014, S. 161–180 (ISBN 978-3-319-02568-8).
241. Die aktuelle Forderung einer Verbandsstrafe – ein kriminalpolitischer Zombie, ZIS 2014, 1–18.
242. Das strafrechtliche Rückwirkungsverbot als Prüfstein des Rechtsbegriffs – Von den dogmatischen Untiefen strafrechtlicher Vergangenheitsbewältigung und der Wertlosigkeit der Radbruchschen Formel, in: Festschrift für Kristian Kühl, 2014, S. 455–470.
243. Rechtsstaatsschwindsucht im Steuerstrafrecht und Steuerstrafverfahren, in: Festschrift für Hanns Feigen, 2014, S. 263–281.
244. Ein neues Bild des Strafrechtssystems?, ZStW 126 (2014), 1–26.
245. Strafverteidigung und Opferinteressen, in: Vereinigung der österreichischen StrafverteidigerInnen u. a. (Hrsg.), Strafverteidigung – Opferrechte und Medienjustiz, Wien-Graz 2014, S. 129–157.
246. Information über das Vorverfahren und die Befugnisse des Richters in der Hauptverhandlung aus deutscher Sicht, in: Schroeder/Kudratov (Hrsg.), Die strafprozessuale Hauptverhandlung zwischen inquisitorischem und adversatorischen Model, 2014, S. 91–107.

247. Can Punishment be just?, in: Liberal Criminal Theory, Essays for Andreas von Hirsch (ed. Simester, du Bois-Pedain, Neumann), 2014, S. 269–282.
248. Der Schwindel in der Dogmatik und die doppelte Weisheit der Viktimo-Dogmatik, in: Festschrift für Werner Beulke zum 70. Geburtstag, 2015, S. 543–555.
249. Vom schwindenden Beruf der Rechtswissenschaft unserer Zeit, speziell der Strafrechtswissenschaft, in: Hilgendorf/Schulze-Fielitz (Hrsg.), Selbstreflexion der Rechtswissenschaft, 2015, S. 223–242.
250. Der Gesetzentwurf zur Bekämpfung der Korruption, ZRP 2015, 68–71.
251. Überfordert die Komplexität der Wirklichkeit die Juristen?, wistra 2015, 161–166.
252. Das Schuldprinzip und die Sanktionierung von juristischen Personen und Personenverbänden, GA 2015, 274–283.
253. Legitimation durch Verfahren? – Von den Mindestbedingungen, unter denen die Ausübung der furchtbaren Strafgewalt durch Menschen in samtbesetzter Robe gerecht sein kann, StraFo 2015, 177–187.
254. Die gemeineuropäische Prozessrechtswissenschaft – Anstöße und Relevanz, in: Stephan Barton/Ralf Kölbel/Michael Lindemann (Hrsg.), Wider die wildwüchsige Entwicklung des Ermittlungsverfahrens, 2015, S. 177–191.
255. Identität des Schadensbegriffs bei Betrug und Untreue, in: Fischer/Hoven/Raum/Rönnau/Saliger/Trüg (Hrsg.), Dogmatik und Praxis des strafrechtlichen Vermögensschadens, 2015, S. 61–75 (ISBN 978-3-8487-2400-0).
256. Parlamentarische Untersuchungsausschüsse und Strafverfahren, in: Rotsch/Brüning/Schady (Hrsg.), Strafrecht Jugendstrafrecht Kriminalprävention in Wissenschaft und Praxis – Festschrift für Heribert Ostendorf zum 70. Geburtstag, 2015, S. 817–835 (ISBN 978-3-8487-2373-7).
257. Die Vorschläge der Expertenkommission des BMJV zur Reform des Strafprozesses – Parturient montes, nascetur ridiculus mus, StraFo 2016, 45–53.
258. Mindestbedingungen einer effektiven Verteidigung in transnationalen europäischen Strafverfahren, StV 2016, 178–185.
259. Die Bestrafung der Auslandsbestechung – eine strafrechtsimperialistische Torheit?, in: Hoven/Kubiciel (Hrsg.), Das Verbot der Auslandsbestechung, 2016, S. 25–43 (ISBN 978-3-8487-2847-3).
260. Die unechten Unterlassungsdelikte: 10 Kardinalfragen, -fehler und -fixpunkte, GA 2016, 301–308.
261. Zur Stellung der Staatsanwaltschaft im postmodernen Strafverfahren, in: Herzog/Schlothauer/Wohlers, Rechtsstaatlicher Strafprozess und Bürgerrechte, Gedächtnisschrift für Edda Weßlau, 2016, S. 351–368.
262. Das deutsche Strafrecht und seine Wissenschaft vier Menschenalter nach Franz von Liszts Gießener Lehrbuch, GA 2016, 506–518.
263. Über Strafrecht im demokratischen Rechtsstaat, das unverzichtbare Rationalitätsniveau seiner Dogmatik und die vorgeblich progressive Rückschrittspropaganda, ZIS 2016, 654–671; auch in: Rotsch (Hrsg.), Zehn Jahre ZIS – Zeitschrift für Internationale Straferchtsdogmatik. 2018, S. 17–57 (ISBN 978-3-8487-4666-8).
264. Zehn Thesen zum Verhältnis der Strafrechtsdogmatik zur Kriminalpolitik und zur Praxis der Strafrechtspflege, in: Tiedemann u. a. (Hrsg.), Die Verfassung moderner Strafrechtspflege, 2016, S. 459–465.
265. Der unabhängige Strafrichter – Macht ohne Maß?, in: Festschrift für Franz Streng, 2017, S. 755–765.

266. Sinn und Zweck der Strafe – eine unendliche Geschichte?, in: Festschrift für Keichi Yamanaka, 2017, S. 501–511.
267. Macht die Regelung und Verfolgung von Finanzkriminalität vor den heutigen gesamtwirtschaftlichen Hintergründen einen Sinn?, in: Kempf/Lüderssen/Volk/Jahn/Prittwitz/Schmidt (Hrsg.), Unbestimmtes Wirtschaftsstrafrecht und gesamtwirtschaftliche Perspektiven, Institute for Law and Finance Series Band 19, S. 66–85 (ISBN 978-3-11-047719-1).
268. Versuch über die Begriffe von Verbrechen und Strafe, Rechtsgut und Deliktsstruktur, in: Festschrift für Ulfrid Neumann, 2017, S. 701–714.
269. Herrschaft über die Hilflosigkeit des Rechtsguts oder Pflichtverletzung als Strafgrund der Sonderdelikte, GA 2017, 678–688.
270. Wider Schweigespiralen im Strafprozess am Beispiel der elektronischen Fußfessel und der Erosion der richterlichen Unbefangenheit, in: Festschrift für Reinhold Schlothauer, 2018, S. 261–269.
271. Der deutsch-chinesische Diskurs auf dem Gebiet der Strafrechtspflege, GA 2018, 177–180.
272. Faires Verfahren und Urteilsabsprachen im Strafverfahren, GA 2018, 181–194.
273. Der deutsch-chinesische Diskurs auf dem Gebiet des Strafverfahrens als Weckruf aus dem dogmatischen Schlummer, ZIS 2018, 145–147.
274. Der Kampf ums Verbandsstrafrecht in dritter Neuauflage, der „Kölner Entwurf eines Verbandssanktionengesetzes“ und die Verwandlung von Kuratoren in Monitore – much ado about something, StraFo 2018, 317–327.
275. Stichworte zum Vierten Paradigma des Strafverfahrens, in: FS für Klaus Rogall, 2018, S. 691–705 (ISBN 978-3-428-15257-5).
276. Zur Stellung des Opferprätendenten im Strafverfahren, in: Verwirklichung und Bewahrung des Rechtsstaats (o. I, 60), 2019, S. 67–86.
277. Reform des Hauptverfahrens in Deutschland, in: Verwirklichung und Bewahrung des Rechtsstaats (o. I, 60), S. 249–258.
278. Gefährden Fake News die Demokratie, wächst aber im Strafrecht das Rettende auch?, in: GA 2019, 620–640.

IV. Urteilsanmerkungen, Rezensionen, Lexikon-Beiträge, Forschungsberichte und Varia

1. Mitarbeit an: Baumann u. a., Alternativ-Entwurf eines Strafgesetzbuches, Besonderer Teil, Straftaten gegen die Person, Erster Halbband, Tübingen 1970, 99 S.
2. Urteilsanmerkung, in: NJW 1974, S. 1882–1883.
3. Diskussionsbeiträge zum Thema: Empfiehlt es sich, besondere strafprozessuale Vorschriften für Großverfahren einzuführen?, in: Sitzungsbericht K zum 50. Deutschen Juristentag, München 1974, S. 98–100, 138, 185–187.
4. Rezension von: Eckhard Horn, Konkrete Gefährdungsdelikte, in: NJW 1975, S. 1453–1454.
5. Rezension von: Harro Otto, Pflichtenkollision und Rechtswidrigkeitsurteil, 2. Aufl. 1974, in: NJW 1976, S. 282.
6. Rezension von: Deutsche Strafrechtliche Landesreferate zum IX. Internationalen Kongreß für Rechtsvergleichung in Teheran 1974 (hrsg. von Jescheck), in: GA 1976, S. 190–191.

7. Rezension von: Hans-Heinrich Jescheck/Jürgen Meyer, Die Wiederaufnahme des Strafverfahrens im deutschen und ausländischen Recht, in: NJW 1977, S. 619.
8. Rezension von: Klaus Marxen, Der Kampf gegen das liberale Strafrecht, in: GA 1977, S. 88–90.
9. Rechtsphilosophische Artikel des „Großen Brockhaus" in 12 Bänden ab Buchstabe N, 1978 ff., bisher 16 Artikel mit 438 Spalten.
10. Diskussionsbeiträge zum Thema: Empfiehlt es sich, das Rechtsmittelsystem in Strafsachen, insbesondere durch Einführung eines Einheitsrechtsmittels, grundlegend zu ändern?, in: Sitzungsbericht L zum 52. Deutschen Juristentag, München 1979, S. 64–68, 106–110, 131–132, 154–155, 184, 187–188, 211.
11. Rezension von: Gunther Arzt, Strafrecht Besonderer Teil LH 1, und Harro Otto, Grundkurs Strafrecht, Die einzelnen Delikte, in: NJW 1979, S. 1444.
12. Rechtsphilosophische Artikel der „Brockhaus-Enzyklopädie", 18. Aufl., ab Bd. XXV, 1980, 25 Artikel mit 344 Spalten.
13. Rezension von: Hinrich Rüping, Theorie und Praxis des Strafverfahrens, in: NJW 1981, S. 385.
14. Urteilsanmerkung, in: NStZ 1981, S. 143–144.
15. Rezension von: Jürgen Meyer, Wiederaufnahmereform, in: ZRP 1981, S. 303–304.
16. Rezension von: Volker Krey, Studien zum Gesetzesvorbehalt im Strafrecht, in: NJW 1981, S. 2562.
17. Determinanten strafrichterlicher Entscheidungen: Probleme der Aktenkenntnis und der Strafzumessung, Forschungsbericht aus dem SFB 24 an der Universität Mannheim (gemeinsam mit Raimund Hassemer), 1981, im Manuskript 45 S.
18. Einige empirische Ergebnisse zum Unterschied zwischen der Herstellung und der Darstellung richterlicher Sanktionsentscheidungen, Forschungsbericht aus dem SFB 24 an der Universität Mannheim (gemeinsam mit Raimund Hassemer u. a.), 1982, im Manuskript 43 S.
19. Rezension von: Essays in Honour of Eduard Dreher on the Occasion of his 70th Birthday („Festschrift für Eduard Dreher zum 70. Geburtstag"), in: Modern Law and Society 1982, S. 115–117.
20. Experimentelle Untersuchungen zur Reform der Hauptverhandlung in Strafsachen (vollständige Fassung der oben unter II. 34 verzeichneten, gekürzten Publikation), Forschungsbericht aus dem SFB 24 an der Universität Mannheim (gemeinsam mit W. Geisler u. a.), 1983, im Manuskript 41 S.
21. Informationsverzerrung in der Hauptverhandlung des deutschen Strafverfahrens in Abhängigkeit von Vorinformationen, Forschungsbericht aus dem SFB 24 an der Universität Mannheim (gemeinsam mit W. Bandilla u. a.), 1983, im Manuskript 27 S.
22. Art und Gewicht der Bestimmungsgründe richterlicher Sanktionsentscheidungen bei Straftaten nach § 316 StGB, Forschungsbericht aus dem SFB 24 an der Universität Mannheim (gemeinsam mit W. Bandilla u. a.), 1983, im Manuskript 32 S.
23. Vor- und Nachteile des deutschen Strafverfahrens gegenüber dem anglo-amerikanischen Strafprozeß, Bericht über das Abschluß-Symposium des SFB 24 am 15./16. 9. 1983 (mit Beiträgen von S. Saito, B. Schünemann u. a.), in: Irle (Hrsg.), Sozialwissenschaftliche Entscheidungsforschung; Probleme, Resultate, Perspektiven, Mannheim 1984, S. 359–382.
24. Urteilsanmerkung, in: NStZ 1985, S. 72.
25. Rezension von: The Karlsruher Commentary on the Criminal Procedure Ordinance and the Law on the Constitution of the Courts („Karlsruher Kommentar zur Strafprozeßord-

nung und zum Gerichtsverfassungsgesetz"), in: Modern Law and Society 1985, S. 24–27.

26. Artikel „Straftaten nach dem Kriegswaffenkontrollgesetz", in: Krekeler/Tiedemann/Ulsen-heimer/Weinmann (Hrsg.), Handwörterbuch des Wirtschafts- und Steuerstrafrechts, 1985, 4 S.
27. Nochmals: Parteispenden-Symposium des Münchner Instituts für Strafverteidigung, in: NJW 1986, S. 1856.
28. Artikel „Fallrecht", in: Achterberg u. a. (Hrsg.), Ergänzbares Lexikon des Rechts, Neuwied, Loseblattausgabe 1985 ff., Abteilung 2/130; S. 1–4.
29. Rezension von: Christian Flämig, Steuerrecht als Dauerrecht. Zur Einordnung des steuergesetzlichen Parteienfinanzierungsrechts in den Regelungsbereich des § 2 StGB, in: NJW 1987, S. 1616.
30. Rezension von: Klaus Marxen, Rechtliche Grenzen der Amnestie, in: ZRP 1987, S. 407.
31. Artikel „Aufsichtspflicht in Betrieben", in: Krekeler/Tiedemann/Ulsenheimer/Weinmann (Hrsg.), Handwörterbuch des Wirtschafts- und Steuerstrafrechts, 1987, 5 S.
32. Artikel „Handeln für einen anderen", in: Krekeler/Tiedemann/Ulsenheimer/Weinmann (Hrsg.), Handwörterbuch des Wirtschafts- und Steuerstrafrechts, 1987, 4 S.
33. Rezension von: Gerd Pfeiffer, Grundzüge des Strafverfahrensrechts unter besonderer Berücksichtigung der Rechtsprechung des BVerfG und des BGH, München 1987, in: NJW 1988, S. 43.
34. Artikel „Begünstigung", in: Achterberg u. a. (Hrsg.), Ergänzbares Lexikon des Rechts, Neuwied, Loseblattausgabe 1985 ff., Stand: März 2007; Abteilung 8/190, 3 S.
35. Artikel „Baugefährdung", in: Achterberg u. a. (Hrsg.), Ergänzbares Lexikon des Rechts, Neuwied, Loseblattausgabe 1985 ff., Stand: März 2007; Abteilung 8/170, 3 S. (78).
36. Mannheimer Symposium „Die Rechtsprobleme von AIDS", NJW 1988, S. 752 f.
37. Artikel „Unterlassungsdelikte", in: Achterberg u. a. (Hrsg.), Ergänzbares Lexikon des Rechts, Neuwied Loseblattausgabe 1985 ff., Stand: März 2007, Abteilung 8/1740, 4 S.
38. Drei Studien zur normativen Kraft des Faktischen (gem. mit Ilse Schünemann), in: Müller-Dietz (Hrsg.), Festschrift – oder nicht?, 1989, S. 51–67.
39. Diskussionsbeiträge zum Thema: Absprachen im Strafverfahren? Grundlagen, Gegenstände und Grenzen, in: Sitzungsbericht L zum 58. Deutschen Juristentag, Bd. II, München 1990, S. 94–102, 127–129, 171–177.
40. Rechtsphilosophische Artikel der „Brockhaus-Enzyklopädie", 19. Aufl. 1986 ff., bisher bis Band 20.
41. Stellungnahmen vor der Enquete-Kommission des 11. Deutschen Bundestages „Gefahren von AIDS und wirksame Wege zu ihrer Eindämmung" zu den Anhörungen „AIDS und Recht", Teilbereiche „Steuernde Wirkung des Rechts auf Verhalten und Gesellschaft" sowie „Strafrecht und Strafprozeßrecht", ferner „Einführung einer Schweigepflicht und eines Zeugnisverweigerungsrechts", am 10./11. 1. 1989 und 15. 6. 1989, in: Nr. 367, 368 und 493 der Kommissions-Arbeitsunterlagen, 50 S.
42. Stellungnahme zum Entwurf eines Gesetzes zur Entlastung der Rechtspflege, in: Deutscher Bundestag, 12. Wahlperiode 1990, Sten. Prot. der 38. Sitzung des Rechtsausschusses v. 29. 4. 1992, Anl. 1 S. 202–224.
43. Stellungnahme zum Entwurf eines 2. Gesetzes zur Bekämpfung der Umweltkriminalität, in: Deutscher Bundestag, 12. Wahlperiode 1990, Sten. Prot. der Sitzung des Rechtsausschusses v. 7. 10. 1992, Anl. 2 (52 Seiten).
44. Begrüßungsansprache des Dekans der Juristischen Fakultät der Ludwig-Maximilians-Universität München auf dem europäischen Forum junger Rechtshistorikerinnen und Rechts-

historiker in München am 22. Juli 1998, in: Thier/Pfeifer/Grzimek (Hrsg.), Kontinuitäten und Zäsuren in der Europäischen Rechtsgeschichte, Berlin, New York 1999, S. 14–16.

45. Claus Roxin zum 70. Geburtstag, in: NJW 2001, 1476–1477.
46. Vom qualifiziert faktischen GmbH-Konzern zum Schutz der abhängigen GmbH durch das Vermögensstrafrecht, in Lindenmaier-Möhring, Nachschlagewerk des Bundesgerichtshofs – Entscheidungen in Zivilsachen, LM H. 5/2002 § 309 AktG 1965 Nr. 1, Bl. 901–904.
47. Begrüßungsansprache, in: Bernd Schünemann (Hrsg.), Claus Roxin, Person – Werk – Epoche, Herbolzheim 2003, S. 1–5.
48. Überreichung der Festschrift, in: Bernd Schünemann (Hrsg.), Claus Roxin, Person – Werk – Epoche, Herbolzheim 2003, S. 71–73.
49. Nachwort, zu: Emil LeFant (Pseud.), Kafka Wiedergänger, 2004, S. 91–96.
50. Geleitwort zu: Markus D. Dubber, Einführung in das US-amerikanische Strafrecht, 2005, VII–VIII.
51. Vorwort zu: Sodovsuren Narangerel, Einführung in das mongolische Recht, Berlin 2005 (ISBN 3-8305-1018-7).
52. Schuld und Missbrauch – Die strafrechtlichen Aspekte der Oper (scil. „Der Kobold" von Siegfried Wagner), in: Stadttheater Fürth, Spielzeit 2005/2006, Programmheft „Der Kobold", S. 25–27.
53. Europäisierung des Verkehrsstrafrechts, in: Juristische Zentrale des ADAC (Hrsg.), ADAC-Rechtskonferenz „Bußgelder in Europa – Vollstreckung ohne Grenzen?", Berlin 2007, S. 81–92.
54. Spät kommt ihr, doch ihr kommt – Glosse eines Strafrechtlers zur Lissabonentscheidung des BVerfG, ZIS 2009, S. 393–396.
55. Ein Federstrich des Gesetzgebers – und die StPO wird zur Makulatur, in: NJW 2009, Editorial zu Heft 36 der NJW 2009.
56. Scherbenhaufen im BGH?, in: StV 2012, Editorial des Hefts 3.
57. Nachruf auf Hans Joachim Hirsch, ZStW 124 (2012), 1–11.
58. Rezension von: Pływaczewski, Aktuelle Probleme des Strafrechts und der Kriminologie in retrospektiver und zeitgenössischer Sicht, Bd. 6, Warschau 2014, in: ZIS 2015, 563–566.
59. Der Fall Shakespeare und ein durchschnittlicher deutscher Strafprozess, in: Neue Shake-Speare Gesellschaft (Hrsg.), Spektrum Shake-speare Band 6 (2017), S. 59–79 (ISBN 978-3-943731-24-8).
60. Karl May: Ein beispielhafter Fall, Claus Roxin und die sozialliberale Reformära, in: Zeilinger/Schleburg (Hrsg.), Abenteuer zwischen Wirtschaftswunder und Rebellion – Karl May in den 60er Jahren, 2017, S. 191–204 (ISBN 978-3-941629-19-6).
61. Nachwort zu: Thomas Middelhoff, A 115 – Der Sturz, 2017, S. 292–316 (ISBN 978-3-7844-3425-4).

V. Ausländische Publikationen

1. Die Funktion des Schuldbegriffs in einem modernen Präventionsstrafrecht, in: Seikei Hogaku (The Journal of Legal, Political and Social Sciences) 1983, S. 76–90; ins Japanische übersetzt von S. Saito, in: Keisatsu Kenkyu-Forschungszeitschrift der Polizei, Bd. 54 (1983), S. 42–59.

2. Die Gesetzesinterpretation im Schnittfeld von Sprachphilosophie, Staatsverfassung und juristischer Methodenlehre, in: Festschrift für Ulrich Klug, Köln 1983, S. 169–186; ins Japanische übersetzt von Y. Masuda, in: Horitsu Ronso (The Meiji Law Review), 1985 (Vol. 57), S. 115–142; auch in: Memoria del X. Congreso Mundial Ordinario de Filosofia del Derecho y Filosofia Social, Volumen X, Mexiko 1984, S. 421–430.
3. Die Unterlassungsdelikte und die strafrechtliche Verantwortlichkeit für Unterlassungen (englische Fasssung), in: Revue Internationale de Droit Penal 1984, Vol. 55, S. 879–898.
4. Las reglas de la técnica en derecho penal, Revista del Colegio de Abogados Penalistas del Valle (Kolumbien), Vol. XVII 1985, S. 13–51.
5. The Future of the Victimological Approach to the Interpretation of Criminal Law: The Use of Victimological Considerations as a Comprehensive, Regulative Principle for Limiting the Scope of Certain Crimes, in: K. Miyazawa und M. Ohya (ed.), Victimology in Comparative Perspective. Papers given at the „Fourth International Symposium on Victimology" 1982 in Tokyo – Kyoto, Tokyo 1986, S. 150–159.
6. La disciplina penale della captazione abusiva di finanziamenti nella Republica Federale Tedesca, in: Mazzamuto, Salvatore (Hrsg.), Il finanziamento agevolato delle imprese, 1987, S. 739–747.
7. Alternativ kontrol af okonomisk kriminalität, Nordisk Tidsskrift for Kriminalvidenskab, 75. Jg. (1988), S. 241–296.
8. Cuestiones básicas de dogmática jurídico-penal y de política criminal acerca de la criminalidad de empresa, in: Anuario de Derecho Penal y Ciencias Penales, 1988, S. 529–558.
9. Die Entwicklung der Schuldlehre in der Bundesrepublik Deutschland. Ins Italienische übersetzt von Vincenzo Militello, in: RIVISTA ITALIANA DI DIRITTO E PROCEDURA PENALE, Fasc. 1 – Gennaio – Marzo 1990, S. 3–35.
10. Grundfragen des modernen Strafrechtssystems (mit Beiträgen von Hans Achenbach u. a.), Berlin-New York 1984, 219 S.; ins Japanische übersetzt von Kazushige Asada u. a. 1990, 272 S.; ins Spanische übersetzt von Jesus M. Silva-Sanchez, 1991, 198 S.
11. Einführung in das strafrechtliche Systemdenken, in: B. Schünemann (Hrsg.), Grundfragen des modernen Strafrechtssystems, S. 1–68, ins Spanische übersetzt von Silva Sánchez, Introducción al razonamiento sistemático en Derecho Penal, in: El sistema moderno del Derecho penal: Cuestiones fundamentales (comp. Bernd Schünemann), Madrid, 1991, S. 31–80. Ins Chinesische übersetzt von Yü-hsiu Hsü, in: Wochenblatt des Justizministeriums, Vol. 1560–1582 (1992).
12. Die Funktion des Schuldprinzips im Präventionsstrafrecht, in: B. Schünemann (Hrsg.), Grundfragen des modernen Strafrechtssystems, S. 153–195, ins Spanische übersetzt von Silva Sánchez, La función del principio de culpabilidad en el Derecho penal preventivo, in: El sistema moderno del Derecho penal: Cuestiones fundamentales (comp. Bernd Schünemann), Madrid, 1991, S. 147–178.
13. Ist eine direkte strafrechtliche Haftung von Wirtschaftsunternehmen zulässig und erforderlich?, in: International Conference on Environmental Criminal Law, Taipei 1992, S. 433–471; zusammenfassend ins Chinesische übersetzt von Jehn-Rong Tsai, in: a. a. O. S. 479–490.
14. Koreferat zum Referat „Die Typisierung umweltschädlichen Verhaltens im internationalen Vergleich – Kausalitäts- und spezifische Zurechnungsprobleme" von Dr. Günther Heine, in: International Conference on Environmental Criminal Law, Taipei 1992, S. 395–407; ins Chinesische übersetzt von Kun-Shan Cheng, in: a. a. O. S. 427–432.
15. Problemas penales de la transmisión y prevención del SIDA desde la perspectiva alemana, en: I Jornadas sobre Derechos de los pacientes, INSALUD, Madrid, 1992, S. 27–113.

16. Problemas jurídico-penales relacionados con el SIDA, in: Santiago Mir Puig (Hrsg.), Problemas juridico penales del SIDA, Barcelona 1993, S. 25–99, auch in: Temas actuales y permanentes del Derecho penal después del milenio, Madrid, 2002, pp. 224–287.
17. La responsabilidad del profesional: nuevas necesidades – Shortcomings of the classic concept of criminal liability for negligence in the contemporary society: new tendencies and prospects, in: Carlos Maria Romeo Casabona (Hrsg.), Responsabilidad penal y responsabilidad civil de los proesionales, La Laguna 1993, S. 49–66.
18. Omisión e imputación objetiva en Derecho Penal (gemeinsam hrsg. mit Enrique Gimbernat u. Jürgen Wolter), Madrid 1994, 124 S.
19. Zum gegenwärtigen Stand der Dogmatik der Unterlassungsdelikte in Deutschland, in spanischer Übersetzung: Sobre el estado actual de la dogmática de los delitos de omisión en Alemania, in: Enrique Gimbernat/Bernd Schünemann/Jürgen Wolter (Hrsg.), Omision e imputación objetiva en Derecho Penal, Madrid 1994, S. 11–24, auch in: Revista del Poder Judicial 1998, S. 201–222; ins Chinesische übersetzt von Jyh-Huei Chen, in: The Military Law Journal (Taiwanesische Zeitschrift für Militärrecht), Vol. 49, Heft 5 (2003), S. 1–13; Vol. 49, Heft 6 (2003), S. 1–19.
20. Die Objektivierung von Vorsatz und Schuld im Strafrecht, in: Chenghi Law Review Vol. 50 (1994), S. 259–282, Diskussion S. 283–299; ins Chinesische übersetzt von Kun-Shan Cheng und Yü-Hsiu Hsü, in: a. a. O. S. 39–56, Diskussion S. 57–68.
21. Tracte especial per als infectats de SIDA que complelxen condemna I els problemes de les atenuacions de regim penitenciari, el regim obert, vacances, etc., in: IURIS – Quaderns de politica juridica 1994, S. 87–105.
22. Die Strafbarkeit der juristischen Person aus deutscher und europäischer Sicht (in spanischer Übersetzung: La punibilidad de la persona jurídica desde la perspectiva alemana y europea), in: Hacia un derecho penal economico europeo, Boletin Oficial del Estado, Madrid 1995, S. 565–600.
23. Bausteine des europäischen Strafrechts. Coimbra-Symposium für Claus Roxin (gemeinsam hrsg. mit Jorge de Figueiredo Dias), Köln, Berlin, Bonn, München 1995, 387 S., ins Spanische übersetzt: Fundamentos de un sistema europeo del Derecho penal Libro-Homenaje a Claus Roxin con ocasión de su doctorado honoris causa por la Universidad de Coimbra, Silva Sánchez (ed. española), Schünemann/Figueiredo Dias (coords.), Barcelona, 1995.
24. Die Funktion der Abgrenzung von Unrecht und Schuld (in spanischer Übersetzung), in: Fundamentos de un sistema europeo del derecho penal, Barcelona 1995, S. 205–245.
25. Consideraciones criticas sobre la situación espiritual de la cienca juridico-penal alemana, Bogota 1996, 62 S.
26. Principles of Criminal Legislation in Postmodern Society: The Case of Environmental Law, in: Buffalo Criminal Law Review, Vol. 1, 1997, No. 1, S. 175–194.
27. Sobre la critica a la teoria de la prevencion general positiva, in: Jesús-María Silva Sánchez (Hrsg.), Política criminal y nuevo Derecho penal (Libro Homenaje a Claus Roxin), Barcelona 1997, S. 89–100.
28. Vorsatz und Irrtum im Strafrecht (in japanischer Übersetzung von Mitsuhide Yamamoto und Kazuyoshi Nozaki), in: Revue de droit compare/Comparative Law Review, Vol. XXXI No. 4, 1998, S. 29–46.
29. Zum Schutz von Ehe und Familie durch das Strafrecht und vor dem Strafrecht, in Japan erschienen in: Comparative Law and Culture 1998, S. 19–51.
30. Die objektive Zurechnung im Strafrecht (in japanischer Sprache), in: Keiho Zashi (Die Zeitschrift für das Strafrecht) Bd. 37 (1998), S. 285–307.

31. Die fundamentale Bedeutung des Umweltstrafrechts in der postmodernen Gesellschaft (in japanischer Sprache), in: Nomos 1998, S. 309–326.
32. Rechtsphilosophische und strafrechtsdogmatische Probleme der Bestrafung staatlichen Unrechts („Regierungskriminalität"), in: The Tohoku Gakuin University Review – Law and Political Science, 1999, S. 147–180 (in japanischer Sprache).
33. Symposium Victims and the Criminal Law: American and German Perspectives, Buffalo Criminal Law Review, Vol. 3, 1999 (gemeinsam hrsg. mit Dubber), Buffalo 1999.
34. La posición de la policía en el proceso penal, in: Revista de Politica Criminal y Ciencias Penales, Mexico 1999, Numero especial 1, S. 243–260.
35. The Role of the Victim within the Criminal Justice System: A Three-Tiered Concept, in: Buffalo Criminal Law Review, Vol. 3, 1999: Dubber/Schünemann (Hrsg.), Symposium Victims and the Criminal Law: American and German Perspectives, S. 33–49.
36. La Culpabilidad: Estado de la cuestión, in: Silva Sánchez (Hrsg.), Sobre el estado de la teoría del delito (Seminario en la Universidad Pompeu Fabra), Madrid 2000, S. 91–128.
37. Las prescripciones sobre la autoría en la ley boliviana sobre la base de las modificaciones al codigo penal del 10 de marzo de 1997 y los problemas fundamentales del derecho penal de empresas económicas, in: Alfonso Gómez Méndez (Hrsg.), Sentido y contenidos del sistema penal en la globalización, Santa Fe de Bogotá 2000, S. 285–300 (ISBN 958-8087-46-5); auch in: Revista Electrónica de Derecho Penal, Peru, Num. 14, Nov. 2000.
38. La relación entre ontologismo y normativismo en la dogmática jurídico-penal, in: Universidad Nacional de Educación a Distancia (ed.), Modernas Tendencias en la Ciencia del Derecho Penal y en la Criminología, Madrid 2000, S. 643–664; auch in: Jakobs/Schünemann/Moreno/Zaffaroni, Moreno Hernández (coord.), Fundamentos de la dogmática penal y de la política criminal (ontologismo y normativismo), Mexiko 2002, S. 35–62.
39. Über die Rolle des Opfers im Strafrechtssystem (ins Chinesische übersetzt von Wang Xiumei), in: Gao Miming-Xuan und Zhao Bin-Zhi (Hrsg.), 21Shiji Xingfaxue Xinwenti Yantao (Zu den neuen Problemen der Strafrechtswissenschaft im 21. Jahrhundert), Peking 2001, S. 18–32.
40. Legal Education in 21st Century China, in: China Legal Education Striving for the World – Collection of Articles, Renmin University 2001, S. 276–279.
41. The Role of the Victim within the Criminal Justice System – New Prospects of the 21st Century, in: China Legal Education Striving for the World – Collection of Articles, Renmin University 2001, S. 531–537 (in chinesischer Sprache).
42. Shortcomings of the Classic Concept of Criminal Liability for Negligence in the Contemporary Society: New Tendencies and Prospects, in: China Legal Education Striving for the World – Collection of Articles, Renmin University 2001, S. 1036–1046.
43. The EU-CHINA Legal Education Systems and Their Scientific Research Systems, in: China Legal Education Striving for the World – Collection of Articles, Renmin University 2001, S. 1033.
44. Temas actuales y permanentes del Derecho penal después milenio, Madrid 2002, 305 S.
45. Ofrece la reforma del Derecho penal económico alemán un modelo o un escarmiento? (dt.: Bietet die Reform des deutschen Wirtschaftsstrafrechts ein Vorbild oder ein abschreckendes Beispiel?), in: Jornadas sobre la „Reforma del Derecho Penal en Alemania", editado por el Consejo General del Poder Judicial, Madrid 1992, S. 31–47, auch in: Temas actuales y permanentes del Derecho penal después del milenio, Madrid, 2002, S. 185–202.
46. Crisis del procedimiento penal? – Marcha triunfal del procedimiento penal americano en el mundo? (dt.: Krise des Strafprozesses? – Siegeszug des amerikanischen Strafverfah-

rens in der Welt?), in: Jornadas sobre la „Reforma del Derecho Penal en Alemania“, editado por el Consejo General del Poder Judicial, Madrid 1992, S. 49–58; auch in: Cuadernos de Doctrina y Jurisprudencia Penal, Año IV, Num. 8 A, ed. AD-HOC, Buenos Aires, 1998, S. 417–431; ferner in: Revista de Derecho Penal, Num. 11, Juni 2000, Montevideo, S. 111–118; und in: Temas actuales y permanentes del Derecho penal después del milenio, Madrid, 2002, S. 288–302. Ins Chinesische übersetzt von Yü-hsiu Hsü, in: Criminal Law Journal (Taiwanesische Zeitschrift für die gesamte Strafrechtswissenschaft), Vol. 36 (1992), Heft 3, S. 62–78.

47. Las reglas de la técnica en derecho penal, in: Revista del colegio de abogados penalistas de valle, Vol. XVII, Kolumbien 1985, S. 13–51, auch in: Anuario de Derecho Penal y Ciencias Penales, 1994; und in: Temas actuales y permanentes del Derecho penal después del milenio, Madrid, 2002, S. 153–184.
48. Zur Dogmatik und Kriminalpolitik des Umweltstrafrechts (in spanischer Übersetzung), in: Cuadernos de Doctrina y Jurisprudencia Penal, Ano 5, Numero 9, S. 627–653; auch in: Libro Homenaje a Troconis, Venezuela; ferner in: Temas actuales y permanentes del Derecho penal después del milenio, Madrid, 2002, S. 203–223.
49. Vom Unterschichts- zum Oberschichtsstrafrecht. Ein Paradigmawechsel im moralischen Anspruch? ins Chinesische übersetzt von Jyh-Huei Chen, in: Festschrift für Fu-Tzeng Hung zum 85. Geburtstag, Taipei 1999, S. 1–32. Ins Spanische übersetzt von Lourdes Baza: Del Derecho penal de la clase baja al Derecho penal de la clase alta – ¿Un cambio de paradigma como exigencia moral?, in: Temas actuales y permanentes después del milenio, Madrid, 2002, S. 49–69.
50. Über die objektive Zurechnung, in Argentinien erschienen: Consideraciones sobre la imputacion objetiva, in: Teorías actuales en el Derecho penal, Buenos Aires, 1998, S. 219–248; auch in: Revista de Política Criminal y Ciencias Penales, México 1999, Número especial 1, S. 33–51; ferner in: Temas actuales y permanentes del Derecho penal después del milenio, Madrid, 2002, S. 70–96, ins Chinesische übersetzt von Jyh-Huei Chen, in: Criminal Law Journal (Taiwanesische Zeitschrift für die gesamte Strafrechtswissenschaft), Vol. 42, Heft 6 (1998), S. 81–117.
51. El refinamiento de la dogmática jurídico-penal ¿Callejón sin salida en europa? Brillo y miseria de la ciencia jurídico-penal alemana, Übersetzung ins Spanische von Lourdes Baza, in: Temas actuales y permanentes después del milenio, Madrid, 2002, S. 11–23.
52. Willensfreiheit und Schuld im Strafrecht, traducido al castellano por Lourdes Baza, Libertad de voluntad y culpabilidad en Derecho penal, Übersetzung ins Spanische von Lourdes Baza, in: Temas actuales y permanentes después del milenio, Madrid, 2002, 24–48.
53. Concepto de dolo en la nueva dogmática del derecho penal, in: Revista de Politica Criminal y Ciencias Penales, Mexico 1999, Numero especial 1, S. 65–75; auch in: Temas actuales y permanentes del Derecho penal después del milenio, Madrid, 2002, S. 97–111.
54. Nuevas tendencias en el concepto juridico penal de culpabilidad, in: Revista de Politica Criminal y Ciencias Penales, Mexico 1999, Numero especial 1, S. 93–107; auch in: Temas actuales y permanentes del Derecho penal después del milenio, Madrid, 2002, S. 112–128.
55. Strafrechtliche Verantwortlichkeit der Unternehmensleitung im Bereich von Umweltschutz und technischer Sicherheit, in: Breuer/Kloepfer/Marburger/Schröder (comps.), Umweltschutz und technische Sicherheit im Unternehmen, Heidelberg, 1994, pp. 137–177, ins Spanische übersetzt von Lourdes Baza, Los fundamentos de la responsabilidad penal de los órganos de dirección de las empresas, in: Temas actuales y permanentes del Derecho penal después del milenio, Madrid, 2002, S. 129–152.

56. Zum gegenwärtigen Stand der Lehre von der Strafrechtsschuld, in: Festschrift für Seiji Saito, s. Nr. III 138.
57. Die neue Entwicklung der Schuldlehre in Deutschland, in: Seoul Law Journal, Vol. XXXXIII, No. 1, 2002, S. 465–486 (in koreanischer Sprache).
58. Schwangerschaftsabbruch, in: Journal of Criminal Law, Vol. 17 (2002), S. 279–299 (in koreanischer Sprache).
59. La relación entre ontologismo y normativismo en la dogmática juridico-penal, in: Jakobs/Schünemann/Moreno/Zaffaroni (Hrsg.), Fundamentos de la dogmática penal y de la política criminal (Ontologismo y Normativismo), Mexico 2002, S. 35–62 (ISBN 968-5456-02-X) (in spanischer Sprache).
60. La relación entre ontologismo y normativismo en la dogmática juridico-penal, in: Revista Brasileira de Ciéncias criminais, ano 11, no. 44, Sao Paolo 2003, S. 11–33 (in portugiesischer Sprache).
61. Sistema del Derecho penal y victimodogmática, in: Diez Ripollés/Romeo Casabona/Gracia Martín/Higuera Guimerá (Hrsg.), La Ciencia del Derecho penal ante el nuevo siglo, Libro Homenaje al Profesor Cerezo Mir, Madrid, 2002, S. 159–172. Erweiterte Fassung: Das System des strafrechtlichen Unrechts: Rechtsgutsbegriff und Viktimodogmatik als Brücke zwischen dem System des Allgemeinen Teils und dem Besonderen Teil, Tiedemann/Schünemann (Hrsg.), Strafrechtssystem und Betrug, 2002, S. 51–87, ins Spanische übersetzt von Mariana Sacher: El sistema del ilícito jurídico-penal: concepto de bien jurídico y victimodogmática como enlace entre el sistema de la Parte general y la Parte especial, en: Moreno Hernández (coord.). Problemas capitales del moderno Derecho penal a principios del Siglo XXI, Mexiko, 2003, S. 87 ff.; Debatte: S. 261–267, 281–283.
62. Das System des strafrechtlichen Unrechts: Rechtsgutsbegriff und Viktimodogmatik als Brücke zwischen dem System des Allgemeinen Teils und dem Besonderen Teil (englischer Titel: The System of Criminal Wrong: The Concept of Protected Legal Interests as a Bridge Between the General Principles of Criminal Law and Specific Offenses), in: Yu-hsiu Hsu (Hrsg.), Foundations and Limits of Criminal Law and Criminal Procedure – An anthology in Memory of Professor Fu-Tseng Hung – (in chinesischer Sprache), Taipei 2003, S. 123–164.
63. Das Recht im Prozeß der Globalisierung: Das Problem der Instrumentalisierung des Strafrechts am Beispiel der internationalen Strafgerichtshöfe und der internationalen Verträge über Drogen und Korruption, Vortrag auf dem 3. Internationalen Strafrechtskongreß in Mexiko über „Dogmatische und kriminalpolitische Implikationen der Globalisierung und der Internationalisierung des Strafrechts" im April 2002, publiziert im Tagungsband, Mexiko 2003 (32 S.).
64. Das Menschenbild des Grundgesetzes in der Falle der Postmoderne – Gedanken im Gedenken an Arthur Kaufmann, in: Shing-I Liu (Hrsg.), Value Pluralism, Tolerance and Law, Taipei 2003, S. 35–78 (in dt. u. chinesischer Sprache).
65. Kommentar zur Strafprozeßordnung der Mongolei vom 10. Januar 2002, in: Ts. Sarantuya (Hrsg.), Die neue mongolische Strafprozessordnung, Ulan Bator 2003, 44 S. .
66. La significación del principio penal de culpabilidad en la época de la globalización, in: Universidad Externado de Colombia (Hrsg.), XXV Jornadas Internacionales de Derecho Penal, Colombia 2003, S. 215–243 (ISBN 958-616-766-6).
67. La teoría de la protección del bien jurídico como base del derecho penal en la época de la globalización, in: Universidad Externado de Colombia (Hrsg.), XXV Jornadas Internacionales de Derecho Penal, Colombia 2003, S. 245–267 (ISBN 958-616-766-6).

68. Nuevas tendencias internationales en la responsabilidad penal de personas jurídicas y empresas, in: Universidad Externado de Colombia (Hrsg.), XXV Jornadas Internacionales de Derecho Penal, Colombia 2003, S. 269–306 (ISBN 958-616-766-6).
69. Sobre la regulación de omisión impropria en los eurodelitos, in: Tiedemann, Klaus (Hrsg.), Eurodelitos. El derecho penal económico en la unión europea, Cuenca 2003, S. 35–38.
70. Das Strafrecht im Zeichen der Globalisierung, GA 2003, Übersetzung ins Spanische: El Derecho en la globalización económica: imperialismo del líder y colonización de los órdenes jurídicos ¿instrumentalización del Derecho penal? – Un análisis a partir del ejemplo de los tribunales penales internacionales y de las convenciones internacionales sobre drogas y corrupción, in: Moreno Hernández (coord.), Globalización e internacionalización del Derecho penal, México 2003, S. 115–126 (ISBN 968-5456-03-8).
71. Vorwort (Presentación), in: Gracia Martín, Prolegómenos para la lucha por la modernización y expansión del Derecho penal y para la crítica del discurso de resistencia, Valencia, 2003, S. 13–20 (ISBN 84-8442-776-5) (in spanischer Sprache).
72. Prólogo, in: Hörnle, Determinacion de la pena y culpabilidad, Buenos Aires 2003, S. 15–20 (ISBN 987-9382-29-3) (in spanischer Sprache).
73. El sistema del ilícito jurídico-penal: concepto de bien jurídico y victimodogmática como enlace entre el sistema de la parte general y de la parte especial, in: Moisés Moreno Hernández (Hrsg.), Problemas capitales del moderno derecho penal a principios del siglo XXI, Mexico 2003, S. 87–113 (ISBN 968-5464-05-4) (in spanischer Sprache).
74. Debate: Existe o no la posibilidad de vincular ontologismo y normativismo como bases de la política criminal y la dogmática penal?, in: Moisés Moreno Hernández (Hrsg.), Problemas capitales del moderno derecho penal a principios del siglo XXI, Mexico 2003, S. 281–283 (ISBN 968-5464-05-4) (in spanischer Sprache).
75. Debate en torno a la conferencia: La idea de la normativización en la dogmática jurídico penal del Günther Jakobs, in: Moisés Moreno Hernández (Hrsg.), Problemas capitales del moderno derecho penal a principios del siglo XXI, Mexico 2003, S. 261–267 (ISBN 968-5464-05-4) (in spanischer Sprache).
76. Ugolovnoje zakonodatelstvo v postmodernistskom obschestwje, prinzipy, kasajuschiesja ekologitscheskogo prawa (na primere FRG i SSCHA), in: Umweltrecht 2003, S. 48–54.
77. Some Comments on Parts II and IV of the Model Penal Code from a German Perspective: Fundamentals of the Statutory Regulation of Correctional Practice in Germany, in: Buffalo Criminal Law Review Vol. 7 (2003), S. 233–246.
78. The System of Criminal Wrongs: The Concept of Legal Goods and Victim-based Jurisprudence as a Bridge between the General and Special Parts of the Criminal Code, in: Buffalo Criminal Law Review Vol. 7 (2003), S. 551–582.
79. Delincuencia empresarial: Cuestiones dogmaticas y de politica criminal, Buenos Aires 2004, 125 S. (ISBN 987-9382-36-6).
80. Prevención de riesgos laborales, in: Mir Puig (Hrsg.), Nuevas Tendencias de la Politica Criminal en Europa, Barcelona 2004, S. 253–269 (in spanischer Sprache).
81. Responsabilidad penal en el marco de la empresa – dificultades relativas a la individualización de la imputación (Strafrechtliche Verantwortung im Rahmen von Wirtschaftsunternehmen – Schwierigkeiten bei der Individualisierung der Zurechnung), in: Ministerio de Justicia/Ministerio de la Presidencia (Hrsg.), Anuario de derecho penal y ciencias penales, Tomo LV MMII, Madrid 2004, S. 9–38 (in spanischer Sprache).
82. Administración desleal de presupuestos como problema dogmático, in: Jacobo López Barja de Quiroga y José Miguel Zugaldía Espinar (Coordinatores), Dogmática y ley penal – Libro homenaje a Enrique Bacigalupo, Tomo II, Madrid, Barcelona 2004, S. 1227–1237.

83. Die Herrschaft über den Grund des Erfolges als gemeinsame sachlogische Grundlage aller Täterschaftsformen, ins Spanische übersetzt von Mariana Sacher, El dominio sobre el fundamento del resultado: base lógico-objetiva común para todas las formas de autoría, in: Derecho penal y criminología, Revista del Instituto de Ciencias Penales y Criminológicas, Universidad Externado de Colombia, Vol. XXV, Nr. 75, Januar/Juni 2004, S. 13–25.
84. Die stürmische Entwicklung der mittelbaren Täterschaft, ins Spanische übersetzt von María Carolina Palma Vargas, El tempestuoso desarrollo de la figura de la autoría mediata, in: Derecho penal y criminología, Revista del Instituto de Ciencias Penales y Criminológicas, Universidad Externado de Colombia, Vol. XXV, Nr. 75, Januar/Juni 2004, S. 27–42.
85. Europeizacja prawa karnego niebezpieczenstwem dla demokratycznego panstwa prawnego?, in Jurysta Nr. 7/8, 2004, S. 5–11 (ISSN 1230-7114).
86. The Sarbanes-Oxley Act of 2002: A German Perspective, in: Buffalo Criminal Law Review Vol. 8 (2004), S. 35–50 (ISSN 1093-3514).
87. Grundfragen der Struktur und Reform des Strafverfahrens – eine globale Perspektive, truducción al castellano de Mariana Sacher, Silvina Bagicalupo y Lourdes Baza, Cuestiones básicas de la estructura y reforma del procedimiento penal bajo una perspectiva global, en: Derecho Penal y Criminología, Revista del Instituto de Ciencias Penales y Criminología, Volumen XXV, Núm. 76, julio/diciembre 2004, Universidad Externado de Colombia, S. 175–197.
88. Claus Roxin, Person – Werk – Epoche, (in japanischer Übersetzung) 2005, 103 S. (ISBN 4-7972-3140-8).
89. Claus Roxin in seiner Epoche, in: Bernd Schünemann (Hrsg.), Claus Roxin, Person – Werk – Epoche, (in japanischer Übersetzung) 2005, S. 73–93 (ISBN 4-7972-3140-8).
90. Überreichung der Festschrift, in: Bernd Schünemann (Hrsg.), Claus Roxin, Person – Werk – Epoche, (in japanischer Übersetzung) 2005, S. 3–9 (ISBN 4-7972-3140-8).
91. El dominio sobre el fundamento del resultado: Base lógico-objetiva común para todas las formas de autoría incluyendo el actuar en lugar de otro, in: Rolando Alonso García/ Luis Díez-Picazo/Eduardo García de Enterría/Jesús González Pérez/Aurelio Menéndez/ Alfredo Motoya Melgar/Gonzalo Rodríguez Mourullo (Hrsg.), Homenaje al Profesor Dr. Gonzalo Rodríguez Mourullo, Cizur Menor (Navarra) 2005, S. 981–1005 (ISBN 84-470-2338-9).
92. Acerca de la relación entre norma y estado de cosas en la aplicación del derecho, entre premisa mayor y menor en el silogismo jurídico y entre cuestiones de derecho y de hecho en el proceso penal, in: Rivista de Derecho Penal y Procesal Penal 2005, S. 915–927 (ISBN 987-1178-86-7).
93. El Derecho en el proceso de la globalización económica, in: Moisés Moreno (coord.), Orientaciones de la política criminal legislativa, Mexiko 2005, S. 3–16 (ISBN 970-768-009-1).
94. La reforma del Proceso Penal, Madrid 2005, 112 S. (ISBN 84-9772-677-4).
95. Europejskie Sciganie Karne – Projekt Alternatywny, Poznan 2005, 71 S. (in polnischer Sprache) (ISBN 83-87688-59-2).
96. Lo permanente y lo transitorio del pensamiento de Welzel en la dogmática penal de principios del siglo XXI. Del descrubrimiento de Welzel del dominio social del hecho al desarrollo del „dominio sobre el fundamento del resultado“ como principio general de autoría. A su vez, un análisis de la teoría de las estructuras lógico-objetivas y de la relación entre ontologismo y normativismo, in: Hans Joachim Hirsch/José Cerezo Mir/ Edgardo Alberto Donna (Directores), Hans Welzel en el pensamiento penal de la modern-

idad – Homenaje en el centenario del nacimiento de Hans Welzel, Buenos Aires 2005, S. 251–272 (ISBN 950-727-662-9).

97. O direito penal é a ultima ratio da protecão de bens jurídicos ! – Sobre os limites invioláveis do direito penal em um Estado de Direito liberal, in: Revista Brasileira de Ciencias Criminais 2005, S. 9–77 (ISSN 1415-5400) (in portugiesischer Sprache).
98. Unternehmenskriminalität, in: International Association of Penal Law (AIDP), Taiwan Chapter (Hrsg.), Democracy, Human Rights, Justice. Essays in Honor of Professor Dr. Jyun-hsyong Su for His 70th Birthday, Taipei City 2005, S. 131–168 (in chinesischer Übersetzung von Hsueh, Chih-Jen, ebenda, S. 169–194) (ISBN 986-7279-30-1).
99. Del descubrimiento de Welzel del dominio social del hecho al desarrollo del „dominio sobre el fundamento del resultado" como principio general de la autoría. A su vez, un análisis de la estructura de la autoría mediate, de la teoría de las estructuras lógico-objetivas y de la relación entre ontologismo y normativismo, in: Moisés Moreno Hernández/Eberhard Struensee/José Cerezo Mir/Wolfgang Schöne (Coordinadores), Problemas capitals del moderno derecho penal, Libro homenaje a Hans Welzel con motivo de su 100 anversario, Méxio 2005, S. 231–256 (in spanischer Sprache) (ISBN 968-5456-07-0).
100. Unbestechlich und unbeirrbar im Dienst von Recht und Gerechtigkeit – Abhandlungen zur gesamten Strafrechtswissenschaft von Bernd Schünemann zu seinem 60. Geburtstag, Taipei 2004, herausgegeben von Yü-hsiu Hsü/Jyh-Huei (ISBN 986-80676-0-X) (in chinesischer Sprache).
101. Rechtsfreier Raum und eigenverantwortliche Entscheidung, in: Hassemer/Neumann/Schroth (Hrsg.), Verantwortetes Recht: Die Rechtsphilosophie Arthur Kaufmanns, Stuttgart 2005, S. 323–353 (in chinesischer Sprache (ISBN 978-957-11-6047-4).
102. Nulla poena sine lege?, in: Yü-hsiu Hsü/Jyh-Huei Chen (Hrsg.), Unbestechlich und unbeirrbar im Dienst von Recht und Gerechtigkeit – Abhandlungen zur gesamten Strafrechtswissenschaft von Bernd Schünemann zu seinem 60. Geburtstag, Taipei 2006, S. 1–37 (ISBN 986-80676-0-X) (in chinesischer Sprache).
103. Strafrechtssystem und Kriminalpolitik, in: Yü-hsiu Hsü/Jyh-Huei Chen (Hrsg.), Unbestechlich und unbeirrbar im Dienst von Recht und Gerechtigkeit – Abhandlungen zur gesamten Strafrechtswissenschaft von Bernd Schünemann zu seinem 60. Geburtstag, Taipei 2006, S. 39–64 (ISBN 986-80676-0-X) (in chinesischer Sprache).
104. Kritische Anmerkungen zur geistigen Situation der deutschen Strafrechtswissenschaft, in: Yü-hsiu Hsü/Jyh-Huei Chen (Hrsg.), Unbestechlich und unbeirrbar im Dienst von Recht und Gerechtigkeit – Abhandlungen zur gesamten Strafrechtswissenschaft von Bernd Schünemann zu seinem 60. Geburtstag, Taipei 2006, S. 65–78 (ISBN 986-80676-0-X) (in chinesischer Sprache).
105. Vom Unterschichts- zum Oberschichtsstrafrecht. Ein Paradigmawechsel im moralischen Anspruch?, in: Yü-hsiu Hsü/Jyh-Huei Chen (Hrsg.), Unbestechlich und unbeirrbar im Dienst von Recht und Gerechtigkeit – Abhandlungen zur gesamten Strafrechtswissenschaft von Bernd Schünemann zu seinem 60. Geburtstag, Taipei 2006, S. 79–104 (ISBN 986-80676-0-X) (in chinesischer Sprache).
106. Strafrechtsdogmatik als Wissenschaft, in: Yü-hsiu Hsü/Jyh-Huei Chen (Hrsg.), Unbestechlich und unbeirrbar im Dienst von Recht und Gerechtigkeit – Abhandlungen zur gesamten Strafrechtswissenschaft von Bernd Schünemann zu seinem 60. Geburtstag, Taipei 2006, S. 105–132 (ISBN 986-80676-0-X) (in chinesischer Sprache).
107. Die deutsche Strafrechtswissenschaft nach der Jahrtausendwende, in: Yü-hsiu Hsü/Jyh-Huei Chen (Hrsg.), Unbestechlich und unbeirrbar im Dienst von Recht und Gerechtigkeit – Abhandlungen zur gesamten Strafrechtswissenschaft von Bernd Schünemann zu seinem

60. Geburtstag, Taipei 2006, S. 133–159 (ISBN 986-80676-0-X) (in chinesischer Sprache).

108. Das Strafrecht im Zeichen der Globalisierung, in: Yü-hsiu Hsü/Jyh-Huei Chen (Hrsg.), Unbestechlich und unbeirrbar im Dienst von Recht und Gerechtigkeit – Abhandlungen zur gesamten Strafrechtswissenschaft von Bernd Schünemann zu seinem 60. Geburtstag, Taipei 2006, S. 161–178 (ISBN 986-80676-0-X) (in chinesischer Sprache).

109. Das System des strafrechtlichen Unrechts: Rechtsgutsbegriff und Viktimodogmatik als Brücke zwischen dem System des Allgemeinen Teils und dem Besonderen Teil, in: Yü-hsiu Hsü/Jyh-Huei Chen (Hrsg.), Unbestechlich und unbeirrbar im Dienst von Recht und Gerechtigkeit – Abhandlungen zur gesamten Strafrechtswissenschaft von Bernd Schünemann zu seinem 60. Geburtstag, Taipei 2006, S. 179–207 (ISBN 986-80676-0-X) (in chinesischer Sprache).

110. Das Rechtsgüterschutzprinzip als Fluchtpunkt der verfassungsrechtlichen Grenzen der Straftatbestände und ihrer Interpretation, in: Yü-hsiu Hsü/Jyh-Huei Chen (Hrsg.), Unbestechlich und unbeirrbar im Dienst von Recht und Gerechtigkeit – Abhandlungen zur gesamten Strafrechtswissenschaft von Bernd Schünemann zu seinem 60. Geburtstag, Taipei 2006, S. 209–232 (ISBN 986-80676-0-X) (in chinesischer Sprache).

111. Einführung in das strafrechtliche Systemdenken, in: Yü-hsiu Hsü/Jyh-Huei Chen (Hrsg.), Unbestechlich und unbeirrbar im Dienst von Recht und Gerechtigkeit – Abhandlungen zur gesamten Strafrechtswissenschaft von Bernd Schünemann zu seinem 60. Geburtstag, Taipei 2006, S. 233–291 (ISBN 986-80676-0-X) (in chinesischer Sprache).

112. Die deutschsprachige Strafrechtswissenschaft nach der Strafrechtsreform im Spiegel des Leipziger Kommentars und des Wiener Kommentars, in: Yü-hsiu Hsü/Jyh-Huei Chen (Hrsg.), Unbestechlich und unbeirrbar im Dienst von Recht und Gerechtigkeit – Abhandlungen zur gesamten Strafrechtswissenschaft von Bernd Schünemann zu seinem 60. Geburtstag, Taipei 2006, S. 293–336 (ISBN 986-80676-0-X) (in chinesischer Sprache).

113. Die Funktion der Abgrenzung von Unrecht und Schuld, in: Yü-hsiu Hsü/Jyh-Huei Chen (Hrsg.), Unbestechlich und unbeirrbar im Dienst von Recht und Gerechtigkeit – Abhandlungen zur gesamten Strafrechtswissenschaft von Bernd Schünemann zu seinem 60. Geburtstag, Taipei 2006, S. 337–379 (ISBN 986-80676-0-X) (in chinesischer Sprache).

114. Vom philologischen zum typologischen Vorsatzbegriff, in: Yü-hsiu Hsü/Jyh-Huei Chen (Hrsg.), Unbestechlich und unbeirrbar im Dienst von Recht und Gerechtigkeit – Abhandlungen zur gesamten Strafrechtswissenschaft von Bernd Schünemann zu seinem 60. Geburtstag, Taipei 2006, S. 383–399 (ISBN 986-80676-0-X) (in chinesischer Sprache).

115. Die Objektivierung von Vorsatz und Schuld im Strafrecht, in: Yü-hsiu Hsü/Jyh-Huei Chen (Hrsg.), Unbestechlich und unbeirrbar im Dienst von Recht und Gerechtigkeit – Abhandlungen zur gesamten Strafrechtswissenschaft von Bernd Schünemann zu seinem 60. Geburtstag, Taipei 2006, S. 401–440 (ISBN 986-80676-0-X) (in chinesischer Sprache).

116. Unzulänglichkeiten des Fahrlässigkeitsdelikts in der modernen Industriegesellschaf – Eine Bestandsaufnahme, in: Yü-hsiu Hsü/Jyh-Huei Chen (Hrsg.), Unbestechlich und unbeirrbar im Dienst von Recht und Gerechtigkeit – Abhandlungen zur gesamten Strafrechtswissenschaft von Bernd Schünemann zu seinem 60. Geburtstag, Taipei 2006, S. 441–467 (ISBN 986-80676-0-X) (in chinesischer Sprache).

117. Über die objektive Zurechnung, in: Yü-hsiu Hsü/Jyh-Huei Chen (Hrsg.), Unbestechlich und unbeirrbar im Dienst von Recht und Gerechtigkeit – Abhandlungen zur gesamten Strafrechtswissenschaft von Bernd Schünemann zu seinem 60. Geburtstag, Taipei 2006, S. 469–496 (ISBN 986-80676-0-X) (in chinesischer Sprache).

118. Zum gegenwärtigen Stand der Lehre von der Strafrechtsschuld, in: Yü-hsiu Hsü/Jyh-Huei Chen (Hrsg.), Unbestechlich und unbeirrbar im Dienst von Recht und Gerechtigkeit – Abhandlungen zur gesamten Strafrechtswissenschaft von Bernd Schünemann zu seinem 60. Geburtstag, Taipei 2006, S. 497–523 (ISBN 986-80676-0-X) (in chinesischer Sprache).
119. Die Funktion des Schuldprinzips im Präventionsstrafrecht, in: Yü-hsiu Hsü/Jyh-Huei Chen (Hrsg.), Unbestechlich und unbeirrbar im Dienst von Recht und Gerechtigkeit – Abhandlungen zur gesamten Strafrechtswissenschaft von Bernd Schünemann zu seinem 60. Geburtstag, Taipei 2006, S. 525–561 (ISBN 986-80676-0-X) (in chinesischer Sprache).
120. Zum gegenwärtigen Stand der Dogmatik der Unterlassungsdelikte in Deutschland, in: Yü-hsiu Hsü/Jyh-Huei Chen (Hrsg.), Unbestechlich und unbeirrbar im Dienst von Recht und Gerechtigkeit – Abhandlungen zur gesamten Strafrechtswissenschaft von Bernd Schünemann zu seinem 60. Geburtstag, Taipei 2006, S. 563–606 (ISBN 986-80676-0-X) (in chinesischer Sprache).
121. Die Akzeptanz von Normen und Sanktionen aus der Perspektive der Tatproportionalität, in: Yü-hsiu Hsü/Jyh-Huei Chen (Hrsg.), Unbestechlich und unbeirrbar im Dienst von Recht und Gerechtigkeit – Abhandlungen zur gesamten Strafrechtswissenschaft von Bernd Schünemann zu seinem 60. Geburtstag, Taipei 2006, S. 607–620 (ISBN 986-80676-0-X) (in chinesischer Sprache).
122. Tatsächliche Strafzumessung, gesetzliche Strafdrohungen und Gerechtigkeits- und Präventionserwartungen der Öffentlichkeit aus deutscher Sicht, in: Yü-hsiu Hsü/Jyh-Huei Chen (Hrsg.), Unbestechlich und unbeirrbar im Dienst von Recht und Gerechtigkeit – Abhandlungen zur gesamten Strafrechtswissenschaft von Bernd Schünemann zu seinem 60. Geburtstag, Taipei 2006, S. 621–630 (ISBN 986-80676-0-X) (in chinesischer Sprache).
123. Peligros para el estado de derecho a través de la europeización de la administración de justicia penal ?, in: Teresa Armenta Deu/Fernando Gascón Inchausti (coordinatores): El derecho procesal penal en la Unión Europea – Tendencias actuales y perspectivas de futuro, Madrid 2006, S. 19–36 (in spanischer Sprache) (ISBN 84-8342-007-4).
124. Cuestiones básicas del derecho penal en los umbrales del tercer milenio, Lima 2006, 358 S. (in spanischer Sprache) (ISBN 9972-2647-8-5).
125. La responsibilidad penal de las empresas y sus órganos directivos en la unión Europea, in: Miguel Bajo Fernández (Director)/Silvina Bacigalupo/Carlos Gómez-Jara Díez (Coordinadores), Constitución Europea y derecho penal económico, Madrid 2006, S. 141–157 (in spanischer Sprache) (ISBN 84-8004-763-1).
126. El papel de la víctima dentro del sistema de justicia criminal: un concepto de tres escalas, in: Bernd Schünemann/Peter-Alexis Albrecht/Cornelius Prittwitz/George Fletcher, La víctima en el sistema penal, Lima 2006, S. 18–37 (in spanischer Sprache) (ISBN 9972-04-086-0).
127. Derecho penal del enemigo?, in: Wolfgang Schöne (Coordinador), Estado de derecho y orden jurídico-penal, Asunción, Paraguay 2006, S. 135–151 37 (in spanischer Sprache) (ISBN 99925-931-1-3).
128. Europeizacja prawa karnego. Tendencje, problemy I alternatywy, in: Ruch Prawniczy, Ekonomiczny i socjologiczny, ROK LXVIII, zeszyt 3, 2006, S. 43–57.
129. Humanes Strafrecht, in: Hanns-Seidel-Stiftung, Projekt Mongolei (Hrsg.), Rechtsreform in der Mongolei im Laufe der Transformation, Ulaanbaatar 2006, S. 193–204.
130. A Programme for European Criminal Justice, in: Bernd Schünemann (ed.), A Programme for European Criminal Justice, Köln, Berlin, München 2006, S. 313–316 (ISBN 978-3-452-26583-8).

131. The Foundation of Trans-national Criminal Proceedings, in: Bernd Schünemann (ed.), A Programme for European Criminal Justice, Köln, Berlin, München 2006, S. 344–361 (ISBN 978-3-452-26583-8).
132. Verfassungsrechtliche Vorgaben für die Struktur des Strafverfahrens, Fudan Law Journal, 2006, S. 65–72 (in chinesischer Sprache).
133. Derecho penal del enemigo? Crítica a las insoportales tendencias erosivas en la realidad de la administración de justicia penal y de su insoportable desatención teórica, in: Cancio Meliá/Gómez-Jara Díez (Coordinadores), Derecho penal del enemigo, Madrid 2006, S. 963–984 (in spanischer Sprache) (ISBN 84-96261-28-X).
134. Constitutional Boundary of Construction of Criminal Procedure, in: Fudan Law Journal 2006, 65–72 (in chinesischer Sprache).
135. El derecho penal es la ultima ratio para la protección de bienes jurídicos!, Universidad Externado de Colombia (Hrsg.), Bogota 2007, 74 S. (in spanischer Sprache) (ISBN 958-710-186-7).
136. Aspectos punctuales de la dogmática jurídico-penal, Bogota 2007, 370 S. (in spanischer Sprache) (ISBN 978-958-8297-77-4).
137. Existen en un estado de derecho restricciones constitucionales para el derecho penal?, in: Javier Llobet Rodríguez (Coordinador), Justicia penal y estado de derecho, Homenaje a Francisco Castillo Gonzáles, San José 2007, S. 21–35 (in spanischer Sprache) (ISBN 978-9968-784-84-9).
138. Alternative-project For A European Criminal Law And Procedure, in: Criminal Law Forum 2007, S. 227–251, auch in: Bassiouni/Militello/Satzger (ed.), European Cooperation in Penal Matters – Isseus and Perspectives, Istituto Superiore Internazionale di Scienze Criminali, Atti e Documenti, Siracusa 2006, p. 119–135.
139. Un progetto alternative per l`Europeizzazione del diritto penale, in: Vincenzo Militello (Hrsg.), Un progetto alternative di giustizia penale Europea, Mailand 2007, S. 3–29 (in italienischer Sprache) (ISBN 88-14-13503-7).
140. Aporías de la teoría de la pena en la filosofía – pensamientos sobre Immanuel Kant, in: Pensamiento penal y criminológico, Revista de derecho penal integrado, Ano VII – No. 11, 2007, S. 257–273 (ISSN 1515-6892).
141. Implementacja europejskiego nakazu aresztowania w Polsce i Niemczech w porównaniu – szkic krytyczny z niemieckiego punktu widzenia, in: Szwarc/Joerden (Hrsg.), Europeizacja prawa karnego w Polsce I w Niemczech – podstawy konstytucyjnoprawne, Poznan 2007, S. 273–286 (in polnischer Sprache) (ISBN 978-83-7177-469-0).
142. Función y límites de la ciencia juridical penal en el siglo XXI, in: Universidad de Zaragoza (edita), Acto de investidura des grado de doctor honoris causa, Zaragosa 2007, S. 49–59 (in spanischer Sprache).
143. Cuestiones básicas de la estructura y reforma del procedimiento penal bajo una perspectiva global, in: Luis Miguel Reyna Alfaro (Hrsg.), Colección „Justicia y Proceso“, La prueba, reforma del proceso penal y derechos fundamentales, Lima, Peru 2007, S. 193–222 (in spanischer Sprache).
144. El llamado delito de omisión impropria o la comisión por omisión, in: Carlos García Valdés, Antonio Cuerda Riezu, Margarita Martínez Escamilla, Rafael Alcácer Guirao, Margarita Valle Mariscal de Gante (Hrsg.), Estudios penales en homenaje a Enrique Gimbernat, Tomo II, Madrid 2008, S. 1609–1630.
145. The Contribution of Scientific Projects to a European Criminal Law, in: M. Cherif Bassiouni, Vincenzo Militello, Helmut Satzger (ed.), European Cooperation in Penal Matters: Issues and Perspectives, Milano 2008, S. 119–135 (ISBN 978-88-13-28113-7).

146. La estructura de los delitos de peligro (los delitos de peligro abstracto y abstracto-concreto como modelo del Derecho penal económico moderno), traducción al castellano de Irene Molina, en: Cuestiones actuales del sistema penal, Lima, Peru, 2008, S. 11–27.
147. La administración desleal de los órganos societarios: el caso Mannesmann, in: Carlos Gómez-Jara Díez (Coordinador), La administración de los órganos societarios, Barcelona 2008, S. 19–80 (ISBN 978-84-96758-77-3) (in spanischer Sprache).
148. ¿„Infracción grave del deber" en la administración desleal?, in: Carlos Gómez-Jara Díez (Coordinador), La administración de los órganos societarios, Barcelona 2008, S. 83–96 (ISBN 978-84-96758-77-3) (in spanischer Sprache).
149. El tribunal supremo alemán en la marana del tipo de la administración desleal, in: Carlos Gómez-Jara Díez (Coordinador), La administración de los órganos societarios, Barcelona 2008, S. 123–148 (ISBN 978-84-96758-77-3) (in spanischer Sprache).
150. Die Stellung des Opfers im System der Strafrechtspflege, in: Greco/Lobato (Hrsg.), Temas de Direito Penal Parte General, Rio de Janeiro u. a./Brasilien 2008, S. 3–16 (ISBN 978-857147-689-9) (in portugiesischer Sprache).
151. Crítica del modelo norteamericano de procedimiento penal, in: Boletín ONBC 2008, S. 49–59 (in spanischer Sprache).
152. El denominado delito de omisión impropria o la comisión por omisión, in: Discursos Universitarios, Arequipa – Peru, 2009, S. 17–43 (ISBN 978-612-45464-0-2) (in spanischer Sprache).
153. Obras, Tomo I, Colección autores de derecho penal, dirigida por Edgardo Alberto Donna, Santa Fe 2009, 570 S. (ISBN 978-950-727-995-9) (in spanischer Sprache).
154. Obras, Tomo II, Colección autores de derecho penal, dirigida por Edgardo Alberto Donna, Santa Fe 2009, 511 S. (ISBN 978-987-30-0015-7) (in spanischer Sprache).
155. Fundamento y Límites de los Delitos de Omisión Impropia, Madrid, Barcelona, Buenos Aires 2009, 444 S. (ISBN978-84-9768-634-1) (in spanischer Sprache).
156. A crítica ao paternalismojurídico-penal: um trabalho de Sísifo?, in: Revista Brasileira de Filosofia 2009, S. 107–132, auch in Justiça e Sistema Criminal 2012/7, S. 47–70 (ISSN 2177-4811) (in portugiesischer Sprache).
157. As regras por trás da execeão: reflexões sobre a tortura nos chamados „casos de bomba-relógio" e comentário (zusammen mit Luis Greco), in: Revista Brasileira de Ciéncias Criminais 2009, S. 7–40 (in portugiesischer Sprache).
158. Protection of Children and Other Vulnerable Victims Against Secondary Victimisation: Making It Easier to Testify in Court, in: ERA Forum 2009, S. 387–396 (in englischer Sprache).
159. Due Process of Law, the International Covenant on Civil and Political Rights and the Structure of Criminal Procedure, in: The Application and Implementation of United Nations Conventions in the Criminal Justice – The 2nd International Forum of Contemporary Criminal Law Working Papers, 2009, S. 191–209 (ISBN 978-7-81139-695-9) (in englischer Sprache und chinesischer Übersetzung).
160. La deducción de los principios generales de la imputación penal a partor de la finalidad preventivo-general del derecho penal, in: Armando Luis Calle Calderón (Coordinador), El Estado Actual de las Ciencias Penales (Homenaje a la Facultad de Derecho y Ciencias Políticas de la Universidad de Antioquia 1827–2007), Medellin – Colombia 2009, S. 17–33 (ISBN 978-958-8381-52–7) (in spanischer Sprache).
161. Determinación de la estructura del proceso penal por medio del derecho penal material, in: Armando Luis Calle Calderón (Coordinador), El Estado Actual de las Ciencias Penales (Homenaje a la Facultad de Derecho y Ciencias Políticas de la Universidad de Antioquia

1827–2007), Medellin - Colombia 2009, S. 353–367 (ISBN 978-958-8381-52-7) (in spanischer Sprache).

162. El fortalecimiento de la posición de la víctima - en el proceso penal, dicha o desgracia?, in: Revista Cubana de Derecho 2009, S. 96–109 (ISSN 0864-165X) (in spanischer Sprache).
163. Función y límites de la ciencia jurídico penal en el siglo XXI, in: José Carlos Mendoza/ Gustavo Urquizo Videla (Coordinadores), El Penalista de la América Austral - Ofrenda académica al Prof. E. R. Zaffaroni, Arequipa - Perú 2010, S. 65–74 (ISBN 978-612-45500-5-8) (in spanischer Sprache).
164. Derecho penal contemporáneo - Sistema y desarrollo. Peligro y límites, Buenos Aires 2010, 191 S. (ISBN 978-950-741-519-7) (in spanischer Sprache).
165. Problemas y paradojas jurídico-penales del sida en Alemania. Veinte anos después, in: Diego-Manuel Luzón Pena (Dir.), Libro Homenaje a Santiago Mir Puig, Madrid 2010, S. 227–239 (ISBN 978-84-8126-724-2) (in spanischer Sprache).
166. O princípio da protecao de bens jurídicos como ponto de fuga dos limites constitucionais e da interpretacao dos tipos, in: Luis Greco, Fernanda Lara Tórtima (Hrsg.), O Bem Jurídico como Limitacao do Poder Estatal de Incriminar?, Rio de Janeiro 2011, S. 25–56 (ISBN 978-85-3750905-0) (in portugiesischer Sprache).
167. Hacia la síntesis necesaria entre la construcción de una concepción funcional y ontológica del derecho penal: Reflexiones a propósito del fundamento de la culpabilidad, in: Yván Motoya (Hrsg.), Críticas al funcionalismo normativista y otros temas actuales del derecho penal - Jornadas Internacionales de Derecho Penal, Lima 2011, S. 17–36 (in spanischer Sprache).
168. As bases do proceso penal transnacional, in: Revista Brasileira de Ciencias Criminais (RBCCrim) 2011, S. 189–209 (in portugiesischer Sprache).
169. Per una critica della cosiddetta formula di Radbruch - note su un concetto di diritto culturalmente e comunicativamente orientato, in: Science Giuridiche, Science Cognitive e Intelligenza artificiale, Rivista quadrimestrale on-line: www.i-lex.it, Dicembre 2011, numero 13–14 (in italienischer Sprache).
170. Protection of Intellectual Property Through Criminal Law, in: Criminal Law Protection of Intellectual Property in the Context of Internationalization, Peking 2012, S. 103–116 (ISBN 978-7-5653-0458-3) (in englischer Sprache).
171. El castigo de la córrupcion privada según el drecho penal vigente y futuro, in: Arraque (Hrsg.) Estudios de derecho penal - Libro homenaje a Juan Fernandez Carrasquilla, Medellin 2012, S. 1237–1254 (ISBN 978-958-8692-56-2) (in spanischer Sprache).
172. La destrucción ambiental como arquetipo del delito, in: Pérez Alonso u. a. (Hrsg.), Derecho, Globalización, Riesgo y Medio Ambiente, Valencia 2012, S. 429–441 (ISBN 978-84-9004-568-8) (in spanischer Sprache).
173. Inquisitorische oder adversatorische Hauptverhandlung?, in: Greco u. a. (Hrsg.), Direito Penal como crítica da pena, Festschrift für Juarez Tavares, Madrid/Spanien 2012, S. 631–648 (ISBN 978-84-87827-27-3) (in portugiesischer Sprache).
174. Proteccíon de bienes jurídicos, *ultima ratio* y victimodogmática. in: Robles Planas (ed.), Límites al Derecho penal, Barcelona 2012, S. 63–85 (ISBN 978-84-15690-04-7).
175. Zur Kritik des strafrechtlichen Paternalismus - eine Sisyphos-Aufgabe, in: Justiça e Sistema Criminal (Curitiba) 7 (2012), S. 47–70 (ISSN 2177-4811) (in portugiesischer Sprache).
176. 175. Modelos nuevos procesales y su aplicación para el combate de la delincuencia organizada, Boletín ONBC (Cuba) No. 46 (2012), S. 21–27.

177. 176. Bases y principios politico-criminales del sistema procesal penal acusatorio, Boletín ONBC (Cuba) No. 47 (2013), S. 47–53.
178. El Límite entre Dolo e Imprudencia, in: Temas de Ciencias Penales, Libro Homenaje al 50°Aniversario de la Universidad de San Martín de Porres, Lima/Perú 2013, S. 141–153 (ISBN 978-612-4088-69-8) (in spanischer Sprache).
179. La Responsabilidad de las Empresas: Para una Síntesis necesaria entre Dogmática y Política Criminal, in: Temas de Ciencias Penales, Libro Homenaje al 50°Aniversario de la Universidad de San Martín de Porres, Lima/Perú 2013, S. 259–278 (ISBN 978-612-4088-69-8) (in spanischer Sprache); tambien en: Ontiveros Alonso (Coord.), Persona Jurídicas, Valencia 2012, S. 497–522 (ISBN 978-84-9033-9).
180. The Global Competition between Civil Law and Common Law – Pointed out by Way of Example of the Classical German and US Models of Criminal Procedure, in: New Reports in Criminal Law, Shanghai/China 2013, S. 428–445 (ISBN 978-7-5653-1508-4) (in chinesischer Sprache).
181. La llamada Crisis financiera: ¿Fracaso del Sistema o Crimen Organizado Global?, en: Fernández Steinko (ed.), Delincuencia, finanzas y globalización, Madrid 2013, S. 335–370 (ISBN 978-84-7476-827-1).
182. El demoninado delito de omisión impropria o la comisión por omisión, en: Bernál Acevedo (Comp.), Temas Actuales en la Dogmática Penal, Colombia 2013, p. 17–32.
183. Kann Strafe gerecht sein? (in griechischer Sprache), ΠΟΙΝΙΚΑ ΧΡΟΝΙΚΑ (Poinika Chronica), 2013, 161–167.
184. Zur Garantenstellung beim unechten Unterlassungsdelikt, in: Li Xiaoming (Hrsg.), Criminal Law and Criminal Justice, Law Press China, Beijing, 2013 (in chinesischer Sprache, übersetzt von Chen Xi).
185. Estudos de direito penal, direito processual penal e filosofia do direito, 331 S., Sao Paulo/Brasilien 2013, (ISBN 978-85-6672-2055) (in portugiesischer Sprache).
186. Vorverurteilung durch Aktenkenntnis? Einige empirische Studien zu den Vor- und Nachteilen des deutschen gegenüber dem amerikanischen Strafverfahren, in: Ting He (Hrsg.), Foreign Empirical Research on Criminal Justice, Peking-Universitäts-Verlag, Beijing 2014, S. 74–102 (in chinesischer Sprache, übersetzt von Chang Liu).
187. Can Punishment Be Just? in:, Liberal Criminal Theory, Essays for Andreas von Hirsch (ed. Simester, du Bois-Pedain, Neumann), Oxford 2014, p. 269–282 (in englischer Sprache).
188. El juez, en el proceso penal, como tercero manipulado?, Revista de Derecho penal y procesal penal (Argentinien), Noviembre 2014, p. 2153–2163.
189. Puede una pena ser justa?, en: Estudios de Derecho Penal, Homenaje a Santiago Mir Puig, Buenos Aires 2016 p. 389–400.
190. Direito penal, Racionalidade e Dogmatica, Sao Paulo 2018, 93 S. (in portugiesischer Sprache).
191. La Deducción de los Principios Generales de la Imputación Penal a partir de la Finalidad Preventivo-General ddel Derecho Penal, en: Luzón-Peña (ed.), Libro-Homenaje a Claus Roxin, Lima 2018, p. 31–45.
192. Faires Verfahren (Fair Trial) und Urteilsabsprachen (Plea Bargaining) im Strafverfahren, in: Chen Guang-zhong (Hrsg.), Der Grundsatz des „fair trial" und Verfahrensabsprache in China und Deutschland, Peking 2018, S. 40–53 (in chinesischer Sprache).
193. Direito penal, Racionalidade e Dogmatica, Sao Paulo 2018, 93 S.
194. El Derecho Penal en el Estado Democrático y el irrenunciable nivel de racionalidad de su dogmática, Madrid-Buenos-Aires-Montevideo 2019, 107 S.
195. Derecho procesal penal, Buenos Aires 2019, 763 p.

Nachweise

ERSTER TEIL: Die vier Stufen der Rechtsgewinnung (unveröffentlichte Münchener Habilitationsschrift 1974 Band 1)

ZWEITER TEIL: Zum Verhältnis von Norm und Sachverhalt bei der Rechtsanwendung und von Ober- und Untersatz im Justizsyllogismus, in: Strafgerechtigkeit, Festschrift für Arthur Kaufmann zum 70. Geburtstag, 1993, Teil I und II, S. 299–314

DRITTER TEIL: Spirale oder Spiegelei? – *Vom hermeneutischen zum sprachanalytischen Modell der Rechtsanwendung*, in: Festschrift für Winfried Hassemer, 2010, S. 239–247

VIERTER TEIL: Vagheit und Porosität der Umgangssprache als Horizont extensionaler Rechtsfortbildung durch die Strafjustiz – *Am Beispiel der verfassungsfeindlichen Sabotage*, in: Strafrechtswissenschaft als Analyse und Konstrukt, Festschrift für Ingeborg Puppe zum 70. Geburtstag, 2011, S. 243–261

FÜNFTER TEIL: Savignys Rechtsbegriff – von ehegestern und von übermorgen?, in: Gerechtigkeitswissenschaft, Kolloquium aus Anlass des 70. Geburtstages von Lothar Philipps, 2005, S. 163–176

SECHSTER TEIL: Das strafrechtliche Rückwirkungsverbot als Prüfstein des Rechtsbegriffs – *Von den dogmatischen Untiefen strafrechtlicher Vergangenheitsbewältigung und der Wertlosigkeit der Radbruchschen Formel*, in: Festschrift für Kristian Kühl zum 70. Geburtstag, 2014, S. 457–471

SIEBTER TEIL: Strafrechtsdogmatik als Wissenschaft, in: Festschrift für Claus Roxin zum 70. Geburtstag, 2001, S. 1–32

ACHTER TEIL: Aufgabe und Grenzen der Strafrechtswissenschaft im 21. Jahrhundert, in: Strafrecht zwischen System und Telos, Festschrift für Rolf Dietrich Herzberg zum 70. Geburtstag, 2008, S. 39–53

NEUNTER TEIL: Vom schwindenden Beruf der Rechtswissenschaft unserer Zeit, speziell der Strafrechtswissenschaft, in: Hilgendorf/Schulze-Fielitz (Hrsg.), Selbstreflexion der Rechtswissenschaft, 2015, S. 223–242

ZEHNTER TEIL: Über Strafrecht im demokratischen Rechtsstaat, das unverzichtbare Rationalitätsniveau seiner Dogmatik und die vorgeblich progressive Rückschrittspropaganda, in: Zeitschrift für Internationale Strafrechtdogmatik 2016, 654–671

https://doi.org/10.1515/9783110648188-015